天

Borderless

下

天下，在乎正义和你

陈瑞华作品

Essential Theory
of
Corporate Compliance

企业合规
基本理论

第三版

陈瑞华／著

法律出版社 LAW PRESS · CHINA
北京

图书在版编目（CIP）数据

企业合规基本理论 / 陈瑞华著. -- 3版. -- 北京：法律出版社, 2022
ISBN 978-7-5197-6338-1

Ⅰ.①企… Ⅱ.①陈… Ⅲ.①企业法-研究-中国 Ⅳ.①D922.291.914

中国版本图书馆CIP数据核字（2022）第007621号

企业合规基本理论（第三版）
QIYE HEGUI JIBEN LILUN（DI-SAN BAN）

作　　者：陈瑞华
策划编辑：高　山　屈　瑶
责任编辑：高　山　屈　瑶　邓颖君　许莹洁
装帧设计：汪奇峰
出版发行：法律出版社
编辑统筹：学术·对外出版分社
责任校对：王晓萍　王语童
责任印制：陶　松
经　　销：新华书店
开　　本：710毫米×1000毫米　1/16
印　　张：35
字　　数：510千
版　　本：2022年3月第3版
印　　次：2022年3月第1次印刷
印　　刷：天津嘉恒印务有限公司
书　　号：ISBN 978-7-5197-6338-1
定　　价：148.00元

销售电话：010-83938349　客服电话：010-83938350　咨询电话：010-63939796
地　　址：北京市丰台区莲花池西里7号(100073)
网　　址：www.lawpress.com.cn
投稿邮箱：info@lawpress.com.cn
举报盗版邮箱：jbwq@lawpress.com.cn
凡购买本社图书，如有印装错误，我社负责退换。电话：010-83938349

作者简介

陈瑞华 北京大学法学教授，博士生导师，北京大学法学院学术委员会主任。中国法学会常务理事，国际证据科学协会理事。“全国十大中青年法学家”，教育部“长江学者奖励计划”特聘教授，入选国家“百千万人才工程”计划。主要研究领域为刑事诉讼法、证据法学、司法制度、程序法理论、法学方法。在程序价值、诉讼构造、程序性制裁、刑事诉讼模式、辩护、证据理论等方面，有较为深入的研究，作出了理论贡献。著有《刑事审判原理论》《看得见的正义》《刑事诉讼的前沿问题》《程序正义理论》《程序性制裁理论》《刑事诉讼的中国模式》《刑事证据法》《刑事辩护的中国经验》《刑事辩护的理念》《刑事辩护的艺术》等著作。

第三版序言

继2020年8月初版面世、2021年4月第二版诞生之后，在不到两年的时间里，《企业合规基本理论》的第三版就要推出了。一本书在短时间内接连不断地以新的面目出现在坊间，体系和内容都发生较大幅度的变化，这一方面反映出该书具有较大规模的“读者群”，能够满足社会的知识需求；另一方面也显示出该书所研究的合规问题正在发生日新月异的变化，作者唯有不断更新内容，才能为读者提供与时俱进的知识。

一年多来，我国企业合规制度在四个方面发生了剧烈的变化。一是在多方面因素的交织作用下，我国企业建立合规管理体系的积极性越来越高，无论是国有企业还是民营企业；无论是从事外向型经营业务的企业，还是专注于开发国内市场的企业；无论是中等规模的企业，还是上市或拟上市的企业，都对建立合规管理体系产生了程度不同的兴趣。继中央国有企业普遍建立合规管理体系之后，各省级国资监管部门正在推动省级国有企业普遍建立合规体系。二是一些行政监管部门开始在行政监管环节引入合规激励机制，以“合规换取宽大处理”的方式吸引越来越多的企业进行合规整改，建立反垄断、反不正当竞争、反洗钱、个人信息保护等领域的合规体系。特别引人注目的是国家市场监管总局对包括阿里巴巴、美团等超级网络平台企业作出高额行政罚款，并以行政指导的方式督促这些企业做出合规整改，建立反垄断和反不正当竞争合规体系。这对于合规体系被引入行政监管机制产生了较大推动作用。三是我国检察机关推动了企业合规监督考察制度的改革试点，继2020年在六家基层检察机关开展试点以来，又在2021年将改革试点的范围扩展到十个省份的检察机关。目前，这一合规监督考察制度初步形成了检察建议模式和附条件不起诉模式，前者是指检察机关在对涉嫌犯罪的企业作出相对不起诉的同时，发出责令其实施合规管理体系的检察建议，督促其进行制度整改；后者则是指检察机关对于具有合规意愿并提出合规计划的涉案企业，启动合规考察程序，设置合规考察期，指派合规监管人，与企业签订合规监管协议，并在合规考察期结束之前，根据其合规整改情况作出是否提起公诉的决定。四是多达八百余家中国企业因为在参加招投标项目过程中存在商业贿赂、欺骗等违规行为，而受到世界银行、亚洲发展银行等国际金融组织的附条件制裁，被责令建立诚信合规体系，以换取这些金融机构解除相关制裁，这成为诸多企业建立合规管理体系的又一强大动力，成为中国企业引入合规管理体系的又一重要途径。

在我国企业建立合规管理体系的过程中，随着相关制度的不断发展和更新，出现了一系列亟待解决的理论和实践问题，也为合规研究者提供了较为丰富的研究素材。例如，企业合规究竟具有怎样的价值？对于企业、监管部门、司法机关而言，合规究竟具有什么样的内在价值和功利价值？在维护国家和社会利益方面，企业合规究竟可以发挥什么样的作用呢？对于这些问题，随着相关改革的深入进行，确有深入讨论的必要。又如，随着我国相关行政法规逐渐将合规管理确立为企业的法律义务，行政监管部门通过发布合规指引、作出行政指导、达成行政和解协议等方式推动企业建立合规体系，我们有必要思考企业合规在行政监管机制中具有怎样的地位？作为一种带有协商性、妥协性、契约性的行政监管方式，行政合规究竟具有怎样的正当性？再如，随着检察机关不断推进企业合规监督考察制度的改革，涉案企业的合规整改和验收究竟应具备怎样的标准？这种危机发生后的合规整改，与企业日常性的合规体系建设，究竟具有什么样的实质区别？最后还有，检察机关通过合规考察方式对涉案企业作出不起诉的决定，这属于一种“合规出罪”的宽大处理方式，这种“合规出罪”究竟具有多少种形态？它们各自的正当性究竟表现在哪些方面？检察机关以解决问题为导向所推动的改革，在经验层面得到正当性验证之后，如何在理论上获得全社会的共识，从而有可能转化为体现全民意志的法律制度？

围绕着上述制度课题和理论争议问题，笔者作出了四个方面的研究。一是重新探讨企业合规的基本价值，将这种价值概括为四个方面：（1）企业所要承担的社会责任和道德义务；（2）企业实现可持续发展的需要；（3）监管部门实现有效监管的需要；（4）通过督促企业实行“自我监管”，有效预防违法犯罪的发生，维护国家和社会的利益。二是对行政监管合规的正当性作出了重新论证，对企业合规在行政监管机制中的地位作出了重新分析，并着重考察了行政和解在我国所面临的困境。三是对合规整改与日常性合规体系建设作出了区分，将其概括为两种相对独立的合规管理模式；结合检察机关合规考察的成功案例，对有效合规整改的基本标准作出了总结和提炼，将“体系化整改”与“纠错性整改”作出了有机的整合。四是将企业犯罪分为系统性犯罪与非系统性犯罪两种类型，提炼出合规出罪的三种模式，对困扰企业合规监督考察制度深入发展的八大争议问题，作出了理论上的回应和解答。对于上述研究成果，新版《企业合规基本理论》全都加以吸收，读者可以从中了解最前沿的研究成果并获取新的知识和灵感。

爱因斯坦说过，人类对知识的认识犹如一个圆圈不断扩张的过程，我们所掌握的知识越多，知识之圈与外部的接触地带也就越多，我们未知的领域也就越广。在研究企业合规问题时，笔者痛切地体会到自身认知的局限和知识的匮乏。企业合规是一种横跨多个学科的研究课题，不仅涉及公司治理、企业监管的问题，也会触及公司法、行政法、刑法、刑事诉讼法、犯罪学等多个法律学科的难题。《企业合规基本理论》所研究的主要是合规的基本理论问题，相当于企业合规的“总论”部分，而对于那些更为专业的合规领域，也就是企业合规的“分论”部分，则远远没有形成系统的知识。这些合规专业领域至少涉及出口管制、反商业贿赂、数据保护、反洗钱、税收、环境资源保护、金融监管、公司管理、市场秩序、反走私、知识产权、安全生产、反不正当竞争等一系列学科的知识，而这些学科都属于传统的“经济法学”的组成部分。随着对未知领域了解得越来越真切，也随着相关的制度探索逐步得到展开，我们在合规研究方面不应停下脚步，而应保持一种谦卑和包容的精神，与时俱进，对企业合规作出更为系统、更为成熟也更为通透的理论分析，使合规制度和合规文化得到更为广泛的传播。或许，犹如英国哲学家波普尔所说，这就是一种“永无尽头的探索”吧。

企业合规是一个十分有趣的研究课题，也是一个多学科交叉的法学前沿领域。在此，笔者想对所有欣赏《企业合规基本理论》的读者表达由衷的感谢，同时，期望读者可以从该书的阅读中获得更多的愉悦和灵感！

陈瑞华

2021年10月21日于北大中关园

初 版 序 言

一个平素主要研究刑事诉讼法、证据法、司法制度、律师制度的学者，为什么开始关注企业合规问题了呢?

读过我的合规文章，听过我的合规讲座的朋友，经常会提出这个问题。

要回答这一问题，其实是说来话长。翻看一下发表过的合规文章，发现自己关注这一课题已经有三年多了。三年来，我数十次给大学、律协、律所、企业、论坛、会议做过以企业合规为主题的讲座，在法学核心期刊发表合规论文多篇，在《中国律师》杂志开设个人专栏，发表了20余篇介绍合规发展动向的小文章，甚至给数十家企业做过有关企业合规和商业模式改造的专业咨询和论证。在与那些财税法、知识产权法、反不正当竞争法、金融法、数据保护法、公司法等领域的学者在一起开会时，有时不禁会产生一种“我是谁”的疑问。

其实，从理性的角度来说，一个法学研究者花费数十年时间，只在非常狭窄的领域内从事阅读、思考和写作，成为一名“刑法学者”“刑事诉讼法学者”“竞争法学者”“财税法学者”“公司法学者”……这可能是现有学术体制造成的可悲现象。法律本来是人类治理社会的一种方式，法学部门本来是为着教学和研究的便利而作出的学科分类。可是，我们从事法学研究的人，却一个个坚守着自己的“一亩三分地”，轻易不愿“越雷池一步”，更不愿“染指”别的研究领域。结果，我们所作的研究，要么因为视野过于狭隘，很少出现创新性的成果，要么因为就事论事，很少触及交叉地带的前沿课题。近年来，司法实务界颇感头痛的“刑民交叉”“刑行交叉”等问题，就因为不是任何单一学科所能解释的问题，而成为难以出现理论突破的难题。

我曾经访问过一些英美著名大学的法学院，发现那里的很多教授都从事少则两三个多则五六个的研究领域。一个从事宪法研究的学者，可能同时关注劳动法、环境法问题；一个在法理学领域颇有建树的学者，可能同时发表财产法、合同法、侵权法方面的论文；一个行政法学者，可能在证券法、反不正当竞争法、金融法等领域也提出过颇有影响的学术观点。这些学者由于没有固守某一法学领域，而是关注多个法学学科的研究，因此经常文思如泉涌，提出不少令人耳目一新的观点。

近年来，司法实务中出现了越来越多的专门问题，而很多问题并不是传统的刑法学、民法学和行政法学所能解释的复杂问题。例如，“环境法学”问题，就有可能同时涉及宪法、法理学、民法、行政法、刑法等多个学科的问题；“知识产权法学”问题，有可能触及民法、行政法和刑法等多学科的交叉问题；“金融法学”问题，既有可能触及行政监管问题，也有可能涉及刑法、刑事诉讼法的问题；“数据法学”问题，既会涉及个人信息的民法保护问题，也会涉及针对侵犯个人信息和网络安全的行政监管和刑事司法问题，而个人隐私权保护本身，还属于一种重要的宪法问题……我国法院在传统的审判庭设置的基础上，逐步设置了“知识产权法院”“互联网法院”“环境资源审判庭”……这也是试图打破民事法、行政法和刑事法的界限，对一个领域的法律争议案件集中加以受理的尝试。据此，我国学者提出了“领域法学”的概念，强调应打破固有的法学学科界限，从一个领域中的问题出发，进行一些跨越多个法学学科的研究。可以说，法律制度的发展和司法改革的深入进行，正呼唤着一种跨学科和整体性的研究。

企业合规是一个涉及多个法学学科的前沿课题。通常，企业合规与人工智能（AI）被并称为21世纪法学研究的两大前沿课题。如果说人工智能会触及法律伦理学、民法学、行政法学、刑法学、程序法学、证据法学等多个法学学科交叉研究的话，那么，企业合规也至少会涉及公司治理、行政监管、刑法、刑事诉讼法、国际经济法等不同学科的研究领域，逐步发展成为一套基于合规风险防控的公司治理体系。如果说企业过去将经营风险、财务风险作为主要风险防控对象的话，那么，对合规风险的防控，将成为企业所要防控的第三领域，由此所建立的合规风险防控体系则成为公司治理的独立部分。而自20世纪70年代以来，本来作为公司治理方式的企业合规机制，逐步被纳入政府行政监管和刑事执法的制度体系中来，成为对涉案企业进行行政监管激励和刑法激励的重要手段。由此，行政监管机制和刑事合规机制得到了全面的发展，并成为行政法、刑法和刑事诉讼法中的重要研究对象。不仅如此，随着世界经济一体化的发展，诸多国际组织也启动了对企业进行合规治理的实践。最典型的例子是世界银行和一些区域国际银行，在对参与招投标项目的各国企业进行资格审核过程中，发现企业存在腐败、欺诈等违规行为的，可以实施附条件的制裁，责令被制裁企业重建诚信合规体系，只有经过持续监控认定企业满足合规要求的前提下，才能恢复其参与招投标的资格。由此，企业合规又进入了国际经济法的领域。

以上就是我研究企业合规问题的背景。我对企业合规问题产生兴趣并展开学术研究，经历了一个漫长的过程。最初，我将刑事诉讼、证据和司法制度作为自己的主要研究领域。但是，在从事这些研究之余，我曾经对程序正义问题作出过一些初步的研究，而程序正义显然也属于法理学问题；我曾经就程序性违法的治理问题发表过多篇论著，提出过“程序性制裁理论”，而这一理论不仅仅属于刑事诉讼问题，更会涉及宪法、人权法、民法、行政法和刑法等诸多领域的问题；我还对法学研究范式和研究方法作出过思考，对传统的规范法学和新潮的社科法学进行过反思，试图提出一种“从经验上升到理论”的社会科学方法……可以说，在学术研究方面，我本来就属于一个不是那么“安分守己”的学者，总喜欢做一些跨越多个法学学科的思考和研究。

多年以来，我对刑事辩护问题倾注了较多的研究热情和学术精力。基于与律师界的广泛交流和项目合作，我逐渐意识到，无论是审判方式改革、刑事证据法的修订，还是近期出现的审判中心主义改革和认罪认罚从宽制度改革，没有辩护律师的有效参与，没有来自辩护方的有力制衡，很可能会变成国家不同专门权力的重新分配，难以在维护司法正义、避免冤假错案、保障基本人权方面发生实质性的改变。基于这一认识，我对中国刑事辩护的实践进行了长时间的观察和思考，并对中国律师的刑事辩护经验作出了总结。在我看来，若是囿于僵化、保守的司法体制的限制，律师的辩护很难得到司法机关的采纳。尤其是无罪辩护和程序性辩护，由于律师与刑事追诉机关处于直接对立的状态，因此很难取得实质性的突破。近年来，鉴于法院极少作出无罪判决，越来越多的律师开始重视审判前阶段的辩护，甚至将检察机关批捕前的37天刑事拘留期形象地称为“刑事辩护的黄金救援期”。但是，在接触了不少涉及单位犯罪或企业高管犯罪的案件后，我发现，我国律师为企业客户和企业家客户提供刑事法律服务的时间太晚、太迟了！在很多案件中，只要公安机关作出了刑事立案决定，启动了刑事侦查程序，那么，案件就像一辆在铁轨上奔驰的列车，会一直冲向定罪的终点，而没有强大的外部干预力量，要使列车中途停车，可能是非常困难的事情。因此，在从事无罪辩护方面，别说在法庭审判阶段，就连在侦查阶段、审查批捕环节以及审查起诉程序之中，律师都将面临重重困难。而对于那些身陷囹圄的企业家和接受调查的企业而言，只要案件进入刑事诉讼程序，就将面临一系列的人身自由限制和财产处置措施，而陷入极为不利的境地，难以有翻身的机会。

既然如此，为什么律师不把法律服务的阶段提前到立案之前呢？为什么企业不早点意识到自己的法律风险，进行带有体检式的风险防控工作呢？尤其是一些企业在受到行政监管部门的执法调查过程中，为什么不及时诊断自己商业模式、经营方式的法律风险，并尽早采取行动来避免它呢？为什么不能让一个接受执法调查的企业，实现在行政执法环节的“软着陆”，而将案件阻止在刑事立案的大门之外呢？

按照我最初的想法，律师应当将刑事辩护的服务进行前置，从审判阶段提前到审判前阶段，然后再提前到刑事立案之前，直至提前到行政执法调查环节，这就使律师的刑事业务从原来的注重治疗式的辩护服务，扩展为注重体检式的刑事法律风险防控。考虑到有学者和律师提出了“企业合规”的概念，而这一概念也强调企业的法律风险防控，因此，我们可以将律师所做的防控法律风险的业务称为“刑事合规业务”。

就这样，通过对律师刑事业务的思考，我逐渐进入了企业合规的世界。一旦进入这个世界，我才发现，我过去对于企业合规的所有理解和认识都是不准确和不全面的。早在十几年前，企业合规作为一种公司治理方式，就已经为一些中国企业所接受，一些从事涉外业务的律师事务所也早已为外企提供合规服务。而近年来，随着国家对企业合规管理机制的高度重视，政府监管部门发布了多项企业合规管理指引，甚至初步形成了企业合规管理体系的中国标准。与此同时，一些中国企业因为涉嫌违反外国法律法规而接受外国政府执法调查和刑事侦查，被迫与外国政府监管部门达成行政和解协议或者暂缓起诉协议，而其中最为重要的和解协议条款就是中国企业要重建合规管理体系，并接受外国政府的合规监管。甚至像世界银行这样的国际组织，也对参加招投标项目的中国企业进行制裁，并将建立诚信合规计划作为解除制裁的前提条件。不仅如此，通过与一些在合规业务领域走在最前列的律师进行交流，通过研究一些在重建合规体系方面较为成功的企业的案例，我接触到了“原汁原味”的企业合规实践，了解了企业合规的基本原理和最新动向。在此基础上，我遍览群书，查阅了几乎所有有价值的中文合规文献，并在海外网站上查阅合规研究文献，了解了企业合规的来龙去脉，收集了几十个典型的合规案例，对企业合规的历史、理论和制度发展有了较为清晰的认识。

就这样，通过学习、研究和探索，我不断更新自己对企业合规的认识，发表了一系列有关企业合规的文章，举行了一系列有关企业合规的讲座并进行了授课，为一些陷入困境的企业提供了合规咨询和论证。在参加这些活动的同时，我将自己对于企业合规的新认识和新观点，及时地加以总结，不断地形成新的文字，初步形成了现在这部有关企业合规的研究初稿。

本书试图为读者提供有关企业合规的基本理论和基本知识。本书正文部分共分十章，大体可分为三个部分：一是企业合规的基本概念和原理，解释了合规的概念、四大维度、价值基础、有效合规计划、专项合规计划和中国化课题；二是企业合规的执法激励机制，分析了企业合规的行政激励机制、刑法激励机制、企业责任分割机制以及合规在和解协议中的地位；三是律师合规业务的基本框架，在总结律师合规业务基本框架的基础上，提出了律师合规业务本土化的设想。

当然，限于自己的功力和积累，我目前对于企业合规的研究还只是初步的、阶段性的，对于企业合规的更深层次的问题，尤其是企业合规对公司治理结构的影响问题，本书着墨不多，这些内容还有待继续进行探索。而由于我国行政监管部门所能提供的合规激励机制仍然不多，在刑法领域更是没有启动合规激励机制的建设，更没有将合规引入刑事诉讼程序之中，因此，对合规激励机制的研究，更多地带有比较研究的色彩，也明显带有对策法学的意味。或许将来随着中国企业合规机制逐步走向成熟和发达，随着我国法律建立越来越完善的合规激励机制，我们对于企业合规的研究会有更多新的素材和案例，对企业合规的理论研究也会取得较大的突破。

本书在写作过程中得到了众多朋友的支持和帮助。方达律师事务所的尹云霞律师、庄燕君律师提供了很多新观点和新见解，并慨然授权我使用他们团队的研究成果。金杜律师事务所的吴巍律师为笔者的研究提供了不少研究资料，并奉献了她的经验和见解。中闻律师事务所的姜先良律师，以全身心精力投入合规业务的探索之中，给了我很大的启迪。对外经济贸易大学法学院的博士生陶朗逍同学，以极大的热情投入合规问题的研究之中，为我提供了翻译整理的研究资料，对我帮助甚大。我正在指导的博士生毛逸潇同学，追随我的脚步，对企业合规展开研究，并帮助整理了多篇有关合规问题的演讲稿，及时记录了我的合规思路。法律出版社学术对外分社的孙东育分社长和高山编辑，对本书的编辑、装帧设计和出版投入了精力，付出了创造性的劳动，使本书最终以较为雅致的面貌推出。对上述朋友和学生的支持和帮助，我再次表达最诚挚的谢意。

2020年上半年，随着新冠疫情从发生、肆虐到逐步控制，其间经历了几个月的恐慌、封闭和居家隔离。在历经艰苦的写作和修改过程之后，终于完成了这部合规著作。“万山不许一溪奔，拦得溪声日夜喧。到得前头山脚尽，堂堂溪水出前村。”宋代诗人杨万里这一富含哲理的诗句，可以形容我在此期间的心情。

对于所有对企业合规感兴趣的企业界人士而言，本书可以成为了解和研究合规问题的参考书。对于那些有志于研究企业合规问题的朋友而言，本书可以成为一本合规教材或基础读物。而对于那些有志于从事合规业务的律师而言，本书可以对合规业务的开拓和探索有所助益。笔者期待着，对于所有读者而言，本书将打开一扇窗，向其展示一个生动、丰富和全新的世界，使其对公司治理、行政监管、刑事司法乃至法律制度改革问题产生新的灵感。

是为序。

陈瑞华

2020年5月8日谨识于

北京大学

重要专业术语英中文对照表

AFA	法国反腐败局
BIS	美国商务部工业与安全局
CCO	首席合规官
CJIP	法国2016年《萨宾第二法案》确立的“基于公共利益的司法协议”制度，又称为法国式的暂缓起诉协议
Compliance Consultant	合规顾问
Compliance Monitor	合规监督员
Compliance Program	合规计划
Compliance Reporting	合规报告
Cooperation Credit	合作奖励或合规奖励
Corporate Compliance	企业合规或公司合规
CPS	英国皇家检察署
Detect	监控
DOJ	美国司法部
DPA	暂缓起诉协议或延迟起诉协议
FCPA	美国《反海外腐败法》
FTC	美国联邦贸易委员会
GDPR	欧盟《通用数据保护条例》
INT	世界银行廉政局
NPA	不起诉协议

NYDFS	美国纽约州金融服务局
OECD	经济合作与发展组织
OFAC	美国财政部海外资产管理办公室
PNF	法国金融检察官办公室
Pre-Acquisition Due Diligence	并购前的尽职调查
Pre-Trial Diversion Agreement	美国的审前转处协议
Prevent	防范
Respond	应对
SCC	特别合规协调员
SCP	美国财政部海外资产管理办公室制定的制裁合规体系
SEC	美国联邦证券交易委员会
Self-Policing	自我监管
Self-Reporting	自我报告
Settlement Agreement	美国行政监管部门与涉案企业达成的行政和解协议
SFO	英国反严重欺诈办公室
The Third Party Due Diligence	第三方尽职调查
UKBA	英国《反贿赂法》

目　录 CONTENTS

第一章
企业合规的性质 / 001

一、问题的提出 / 003
二、企业合规的三层含义 / 006
三、企业合规是如何发生的？ / 012
四、企业合规还是企业高管合规？ / 017
五、企业合规是否等于“风险防控”？ / 019
六、合规是否等于“法律风险防控”？ / 021
七、企业合规究竟是道德问题，还是法律问题？ / 024
八、结论 / 027

第二章
企业合规制度的四个维度 / 029

一、问题的提出 / 031
二、作为公司治理方式的合规 / 033
三、作为行政监管激励机制的合规 / 038
四、作为刑法激励机制的合规 / 044
五、作为应对国际组织制裁之依据的合规 / 054
六、企业合规的多元视角 / 056

第三章
企业合规的基本价值 / 059

一、引言 / 061
二、企业社会责任的承担 / 065
三、企业的可持续发展 / 068
四、政府对企业的有效监管 / 079
五、社会公共利益的有效保护 / 086
六、对可能质疑的回应 / 089

第四章
有效合规计划的基本标准
——基于美国和世界银行经验的考察 / 093

一、有效合规计划的性质和功能 / 095
二、有效合规计划的基本要素 / 097
三、刑事合规计划的有效标准 / 102
四、行政监管合规计划的有效标准 / 109
五、世界银行诚信合规计划的有效标准 / 112

第五章
专项合规计划的个案分析 / 115

一、什么是专项合规计划 / 117
二、中兴公司的专项合规计划 / 119
三、出口管制合规计划 / 123
四、反商业贿赂合规计划 / 128
五、反洗钱合规计划 / 137
六、诚信合规计划 / 140

第六章
有效合规管理的两种模式 / 145

一、引言 / 147
二、日常性合规管理模式 / 150
三、合规整改模式 / 163
四、两种合规模式的衔接 / 174

第七章
企业合规在行政监管中的地位 / 177

一、引言 / 179
二、合规指引的发布 / 181
三、行政指导制度的推行 / 186
四、预防性监管机制的确立 / 189
五、强制合规义务的实施 / 193
六、企业合规的宽大行政处理 / 197
七、行政和解制度的试行 / 200
八、行政监管合规的发展空间 / 205

第八章
企业合规与行政和解制度 / 209

一、行政和解制度在我国的引入 / 211
二、比较法的考察——以美国的行政和解协议制度为范例 / 215
三、对我国行政和解制度试点的观察 / 221
四、我国行政执法承诺制度的基本框架 / 226
五、在行政和解中引入合规机制的设想 / 234

第九章
合规与企业刑事归责问题 / 241

一、“企业合规无罪抗辩第一案” / 243
二、企业刑事归责原则的比较考察 / 248
三、我国单位犯罪的归责方式 / 258
四、“企业独立意志理论”的提出 / 263
五、企业合规视野下单位犯罪制度的重构 / 270

第十章
企业合规出罪的三种模式 / 275

一、问题的提出 / 277
二、企业犯罪的两种形态 / 280
三、主观过错免除模式 / 284
四、法定管理义务履行模式 / 291
五、合规考察免责模式 / 298
六、合规出罪模式的未来选择 / 308

第十一章
合规与企业责任切割问题 / 311

一、作为企业责任切割依据的合规机制 / 313
二、企业责任与员工责任的切割 / 315
三、母公司责任与子公司责任的分割 / 318
四、企业责任与第三方责任的分割 / 321
五、投资并购领域中的责任分割 / 324
六、企业合规风险的“防火墙” / 327

第十二章
企业合规与暂缓起诉协议制度 / 329

一、暂缓起诉制度的产生 / 331
二、暂缓起诉协议的两种模式 / 335
三、暂缓起诉协议与企业合规的关系 / 346
四、暂缓起诉协议制度的理论基础 / 354

第十三章
刑事诉讼的合规激励模式
——企业合规不起诉在我国的兴起 / 365

一、问题的提出 / 367
二、合规不起诉的两种模式 / 370
三、合规不起诉制度探索的主要动因 / 379
四、合规不起诉制度探索中的几个难题 / 384
五、合规不起诉对刑事诉讼理论的影响 / 393
六、合规不起诉制度的未来 / 398

第十四章
企业有效合规整改的基本思路 / 401

一、引言 / 403
二、合规整改的前置性条件
——认罪、补救和处置责任人 / 407
三、合规整改针对性的制度保障
——犯罪原因诊断 / 412
四、合规整改的针对性措施
——制度纠错 / 419

五、合规整改的归宿
——专项合规体系的构建 / 425
六、结论 / 436

第十五章
企业合规监督考察制度的八大争议问题 / 439

一、引言 / 441
二、企业与关联人员刑事责任的分离 / 450
三、系统性单位犯罪与非系统性单位犯罪的分类 / 458
四、合规出罪的正当性 / 461
五、合规不起诉的适用对象 / 465
六、附条件不起诉与相对不起诉的分离问题 / 469
七、合规考察制度与认罪认罚从宽制度的关系 / 472
八、合规监管人制度的设置 / 475
九、合规整改和合规验收的标准问题 / 482
十、基本结论 / 486

第十六章
律师合规业务的基本框架 / 491

一、作为律师业务的合规 / 493
二、合规计划的打造 / 495
三、合规尽职调查 / 503
四、合规内部调查 / 508
五、执法调查的应对 / 513
六、企业刑事风险的化解 / 518
七、作为合规监管人的律师 / 525

索 引 / 530

第一章
企业合规的性质

企业合规不等于所谓“企业依法依规经营”。从实质上讲，企业合规是一种基于合规风险防控而确立的公司治理体系。为激发企业建立合规管理体系的积极性，需要确立三个方面的激励机制：一是行政监管部门依据合规所建立的宽大行政处理机制；二是刑事执法部门基于合规所推行的宽大刑事处理机制；三是国际组织基于合规所实施的制裁消除机制。没有上述激励机制，企业在建立和推行合规管理体系方面就缺乏基本的动力。

——题记

一、问题的提出

企业合规首先发端于美国，目前已成为全世界企业的治理方式。对于企业合规的含义，理论界和实务界向来有不同的理解。这反映出企业合规的内涵并不是单一的，而是具有多重含义。与此同时，对于企业合规的内涵和外延，至今仍存在一定的争议。例如，有人认为，合规就等于企业合规；也有人认为，企业合规与企业高管的法律责任具有密切的联系。又如，有人指出，企业合规就等于企业对其法律风险的防范和规避；也有人指出，合规并不是一般意义上的风险防控，而主要是对行政处罚风险和刑事风险的防控。再如，有人认为，企业合规充其量只是一种道德问题，还没有形成一种完善的法律制度。也有人认为，从早期公司治理的角度来看，企业合规大体属于企业内部的自我管理问题，但自20世纪90年代以来，随着行政监管合规和刑事合规制度的发展，企业合规已经成为一种重要的法律制度。

由此看来，我们有必要对企业合规的概念做出准确的解释，并对相关观点进行必要的澄清。我们可以通过分析德国西门子股份公司（以下简称西门子）建立合规机制的例子，来解释企业合规的多重含义。然后，再对企业合规的内涵和外延作出简要的解释。

2006年11月，西门子因涉嫌海外商业贿赂而受到德国慕尼黑检察机关的调查。随后，西门子主动向美国司法部和美国联邦证券交易委员会（以下简称美国证交会）报告了在多个国家的行贿行为，并聘请美国德普律师事务所进行了长达两年的内部独立调查。在提交内部调查报告后，西门子与美国司法部达成了不起诉协议。根据这项协议，美国司法部放弃对西门子提起刑事指控，条件是以西门子违反美国《反海外腐败法》有关会计条款和内部管制条款为由，对西门子处以44，850万美元的罚款。与此同时，针对美国证交会提起的民事起诉，西门子选择了民事和解，最终西门子对美国证交会有关其违反反贿赂条款的主张既不否认也不承认，只是同意向美国证交会退还3.5亿美元的不正当利益。不仅如此，西门子还与德国检察机关达成和解协议，缴纳了总额达8亿美元的罚款。

西门子事件发生后，该公司对管理团队作出了大幅度调整。监事会主席和首席执行官相继辞职，约200名经理被开除，100多名高层人员被责令配合调查。西门子还重新组建了合规团队，任命前财政部部长威格尔博士担任独立合规监察官，从2009年开始持续监督西门子在合规方面的改进情况。西门子聘请独立的会计师事务所和律师事务所等外部专业机构进驻，开启了德国历史上的首次公司独立调查。这项调查活动评估了5000多个咨询协议，检查了4000万份银行账户报表、1亿份文件以及1.27亿次交易，进行了无数次内部谈话。西门子为此付出了高昂的代价，仅外部专业机构的调查费用就高达数亿欧元。

西门子建立了独立而权威的合规组织体系。合规组织由首席合规官担任负责人，向西门子总法律顾问报告工作，并可以直接向西门子管理委员会和监事会提交报告。而总

> 法律顾问则直接向西门子总裁兼首席执行官汇报工作。在原来的反腐败合规的基础上，西门子的合规领域已经得到显著的扩大。目前，西门子的合规工作主要集中在四大领域：一是反腐败，防止权钱交易行为；二是反垄断，防止违反公平竞争原则；三是数据保护，注重保护相关的隐私数据；四是反洗钱，注重防止西门子被用作洗钱和为恐怖主义融资的工具。
>
> 西门子的合规体系由两个部分组成：一是商业行为准则，二是三大制度保障。前者包括八个部分，分别确立了"基本行为要求""如何对待商业伙伴和第三方""避免利益冲突""公司财产的使用""环境、安全与健康""投诉与建议""合规执行与监督"等方面的规则。这些商业行为准则基本上确立了西门子的基本合规制度。后者则包括三大支柱性制度：防范（prevent）、监控（detect）和应对（respond）。所谓防范，是针对可能的合规风险所采取的预防性措施。防范体系主要由六个部分构成：合规风险管理、制定政策和流程、培训和其他沟通方式、建议与支持、与人事流程相结合、联合行动和廉洁行动项目等。其中，合规风险管理和培训是防范体系的核心部分。监控体系包括四项流程：控制管理、审计、投诉处理以及报告责任。而所谓的应对体系，则包括对违规行为的及时调查识别，对存在违规行为的员工进行处罚，并在全球范围内进行个案的跟踪。在针对有关员工作出纪律处罚后，涉案的相关部门必须落实调查报告中提出的建议，对相关的制度漏洞和工作缺陷作出必要的补救，以避免类似的违规行为再次发生。[1]

通过观察西门子建立合规体系的例子，我们不难产生以下初步的印象：西门子实施了海外贿赂行为，违反了美国和德国的反贿赂法律，面临着德国检察机关的刑事调查，同时也面临着美国司法部的刑事调

---

〔1〕 参见陈瑞华：《西门子的合规体系》，载《中国律师》2019年第6期。

查和美国证交会的监管调查。西门子假如不采取任何配合调查、自我披露以及重建合规计划的行动，就有可能遭受美国检察机关的刑事起诉和法院的定罪判刑，被美国证交会采取执法行动，并受到行政处罚。当然，在德国刑法没有确立法人犯罪制度的情况下，西门子在德国也有可能受到严厉的行政处罚。可以说，恰恰是为了避免受到严厉的行政处罚和刑事追究，西门子才选择了一条重建合规计划的道路。

而通过重建合规计划，西门子不仅与美国检察机关和美国证交会达成和解协议，被采取了宽大的刑事处理和行政处罚，避免了经济上、交易资格上以及声誉上的诸多损失；而且还“意外”地获得了改革公司治理结构的机会，重建了合规组织体系，实施了新的商业行为准则，确立了以防范、监控和应对为支柱的合规管理体系。假如我们将避免受到严厉的行政处罚和刑事追究作为企业建立合规计划的外部激励机制的话，那么，企业合规本身仍然属于公司为实现自身治理目标所采用的一种自我管理方式。但是，这种企业合规机制与传统的公司治理方式究竟有什么本质区别呢？从西门子所标榜的“只做合规的业务”这一理念来看，企业合规就是企业要依法依规展开经营活动，拒绝并预防那些违法违规的行为，从而形成一种依法依规进行经营活动的习惯，并督促员工、第三方以及其他商业伙伴采取依法依规的经营方式。

鉴于我国政府监管部门刚刚开始引入合规治理方式，而学术界对这一问题的研究也还并不成熟，因此，我们有必要对企业合规的性质作出认真的讨论。本书拟结合西门子重建合规体系的经验，揭示企业合规的三层含义，分析企业合规的演变过程，并通过澄清若干模糊认识来总结企业合规的基本属性。这种对企业合规基础问题的研究，既可以确保相关理论研究不偏离正确的轨道，也有助于政府监管部门按照企业合规治理的规律，逐步构建一种行之有效的合规体系。

二、企业合规的三层含义

从西门子重建合规计划的经验来看，企业合规其实具有三个方面的基本含义：一是从积极的层面来看，企业合规是指企业在经营过程中要遵守法律和遵循规则，并督促员工、第三方以及其他商业合作伙伴依法依规进行经营活动；二是从消极的层面来看，企业合规是指企业为避免或减轻因违法违规经营而可能受到的行政责任、刑事责任，避免受到更大的经济或其他损失，而采取的一种公司治理方式；三是从外部激励机制来看，为鼓励企业积极建立或者改进合规计划，国家法律需要将企业合规作为宽大行政处理和宽大刑事处理的重要依据，使得企业可以通过建立合规计划而受到一定程度的法律奖励。

（一）企业合规的第一层含义

从字面上看，合规（compliance）具有“遵守规则”或“遵循法律规定”的含义。无论是怎样的合规计划或合规管理体系，无非要达到督促企业在经营过程中遵守法律法规的效果。那么，企业究竟要遵守哪些法律法规呢？

通常来说，根据企业在经营或交易过程中所要遵守的规则类型，我们可以将企业应遵守的法律法规分为四种：一是国家制定的法律法规，在我国可以包括全国人大及其常委会通过的法律、国务院通过的行政法规、最高司法机关发布的司法解释、国家部委局办通过的部门规章、地方立法机关通过的法规，等等。二是商业惯例和伦理规范，包括各行业协会颁布的成文行为准则以及各种不成文的商业习惯和伦理规范，等等。三是企业自行颁布的规章制度，包括公司章程、商业行为准则、员工行为守则，等等。四是相关外国法律法规、国际条约或国际惯例，包括公司经营地所在国或地区的法律法规，本国参加或者签署的国际公约，以及相关国际组织所实施的国际规则，等等。〔1〕

从本质上看，企业合规就是一种自我监管机制。企业建立合规管理体系的根本目的在于督促员工、客户、合作伙伴、被并购企业等在经营过程中遵守上述法律法规，只做合法合规的业务。但是，仅要求企业依法依规经营，是企业合规的浅层含义。从公司治理的角度

〔1〕 参见陈瑞华：《企业合规的基本问题》，载《中国法律评论》2020年第1期。

来看，企业要做到依法依规经营，就需要针对自身存在的违法违规风险，建立一套防范员工、客户、第三方、被并购企业等出现违法违规行为的管理机制。针对企业内部可能出现的违法违规行为建立管理机制，是企业合规的根本要义。从这一角度来说，企业合规并不是笼统地要求企业“依法依规经营”，而是要求企业针对可能出现的违法违规情况，建立一套旨在防范、识别和应对合规风险的自我监管机制。

（二）企业合规的第二层含义

企业合规有积极和消极两个层面的含义。前面所说的依法依规经营，是从积极的角度进行的阐释，从消极的角度来看，企业合规是指企业为避免出现违法违规行为，防止或减轻因违法违规而遭受的各种损失所建立的公司治理体系。要理解这一层含义，我们需要从四个角度来作出简要的分析。

首先，企业合规是为了防范合规风险而建立起来的管理机制。所谓合规风险，是指企业因没有遵守法律、规则和准则而可能遭受的法律制裁、监管处罚，以及遭受重大经济损失和声誉损失的风险。每个企业因其所从事的业务不同，会存在各不相同的合规风险领域。例如，银行的合规风险领域通常是违反国家反洗钱法律，医疗企业的合规风险领域一般是违反国家反商业贿赂法律，大数据公司的合规风险领域通常是违反国家数据安全和信息隐私保护的法律，从事进出口业务的企业则通常存在违反国际出口管制法律的合规风险，等等。为防范这些合规风险的发生，避免企业遭受各种损失，企业需要建立合规体系，并将其作为改进公司治理结构的一种制度安排。

其次，企业合规是针对有关监管部门的调查和处罚而建立的管理体系。企业之所以要建立合规管理体系，并不是为了防范所有的“法律风险”，而主要是为了防范因违法违规而受到行政监管处罚、刑事追究的风险。通常而言，企业在经营过程中会面临多方面的风险，也要展开多方面的风险防控工作。但是，企业合规所要防范的不是一般的“经营风险”，也不是一般意义上的“法律风险”，而是因违法违规而受到行政监管处罚和刑事追究的风险。从西门子的经验来看，避免受到严厉的行政监管处罚和刑事追究，是其重建合规计划的主要目标。

再次，企业合规是为避免遭受重大经济损失和声誉损失而建立的管理体系。对于涉嫌违法违规的企业而言，一旦受到监管部门的调查和处罚，或者受到司法机关的定罪量刑，可能带来的最严重后果并不是一般的罚款或者罚金，而是特定经营资格的限制或者剥夺。例如，一旦受到监管处罚或者刑事定罪，企业可能失去了上市资格，失去与政府部门交易的资格，甚至失去特许经营资格。我国各种行政法规对违规企业所作的最严厉处罚是两种“资格剥夺”，即取消特许经营资格和吊销营业执照。按照美国司法部的说法，“起诉一个公司，就等于宣告公司死刑”。之所以如此断言，就是因为企业一旦受到监管处罚或者刑事定罪，就有可能被剥夺上述经营或交易资格，不仅蒙受重大经济损失，而且会遭受社会声誉上的损失。为避免遭受这些经济损失和声誉损失，企业需要建立合规管理体系，有效防范企业或员工的违法违规行为，避免受到严厉的监管处罚或刑事追究。

最后，企业合规是一种特有的公司治理方式。传统的公司治理，无非是通过调整企业所有权和经营权的关系所建立的治理制度安排。其中，由全体股东选举产生的董事会，主要行使企业的决策权和监督权；由董事会遴选产生的高级管理层，所行使的主要是企业的经营权和执行权。企业为强化财务工作的监管，还有可能设立具有相对独立地位的审计部门，甚至设立直接隶属于董事会的审计委员会。但总体而言，这种传统的公司治理结构缺乏一种独立的法律风险防控机制。而企业合规机制的建立，在传统公司治理结构中引入了一种专门的风险防控机制。通过在董事会之下设立合规委员会，在管理层面设立首席合规官，在公司总部设置专门的合规管理部门，并在公司各个部门以及分支机构设立合规分支部门或合规人员，实现自上而下的合规管理体系。

通过建立合规管理体系，企业建立了商业行为规范，为员工确立了行为准则，并建立了合规风险防范体系、风险识别体系和违规行为应对体系。通过对企业和员工经营行为的及时监控和处置，企业实现了自我监管、自我报告、自我披露和自我整改，可以实现对违法违规行为的有效预防、及时监控，对于制度上的漏洞和缺陷进行及时地堵塞和修补。在一定程度上，企业合规发挥了替代政府监管、防范企业及其员工出现违法行为的效果。〔1〕

（三）企业合规的三大激励机制

企业合规作为一种公司治理方式，本身并不会自动地发挥作用；而唯有建立外部的激励机制，这种公司治理方式才会被激活。这些激励机制主要是来自行政法和刑法上的奖励制度，也就是企业建立了合规管理体系，就可以得到行政监管部门的宽大行政处理，或者受到较为宽大的刑事处理。有关国际组织也可以对那些建立了合规计划的企业，予以较为宽大的制裁处罚。正因如此，合规的企业就具有了三个方面的法律保障：一是行政监管合规机制；二是刑事合规机制；三是反制裁合规机制。这三个方面的合规激励机制的建立，意味着合规不是单纯地属于企业内部的治理方式问题，更不是单纯地属于企业承担道德责任的问题，而是成为行政法、刑事法乃至国家经济法的有机组成部分。〔2〕

所谓行政监管合规，是指行政监管机构针对那些存在违反行政法律的企业所确立的以企业合规换取宽大行政处理的法律制度。在那些建立了行政监管合规机制的国家，对于那些已经建立了合规管理体系的违法企业，监管部门可以与其达成行政和解协议，或者免除行政处罚，或者减轻行政处罚。而对于签署行政和解协议的违规企业，监管部门还有可能设置考验期，督促其在配合调查和自我披露的前提下，采取进一步改进合规计划的措施。在考验期结束后，企业满足了和解协议所要求的改进合规计划方案的，监管部门就可以不再对其采取进一步的行政执法行动。因此，行政监管合规已经替代了传统的严刑峻法式的行政执法方式，成为行政监管部门督促违法企业自我监管、自我整改、自行堵塞管理漏洞的一种执法方式。

---

〔1〕 参见陈瑞华：《企业合规制度的三个维度——比较法视野下的分析》，载《比较法研究》2019年第3期。

〔2〕 参见陈瑞华：《论企业合规的中国化问题》，载《法律科学》2020年第3期。

所谓刑事合规，是指对于那些已经构成犯罪的企业，刑事执法机关以企业建立合规机制为依据，对其做出宽大刑事处理的法律制度。传统上，对于构成犯罪的企业，检察机关要么向法院提起公诉，要么作出不起诉的决定。即便检察机关与涉案企业达成某种辩诉交易或者量刑协议，企业最终也会被追究刑事责任。但在那些确立了刑事合规制度的国家，检察机关对于已经建立合规计划的犯罪企业，可以根据企业建立合规计划的情况，作出是否提起公诉的决定；对于已经起诉到法院的案件，涉案企业可以以建立合规计划为根据，作出无罪的抗辩，说服司法机关作出无罪决定；对于已经被定罪的企业，法院还可以将企业建立合规机制作为减轻刑事处罚的根据。不仅如此，检察机关对于已经建立合规计划的企业，还可以根据其犯罪的情况以及合规计划的有效程度，与其达成暂缓起诉协议或者不起诉协议，通过设置考验期，督促其在缴纳改革罚款的前提下，重建合规计划，并对其重建合规计划的进程进行持续不断的监管。在考验期结束后，检察机关根据企业履行上述协议的情况，可以作出撤销起诉的决定，案件最终以企业被宣告无罪而告终。可以看出，这种刑事合规机制将企业合规作为提起公诉、定罪和量刑的重要根据，也作为与企业达成和解协议的重要根据和内容，已经成为刑法确定企业刑事责任的根据，也成为刑事诉讼法所确立的一种替代性的、非正式的刑事诉讼程序。

所谓反制裁合规，是指建立合规管理机制的国际组织对违反该组织所确立的交易规则的企业，通过责令其建立有效合规计划来换取撤销制裁和处罚的国际法律制度。在这一方面，最为典型的是以世界银行为代表的国际金融机构。对于申请贷款合作和参加项目招投标的企业，假如存在腐败或者欺诈等违反规则的情形的，世界银行等国际金融机构可以作出一系列程度不等的制裁。其中，对于大多数存在违反规则的企业而言，世界银行的制裁都是附解除条件的取消资格。这些企业要申请解除这类制裁，就要按照世界银行的要求，在考验期之内，重建诚信合规计划，并接受世界银行的监督和检验。在考验期结束后，企业建立了有效合规计划，并经审查验收合格的，世界银行就可以解除上述附条件的制裁。可见，这里所说的反制裁合规，将企业建立合规计划作为解除国际制裁的条件，是国际组织对有关企业加强监管的重要方式，属于国际经济法律制度的重要组成部分。[1]

三、企业合规是如何发生的?

企业合规最早出现在美国。早在20世纪60年代以前，合规就出现在美国的商业监管实践之中。当时，一些企业针对社会对公司不信任的情况，试图通过规范员工的行为来加强自我监管，督促员工依法依规行事。同时，一些行业协会也尝试制定合规指南，督促企业依法依规进行经营活动。当然，无论是企业还是行业协会，建立合规体系的目的都不仅仅在于依法依规经营，还在于有效地划分市场和控制价格。总体上来说，这一阶段的企业合规基本上属于企业"自我监管阶段"。[2]

20世纪60年代以后，随着一系列企业垄断丑闻的出现，包括通用电气、西屋电气在内的十几家公司通过划分市场、操纵价格和控制招标等方式来确保其市场垄断地位，这些公司先后受到美国刑事反垄断部门的调查。先后有30余家被调查企业和40多人与检察机关达成认罪协议。除了这些公司被法院判处数百万美元的罚金以外，还有7名公司高管被判处有期徒刑。这些针对公司及其高管的刑事处罚，震惊了美国社会各界，也促使众多企业开始制定反垄断合规计划。在此过程中，监管部门对于企业合规的发展产生了较大推动作用。这是因为只要企业建立了合规计划，并保证该计划得到严格的监督和诚实的执行，监管部门就可以据此认定企业没有主观过错，不对员工的违法违规行为承担法律责任。因此，自1970年以后，合规管理体系的建设在美国特定领域逐渐受到重视。这一阶段持续了近30年，可以被称为"企业合规的政府监管时代"。[3]

---

〔1〕 参见陈瑞华:《湖南建工的合规体系》，载《中国律师》2019年第11期。

〔2〕 See Todd Haugh, *The Criminalization of Compliance*, Notre Dame Law Review, Volume 92, p.1215-1270 (2017).

〔3〕 参见邓峰:《公司合规的源流及中国的制度局限》，载《比较法研究》2020年第1期。

在这一阶段，企业合规逐渐在企业反商业贿赂领域得到高度重视。1977年，为了严厉惩治日趋严重的美国公司海外贿赂行为，美国颁布了《反海外腐败法》。该法确立的反腐败条款和会计条款不仅对在海外运营的美国公司产生了较大的法律约束力，还可以适用于外国公司在美国的贿赂行为以及在美国设立分支机构的外国公司的海外贿赂行为。美国联邦司法部对违反该法的行为拥有刑事管辖权，而美国证交会则可以行使民事管辖权。[1]

进入20世纪90年代以来，美国司法部和美国证交会对海外贿赂行为的查处力度显著加强，大批跨国企业因为存在各种商业贿赂行为而被定罪判刑。由于定罪给公司带来的不仅是刑事责任，还严重损害了公司声誉，使公司失去商业机会和交易资格，因此，为避免如此严重的后果，很多公司开始重视内部的法律风险防范问题，避免海外贿赂行为的发生。[2]

自此，美国企业合规制度迎来了新的发展阶段。这一阶段的主要特征是，企业合规从特定行业的管理机制发展成为美国企业界普遍的公司治理方式。与此同时，从刑事执法部门加强合规监管开始，逐渐为几乎所有政府部门所接受，形成了刑事合规和行政监管合规并存的局面。

1991年，美国联邦量刑委员会制定了《组织量刑指南》，并将其编入《联邦量刑指南》第八章，以此作为法院对构成犯罪的企业进行量刑的依据。

《组织量刑指南》的实施，给企业合规的发展带来了多方面的促进作用。一方面，为预防企业的违法违规乃至犯罪行为，执法机关在对企业施以罚金处罚的同时，还对那些建立合规计划的企业给予适当的奖励；另一方面，该项指南明确鼓励企业配合执法机关的调查工作，主动披露违法行为，及时惩处负有责任的员工，并根据公司的配合度来调整对企业的罚金幅度。这种刑事合规机制的发展，第一次对企业在加强合规管理方面产生了积极的激励作用，它们逐渐从员工遵纪守

---

〔1〕 参见陈瑞华：《美国〈反海外腐败法〉与刑事合规问题》，载《中国律师》2019年第2期。

〔2〕 参见陈瑞华：《合规视野下的企业刑事责任问题》，载《环球法律评论》2020年第1期。

法的“被动观察者”，转变为督促员工依法依规经营的“积极倡导者”。可以说，《组织量刑指南》的实施，成为美国企业合规制度发展的“分水岭”。自此以后，美国企业普遍开始按照该项指南的标准来建立有效的合规计划，这被视为企业有效治理的重要标志。同时，美国联邦检察机关在推动企业合规发展方面发挥了越来越大的作用。它们不仅根据该项指南所设定的标准来作出是否提起公诉的决定；而且在与企业达成暂缓起诉协议或不起诉协议时，还会将企业是否按照指南要求确立合规计划作为重要的考量因素，并在达成协议后作为企业改进合规计划的标准模版。[1]

美国企业合规的第四个发展阶段是“普遍监管阶段”。在2000年以后，美国爆发了大规模的企业欺诈丑闻，包括安然、世通、雷曼兄弟等在内的多个美国公司，因卷入欺诈案件而最终宣告破产。当时全球第一大会计师事务所安达信公司，也因为向监管部门提供伪造文件而受到刑事起诉，并随即陷入分崩离析的困境，不仅失去了从事证券审计业务的资格和绝大多数客户，员工也纷纷离职或失业，造成了美国经济的严重动荡。

为应对这场危机，加强对企业的内部控制，美国于2002年通过了《萨班斯-奥克斯法案》，这是自1930年以来对联邦证券法所作的最大修改。在推动企业合规方面，该项法案的实施代表了美国治理上市公司基本理念的转变，也就是从简单的信息披露走向实质性的监管。其中，最主要的监管方式就是督促公司建立内部控制体系，要求公司管理层承担其建立、运行、评估、披露内部控制体系的责任。在该法案的影响下，美国上市公司会计监管委员会确立了企业内部控制体系的基本标准。这些标准要求管理层对内部控制体系的有效性进行评估，并对评估进行记录和报告。管理层的责任主要包括：记录与所有财务报表会计科目和披露事项认定有关的内控设计；测试相关的内控体系，并涵盖内部控制的全部要素；执行适当程序以获得充分的证据并保留相关记录，以便支持对内控体系有效性的评估；内部控制体系

---

〔1〕 参见陈瑞华：《企业合规视野下的暂缓起诉协议制度》，载《比较法研究》2020年第1期。

评估应由公司管理层负责实施，可取得内部审计师、公司其他人员和第三方的协助，但不可直接委派给外部审计师或其他任何第三方；遇有一个或多个严重不合格的情况，管理层就不应认定内控体系的有效性；管理层报告应披露所有严重不合格的情况。[1]

2010年通过的《多德-弗兰克法案》，针对金融危机的发生，推动了企业合规制度的进一步发展。根据美国学者的分析，该项法案“更加重视公司内部的举报和合规程序”，督促企业不断改进合规计划，以便有效预防企业内部的违法违规问题。

随着美国企业合规制度的普遍实施，一些国际组织逐步接受了“通过合规进行公司治理”的理念，开始在相关领域发布有关企业合规的基本标准，以便指导企业建立合规体系。2005年4月，巴塞尔银行监管委员会发布了《合规与银行内部合规部门》，对金融企业构建合规部门确立了一般性的原则。该项文件对于合规风险作出了明确界定，要求合规应从银行高层做起，并确立了基本的合规原则。2010年3月，经济合作与发展组织发布了《内部控制、企业道德及合规最佳实践指南》，对成员国和跨国企业提出了预防腐败行为的要求，并确立了有效合规的十二项准则。2014年，国际标准化组织发布了《合规管理体系指南》，以国际法律文件的形式确立了有效合规的基本标准。该项合规文件的发布，标志着国际组织建立有效合规计划步入了成熟阶段。

在美国合规制度的影响下，其他西方国家先后接受并采纳了合规治理机制。最初，企业合规是为了配合国际反商业贿赂的开展和合作而得到传播的。在美国《反海外腐败法》实施二十余年后，英国于2011年通过了《反贿赂法》，[2]法国于2016年通过了《萨宾第二法案》。[3]这两个国家都在反腐败领域将企业合规确立为重要的刑事激励机制，并确立了有效合规计划的最低标准。在此前后的时间里，西班牙、意大利等国将合规机制写入刑法，使其成为对企业犯罪案件进

〔1〕 参见陈瑞华:《安然和安达信事件》，载《中国律师》2020年第4期。

〔2〕 参见陈瑞华:《英国〈反贿赂法〉与刑事合规问题》，载《中国律师》2019年第3期。

〔3〕 参见陈瑞华:《法国〈萨宾第二法案〉与刑事合规问题》，载《中国律师》2019年第5期。

行无罪抗辩的法定事由，也成为法院对涉案企业作出宽大刑事处理的法定量刑情节。这些法律都属于反海外腐败的法律，所确立的合规机制也都属于“反腐败合规”。这种着眼于防范企业商业贿赂犯罪的合规机制，一般被称为“小合规”，或者“狭义的合规”。不仅如此，发端于反腐败领域的企业合规，逐渐被扩展到反洗钱、反垄断、数据保护、出口管制等诸多领域，实现了企业合规适用范围的普及化。而最初作为刑法激励机制的企业合规，也逐渐为各国政府监管部门所接受，成为对涉案企业进行宽大行政处理的重要依据。其中，行政监管部门与涉案企业通过达成行政和解协议，督促并激励企业建立合规计划，已经成为西方国家普遍采纳的新型监管方式。〔1〕

一些国际组织在接受合规理念并发布有效合规计划的同时，还充当了“国际执法者”的角色，对参与该组织招投标项目的企业进行了合规治理，并将合规作为一种“国际执法激励机制”。在这方面，最为典型的是以世界银行为代表的国际金融机构。作为一家国际金融组织，世界银行对于参加投标竞标的企业存在腐败、欺诈、串通、施加压力、阻碍等不当行为的，可以实施连带制裁和联合制裁。但是，涉案企业只要没有实施特别严重的违规行为，就有机会通过重建诚信合规体系来解除制裁。《世界银行集团诚信合规指引》是一部由世界银行发布的有效合规标准。被制裁企业唯有按照这一合规指引的要求，建立或者完善了企业的合规体系，才有可能获得解除制裁的机会。迄今为止，我国共有44家企业受到世界银行的制裁，其中大多数为实施了欺诈行为的国有企业。其中，湖南建工集团就曾因在参加世界银行的招投标项目时存在虚报业绩的行为，而受到“附解除条件的取消资格”的制裁。在为期三年的考验期内，该公司在世界银行的指导和监督下，按照这份诚信合规指引的要求，重新建立了企业合规体系，满足了世界银行的合规管理要求，最终于2017年被世界银行移出了“被制裁企业名单”。〔2〕

---

〔1〕 See Sean J. Griffith, *Corporate Governance in An Era of Compliance*, William & Mary Law Review, Vol.57, p.2075–2140（2016）.

〔2〕 参见陈瑞华：《湖南建工的合规体系》，载《中国律师》2019年第11期。

四、企业合规还是企业高管合规？

在西方国家，企业合规机制已经有了半个多世纪的发展历史，如今已经成为一种越来越重要的企业治理方式。而在我国，企业合规机制作为一种“舶来品”，其引入仅有十年左右的时间。直到2018年，我国行政监管部门才开始尝试在企业中全面推动合规管理体系的建设。正因如此，对于企业合规的概念和性质，我们经常存在一些认识上的争议，也存在一些不准确的判断和界定。本着正本清源的考虑，我们有必要对企业合规的性质作出进一步的揭示，并对有关的分歧和争议作出简要的澄清。

一些研究者认为，合规不仅是指企业合规，而且还包括企业高管的合规。有人甚至直接将企业合规与“企业家的风险防控”画等号。尤其是在刑法领域，鉴于我国刑法确立了单位犯罪制度，并设定了近200个单位犯罪的罪名，而刑法对这些犯罪均实行“双罚制”，也就是确立一个犯罪主体，但要对单位和直接责任人员同时科处刑事处罚。因此，一些学者直接指出，企业合规机制的建立，既要达到防控企业法律风险的效果，也要避免公司高管承担刑事责任。

这种将企业合规混同于企业家风险防控的观点，是不能成立的。这是因为企业合规的本质在于通过建立一种防范、识别和应对违法违规行为的机制，在企业内部形成依法依规经营的惯例和文化。通过建立合规机制，企业为高管、普通员工和第三方的行为划定了行为边界，依据各自法律法规设定了权利、义务和责任，并督促高管、员工和第三方遵守法律法规，避免从事违法违规的行为，对违法违规行为承担各自的责任和后果。很显然，企业合规是企业对高管、员工和第三方等合作伙伴所展开的一种自我管理、自我防范和自我约束机制，属于企业内部治理的重要方式。企业合规所防范的当然是企业风险，而不是企业家的风险，更不是一般公司高管的风险。这是其一。

其二，企业合规机制的实施，可以有效地分割企业责任与员工、高管、第三方甚至被投资并购方的责任，最大限度地保护企业的利益。随着企业的发展，企业内部的治理结构变得越来越复杂，一些企业动辄拥有数以万计的员工，或者数以百计的分支机构。企业不仅面临着管理成本增加的问题，而且面临着企业因其高管、员工、第三方的行为而承担法律责任的问题。而在投资并购等经营领域，那些作为投资并购对象的其他企业，一旦存在违法违规行为，也有可能使负责投资并购的母公司受到连累，使其承担不应有的法律风险。而企业一旦建立合规机制，就意味着企业要对员工、高管进行必要的合规培训，将其合规政策和程序向高管和员工进行持续不断的传达和沟通，必要时还要向高管和员工发放员工行为手册，与高管和员工签署合规承诺书。这样，一旦发生高管或员工的违法违规行为，企业就可以将上述合规管理行为作为免除企业责任的重要依据，从而将企业责任与高管和员工责任进行有效切割。〔1〕

与此同时，在发展诸如供货商、经销商、代理商等第三方合作伙伴的过程中，企业一旦建立了合规机制，就要进行必要的合规风险评估，对潜在的第三方进行合规尽职调查，对存在违法违规风险的第三方进行必要的合规管理。这些第三方一旦出现违法违规行为，企业的这些合规管理行为，也可以成为其免除法律责任的重要依据。不仅如此，在开展投资并购等经营活动的过程中，作为被投资并购方的企业，一旦存在违法违规行为，根据所谓的“继承责任原则”，就有可能使负责投资并购的母公司承担相应的法律责任。为避免承担如此大的法律风险，作为母公司的企业在投资并购之前，就应按照企业合规的机制，对被投资并购的企业进行合规风险评估，展开合规尽职调查，进行必要的合规风险管理。由此，被并购企业一旦出现违法违规行为，母公司就可以合规管理行为为依据，为自己进行必要的合规免责抗辩了。

从上述合规风险防控的角度来看，企业合规的本质是通过将企业责任与高管责任、员工责任、第三方责任和被投资并购方的责任进行有效的切割，最大限度地保证企业不因上述各方的违法违规行为而承担法律责任，从而有效地避免法律风险。这种企业合规不仅不等于

---

〔1〕 参见尹云霞、李晓霞：《中国企业合规的动力及实现路径》，载《中国法律评论》2020年第3期。

企业家的风险防控，而且还将企业责任与企业家的责任进行了必要的区分。

其三，从企业应对合规风险的角度来看，企业合规包含了自我披露和自我内部调查的因素，而这种应对经常包含了对从事违法违规行为的高管和员工进行惩戒的内容。既然如此，企业合规机制的实施，不仅不会加强企业家的风险防控，反而有可能带来追究企业家法律责任的后果。

企业一旦出现违法违规行为，就有可能面临着监管部门的调查和处罚。为避免受到更大的损失，那些建立合规机制的企业，通常都会在配合观察的基础上，展开独立的内部调查，不仅要查明企业违法违规的事实和企业合规机制的缺陷，还要查明造成企业违法行为的直接责任人员，并对这些责任人员作出纪律惩戒，必要时还要将那些负有责任的高管送交司法机关，使其被追究法律责任。甚至在有些情况下，为获得更大的奖励，企业还有可能对监管部门没有掌握的违法违规情况进行主动披露，由此可能牵连出更多的员工和高管受到惩戒。因此，企业合规机制的实施，不仅不会减免企业家的法律风险，反而可能会带来惩戒负有责任的高管，甚至追究企业家法律责任的后果。〔1〕

五、企业合规是否等于“风险防控”？

很多企业都设有“内控部门”或“风控部门”专门从事风险防控工作。在推进合规体系建设过程中，一些国有企业将企业合规等同于风险防控，甚至主张将合规部门设置在“风控部门”之下。那么，企业合规是否等于“风险控制”呢？

其实，企业合规本质上是对合规风险的防控体系。研究合规的性质，需要厘清合规风险的性质，也需要清晰界定合规风险与其他公

---

〔1〕 参见尹云霞、庄燕君、李晓霞：《企业能动性与反腐败“辐射型执法效应”——美国FCPA合作机制的启示》，载《交大法学》2016年第2期。

司风险的关系。一般而言，公司治理结构的基本目标是要解决两个关系：一是股东和经营者的关系，即所有权和经营权的关系；二是大股东和中小股东的关系，经济学中的“隧道效应理论”探讨的就是控股股东侵害中小股东利益的现象。而如何保护中小股东权益，属于现代公司治理的一大难题。[1]

那么，在公司治理层面上，企业究竟要防范什么样的风险呢？在企业所面临的诸多风险之中，合规风险究竟处于什么样的地位呢？其实，很多企业负责人由于没有正确认识公司治理风险的概念和种类，因而也就难以意识到合规风险的重要性。例如，有人把公司治理风险分为投资风险、并购风险、融资风险、销售风险、市场风险、产品质量风险、技术风险、知识产权风险、用工风险等数十种。有人甚至将合规风险视为上述诸多风险的一种。这种观点显然没有抓住重点，也没有认识到合规风险的本质。一般而言，企业会面临三个方面的风险：一是经营风险；二是财务风险；三是合规风险。下面简要分析一下这三种风险的关系。

第一种风险是经营风险，也被称为“业务风险”。企业在开展投资并购、市场销售、质量保障等各种业务活动过程中，所面临的投资得不到回报、企业无法营利，甚至面临生存困难的风险，都可以被称为经营风险。经营风险需要依靠公司治理结构中的业务治理来进行有效的防控、识别和应对。公司首席执行官是经营风险治理的第一责任人，由其所率领的执行团队是为企业创造业务收益的骨干力量。但是，经营风险属于经济学研究的范畴，企业要规避经营风险，就需要通过研究投资经营的全过程，按照市场和经济规律，寻找解决问题的对策。

第二种风险是财务风险。这主要是指由于在财务管理上存在混乱、舞弊、贪腐等行为，企业遭受经济损失，无法实现营利目的，甚至濒临破产的风险。一个良好的现代财务管理制度包含非常复杂的环节，公司除了配置首席财务官以及专门的财务管理部门以外，还要设

---

〔1〕 参见［美］罗伯特·A.G.蒙克斯、［美］尼尔·米诺：《公司治理》，李维安等译，中国人民大学出版社2017年版，第81页。

立审计机构对企业财务管理进行必要的监督。有些企业甚至在董事会之下设立相对独立的审计委员会,以提升审计部门的权威性和独立性。可以说,财务管理是独立于经营管理活动的独立治理体系。

第三种风险是合规风险。合规风险既不同于经营风险,也不同于财务风险,是指企业因为在经营中存在违法违规乃至犯罪行为,而可能遭受行政监管部门处罚和司法机关刑事追究的风险。根据前面的分析,合规风险可以分为监管处罚风险、刑事风险和国际组织制裁风险三种。合规风险一旦得不到控制,企业除了会被追究法律责任以外,还有可能被剥夺特许经营资格,甚至被吊销营业执照,从而使企业遭受经济损失乃至声誉损失,由此引发的雪崩效应会使其承受灾难性的代价。

由此可见,企业建立合规机制,并不是防控一般意义上的"风险",而主要是防控因违法违规行为而受到监管处罚和刑事处罚的风险。这种合规风险不仅不同于企业的经营风险,也与企业的财务管理风险具有实质性的区别。正因如此,在那些建立有效合规计划的企业中,在董事会领导之下,同时并存着业务经营、财务管理和监督、合规管理三大公司治理体系,三者分别防控相应的经营风险、财务管理风险以及合规风险,它们相互独立、相互制衡,各自具有较高的权威,在公司治理中发挥着不同的作用。正因如此,企业合规并不是一般的"风险控制",而是一种具有"合规风险控制"职能的治理体系。

六、合规是否等于"法律风险防控"?

在建立合规管理体系的过程中,很多企业都将合规管理部门设置在"公司法律部门"之下,甚至安排公司法务总监或总法律顾问担任CCO。据此,有人认为,所谓企业合规,就等于公司的法律风险防控,要对企业所遇到的全部法律风险承担防范、识别和应对责任。有人甚至指出,企业建立合规机制,除了要防范行政监管风险、刑事风险和国际组织制裁风险以外,还要承担民事法律风险。据此,有人还提出了所谓“民事合规”的概念。还有人认为，企业因别人实施违法或者犯罪行为而遭受经济损失或其他损失的风险，也属于企业合规所要防范的“法律风险”。因此，企业合规机制的实施，还要注意防范受到犯罪行为侵害的风险。

假如企业合规就等于所谓的“法律风险防控”，那么，企业普遍设立的法律事务部门就足以担当这种防控法律风险的责任了，何必还要设置专门的合规管理部门呢？更何况，从西门子重建反贿赂合规计划的经验来看，该公司原本就设立了法律部门，为什么还要重建合规组织体系和合规管理机制呢？而从中国中兴通讯股份有限公司（以下简称中兴公司）重建出口管制合规体系的经验来看，该公司早就设立了法律事务部门，为什么在接受美国司法部、商务部和财政部的出口监管调查之后，还要重建出口管制合规体系呢？

上述企业重建合规计划的经验显示，企业合规并不等于一般意义上的法律风险防控。一个企业从其成立之日起，经过时间不等的经营过程，直到被吊销营业执照、宣告破产或者自行解散之日为止，要受到多种法律和法规的规范和约束，也面临着难以计数的法律风险。假如我们将“法律风险”界定为因违反法律法规而受到处罚或遭受损失的风险，那么，企业几乎在每时每刻以及在每个经营管理环节，都会面临这样的“法律风险”。例如，企业一旦违反民事合同法，存在违约行为或者合同欺诈现象，就有可能被别人提起民事诉讼，进而承担民事责任。又如，企业一旦违反劳动法，侵犯了员工的合法权益，也有可能被诉诸司法程序，承担民事赔偿责任。再如，企业受到其他企业或者个人的违法犯罪行为的侵害，如被采取诈骗行为、被严重侵害权益、被内外勾结的人采取了贪腐或者舞弊行为等，因此造成严重的经济损失。[1]

那么，企业所遇到的上述“法律风险”究竟是不是“合规风险”呢？企业合规是不是要防范这些法律风险呢？答案是否定的。其实，在各种法律风险之中，对企业具有致命影响的还是企业因为违反法律法规而受到监管处罚和刑事追究的风险。例如，企业因为实施商业贿

---

〔1〕 参见韩轶：《企业刑事合规的风险防控与建构路径》，载《法学杂志》2019年第9期。

赂行为，受到了反不正当竞争部门的调查，或者受到刑事执法机关的立案侦查；企业因为接受腐败分子或恐怖分子的融资，违反了有关反洗钱的法律，因此受到金融监管部门的调查，或者受到检察机关的起诉；企业因为违反有关网络安全管理法律，或者存在侵犯个人信息的行为，受到有关监管部门的调查，或者受到法院的刑事审判；企业因为违反有关出口管制的法律，而受到监管部门的行政处罚，或者被追究刑事责任；企业因为排放危险废弃物，造成污染环境的法定后果，因此被环境保护部门采取行政处罚，或者被法院予以定罪……

这种由监管部门启动的行政执法程序一旦启动，企业有可能受到严厉的行政处罚；这种由刑事执法机关启动的刑事诉讼程序一旦启动，企业就可能被宣告有罪，并被追究刑事责任。甚至在由世界银行等国际组织发动的制裁程序中，这种制裁一旦实施，企业将会遭受重大损失。而上述行政处罚、刑事追究以及国际组织制裁带来的最严厉后果，莫过于企业"被剥夺特定资格的后果"。根据前面的分析，这种资格剥夺可以是企业失去特定经营许可资格，也可以是丧失贷款和参加投标的资格，还可以是被吊销营业执照，从而被依法宣告为"企业死亡"。

正因为上述监管制裁、刑事追究和国际组织制裁会给企业带来如此严重的后果，我们才将受到这些特定处罚视为一种特殊的"合规风险"，并将其与一般的法律风险区别开来。也正是为了防范这种合规风险，企业才需要设立合规委员会、首席合规官、合规部门等合规组织，并在发布商业行为准则和员工行为手册的前提下，建立专门的合规风险防范、识别和应对体系。由此可见，企业合规并不是一般意义上的"法律风险防范"，而是专门针对行政监管处罚风险、刑事法律风险以及国际组织制裁风险建立的自我监管、自我报告、自我预防和自我整改的公司治理体系。

当然，无论是中国企业还是西方企业，大多没有将合规组织与原有的法律事务部门完全分离开来，而是由公司总法律顾问或法律总裁兼任首席合规官，或者将合规部门设置在法律事务部之下。但这并不意味着合规部门所承担的是一般意义上的法律风险防控工作，而恰恰显示出合规部门所承担的"合规风险防控"，既是整个"法律风险防控”工作的组成部分，也与一般的“法律风险防控”具有实质性的区别。对于一个将合规部门设置在法律部门之中的企业而言，合规部门所承担的主要是防范合规风险的工作。至于代表企业以原告或者被告的身份参与民事诉讼，或者以受害单位的名义启动行政执法程序，或者提起刑事控告，这些法律事务应当由合规部门以外的其他法律事务人员来承担。

七、企业合规究竟是道德问题，还是法律问题？

企业合规作为一种公司治理方式，究竟是道德问题还是法律问题呢？之所以要提出这一问题，是因为不少研究者存在分歧和争议。有人认为，企业合规本质上是道德问题，因为它无非是企业进行自我管理和自我建章立制的问题，迄今为止也没有哪些国家在基本法律中确立合规机制。与此同时，企业合规机制的实施，最终还是依赖于企业形成一种依法依规经营的文化。而这种文化本身就属于道德问题或者企业伦理问题，没有上升为法律层面的问题。但是，也有人认为，企业合规不是道德层面的问题，而仅仅属于法律问题。这是因为无论是西方国家还是中国，在行政法中都确立了以合规换取宽大行政处理的激励机制，尤其是确立了以合规为基础的行政和解协议制度。而西方国家还在刑法中确立了以合规换取宽大刑事处理的刑事合规机制，并在刑事诉讼法中确立了对合规企业的暂缓起诉协议或不起诉协议制度。这显然说明，企业合规已经被纳入行政法律和刑事法律之中，成为国家法律体系的组成部门。

这两种观点虽各有道理，但都有失偏颇。从根本上说，这种争论反映出研究者对于企业合规的概念没有全面了解和掌握。按照前面的分析，企业合规是一种非常复杂的公司治理方式，具有多重含义。从其积极含义来看，企业合规似乎就是企业“遵纪守法”的代名词，与自然人一样，被赋予依法依规进行经营活动的义务。这种企业合规似乎难以被归入“法律制度”的范畴。从其消极含义来看，企业合规属于企业为避免因违法违规行为而遭受监管处罚或刑事处罚所确立的公司治理方式。为避免遭受经济损失以及其他损失，企业在内部建立了旨在防控、识别和应对合规风险的管理机制。这似乎也不属于典型的法律问题，而带有“道德问题”的色彩。更何况在企业合规制度发展的早期，众多西方企业一度将企业合规管理部门直接称为“道德与合规部”，甚至将企业合规的负责人命名为“首席道德与合规官”。而企业合规机制的实施，确实也要形成一种依法依规经营的文化和管理，据此还提出了所谓“合规文化”的概念。[1]这些都显示出，企业合规的确有道德问题的性质。

但是，企业合规是否属于单纯的道德问题呢？答案也是否定的。常识告诉我们，假如企业合规仅仅属于道德问题，那么，为什么在行政法中要确立行政监管合规机制和行政和解协议制度？为什么在刑法中要确立刑事合规机制？为什么在刑事诉讼法中要确立暂缓起诉协议或者不起诉协议制度？即便在我国，随着企业合规机制逐步被确立在企业管理过程之中，行政法律开始确立行政执法和解制度，使企业建立合规机制可以成为达成行政和解的依据；开始确立合规抗辩制度，使企业可以以建立合规计划为根据，将企业责任与员工责任加以分离。这也足以说明，我国在行政法律中已经引入了合规激励机制，初步形成了行政监管合规的制度框架。至于刑法和刑事诉讼法，目前尚未将合规纳入激励机制中，暂时无法使合规成为司法机关对企业作出宽大刑事处理的依据。但根据西方国家建立企业合规制度的经验，这种刑事合规迟早会被引入我国的刑事法律之中。

从西方国家行政监管和刑事执法的经验来看，对于那些没有建立合规计划或者合规计划存在漏洞的企业，监管部门和刑事执法部门会作出严厉的处罚，追究其法律责任。而对于建立有效合规计划的企业，监管部门则有可能与其达成行政和解协议，刑事执法机关也有可能与其达成暂缓起诉协议或者不起诉协议，责令其重建合规计划。即便对涉案企业作出行政处罚或者刑事处罚，有关部门对建立合规计划的企业也会予以宽大处理。这显然说明，企业合规已经被行政法律和

---

〔1〕 See Donald C. Langevoort, *Cultures of Compliance*, American Criminal Law Review, Vol.54, p.933-977(2017).

刑事法律所吸收，成为有关部门对企业作出行政处理和刑事处理的重要依据。很显然，在西方国家，企业合规早就属于行政法律和刑事法律所共同确立的法律制度，成为监管部门对企业作出宽大行政处理的依据，也成为刑事执法机关对企业作出宽大刑事处理的理由。[1]

不仅如此，企业合规的发展经历了从道德治理走向法律治理的过程。在20世纪60年代，直至90年代，西方企业已经开始展开了合规管理体系的建设。这一阶段的企业合规机制，基本属于企业内部自我管理、自我建章立制的问题，无论是行政监管部门还是刑事执法机关，对于企业合规都没有作出法律规定。可以说，这一阶段的合规制度基本上不属于法律问题，而带有道德问题的性质。但自20世纪90年代以来，随着企业违法违规情况的愈加严重和普遍，对于企业加强监管和治理成为西方国家普遍关注的问题。特别是21世纪初期，随着安然、世通和安达信等企业欺诈丑闻的爆发，加强对企业（特别是上市公司）的监管，尤其是通过督促企业建立内部控制体系来督促其依法依规经营，已经引起整个西方社会的普遍重视。自此以后，企业合规作为一种公司治理方式，再也不是企业自由选择的道德治理问题，而成为企业为避免最严重损失而不得不采取的危机应对方式。而为避免监管部门和刑事执法机关滥用自由裁量权，西方国家在行政法和刑事法中确立了有效合规的标准，企业与有关执法机关达成和解协议的条件，甚至确立了对合规企业予以宽大处罚的标准和幅度。合规制度的发展历史也足以证明，随着行政法和刑事法的发展，企业合规早就从最初的道德治理方式，转化为当下的法律治理方式，成为监管部门从外部督促企业自我监管、自我整改的法律依据，也成为刑事执法机关从外部督促企业建立防范合规风险、识别违规行为以及应对监管调查的法律依据。

因此，企业合规既包含依法依规经营、避免遭受损失的道德意义，也成为行政监管部门作出宽大监管处罚的依据，以及刑事执法机关作出宽大刑事处理的理由。这当然意味着企业合规既具有道德问

---

〔1〕 参见黎宏:《合规计划与企业刑事责任》，载《法学杂志》2019年第9期；时延安:《合规计划实施与单位的刑事归责》，载《法学杂志》2019年第9期。

题的属性，也是一种重要的法律制度。

八、结论

从历史的角度看，企业合规是针对企业出现的违法违规行为而确立的一种公司治理方式。最初，企业合规属于一种由企业和行业协会推行的内部治理方式。后来，随着政府监管力度的加强，企业合规从原来的依法依规经营，变成了在行政监管激励和刑事激励下的企业治理方式。在诸多国际组织的推动下，企业合规逐渐成为一种新的国际公司治理方式，不仅为一些国际公约所确立，还成为国际组织督促企业改变经营方式的执法激励机制。因此，企业合规不仅具有企业依法依规经营的含义，还是企业自我治理、自我监管和自我整改的治理方式，更是一种在陷入执法调查时获得宽大处理的激励机制。

企业合规刚被引入我国行政监管体系不久，一些企业开始了建立合规体系的努力，一些法律服务机构也尝试为企业提供合规服务。但是，假如不对企业合规的含义和性质作出准确的定位和认识，那么，无论是监管部门、企业，还是法律服务机构，都有可能偏离企业合规的发展方向，甚至因为无法建立有效的合规计划，而给企业造成更大的合规风险和经济损失。

原则上，企业合规是为了避免企业自身合规风险而建立起来的治理体系，尽管它有时会使企业高管获得收益，但本质上它不是“保护企业高管”的管理机制。有时为了维护企业的最大利益，实现企业责任与员工责任的有效切割，企业甚至还要对直接实施违法违规行为的高级管理人员进行纪律惩戒，交给执法部门和司法机关予以处理。与此同时，企业合规也不是一般意义上的“风险防控”，甚至也不等于笼统的“法律风险防控”。企业合规对于经营领域的业务风险和内部管理中的财务风险没有防范效果，也不同于一般意义上的“法律风险防控”，而是针对行政处罚风险和刑事法律风险所建立的专门的公司治理机制。对于那些参与国际组织招投标项目的企业而言，企业合规还有助于防止那种国际执法处罚的风险。不仅如此，对于那些存在违法违规行为的企业而言，建立合规机制，不仅是一种道德义务，更是一种法律义务。因为国家法律和行政监管法规中确立了强制合规的制度，行政法和刑法开始将企业合规确立为一种执法激励机制，不履行合规管理义务，企业就有可能受到行政处罚或者被追究刑事责任，并因此承担诸多方面的损失。从道德问题变成法律问题，这恰恰是企业合规得到普遍确立的制度保障。

第二章

企业合规制度的
四个维度

起诉一家企业，相当于宣告企业“死刑”。对企业而言，即便被罚得“倾家荡产”，也不是致命的，甚至有可能转化为企业违法经营的成本。其实，最严厉的惩罚是“资格剥夺”，也就是因违法而被取消特许经营资格，被取消上市资格，甚至被吊销营业执照。所谓企业合规，就是迫使企业在被剥夺资格与建立风险防范体系之间做出选择。

——题记

一、问题的提出

近年来，企业合规问题已经引起法学界、律师界乃至企业界的高度关注。从字面上来看，“合规”具有“合乎规定”的意思。作为一种“舶来品”，“合规”在英文中的表述是compliance，通常包含三层意思：一是企业在运营过程中要遵守法律法规；二是企业要遵守商业行为守则和企业伦理规范；三是企业要遵守自身所制定的规章制度。假如我们仅仅从这一角度观察合规问题，那么，合规就会被简单理解为“企业守法”或者“企业依法经营”，这与我们通常说的自然人要“遵纪守法”，并没有什么实质性的区别。

但是，越来越多的跨国企业都制订了合规计划，并将其作为企业管理和企业文化的有机组成部分，甚至就连一些国际组织，都制定了企业合规的基本指引或最低标准，并向会员推广。我国金融监管机构和国资管理部门也都通过了多份合规指南或者合规指引，引导国有企业建立并完善合规机制。这些合规指南或合规指引都提醒企业注意“合规风险”，强调将合规管理作为企业管理的重要内容，并将建立合规团队、健全合规管理体系、激活合规风险识别和防控机制作为公司治理的重要方式。

与此同时，包括美国在内的西方国家在针对企业的行政监管过程中，越来越普遍地摆脱了严刑峻法的监管方式，确立了一种行政和解协议制度，使那些涉嫌违规行为的企业，在承担配合调查和积极披露相关信息义务的前提下，与行政监管部门达成行政和解协议。而对于涉案企业而言，建立特定领域的合规计划，是达成这类行政和解协议的前提条件。而在行政和解协议中，监管部门会提出进一步改进或者重建合规计划的要求，企业一旦承诺履行这种行政和解协议，就意味着启动了重建合规计划的进程，并由此换取较为宽大的行政处罚，避免受到严厉处罚的可能性。

一些西方国家对于本国企业或外国企业的商业贿赂行为，在追究刑事责任时，已经将其建立合规计划与否作为是否起诉、是否定罪以及是否酌情减轻处罚的依据。甚至对于那些已经建立或者承诺继续完善合规机制的企业，一些西方国家逐步确立并实施暂缓起诉协议制度，与涉案企业达成有条件的和解协议，在考验期内，涉案企业缴纳罚款、建立或完善合规机制的，检察机关或者监管机构可以撤销起诉。由此，企业合规机制的建立和完善，可以成为检察机关不起诉、法院不定罪或者减轻处罚的依据，甚至成为对企业作出有条件不起诉的激励机制。

不仅如此，企业合规机制也被一些国际组织采用，作为评估是否对违规企业解除制裁措施的重要依据。尤其是世界银行，以及一些区域国际金融组织，对于那些在参与招投标项目过程中存在腐败、欺诈等违规行为的各国企业，可以做出附条件的制裁，如“附解除条件的取消资格”“附条件的免予解除资格”等。经过协商，与涉案企业达成和解协议的，世界银行会给予企业一定的整改期限，责令其重建诚信合规计划。考验期限届满后，世界银行对于那些成功实施诚信合规计划的企业，做出解除制裁的决定。通过这一途径，企业合规就成为国际组织解除制裁的依据，也成为企业重新获得招投标资格的激励机制。

如此看来，企业合规并不是一个简单的问题。要对企业合规作出全面的认识，我们需要为其设置四个维度：一是作为公司治理方式的合规，也就是将合规管理作为企业管理的有机组成部分；二是作为行政监管激励机制的合规，成为行政监管部门与企业达成行政和解协议的基础，也成为企业受到宽大行政处理的依据；三是作为刑法激励机制的合规，即将合规作为对涉嫌犯罪的企业予以宽大处理的依据；四是作为解除国际组织制裁激励机制的合规，企业可以通过建立有效合规计划来寻求解除国际制裁，重新获得参与招投标项目的资格。

企业合规问题越来越引起我国法律实务界和理论界的重视，但有关的介绍和分析有着“碎片化”和“片面化”的问题，因此，亟须有一种从整体视角对合规问题的全新研究。笔者从比较法的角度，对企业合规在公司治理、行政监管激励和刑法激励等方面所具有的属性和功能作出初步的揭示，以推动这一问题的研究逐步走向深入，并希望对实现企业合规制度的中国本土化发挥一些积极作用。

二、作为公司治理方式的合规

所谓公司治理，是指公司为实现最佳经营业绩，对公司所有权与经营权所作的结构性制度安排。传统的公司治理结构主要调整的是股东大会、董事会、监事会和管理层在公司决策、经营等方面所形成的相互制衡关系。但出于公司防范法律风险、减少公司损失的需要，合规机制逐步被纳入公司治理的结构之中。在一定程度上，合规管理与业务管理和财务管理一起，被并称为企业管理的三大支柱，成为当代公司治理结构的重要组成部分。企业建立合规计划，始于20世纪90年代的美国，后来逐渐得到其他西方国家的普遍接受。一些国际组织也通过制定国际公约的方式，将企业合规的最低标准推向全世界。

（一）企业合规的产生与发展

1977年，为严厉惩治日趋严重的美国公司海外贿赂行为，美国颁布了《反海外腐败法》。该法确立的反腐败条款和会计条款不仅对在海外运营的美国公司产生了较大的法律约束力，还可以适用于外国公司在美国的贿赂行为以及在美国设立分支机构的外国公司的海外贿赂行为。美国联邦司法部对违反该法的行为拥有刑事管辖权，而美国证交会则可以行使民事管辖权。

进入20世纪90年代以来，美国司法部和美国证交会对海外贿赂行为的查处力度显著加强，大批跨国企业因为存在各种商业贿赂行为而被定罪判刑。由于定罪给公司带来的不仅是承担刑事责任，而且还严重损害了公司声誉，使公司失去商业机会和交易资格，因此，为避免如此严重的后果，很多公司开始重视内部的法律风险防范问题，避免海外贿赂行为的发生。与此同时，在美国《反海外腐败法》实施过程中，美国政府担心，假如仅仅对美国公司作出反腐败方面的约束和限制，而对那些不在美国运营的外国公司的商业贿赂行为不闻不问的话，美国公司势必丧失竞争优势。在此背景下，美国政府与一些国际组织进行谈判，一方面推动了美国的主要贸易伙伴制定反腐败法律，另一方面也推动了反腐败国际公约的制定和实施。于是，一种旨在推动企业建立合规计划的立法努力逐渐得到加强，企业合规计划开始出现在一些西方国家的法律和国际公约之中。

1991年，美国联邦量刑委员会制定的《组织量刑指南》，确立了有效合规计划的一般标准。经过后来的修订，该项《组织量刑指南》所确立的有效合规计划包含以下几项要素：合规标准和程序；监管；与有效道德和合规计划一致的组织机构；教育与培训；审查与监控；激励与纪律处分机制；违规应对与预防；等等。

2005年4月，巴塞尔银行监督管理委员会发布了《合规与银行内部合规部门》，对金融企业构建合规部门确立了一般性的原则。该文件对于合规风险作出了明确界定：银行因未能遵循法律、监管规定、规则、自律性组织制定的有关准则，以及适用于银行自身业务活动的行为准则，而可能遭受法律制裁或监管处罚、重大财务损失或声誉损失的风险。该文件要求，合规应从银行高层做起，唯有董事会和高级管理层作出表率，合规才最为有效。该文件确立的合规原则主要有：董事会的合规领导责任；高管对合规风险管理负责；高级管理层负责制定和传达合规政策，确保合规政策得到遵守，并就合规风险管理向董事会汇报；成立专门的合规部门；合规部门保持独立；合规部门应配备充分和适当的资源；合规部门负有建议，指导教育，对合规风险进行识别、量化和评估，监测与报告等责任；合规与审计部门分离并接受其定期复查；等等。

2010年3月，OECD发布了《内部控制、企业道德及合规最佳实践指南》，对成员国和跨国企业提出了预防腐败行为的要求，并确立了有效合规的12项准则。这些准则主要包括：企业高层管理人员对于合规计划的支持；企业政策对于贿赂行为的禁止；所有员工对于遵从内部控制和合规计划的共识；合规工作向董事会直接汇报，由专职高管负责，并确保合规机构的独立性、权威性和充足资源；有针对性的企业道德与合规措施；将合作第三方纳入合规计划；确保会计账簿和记录的准确性；对全体员工的合规培训；鼓励全体员工对合规计划的支持；鼓励员工举报违规行为；对合规计划的有效性进行定期评估；等等。

2014年，国际标准化组织发布了《合规管理体系指南》，以国际法律文件的形式确立了有效合规的基本标准。这些标准主要包括：企业管理机构和管理者应展示和承诺进行合规体系建设；合规政策应加以记录和存档，以简单语言表述；所有员工和合规官员，应当履行与企业有关的合规义务；负有合规义务的人应有效处理这些义务，接受教育和培训，以便确保所有员工的角色与合规承诺保持一致；企业应采取适当方法，包括教育和培训，让所有员工理解企业的期望和违规的后果；对于合规管理体系的有效性进行持续监督；对于合规风险应进行识别和加以评估；企业应采取纠正措施应对违规行为；企业应持续不断地提高合规管理体系的适当性、充分性和有效性；等等。

（二）合规计划的基本要素

企业合规最初是为配合国际反商业贿赂的开展和合作而产生的。在美国《反海外腐败法》实施二十余年后，英国于2011年通过了《反贿赂法》，法国于2016年通过了《萨宾第二法案》。这些法律都属于反海外腐败的法律，所确立的合规机制也都属于“反腐败合规”。这种着眼于防范企业商业贿赂犯罪的合规机制，一般被称为“小合规”或者“狭义的合规”。而近二十年来，无论是西方国家的法律，还是一些国际组织通过的公约，都开始将公司治理扩大到更为广泛的领域。除了反商业贿赂，其他包括反洗钱、反垄断、数据保护、反金融欺诈等领域，也逐渐被纳入合规管理体系之中。在美国，外国公司所面临的行政监管和刑事法律风险，通常包含以下几个方面：一是违反美国证券法规的反欺诈条款的行为；二是违反美国《反海外腐败法》所确立的反贿赂条款和会计条款的行为；三是违反美国出口管制法规的行为；四是违反美国《商业秘密保护法》，侵犯商业秘密的行为；五是违反美国版权法律的行为；六是违反美国有关跨国投资并购法规的行为；等等。对于这种适用范围更为广泛的企业合规管理体系，我们通常称为“大合规”或者“广义的合规”。

但无论是“小合规”还是“大合规”，所包含的合规计划要素都是大同小异的。近年来，无论是西方国家通过的法律，还是一些国际组织通过的公约，甚至一些跨国企业所建立的合规管理机制，都大体确立了一些极为相似的合规计划。那么，一般意义上的合规计划究竟包含哪些构成要素呢？

简要说来，一个完整的合规计划通常包含五大体系：一是商业行为准则；二是合规组织体系；三是防范体系；四是监控体系；五是应对体系。〔1〕

第一，一个企业应当制定一套完整的商业行为准则。作为企业合规体系的核心部分，商业行为准则为公司所有员工确立了履行职责的基本要求，尤其是在企业每个领域、每个运营环节都要遵循的法律、法规、商业伦理规范以及内部要求。如果说公司章程属于公司内部的“宪法”的话，那么，在公司章程之下确立的合规体系，还可以有“实体法”、“组织法”和“程序法”之分。相对于其他合规体系而言，商业行为准则可以被归入合规计划的“实体法”部分。

第二，一个企业还必须构建较为成熟的合规组织体系。这大体上相当于合规体系的“组织法”部分。一般而言，公司设立董事会的，应当在董事会下设合规委员会，由一名董事担任负责人；公司应设立

〔1〕 参见周振杰等：《合规计划有效性的具体判断：以英国SG案为例》，载《法律适用（司法案例）》2018年第14期。

合规部门，合规部门应有首席合规官，直接向首席执行官负责；公司在所有分支机构和职能部门都应设立合规部门，合规部门应接受公司合规委员会和首席合规官的直接领导；合规部门应保持最大限度的独立性，为避免利益冲突，合规官应由专职人员担任，而不应承担公司内部的其他与合规管理有冲突的工作；公司应维持一种上下一体的合规组织结构，为合规部门提供充足的资源，确保合规部门独立地识别合规风险，并及时向管理层和董事会报告合规风险。

第三，一个企业应当建立合规的防范体系。所谓防范，是指针对可能的合规风险所采取的预防性措施。防范体系通常由以下四个要素构成：一是及时有效的风险评估。定期和不定期地对公司运营过程中存在的合规风险进行识别和评估。二是基于合规风险的尽职调查。由合规部门针对合规风险进行调查和研究，提交合规风险报告，并研究制定和实施降低风险的措施。三是合规培训和教育。针对敏感位置的员工进行有针对性的合规培训和教育，针对全体员工则进行全员性的合规培训，以帮助员工了解法律法规和内部规章制度的最新变化，传达高层关于合规的最新政策和措施。四是持续的沟通和指导。合规部门应与管理层和员工进行持续不断的沟通，帮助其了解处理合规风险的方法和经验，解答有关合规管理的疑问和难题，将诚信和合规理念融于员工的思维之中，形成一种合规文化。

第四，一个完整的合规计划应包括合规监控体系。所谓监控，是指企业对可能出现的合规风险所采取的实时监督、识别和控制体系。合规监控体系一般需要具备以下四个基本要素：一是合规控制管理。企业的每名高管和每名员工在其职责范围内，应对每一项业务活动是否存在违规行为进行可持续的控制管理。二是审计与内控。公司审计部门应与合规部门分离，从而对公司运营过程是否存在违规行为进行双重审查。三是投诉机制。全体员工应有机会并能便利地向合规部门进行投诉，以便反映公司运营中存在的违规行为，这种投诉应得到及时高效的处理，并使投诉者受到保护。四是报告机制。公司合规部门应定期和不定期地就公司合规体系的实施状况以及相关的合规风险，向高级管理层乃至董事会报告，以便使后者能迅速及时地了解合规体系的实施状况。

第五,一个完整的合规计划应包括应对体系。所谓应对,是指违规行为发生后,对存在违规行为的员工进行必要的惩戒,并对企业合规体系的运转情况进行全面有效的实时审查和监测,对于发现的制度漏洞和结构性缺陷快速及时地加以修补和完善。应对体系其实是企业合规的事后补救机制。

三、作为行政监管激励机制的合规

企业合规管理体系,最初属于企业内部为督促员工遵守法律法规而确立的治理方式,后来成为政府部门监督和管理企业依法依规经营的一种法律制度。在美国联邦政府中,对企业合规管理体系具有推动作用的机构有两大类:一是司法部领导下的检察部门;二是行政机关,包括司法部内部的行政监管部门,以及其他行政机关。前者主要是在刑事调查环节,通过对建立合规计划的企业给予宽大刑事处理的方式,推动企业合规计划的建立和完善。而后者则是在行政监管环节,通过与企业达成行政和解协议或者给予宽大行政处罚等方式,推动企业建立有效的合规计划。

几乎所有联邦政府部门都可以对相关企业行使行政监管职权。但是,在从事行政监管过程中,运用合规手段实施监管活动的通常是以下部门:一是美国司法部下设的多个职能部门,如反垄断部门等;二是美国证交会;三是美国联邦贸易委员会;四是美国商务部,尤其是其下设的工业与安全局;五是美国财政部,尤其是下设的海外资产管理办公室;六是美国环境保护署;七是美国卫生部,尤其是其下设的食品药品监督管理局;八是美国金融业监管局。

在美国对违法企业的执法过程中,对于那些涉嫌商业犯罪的企业,检察部门经常与其他政府行政部门进行联合执法行动,既与其达成暂缓起诉协议或者不起诉协议,也同时达成行政和解协议,并提出统一的实施合规计划的要求。例如,美国司法部、美国证交会与西门子就反海外贿赂问题就曾达成暂缓起诉协议,美国司法部、财政部和商务部工业与安全局也曾与中兴公司就出口管制问题达成和解协议,其中就包含重建出口管制合规计划的内容。

当然，在涉案企业仅仅触犯行政法规的案件中，行政监管部门可以与企业直接达成行政和解协议，并提出建立或者改进合规计划的要求。例如，美国联邦贸易委员会与Facebook公司就数据保护问题达成的行政和解协议，就提出了责令该公司完善数据保护政策的合规计划。

在美国行政机关的执法实践中，企业建立合规计划究竟能发挥怎样的激励作用呢？通常来说，企业一旦建立良好的合规计划，会获得更多机会与行政机关达成行政和解协议。而在行政机关与企业所达成的行政和解协议中，在考验期之内改进或加强合规计划，也通常属于企业做出的重要承诺。即便行政机关与企业没有达成和解协议，合规计划的建立，也可以成为行政机关对企业减轻、免除民事罚款或者做出其他宽大处罚的重要依据。

（一）作为行政和解适用条件的合规

通常而言，企业事先建立良好的合规计划，是行政机关决定与企业达成和解协议的重要因素之一。一方面，是因为建立合规计划的企业通常被认为具有较好的配合执法意愿；另一方面，也是考虑到合规计划的实施可以确保企业对违法行为采取及时有效的补救措施。从美国行政执法的发展趋势来看，企业建立良好的合规计划，几乎是所有行政机关与企业达成和解协议的前提条件之一。

根据美国证交会的执法手册，企业建立良好的合规计划可以使其有机会获得重要的合作奖励。这种合作奖励能够使企业获得更多达成DPA或者NPA的机会。而在BIS与企业签署和解协议的过程中，企业是否建立合乎要求的合规计划，是BIS确定和解协议具体条款的一般性考虑因素。

例如，2015年，在对PBSJ公司涉嫌贿赂卡塔尔政府工作人员一案的调查过程中，SEC与该公司达成了考验期为两年的暂缓起诉协议。根据该项协议的“事实陈述”，该公司有企业合规计划并在违法行为发生后对合规计划做出相应的完善，构成了良好的补救措施，充分体现了配合意愿，结合该公司的自我披露行为以及配合调查情况等因素，双方达成暂缓起诉协议。与此同时，该项协议在主文部分还设立了专门的合规条款。根据这些条款，公司要对员工和管理层进行合规培训，每年提交合规报告，公司员工签字确认遵守公司的行为手册，加强公司内部管理和程序设计，加强证券和反腐败法的合规程序，等等。

又如，2016年，在美国Akamai公司向中国官员行贿案件中，SEC与该公司达成了不起诉协议。该项不起诉协议附件中的“事实陈述”部分也有以下内容：该公司有企业合规计划，并在违法行为发生后对合规计划进行了相应的完善，构成了良好的补救措施，充分体现了配合意愿，结合企业的自我披露行为以及处罚内部员工等因素，SEC最终选择与其达成了上述不起诉协议。

（二）作为和解协议条款的合规

美国行政机关与涉案企业达成的和解协议，通常都包含了非常重要的合规条款。在双方确定的考验期内，企业需要加强或者改进合规计划。考虑到一些企业在达成和解协议之前，已经建立了合规计划，因此，在达成的和解协议中，企业所要做的通常是针对特定的合规风险，对合规计划做出改进或者完善。

在行政和解协议中，企业承诺完善的合规计划通常包含以下内容：一是建立专门的合规管理机构，如设立合规管理委员会、首席合规官、合规部门、专项合规人员等；二是发布专项合规政策和员工合规手册；三是确立合规风险的防范体系，如加强合规风险的评估、尽职调查、合规培训和内部合规政策的沟通等；四是确立合规风险的识别体系，如建立公司内部违规举报机制、合规实时审核机制、合规风险和违规行为报告机制等；五是确立违规行为应对体系，如加强合规内部调查、披露违法行为、查处违法责任人、发现合规体系的漏洞、对合规体系加强整改；等等。

无论是SEC、FTC还是BIS、OFAC，在与企业达成的和解协议中，通常还会向企业委派一位合规顾问或者合规监督官，作为独立的第三方，负责独立审查企业改进合规体系的进展情况。合规顾问通常会要求企业采取必要改进措施，以便加强合规计划，预防违规行为再次发生。假如企业认真对待合规顾问或者合规监督官的建议，在合规监督期间有效解决了原有的合规问题，那么，该企业就可以建立更为强大也更为持久的合规计划。

例如，2019年7月24日，美国司法部、美国联邦贸易委员会与Facebook公司就保护用户隐私达成一项为期20年的和解协议，主要内容包括Facebook公司交付50亿美元罚款，并接受美国联邦贸易委员会的进一步监管。此外，美国证交会也与Facebook公司就该公司未能充分披露滥用用户数据风险等指控达成行政和解，该公司要向SEC缴纳1亿美元的罚款。

早在2012年，FTC就对Facebook公司将用户信息提供给相关运营商的行为进行监管调查，并与该公司达成和解协议。根据该项协议，Facebook公司同意停止实施违法行为，建立公司内部针对用户信息的隐私保护体系，定期对用户信息保护程度进行评估，就隐私保护体系的进展情况向FTC进行定期报告，等等。

但是，就在该项协议达成的4个月后，Facebook公司就删除了有关用户信息可能被其他运营商适用的告知条款，也没有按照要求建立有效的个人隐私保护体系，构成对2012年协议的违反。据此，美国司法部和FTC向哥伦比亚特区联邦地区法院提起民事诉讼，对Facebook公司与剑桥分析公司违规分享8700万条用户数据的行为，提出民事指控。不仅如此，该公司还被指控在未通知用户或未获得用户许可的情况下，允许一些网站、智能手机和其他设备制造商获得用户的社交数据。美国司法部和FTC要求该公司支付违反行政命令的民事罚款，并要求法院采取其他民事补救措施。随后，美国司法部、FTC与Facebook公司达成和解协议。

根据新的和解协议，FTC要求Facebook公司设立独立的隐私保护委员会，来加强对隐私数据使用的监管；要求委员会任命专项合规官，由其负责公司的隐私保护体系；该公司首席执行官扎克伯格和专项合规官需每个季度向FTC提交执法保证，每年出台整体合规报告，否则个人要承担民事或刑事责任；任命外部评估人员，由独立第三方评估该公司隐私保护体系的运行状态，每个季度向隐私保护委员会提交报告；FTC可以采用民事调查手段监督Facebook公司的隐私合规进展情况；等等。

又如，2019年5月2日，OFAC与美国Mid-Ship公司就其违反《大规模毁灭性武器扩散制裁条例》达成了行政和解协议。该公司在缴纳87万余美元罚款的前提下，采取了以下合规补救措施，从而换取了OFAC的从轻处罚：（1）任命一位OFAC合规官；（2）向员工提供合规培训；（3）定期向公司所有办公室发布OFAC合规声明，指引所有员工审查交易所涉及的船舶和实体是否在名单上；（4）要求公司在其签订的相关合同中加入合规条款；（5）审查每一笔向制裁名单上的被制裁人电汇的情况；（6）停止所有与制裁名单上的被制裁人的交易，并且向合规官员提交下一步处理的报告。

该公司除了缴纳87万余美元的行政罚款之外，还从五个方面作出了合规承诺。此外，该公司还要在未来5年内，每年向OFAC提交一份年度合规报告，以证明公司执行和解协议所要求的合规承诺的情况。

（三）作为减轻行政处罚依据的合规

建有良好的合规计划，即便在那些没有达成和解协议的案件中，也可以成为政府部门对企业减轻或者免除行政制裁的重要根据。例如，根据SEC发布的执法手册，因为建立合规计划而获得合作奖励的企业，有可能被减轻或免除民事罚款。而在BIS的执法程序中，一个合乎指导规定、运行良好的合规计划，可以成为BIS从轻或者免除行政制裁的重要根据。

在将合规作为减轻行政处罚依据方面，OFAC建立了更为完善的制度体系。对于违反出口管制法律的企业，OFAC并不是单纯地处以行政处罚，而是鼓励企业建立有效的合规体系，并给予适度的执法奖励。对于众多企业而言，建立有效的合规体系不仅可以帮助其有效识别交易中的合规风险，有效阻止OFAC对企业的监管调查；而且在监管处罚不可避免的情况下，还可以使企业的违法情节适当“降级”，从而使OFAC减轻对企业的处罚力度。

OFAC曾发布过一份《经济制裁执法指南》，明确将企业是否采用了合规计划以及合规计划是否有效，与该指南所认定的违规行为性质和处罚幅度发生关联，从而促使企业建立有效的合规计划。具体而言，企业在违规时是否存在有效的合规计划，可被作为两个方面的考量因素：一是可被认定违规行为是否“极为恶劣”的考量因素；二是可被决定作出从重或从轻处罚的考量因素。

根据OFAC发布的《经济制裁执法指南》，该部门在判断一个企业的违规行为是否极为恶劣时，通常会考虑四个因素：一是企业在实施违规行为时存在主观故意或者放任；二是企业在明知的情况下依然实施违规行为；三是违规行为损害了制裁项目的目标；四是违规企业的特征。而根据OFAC发布的《合规承诺框架》，“违规企业是否存在有效的制裁合规体系”，将成为判断违规行为是否极为恶劣的一项新的考量因素。

那么，企业违规行为被认定为是否“极为恶劣”，会带来什么样的法律后果呢？一般来说，这一认定与“违规企业是否对其违规行为主动自我披露”这一要素一起，将影响OFAC对该企业处以行政罚款的“基准罚款额”（Base Penalty Amount）。具体而言，在OFAC认定企业违规行为不属于“极端恶劣”的情况下，假如违规企业主动自我披露其违规行为（Voluntary Self-Disclosure），那么，基准罚款额为该违法行为涉及交易金额的50%；否则，基准罚款额则按照可适用的标准金额加以确定。而在被认定为“极端恶劣”的案件中，假如企业主动进行自我披露，那么，基准罚款额为该违法行为的法定最高处罚金额的50%；假如企业不进行主动自我披露，则基准罚款额为该违法行为的法定最高处罚金额。

此外，OFAC在对违规企业作出行政处罚时，特别是确定行政罚款时，可能会考虑以下十个相关因素，以认定违规企业是否存在从轻或者从重处罚情节：（1）故意或放任违法；（2）对违规行为明知；（3）损害制裁目标；（4）违规企业的特征；（5）合规计划；（6）补救措施；（7）违规行为的发生时间；（8）企业执法行动；（9）未来的合规或威慑效果；（10）其他个案分析因素。

根据OFAC的《合规承诺框架》，将违规企业确立制裁合规体系的情况纳入第5项或第6项因素下进行考量。根据上述第5项因素，假如违规企业在发生违规行为时存在SCP，那么，OFAC将根据该合规计划的有效程度，酌情减轻行政罚款的数额。而假如违规企业在违规行为发生后，依据其内部的合规计划做出进一步的补救措施，那么，OFAC将根据第6项因素进一步减轻对其作出的行政罚款数额。当然，在判定企业违规行为是否属于极为恶劣并确定基准罚款额之后，OFAC依据违规企业确立合规计划的情况，究竟如何进行从轻或者从重处罚，是享有较大的自由裁量权的。

四、作为刑法激励机制的合规

前面已经指出，建立合规计划已经成为公司治理结构的有机组成部分。在企业内部建立合规管理体系，已经成为一种世界性的发展趋势。那么，企业究竟为什么要建立合规计划呢？假如企业不建立合规计划，究竟会带来什么样的消极后果呢？还可以更进一步追问：在企业建立合规计划的背后，究竟存在怎样的激励机制呢？

自20世纪90年代美国率先引入企业合规机制以来，合规计划就不单纯属于公司治理的一种方式，而更属于一种刑法激励机制。美国检察机关会根据涉嫌犯罪的企业建立合规计划的情况，决定是否对其提起公诉；在法庭审理中，法院会根据被起诉的企业建立合规计划的情况，决定是否对企业加以定罪，或者在完成定罪程序之后进一步决定是否对其减轻刑事处罚。更为重要的是，美国还确立了一种影响深远的暂缓起诉协议制度和不起诉协议制度。对于涉嫌犯罪的企业，根据其建立合规计划的情况决定是否达成这些和解协议，并通过建立考验期，责令企业缴纳高额罚款和建立或完善合规计划以换取考验期结束后的撤销起诉。由于建立或完善合规计划可以获得撤销起诉的结果，并避免受到定罪判刑，涉案企业因此在建立合规计划方面具有强大的动力。

根据余永定教授的研究，“2009年至2015年7月，美国监管机构对在美经营的银行罚款1610亿美元”，其中，“美国银行、摩根大通分别被处以166.5亿美元、130亿美元的高额罚款，花旗银行70亿美元，高盛50亿美元，巴克莱20亿美元；在反洗钱方面，发生过法国巴黎银行被处以90亿美元的巨额罚款，汇丰银行19.2亿美元，德意志商业银行17亿美元，渣打银行先后被处以10亿美元的罚款；2014年，瑞士信贷因帮助客户逃税被处以28.8亿美元的罚款”。德意志银行更是多次被要求缴纳巨额罚款：2010年因协助美国富人逃税而被处以5.5亿美元罚款，因违反反洗钱法律被罚2.58亿美元，2016年还因参与违规金融活动进而被美国司法部等监管机构处以140亿美元罚款。除金融机构以外，其他企业被处以罚款的情况也是令人触目惊心的。2016年，英国石油公司因墨西哥湾石油泄漏事件而被处以208亿美元的罚款，大众汽车因排放测试作弊事件被罚款147亿美元。2012年，葛兰素史克因产品安全信息方面的问题而被处以30亿美元的罚款。2014年，丰田公司因汽车设计缺陷的和解金达到2亿美元。[1]

以上这些巨额罚款，几乎都是美国监管机构通过与涉案企业达成暂缓起诉协议或者不起诉协议的方式来收取的。而这些涉案企业在缴纳巨额罚款的同时，无一例外地向监管机构承诺建立或者完善合规计划。监管机构最终对其作出撤销起诉的决定，都建立在对其合规计划评估合格的前提之下。很显然，在这种以达成和解协议替代刑事起诉的现象背后，存在一种刑法上的激励机制。这种激励机制的基本特征是，只要涉嫌犯罪的企业建立合规计划，监管机构就有可能不将其移送起诉，检察机关也可以与其签订和解协议；只要在和解协议设定的考验期内，涉案企业建立或者完善了合规计划，并通过了监管机构或检察机关的审核评估，就可以换取后者的撤销起诉，避免被定罪判刑的结果。

在下文的讨论中，我们将对欧美国家确立的这种刑法激励机制进行简要的比较研究。大体上，这种刑法激励机制可以分为五种模式：一是以合规为根据作出不起诉的模式；二是以合规作为无罪抗辩事由的模式；三是以合规作为从轻量刑情节的模式；四是以合规换取和解协议并进而换取撤销起诉结果的模式；五是以对违法行为披露换取宽大刑事处理结果的模式。

---

〔1〕 参见余永定：《美巨额罚款公正还是勒索？》，载财新网，http://opinion.caixin.com/2018-05-09/101246420.html。

（一）以合规作为不起诉的根据

一些西方国家的检察机关在决定是否对涉嫌犯罪的企业提起公诉时，经常会将企业是否建立了有效的合规计划作为一项重要因素。在司法实践中，检察机关对于确实建立了合规计划并具有保障合规计划有效运行机制的涉案企业，结合该企业所涉嫌犯罪的严重程度和危害后果，可以根据社会公共利益和司法利益的需要，作出不起诉的决定。

在这方面，美国就确立了成体系的合规不起诉制度。自1991年起，美国联邦检察机关在审查决定是否对涉案企业提起公诉时，要在《联邦量刑指南》的框架下，将企业合规问题作为决定是否提起公诉的重要因素。美国司法部1999年发布的一份《企业诉讼指南》就要求检察官在决定对企业起诉时考虑八个方面的因素：一是犯罪行为的性质和严重程度；二是公司内部违法违规行为的普遍性；三是该公司的类似行为历史；四是公司发现犯罪行为的及时性、自觉性，对调查人员的配合程度；五是公司是否建立了合规计划，该合规计划是否完备；六是公司采取的补救措施；七是有无附带的不良后果，包括对无罪股东、员工造成的损失；八是可用的补救措施是否妥善。其中，上述第二、五和六个因素就属于企业合规问题，涉及公司是否建立合规计划、所存在的合规风险以及所采取的补救措施问题。〔1〕

当然，仅仅有一个书面的合规计划，并不足以构成检察机关对企业作出不起诉的依据。美国联邦司法部特别强调合规计划的有效性。“评估任何机制的关键都在于看它是否是为了充分防止或发现员工的违法违规行为而精心设计的，企业的管理运行又是否在支持、遵循这种机制”，这显然就是合规计划的有效性问题。唯有建立这种有效运行的合规机制，检察机关才会考虑对涉案企业作出不起诉的决定。

---

〔1〕 参见［美］瑞恩·D.麦克康奈尔等：《“事前规划”抑或“事后处罚”：合规在刑事案件中的作用》，万方译，载李本灿编译：《合规与刑法：全球视野的考察》，中国政法大学出版社2018年版，第145页以下。

（二）以合规作为寻求无罪抗辩的理由

通常说来，检察机关在起诉方面的自由裁量权越大，就越可能对建立合规计划的企业作出不起诉的决定。可以说，在合规的刑法激励机制中，检察机关发挥着一定的主导作用；而法院则通常不会因为企业建立了有效的合规计划，而对其作出无罪判决。然而，有些西方国家却允许在法定例外情形下，涉案企业可以将合规作为无罪抗辩的事由。这主要是指在为企业建立严格责任的情况下，允许企业以建立有效合规计划为由，提出积极的无罪抗辩，从而将那种带有推定性的刑事责任予以推翻。由此，合规就有可能成为企业寻求无罪抗辩的法定事由。

这方面的典型例子是英国。英国2011年通过的《反贿赂法》，确立了一种"商业组织预防贿赂失职罪"（failure of commercial organization to prevent bribery），也就是只要一个商业组织的"关联人员"，为获取或保留该组织的业务，或者为了获取或保留该组织的商业优势而向他人行贿的，该商业组织即构成该项犯罪。当然，该组织能够证明其已经制定了"充分程序"以预防行贿行为发生的，则不构成该项犯罪。[1]

只要一个商业组织的员工实施了行贿行为，就要认定该商业组织存在失职犯罪行为并追究其刑事责任，这显然属于为严厉惩治商业贿赂行为而确立的一种推定性犯罪。这种推定性犯罪与我国《刑法》中确立的巨额财产来源不明罪，具有相似的性质。这一罪行实际赋予涉案企业承担"严格责任"的后果，也就是在不存在犯意或主观过错的情况下，企业就要承担刑事责任。但是，为避免对企业任意追究刑事责任，英国法律也赋予企业提出无罪抗辩的机会，那就是企业只要能够证明已经制定了"充分程序"预防贿赂行为的发生，就可以避免受到刑事追究。这里所谓的"充分程序"，也就是企业建立了合规计划。

根据英国2011年通过的《反贿赂法指南》，所谓"充分程序"，是指企业在预防贿赂犯罪方面贯彻了六项基本原则，也就是相称程序

〔1〕 参见邓若讯：《英国贿赂罪改革研究》，载《中国刑事法杂志》2012年第3期。

原则、高层承诺原则、风险评估原则、尽职调查原则、有效沟通原则以及监控和评估原则。根据这些原则，企业要确立与其所面临的商业贿赂风险相称的反贿赂程序；公司高层管理人员要作出积极反贿赂的承诺；公司要定期对其所面临的外部和内部贿赂行为发生的风险进行积极评估；为减少发生贿赂的风险，公司应对有关人员的尽职情况进行专门调查；公司要通过内部和外部的沟通，使其预防贿赂的政策和程序为全体员工所知晓；公司要定期监控和评估其反贿赂的政策和程序，并采取必要的改进措施。很显然，这些充分程序的六项原则及其包含的具体要求，实际就是有效合规计划的基本内容。由此，合规计划的有效实施，就成为企业推翻被指控的失职犯罪、寻求无罪结果的法定抗辩事由。〔1〕

（三）以合规换取减免刑罚

在一些西方国家的刑法中，法院在对涉嫌犯罪的企业进行定罪后，可以将企业建立有效的合规计划作为一种重要的量刑情节，并以此为依据对企业作出较大幅度的减轻处罚。这种以合规换取减轻刑罚的做法，又被称为"量刑激励"。企业合规在这里可以成为重要的从轻量刑情节。〔2〕

采纳这一模式的典型国家是美国。早在20世纪80年代，美国联邦量刑委员会就规定，企业应制订有效的合规计划，以注意预防和发现犯罪行为。如果在犯罪行为发生时，企业建立了有效的合规计划，则可以对其减轻处罚。根据美国《组织量刑指南》，对于构成犯罪的企业，法院可以根据以下方式计算其刑罚幅度：一是确定犯罪等级；二是将罪行等级代入公司罚金表；三是确定罪责指数；四是对罪责指数用惩罚加倍，以确定该行为在履行指南上的最高和最低数额。假如涉案企业拥有有效的合规计划，那么，根据上述四个步骤的刑罚幅度计算，"罚款数额将会有非常大的改变，因为罪责指数从9降到了6。由于点数变化，最小倍数变成了1.2，最大2.4，罚款数额则依据指南变

〔1〕 参见印波、高远：《英国企业预防行贿失职罪的充分程序抗辩——兼谈对我国治理商业贿赂的启示》，载《河北经贸大学学报》2015年第6期。

〔2〕 参见李本灿：《企业犯罪预防中合规计划制度的借鉴》，载《中国法学》2015年第5期。

成了6000万美元到1.2亿美元”，也就是说，一个有效的合规计划可以将可能的罚款参考数额降低4000多万美元。与此同时，假如企业自觉披露了违法违规行为并配合调查，那么“罪责指数就会额外降低多达5个级……罚款参考也就会相应地变成1000万美元到2000万美元，或者低于公司的盈利额”。美国学者认为，为了在量刑时获得最大收益，如可能获得额外降低30%的罚金，企业必须拥有有效的合规计划。

（四）将合规作为签署暂缓起诉协议和撤销起诉的依据

在西方国家对合规所确立的刑法激励机制中，最为重要、影响最大的制度当属暂缓起诉协议制度。所谓暂缓起诉协议，又被称为“延迟起诉协议”，是指检察机关与涉嫌犯罪的企业通过协商所达成的一种附条件不起诉协议，其内容一般包括检察机关设置一定的考验期，企业在考验期内要缴纳高额罚款，建立或完善合规计划，接受检察机关派驻的合规监察官，定期向检察机关报告建立完善合规计划的进展情况，检察机关在考验期结束后，对于那些认真履行协议的涉案企业，可以撤销起诉，涉案企业由此避免被定罪判刑的后果。在这种暂缓起诉协议制度中，检察机关享有更大的自由裁量权，充分发挥了合规的双重激励作用：一是对于被调查的企业，以合规为依据来决定是否与其签署暂缓起诉协议；二是对于签署暂缓起诉协议的企业，督促其建立完善的合规计划，并以合规作为撤销起诉的依据。

美国是第一个确立暂缓起诉协议制度的国家。美国在确立暂缓起诉协议制度的同时，还保留了一种不起诉协议制度。所谓“不起诉协议”，也是检察机关与涉嫌犯罪的企业所达成的附条件不起诉的协议，其基本内容与暂缓起诉协议非常相似。但达成这种不起诉协议的时间，通常是在检察机关提起公诉之前，检察官享有更大的自由裁量权，可以自行决定是否签署这种协议，而无须经过法官的批准。而暂缓起诉协议则一般发生在检察官提起公诉之后，需要经过法官的批准。当然，美国联邦检察机关与涉嫌犯罪的企业所达成的大多数协议都是暂缓起诉协议。

发端于美国的暂缓起诉协议制度，相继得到了英国、法国、加拿大、澳大利亚和新加坡等国家的采纳，并被这些国家通过立法加以确立下来。根据英国2013年通过的《犯罪与法院法》(Crime and Courts Act 2013)，无论是英国反严重欺诈办公室还是皇家检察署，都可以与涉嫌犯罪的企业达成暂缓起诉协议。与美国制度不同的是，英国的暂缓起诉协议只适用于涉嫌犯罪的企业，而不适用于自然人。这一协议由检察官与涉案企业自愿达成，并需要经过法官的审查和批准方可产生法律效力，其履行情况还要受到法官的持续监督。通常情况下，一份完整的暂缓起诉协议包括以下条款：支付机构协商所确定的罚款；对受害者作出经济补偿；支付检察机关的相关费用；与执法机关进行合作；遵守从事特定活动的禁令；提交财务报告；建立强有力的合规计划；与检察机关保持合作；等等。[1]

2018年，加拿大通过修订刑法，确立了检察机关与涉嫌欺诈、贿赂、洗钱等严重经济犯罪的企业达成暂缓起诉协议的制度。与英国制度极为相似，加拿大的暂缓起诉制度也仅适用于涉案企业而不适用于自然人；检察官与涉案企业经过商谈达成协议后，应将该协议提交法官进行审查。法官在对暂缓起诉协议进行审查的过程中，要确保协议的公平、合理和相称。该协议一旦得到法官的批准，还要被公之于众，以确保协议内容和达成过程的公开和透明。与此同时，检察机关是否达成此种暂缓起诉协议以及在协议中确立何种条款，都要考虑以下几个因素：一是涉案企业是否对其不法行为作出过报告或承认；二是企业是否与政府部门保持合作；三是企业是否表现出改革其商业行为和企业文化的诚意；四是涉嫌犯罪的性质和严重程度；五是责任程度；六是公司是否采用或加强了合规计划；七是给公司定罪会不会损害无辜的第三方；等等。[2]

2018年，澳大利亚通过了一项加强打击公司犯罪的法案，在修订了有关跨国贿赂条款的同时，确立了澳大利亚的暂缓起诉协议制度。这部法案首先仿效英国确立了公司预防商业贿赂失职的犯罪，确立了公司的严格责任，并赋予公司以建立合规计划作出无罪抗辩的权利。

---

〔1〕 Michael Bisgrove and Mark Weekes, *Deferred Prosecution Agreements: A Practical Consideration*, Criminal Law Review, p.416-438 (2014).

〔2〕 Jennifer Wells, *The U.K.'s Deferred Prosecution Agreements Are Instructive for the SNC-Lavalin Drama*, The Wall Street Journal, Feb.15, 2019.

与此同时，该法案允许检察机关与涉案企业达成暂缓起诉协议，后者可以通过承诺支付罚款、向受害者支付赔偿、建立合规计划等，来换取检察机关作出撤销起诉的决定。与英国相似，澳大利亚的暂缓起诉协议也只对涉嫌犯罪的公司适用，适用的案件主要是那些涉嫌贿赂、欺诈、内部交易以及其他涉及市场交易的严重公司犯罪案件。法官对暂缓起诉协议条款负有审查责任，考虑这些条款是否符合公平、合理和相称的原则。暂缓起诉协议一旦得到批准，应当立即公之于众。〔1〕

同样是在2018年，处于亚洲的新加坡，通过了刑事司法改革法，确立了与英国较为类似的暂缓起诉协议制度。协议的内容也包括缴纳罚款、实施合规计划、设立合规监察官、补偿受害者等。检察官与涉嫌贿赂、洗钱等经济犯罪的公司达成暂缓起诉协议后，需要将协议提交新加坡高等法院加以审查。该法院必须确信该协议符合司法公正的原则，才会批准该项协议。对于暂缓起诉协议的执行以及相关条款的变更，新加坡高等法院有权进行持续不断的监督。〔2〕

以上国家对暂缓起诉协议制度的确立，与其所采取的对抗式诉讼制度是一脉相承的。检察机关在这一制度下享有较大的自由裁量权，可以在提起公诉后与被指控犯罪的自然人达成辩诉交易，以换取被告人的有罪答辩，从而使案件避开法庭审理程序，说服法官启动量刑听证程序。与此同时，对于涉嫌犯罪的公司，检察机关也可以与其达成暂缓起诉协议，公司在承认不法事实的前提下，通过缴纳巨额罚款和建立合规计划来换取检察机关的撤销起诉。可以说，无论是辩诉交易还是暂缓起诉协议，都是控辩双方通过避开对抗式法庭审理程序而达成的和解协议。但值得高度关注的是，作为大陆法系国家的法国，也在其职权主义诉讼制度之中，引入了美国式的暂缓起诉协议制度，并为企业合规确立了刑法上的激励机制。

根据2016年法国通过的《萨宾第二法案》，法国建立了一个专门负责预防和发现企业腐败行为的反腐败局，该机构的主要职能是督促

---

〔1〕 Australia, *Business Crime* 2019,(April 8, 2019), https://www.iclg.com/practiceareas/businesscrime/australia.

〔2〕 Renee Xavier, *Commentary*: *Deferred Prosecution Agreements in Singapore*,(April 8, 2019), https://www.learn.asialawnetwork.com.

企业建立合规计划，并对企业合规计划的有效性加以评估。根据这一法案，法国在全世界率先建立了强制合规制度：对于那些用工人数超过500人，营业收入超过1亿欧元的企业，一律要求其建立合规计划；对于符合上述条件而不建立合规计划的企业，AFA有权对企业及其高管进行持续不断的罚款。

与此同时，在面对大量涉嫌在海外存在商业贿赂行为的法国企业遭受美国巨额罚款的情况下，为改变在海外反腐败方面的被动局面，也基于对FCPA执法机制的不满，法国确立了与美国和英国相似的暂缓起诉协议制度。根据这一制度，检察机关在与涉案企业进行平等协商的基础上，可以达成附条件的暂缓起诉协议。这一协议通常被称为"基于公共利益的司法协议"。[1]

达成这类协议的条件是，企业需要缴纳不超过过去3年平均年营业额30%的罚款，并且同意在AFA的监控下，在第三方独立专家的协助下，在3年之内建立或者完善合规计划。在那些有被害人的案件中，企业还需要在一年以内按照约定赔偿其经济损失。

在与涉案企业达成协议后，检察机关要将协议文本提交法院，法院经过听证程序加以确认之后，协议正式生效。在经过不超过3年的考验期之后，检察机关经过审查，认为企业履行了协议内容的，将向法院提出申请，放弃对该企业的公诉程序。而假如企业没有遵守协议所确立的义务，检察机关也会向法院进行汇报，由法院决定是否恢复公诉程序。[2]

（五）通过对合规风险信息的披露换取减少罚金，甚至换取不起诉

这种刑法激励机制的实质在于，企业在面对检察机关或监管机构的调查时，假如主动披露其违法违规行为，与调查人员进行全面合作，并采取了及时和适当的措施对其违法违规行为进行补救的，检察

---

〔1〕 Jamie L. Boucher and others, *France Announces Its First Deferred Prosecution Agreement*,(April 8, 2019), https://www.skadden.com.

〔2〕 Margot Seve, *Is the French Approach to International Financial Crime Enforcement on the Verge of a Paradigm Shift?* ,(April 8, 2019), https://www.kramerlevin.com.

机关可以将所建议的罚金数额予以大幅度降低，甚至可以作出不起诉的决定。这种刑法激励机制为企业开展内部调查，尤其是委托律师事务所从事独立的合规调查，产生了极大的激励作用，大大地推动了律师事务所合规调查业务的推广。

根据美国司法部的执法实践，在《联邦量刑指南》确立的合规激励机制之外，检察官可以通过"合作奖励"的方式，鼓励企业主动自行披露其违反FCPA的行为。所谓主动自行披露违法行为，包括三个基本要素：一是报告违法违规行为；二是与执法机关进行全面合作；三是采取及时和适当的补救措施。[1]

为确定企业对违法行为的披露是否是主动的和自行的，检察官需要考虑三种因素：一是披露的时机，是在政府调查未启动之前进行的，还是在面临一项调查的紧迫威胁时作出的；二是披露是否及时，企业是否在得知其违法行为后的合理时间内作出披露；三是披露是否包括了企业已知的全部相关事实。

在确定企业是否进行全面合作方面，检察机关需要考虑的因素主要有：及时披露全部违法事实；提供主动而非被动的合作；确保相关文件和信息的保全、收集和披露；提供公司内部调查的及时更新情况；确保内部调查和政府调查不发生冲突；保证检察官与掌握相关信息的员工进行会谈；披露内部调查中收集的全部事实及其事实来源；披露海外文件、文件发现地点以及发现人；等等。

所谓采取及时和适当的补救措施，主要是指：企业实施了有效的合规计划；对有关员工进行适当的纪律处分；企业认识到违法行为的严重程度，并采取措施减少类似违法行为再次发生的风险。

根据美国司法部的要求，那些满足上述三项标准的企业，可以获得最大限度的宽大刑事处理，如将《联邦量刑指南》中设定的罚金范围的最低值减少50%，对于实施有效合规计划的企业一般不再要求指定一名合规监察官，对全面满足上述三项标准的企业可以作出不起诉的决定。在司法实践中，检察官通常会将企业对违法行为的披露作为

---

〔1〕 Le Clair Ryan, *The Cooperation Credit in Corporate Investigation According to New Justice Department Guidance*,（April 8, 2019）, https://www.webcache.googleusercontent.com.

与企业签署暂缓起诉协议或者不起诉协议的主要根据。

2018年，美国司法部对上述“合作从宽”政策作出了一些调整，规定涉嫌犯罪的企业需要将涉嫌违法违规行为的人或者对其负有责任的人识别出来，才可以在刑事诉讼中获得宽大处理的机会。这一政策的调整并没有改变赋予企业通过信息披露来换取宽大刑事处理的政策，而是强调执法机构在鼓励涉案企业进行全面合作的同时，及时发现那些对企业不当行为负有责任的自然人，并对其采取严厉的处罚措施。这仍然体现了美国司法部多年来采取的“能起诉自然人，就不起诉公司”的理念。[1]

五、作为应对国际组织制裁之依据的合规

在国际经济法中，一些国际组织经常对企业实施一些附条件的经济制裁；而企业要解除这些制裁，就要建立有效的合规计划，确立预防违法违规行为再次发生的管理机制。由此，企业合规就成为解除国际组织制裁的重要依据，也成为企业的激励机制。对于这种合规，我们可简称为“反制裁合规”。

在这方面，最为典型的是以世界银行为代表的国际金融机构。作为一家国际金融组织，世界银行对于参加投标竞标的企业存在腐败、欺诈、串通、施加压力、阻碍等不当行为的，可以实施多种制裁措施。世界银行的这种制裁具有连带制裁和联合制裁的性质。所谓连带制裁，是指世界银行除了制裁实施违法违规行为的企业，还会将与该企业具有关联关系的所有其他企业纳入制裁的范围。所谓联合制裁，则是指世界银行与美洲发展银行、欧洲复兴银行、亚洲发展银行、非洲发展银行一起，对于那些可处以一年以上取消资格的企业，只要有一家银行作出这一制裁，其他银行可自动进行制裁。

按照从轻到重的顺序，世界银行针对违规企业的制裁措施，

---

〔1〕 *DOJ Announces Revised Guidance for Corporate Cooperation Credit*,(April 8, 2019), https://www.lw.com/thougtLeadership.

依次是“发出惩戒信”（Letter of Reprimand）、“恢复原状及采取补救措施”（Restitution and other Remedies）、“附条件的免予取消资格”（Conditional Non-Debarment）、“附解除条件的取消资格”（Debarment with Conditional Release）、“取消资格”（Debarment）以及“永久取消资格”（Permanent Debarment）六种。其中，附条件的免予取消资格与附解除条件的取消资格是世界银行最常使用的制裁措施。截至2019年12月，我国共有44家企业受到世界银行的制裁，其中大多数为国有企业，它们所实施的违规行为主要是在参加招标投标过程中存在欺诈行为，也有少数存在腐败现象。世界银行对我国企业的制裁措施大多是附条件的免予取消资格和附解除条件的取消资格。

那么，企业建立诚信合规计划，在解除世界银行的制裁方面可以获得哪些激励措施呢？

首先，在对违规企业进行制裁过程中，世界银行可以将企业建立合规计划作为减轻制裁的主要依据。根据世界银行的相关法规，被制裁企业具有以下情节的，世界银行可按照不同幅度减轻制裁：一是被制裁人在违规行为中起到次要作用的，最高可被减轻25%的制裁；二是被制裁人采取主动纠正措施的，如立即通知违规行为，处理责任员工，建立有效的合规体系，或者愿意赔偿经济损失的，世界银行可以减轻不超过50%的制裁，例外情况下也可以突破这一比例；三是被制裁人积极配合世界银行调查的，如主动开展内部调查，并向世界银行廉政局分享调查结果，尽早承认违规事实或者接受制裁，或者在接受调查期间主动声明不参与世界银行项目的投标，世界银行可以减轻不超过33%的制裁，例外情况下也可以突破这一比例。

其次，在世界银行作出“附解除条件的取消资格”和“附条件的免予解除资格”的情况下，那些被制裁的企业与世界银行达成和解协议的，需要实施完善的诚信合规计划，才可以获得解除制裁的机会，重新获得世界银行贷款或参加招投标的资格。2010年，世界银行任命了诚信合规监察官，除了监督被制裁企业建立或者完善诚信合规的进展情况，还负责审查判断由制裁委员会或评估与暂停资格委员会所设定的合规条件以及其他条件是否已经得到满足。2017年，中国湖南建工集团因为成功地实施了诚信合规计划，被世界银行解除了为期数年的制裁。[1]

六、企业合规的多元视角

目前，企业合规制度已经引起我国法律实务界和理论界的高度重视，并逐渐成为一种“跨学科法律研究”的课题。之所以要对企业合规问题进行“跨学科法律研究”，是因为企业合规首先是一种公司治理问题，属于商事法和公司法研究的新课题；企业合规也涉及政府监管部门对违法违规企业的监管、调查和处罚问题，涉及监管部门对建立合规计划的企业要不要作出宽大处理的问题，在行政法研究中具有重大意义；企业合规还属于重大的刑法课题，对于建立有效合规计划的企业，检察机关可以放弃起诉、宣告无罪或者减免刑事处罚，这无论如何都构成对传统刑法理论的挑战；企业合规还是刑事诉讼法中的最新课题，对于涉嫌犯罪的企业已经建立合规计划，或者承诺完善合规计划的，检察机关可以与其签署暂缓起诉协议，这显然对传统的刑事公诉制度构成重大挑战。不仅如此，企业合规还涉及律师业务的重新调整，使帮助企业防范和规避法律风险，越来越成为律师事务所可以提供的有效法律服务。这显然涉及律师制度乃至司法制度的重大变更，属于一项重大的研究课题。

但非常遗憾的是，由于多年来有意无意地忽略了西方企业合规制度，也由于法律研究的“诸侯割据”现象日趋严重，我国法律实务界和理论界对于企业合规存在“碎片化”、“片面化”和“主观化”的问题。一些企业界人士，往往强调企业合规在公司治理中的重要价值，将其视为改进我国公司治理结构的一种方式。从事行政监管工作的政府官员则从中国企业向海外发展的角度，将企业合规视为防范法律风险的重要方式，较为重视企业合规在改进行政监管中的作用。而一些刑法学者则特别强调合规的刑法意义，将企业防范“刑事法律风险”作为今后的重大课题，甚至赋予合规在刑法上的理论价值。有些

〔1〕 参见陈瑞华：《湖南建工的合规体系》，载《中国律师》2019年第11期。

学者甚至直接将合规称为“刑事合规”。

应当说，上述研究视角都观察到了企业合规问题的一个侧面，并对这个侧面给予了强调。但是，这种研究也不可避免地带有一定的片面性和局限性，难以形成对企业合规制度的整体视角。

在笔者看来，发端于美国的企业合规制度，随着欧美各国法律制度的发展，也随着一些国际组织的强力推动，逐渐成为西方国家进行公司治理的重要方式。与传统的业务管理和财务管理不同，合规管理着眼于对合规风险的预防、识别和应对，促使公司在传统的董事会、监事会、管理层、审计委员会等架构下，引入一种自上而下的合规机制。在企业文化上，合规计划的打造使传统的以营利为主要价值导向的公司治理，开始向最大限度地营利与将法律风险降到最低限度作为双重价值目标。在一定程度上，建立有效的合规计划，不仅是一种基于防范法律风险的现实功利考量，而且还具有内在的道德价值，那就是企业不仅要获得盈利，更要承担起重要的社会责任，成为遵守法律法规的楷模。用西门子的座右铭来说，就是“西门子只做合规的业务”，因为“合规管理不仅是应对危机的工具，也是未来我们实现可持续发展的重要手段”。

企业合规固然是一种在新的价值观指引下确立的公司治理方式；但是，假如没有行政监管和刑法上的双重激励机制，那么，几乎没有企业会认真对待企业合规问题，更谈不上耗时费力地建立或完善合规计划。美国实施《反海外腐败法》的经验表明，在企业中推行合规计划与建立刑法激励机制几乎是同步进行的；而其他西方国家在引进企业合规制度时，也同样复制了美国的经验。同样，美国推进出口管制、反洗钱和数据保护合规机制的经验也表明，如果不全面建立行政和解协议制度，不赋予企业以合规换取宽大行政处理的机会，而仅仅依靠所谓的“取消特许经营资格”或者“吊销营业执照”等严厉的行政处罚，那么，几乎没有企业会对建立有效合规管理机制产生真正的兴趣，并作出实质性的合规机制建设。之所以要建立这种刑法和行政监管上的激励机制，并不存在什么高深莫测的哲学基础，而主要是基于一种功利主义的哲学考量，那就是唯有“放过违规企业，严惩违规高管和员工”，才能在严惩企业违法违规行为与避免造成企业重大损失之间寻求一种平衡。要知道，在对涉案企业“网开一面”的同时，欧美各国对存在违法违规行为的企业员工，几乎采取了一种严刑峻法的制裁方式。而之所以对那些建立有效合规计划的企业采取宽大处理，主要是为了尽量避免企业被定罪的后果，防止那些善意的员工、股东、投资人、代理商等受到重大损失，避免企业因被定罪而牺牲商业信誉、失去商业交易资格、被剥夺上市资格。不仅如此，对涉案企业尽量采取宽大处理，还可以最大限度地避免当地的经济震荡，防止对经济发展造成负面影响。

由于企业合规制度具有上述四个不可分割的方面，因此，在我国建立企业合规制度，就不能只是出于被动应对欧美国家监管调查和刑事起诉的考虑而完全采取功利化、实用化的态度。我们应当着眼于公司治理、行政监管激励、刑法激励、应对国际组织制裁这四个方面，建立一套较为完整的企业合规制度。在企业合规问题上，一方面，我们面临着研究和熟悉西方国家合规机制的问题，对合规制度的来龙去脉和发展趋势应有准确的把握；另一方面，我们应当立足于我国的法律制度和法律实践，研究企业合规的中国化和本土化问题。那种将企业合规仅仅作为现代企业治理方式，而无视其深厚的法理依据的看法，无疑是肤浅的，也是不可取的。对待企业合规问题的科学态度，应当是在对其基本原理和运作模式作出全面认识的基础上，将其移植到中国的法律制度之中，使其在中国的制度土壤中生根发芽，逐渐成为一种能够有效发挥制度功效的“生命有机体”。

第三章

企业合规的基本价值

对于大型企业而言，企业合规机制的实施，可以督促企业对员工、子公司、第三方、被并购方实施严格的合规管理。一方面，可以将企业责任与上述利益相关方的责任加以有效切割；另一方面，在客观上产生了督促这些利益相关方依法依规经营、防控合规风险的效果。企业合规机制已经超越了正式的法律制度，替代了传统的执法方式，成为企业自我监管、自我整改和自我治理的一种方式。

——题记

一、引言

企业合规是一种以合规风险防控为导向的公司治理体系。早在2006年前后，我国从事金融、证券、期货等业务的企业，就已经接受了企业合规的理念，在参与海外经营、投资、上市、并购等活动时，为满足所在国的合规要求，增强竞争优势，逐步推行了企业合规管理制度。后来，随着外国和国际组织对企业经营提出了越来越严格的合规要求，我国更多从事国际贸易和海外经营活动的企业，也逐步建立了专门化的合规制度。而随着改革开放政策的深入实施，众多来华从事经营、贸易、投资的外国企业，将企业合规的理念带入我国，它们以合规风险防控为基点所推行的合规管理体系，对我国企业产生了深远的影响。可以说，就企业赢得良好信誉、获取商业机会、增强竞争优势而言，企业合规越来越成为企业经营的"软实力"。〔1〕

当然，仅仅依靠自觉自愿和自生自发的努力，任何企业都无法建立起一套行之有效的合

〔1〕 参见陈瑞华：《论企业合规的中国化问题》，载《法律科学（西北政法大学学报）》2020年第3期。

规管理体系。[1]在企业合规的发展史上，行政部门和司法机关将企业合规纳入监管和执法的流程之中，对企业提出强制性的合规要求，并在企业因涉嫌违法犯罪而接受调查时，对那些建立合规体系或者承诺合规整改的企业作出宽大的处理，这是企业推行合规机制的最大动力。[2]

自2018年以来，我国行政部门在对企业进行监管过程中全面引入了合规的理念，通过发布合规管理指引、施行行政指导制度、推行强制合规制度、试行行政和解制度，引导企业建立合规管理体系。一方面，在行政部门的推动和督促下，几乎所有中央国有企业和从事海外经营业务的中国企业，都建立了成体系的合规管理机制，包括发布合规章程、合规政策和员工手册，建立合规组织体系，确立针对合规风险的防范、识别和应对机制。还有些企业通过专门的风险评估，发现了企业的合规风险点，确立了若干专项合规管理体系。另一方面，一些从事违法违规经营活动的企业，在接受行政部门监管调查期间，要么做出了完善合规体系的承诺，要么提出了有针对性的合规整改方案，从而换取了行政监管部门的宽大处理，包括免除行政责任、减轻行政处罚、达成行政和解，等等。[3]

与此同时，自2020年以来，最高人民检察院开始进行企业合规相对不起诉的改革探索，并将这一改革试点范围扩大到全国十个省市的检察机关。目前，这一改革初步形成了检察建议模式和合规考察模式，涉案企业在认罪认罚、配合执法、采取补救挽损措施的前提下，提出合规整改方案或者专项合规计划，并对企业的管理机制和经营模式进行专门性的完善和修复，以此为根据，检察机关要么直接作出相对不起诉的决定，并提出进一步整改的检察建议，要么设置合规考察期，指派合规监管人，经对合规整改做出验收合格后，再做出不起诉的决定。[4]在这一改革的基础上，一些检察机关还推动当地政府成立

〔1〕 参见尹云霞、庄燕君、李晓霞:《企业能动性与反腐败“辐射型执法效应”——美国FCPA合作机制的启示》，载《交大法学》2016年第2期。

〔2〕 参见陈瑞华:《论企业合规的性质》，载《浙江工商大学学报》2021年第1期。

〔3〕 参见陈瑞华:《企业合规制度的三个维度——比较法视野下的分析》，载《比较法研究》2019年第3期。

〔4〕 参见陈瑞华:《刑事诉讼的合规激励模式》，载《中国法学》2020年第6期。

企业合规监管委员会，吸收行政监管部门参与进来，推行刑事合规与行政合规的有机衔接，遴选若干家当地大型企业，督促其建立合规管理体系，实现企业违法违规行为的“源头治理”。当然，这些并未实施违法犯罪行为的企业，一旦接受监管委员会的指导，建立了合规管理体系，在未来参与项目招投标、申请市场准入资格等方面将获得较为优厚的待遇，它们假如因违法违规而受到行政调查或者刑事立案侦查，也有可能受到较为宽大的处理。〔1〕

经过近四年的时间，我国企业合规大体形成了两种方式：一是以市场竞争为导向的合规；二是以危机处理为导向的合规。〔2〕前者是企业出于赢得商业交易机会、增强市场竞争力等方面的考虑，以合规风险为导向所建立的合规管理体系。由于没有遇到迫在眉睫的处罚危险，因此企业往往经过合规风险评估，以预防潜在的合规风险为目标，建立具有防范性、正规性和体系化的合规管理体系。后者则是指企业在面临行政监管调查、刑事追诉的情况下，为避免受到严厉的行政处罚、刑事责任追究，以危机应对为目的所进行的合规整改措施。由于企业的违法违规事实或者犯罪事实已经暴露，并面临着受到严厉处罚的现实危险，因此，这时就不能建立一种“假想性的合规体系”，而是针对企业的管理漏洞、制度隐患以及其他造成违法犯罪行为出现的原因，做出有针对性的制度整改，防范企业发生新的违法犯罪行为，以换取较为宽大的处理。通常，我们可以把前一种合规称为“日常性的合规管理体系”，而将后一种合规视为“危机应对的合规整改机制”。

无论是“以市场竞争为导向的合规”，还是“以危机处理为导向的合规”，要发挥防控合规风险的作用，都需要企业投入大量人力、物力、财力以及其他资源，并从公司治理结构上作出全方位的调整。有些企业在董事会之下设立合规管理委员会，设立首席合规官，建立合规部门，设置动辄多达数百人的合规团队，每年的合规预算达到数亿

〔1〕 参见张剑锋：《宝安促刑事合规助力企业行稳致远》，载《宝安日报》2021年1月25日，第5版。

〔2〕 参见尹云霞、李晓霞：《中国企业合规的动力及实现路径》，载《中国法律评论》2020年第3期。

元之多。对于这些企业来说，为什么要在合规体系建设方面投入如此巨大的人力和财力资源呢？对于行政监管部门而言，为什么要将合规管理体系建设作为重要监管手段，甚至为激励企业建立合规体系，还要在行政处理上作出妥协或者让步呢？对于司法机关而言，为什么在企业已经构成犯罪的情况下，仅仅根据企业作出的合规整改承诺，就可以对其不起诉或者暂缓起诉，并在其合规整改成功的情况下，作出无罪处理呢？对于整个社会而言，一个已经实施违法犯罪行为的企业，在其已经造成危害社会后果的情况下，因为其实施了合规整改，经评估可能采取了预防违法和避免犯罪的措施，就对其给予宽大处理，甚至免除其刑事责任，这真的是可以接受的处理方式吗？这会不会造成"宽容违法"甚至"放纵犯罪"的问题呢？……

要回答上述问题，我们需要分析企业合规的正当性问题。对于这一问题，西方学者曾经作出过讨论，提出了诸如"自我监管理论"、"商业效益理论"、"企业社会责任理论"和"道德行为理论"，来论证企业合规本身的价值基础。还有学者提出了"社会效益理论"和"降低违法成本理论"来解释建立合规激励机制的正当性。我国学者往往从企业获得收益的角度来论证企业合规的存在意义，提出了诸如"合规防范法律风险"、"合规有助于企业完善治理结构"、"合规保证企业确立合规文化"甚至"合规创造价值"等方面的观点。[1]

本章拟结合我国合规制度发展的实际情况，对企业合规的价值基础作出重新讨论。本章的基本观点是，企业合规不仅具有外在的功利性价值，而且具有内在的道德性，主要表现为合规可以促使企业尊重道德义务，并承担必要的社会责任。对于企业的生存和发展而言，企业合规有助于企业减少损失，切割责任，获得行政和刑事上的宽大处理，实现长久的可持续发展。从政府监管的角度来看，企业合规可以克服行政监管外部监管的局限性，通过引入协商、对话、妥协和契约的理念，激活企业自我监管的能力，提高外部监管的有效性，为大型企业防范违法犯罪活动开辟一条新的监管方式。而从社会公共利

〔1〕 参见王志乐：《企业合规计划的基本问题》，载微信公众号"转型中的刑法思潮"2020年7月15日，https://mp.weixin.qq.com/s/TBblvzh7Jx-Jdf8GszkjHQ。

益衡量的角度来看，企业合规机制的推行，表面上使企业付出了高额管理成本，使涉案企业获得额外收益，却有利于维护众多关联人员的利益，有利于维护社会公共利益。

二、企业社会责任的承担

为什么要建立合规管理体系？考虑到合规管理并不会直接创造经济价值，甚至需要企业牺牲短期利益，投入大量人力物力财力，影响企业经营的便利和效率，因此，人们可能会提出一种疑问：在企业合规管理的背后，是否存在一种超越经济效益的价值呢？

对于这一问题，西方法学界曾提出过“企业社会责任理论”和“道德行为理论”。根据前一理论，随着大型企业越来越具有权力和影响力，建立企业合规计划能够促进企业承担更多的社会责任，使其更具有公共性（publicness），促进其遵守员工平等、客户权益保护、环境保护等方面的法律法规。而根据后一理论，企业合规对于员工行为具有塑造作用。企业建立合规计划后，员工会产生“违法行为更容易被发现”的认知，并因此放弃实施违法行为，因为监管他们行为的人从执法机关变成公司内部更了解他们行为模式的人；企业通过合规计划治理一些边缘性违法行为，利用员工对名誉、人际关系、职位的珍惜，来督促其选择良好的行为模式。[1]

这些理论有一定的说服力，但也容易令人提出进一步的疑问：企业究竟通过什么方式督促企业遵守道德义务并承担社会责任呢？我们可以简要分析西门子和中兴公司建立合规体系的经验，来做出更为深入的讨论。

2008年，西门子在与美国司法部和美国证交会达成和解协议之后，在合规考察期内重建了反商业贿赂合规计划，并在此基础上建立了反垄断、反洗钱和数据保护等专项合规计划。通过上述合规计划的

---

〔1〕 See Donald C. Langevoort, *Cultures of Compliance*, American Criminal Law Review, Vol.54, p.933-977(2017).

重建，西门子实现了“只做合规的业务”以及“只赚取干净的钱”等企业经营理念，从而建立了一种与过去迥然不同的企业合规文化。对于曾经历过生死挣扎的西门子而言，合规管理不仅是“救命药”，而且是未来健康发展的“预防针”。西门子已将“只做合规的业务”，作为自己的价值观。根据西门子高层的介绍，“我们要有长远的价值观，不能因为眼前利益牺牲长期发展。的确，我们曾因不愿从事不合规的行为而丢失了部分业务，但是更多情况下，由于我们的合规管理而赢得了更多订单，因为合作伙伴知道和西门子打交道是低风险的，不会因为合规问题而埋下隐患”。〔1〕

2018年，中兴公司在分别与美国商务部、联邦法院达成和解协议之后，开启了重建出口管制合规计划的进程，并将企业合规的管理机制扩展到反商业贿赂和数据保护等领域之中。经过合规计划的重建，中兴公司形成了颇具特色的合规文化，公司最高层定期向全体员工、股东和合作伙伴发出合规报告函，通报公司合规管理建设的进展情况。同时，对于公司的全部经营活动和商业交易，合规部门拥有“一票否决”的权威，实现了“合规优于经营”的理念，大大改变了企业的合规文化。在重建专项合规计划过程中，中兴公司高度重视合规文化的建设。尤其是在出口合规体系的建设中，中兴公司强调，出口合规是“每个人的责任”，合规不仅“可以创造价值，还可以保护价值”。该公司将诚信为本、按照道德标准开展业务，作为公司在全球范围内从事经营活动的基本准则。该公司发布的《商业行为准则》，确立了诚信和遵守道德标准的原则，对公司、员工、客户、商业伙伴和投资者提出了遵守法律法规的要求，将“以合乎道德的方式代表公司从事业务”，确立为每一位员工的义务。〔2〕

上述两个例子可以说明，企业合规机制的实施，会使企业在短时间内牺牲部分商业利益和商业机会，却程度不同地改变了企业的经营理念，使其形成了越来越浓厚的依法依规经营的企业合规文化。企业在追求商业利益的同时，更加注重承担企业的社会责任，树立企业的

〔1〕 参见陈瑞华：《西门子的合规体系》，载《中国律师》2019年第6期。
〔2〕 参见陈瑞华：《中兴公司的专项合规计划》，载《中国律师》2020年第2期。

良好社会形象。这种促使企业遵守道德规范并承担起社会责任的意义，是企业合规所要实现的内在价值。

最初，一些国家的公司在组建合规部门时，总是将“合规”与“道德”联系在一起，有的公司甚至将合规部门直接称为“道德与合规部门”。我国监管部门基本上接受了这种理念，既将合规视为一种管理体系和治理方式，也倡导建立一种“合规文化”。而所谓“合规文化”，就是一套体现公司社会责任和道德责任的价值观念和道德规范。我国有关部门发布的《合规体系指南》就指出，“合规文化是价值观、道德准则和信仰在整个组织中的存在，并与组织的结构和控制系统相互作用，从而产生导致合规结果的行为规范”。[1]所谓公司的道德责任或社会责任，主要是指企业通过建立合规体系，强调合法合规经营，树立全员合规的原则，将合规注入企业决策、投资、经营、管理、监控的所有环节，并注重对合规风险的防范、识别以及对违法违规事件的恰当应对，使得合规体系得到不断地改进和完善。由此，企业不仅做到了合规经营，在追逐利润的同时，兼顾了官员廉洁、环境保护、劳工利益、知识产权保护、个人隐私维护等诸多社会价值，而且维护了一种公平竞争的市场环境，推进了法治的实现，确保一种公平公开透明的经营秩序。

在建立合规机制的初期，企业的动机一般是避免受到严厉的监管处罚和刑事追究，避免遭受严重的经济损失和声誉损失。尤其是在监管部门和执法机关监督下被迫重建合规计划的企业，最初建立合规计划主要是出于维护商业利益乃至确保企业生存的考虑。但随着合规管理机制的逐步完善，企业发布了商业行为准则和员工手册，建立健全了合规组织体系，确立了以防范合规风险、识别违规行为和应对违规事件为标志的合规管理体系，这就使得合规的理念深入人心，依法依规经营逐渐成为企业高管和员工的惯例，企业“只做合规业务”的经营方式得到激活。由此，企业会逐步形成一种按照合规方式进行经营的文化氛围。有了这种文化氛围和依法经营的价值观，企业在经

---

〔1〕 参见中国标准化研究院标准化理论战略研究所：《ISO37301：2021〈合规管理体系——要求及使用指南〉国际标准解读》，载微信公众号“中国标准化”2021年4月14日，https://mp.weixin.qq.com/s/WP8FihJMP8eBzuTHZPDI6g。

营过程中就会遵守各种法律法规和伦理规范，并对高管和员工进行有效的合规管理。而在发展供货商、经销商、代理商等第三方商业伙伴以及从事并购等经营活动的过程中，企业就会将自己的合规文化推己及人，对其尽到合规风险评估、尽职调查和合规风险管理等方面的监管义务，从而带动更多的商业伙伴和交易相对方也形成依法依规经营的惯例。这样，一个实施有效合规计划的企业，就成为一个受到“规训”的商业实体，将合规文化传播到与其发生商业联系的更多企业那里，从而形成一种积极向上的“合规文化传递”效应。

在某种意义上，企业通过建立不同的专项合规计划，可以维护特定领域的企业道德，承担特定领域的社会责任。例如，通过建立反商业贿赂合规计划，企业可以维护诚信、廉洁和公平竞争的价值观；通过建立数据保护合规计划，企业可以建立客户数据保护的管理机制，维护个人隐私的价值；通过实施反洗钱合规计划，企业可以对禁止违法者利用金融机构进行洗钱和避免恐怖主义融资，作出积极的贡献；通过改进出口管制合规规划，企业可以确立遵守进出口管制法律法规的管理方式，树立依法依规经营的道德观念。不仅如此，通过建立诸多专项合规计划，企业可以在诸如环境保护、保护知识产权、保护劳工权益等方面，承担起自己的社会责任。

三、企业的可持续发展

很多建立合规管理体系的企业，都提出了“合规创造价值”的观念。例如，在中兴公司，合规已经成为中兴公司所高度强调的价值观。合规是中兴公司通讯经营的前提和底线，是该公司战略的三大基石之一，也是该公司发展的必由之路。首先，合规被中兴公司视为商业可持续的价值选择，是实现管理成本最优化和商业效率最大化的保障。合规可以有效支撑公司可持续发展，更好地守护中兴公司客户、合作伙伴、股东、员工以及利益相关方的商业利益，为公司创造价值。其次，中兴公司致力于建立高效并有组织的一流合规管理体系，保证合规制度与关键业务流程的完全整合，实现合规流程的嵌入和落地，努力成为行业内合规建设的标杆，使合规成为中兴公司的竞争优势，满足客户的合规要求，最终实现合规创造价值的目标。[1]

在推进企业合规治理的过程中，我国监管部门引入了“可持续性发展”的公司治理理念。作为中国合规体系国家标准的《合规体系指南》，开宗明义地指出，“合规是组织可持续发展的基石”，是实现“良好治理原则”的保障。表面看来，合规管理体系的建立和完善，会对企业追求高利润、高收益带来一些负面的影响。但从长远来看，一个合法合规经营的企业，可以成功地规避各种法律风险，避免因违法违规带来的法律制裁和监管处罚，避免受到重大财产损失和声誉损失。与此同时，企业建立合规管理体系本身，就可以为企业带来直接的经济效益，增强竞争优势，树立良好的企业形象和品牌。这就是合规给企业可持续发展带来的积极促进作用。

（一）合规风险的有效防控

对于一个并未实施违法犯罪活动，也没有受到监管调查和刑事追诉的企业而言，建立一套合规管理体系带来的直接收益是什么？答案是有效防控合规风险。

作为公司治理体系的组成部分，合规管理体系也可以发挥防控公司风险的作用。通常而言，一个企业无论从事什么性质的业务，都会面临四个方面的基本风险：一是战略风险；二是经营风险；三是财务风险；四是法律风险。所谓“战略风险”，是指企业在发展战略方向和业务类型选择方面出现了危机，面临着可能的失误和损失。所谓“经营风险”，是指公司在投资回报、盈利可持续性和市场占有规模等方面出现了危险，致使公司存在现实的或潜在的投资无法得到回报的风险。所谓“财务风险”，是指公司在财务管理方面因为存在着贪污、渎职、无序、效率低下等问题而可能出现的经济损失。而所谓“法律风险”，则是指企业因为存在违法违规问题而面临着可能遭受处罚、陷入诉讼、合法权益受到侵害等方面的损失。通常情况下，上述四大风险，是企业进行有效治理的四个主要方面。其中，股东大会

〔1〕 参见陈瑞华：《中兴公司的出口管制合规计划》，载《中国律师》2020年第3期。

和董事会为化解企业的战略风险，负责制定和实施企业的战略管理；高级管理层负责减少企业的经营风险，负责推行企业的经营管理；财务部门直接负责减少企业的财务风险，负责企业的财务管理；法律事务部门则负责化解企业的法律风险，推行一整套法律风险防控管理工作。

那么，究竟什么是“合规风险”呢？应当说，合规风险来源于法律风险，属于法律风险的有机组成部分。只不过与一般的法律风险不同，合规风险是指企业因为违反行政法规、刑法而可能受到行政监管部门的处罚或者刑事责任的追究，以及由此所带来的资格剥夺以及其他方面的损失。在当代国际经济法律体系中，一些国际金融组织在那些参加招投标项目的企业存在违法违规行为时，对其所实施的限制或者剥夺招投标资格的制裁，也被视为合规风险的一种类型。在公司治理体系上，企业在董事会层面设立合规管理委员会，设立具有较高权威的首席合规官，设置相对独立的合规部门，甚至在企业每个分支机构设置合规团队或者合规专员。不仅如此，企业还会发布合规章程、合规政策和员工合规手册，建立针对合规风险的防控、识别和应对体系。合规管理在企业内部的受重视程度，是一般的法律风险防控管理所不可比拟的。

企业之所以要建立合规管理体系，之所以要确保合规管理体系的有效运行，首要的考虑就是尽量减少可能给企业带来灾难性后果的合规风险。企业一旦面临合规风险，就有受到行政处罚、刑事责任追究或者国际制裁的可能性，而这种可能性足以使企业失去参与特许经营、上市、参与招投标等市场准入资格，甚至被吊销营业执照，从而承受灾难性的后果，因此，几乎所有企业都将合规风险的防控从一般的法律风险防控中独立出来，将其视为最重大的法律风险。企业之所以要致力于建立日常性的合规管理体系，主要的考虑就是预防这种危及企业生存的违法犯罪行为的发生，防止企业面临灭顶之灾。

西门子在与美国司法部、美国证交会达成和解协议后，经过若干年的努力，建立起一套全球领先的合规管理体系，尤其是在反商业贿赂合规体系的建设上，取得了重大突破。在这套体系的保护下，西门子自2006年以来，再也没有出现过系统性的重大海外贿赂事件，该公司也没有因此受到严厉的行政监管处罚和刑事责任追究。而中兴公司在与美国联邦法院和美国商务部分别达成两项和解协议之后，在出口管制、反商业贿赂和数据保护领域建立了三大专项合规体系，并建立与之配套的合规稽查和合规管理两个保障部门，使合规管理体系能够渗透到企业经营的每一环节，做到了“全员合规”，使合规成为企业经营的三大战略支柱。在这一合规体系的保护下，中兴公司成功地化解了各种合规风险，避免再次受到贸易制裁、接受行政处罚乃至被追究刑事责任。

（二）企业责任的有效切割

除了有效预防潜在的合规风险以外，合规管理体系的建立还可以给企业带来哪些方面的收益呢？通常情况下，一个建立有效合规计划的企业，可以在企业与员工、客户、第三方商业伙伴和被并购企业之间，建立起风险转移和责任切割的机制，避免企业因为上述关联人员存在违法犯罪行为而承担连带责任。这种对企业责任的有效切割，是合规管理机制给企业提供的又一重要价值。

2015年，甘肃省兰州市中级人民法院（以下简称兰州中院）对雀巢公司数名员工涉嫌侵犯个人信息案件的判决，就展示了对这种企业责任切割机制的运用。在这一案件中，5名雀巢公司的员工因为受到侵犯公民个人信息犯罪的指控，而被一审法院定罪判刑。他们向兰州中院提出的主要上诉的理由是他们的行为属于单位犯罪行为，雀巢公司应承担刑事责任。兰州中院经过二审审理，判决认定，“雀巢公司手册、员工行为规范等证据证实，雀巢公司禁止员工从事侵犯公民个人信息的违法犯罪行为，各上诉人违反公司管理规定，为提升个人业绩而实施的犯罪为个人行为”。据此，法院驳回上诉，维持了一审法院的判决，认定雀巢公司不构成单位犯罪。〔1〕

很显然，兰州中院的裁判逻辑表明，只要单位建立了合规管理体系，对员工进行过相关合规培训，签署过依法从事经营活动的承诺

〔1〕 参见兰州市城关区人民法院刑事判决书，（2016）甘102刑初605号。另参见兰州市中级人民法院刑事裁定书，（2017）甘01刑终89号。

函，并明确禁止员工从事违法违规行为，那么，由员工实施的相关违法违规行为，就不应视为单位行为，而应属于员工个人行为。由此，这种合规管理体系和内部控制机制，成功地将员工行为与企业行为进行了切割，使得单位不因员工的行为而承担刑事责任。

尽管我国刑法在引入严格责任制度方面较为保守和滞后，但是为实现对企业的有效监管，我国行政法却开启了确立严格责任的先例。《反不正当竞争法》就对企业经营过程中的商业贿赂行为进行了一些具体的规范。值得注意的是，该法首次引入了严格责任制度，对于企业员工存在贿赂行为的，一律推定为“经营者”的行为。同时，该法为企业提供了无责任抗辩的机会，经营者（也就是企业）只要“有证据证明该工作人员的行为与为经营者谋取交易机会或者竞争优势无关的”，就可以不负法律责任。[1]

根据权威的解释，企业要证明该工作人员的行为“与为经营者谋取交易机会或者竞争优势无关”，就需要提供相关证据，证明自己已经制定合法合规合理的措施，采取有效措施进行监管，没有放纵工作人员的违法行为。换言之，企业只要建立针对反不正当竞争行为的合规管理机制，对员工的商业贿赂行为采取了禁止性和惩罚性措施，并通过培训、沟通等方式采取了预防性措施，那么，企业就可以对员工的商业贿赂行为不承担行政法律责任。

无论是在刑事法领域，还是在行政法领域，企业建立有效的合规管理体系，都可以发挥“隔离带”和“防火墙”的作用，成功地将企业责任与员工责任、客户责任、第三方商业伙伴的责任以及被并购企业的责任加以切割和分离，成为企业免除行政责任和刑事责任的依据。下面对此作出简要分析。

在企业责任与员工责任的关系上，很多国家都确立了严格责任制度，根据员工实施违法或者犯罪行为的事实推定企业承担无过错责任。2010年英国《反贿赂法》中确立的“商业组织预防贿赂失职罪”，就属于一种企业因员工犯罪行为而承担严格责任的罪名。我国《刑

---

〔1〕 参见肖江平：《新反不正当竞争法的主要进步》，载《中国市场监管研究》2017年第12期。

法》确立的“拒不履行网络安全管理义务罪”，也包含着企业因员工犯罪行为而承担严格责任的因素。在上述严格责任适用情形下，企业建立合规管理体系，就可以成为企业提出无责任抗辩的事由，可以产生推翻严格责任的效果。

那么，企业究竟根据合规管理体系的哪些方面来进行这种责任的切割呢？首先，企业为预防特定合规风险，颁布了专项合规政策和员工行为准则，明确告知了员工行为的边界范围，对那些违法违规行为提出了明确的禁止性要求，并建立了惩戒性制度。其次，企业为预防合规风险，需要对员工或高管进行合规培训。这种培训既包括定期的常规培训，也包括针对重点高危员工进行的专项培训。企业假如进行过这种培训，留存着培训记录，出具了员工签署的承诺函，那么，就足以证明企业尽到了对员工的提醒、教育和沟通义务，既没有鼓励或者放纵员工的犯罪行为，也没有在阻止员工违反法律法规方面存在失职行为。再次，在日常经营过程中，企业对于员工的行为假如采取了实时合规监控，建立了行之有效的合规监控制度，存在着自下而上的合规报告机制，实施了违规行为的举报制度，那么，足以说明企业对于员工的违法违规行为建立了预警机制。最后，在违规行为发生后，企业对员工的违规行为进行及时的内部调查，必要时针对违规员工启动专门的反舞弊调查，对存在违法违规行为的员工进行及时的惩戒，并适时进行制度整改，弥补合规体系的漏洞，那么，也足以说明企业在配合监管调查以及应对违规行为方面采取了积极有效的补救措施。

在企业责任与客户责任的关系上，一个有效的合规管理体系可以发挥责任切割的作用。尤其是在金融领域，企业不建立反洗钱合规体系，就有可能因为客户实施了违法犯罪行为，将通过腐败、恐怖主义、诈骗等方式获得的财富纳入金融业务的处理范围，并因此承担洗钱、掩饰或隐瞒犯罪所得的法律责任。为避免这方面的合规风险，金融企业就需要建立针对客户的合规风险评估机制，尤其是实施客户尽职调查制度，对客户的背景、经营状况、遵守法规情况、违反记录等展开全方位的背景调查。在上述前提下，金融企业还应对客户的大额交易和可疑交易展开实时监控。以上合规管理机制可以对客户带来的合规风险进行必要的防范，并通过合规管理将企业的法律风险降低到最低限度，并在客户确实存在违法犯罪行为时，实现有效的责任切割，避免合规风险的转移。

在企业责任与第三方商业伙伴的责任关系上，很多国家也确立了严格责任制度。对于第三方商业伙伴以企业的名义、为实现企业的利益所实施的违法或者犯罪行为，企业有可能承担无过错责任。但是，企业假如对第三方采取了合规管理措施，包括合规尽职调查、风险控制并建立退出机制的，就可以免除法律责任，实现企业责任的有效分离。

通常而言，企业的第三方合作伙伴主要包括三类：一是上游的供货商、供应商；二是中游的代理商、顾问；三是下游的分销商、经销商、承包商，等等。这些第三方商业伙伴一旦实施违法犯罪行为，企业就有可能因此承担连带责任。而唯有建立针对第三方的合规管理机制，企业才能实现责任切割，避免承担法律责任。具体而言，在第三方实施违法违规行为的情况下，企业要成功地避免法律风险，就需要从四个方面建立企业合规机制：一是将企业的合规政策告知第三方，并将后者遵守企业的合规政策作为签订和履行合同的前提条件；二是实施第三方尽职调查，评估其可能的法律风险；三是对第三方进行持续不断的合规监控和管理；四是对第三方商业伙伴进行持续不断的风险评估，对合规不达标的第三方建立退出机制。

在企业责任与被并购企业责任的关系上，很多国家企业也确立了一种责任切割机制，通过建立有针对性的合规管理体系，防止企业受到被并购企业违法犯罪行为的牵连，实现风险的有效转移。

在有些国家的企业合规制度中，存在着一种“继承责任”的理论。所谓继承责任（Successor Liability），是指企业在与另一家企业发生合并或者收购行为时，对于被收购企业在合并或收购之前发生的违法违规行为，所要承担的法律责任。作为公司法上的一般归责原则，当两家公司发生合并或收购行为时，后继公司（the successor company）要对前任公司（the predecessor company）的违法违规行为承担法律责任。这是防止后继公司逃避责任的制度保障。根据1977年美国《反海外腐败法》，继承责任原则已经成为确定公司行政责任和刑事责任的重要依据。美国司法部和美国证交会作为该法的主要执法部门，在追究企业的海外贿赂行为时，就将继承责任理论作为对实施投资并购的企业追究法律责任的直接依据。[1]

在继承责任原则的影响下，很多企业都建立了针对投资并购的合规管理机制。例如，企业开展收购前的尽职调查，并在收购完成后加强合规计划和内控机制。这主要是基于以下四个理由：一是尽职调查可以帮助收购公司准确地对目标公司进行评估。通过贿赂手段获取的合同，以及通过非法手段进行的商业交易，都是不可持续的，这些目标公司先前实施的非法行为极有可能使收购公司承担法律责任，也会损害收购公司的声誉和发展前景。在收购之前对这些问题展开调查和了解，有助于收购公司更好地评估潜在的法律责任，并对目标公司的价值做出适当评价。二是收购前的尽职调查可以降低收购公司继续从事贿赂行为的风险。适当的尽职调查可以识别商业和区域风险，并为目标公司快速和成功地融入收购公司的内控机制和合规环境奠定基础。三是一旦通过尽职调查发现了目标公司的潜在违法行为，收购公司可以通过就相关费用、责任以及补救措施进行谈判而快速和有序地处理相关的法律风险。四是全面的尽职调查可以表明公司对违反法律行为的全面披露，并采取积极预防的态度。

（三）宽大处理的激励效应

对于一个因为实施违法犯罪行为而受到行政调查、刑事追诉的企业而言，建立合规体系或者承诺进行合规整改，究竟会给它们带来什么样的收益呢？通常说来，企业涉嫌违反行政法规的，只要建立了合规管理体系或者承诺重建合规计划，就有可能被免除行政处罚，减轻行政处罚，或者与行政机关达成行政和解协议，通过进行合规整改换取宽大处理，避免最严厉的处罚结果。企业受到刑事立案、侦查和审查起诉的，假如承诺建立合规管理体系，进行有效的合规整改，就有可能受到检察机关不起诉的处理，或者被纳入合规考察的对象，只

---

〔1〕 参见尹云霞、庄燕君、李晓霞：《企业能动性与反腐败“辐射型执法效应”——美国FCPA合作机制的启示》，载《交大法学》2016年第2期。

要合规整改被验收合格，就有可能避免被起诉的结果。不仅如此，即便是那些因存在腐败、欺诈等违规行为而遭受国际金融组织制裁的企业，只要接受合规监管，重新建立诚信合规体系，也可以获得解除制裁的机会，重新取得参与国际招投标的资格。

2020年12月，国家市场监督管理总局依据《反垄断法》对阿里巴巴集团在中国境内网络销售平台服务市场滥用市场支配地位行为进行立案调查。次年4月，国家市场监督管理总局对阿里巴巴集团作出行政处罚决定，责令该集团停止违法行为，并处于2019年在中国境内销售额4%的罚款，计182亿余元。同时，该局向阿里巴巴集团发出行政指导书，要求其围绕严格落实平台企业主体责任、加强内控合规管理、维护公平竞争、保护平台内商家和消费者合法权益等方面进行全面整改，并连续三年向国家市场监督管理总局提交合规报告。[1]

2020年8月，江苏省张家港市公安局以某化机公司及张某等人涉嫌污染环境罪移送检察院审查起诉。张家港市人民检察院经审查认为，该公司及张某等人尽管已经构成污染环境罪，但排放污水量较小，尚未造成实质性危害后果，有关责任人认罪认罚，该公司系省级高科技民营企业，年均纳税400余万元，员工90余名，拥有专利20余项，部分产品突破国外垄断，如果该公司和责任人定罪判刑，将对国内相关技术领域造成严重影响。鉴于此，检察机关向该公司送达了企业刑事合规告知书，该公司提交了书面合规承诺书。检察机关在审查调查报告、听取行政机关意见和审查公司书面合规承诺的基础上，对该公司作出了合规考察的决定。该公司聘请律师对合规建设进行初评，全面排查合规风险，制定详细合规计划，检察机关委托税务、生态环境、应急管理等部门对合规计划进行专业评估。在4个月的合规考察期内，该公司在律师的帮助下进行了合规整改，建立了环保合规管理体系。该公司每个月向检察机关书面汇报合规计划实施情况。2020年12月，检察机关组建以生态环境部门专业人士为组长的评估小组，对公司合规整改情况和合规体系建设情况进行评估，评估结果

---

〔1〕 参见《市场监管总局对阿里巴巴“二选一”垄断行为作出行政处罚》，载微信公众号“人民日报”2021年4月10日，https://mp.weixin.qq.com/s/s/auzwzsue284muqrzB8CA。

为合格，该公司通过了合规考察程序。检察机关随即举行公开听证会，对公司作出了不起诉决定，并向环保部门提出了给予行政处罚的检察建议。〔1〕

2018年，哈尔滨电机厂有限责任公司在参加亚洲开发银行的招投标项目过程中，因存在虚报业绩等“欺诈”行为，被该银行作出附条件的中止资格的制裁。随即，该公司受到包括世界银行在内的诸多国际金融机构的联合制裁。在向亚洲开发银行作出重建合规管理体系的承诺后，该公司在该银行的监管下，聘请国内知名合规律师团队，构建了诚信合规管理体系，建立了职责清晰的合规组织体系，制定了完备的合规管理制度和有效的工作流程，落实了承诺的各项合规整改措施。律师团队根据世界银行、亚洲开发银行的诚信合规指南，结合国内合规指引，提炼出四大合规评估模块，18项具体合规评价指标，形成了40多项优化建议，完善了13项专门制度，设计了审批流程表单、标准化合规条款、合规承诺书等12项配套执行文件，达到了境内外合规监管的要求。2020年8月18日，亚洲开发银行正式确认，哈尔滨电机厂有限责任公司的制裁解除，重新获得参与国际招投标项目的资格。〔2〕

上述三个案例，分别显示了企业在实施违法犯罪行为而受到行政调查、刑事追诉和国际组织制裁时，因为承诺作出全面合规整改，并在考察期内成功完成了合规管理体系建设，通过了合规考察和验收，最终被作出了宽大的行政处罚、不起诉决定以及解除了国际组织的制裁。这三个案例的情况尽管不尽相同，但都显示出在相关领域建立合规激励机制的前提下，涉案企业承诺建立合规体系的，就有可能被给予开展合规体系建设的机会；涉案企业在考察期之内完成合规整改，建立有效合规管理体系的，行政机关就有可能作出减轻行政处罚的决定，检察机关有可能作出免除刑事责任的决定，国际组织则可以作出撤销制裁、恢复企业招投标资格的决定。这显然说明，对于那些

---

〔1〕 参见《企业合规改革试点典型案例》，载《检察日报》2021年6月4日，第2版。

〔2〕 参见吴巍等：《金杜助力哈尔滨电机厂有限责任公司成功解除亚洲开发银行制裁》，载微信公众号“金杜研究院”2020年9月2日，https://mp.weixin.qq.com/s/of3oxbxSN3AANJKyyMavWQ。

陷入危机的企业而言，建立合规管理体系可以使其获得一项新的收益，也就是被作出较为宽大的处理，避免最严重的行政处罚、刑事责任追究和国际制裁，避免因此受到更为严重的资格剥夺后果，使企业摆脱了最危险的状态。

（四）合规对企业商业价值的独特贡献

合规管理体系的建立，使得企业防范了特定的合规风险，实现了企业责任与员工责任、客户责任、第三方责任和被并购企业责任的有效切割，并在危机发生后被作出较为宽大的处理，避免最严重的资格剥夺后果发生。这些都是合规制度给企业带来的消极受益，也就是通过建立合规管理体系而避免失去特定利益的价值。换言之，这种受益的实质都具有"补救"的性质。但是，合规管理体系的有效实施，还可以使企业获得积极的收益，这集中体现在，一个建立有效合规体系的企业，可以树立起良好的商业信誉，增强其市场竞争优势，赢得更多优质客户，获取更多商业伙伴和成功交易机会。人们通常所说的"合规创造价值"，就指出了合规在增加企业商业价值方面的效果。

西门子经过数年的合规体系重建，成为拥有一千多人合规团队的跨国企业，形成了在业内首屈一指的合规文化。合规体系的完善和成熟，为西门子创造了世界级的良好声誉，并因此赢得了众多的客户和商业合作伙伴。中兴公司自2018年以来启动了合规体系重建工作，建成了拥有数百人的专业合规管理团队，该公司的通信技术和合规管理体系并驾齐驱，为企业带来了持续增长的业绩和众多的优质客户，大大增强了公司的竞争优势，使得本来不直接创造利润的合规管理体系，成为吸引优质客户、获取市场商业机会的优势资源。西门子奉行的"只做合规的业务"，与中兴公司奉行的"合规创造价值"的理念，异曲同工，展现了有效的合规管理可以大大提高企业的商业价值。

首先，有效的企业合规计划可以减少企业违法行为发生的次数，进而提升企业的商业声誉，吸引更多客户和投资者，使得企业获得更大的竞争优势，获得更多的盈利。这些利益又进一步反向推动企业持续投资完善合规计划，形成良性循环，逐步提升企业的市场价值。尤其是在公司开展并购和融资的过程中，有效的企业合规计划能够大大提升公司的估价，使得合规管理体系转化为优势明显的经济效益。在一定程度上，企业的合规管理体系，就像企业的产品质量一样，可以产生一种企业品牌效应，大大提升企业的商业声誉和社会形象，最终变成企业获取更大商业利益的工具。

其次，合规管理机制的普遍推行，可以创造一种公平竞争的秩序和环境，企业在这样的秩序和环境中，在遵守法律法规的前提下从事经营活动，可以获得公平竞争的机会，获得长久的健康发展。从短期效果来看，企业违法违规开展经营活动，如贿赂政府官员、采用恶性竞争方法、实施欺诈、污染环境、侵犯个人数据隐私等，可能增加企业营业收入，获取暂时的经济利益。但是，这种违法违规经营活动却破坏了企业竞争的公平性，导致企业运营成本大幅度增加，甚至会因为其他企业普遍采取不正当的手段而失去更大的利益。而从长远角度来看，唯有推行合规管理机制，建立有效的合规计划，企业在遵守法律法规的前提下开展经营活动，才能获得一个相对公平的经营环境和秩序，实现可预期的商业发展和企业进步，从而获得整体的利益保障。一个在合规经营中成长的企业，也将因其合规经营而受益，最终成为业内的模范企业，实现企业的可持续发展目标，有望成为真正的“百年老店”。

四、政府对企业的有效监管

企业合规制度的发展历史表明，早期那种由企业自觉自愿地建立合规管理体系的做法，对于促进企业依法依规经营，曾经产生过一定的积极效果。但是，这种自发性的合规推进方式，后来被证明不仅没有取得成功，而且还带来一系列负面的效果，尤其是合规体系被一些企业当作规避法律风险、逃脱法律制裁的“遮羞布”，一些纸面上的合规计划大行其道，根本无法发挥防控违法犯罪行为的作用。自1990年以后，欧美国家开始将合规引入刑法和行政法之中，将企业建立合规体系作为对涉嫌违法犯罪的企业予以宽大处理的依据，确立了刑法和行政法上的合规激励机制。[1]在刑事诉讼中，随着暂缓起诉协议和不起诉协议制度的适用，一种协商性司法理念得到确立，企业以合规整改换取宽大刑事处理的机制，逐步得到推广。[2]在行政执法中，随着行政和解协议制度的普遍适用，行政机关放弃了严刑峻法的执法方式，引入了行政契约的理念，给予企业以建立合规计划来换取宽大行政处理的机会。无论是检察机关还是行政机关，都通过发布有效合规标准、推行强制合规制度、确立合规免责制度等方式，为企业建立合规管理体系确立法律责任，采取适度激励措施。在一定程度上，合规已经成为政府监管部门对企业依法依规经营的监管方式。

那么，为什么在行政执法和刑事司法中，合规普遍受到各国执法机关的青睐呢？对于行政机关和司法机关而言，合规究竟在企业监管方面具有怎样的优势，以至于成为普遍的行政监管方式和刑事监管手段呢？

在这一方面，西方法学界曾出现过两种理论：一是“社会效益理论”；二是“降低违法成本理论”。根据前一理论，企业合规计划使得政府无须增加执法的强度和预算，而是通过引导企业建立合规计划，来实现对违法犯罪行为的事前预防，从而减轻了政府的执法负担。合规计划的实施，使得整个司法系统都会因为减少执法调查和降低诉讼成本而获得收益。而根据后一理论，合规计划能够帮助企业预防违法行为，也可以帮助其评估潜在的民事责任和刑事风险，以便尽早作出正确的应对策略。即使在违法行为发生之后，企业合规计划的建立也可以成为无责任抗辩事由、程序选择事由和量刑从轻事由，还可以避免执法机关在强制企业完善合规机制上采取过度的监管措施。[3]

在笔者看来，从政府监管的角度来看，合规机制的引入及其作为执法激励机制的适用，可以有效地解决外部监管失灵的问题，大大降低政府监管的成本，发挥对严刑峻法措施的替代作用，激活企业进行

---

〔1〕 See Todd Haugh, *The Criminalization of Compliance*, Notre Dame Law Review, Volume 92, p.1215-1270(2017).

〔2〕 参见陈瑞华：《企业合规视野下的暂缓起诉协议制度》，载《比较法研究》2020年第1期。

〔3〕 See Sean J. Griffith, *Corporate Governance in An Era of Compliance*, William & Mary Law Review, Vol.57, p.2075-2140(2016).

自我监管的动力，从而增强企业监管的有效性。本章拟提出一种“有效监管理论”，来论证企业合规对政府监管的独特价值。

（一）传统执法方式的局限性

无论是行政执法还是刑事司法，传统上都奉行严刑峻法的执法理念，将行政处罚和刑事处罚视为惩罚违法行为的手段，期望通过这种惩罚发挥特别预防和一般预防的效果。对于涉嫌违法违规的企业相对人，行政机关以为通过采取罚款以及资格剥夺措施，就可以发挥遏制企业进一步违法的效用。对于涉嫌犯罪的企业，司法机关以为，通过对企业采取查封、扣押、冻结等措施，对责任人采取强制措施，以及采取进一步的起诉和定罪判刑措施，就可以发挥对涉案企业的惩罚作用，进而令那些潜在的犯罪企业心生畏惧，不敢再继续以身试法。

但是，这种过于理想化的执法理念，在多方面现实因素的影响下，经常被证明属于不切实际的假想。无论是行政法还是刑法，都对企业违法、违规和犯罪的法律规制越来越严密和繁杂，用来认定企业违法和犯罪的法律条文越来越多，使得行政机关和刑事司法机关面临越来越沉重的办案压力。在司法实践中，办案部门在办理企业违法案件中，面临着执法成本太高，疑难案件太多，办案效率低下的问题。无论是在行政执法中，还是在刑事追诉过程中，我国普遍存在着选择性执法的现象，对部分违法企业立案调查，对部分涉案犯罪的企业进行立案侦查，而相当多的违法犯罪企业却没有被纳入行政执法和刑事司法程序之中，甚至逃脱法网。这势必造成那些偶然被立案调查的企业，“自认倒霉”，而那些逃脱法律制裁的企业，则心存侥幸，无法产生对执法活动的敬畏感。

从企业监管的角度来看，我国执法和司法实践中普遍存在着“外部监管失灵”的现象。所谓“外部监管失灵”，是指对于规模较大、治理结构复杂的大型企业，政府监管部门依靠传统的执法措施，既难以及时发现和识别违法犯罪行为，也无法对违法犯罪行为进行有效的整改和预防。这些大型企业动辄拥有数千名员工，建立了股东大会、董事会、监事会、管理层等复杂的治理结构，拥有数十家子公司和分公司，在全国乃至全球范围内拥有办事处或者分支机构，动辄聘请数以百计的供应商、代理商和销售商，每年都会有不计其数的并购活动，将数十甚至更多的外部企业变成自己的全资或者控股子公司。相对于对那些只有几十人的小型企业的监管而言，对这类大型企业的外部监管，政府部门经常面临成本较高、效率低下和效果不佳的问题。尤其是在税收征管、知识产权保护、环境保护、反商业贿赂、数据保护等较为专业的领域，大型企业的违法犯罪活动的发生通常较为隐蔽，时机的选择令监管部门防不胜防；企业具有较为高超专业的反调查能力，且在案发后很容易毁灭、伪造、变造证据，也容易发生组织员工建立攻守同盟和提供虚假证言等反调查活动。不仅如此，即便企业本身并不组织、鼓励、接受违法犯罪行为，但企业的管理人员、员工、子公司、客户、第三方商业伙伴、被并购企业等，一旦出现违法犯罪行为，企业如何进行有效的防范、识别和应对，如何建立一套旨在督促上述关联人员依法依规经营的管理机制，都是公司治理的重大课题。尤其是那些从事新型高科技业务的企业，由于运转初期经营方式处于探索阶段，政府监管部门出于鼓励改革探索的考虑，加上缺乏监管经验，可能长期处于“野蛮生长”的状态。等到企业发展到一定规模，甚至整个行业的格局逐渐定型，监管部门才发现这些企业的经营方式和商业模式存在着违法乃至犯罪的因素。近年来，在互联网领域出现过的“P2P”经营模式、互联网融资方式、大数据经营模式等，就普遍存在着违法和犯罪的“基因”，使得经营企业普遍面临着各种合规风险。对于这类企业，政府部门在监管过程中就面临着两难境地：假如继续纵容下去，企业违法犯罪情况将愈演愈烈；而一律采取严厉打击措施，则将使众多企业面临灭顶之灾，甚至可能毁掉整个行业。

上述分析表明，面对规模越来越大、治理结构越来越复杂的大型企业，面对企业内部越来越隐蔽、专业以及发生频率越来越高的违法犯罪现象，行政机关正面临“外部监管失灵”的严峻挑战，司法机关也面临“惩罚有余，预防不足”的难题。在此背景下，行政机关引入企业合规管理方式，将合规作为替代严刑峻法的措施，就成为大势所趋了。无论是行政机关还是刑事司法机关，对建立合规体系的企业采取激励措施，都有助于解决上述外部监管失灵和预防违法犯罪失败的难题。

（二）合规监管方式的积极效应

与传统的监管方式不同，合规监管方式是在行政机关、司法机关施加压力、创造激励条件的情况下，迫使企业接受的一种自行制度整改的公司治理方式。假如我们将传统的治理方式视为一种“外部监管”的话，那么，那种引入企业合规的监管方式则可以被称为“自我监管”方式。这种监管方式有两个构成要素：一是行政机关、司法机关对企业施加强大的合规压力，迫使其建立合规体系，或者给予因违法犯罪而陷入危机的涉案企业足够强烈的激励机制，吸引其进行合规整改，重建合规管理体系。二是企业在行政机关、司法机关的外部压力或激励下，在进行内部调查的前提下，提出旨在修补制度漏洞、消除管理隐患的合规整改方案，并以此为基础建立合规管理体系，加强对企业内部的控制体系。

行政机关从外部激活企业建立合规动力的典型案例，是中国证监会与涉嫌行政违法的企业达成行政和解协议的案件，包括2019年中国证监会与高盛（亚洲）有限责任公司等9名申请人达成行政和解，2020年中国证监会与上海司度公司等5名申请人达成行政和解的案例。这是迄今为止中国证监会与企业达成行政和解的仅有的两个案例。在这两个案例中，申请人都承认了违法事实，缴纳了高额行政和解金，承诺加强公司的“内控管理”，并在完成后向监管部门提交“书面整改报告”。作为回报，中国证监会终止了对申请人有关违法行为的调查程序。[1]

司法机关从外部激励涉嫌犯罪的企业实施合规整改的典型案例，是上海市金山区作出相对不起诉的一起案例。2020年12月，上海市金山区人民检察院在办理一起虚开增值税专用发票案件时，涉案企业提出了通过合规整改换取宽大处理的申请，检察机关经过审查，发出了进行限期合规整改的检察建议。在两个多月的时间里，涉案企业按

〔1〕 参见杨为乔：《证监会、高盛行政执法和解背后》，载微信公众号“董事会杂志”2019年7月31日，https://mp.weixin.qq.com/s/civ/I-CQRqY2wfdp12Hxug。另参见刘歆宇：《和解金超6.8亿元！中国证监会与司度等五家机构达成行政和解》，载微信公众号“澎湃新闻”2020年1月20日，https://mp.weixin.qq.com/s/NNfahqT8-8eJiSRzNm-Pmw。

照承诺作出了合规整改，对经营方式、财务制度和人事管理制度等作出了调整，堵塞了原有的制度漏洞。检察机关也针对企业整改情况进行了多次回访考察。次年2月3日，检察机关组织公开听证会，邀请当地城管、工商联、部分企业负责人等作为听证员，经过评估，认定该企业已经实施了较为完善的合规管理制度，有效降低了再次犯罪的可能性。直接责任人姜某投案自首并补缴全部税款和滞纳金。检察机关参考听证会的意见，对涉案企业作出相对不起诉的决定，对姜某提起公诉，但提出进行量刑减让的处理意见。[1]

那么，企业合规一旦被纳入执法（司法）机关的监管体系之中，究竟会产生哪些积极的效果呢？首先，在执法（司法）机关承诺作出宽大处理的情况下，涉案企业放弃了对抗立场，采取了全方位的合作和妥协的措施，使得协商性执法（司法）的理念引入执法（司法）过程之中。企业建立合规计划，往往是其配合政府监管调查的标志之一。通过与监管部门和刑事执法机关达成和解协议，涉案企业进行全方位的合作，在自愿承认违法犯罪事实的前提下，为监管部门和执法部门的调查大开绿灯，并对公司决策层、管理层、审计机构进行全面整顿，撤换那些负有责任的高层管理者。不仅如此，通过被动地或者主动地承担自我披露的义务，涉案企业不仅向监管部门提供新的违法事实，还将有关员工乃至高层管理人员的违法行为告知调查人员。这种对刑事调查和监管调查的全面配合，一方面意味着企业对过去的违法违规行为进行了“认罪悔过”，另一方面也导致所有对违法犯罪行为负有责任的自然人被及时有效地追究法律责任，实现了企业与违法员工的切割。这显然为企业进行“脱胎换骨”地变革治理方式奠定了基础。

其次，为寻求最理想的案件结局，涉案企业会采取积极的补救挽损措施，修复那种为违法犯罪行为所破坏的法益和社会关系，为合规整改创造较好的前提条件。一般情况下，那些作出合规承诺的涉案企业，通常会采取缴纳罚款、补缴税款、缴纳违法所得、赔偿被害人等补救措施，同时也有可能修复那种为违法犯罪行为所破坏的环境、社会

---

〔1〕 参见孟广军等：《严管厚爱，为企业送上“法治定心丸”》，载《检察日报》2021年7月12日，第5版。

关系等。在传统监管方式下，行政机关、司法机关一般是强令企业采取这些补救挽损措施的，涉案企业未必采取积极配合的行动。但在合规监管方式下，涉案企业主动采取上述补救挽损措施，修复了那些被损害的法益和被侵害的社会关系，大大减轻了违法犯罪行为所带来的社会危害后果。

再次，为说服执法（司法）机关作出尽可能宽大的处理，涉案企业主动承担一定的内部监管责任，对企业的管理制度和治理结构作出改变，对有可能出现违法犯罪行为的关联人员，包括管理人员、子公司、员工、客户、第三方商业伙伴、被并购企业等，加强合规管理，有效地防范、识别和应对合规风险。在一定程度上，企业代替监管部门，主动行使了一定程度的监管职能。相对于执法（司法）机关动辄从外部展开监管的方式而言，这种企业主动展开的内部监管在预防违法犯罪行为、识别和监控企业合规风险以及有效应对违规事件等方面，会产生更为积极的效果。例如，企业通过合规风险评估，对客户、第三方、被并购企业展开合规尽职调查，有效地发现了合规风险点，有针对性地建立专项合规体系；企业通过合规培训和合规文化建设，强化全体员工的合规风险意识，有效预防违规事件的发生；企业通过合规报告、内部举报、合规审计等管理流程的建立，对企业内部的合规风险进行全方位的实时监控，发挥“雷达监控”的作用；企业在违规事件发生之后，通过合规内部调查，调查和惩处责任人，发现新的合规管理漏洞和缺陷，提出进一步的完善合规体系的方案，实现合规管理体系的自我完善。可以说，在执法（司法）机关的监督下，涉案公司可以从事先防范、事中监控和事后应对等多个角度完善合规管理体系，切实有效地避免公司违法违规行为的发生。

最后，相对于传统监管方式，合规监管方式使得行政机关、司法机关不必事必躬亲，不必动辄追求严刑峻法，而是发挥着监督者、审核者乃至裁判者的作用，促使企业通过改进公司治理结构来矫正原有违规经营方式，督促和引导企业逐步形成一种依法合规开展业务活动的机制，形成一种合规经营的管理机制和企业文化。企业合规机制的建立，大大节省了政府监管部门的成本投入，将原来的“外部监管”转变为对企业自我监管的激励和奖励，从而使企业激发出自我监管、自我报告、自我整改的活力。无论是行政监管部门还是刑事执法部门，对建立合规计划的违法企业都可以采取放弃起诉、从宽处罚甚至免除法律责任等方式加以奖励。尤其是对于建立合规计划的企业，还通过达成行政和解协议或者暂缓起诉协议等方式，督促并监督其改进合规计划，甚至重建合规管理体系。在合规计划的改进或重建方面，监管部门和执法机关起到了督促者、监督者和考察者的作用，以较少的人力物力投入，取得了企业重建合规计划的显著效果。相对于原有的“外部监管”方式，这种以合规换取宽大处罚的激励机制，更有利于激发企业建立和改进合规计划的动力，推动加强对员工、子公司、客户、第三方商业伙伴、被并购企业的有效管理，预防企业内部可能发生的违法犯罪行为。可以说，相对于传统的严刑峻法监管方式，合规监管方式的引入，大大提高了行政监管和刑事执法的效率，激发了企业自身进行自我监管的积极性和主动性，有效地实现了违法犯罪的预防效果。无论是行政机关还是司法机关，都从过去被动应对违法犯罪事件，转向积极主动地推动企业治理方式的改变，违法犯罪行为的主动调查和披露，制度漏洞的主动修补，以及内部控制体系的自我完善。行政机关和司法机关以放弃部分处罚权为代价，换来了对企业的有效监管和有效治理。这或许是企业合规制度给行政机关和司法机关带来的最大收益。

五、社会公共利益的有效保护

在企业合规的价值问题上，存在一种水漾效应。根据这一效应，处罚一个企业，最终受到惩罚的将是企业的投资者、雇员、养老金领取者、客户等无辜的第三人。因此，企业合规的逻辑应当是，尽量放过涉案企业，但要严惩直接责任人。[1]与此同时，在那些确立了暂缓起诉协议制度的国家，检察机关在对企业审查起诉时，除了要对案件

〔1〕 参见叶良芳：《美国法人审前转处协议制度的发展》，载《中国刑事法杂志》2014年第3期。

进行旨在认定案件事实的证据审查以外，还要进行社会公共利益的审查，以便确认起诉涉案企业在维护社会公共利益方面是否是公平、公正和合理的。

无论是企业自生自发地建立合规管理体系，还是企业在政府部门监管下被迫进行合规整改，完善合规管理体系在追求企业利益最大化以及政府有效监管效果的同时，在客观上还有助于社会公共利益的有效保护。对于这一问题，我们可以根据合规的不同模式，分别作出简要的价值分析。

首先，日常合规管理体系的建立，可以最大限度地防范合规风险，对企业经营的合法性进行实施监控，并对发现和暴露出的管理漏洞和制度隐患作出及时有效的处置。这种公司治理方式可以保护企业不受内部违法违规行为的困扰，避免企业受到行政处罚、刑事责任追究或者国家组织制裁，最大限度地减少企业在社会声誉、商业机会、竞争优势、资格准入等方面的损失。这种合规管理体系的有效运转，对企业具有“保护伞”和“护身符”的作用。当然，合规体系在防止企业遭受损失的同时，也在客观上保护了一系列关联人员的利益。例如，良好的合规管理体系可以最大限度地保护企业投资者、股东、董事的利益，避免他们的利益因为企业声誉损失、商业机会的减少、竞争优势的丧失而受到直接或间接的损失。从表面上看，有效的合规管理体系会限制员工、客户、子公司、第三方商业伙伴、被并购企业的自由选择，甚至会使他们承担更多的责任和更大的风险。但从实质上看，合规管理大大降低了他们实施违法犯罪活动的概率，使他们受到严格的自我约束。无论是员工、股东、投资者、客户还是合作伙伴，都希望与一个诚实守信、遵纪守法的企业发生社会关系，这样的企业可以避免各种风险，获得长久的发展，这符合利益相关各方的长远利益。相反，那种急功近利的经营方式，违法违规的企业行为，固然可以带来短时间的经济收益和交易机会，使得利益相关方获得一定的收益，但是，企业违法行为一旦受到查处，就将遭受程度不同的经济损失、资格剥夺和信誉损失，最终得不偿失，损害的还是作为善意第三方的利益相关各方。

其次，对于企业的上述关联人员而言，那种以危机应对为导向的合规体系可以使其获得更为可观的收益。美国安然事件和安达信事件的教训表明，不建立有效的企业内部控制机制，不实施有效的合规计划，企业一旦破产，或者受到监管调查和刑事追究，不仅企业自身会受到严厉惩罚，遭致“剥夺资格”的后果，而且大量的员工、股东、投资者、合作伙伴、客户等都会受到程度不同的利益损失。安达信案发后，在短时间内，数万名员工离职或者失业，难以计数的人遭受经济损失，社会承受了经济动荡。这种惨痛的教训显示出，不建立有效的合规机制，所有企业的利益相关方的权益都难以得到妥善的保护。[1]

相反，在行政机关启动行政调查，司法机关作出刑事追诉决定，或者国际组织实施制裁之后，涉案企业在采取配合调查和补救挽损措施的前提下，承诺进行合规整改，消除制度隐患和管理漏洞，采取有效的制度修复措施，避免再次出现违法、违规或者犯罪行为，那么，行政机关就有可能与企业达成和解协议，检察官有可能将其纳入合规考察对象，国际组织也有可能对其采取合规监管措施。经过一段时间的合规整改，企业成功地通过了上述机关或组织的合规验收，就可能被作出宽大的处理，要么被减免行政处罚，要么被作出无罪处理，要么被解除制裁。无论如何，通过有针对性的合规整改，涉案企业在应对危机过程中避免了最严厉的处罚结果，尤其避免了企业被剥夺市场准入资格的危险，企业的生存危机暂时得以化解。这种以应对危机为导向的合规体系，可以防止企业出现破产倒闭的结局，最大限度地保护投资人、股东、董事的经济利益，避免众多员工承受失业的危险，确保广大客户不因企业的破产而失去商业机会，保证众多商业伙伴不因企业倒闭而失去经济保障。更何况，在执法部门的持续监管下，企业通过重建合规管理体系，进行脱胎换骨式的制度重塑，逐渐转变成一个依法依规经营的商业组织，这对于利益相关各方的利益而言，也是一种更为安全可靠的保证。

最后，在保护企业关联人员利益的同时，企业合规也对国家利益和社会公共利益具有特殊的保障作用。一方面，一个企业依法依规开

---

〔1〕 参见陈瑞华:《安然和安达信事件》，载《中国律师》2020年第4期。

展经营活动，避免出现合规风险，防止企业受到严厉处罚，避免企业破产倒闭，这本身就可以维护经济秩序，避免经济动荡，防止员工失业，保障政府的税收、投资、就业等社会公共利益。尤其是那些对于当地经济具有支撑作用的大型企业，在合规管理体系的保护下，通过可持续的发展，能够为社会作出较大的贡献。因此，在对涉案企业作出是否行政处罚、刑事追诉决定时，行政机关和司法机关通常都要进行必要的“社会公共利益考量”，将公共利益的维护作为需要衡量的重要因素。另一方面，企业的合规体系一旦得到有效运行，就可以在预防违法犯罪活动方面产生积极的效用，这显然更符合国家和社会的利益。传统的行政监管侧重于管制和命令手段，传统的行政执法则强调严刑峻法，追求对违法者的严厉处罚，传统的刑事司法则倾向于寻求刑事处罚的报应和威慑功能。但对企业违法犯罪现象而言，这种着眼于管制、处罚和威慑的手段，对于有效预防企业的违法犯罪存在普遍的失灵现象。而企业合规体系的建立，则从原有的“外部监管”和“外部治理”，转化为以宽大处罚换取企业的自我整改和自我监管，大大增强了企业推行合规治理的动力。在预防企业违法犯罪方面，企业合规具有传统监管方式不可比拟的优势，可以提高监管效率，降低执法（司法）成本，改变企业的经营方式和商业模式，实现实质上的“去违法化”和“去犯罪化”，使企业摆脱原有的“野蛮生长”状态，追求“只做合规业务”的目标。这种对违法犯罪的有效预防效果，使得合规更有利于实现国家利益和社会公共利益。

六、对可能质疑的回应

在前面的讨论中，笔者初步论证了合规体系在实现企业社会责任方面所具有的内在价值，分析了合规体系在实现企业可持续发展、确保政府监管的有效性以及维护社会公共利益等方面的外在效用。这些分析表明，合规管理既是企业承担的一种“道德义务”，也符合各方“利益兼得”的功利主义原理。尤其是相对于传统的企业监管方式和行政执法（刑事司法）方式而言，合规监管方式具有更为突出的制度优势。但是，分析和论证似乎还有意犹未尽之处。我们有必要针对一些已有的和可能的质疑做出理论回应，以便从“证伪”的角度，证明现有针对企业合规正当性所提出的批评是不能成立的。

首先，企业合规体系的建设，通常都需要投入一定的人力物力财力，要付出相当多的直接成本和机会成本。有些大型企业仅仅为建立若干专项合规体系，就要组建由数百人甚至上千人组成的合规团队，每年投入动辄数亿元甚至数十亿元的合规预算。更不用说企业内部为保证合规体系的运行，要投入从董事会、管理层到每个部门或分支机构的管理成本，甚至为避免合规风险授予合规部门的“一票否决权”，使得企业为合规要放弃一部分存在合规风险的业务、交易和项目。这说明合规确实会消耗资源，难以迅速带来直接的经济收益。据此，一些人会质疑合规的正当性，认为这种成本投入过高的合规体系建设，会令很多企业退避三舍，甚至认为“得不偿失”。

这种“合规高成本论”所依据的事实是存在的，但得出的结论却是不成立的。确实，合规体系建设是一项高成本投入的治理方式，但是，这是企业成长过程中值得付出的代价。在合规建设初期，企业在合规管理上的投入确实难以得到明显的回报。但随着合规体系在预防、识别和应对方面逐渐发挥有效的作用，企业逐渐形成了依法依规经营的合规文化，合规逐渐给企业带来了直接或间接的收益，如企业声誉改善、竞争优势增强、商业机会增加、优质客户得到吸引，合规最终被证明可以“创造价值”。至于合规能够避免企业受到严厉处罚，避免陷入资格被剥夺甚至破产倒闭的危险境地，更是一种无形的商业价值。前面分析的西门子和中兴公司重建合规体系的例子，都说明合规投入的高成本化，是物有所值的，也是十分必要的，企业是最终的受益者。当然，对于中小微企业而言，可能没有能力建立那种大型企业的完整合规计划，但这并不是中小微企业不进行合规体系建设的正当理由。相对于大型企业而言，中小微企业可以建立较为简易的合规体系，例如，可以针对特定风险建立专项合规体系，多结合合规风险点进行专门化的制度整改，设立少而精的专项合规专员，或者委托外部法律专家负责合规管理事务，赋予其对有风险的业务活动一票否决的权威，等等。在合规成本投入方面，大型企业与中小微企业可以建立规模和复杂程度不同的合规体系，而不必寻求大一统的合规管理模式。

其次，合规体系即便建立起来，也无法防止和杜绝所有的违法、违规和犯罪活动。尤其是大型企业，具有较大规模的员工队伍、管理层级、子公司、客户和第三方商业伙伴，即便企业本身不存在违法犯罪的主观意志，但也难以禁止上述关联人员的违法犯罪行为。既然如此，人们可能会提出一种质疑：企业建立合规管理体系，究竟有什么实质意义呢？

要对这种“合规无用论”作出回应，我们需要重新审视合规的实际价值。任何一种公司治理方式，都是企业防范特定风险、避免特定危机的努力和尝试。合规管理体系也不例外。一个企业建立的合规体系再有针对性，再行之有效，也无法杜绝一切违法犯罪行为。这是一个不容置疑的经验和常识。但问题的关键在于，企业搭建合规体系的根本目的，在于从根本上创造一种依法依规经营的管理方式和企业文化，对合规风险进行最大限度的预防，对违规行为进行及时有效的识别，对违法事件作出恰当的应对，使得企业激活一种自我监管、自我整改、自我完善的风险防控机制。在这机制的作用下，那种系统性的单位违法犯罪活动有望得到禁止，那种由关联人员违法引发的企业承担连带责任的情况，也会大大减少。即便出现一定的违法犯罪行为，企业也可以进行自我调查、自我披露、自我报告，从而使这类行为出现的概率大为减少。当然，通过合规体系建设，企业一步一步地进行合规整改，也推动合规体系走向完善和成熟，漏洞和隐患逐渐减少，这会换来执法机关和司法机关的宽大处理。这也是一种看得见的合规收益。

最后，还有人可能会质疑，在企业出现违法犯罪行为的情况下，行政机关和司法机关对于那些承诺建立合规体系的企业给予宽大处理，而对于没有承诺建立合规体系的企业却作出了严厉处罚，这可能会造成执法和司法上的不公平，违背“法律面前人人平等”的原则。

这种“合规激励不公平论”，忽略了企业合规的独特价值。对于那些作出合规承诺并采取积极整改措施的涉案企业而言，它们在承认违法犯罪事实的前提下，积极配合调查，这本身就是存在悔改表现的证据；它们采取积极的补救挽损措施，使得违法犯罪行为造成的损失和危害后果得以缓解，甚至被恢复原状，修复了本已被破坏的法益；它们通过积极合规整改，修复了制度漏洞和管理隐患，大大减少了再次违法犯罪行为的可能性。对采取合规整改措施的涉案企业给予宽大的处理，甚至免除行政处罚或者免除刑事责任，这种正当性和合理性是毋庸置疑的。相反，那些同样实施过违法犯罪活动的企业，既不承认违反犯罪事实，不配合调查，也不采取有效的补救挽损措施，更不对其经营方式和商业模式进行有针对性的制度整改，存在再次实施违法犯罪的可能性。对这样的涉案企业采取较为严厉的处罚或追诉措施，当然符合“罪责刑相适应”的基本原则。

总体而言，无论是“合规高成本论”“合规无用论”，还是“合规激励不公平论”，都只是看到了问题的一个侧面，而忽略或否定了企业合规的真正价值。企业合规并不是一种完美无缺的公司治理体系，合规激励机制也不是一种发展到尽头的执法（司法）模式，它们都具有一定的局限和不足之处。但迄今为止，与传统的公司治理方式相比，企业合规体系具有难以替代的独特优势。与传统的执法（司法）模式相比，合规激励机制也可以激发企业的合规动力，解决“外部监管失灵”的问题。合规不一定是“最好”的公司治理方式，但至少是有助于防范合规风险的管理方式；合规也不一定是“最理想”的执法（司法）方式，但至少是一种可产生更少消极后果和代价的激励机制。

第四章
有效合规计划的基本标准
——基于美国和世界银行经验的考察

对于企业来说，仅仅有一套纸面上的合规制度是远远不够的。合规的生命在于行之有效。一套有效的合规计划，至少包含四个要素：一是制定合规宪章和合规实体法；二是建立独立、权威和有资源保障的合规组织体系；三是针对特定合规风险制定合规政策和员工行为指南；四是针对合规风险建立预防、监控和应对等三大合规实施程序。

——题记

一、有效合规计划的性质和功能

对于存在违法违规行为的企业，执法部门确立了合规激励机制，也就是对建立合规体系的企业给予宽大处理的制度体系。根据执法调查的性质和后果不同，这种合规激励机制可分为行政监管激励机制与刑法激励机制两种。当然，包括世界银行在内的国际组织在对参与招投标项目的企业进行制裁时，也确立了一种制裁合规机制，也就是通过建立合规体系来换取取消制裁的激励机制。那么，企业究竟要建立怎样的合规体系，才能换取执法部门的宽大处理呢？这就是有效合规计划所要解决的问题。

所谓“有效合规计划”，是执法部门在对涉案企业作出是否宽大处理的决定时，对其合规管理体系能否发挥防范、监控和应对违规行为的作用所采用的评估标准。从有效合规计划的载体来看，几乎所有建立了合规监管制度的国家，执法部门都经常定期或者不定期地发布有关有效合规计划的标准。例如，美国司法部定期发布的有效合规计划，就成为检察机关是否对涉案企业提起刑事指控的重要标准；美国证交会、商务部等行政监管部门所发布的有效合规计划，成为对违规企业发动行政执法行动的重要依据；英国《反贿赂法》所确立的六项“充分程序”，已成为英国执法机关判断企业是否建立有效合规计划的基本标准；法国《萨宾第二法案》所确立的七项合规制度，也成为评判企业是否建立有效的反腐败合规计划的标准。2018年，我国政府监管部门针对中央国有企业和从事海外经营的中国企业发布的两项“合规管理指引”，其实也试图为企业确立有效合规计划的标准，引导企业以此为依据建立合规管理体系。

那么，执法部门发布的有效合规计划，究竟可以发挥什么样的功能呢？应当说，在那些没有建立合规激励机制的企业，所谓“有效的合规计划”，可以起到引导企业建立或者完善合规管理体系的作用。而在那些建立了合规激励机制的企业，这些有效合规计划就可以被用来评判企业合规计划是否发挥有效预防违法行为的作用，并进而决定是否对企业作出宽大的处理。

通常情况下，执法部门在对违规企业采取执法行动之前，除了要考虑企业是否采取了自我报告、合作和补救措施，还要考虑该企业合规计划的充分性和有效性。企业是否建立有效合规计划，会影响执法部门是否作出宽大的行政处理或刑事处理。

例如，美国司法部和美国证交会通过评估涉案企业的合规计划，考虑是否采用暂缓起诉协议或不起诉协议，并作为确定这类协议条款和考验期的依据。在案件提交法院审判之后，合规计划还会影响企业可能缴纳的罚金数额，以及企业是否需要接受合规监管或者提交合规报告。不仅如此，美国证交会在对企业采取执法行动之前，会将企业建立有效合规计划作为企业实施自我监管的重要措施之一。而在美国司法部确立的起诉商业组织的基本原则中，检察官在决定起诉企业时要考虑九项因素，其中三项直接或间接地涉及企业合规计划的设计和执行问题，包括公司内部不法行为的普遍性，公司先前合规计划的存在和有效性以及公司所采取的补救措施。美国司法部还可以将有效合规计划作为一项重要的量刑情节。不仅如此，在一些特定情形下，美国司法部和美国证交会拒绝对一个建立有效合规计划的企业提起诉讼，或者对实施合规计划的企业进行“合作奖励”，即便该企业的合规计划并没有阻止违规行为的发生。

而在我国行政监管体系中，企业是否建立有效合规计划，可以作为监管部门作出以下宽大行政处理决定的重要参考依据：一是对那些存在违规行为的企业，特别是从事证券期货业务的企业，确定是否适用行政执法和解，并在作出行政和解决定时，责令企业按照有效合规计划的要求，进行全面整改，建立内控机制，并将整改结果予以报告；二是对于那些涉嫌违反《反不正当竞争法》的企业，在其高管或者员工实施商业贿赂行为时，根据企业是否建立有效合规计划，来确定该贿赂行为是否属于为企业“谋取交易机会”或者“谋取竞争优势”的行为，从而来确定是否免除企业的行政责任；三是对于那些存在违规行为的证券企业，建立有效合规计划可成为证券监管部门作出是否宽大处罚的依据。

对于那些接受世界银行等国际组织制裁的企业而言，建立有效的诚信合规计划，可成为这些国际组织作出撤销制裁决定的重要依据。尤其是企业要撤销“附解除条件的取消资格”和“附条件的免予取消资格”措施，就要按照世界银行发布的诚信合规指南的标准，重建合规计划，只有经评估达到有效合规计划的程度，才能最终说服其撤销制裁措施。

由此看来，有效的合规计划一方面可以成为企业实施合规治理的重要标准，另一方面则可以成为政府部门对违规企业给予宽大行政处理的依据，也可成为刑事执法部门对涉嫌犯罪的企业给予宽大刑事处理的参考标准。

二、有效合规计划的基本要素

在评估合规计划的有效性方面，执法部门一般坚持以下基本理念：“任何合规计划都无法阻止公司员工的所有犯罪行为。”公司未能阻止一项违法行为本身并不必然意味着该公司的合规计划是无效的。那么，究竟什么是有效合规计划呢？通常情况下，每个企业的性质、业务和合规风险都各不相同，执法部门很难确立一种整齐划一的有效合规计划标准，而只能要求企业按照其业务、规模以及特有的合规风险来量身打造一套合规计划。

尽管如此，执法部门通常会从监管的角度出发发布一些最低限度的合规要求。这些有效合规要求具有哪些特征呢？首先，企业合规计划应当得到良好的设计，也就是要有一套大体完整合理的合规政策和程序。其次，企业合规计划“绝不只是一套写在纸面上的合规文件”，而应得到真实的应用，如是否建立独立、权威和拥有必要资源的合规组织体系，以及是否建立了一个合规奖励和惩戒机制。最后，企业合规体系应得到有效的运转，包括在违规行为发生时，企业合规体系能够有效识别违规行为，并能够及时采取纠正和自我报告措施。

根据公认的合规管理机制的要素，我们可以简要概括出有效合规计划的基本要素。

（一）高级管理层的承诺和阐述

一个企业即使精心设计出了书面的合规计划，但假如内部管理层为达成业务目标而明确鼓励或者默许员工从事不法行为，那么，这种合规计划将是无效的。因此，为确保合规计划的有效执行，执法部门应考虑企业高层对建立合规文化的承诺，并审查这种承诺是否得到中层管理人员和所有员工的有效执行。与此同时，执法部门还应评估企业高级管理层是否在整个组织结构中清楚地阐明了合规要求，确保合规计划在中层管理人员和全体员工中得到了明确的传达。

（二）合规政策和程序

企业制定员工行为准则是建立有效合规计划的基础。一般来说，员工行为准则必须是清晰的、简明的，并适用于所有代表公司开展业务的员工。而对于子公司的员工来说，假如没有适当的合规计划文本，那么，这些员工将很难执行该项计划。为此，企业应定期审查并更新这些行为准则，确保全体员工随时获取最新的行为准则。

除发布员工行为准则，企业还应制定合规政策和程序，包括详尽的内部控制机制、审计制度、文件政策以及纪律惩戒程序。这些政策和程序应根据企业业务的性质、规模以及相关的风险来加以确定。而一种有效的政策和程序，则要与企业的商业模式有密切关系，并涵盖其产品和服务、第三方代理商、客户、与政府的关系以及其他方面的风险。例如，在反商业贿赂领域，企业需要解决的风险可能包括与外国政府交易的性质和程度，包括向外国官员的付款，对第三方的利用，礼物、旅行和娱乐费用，慈善和政治捐款，等等。

（三）合规人员和资源

在评估合规计划时，执法部门会考虑企业是否将监督和执行合规计划的职责分配给一个或者若干高级管理人员，这些人员是否具有适当的权威地位。

要确保合规计划得到有效的实施，企业应确保合规管理人员具有足够的自主权和充足的资源。足够的自主权，通常是指可以与企业最高管理层，如董事会及其下设的委员会（如审计委员会）进行直接接触。

在评估企业是否具有合理的内部控制时，执法部门会根据企业的规模、结构和风险情况，评估其是否投入了足够的合规人员和资源。

（四）合规风险评估

合规风险评估是执法部门评估企业合规计划有效性的重要因素。通常，那种将所有合规风险一视同仁的“一刀切”的合规计划（one-size-fits-all compliance program），被视为无效的和不充分的。毕竟，将合规资源分散适用于低风险市场和交易，会忽略对那些高风险领域的关注。

企业应实施一种全面的和基于风险的合规计划。这类企业通常将更多精力和资源投入较高风险领域。相反，假如一家企业由于未能实施与交易的规模和风险相适应的尽职调查，因此未能阻止高风险领域违规行为的发生，那么，该企业的合规计划就有可能被视为是低质量的和有效程度较低的。

随着违规行为的增加，企业应及时调整包括尽职调查和内部审计在内的合规程序。尽职调查的方式和频率，应根据行业、国家、交易规模和性质以及第三方赔付的方法和数额加以确定。

（五）合规培训和认证

合规政策只有在整个公司范围内进行有效的沟通才能产生切实的效力。执法部门通常会评估企业是否已采取措施，确保相关的政策和程序在企业内部得到了传达，包括对所有董事、管理人员、相关雇员、代理商和商业伙伴进行定期培训和认证。无论企业如何组织培训，都应以当地语言向接受培训的人员提供培训课程和培训材料。此外，企业还应根据其规模和复杂程度制定适当的措施，向上述人员提供有关遵守企业道德和合规计划的指导和建议，以确保企业各级管理人员和员工都能了解并遵循合规计划。

（六）激励和惩戒措施

企业建立良好的纪律处分程序和奖励机制，被视为有效合规计划的重要标志。首先，在实施合规计划过程中，企业要建立适当而明确的纪律处分程序，确保这一程序得到可靠而迅速的适用，确保该程序与违规行为是相称的。唯有如此，企业才能通过纪律处分对违规者和潜在违规者产生威慑作用，表明不道德和不法的行为会招致迅速而确定的后果。其次，积极的激励机制也可以推动企业有效地实施合规计划。这些激励机制可以包括员工的职务晋升、改进合规计划以及领导合规团队所带来的奖励等。

无论采取怎样的惩戒程序和奖励机制，执法部门都应考虑惩戒和奖励是否在企业内部得到了公平而统一的适用。不能有任何管理人员超越合规之上，也不能有任何员工被排除在合规之外。任何人不能因为被视为最有价值的人而规避纪律处分程序。唯有对合规行为加以奖励，对违规行为加以惩戒，才能在整个企业内部建立一种合规和道德的文化。

（七）第三方尽职调查

企业在商业交易过程中，经常通过包括代理商、顾问和分销商在内的第三方来掩盖其违法违规的事实。在评估企业合规计划时，执法部门应针对第三方实施一种基于风险的尽职调查方法。尽管尽职调查会根据企业所在行业、国家、交易规模和性质以及与第三方的历史关系等而有所区别，但这种调查一般要遵循以下原则：一是作为基于风险的尽职调查的一部分，企业应了解第三方合作伙伴的资格和关联，包括其商业声誉及其与外国官员的关系。二是企业应了解将第三方纳入商业交易之中的理由。企业应了解第三方的作用和需求，确保合同条款明确描述了后者要提供的服务。三是企业应对与第三方的关系进行持续不断的监控。必要时，可以定期更新尽职调查，实施审计，进行定期培训，对第三方进行年度合规资格认证。

除了考虑企业对第三方进行尽职调查以外，执法部门还要评估企业已将其合规计划以及对道德和合法商业惯例的承诺告知第三方，以及是否已寻求第三方通过资格认证或其他方式作出承诺保证。这可能是降低第三方风险的有效方法。

（八）合规报告和内部调查

有效的合规计划应包括一种报告机制，企业的员工和其他人员可以秘密地举报违规行为，而不必担心受到打击报复。执法部门建议使用匿名热线或设立监察员。除此之外，企业一旦发现违规行为，应当建立一种有效、可靠并有适当资金支持的调查程序，以及包括纪律惩戒和补救措施在内的企业回应程序。企业根据所报告的违规行为吸取教训，更新其内部控制和合规计划，并将未来的合规培训集中在相关问题上面。

（九）持续改进

有效的合规计划建立在不断改进的基础上。随着企业的业务、经营环境、客户以及相关法律或政策的变化，也随着书面的合规计划不断地暴露其缺陷和不足，企业应定期审查和改进合规计划。执法部门对于那些不断改进合规计划并建立合规更新机制的企业，会给予必要的合规激励。

（十）并购前的尽职调查和并购后的整合

企业在合并和收购环节通常面临多种风险。假如企业在并购之前不进行充分的尽职调查，就有可能导致贿赂行为继续发生，损害企业的商业潜力和声誉，甚至可能承担民事责任和刑事责任。相反，对收购目标公司进行有效的尽职调查，可以准确地评估其价值，并对目标公司因实施违规行为带来的后果进行协商。通过进行相关的尽职调查，企业可以向执法部门证明其所作的合规承诺，并使其成为执法部门采取执法行动所要考虑的因素。例如，收购方在收购前实施了尽职调查，将发现的被收购方的腐败行为主动向政府披露，配合调查，并将被收购方纳入合规计划和内部控制系统，那么，执法部门都会拒绝对收购方采取执法行动。又如，即便收购方在收购前没有实施尽职调查，但在收购完成后进行全面尽职调查并将被收购方纳入合规计划的，监管部门在收购完成之后，也可以对收购方给予适当的奖励。

当然，尽职调查只是合并和收购环节合规计划的一部分，执法部门还会评估收购企业是否迅速将被收购企业纳入其所有内部控制体系之中。企业应考虑对新员工进行培训，根据企业标准对第三方进行重新评估，并对新的业务部分进行审计。

三、刑事合规计划的有效标准

2019年4月，美国司法部刑事部门发布了《公司合规计划评价》（Evaluation of Corporate Compliance Program，以下简称《2019合规指引》）。在此之前，美国司法部已经就公司起诉政策发布过多份手册、指引或者备忘录，将有效合规作为检察官起诉时需要考虑的重要因素。例如，美国司法部的《司法手册》确立的“联邦起诉商业组织的原则”，就阐述了检察官在对公司进行调查、决定起诉、谈判或达成其他协议时应考虑的具体因素。这些因素主要是，“公司在犯罪时以及在被起诉时合规计划的充分性和有效性”，以及“为实施充分有效的公司合规计划或者改进现有合规计划”所做的补救措施。此外，根据美国联邦量刑指南，司法机关在确定构成犯罪的公司应当缴纳罚金数额时，应当将公司是否制订了有效的合规计划作为重要因素加以考虑。不仅如此，美国司法部还发布过一份题为《刑事部门事务中检察官的选择》的备忘录，要求检察官在作出起诉决定时应考虑“公司是否在合规计划和内部控制上进行了重大投资和改进”，以及合规计划和内部控制的补救改进措施是否经过测试，以证明它们有助于预防或发现违规行为。2017年美国司法部刑事部门发布过一份公司合规计划评价指引。《2019合规指引》在整合了美国司法部发布过的各项手册、指引和备忘录的基础上，替代了2017年版的合规指引，成为美国联邦检察官在作出起诉决定时评估公司合规计划是否有效的标准。2020年6月1日，美国司法部发布了《公司合规计划评价》的更新版，在保持《2019合规指引》基本框架不变的前提下，对一些具体问题作出了细化和明确。

大体说来，这些有效合规计划可分为三个方面：一是强调公司是否有一个设计良好的书面合规计划；二是审查公司是否有独立、权威和拥有必要资源的合规组织体系，以及是否建立了合规奖励和惩戒机制，重点在于关注公司合规计划的有效运转；三是关注在企业发生违规行为时，公司合规体系能否有效识别违规行为，并能够及时纠正和自我报告，这被视为衡量公司合规计划是否有效运作或工作的标准。下面依次对这三个方面作简要分析。

（一）设计良好的合规计划

对任何一个涉嫌犯罪的公司而言，是否存在一个设计良好的合规计划，始终是检察官决定是否提起公诉的首要考虑因素，也是合规计划有效性的前提条件。为此，检察官需要审查公司合规计划的“全面性”，以确保公司不仅明确表明了对违规行为的零容忍，而且制定了适当的合规政策和合规程序。检察官需要从以下六个方面，来审查公司合规计划是否设计良好：一是风险评估机制；二是有效的政策和程序；三是良好的培训和沟通机制；四是匿名报告机制和调查机制；五是第三方管理机制；六是并购合规管控。

1.风险评估机制

检察官在了解公司业务的前提下，需要了解公司如何识别、评估和定义其合规风险，弄清楚公司在多大程度上对这些风险进行了审查，以及投入了多少资源。检察官在识别风险方面，“应当考虑公司是否分析并处理了因经营地点、经营范围、竞争能力、监管主体、潜在客户和合作伙伴、第三方伙伴、礼物、差旅、娱乐开销、慈善捐赠和政治献金所带来的风险”。在评估中，检察官应考虑公司的风险管理过程、风险监控的资源配置以及风险评估机制的定期审查、更新和修订。

2.有效的政策和程序

检察官应当审查公司是否有一套承诺遵守法律的行为准则，应当评估公司是否制定了将合规文化融入日常运作的合规政策和程序。评估可以从政策和程序的流程设计、涵盖风险的全面性、传达给所有员工和第三方、运营整合责任以及控制把关程序等方面加以展开。

3.良好的培训和沟通机制

检察官应当审查公司是否在实践中向员工传播了合规政策和程序，员工是否理解了这些政策和程序。检察官应评估公司是否为“董事、经理、相关员工以及其他代理人、商业伙伴提供定期培训和认证”，评估“公司是否以符合受众规模、水平或专业的方式传递了信息”，评估“公司培训是否涵盖了过往的合规事件”，是否有衡量培训有效性的方式。这些评估可以涵盖培训内容、培训形式、不当行为的沟通以及指引可用性等方面的内容。

4.匿名报告机制和调查机制

一个有效的合规计划应当建立匿名报告机制，以证明公司的治理机制能够有效发现和防范不当行为。员工可以通过匿名或秘密报告的方式，向公司报告那些违反行为准则、公司政策的不当行为。检察官应当评估，公司在处理员工举报时是否创造了一个不惧报复的工作氛围，是否规定了提交报告的适当程序以及保护举报者的流程。与此同时，检察官还应评估，公司的调查程序是否包括将举报转交适当部门、及时展开彻底调查，以及采取包括惩戒在内的适当后续行动。这些评估可以通过审查报告体系的有效性、组织调查的人员和范围、调查响应方式、资源和结果追踪等方面来展开。

5.第三方管理机制

公司对第三方进行的尽职调查工作，是确定公司合规计划是否有能力发现公司业务线中可能发生不当行为的保证。检察官应当评估公司对第三方尽职调查的情况及其效果。具体评估内容包括：公司是否对第三方合作伙伴的资质和关系有所了解，是否经常被作为隐瞒不法行为的代理人、顾问或者分销商；公司是否了解第三方的声誉，第三方与外国官员的关系以及在交易中需要第三方的商业理由；公司对第三方合作伙伴进行的尽职调查、培训、审计和年度合规认证，对第三方的关系是否进行持续监控。这种评估从以风险为基础的整合程序、合适的控制、关系管理、实际行动和结果等方面展开。

6.并购合规管控

一个完备的合规计划要求公司在并购发生之前，对所有收购项目进行全面的尽职调查，以便帮助收购方准确地评估收购目标的价值，并就伴随收购目标而来的腐败或不当行为进行评估。检察官需要评估的是，一个公司能否对其收购目标进行适当而详尽的尽职调查，以确定该公司合规计划的实施能够有效地加强内部控制，并对企业各层级的不当行为进行纠正。这种评估可以包括尽职调查程序、并购整合、将尽职调查与实施相联系的程序等主要方面。

（二）合规计划的有效实施

公司不仅需要有一个设计完备的合规计划，还需要保证该项计划得到严格执行和有效落实。检察官需要审查，公司的合规计划究竟是“纸上工程”，还是以有效的方式得到了实施和执行。检察官需要判断，“公司是否有充足的员工对合规工作的结果进行审计、记录、分析和运用”，以及“公司员工是否充分了解合规计划并确信合规计划作出的承诺”。为达到此效果，检察官需要从三个方面加强对合规计划实施情况的评估：一是中高级管理层的承诺；二是合规人员的自主权和资源；三是合规奖励机制和惩戒机制。

1.中高级管理层的承诺

有效的合规计划需要公司中高级管理层作出创造和培养合规文化的承诺。检察官应审查公司高级管理层是否清楚地表达了公司的道德标准，准确无误地进行了传达，并且以身作则实施这些标准；检察官也要审查公司中层在强调合规标准和鼓励员工遵守标准方面的表现；检察官在分析高层和中层的重视程度时，应审查中高层本身的行为，对合规的承诺以及如何有效地进行监督。

2.合规人员的自主权和资源

有效执行合规计划的标志在于“确保日常监督合规计划执行的管理人员有足够的权威和地位”。检察官应审查公司合规人员：(1)在公司内是否有足够高的级别；(2)是否有足够的资源，如是否有足够的人手执行必要的审计、文件审查和分析；(3)管理层是否赋予足够的自主权，如可以直接与董事会和董事会审计委员会汇报的渠道。在调查过程中，检察官应评估“是否有足以确保其独立性和准确性的层级来负责内审”。

3.合规奖励机制和惩戒机制

合规计划得到有效执行的最后一个标志在于对合规行为的激励，以及对违规行为的惩戒。惩戒应在公司内部得到公正的执行，“无论违规者的职务有多高或者多低”。在审查合规激励机制和惩戒机制时，检察官应当检查人力资源管理的程序，制度执行是否公平，以及是否有奖励机制。检察官应评估公司是否向员工传达了“不道德行为将不会得到容忍，并会迅速地让违规者承担相应后果”的信息。

（三）违规行为的有效识别、纠正和报告

公司发生违规事件或不当行为本身并不意味着合规计划没有效果。其实，没有任何合规计划能够完全阻止公司员工的所有不当行为。公司合规计划有效运作的重要标志在于，公司通过合规计划的实施可以有效地识别不当行为，包括及时对不当行为加以纠正和进行自我报告。在违规行为发生之后，检察官应当考虑“公司是否发现不当行为，如何发现不当行为，在调查可疑的不当行为时有哪些合适的资源可以利用，以及公司补救措施的性质和彻底性”。为此，执法官员需要从以下方面进行评估：一是对合规计划的持续改进机制；二是对不当行为的调查方式；三是对潜在不当行为的分析和纠正机制。

1.对合规计划的持续改进机制

有效合规计划的标志在于公司对合规计划的改进和发展。检察官需要考虑公司在审查合规计划的与时俱进方面是否作出了有效努力。执法官员在评估合规计划是否在实践中切实有效时，需要考虑公

司是否根据其违规事件的教训而"对合规计划进行修订"；关注公司是否采取了合理措施，以便"确保遵守组织的合规和道德程序，包括监控和审计，以发现犯罪行为"，以及是否"定期评估合规计划实施的有效性"。这种评估的内容可以包括内部审计、控制测试、不断更新、合规文化等几个环节。

2.对不当行为的调查方式

合规计划有效运作的标志还在于，在公司、员工或代理人被指控或者被怀疑存在不当行为时，公司可以展开及时和彻底的内部调查。有效的调查机制还应包括相应的处理手段，包括所采取的惩戒措施和补救措施。

3.对潜在不当行为的分析和纠正机制

合规计划运作良好的标志还有公司在多大程度上对不当行为发生的原因进行周密的分析并及时采取适当的纠正措施，以消除再次发生此类不当行为的因素。执法官员应审查"违法行为的程度和普遍性；涉案员工的人数、级别；违法行为的严重程度、持续时间和发生频率；公司采取的所有补救措施，包括对以前合规计划中发现的不当行为进行的纪律处分，并根据所吸取的教训对公司合规计划所进行的修订"。除此之外，还应考虑"公司采取的任何补救措施，如对之前合规计划中发现的违规员工采取纪律处分"。这类评估的内容可以包括根本原因分析、管控措施失效、供应商管理、违规迹象忽略、补救措施、问责机制等方面。

（四）2020年的再次调整

2020年6月1日，美国司法部更新了《公司合规计划评价》，没有对《2019合规指引》作出实质性的改动，而只是对一些具体问题进行了细化和明确。

原版本要求企业对合规风险评估进行定期审查，以确保企业合规机制与其所面临的发现相匹配。修订后的《公司合规计划评价》对"定期审查"提出进一步要求，并在风险评估中增加"过往的经验教训"这一审查要素。具体而言，定期审查发现是局限于快速的及时性审查，还是根据不同职能部门的运营数据和信息进行持续性审查？开展定期风险审查后，企业是否对政策、机制和内控进行了相应更新？与此同时，企业是否对过往的经验教训进行追踪并将该经验教训纳入定期风险评估的范围？这些经验教训至少包括企业自身的历史问题，以及同行业、本地区其他公司运营中暴露出的问题？

修订后的《公司合规计划评价》继续强调合规机制的有效性。例如，在“培训的形式、内容和有效性”部分，强调对员工培训有效性的关注：线上线下培训中，是否可以确保员工提出问题？针对未能通过培训测试的员工，企业如何处理？企业是否就合规培训对员工行为或企业运营产生的影响进行评估？

又如，在“举报机制的有效性”部分，关注企业举报机制是否真正发挥作用，增加以下问题：一是企业是否采取措施去测试员工知晓举报热线的存在？二是员工对举报机制是否有任何使用建议？三是企业是否定期测试举报热线的有效性？例如，追踪一个举报从发生到结束的始终？

再如，在“惩处措施”部分，关注企业惩处措施是否真正有效，是否一视同仁？要求考虑合规职能是否监督内部调查以及相应的处罚措施，以确保惩处措施适用的一致性？

修订后的《公司合规计划评价》强调对第三方合规管控的重视，要求审查企业的举报机制是否向第三方进行公布？同时，在“第三方管理”部分，增加以下问题：企业对于第三方是否进行全周期的管控，是否贯穿于企业与第三方合作的始终，还是仅仅在第三方的选聘阶段进行管控？

修订后的《公司合规计划评价》还重视投资并购前的尽职调查以及投资并购后的合规管控，要求一个良好的合规机制应包括“相应流程，使企业能够将被收购企业及时有序地整合进现有合规机制框架和内控体系之中”，同时还增加了以下相关的问题：一是企业能否在投资并购前完成尽职调查？如果不能，原因是什么？二是投资并购完成后，企业对被投资企业的审计流程是什么？

不仅如此，修订后的《公司合规计划评价》还强调合规资源的投入，在“合规人员的经验和资质”部分增加一个新问题：企业在合规及内控人员的进一步培训和发展方面投入了多少资源？与此同时，还将合规人员的“数据资源的获取及便利”作为一个独立的评估问题，要求审查企业合规和内控人员是否有获取数据资源的直接或间接途径。

四、行政监管合规计划的有效标准

行政监管部门针对特定领域的合规管理问题，发布一些企业合规计划的基本标准，这已经成为西方国家开展合规管理的通例。这些合规计划既成为企业需要遵循的合规指南，也成为监管部门对违法违规企业作出行政处罚或者达成行政和解协议的重要依据。在这方面，美国政府监管部门已经形成了一种良好的传统。以下我们以美国财政部和商务部所发布的合规计划为范例，来观察一下行政监管领域的合规计划，究竟包括哪些基本标准。

（一）OFAC的《合规承诺框架》

2019年5月2日，在美国司法部发布《公司合规计划评价》后的第三天，OFAC发布了《合规承诺框架》（A Framework for OFAC Compliance Commitments），建议所有受美国管辖的实体以及在美国境内与美国人开展业务或使用美国原产货物或服务的外国实体，建立一套有效的SCP。尽管在此前与一些公司达成的和解协议中，OFAC曾要求企业作出过类似的合规承诺，但这是该部门第一次以书面文件的形式确立企业合规标准，对于企业在应对美国政府制裁违反出口管制行为、完善出口管制合规体系方面，具有很大的参考价值。

根据OFAC《合规承诺框架》，企业需要对其自身规模、商业经验、产品与服务、交易相对人和供应链以及地理位置等因素加以综合考量，在此基础上制定相应的SCP，但每一项SCP至少应当包含五大核心要素：一是管理层承诺；二是风险评估；三是内部管控；四是测试与审计；五是培训。

在“管理层承诺”方面，OFAC要求，企业高级管理层应当审阅和批准该企业的SCP，并设置专门负责监控出口管制的合规部门或者人员。为确保企业高管发挥自上而下的合规管控作用，首先，企业高管应确保合规部门或合规人员拥有必要的权限和自主权，并建立直接向其汇报和定期开会的制度。其次，企业高管应确保合规部门和合规人员获得与企业整体风险状况相适应的充足资源和技术。最后，企业高管在企业内部应推广“合规文化”，如允许员工报告违反出口管制的行为，而不必担心遭到报复；阻止明令禁止的行为，并向员工强调违法违规可能造成的后果；重视企业合规请求并系统地采取措施以减少违规行为的发生。

在“风险评估”方面，企业的风险评估应全面而具体地考虑企业与被制裁的个人、实体、地区或国家接触的各个环节包括：（1）客户、供应链、中间商和交易对象；（2）公司提供的产品和服务；（3）公司及客户、供应链、中间商和交易对象的地理位置。此外，企业应以适当的方式和频率进行风险评估，并定期更新用以风险评估的资料和系统。

在“内部管控”方面，企业应制定与风险识别、机制或报告违规行为相关的书面政策和程序并保存相关记录。企业还应定期更新用以风险识别的资料，如制裁清单、制裁项目、需更新的规范或指引，以及一般许可资料。

在“测试与审计”方面，为评估SCP程序的有效性，企业应当依据审计结果，对其合规计划作出改进，以弥补合规管理方面存在的薄弱环节、缺陷和漏洞。

而在“培训”方面，企业应至少每年进行一次合规培训，培训对象应包括相关员工和利益相关方，对于工作在高风险领域的员工，还应进行专项培训。企业应确保被培训者获取培训材料，该材料还可供员工持续使用。

（二）BIS的《出口管制合规指引》

根据BIS发布的《出口管制合规指引》，一个有效的出口管制合规计划应当具备八个要素。

一是高层承诺。公司的董事长、总裁、总法律顾问或者首席合规官应当定期发布声明，该声明向全体员工公开，除书面版本外，还要以视频方式发布。声明的主要内容应当包括：公司在出口管制合规方面的决心、公司的合规要求、为出口管制合规提供足够的资源、违反出口管制法律的合规责任。

二是风险评估。公司应结合其行业环境和具体业务进行分析，找出合规管控的薄弱环节并加以整改。公司还应根据业务情况识别相应的“危险信号”，以便及时发现合规风险并采取防控措施。

三是出口授权。公司应从合规要求出发对其业务流程进行合规管控，从研发、采购、生产、寻找商机、提供配置方案、签订合同、交付到提供售后服务的全流程，结合可能的风险点开展审核和检查，以便防范和消除合规风险。确保交易中所有文件的一致性，保证出口管制与合规管控的完整和统一。

四是文档保存。对文档、保存主体、保存形式和保存期限进行明确，以有效方式对文档进行检索。

五是合规培训。企业应有专人提供出口管制合规培训，应当明确参加培训的员工范围、培训的方式、培训的频率，并妥善保管培训记录。原则上，全体员工都应参加出口管制合规培训，企业要将合规要求传递给供应商和客户。所有培训都必须是相关的，并且定期更新。

六是业务检查。企业应确保出口管制合规要求得到切实有效的执行。为此，企业应明确负责执行出口管制合规检查的人员，确保这些人员具备胜任工作要求的经验和能力；要发布专门文件来明确合规检查的对象、方式、频率和检查标准；必要时可以进行定期检查，或者针对某类事项进行检查。

七是违规调查及改进。企业管理层应支持并鼓励员工及时提出合规咨询，建立流畅的内部和外部举报违规行为的途径，及时识别和惩处违规行为。与此同时，企业应及时对违规事件发生的原因进行分析，采取措施整改业务流程，堵塞管控措施中的漏洞，确保出口管制合规管控不断趋于完善。

八是合规手册。企业应为全体员工制定有关出口管制的行为规范和操作指引，并将该手册作为合规培训的基础内容。一份优秀的合规手册，应当与公司的业务流程加以结合，明确流程中的管控节点和管控手段，明确责任人。出口管制手册应定期更新，发送给全体员工，并且以员工容易得到的方式加以公开。

五、世界银行诚信合规计划的有效标准

《世界银行集团诚信合规指引》（以下简称《诚信合规指引》）是一部由世界银行发布的有效合规标准。被制裁企业唯有按照这一合规指引的要求，建立或者完善了企业的合规体系，才有可能获得解除制裁的机会。迄今为止，我国共有44家企业受到世界银行的制裁，其中大多数为实施了欺诈行为的国有企业。其中，湖南建工集团有限公司（以下简称湖南建工集团）就曾因在参加世界银行的招投标项目时存在虚报业绩的行为，而受到"附解除条件的取消资格"的制裁。在为期3年的考验期内，该公司在世界银行的指导和监督下，按照《诚信合规指引》的要求，重新建立了企业合规体系，满足了世界银行的合规管理要求，最终于2017年被世界银行移出了"被制裁企业名单"。[1]

那么，世界银行的《诚信合规指引》究竟包括哪些内容呢？大体上，该指引主要确立了十项基本要求。其中，"禁止不当行为"属于企业合规的一般原则，"职责"属于对企业合规组织体系的要求，"内部政策"和"内部控制"属于合规实体政策的组成部分，其余部分则确立了合规程序的内容。其中，"合规计划的启动、风险评估及检查"、"针对业务伙伴的政策"与"培训和交流"所确立的是合规风险的预防机制，"报告制度"确立的是合规风险的识别和监控体系，而"激励机制""不当行为的救济机制"则属于对违规行为的应对机制。

为满足世界银行的合规要求，被制裁企业需要制定商业行为准则或者类似文件，明确禁止欺诈、腐败、串通、强迫等不当行为。这属于企业合规的一般原则。

要建立切实有效的合规计划，企业需要建立和维护一种基于信任的合规文化，形成一种鼓励诚信行为、严惩违规行为的习惯和氛

---

〔1〕 参见陈瑞华：《湖南建工的合规体系》，载《中国律师》2019年第11期。

围。为此，公司高管、董事会应全力推动诚信合规计划的实施，各级员工将遵守合规计划作为强制性义务，负责监督合规计划实施的高级合规官员应享有充分的自主权、充足的资源和有效的执行权。

要建立一个有效的合规计划，需要从两个方面确立企业的商业行为准则。首先，通过内部政策的制定，企业应确立相关价值、政策和程序，以预防、发现、调查和补救任何不当行为。企业应对那些具有决策权或可能影响经营结果的员工展开尽职调查，以确定其是否存在不当行为；企业应对那些与原政府官员或相关实体或个人签订的雇佣合同或其他协议进行限制；企业针对馈赠、接待、娱乐、旅行或其他费用支出，应建立控制手段和程序；企业应严格依据法律进行政治捐款，并对其予以披露；企业应采取措施确保慈善捐助不被用作不当行为的遮掩手段并予以披露；企业不得支付任何好处费；企业对于合规计划的各个方面都应进行适当的记录；企业应采取必要措施发现和预防腐败、欺诈、串通和强迫行为。

其次，企业应对财务制度、合同义务和决策程序建立专门的内部控制机制。这主要包括三个环节：一是通过财务和组织结构的制衡机制，对企业财务、会计、记账及其他业务活动进行制约，确保企业的会计、记账等内控体系，定期接受独立的内部和外部审计；二是雇佣合同和合作伙伴协议应明确约定关于不当行为的合同义务、补救或惩罚措施；三是建立一种确保决策过程和决策人与义务重要性和不当行为认知风险相对称的决策程序。

一个有效的合规计划需要对合规风险作出及时有效的预防和监控，并在违规行为发生后采取适当的应对措施。这些应属于合规实施程序问题。在这方面，世界银行的《诚信合规指引》也确立了相应的合规要求。

为有效预防可能发生的合规风险，企业应从合规风险的评估、合作伙伴的政策以及培训和交流等方面，确立一些有针对性的政策和程序。要制定一个有效的合规风险预防体系，企业需要在综合考虑企业规模、业务领域、经营地点和其他因素的基础上，对业务和经营中可能出现的欺诈、腐败等不当行为的潜在可能性进行综合风险评估并根据现实情况的变化对风险评估进行定期检查和更新，必要时对合规计划作出调整和修改。

对于业务伙伴，企业应鼓励其作出对等承诺，以预防、发现、调查和补救其不当行为。业务伙伴主要包括代理人、顾问、咨询专家、代表、经销商、承包商、分包商、供应商、合资方以及其他第三方。企业应对合作伙伴进行基于合规风险的尽职调查，以避免与存在不当行为的第三方发生关联；企业应告知合作伙伴合规计划并监督其合规计划的遵守情况；企业应要求合作伙伴作出遵守合规计划的对等承诺并鼓励其制订有效的合规计划；企业应对与合作伙伴的关系作出完整的记录；企业应确保对合作伙伴所支付的款项都属于正当合法的报酬；企业与合作伙伴的所有合同的履行过程都应受到监督。

培训和交流也是合规风险预防体系的有机组成部分。企业应采取切实合理的措施，定期宣传合规计划，向各级员工和合作伙伴提供有效培训并记录培训情况；企业管理层在年度报告中还要对合规计划作出说明，或公开披露、宣传合规计划的内容。

为有效地识别和监控可能发生的合规风险，企业应建立有效的报告制度。这主要包括四项基本程序：一是全体员工对于与合规计划有关的问题，都有上报的义务；二是采取有效措施为管理层、员工和合作伙伴提供关于遵守合规计划的指导建议；三是建立检举机制和举报热线，为那些面对指示或压力仍然不愿违反合规计划的员工或者愿意检举企业内部违规行为的个人，提供沟通渠道和保护措施；四是对于那些享有决策权或能够影响业务结果的员工，要求其定期提供书面说明，表明其已经了解行为准则并严格遵守合规计划，并且就其他员工或合作伙伴的违规行为，向企业内部合规部门进行了报告。

在违规行为发生后，企业应从两个方面采取合规应对措施。首先，应及时采取适当的奖惩措施。为鼓励和扶持各级员工遵守合规计划的行为，企业应采取积极的激励措施，确保合规计划在企业内部得到全面推广。同时，对于存在不当行为的个人，包括高级管理人员和董事会成员，应采取适当惩戒措施，必要时可以实施终止劳动合同等惩罚措施。其次，企业应执行有关程序，对发现的违规行为进行内部调查。一旦不当行为得到确定，企业应按照合理步骤，采取适当的纠正措施，防止类似或者更加严重的不当行为再次发生。

第五章

专项合规计划的个案分析

经验表明，那种“一揽子”的综合合规计划通常是无效的。让企业合规行之有效的前提条件是，针对特定合规风险量身打造专项合规计划。其中，反商业贿赂合规、数据保护合规、反洗钱合规、出口管制合规，就属于国际公认的专项合规计划。

——题记

一、什么是专项合规计划

2018年被称为中国的“合规元年”。在这一年，中国国务院国有资产管理委员会及国家发展和改革委员会相继发布了企业合规指引，试图以行政主导方式推动企业全面建立合规管理体系。在行政机关的推动下，很多企业相继发布了内部合规管理指引或者合规管理手册。由于是在我国行政监管部门推动下制订的合规计划，加上大多数企业既没有受到过欧美执法部门的调查，也没有受到过诸如世界银行这样的国际组织的制裁，因此，所推行的合规计划大多属于“大而全”的合规计划。例如，有些企业的合规管理手册将十余个问题确立为“合规重点领域”，范围涵盖公司治理和经营、安全、员工健康和公共安全、反商业贿赂和反腐败、消费者权益保护、反垄断、反不正当竞争、员工权益保护、知识产权、数据信息、国际贸易和投资、商业伙伴等多方面的合规管理问题。企业将如此众多的事项确立为合规重点领域，必然忽略那些“迫在眉睫”的合规风险，无法根据企业的性质、业务、规模和主要合规风险点，“量身打造”一套有针对性的合规计划。

其实，企业合规的灵魂并不是“大而全”的合规管理体系，而在于针对企业的“合规风险点”确立专项合规计划。从那些接受过美国政府监管调查或者国际组织制裁的企业重建合规计划的经验来看，一项有效的合规计划必须是专项合规计划。例如，西门子的合规计划之所以被作为企业合规的样本，就在于它是一种针对反海外贿赂问题建立的专项合规计划，又被称为“反海外贿赂合规计划”。在此基础上，西门子又相继推出了反垄断、数据保护和反洗钱等领域的单项合规计划。

又如，湖南建工集团所打造的诚信合规计划之所以被视为一种成功的合规计划，是因为它是针对企业参与国际银行招投标中的欺诈、腐败等问题建立的专项合规计划，又被称为“诚信合规计划”。

再如，中兴公司建立的出口管制合规计划，是针对企业从事进出口业务过程中违反有关国家出口管制法律的问题建立起来的，又被称为“出口管制合规计划”。目前，中兴公司在初步建立出口管制合规计划的基础上，又在反商业贿赂领域和数据保护领域开始建立相应的合规计划，对于这两种合规计划，我们分别称为“反商业贿赂合规计划”和“数据保护合规计划”。

所谓“专项合规计划”，是指企业针对特定领域的合规风险，为避免企业因为违反相关法律法规遭受行政处罚、刑事追究以及其他方面的损失而建立起来的专门性合规管理体系。对于那些从事国际贸易或进出口业务的企业而言，常见的专项合规计划有：反商业贿赂合规计划、诚信合规计划、出口管制合规计划、反洗钱合规计划、数据保护合规计划等。而对于那些单纯从事国内业务的企业而言，常见的专项合规计划主要有：反垄断合规计划、反不正当竞争合规计划、反商业贿赂合规计划、知识产权保护合规计划、反洗钱合规计划、大数据保护合规计划、税收合规计划、证券合规计划、环境保护合规计划等。

与“大而全”的合规管理体系不同的是，专项合规计划是企业针对特定的合规风险建立的专门性合规管理体系，这些专项合规计划除了要受到企业一般性的合规政策和程序约束之外，还要分别确立专门性的合规组织、专门性的合规政策、专门性的预防体系、专门性的识别体系以及专门性的应对机制。由此，在企业统一的合规管理框架之下，存在若干个相互联系而又相对独立的分支型合规管理体系，从而使企业合规真正走向专业化，发挥有效地预防、识别和应对合规风险和违规事件的效果。

当然，即便是强调专项合规计划，也不是每个企业都要按照一种模式来进行建立。企业在建立这种专项合规计划的时候，既需要根据企业的性质及其所从事的业务，也需要根据其特有的风险领域，有针对性地量身打造自己的合规计划。例如，一个从事进出口业务的企业，当务之急是要打造一套出口管制合规计划；一个从事金融和证券业务的企业，首先要建立一套反洗钱合规计划；一个从事医药生产销售的企业，应当尽快建立一套反商业贿赂合规计划；一个从事化工生产的企业，应当将建立环境保护合规计划置于合规管理的首要任务；一个从事互联网金融、大数据服务、电子商务等业务的企业，应当将数据保护合规计划作为合规管理的紧迫要求……

二、中兴公司的专项合规计划

我们可以中兴公司2018年以后重建合规管理体系的经验为范例，对专项合规计划做初步的分析和评价。

中兴公司将诚信为本、按照道德标准开展业务奉为公司在全球范围内从事经营活动的基本原则。该公司发布的《商业行为准则》，确立了诚信和遵守道德标准的基本准则，对公司、员工、客户、商业合作伙伴和投资者提出了遵守法律法规的要求，将“以合乎道德的方式代表公司从事业务”确立为每一位员工的义务。根据《商业行为准则》，中兴公司致力于形成高效而有组织的合规运作，将合规制度嵌入公司全部业务流程，创立合规与业务的融合，从而形成业界一流合规管理体系，使合规成为该公司的竞争优势。

中兴公司成立了由总裁直接领导的合规管理委员会。在合规管理委员会的领导下，各业务单位、合规专业部门与合规稽查部各司其职，协调配合，构成中兴公司合规风险管理的三道防线。其中，合规专业部门分为出口管制合规部、反商业贿赂合规部、数据保护合规部以及合规组织管理部，主要从事出口管制、反商业贿赂、数据保护等专项合规管理工作。在合规组织管理上，中兴公司建立了合规管理委员会领导下的“穿透式合规管理制度”。简要说来，在各合规专业部门设立法律法规专家中心，针对重要风险领域设立专业化合规团队；设立专职BU合规团队，以此作为法律法规专家中心与业务部门的桥梁；在各业务部门设立合规联系人，实现子公司穿透式合规管理，将合规政策传达到业务第一线。

自2018年中兴公司与BIS达成替代和解协议之后，中兴公司在重建合规体系方面作出了一系列努力。首先，在合规文化建设方面，中兴公司董事长和总裁发表全员声明，表达合规建设的决心；公司高管作为各自领域第一合规责任人签署合规责任状，作出合规承诺，传达公司建立合规体系的决心和信心；中兴公司持续开展全员合规培训，倡导全员监督、内部举报文化以及多方位的外部合作。其次，在合规资源投入方面，公司加大合规管理资金投入，支持监察团队需求，加强与外部律所和咨询机构的合作，优化了全球贸易系统、商业伙伴扫描系统、法律及合规管理系统等IT工具。加大合规风险评估，推进公司合规治理。再次，在流程制度建设方面，公司加强了合规管理委员会的作用，将公司合规管理制度制定、合规事项审议和决策权纳入合规管理委员会；将合规检查点嵌入具体业务流程之中；通过IT系统的设置，将合规检查点进行上线IT处理，减少或消除线下人工检查。最后，在专业能力提升方面，公司与顶级律师事务所和会计师事务所进行合作，协同处理合规领域的专业问题。

中兴公司建立了业内一流的出口管制合规计划。该公司设立了专门的出口管制合规部，包括一名首席出口合规官，数名区域出口管制合规总监（分别任职于中国、欧洲、美洲和中东）以及其他工作于中国和其他国家的总监、经理、主管和支持人员。中兴公司发布并定期更新出口合规政策和出口合规手册，使之适用于总公司以及所有子公司。中兴公司及其子公司发布了受美国出口管制限制的中兴公司产品的“出口管制分类编码”，以确保公司供应链和分销渠道的出口合规。中兴公司及其子公司开展了覆盖全体员工的出口合规培训，包括全员出口合规意识培训以及根据职能进行的有针对性的培训。中兴公司与美国政府委派的特别合规协调员和合规监察官展开积极合作。

中兴公司的出口管制合规计划是在与美国商务部达成"替代和解协议"的基础上建立起来的。美国政府向中兴公司派驻了特别合规协调员和合规监察官，对中兴公司的出口合规计划的重建和运行要进行为期十年的监控。可以说，出口管制合规计划是中兴公司合规管理体系的重中之重。根据美国商务部的公告，派驻中兴公司的特别合规协调员团队，其职责是实时监控中兴公司遵守美国出口管制法规的情况，既包括全过程监测和个别事项的调查，也包括定期性合规评估。这个团队向美国商务部负责，具有完全的独立性。而在中兴公司内部，董事会下设一个由不少于3名非执行董事组成的特别审计/合规委员会，董事长属于该委员会成员，但不得担任主席。与此同时，中兴公司还聘请了一名独立的特别合规协调员，承担协调、监察、评估和汇报职能。由此，在出口管制合规计划的打造方面，中兴公司就形成了合规委员会、独立特别合规协调员以及美国派驻的特别合规协调员团队这三道合规防线。

在建立出口管制合规计划的同时，中兴公司初步建立了反商业贿赂合规计划。该公司的反商业贿赂计划所要遵循的法律法规既包括中国的反腐败和反贿赂法律法规，也包括美国的FCPA、英国的《反贿赂法》以及其他业务所在国的反腐败和反贿赂法律法规。中兴公司的反商业贿赂合规管理工作由合规管理委员会领导下的反商业贿赂合规部负责。

中兴公司专门发布了《反贿赂合规政策》和《反贿赂合规手册》，由此构建了中兴公司反贿赂管理体系的八大基本要素。具体而言，第一，高层重视合规管理。中兴公司高层参与反商业贿赂合规的规划、决策和建议，直接对所管辖业务的合规性负责，直接参与合规培训和沟通，确保内部合规报告和沟通渠道的畅通性。第二，健全合规组织。各业务部门是预防、监测和应对贿赂的第一道防线，专门的反贿赂合规部门是第二道防线，合规稽查部则是独立的第三道防线，在开展合规管理工作时，公司将"计划—执行—检查—处理"转化为"合理的规则—有效的贯彻—坚决的落地—有力的稽查"这一闭环管理，形成合规业务和管理的双循环。第三，充分的资源投入。在专家中心、BU合规团队以及业务单位合规联系人三个层面上加强合规组织建设，引入并优化一系列IT系统和工具，提升合规管理的效率和水平。第四，系统的风险评估。中兴公司反商业贿赂合规部和BU合规团队每年定期展开相关领域的风险评估，形成风险评估报告，根据业务和风险变化情况及时调整合规管理措施。第五，完善的反贿赂合规政策体系。对于《反贿赂合规政策》、《反贿赂合规手册》以及各项管理规范及其工作指引进行定期维护和修订，其中有关反商业贿赂的管理规范覆盖礼品及款待、外部差旅、商业伙伴、采购交易、商业赞助、公益捐赠、客户培训、并购及合资、雇佣等多项领域。第六，有效的流程管控。通过法律及合规管理系统和团队协作管理系统设立合规审批流程，将合规审批流程嵌入公司的销售、采购、财务、雇佣和投资等业务流程之中，确保合规管控贯穿于业务活动的主要节点之中，合规审批流程不通过，相关业务不得继续进行。第七，全方位的培训和沟通。定期向全部员工开展反贿赂合规培训，并向新员工、管理层、合规团队、营销、财务、采购等重要岗位人员以及外部商业伙伴提供专项培训。中兴公司还要求全体员工签署《反贿赂合规承诺函》。第八，持续的监督与改进。反商业贿赂合规部与BU合规团队对反商业贿赂合规计划的执行情况进行持续监督，对缺陷和不足进行整改。与此同时，合规稽查部定期开展合规审计以发现合规体系的缺陷和不足并督促完成整改。对于通过举报线索或审计发现的潜在违规行为，合规稽查部将按照有关流程进行调查并提出是否采取纪律处分措施的建议。

数据保护合规计划是中兴公司新近建立的专项合规计划。中兴公司遵从全球适用的数据保护法律法规，尤其是欧盟《通用数据保护条例》的规定，将数据保护的要求嵌入公司各项业务流程之中。合规管理委员会是公司数据保护合规的最高管理机构。与其他两项专项合规计划一样，数据保护合规也有三道管控防线：一是业务单位的合规联系人；二是数据保护合规部；三是合规稽查部。根据GDPR的要求，中兴公司陆续在欧盟重点国家任命欧盟数据保护官，负责数据保护的管理工作。

中兴公司确立了数据保护方面的主要合规政策。根据这一政策，中兴公司在GDPR管辖的业务场景中，初步设立了“个人数据字典”。在供应商管理中嵌入数据保护合规要求，逐步推进数据保护合规要求IT系统嵌入与优化流程。中兴公司建立了个人数据泄露应急响应机制。一旦发生个人数据泄露，就会立即组建应急团队，减少个人数据泄露可能导致的损失，确保受数据泄露影响的数据主体及时收到通知。此外，中兴公司定期向员工提供数据保护合规培训，确保每一位适用GDPR管辖的员工和合作伙伴，准确理解数据保护合规的要求，严格执行数据保护的制度和流程。

三、出口管制合规计划

2018年6月8日，中兴公司与BIS达成了《替代和解协议》(SSA)。在此前的2017年3月，中兴公司曾与美国司法部达成认罪协议(Plea Agreement)，与BIS达成和解协议(BIS Settlement Agreement)，还与OFAC达成和解协议(OFAC Settlement Agreement)。根据《替代和解协议》，中兴公司有义务接受美国法院指定的监察官(the US Court appointed Monitor)和BIS指定的特别合规协调员，与其进行充分合作并接受其在出口管制合规计划重建方面的监督和指导。根据该和解协议，中兴公司作出了多项合规承诺：一是基于行业最佳实践，制订一流的出口管制合规计划；二是就出口合规项目作出多项改进；三是加强内部和外部合规培训项目；四是发布产品的出口管制分类编码；五是增加出口合规指引和流程。

首先，中兴公司重新建立了出口管制合规组织体系。中兴公司在董事会之下设立了合规管理委员会，使其成为公司内部负责制定和执行出口管制政策和流程的最高机构。中兴公司任何与受控产品或技术有关的交易、出口及其他业务都要经过合规管理委员会审核，该委员会对是否执行具体业务活动拥有“一票否决权”。在该委员会之下，公司设立首席出口管制合规官，全面负责出口管制合规政策和流程的执行和实施。在首席出口管制合规官之下，设立法律与合规管理部，作为合规管理委员会的秘书单位，对研发、销售、物流、工程、服务等各个业务环节进行合规管控。2019年，该部门已有40余名合规工作人员，并获得外部律师和顾问团队的支持和指导。中兴公司大幅度增加了合规预算并投入更多的合规资源。

其次，中兴公司确立了出口管制合规计划的基本理念，推动一种合规文化的确立。中兴公司强调，出口合规体系的建立对于中兴公司至关重要，出口合规是“每个人的责任”；合规不仅“可以创造价值，还可以保护价值”。为推动合规文化的普及和合规意识的增强，确保合规政策和合规理念在全公司内部的有效沟通，中兴公司从2018年起，向所有业务合作伙伴发出公开的“出口合规函”，强调公司的出口合规政策和流程；还向全体董事、管理人员、员工和合同工发出多份“关于出口管制合规的管理层承诺声明”，传达合规创造价值的理念，告知公司出口合规计划的更新和进展；还发出若干份“就禁止向限制地区转移受EAR（Export Administration Regulation）管控之物品致董事、管理人员、员工、合同工、供应商以及业务合作伙伴的公开信及通知”，重申遵守美国出口管制法规是中兴公司及其国际运营业务的基本要求。不仅如此，中兴公司的首席出口合规官还向业务合作伙伴发出“季度通讯稿”，通报公司合规计划的进展情况。

最后，中兴公司重建出口管制合规计划的重要步骤，是发布出口管制合规政策（Export Control Compliance Policy）。该项政策初次发布于2018年，是一项记录中兴公司出口合规管理体系的综合性规范文件。2019年，该公司又对出口管制合规政策作出了一些改进，发布了新的版本。根据这一政策，中兴公司承诺“遵守其开展业务所处国家的可适用的法律法规，包括经济制裁和出口管制法律法规的各项限制”，承诺“基于出口合规风险评估采取措施，以确保代表中兴公司的任何人（包括代理商、经销商和分销商）进行的交易符合可适用的出口管制及制裁法律法规”。鉴于违反上述法律和法规可能导致严重的刑事和民事制裁，尤其是包括罚款、监禁、不得获取出口许可、被剥夺出口特权以及其他可能影响中兴公司整体全球业务的制裁，中兴公司对于违反本政策的员工将予以纪律处分或者解雇。那么，中兴公司的出口管制合规政策究竟有哪些内容呢？

大体说来，中兴公司的出口合规政策可分为五个部分，具体内容简述如下：

一是所有员工都有遵守合规承诺、遵守法律法规和接受合规培训等的义务。具体包括：完成关于遵守出口管制合规政策的证明的签署；遵守可适用的出口管制和经济制裁法律法规以及中兴公司为确保合规颁布的相关政策和流程；向出口管制合规部人员以及公司内部和外部合规监督人员提供准确、完整和及时的信息；充分了解出口管制及经济制裁法律法规对其工作的适用情况，并充分参与所有合规培训，报告任何潜在的合规风险或违规行为，确保记录、数据和信息准确完整，并对上述信息做好文档保存；等等。

二是公司不得与受限地区和受限方开展任何业务。具体包括：在出口、再出口、采购以及以其他方式转移货物、软件或技术，或者提供相关服务之前，中兴公司需确认其正确出口分类编码，确认上述转移不需要获得美国政府或其他政府的事先授权或者许可，若上述转移需依赖于事先的出口授权，则中兴公司在未获得授权之前，不得实施任何出口、再出口、提供服务或以其他方式进行转移行为；不得与位于、注册于或经营于受美国制裁的国家和地区的任何当事方（包括来自这些受限地区的公司）开展任何业务；不得与任何受美国政府或其他政府制裁的受限方开展业务，这些受限方包括被列入OFAC《特别指定国民清单》（SDN）和被列入BIS《被拒绝主体清单》或《实体清单》的个人或者实体等。

三是中兴公司员工需要开展适当的尽职调查，并遵守为降低风险所建立的合规流程。这一流程主要包括：在中兴公司系统中录入商业合作伙伴的完整信息；对中兴公司产品进行正确分类；了解所有参与商业交易的相对方；根据受制裁清单扫描第三方；基于出口合规风险要求，获取第三方在受限地区存在的业务或相关陈述；对在高风险地区进行的交易进行特别检查；必要时获得最终用户或最终用途声明；发现显示出口的最终用户、最终用途涉嫌违法或者某项交易可能涉及受限地区或受制裁方的危险信号。

四是所有员工不得在未获得出口管制合规部事先批准的情况下，就所有相关和解协议以及与出口管制合规相关事项在任何通信平台上进行公开评论。

五是所有员工都对任何潜在出口合规问题或违规行为负有报告义务。员工报告可以直接向合规部门提出，或者匿名提出，禁止对任何员工的举报行为而采取报复措施。对于明知存在违规行为而不履行报告义务的员工，公司可以采取纪律处分或者予以解雇。

在发布上述出口管制合规政策的同时，中兴公司还通过多种途径，确立了相应的出口管制合规风险的防范和监控机制，这些机制主要有合规风险评估、尽职调查、合规培训、全流程监控等制度。首先来看合规培训制度。中兴公司推行全新的合规培训制度，推行全员培训、业务培训与重点岗位人员培训相结合的培训方式。全员培训侧重介绍出口管制合规基本要求；业务培训围绕各业务流程的核心要求而展开；核心岗位培训则针对重点岗位人员进行有针对性的合规培训。通过多层次的合规培训，开发出一套涵盖从全员意识培训课程到针对中高级管理人员和特定职位人员的专门课程，不断提升员工的合规意识，传递基于业务的合规要求。其中，关于出口管制合规的培训课程涵盖了越来越多的业务流程合规问题，包括中级管理层的职责、售后、稽查、出口分类、财务、人力资源、法律、物流、采购、研发、受限制扫描、销售与营销、使用出口管制手册等多方面的内容。这是其一。

其二，推进“子公司合规提升计划”（SCEP），加强对中兴公司所属子公司的出口管理合规管理体系建设，对子公司的管理人员进行有针对性的合规培训。

其三，通过一系列科技手段，加强对合规风险的防范和识别。一方面，中兴公司按照美国政府的要求，积极推行自动扫描程序，通过使用受限方清单扫描工具，在多个运营、财务和通信平台上定期对业务合作伙伴进行自动扫描，从而更为及时有效地发现受限地区的公司以及受限方实体或者个人。另一方面，中兴公司通过与业务合作伙伴建立有效的沟通机制，收集出口管制分类编码及相关分类信息，以确保公司的供应链和分销渠道符合出口要求。此外，中兴公司的出口管制合规手册要求各单位按照中兴公司商业行为准则、出口管制合规计划、进出口管理措施和进出口管理的材料库存操作准则进行商业活动，同时将出口管制法律法规和合规手册的要求嵌入公司各项业务流程之中，通过引进IT系统，对合作伙伴进行扫描，对业务活动所涉产品进行合规审查，实现对核心业务环节的信息化、自动化的合规管控。

其四，中兴公司公布了合规举报途径（compliance reporting options），提醒举报人对于任何违法违规行为，既可以直接向出口管制合规领导团队举报，也可以利用中兴公司的其他通信举报方式（包括匿名举报方式）举报。中兴公司在其官方网站上公布了举报热线、国内和海外举报网站、举报通信地址等信息。

不仅如此，中兴公司在重建出口管制合规计划过程中，与美国政府委派的特别合规协调员团队和监察官团队进行了全面合作。这些合作主要表现在：公司首席出口管制合规官与其定期举行会议，落实有关改进合规计划的建议；公司向两个团队定期汇报更新的合规实施计划进展信息；定期接待特别协调员和监察官团队来访，保证员工接受两个团队的询问，确保两个团队参与中兴公司在全球范围内的培训和会议；公司支持两个团队的工作，并执行他们就出口管制合规所提出的改进意见。

迄今为止，在美国政府（主要是BIS）的监督下，在美国政府委派的特别合规协调员和监察官的指导下，中兴公司的出口管制合规计划取得了阶段的成果。在长达数年的监控期结束后，中兴公司能否最终被美国政府解除贸易制裁，还取决于其是否实施了切实有效的出口管制合规计划。不过，就目前的合规计划进展情况来看，曾面临极大贸易制裁压力的中兴公司，在重建出口管制合规计划方面，的确是按照国际一流标准来展开的。中兴公司重建出口管制合规计划的努力和成效，将为我们提供一个有效出口管制合规计划的样本。对于那些已经受到类似贸易制裁的中国企业而言，中兴公司的出口管制合规计划将成为解除贸易制裁的参考样本。而对于那些潜在的可能受到类似贸易制裁的中国企业来说，仿照中兴公司建立有效的出口管制合规计划，或许也是避免受到类似贸易制裁的有效防范措施。

四、反商业贿赂合规计划

1977年实施的FCPA，确立了两个极为重要的法律条款：一是反贿赂条款（anti-bribery provision）；二是账簿与记录条款（books and records），又称会计处理条款（accounting provision）。根据前一条款，禁止任何美国公司向外国政府官员给付“任何有价物”（anything of value），以帮助其获取或者维持业务。而根据后一条款，任何在美国上市的公司，都要维持账簿、记录和账目的合理细节，足以准确反映其资产的交易和处置情况，并制定和维持一个内部会计控制系统。“会计处理条款”又可以被细分为“会计条款”和“内部管制条款”。前者要求制作和保存合理、详细、正确并公正地反映交易和资产处理的账簿、记录和结算的细节；后者则要求设置和维持适当的内部会计管制系统。

负责FCPA执法的机构是美国司法部和美国证交会。从1977年至2017年，在40年的时间里，美国司法部共对相关公司执法300多起，美国证交会执法170余起，其中包括部分与外国机构联合执法的案件。通过40多年的执法实践，美国两大机构共对相关公司罚款100多亿美元。这种根据美国《反海外腐败法》进行的执法活动，通常又被称为“FCPA执法”。

在美国司法部和美国证交会实施的FCPA执法历史上，2008年对西门子的罚款曾创造了最高纪录。该公司最终与美国政府的和解金额是8亿美元，与德国政府的和解金额也是8亿美元。此外，西门子为应对政府执法花费的会计咨询、律师服务等费用高达8.5亿美元。

（一）西门子事件

2006年11月，西门子因涉嫌商业贿赂而受到德国慕尼黑检察机关的调查。在调查过程中，检察机关发现西门子全球20多位接受“可疑支付”的接收人和公司来历不明，数百万欧元被转往阿拉伯联合酋长国、印度尼西亚、苏丹等多国的账户。这些可疑的接收人和公司曾经接受过西门子的多笔资金，用于在多个国家进行商业贿赂，从而获取业务订单和编织商业关系网络。随后，西门子主动向美国司法部和美国证交会报告了在多个国家的行贿行为，并聘请美国德普律师事务所（Debevoise&Plimpton）进行了长达两年的内部独立调查。

美国司法部经过调查，以西门子以及西门子阿根廷、孟加拉、委内瑞拉分公司为共同被告人，提出了刑事起诉，指控上述被告人在多个国家通过咨询公司向有关政府官员支付了高额贿赂并将这些贿赂款以"咨询费"和"律师费"的名义进行记账。

美国证交会则对西门子提出了民事起诉，指控该公司从2001年3月至2007年9月，向外国政府官员进行了广泛而系统的行贿以获取业务。期间，西门子向第三方提供了至少4283次、总计约14亿美元的资金，用于行贿全球多个国家的政府官员。通过行贿，西门子获得了332个项目，获取的利润额超过11亿美元。而自1998年以来的10年时间里，西门子曾向中国官员及相关人员行贿7000多万美元，并由此获取了金额高达23亿美元的订单，涵盖医疗设备、高压输电线路、地铁列车和信号系统等多个领域。

为避免造成更为惨重的损失，西门子最终与美国司法部达成了刑事和解协议。根据这项协议，美国司法部放弃对西门子提起刑事指控，条件是以西门子违反FCPA有关会计条款和内管制条款，对西门子处以44，850万美元的罚款；以违反该法会计条款，对西门子阿根廷分公司处以50万美元罚款；以违反反贿赂条款和会计条款，对西门子委内瑞拉分公司和孟加拉分公司各处以50万美元的罚款。

针对美国证交会提起的民事起诉，西门子选择了民事和解，最终西门子对美国证交会有关其违反反贿赂条款的主张既不否认也不予以承认，只是同意向美国证交会退还3.5亿美元的不正当利益。

与此同时，西门子在德国境内也与慕尼黑检察机关达成协议：检察机关认为西门子通过行贿行为至少获取了39，475万欧元的经济利益，基于该公司董事会存在疏于监督的问题，最终作出了处以39，500万欧元罚款的决定。但检察机关不再对西门子提起公诉。

以上和解协议达成后，西门子主要在两个方面挽回了损失：一是西门子没有被认定为参与了行贿行为，德国的公共出口信用机构的保险对其继续有效；二是西门子作为负责任的合同签订者，可以继续与美国政府进行相关的交易。

西门子行贿事件发生后，该公司对管理团队作出了大幅度调整。监事会主席和首席执行官相继辞职，约200名经理被开除，100多名高层人员被责令配合调查。西门子还重新组建了合规团队，任命原财政部长威格尔博士担任独立合规监察官，从2009年开始持续监督西门子在合规方面的改进情况。西门子聘请独立的会计师事务所和律师事务所等外部专业机构进驻，开启了德国历史上的首次公司独立调查。这项调查活动评估了5000多个咨询协议，检查了4000万份银行账户报表、1亿份文件以及1.27亿次交易，进行了无数次内部谈话。西门子为此付出了高昂的代价，仅外部专业机构的调查费用就高达数亿欧元。

（二）西门子的合规体系

西门子建立了独立而权威的合规组织体系。合规组织由首席合规官担任负责人，向西门子总法律顾问报告工作，并可以直接向西门子管理委员会和监事会提交报告。而总法律顾问则直接向西门子总裁兼首席执行官汇报工作。由首席合规官负责的这个合规组织，在各个业务集团和区域公司中都任命了各自的集团合规官或区域合规官。这些合规官员负责各自区域内的合规体系执行事宜，并向首席合规官报告工作。在各个集团和80多个地区公司中，西门子都任命了集团合规官和区域合规官，他们在合规部门其他合规人员的帮助下，执行合规体系，并对员工进行合规体系所要求的持续性培训，确保整个管理层每两年一次作出遵守商业行为准则的书面保证，负责对违规事件进行调查，确保上报人免受任何打击报复。如果违规事项得到确认，合规官将负责执行纪律处分。除了这些合规官以外，西门子还向各个职能部门、业务集团、业务部门、外国分公司、医疗领域任命或分派了数百名合规人员。在分派合规人员时，除了考虑业务规模以外，还要考虑与业务有关的合规风险。为保证所有合规官和合规人员的独立性，西门子要避免他们在履行职责时存在利益冲突，禁止他们在合规组织之外担任职务。

在原来反腐败合规的基础上，西门子的合规领域已经得到显著的扩大。目前，西门子的合规工作主要集中在四大领域：一是反腐败，防止权钱交易行为；二是反垄断，防止违反公平竞争原则；三是数据保护，注重保护相关的隐私数据；四是反洗钱，注重防止西门子被用作洗钱和为恐怖主义融资的工具。除此之外，对于西门子员工涉嫌违反刑事法律、行政法律或者内部规章制度的行为，或者针对那些涉及西门子或者西门子员工的刑事诉讼或者行政处罚程序，展开内部调查并采取相应的惩戒措施。这也被视为合规工作的有机组成部分。

西门子的合规体系由两个部分组成：一是商业行为准则；二是三大制度保障。前者被视为合规体系的核心环节，所有员工按照合规体系行事的基本要求，是保证“只有清廉的业务才是西门子的业务”的关键要素。后者则由三大支柱组成：防范、监控和应对。下面逐一加以分析。

1.商业行为准则

西门子的商业行为准则包括八个部分，分别确立了“基本行为要求”“如何对待商业伙伴和第三方”“避免利益冲突”“公司财产的使用”“信息处理”“环境、安全与健康”“投诉与建议”“合规执行与监督”等方面的规则。基本上确立了西门子的基本合规制度。

在“基本行为要求”方面，该准则确立了四项基本原则：一是所有员工遵守经营所在国法律法规，不得从事违法活动的原则；二是彼此尊重、诚实和守信的原则；三是所有员工对西门子声誉承担责任的原则；四是管理人员履行合规管理和监督员工守法的责任。

在“如何对待商业伙伴和第三方”方面，商业行为准则对其员工提出了各个领域的行为规范，这些领域包括：公平竞争和遵守反托拉斯法；反腐败；禁止从事违法的政治捐款、慈善捐助和赞助；遵守政府采购的法律准则；遵守反洗钱方面的法律和流程；遵守所在国的出口管制和海关法律法规；对供应商遵守法律的要求；等等。

为“避免利益冲突”，商业行为准则提出了西门子员工在作出商业决策时应以西门子最佳利益为原则，避免可能的利益冲突。具体而言，员工不得经营或者协助某一公司与西门子进行竞争；员工不得从事与西门子相竞争的兼职工作；对于持有或获得西门子商业伙伴或西门子持股公司权益的员工，如果在履行职责过程中与此商业伙伴或公司存在业务往来，或者在该公司兼任职务的，负有向人事部门披露该事实的义务。

员工不得将公司财产用于个人目的，也不得将公司财产用来从事任何违法活动、导致利益冲突的活动或者导致增加成本、干扰公司业务或对公司造成其他不利影响的活动。

在“信息处理”方面，商业行为准则要求员工承担以下义务：一是完整、准确地生成有关的账簿和记录，如实反映每笔交易或支出，并符合相关的会计准则和标准；二是对尚未公开的西门子内部保密信息或专属信息予以保密；三是遵守有关保护数据隐私和数据安全的法律法规，禁止披露相关的信息；四是禁止披露在职责范围内或者无意之中获取的内幕信息。

在“环境、安全与健康”部门，商业行为准则要求所有员工以符合环境保护的方式开展经营活动，保护员工在工作场所的健康和安全。

商业行为准则对员工的投诉确立了基本规范，规定所有员工均可向其主管、合规官员、人事经理或指定处理投诉的内部劳工组织提出投诉。投诉有四种途径：一是首席合规官；二是各业务集团、区域或职能部门的合规官；三是“Tell Us 平台”（合规帮助平台）；四是西门子全球特派调查官。所有投诉均可秘密且匿名地提交，对所有投诉都要进行调查，对投诉信息予以保密，对针对投诉人的报复行为采取“零容忍”态度。

在“合规执行与监督”方面，商业行为准则要求西门子管理层成员积极主动地确保准则的贯彻执行，定期监督检查全球各地西门子公司遵守法律和执行准则的情况。

2.防范体系

所谓防范，是针对可能的合规风险所采取的预防性措施。防范体系主要由六个部分构成：合规风险管理、制定政策和流程、培训和其他沟通方式、建议与支持、与人事流程相结合、联合行动和廉洁行动项目。其中，合规风险管理和培训是防范体系的核心部分。

促使全体员工遵守商业行为准则，是西门子防范体系的前提和保障。在此基础上，西门子注重利用各种合规工具进行合规风险的全面管理。

一个成功的合规体系，要得到有效的运转，关键在于在具体业务流程中准确及时地确定合规风险，并有效地降低乃至化解这些风险。具体而言，在每一项业务流程中都要遵守法律法规和西门子商业行为准则。对于某些项目，决策者在作出是否参与投标、是否收购股权等决策之前，需要首先进行合规风险的评估。在雇佣商业伙伴之前，也要从合规的角度核查商业伙伴的诚信度，根据核查结果，由更高管理层来作出决策，或者采取适当措施降低风险。在合规风险评估之外，西门子合规风险管理系统还要求对业务部门乃至整个公司的合规风险进行有效的识别。为此，西门子建立了自下而上和自上而下的两种识别方法。

所谓自下而上的风险评估，是指各个业务部门首席执行官和管理者与相应的合规官一起确定和评估其部门所面临的合规风险。在奇数年份，西门子在业务集团、主要业务国和西门子医疗业务领域进行合规风险评估。而在偶数年份，西门子对高风险业务国家进行合规风险评估。这些合规风险评估涉及的领域包括反腐败、反垄断、数据保护和反洗钱等方面。

所谓自上而下的风险评估，则是指西门子对其合规控制的效果作出专门评估，即持续检查西门子各项合规流程是否得到贯彻执行，其效果是否得到了保证。针对西门子面临的合规风险，首席合规官与管理委员会、监事会合规委员会一起讨论相关情况，向西门子企业风险管理部门报告相关风险，制定和实施降低风险的措施。

在上述两种风险评估措施之外，西门子还建立了一种跨部门风险审核制度，也就是在每个季度，由首席合规官负责组织合规组织、相关职能部门、内部控制系统以及审计部门，实施一项“合规风险雷达工程”。

即使拥有完善的合规制度，假如员工不了解这些制度，也不清楚如何将其付诸实施，那么这些制度也难以达到预期的效果。因此，合规防范体系中的重要环节就是将法律规定和合规制度及流程告知全体员工，同时为管理层和员工提供相应的培训和建议，并在公司所有层级持续传达高层关于合规的态度。

对员工的培训分为两大类：首先，针对那些处于“敏感”位置的员工，如一线的销售人员、直接与政府官员或客户打交道的人员以及与政府采购人员打交道的人员等，都要进行面对面的强制性集中培训。其次，对于全体员工，还要进行全员性的网上培训。面对面培训的内容主要是西门子合规的基本概念、数据保护和年度诚信对话。必要时，根据业务部门定期进行的风险评估结果，还可以增加有关反垄断和竞争法的面授培训内容。而网络培训的内容则包括西门子商业行为准则，与商业伙伴的合作、赞助、捐助和入会以及合规工具的使用等。这类网络培训往往遵循自愿参与的原则。

在培训之外，西门子注重与员工的持续不断沟通，以确保员工了解所有法律法规和内部规章制度的最新信息，以及最新的合规流程和合规工具。合规组织主要通过定期更新合规内部网络信息来支持这种沟通方式。与此同时，内部合规沟通还要确保在所有层级持续不断地传达高层管理者的合规态度，为此，各业务部门的合规组织要通过各种媒体和活动来提供这方面的支持。

在培训和沟通之外，西门子的防范体系还建立了“建议和支持系统”。管理层和员工可以直接向所属合规官提出问题，询问在业务决策中处理合规风险和合规条例的解释和运用的情况。最终，西门子意图将诚信和合规融入员工的思维方式，从而形成一种独有的合规文化。

3.监控体系

监控体系包括四项流程：控制管理、审计、投诉处理以及报告责任。同时，西门子还设立了全球特别调查官制度，来处理员工和第三方的投诉，以作为对现有违规报告渠道的补充。

所谓控制管理，是指控制管理人员在进行业务活动时，都要在其职责范围内进行可持续的控制管理检查，包括对具体项目进行随机检查，以确保项目符合反垄断法和反腐败法的规定。

而审计则是指公司审计人员要定期检查合规体系是否在全球各个集团和分公司内得到了贯彻和执行，并定期检查是否存在违规情况。

投诉处理是一种为发现违规情况而设置的特殊程序。根据这一程序，任何员工均可向其主管、人事经理或公司指定的其他人员或部门提交投诉，或提供违反商业行为准则事项的线索。接到投诉后，首席合规官将启动由公司审计人员执行的专项调查，并向西门子审计委员会进行汇报。对于投诉或者投诉线索，应当进行彻底调查，所有文件都会保密存档，对投诉者不得采取任何形式的报复陷害。

与此同时，投诉也可以向西门子的全球特派调查官提出。这类特派调查官通常由执业律师担任，接受公司的聘请。经过调查，特派调查官发现存在违反商业行为准则甚至违反刑法的可疑行为的，可以将这一信息提交给公司合规办公室。后者据此启动专项调查程序，公司所有部门都有义务为该项调查提供帮助和支持。

为保证投诉机制的有效运行，西门子设立了一个全天候——每周7天、每天24小时——的合规帮助平台——Tell Us。该平台被视为全球特派调查官职能的延伸。员工、客户以及合作伙伴均可通过多种语言，对公司内部的任何违法、违规或者犯罪行为进行网络或者电话举报，呼叫中心和网站由专业的外部供应商来进行运作，以确保每个问题都得到保密处理。西门子员工发出的每一份电子邮件，末尾自动生成这样一段内容：如果发现任何违反商业道德或违反法律的行为，尤其是违反反腐败法及反垄断法的行为，请联络西门子合规帮助平台“Tell Us”，并附上相应的网址。

所谓报告责任，是指西门子内部的报告责任机制。这个机制可以由若干个要素组成。首先，首席合规官定期或不定期地就合规问题作出内部报告。报告的对象是公司董事会、审计委员会，报告的内容可以包括公司合法发展情况、合规计划的贯彻实施情况以及公司内部的重要合规程序。其次，公司设有披露委员会，向公司首席执行官和首席财务官负责，首席合规官以及其他部门主管都是该委员会的成员。披露委员会的职能是对提交给美国证交会的所有文件进行检查，以确保这些文件的完整性和准确性。首席合规官有义务确保合规程序与财务报表的关联性在财务报告中得到适当的反映，各部门主管也有义务确保上报给首席执行官和首席财务官的财务数据具有完整性和准确性。最后，披露委员会在每个季度还要向首席执行官和首席财务官汇报针对公司资产所发生的刑事犯罪情况。整个公司的汇报系统已经达到良好的运行，公司审计部门可以对有关案件进行内部调查，合规办公室的人员可以提供有关的法律建议。

4.应对体系

应对体系包括对违规行为的及时调查识别，对存在违规行为的员工进行处罚，并在全球范围内进行个案的跟踪。

无论是西门子员工、第三方还是其他人士，都可以通过举报系统和独立的特派调查官对违规行为进行举报。接获举报后，西门子各业务部门的合规组织要启动审查和评估程序。在这一程序中，各个业务部门的合规官通过审查举报材料，认为指控有足够的可信性的，将对案件的实质问题进行审查，以便确定是否有充分信息开展内部调查。首席合规官可以发布对案件集中调查的指令。在调查完成后，合规组织的人员需要准备调查报告，该报告应涵盖调查过程中发现的所有事实、对这些事实的法律评估，以及有关纪律处罚的建议。不仅如此，针对调查过程中发现的制度薄弱环节，调查报告还要提出整改意见和建议。

对于违反包括商业行为准则在内的法律法规的员工，西门子建立了两种惩戒机制：一是由中央纪律委员会（CDC）在集团层面进行全球纪律处分，首席合规官是该委员会的常设委员；二是在CDC权限不适用的情况下，由西门子业务部门负责人和人力资源部按照一般纪律处分流程进行惩戒，惩戒要遵守有关的合规规则。在进行纪律惩戒之前，纪律处罚的结果将在集团或者地方层面进行纪律惩戒的评估。负责惩戒的部门要考虑案件的全部情节并尊重员工代表的共同决定权。

所谓全球案例追踪，是指西门子合规组织要集中记录所有的违规案例，跟踪相关的处理情况，确保每个案例的处理都要依照法律法规和公司制度进行。所有记录的案例都要根据其影响进行专门评估，也会被纳入首席合规官向西门子管理委员会和监事会提交的合规报告之中。

在针对有关员工的纪律处罚作出后，涉案的相关部门必须落实调查报告中提出的建议，对相关的制度漏洞和工作缺陷作出必要的补救，以避免类似的违规行为再次发生。

五、反洗钱合规计划

2016年11月，中国农业银行及其纽约分行因为违反美国相关反洗钱法规，与美国纽约州金融服务局达成行政和解协议。根据这份和解协议，纽约州金融服务局认为，中国农业银行纽约分行（以下简称农行纽约分行）故意掩盖美元结算交易，包括伪造涉及中国和俄罗斯之间的单证、遗漏美元结算中受制裁的交易对手信息，银行管理层还试图让进行内部可疑交易调查的检举者保持沉默。在和解协议签署后10日内，农行纽约分行需要支付2.15亿美元的罚款，监管部门还提出建立有效的内部控制体系，并在18个月内持续对该行美元结算活动进行独立检测等监管要求。

根据纽约州金融服务局与中国农业银行达成的和解协议，中国农业银行必须在60日内聘请一位独立的监督员，由其对农行纽约分行的反洗钱合规体系进行一次全面的审查和评估。在评估的基础上，中国农业银行和农行纽约分行要向监管部门提供一个关于全面改进反洗钱合规体系的详尽整改计划，包括反洗钱合规体系、可疑交易报告、客户尽职调查、内部审计、高层监管等方面的内容。监督员将在两年时间里，全面监督中国农业银行的整改情况并向监管部门报告整改进展情况和实施效果。

在此前两年时间里，农行纽约分行就因违反美国反洗钱法规而受到监管部门的多次调查。其中，纽约州金融服务局在2016年对该银行的调查导致了上述行政和解协议的达成。与此同时，2016年9月，美国联邦储蓄委员会也曾对农行纽约分行进行过反洗钱法规方面的执法调查，双方达成过一个和解协议，农行纽约分行承诺改善反洗钱合规计划。美联储发现了该银行存在大体相似的问题，除了没有处以罚款和派驻监督员以外，与该银行所达成的和解协议条款也基本相同。

根据纽约州金融服务局公布的和解协议，中国农业银行及其纽约分行存在四个方面的问题：

一是漠视监管部门的警告。自2014年以来，纽约州金融服务局在对该行的检查中，曾提醒该行监测系统在交易控制、风险评估、开展持续合规工作的规定和流程方面存在缺陷；美元结算作为国家商务中的常用结算方式，可能被用于洗钱或恐怖融资，属于高风险业务；该行在反洗钱、经济制裁流程控制方面存在不完善之处，建议其美元交易结算量在整改完成前应维持在当时水平。但是，农行纽约分行对监管部门作出整改承诺后，继续扩张高风险美元结算业务和美元结算交易量。2014年1~7月，该行日均处理148件美元清算业务，总计26亿美元；2015年上半年，该行日均业务达到330件，总计72亿美元。

二是交易方法不够透明。按照美国反洗钱法规，银行处理的交易达到一定的金额，交易双方的信息（包括汇款人和收款人信息），将由银行的交易监控系统进行自动筛查。但是，农行纽约分行处理的很多美元交易，却没有披露必要的交易双方信息，而是以不可识别的代码加以代替。这使银行的交易监控和筛查系统，无法自动筛查这些交易的真实参与者。这就蕴含一定的违反反洗钱法规的风险。

三是未向监管部门报告可疑交易，对首席合规官的独立地位进行不恰当的削减。2014年9月，农行纽约分行的时任首席合规官发现该行存在美元交易不透明的问题，同时还发现了一些可疑的交易。例如，该行存在一系列“异常交易”，一些高风险的交易没有被发现和处理；该行涉嫌伪造中国与俄罗斯的潜在可疑调查单证；该行没有对可疑交易进行及时调查。首席合规官就将这一情况和相关的合规风险汇报给了农行纽约分行的最高管理层。但该行管理层并不认同首席合规官的判断，同意首席合规官以“寻求指引”的形式与监管部门进行沟通。监管部门2015年2月回复了农行纽约分行，认为该行处理美元贸易融资金额巨大，该行交易方式并不透明，存在违反反洗钱法规和制裁与禁运法规的风险。监管部门还提醒该行管理层，应提高美元交易中参与方的透明度。然而，农行纽约分行并没有采纳监管部门的建议，反而开始限制首席合规官的独立工作，包括限制首席合规官与监管部门的沟通；对于首席合规官向总行及其他分行调查相关交易信息的要求，管理层开始进行审查。2015年4月，首席合规官被迫休假，两个月后离职。同年8月，农行纽约分行合规部门的工作人员几乎全部离职。随后，农行纽约分行聘请了外部顾问负责合规工作，但管理层对合规部门的限制，仍然没有变化。

四是农行纽约分行合规机制失灵。监管部门经过对该行检查发现，该行无法长久留住一名合格的首席合规官，临时合规顾问与农行总部只有有限的接触，合规人员的欠缺导致对以往年度存在的问题和缺陷无法进行有效的整改；在跨境融资贸易和相关关联交易日益扩张的情况下，该行合规功能明显不足；该行对高风险交易监控存在严重缺失情况，超过一半的交易缺乏有效的监控机制，高风险地区没有及时更新，大量金融交易没有进行适当监控，未能专注处理美元结算、金融贸易等高风险业务，对700余件可疑交易没有进行调查。

根据与监管部门达成的和解协议，农行纽约分行交纳了高额罚款并进行了积极整改，作出反洗钱声明：

“作为持纽约州银行牌照的银行，中国农业银行纽约分行及其管理层致力严格遵从纽约州金融服务局及美国联邦储备委员会（FRB）的各项要求；遵守由美国财政部下属金融犯罪执法部门及美国外国资产控制办公室（FinCEN）颁布的相关条例《美国银行保密法》和《美国爱国者法案》。纽约分行已建立了完整的反洗钱合规程序以便能及时识别和预防任何个人或组织利用纽约分行从事洗黑钱，为恐怖主义和其他犯罪活动筹募经费等活动。分行将在日常工作中采取必要措施包括按要求上报涉及货币、特定金融票据以及可疑活动的交易和适当的尽职调查以防止洗钱分子及恐怖主义者利用分行从事不当行为。”

中国农业银行总行高度重视反洗钱合规管理体系的完善，特别是针对洗钱、恐怖主义融资以及违反国际制裁法规等方面，全面强化全球合规和风控体系。该行认为，合规经营是境外机构的生命线，是国际化发展的基础和前提。为此，该行成立了反洗钱中心。

反洗钱中心被视为“农业银行反洗钱内控管理体系的中枢和核心，是境内外机构反洗钱战略、规划、政策的统一管理中心，是各业务条线反洗钱工作的组织、协调中心，是洗钱和恐怖融资风险的监测、防控中心”，从制度、团队和系统三方面加强建设。在业务分工上，总行中心侧重政策制定和重大风险的核查处置，分行中心侧重风险的日常监控、报告，而支行、网点则侧重客户身份识别和尽职调查等工作。内控部门与业务部门之间进行“横向协作”，业务经营部门处理好风险防范与业务发展的关系，承担起客户尽职调查、风险评估与管控等反洗钱职能，守好第一道防线。内控合规部门强化政策管理和指导，加强监测分析，做好审核监督，把好第二道防线。审计部门对反洗钱合规管理有效性开展持续性独立审计，以“零容忍”的底线筑牢第三道防线。在反洗钱的重点工作方面，中国农业银行强调加快反洗钱合规文化建设，贯彻落实反洗钱重点监管要求，完善反洗钱管理体制和机制。具体包括：各级行“一把手”亲自分管内控合规和反洗钱工作，带头学习、研究反洗钱法律法规和监管规定。强化合规培训考核，反洗钱审核不到位的机构不能开业，反洗钱考核不达标的人员不能上岗，反洗钱风险评估未通过的业务和产品不能上线。全面提高客户尽职调查标准，加强可疑交易监测报告，切实落实国际制裁管理要求，避免触碰国际制裁红线。在全面风险管理体系中，对洗钱风险的管控参照全球最严标准和国际最佳实践执行。加强反洗钱工作考核激励机制，将反洗钱合规与各级行综合绩效考评挂钩，出现严重违规事件、合规风险的，要一票否决。

六、诚信合规计划

湖南建工集团是一家位列中国五百强的大型国有企业。该公司曾参加由世界银行资助的一起道路翻修项目的竞标，并提供了全套旨在证明自身具有施工经验和竞争实力的证据材料。世界银行廉政局经过审查发现，该公司在竞标时提交的业务经验文件是不真实的，构成了《诚信合规指引》所定义的欺诈行为。对此，湖南建工集团予以承认，并配合了世界银行的调查。2013年10月，世界银行对该公司作出了“附解除条件的取消资格”两年的制裁决定。根据这份制裁决定，湖南建工集团（包括其关联企业）在两年内不得参与世界银行资助的项目，也不得因世界银行贷款而获得收益。两年期满后，该公司满足以下两个条件的，就可以申请恢复资格：一是针对被制裁的违规行为采取了适当的补救措施；二是建立并执行了符合世界银行要求的、有效的诚信合规计划。

世界银行的制裁给湖南建工集团既造成了贷款融资上的困难，也造成了声誉上的重大损失。为挽回声誉，避免更大损失，解除制裁，湖南建工集团在世界银行的监控和指导下开始了建立有效合规计划的行动。2017年6月29日，湖南建工集团实施诚信合规体系的努力得到了世界银行的认可，收到了世界银行的解除制裁通知书。这标志着世界银行对该公司的制裁正式撤销。

那么，湖南建工集团在3年时间里究竟建立了怎样的诚信合规体系，从而赢得世界银行的肯定呢？我们可以先来看一下该公司在建立合规体系上的主要做法，再来评析一下该公司诚信合规体系的基本内容。

一是颁布合规政策和程序。湖南建工集团依照世界银行的建议，并参照世界银行《诚信合规指引》的标准，制定并实施了《诚信合规政策和程序》，使其成为公司实施合规体系的基础性规范。同时，集团还颁布与之配套的《诚信合规管理办法》，从顶层制度、组织结构、人员配备、工作程序等方面构建了一套完整的合规工作机制。

二是建立合规组织体系。湖南建工集团成立了直接隶属于董事会的诚信合规委员会。集团纪委书记担任该委员会负责人。集团主要高层管理人员为该委员会成员。集团任命了首席合规官，该职位由集团总法律顾问兼任。与此同时，集团设置了合规部门，将合规职能划入原来的法律事务部，将其名称改为法律合规部。法律合规部下设合规处，负责集团的诚信合规体系的建立和实施工作。在法律合规部下设若干合规专员。不仅如此，集团还将所属各单位原来的法律事务部统一更名为法律合规部，增加其诚信合规工作职能，负责各单位诚信合规管理工作。每个单位的法律合规部下设若干合规专员。

三是组织合规培训。集团要求每位员工宣读、遵守《合规宣言》，每年接受定期合规培训并签署《合规证书》。

四是对商业伙伴加强合规管理。集团在与商业伙伴（第三方）进行合作之前，在进行合规尽职调查的前提下，要求其签署《反贿赂陈述、保证与承诺函》与《合规证书》，承诺在合同期内遵守集团《诚信合规政策和程序》以及有关反商业贿赂的法律。

五是展开合规风险评估。由集团合规委员会对合规风险进行定期评估，对集团每个部门和分公司、子公司进行“高”“中”“低”三类风险级别分类。

六是组织合规审计。集团审计部每年对集团遵守反贿赂反欺诈法律以及执行《诚信合规政策和程序》的情况进行合规审计，尤其是高风险的部门或分公司、子公司进行重点审计。

七是建立举报制度。集团及其所属单位设立咨询举报热线，鼓励员工或任何第三方对集团的任何欺诈、贿赂、腐败、串通、施加压力和其他不符合合规政策的行为进行举报。

八是全面配合世界银行的合规审查和持续监督。按照世界银行的合规要求，接受制裁的企业，要向世界银行定期汇报合规进展情况，接受世界银行战略委员会顾问、首席合规官的诚信合规检查。世界银行还聘请独立的合规监督员对企业合规建设进展情况进行监督和审查。在实施合规体系过程中，湖南建工集团不仅定期向世界银行进行了合规进展情况报告，而且数次接受世界银行首席合规官和独立合规监督员的现场检查，接受他们有关改进合规体系的建议和要求。湖南建工集团接受了世界银行合规部门的数次现场审查，按照该银行的要求进行整改并接受了独立合规监督人的监督和指导。最终在合规体系建设上得到了世界银行的首肯。

作为一家国有企业，湖南建工集团克服重重阻力和困难，在最高层的支持下，参照世界银行的诚信合规指引，建立了一套完整的诚信合规政策和程序。大体上看，这套合规政策和程序主要包括十三项内容：一是禁止行为；二是商业伙伴尽职调查；三是业务活动中的反贿赂和反欺诈防范；四是合同签署后的监督；五是特殊支出；六是人事；七是准确的记录；八是合规委员会和首席合规官；九是评估和审计；十是培训；十一是合规证书；十二是沟通和报告；十三是奖励和惩罚。其中，前七项属于该公司针对专门的合规风险在反贿赂和反欺诈方面所确立的合规政策。而后六项则属于该公司为实施合规政策所确立的合规组织体系和合规实施程序。

为与世界银行的合规指引保持一致，湖南建工集团的合规政策对“回扣、贿赂及报酬”“欺诈、串通及施加压力”“涉及政府官员的支付行为”进行了准确的定义，确定了合法与非法的界限。针对商业伙伴可能出现的违规行为，该项政策确立了尽职调查的一般要求和程序，明确了尽职调查的豁免规则。在业务活动中为有效防范贿赂和欺诈行为，该项政策在利益冲突、签订合同、合同审查、招投标、资料提供、外部法律顾问聘请以及合同存档等方面确立了具体的规范要求。针对合同签订后的监督环节，该政策提出了及时通知、商业伙伴的再次认证、审查支付、处理结果以及存档等方面的具体要求。不仅如此，该项政策还对礼品、招待、差旅费用，捐款和赞助、便利费用等特殊支出，确立了专门的行为规范。对于人事选拔、准确记录账簿和合规档案等作出了有针对性的规范。

在合规组织体系和合规实施程序方面，湖南建工集团的《诚信合规政策和程序》确立了以诚信合规委员会、首席合规官、集团法律合规部和各单位法律合规部为框架的合规组织体系，明确了集团诚信合规委员会、首席合规官以及子公司合规负责人的职责，确立了合规工作联席会议制度和合规工作审查的制度。在实施程序方面，该项文件确立了评估和审计制度，要求对合规风险进行定期评估，加强合规审计，及时修改合规政策，并对合规风险以及合规审计工作进行年度报告。为鼓励员工和第三方举报违规行为，该项文件建立了公开沟通、合规咨询、报告和举报热线、举报处理以及对举报人的保护等方面的程序。对于帮助发现违规行为的员工和第三方，该文件还建立了奖励制度，而对于在违法违规方面负责责任的员工，则建立了惩戒制度。

我国企业在进行海外投资、并购、上市以及参与招投标的过程中，正面临越来越多的合规风险。这种风险既与传统的经营风险和财务风险具有实质性的区别，也不同于一般意义上的“法律风险”，而是属于因其违规行为而可能遭受监管部门处罚和刑事处罚的风险，以及由此导致一系列经济、声誉、资格、机会等损失的可能性。对于中国企业而言，除了因为在反贿赂、反洗钱、出口管制、个人信息保护、反不正当竞争等领域可能遭受外国监管部门的调查和处罚，受到外国刑事执法机关的调查以外，还有可能受到像世界银行这样的国际组织的制裁。而在应对上述监管调查、处罚和制裁的过程中，中国企业建立和实施一套有效的合规计划，经常是与监管部门达成和解、说服国际组织解除制裁以及获得其他宽大处理的必要途径。湖南建工集团应对世界银行合规检查并被解除制裁的经验，是我国国有大型企业按照国际标准建立合规体系的尝试，也是成功说服国际组织解除制裁的一次努力。其经验和教训值得包括国有企业在内的中国企业吸取。

第六章

有效合规管理的两种模式

从实质上看，企业合规具有“日常性合规管理体系”与“危机发生后的合规整改”这两种形态。在企业面临行政调查、刑事执法或国际组织制裁的当口，动辄以日常性合规体系搭建的思维开展企业合规整改工作，这是我国律师界、企业界甚至司法实务界出现的普遍误区。

——题记

一、引言

从本质上说，企业合规指一种基于风险防控的公司治理方式。但是，没有行政机关、司法机关以及国际组织的外部推动，没有任何企业会自生自发地建立合规管理体系；不从行政监管、刑事执法或国际组织制裁等环节建立强有力的压力机制和激励机制，企业也不会产生建立合规管理体系的足够动力。自2005年以来，我国企业通常沿着两条道路推进合规管理体系的建设：一是在行政监管部门的指导和监督下，以预防相关的合规风险为主要出发点，建立常态化的合规管理体系；二是在行政机关、司法机关执法压力下，或者在国际组织采取制裁措施的情况下，涉案企业以追求减轻处罚或者取消制裁为目标，针对业已暴露的违法、违规或者犯罪行为，采取有针对性的合规整改措施。由此，我国初步形成了两种合规管理推进模式：一是日常性合规管理模式；二是合规整改模式。

所谓“日常性合规管理模式”，又被称为“面向市场的合规计划”，是指企业在没有发生违法、违规或者犯罪行为的情况下，根据常态化的合规风险评估结果，为防范企业潜在的合规风险，开展合规管理体系建设的一种方式。[1]迄今为止，我国金融监管部门发布了金融领域的合规指引，国有资产管理部门发布了中央国有企业合规管理指引，国家发展改革委会同其他监管部门发布了企业境外经营合规管理指引。这些合规指引为相关企业建立日常性合规管理体系提供了参考、标准和依据。但是，在日常性合规管理体系建设过程中，很多企业并没有真正的“合规风险意识”，不是根据风险评估结果建立有针对性的合规管理体系，而是将合规理解为“依法依规经营”，将几乎所有可能的合规风险作为防范对象，倾向于建立一种同时涵盖多种甚至数十种专项合规管理领域的“一揽子合规计划”。这种貌似“大而全”的合规管理体系，可能只是一种纸面上的合规计划，而难以切实有效地发挥预防合规风险的作用。[2]

所谓“合规整改模式”，又被称为“应对危机的合规计划”，是指企业在面临行政执法调查、刑事追诉或者国际组织制裁的情况下，针对其经营模式、管理方式、决策机制等方面存在的漏洞和隐患，进行有针对性的制度修复和纠正错误的一种治理方式。[3]目前，我国市场监管部门对多家网络平台企业展开的“反垄断执法行动”，责令其提交反垄断合规整改方案，或者做出反垄断合规整改承诺。我国各级检察机关正在进行企业合规不起诉改革探索，对那些符合条件的涉案企业，责令其提交合规整改方案，或者做出合规整改承诺并设置合规考察期，指派合规监管人，督促企业限期进行合规整改，在考察期结束前进行合规验收，并根据验收结果作出是否提起公诉的决定。不仅如此，在世界银行以及其他国际金融机构的监督指导下，那些因违反相关规则而接受国际金融机构制裁的企业，一旦承诺根据世界银行的“诚信合规指南”作出合规整改，就可以重建合规管理体系，在通过国际金融机构合规整改验收的情况下，企业就有机会解除制裁、重新获得参与招投标的资格。在上述三个领域内，企业在行政机关、司法机关或国际

---

〔1〕 参见尹云霞、李晓霞：《中国企业合规的动力及实现路径》，载《中国法律评论》2020年第3期。

〔2〕 参见陈瑞华：《企业合规不起诉制度研究》，载《中国刑事法杂志》2021年第1期。

〔3〕 参见尹云霞、庄燕君、李晓霞：《企业能动性与反腐败“辐射型执法效应”》，载《交大法学》2016年第2期。

组织的监督指导下开展的合规整改活动，最终也促成了合规管理体系的建立。

但是，相对于国际制裁领域中的合规整改而言，我国行政机关和司法机关督导下的合规整改，还处于刚刚起步的阶段，既缺乏可操作的合规指南，也不具备行之有效的验收标准。在合规整改方案的设置上，一些涉案企业要么针对违法犯罪发生的制度原因确立了非常具体的纠正措施，而没有将这些措施纳入合规管理体系之中，要么制定了空洞宽泛的合规计划，而不去顾及违法犯罪原因的排查和相关制度的修复。而行政机关和司法机关一旦接受这些不合理的合规整改方案，就很容易造成合规监管和合规考察流于形式而难以发挥实质性的预防效果。可以说，如何在行政监管领域和刑事执法领域确保合规整改的有效性，已经成为一个亟待解决的实践难题了。〔1〕

而从合规理论发展的角度来说，诸多研究者对于合规管理体系的有效性进行了初步研究，大都重视“合规计划在预防违法犯罪方面发挥有效作用”，而强调不能只是建立“纸面上的合规计划”。〔2〕但是，由于对企业合规管理的规律缺乏深刻的认识，也由于对合规管理的有效性问题缺乏科学的实证研究，因此，很多相关的研究都着眼于对欧美国家乃至国际组织合规标准的介绍、分析和评价，落脚在如何在我国引进这些合规标准的问题。尤其是在日常性合规管理和合规整改“齐头并进”的情况下，研究者更是缺乏对这两种合规管理如何加以衔接问题的研究，造成理论上的混乱，使得企业无论是在建构日常性合规管理体系方面，还是在合规整改方面，都缺乏基本的理论指引。

鉴于此，本章拟对企业合规管理的两种模式作出初步的理论分析。笔者将对日常性合规管理模式和合规整改模式的适用对象、基本功能和制度构造作出比较考察。在综合评估两种模式优劣得失的基础上，笔者将对两种模式的制度衔接问题作出简要的讨论。本章所要论证的基本结论是，日常性合规管理模式和合规整改模式各有其适用范围、制度构造，也可以发挥各自独立的功能。但在企业合规管理体

〔1〕 参见陈瑞华：《企业合规的基本问题》，载《中国法律评论》2020年第1期。

〔2〕 参见李玉华：《有效刑事合规的基本标准》，载《中国刑事法杂志》2021年第1期。

系的建构方面，这两种模式既可以相互转化，也可以促进相互间的补充和完善。

二、日常性合规管理模式

企业之所以要建立日常性合规管理体系，通常具有两个方面的动机：一是出于增强企业市场竞争能力的考虑，将企业合规治理作为降低企业经营风险、提高企业声誉、获得更多商业交易机会的手段；二是出于应对监管部门的监督、考核和行政指导的考虑，将建立合规管理体系作为完成监管要求和通过监管验收的手段。但无论出于何种动机，企业一旦着手建立这种日常性合规管理体系，就要遵循这一合规管理模式的规律，按照监管部门的合规指引或者合规指南，建立体系化的合规计划。与危机发生后的合规整改活动相比，日常性合规管理具有一些特殊的性质、功能和制度结构，也具有一些显而易见的局限性。

（一）日常性合规管理的性质

企业对合规管理体系的建立，一般存在两种情况：一是从无到有地搭建一套合规计划；二是在已经初步建立合规管理体系的情况下，基于有效合规的理念，对该体系进行适当的完善和调整。但无论是哪一种情况，企业在没有遭遇行政调查、刑事执法或国际组织制裁的情况下，所要建立的都是日常性合规管理机制。与危机发生后的合规整改不同，日常性合规管理体系的建立都具有以下基本特征：一是所针对的都是潜在的合规风险；二是所要建立的不是大而全的通用合规计划，而是针对特定风险领域的专项合规计划；三是合规管理涵盖企业决策、经营、财务、人事等管理的诸多环节，形成一种完整的合规治理体系；四是合规管理体系在预防合规风险、监控违规行为和应对违规事件等方面，应当是行之有效而不是流于形式的。下面对这四个特征依次作出简要分析。

首先，作为企业合规管理的一种模式，日常性合规管理体系也是以防控合规风险为目的的公司治理体系。企业在建立这种合规体系时,一般并没有面临迫在眉睫的受到惩罚或制裁的现实危险,也没有陷入违法行为被调查、违规行为被查处、犯罪行为被追诉的困境。但是,由于在决策、经营、财务、人事等各个管理环节存在着制度漏洞,企业内部时而会发生一些不合法或不合规的情况,这尽管没有形成现实的危机,却带来了潜在的合规风险。假如企业不建立合规管理体系,那么,这些潜在风险就有可能转化为一些显在的违法事件,企业被行政机关调查、被司法机关立案乃至被国际组织制裁的可能性将大大增加。不仅如此,无论是行政执法调查、刑事追诉还是国际组织的制裁,最终给企业带来的不仅仅是行政处罚、刑事责任追究的结局,而更主要的是各种市场准入资格的剥夺和商业交易资格的丧失,以及由此带来的商业声誉的降低。〔1〕

但是,每个企业所面临的具体合规风险都是存在差异的。基于业务类型、公司治理结构、商业模式乃至企业文化的不同,不同的企业可能会在不同领域中发生违法、违规乃至犯罪的可能性。例如,那些在海外从事经营业务的企业,更可能发生违反出口管制法、实施海外贿赂、违反数据保护法乃至从事洗钱活动等方面的合规风险。又如,那些在国内从事生产、经营、贸易、投资等活动的民营企业,更有可能发生虚开发票、走私、侵犯商业秘密、污染环境、非法经营、串通投标、侵犯个人信息等方面的违法犯罪活动,由此带来受到国内监管部门调查或者刑事追诉的风险。再如,那些参与世界银行以及其他国际金融机构招投标项目的国有企业,更有可能实施商业贿赂、欺诈等违规行为,由此带来上述国际组织暂停招投标资格的制裁,甚至在不建立诚信合规体系的情况下,还有可能造成永久取消参与招投标资格的最严厉后果。

其次,日常性合规管理体系是为预防特定合规风险而建立起来的,一定是一种专项合规管理体系。通过风险评估和识别,企业发现了最容易出现危机的若干风险领域,然后针对这些领域可能出现的违

〔1〕 参见王志乐:《企业合规计划的基本问题》,载微信公众号“转型中的刑法思潮”2020年7月15日,https://mp.weixin.qq.com/s/TBblvzh7Jx-Jdf8Gs2KjHQ。

法、违规乃至犯罪问题，建立了专门化的合规治理体系。所谓“专项合规计划”，是指企业针对特定领域的合规风险，为避免企业因为违反相关法律法规而遭受行政处罚、刑事追究以及其他方面的损失，所建立起来的专门性合规管理体系。对于那些从事国际贸易或进出口业务的企业而言，常见的专项合规计划有：反商业贿赂合规计划、诚信合规计划、出口管制合规计划、反洗钱合规计划、数据保护合规计划等。而对于那些单纯从事国内业务的企业而言，常见的专项合规计划则主要有：反垄断合规计划、反不正当竞争合规计划、反商业贿赂合规计划、知识产权保护合规计划、反洗钱合规计划、大数据保护合规计划、税收合规计划、证券合规计划、环境保护合规计划等。[1]

在建立专项合规体系方面，企业往往会陷入一种误区：以为“合规就等于依法依规经营”，以为监管部门合规指引所列举的合规风险，都是企业通过合规管理所要防范的对象，并由此走向“大而全”的合规体系。其实，监管部门合规指引作为规范性文件，只是指出企业“可能”会面临的合规风险，而不意味着每个企业“实际”面临这些风险。企业通过建立合规体系，所要防范的不是一般性的合规风险，而是那些与自己商业模式和经营方式密切相关的结构性合规风险。针对这些风险，企业才需要建立特定的专项合规计划。例如，金融机构最需要防范的是洗钱风险，需要建立的是反洗钱合规计划；医药企业最需要建立的通常是反商业贿赂合规体系；化工企业所要建立的往往是环境保护合规体系；网络平台企业所要建立的通常是数据保护合规体系；等等。假如不从特定的合规风险入手建立专项合规体系，那么，企业所建立的就可能是覆盖十几项乃至数十项风险领域的合规计划。这样的合规计划貌似十分全面，所针对的是多种企业违法、违规或者犯罪问题，但由于缺乏应有的针对性和可操作性，往往成为一种流于形式的“规范”，难以发挥有效防范合规风险的作用。

再次，日常性合规管理要融入公司治理体系之中，成为公司治理结构的有机组成部分。通常情况下，一个企业针对所面临的结构性风险，通常会形成以董事会为核心的决策治理、以首席执行官团队为中

---

〔1〕 参见陈瑞华：《中兴公司的专项合规计划》，载《中国律师》2020年第2期。

心的业务治理以及以首席财务官团队为首的财务管理等体系。但相比之下，合规管理是独立于决策治理、业务治理和财务管理的管理活动，它由首席合规官团队负主要责任，以最大限度降低合规风险、避免企业遭受损失为主要目标，以确保企业依法依规经营为归宿。为保证合规管理的有效性，企业最高层要做出合规承诺并承担最终的责任；董事会要成立合规管理委员会，董事长和首席执行官都应成为委员会成员，使之成为最权威的合规决策和监督机构；企业设立首席合规官，赋予其与合规管理职务相称的地位和资源；企业要设立合规管理部门，配备足够的人员和预算，确保其独立性和权威性；企业在其分支机构和各部门要设立合规执行部门或合规专员，使得合规管理能够渗透到企业的生产、经营、财务以及其他业务的流程之中；企业还要确立合规审查制度，使得合规部门、首席合规官乃至合规管理委员会拥有否决不合规业务的权威；合规管理应变成企业人事管理的内容，成为对员工进行考核和奖惩的依据。通过这种制度设计，合规管理就不再仅仅是一种企业依法依规经营的“外部监督力量”，而内化为公司治理结构的有机组成部分。

与危机来临后的合规整改不同，企业在建立日常性合规管理体系时，通常拥有较为宽裕的时间，可以根据企业合规风险的现状，在公司治理结构之中完成合规管理体系的搭建，实现合规管理与决策治理、业务治理和财务管理的有机整合。一个企业合规管理的体系化程度越高，与公司治理结构的结合越加紧密，该企业防范合规风险的成功率也就越大。

最后，在防范合规风险方面，日常性合规管理体系应当发挥有效的作用。几乎所有监管部门都强调合规管理的有效性。合规管理假如只是一种纸面上的合规计划，而无法起到防范、识别、监控、应对违规事件的作用，那么，这种合规管理将是毫无价值的。日常性合规管理体系的有效性主要体现在事前、事中和事后等三个方面：一是在违法、违规或犯罪行为发生之前，企业合规管理体系可以发挥评估合规风险、预防违规行为发生的作用；二是对于企业经营的每一环节进行实时的合规监控，及时发现、识别和报告已经发生的违规事件；三是在违规事件发生后，及时对违规行为加以调查，发现并查处责任人，报告违规事实，对合规管理体系作出持续的改进和完善。

（二）日常性合规管理的制度构造

相对于传统的外部监管手段，合规是企业实行“自我监管”的内部治理体系。[1]合规体系的有效运行，意味着企业要将法律、法规、行业规范、规章制度、国际条约所确立的规则，内化为规范公司决策、经营、财务、人事等领域的行为准则。要有效发挥防控合规风险的作用，日常性合规管理就需要具备一系列基本制度要素，使之形成完整的制度体系。我们可以通过一个国有企业建立合规管理体系的经验，来概括出有效合规管理体系的制度构造。

> 自2014年起，北京汽车股份有限公司（以下简称北汽股份）就在北京市人民政府国有资产监督管理委员会、北京汽车集团有限公司（以下简称北汽集团）的指引和德国戴姆勒股份公司的帮助下，探索既适合本土也符合国际趋势的企业管理体系建设之路。2018年12月，北京市人民政府国有资产监督管理委员会实施《市管企业合规管理工作实施方案》，选定北汽集团等五家企业开展首批合规管理工作试点。经过两年多时间的探索和建设，北汽股份初步形成了一套合规管理体系。
>
> 在组织体系上，北汽股份设立“诚信合规委员会”，下设诚信合规办公室，办公室成员由合规部人员兼任，负责牵头处理公司的全部合规业务。在公司下设的各中心，则设立“专业诚信合规委员会”，在公司诚信合规委员会指导下开展合规工作。该公司保证合规部门的权威性和独立性，及时将合规风险和相关事项回报给最高决策者。
>
> 在制度体系上，北汽股份密切关注反商业贿赂、反垄断、反不正当竞争、规范资产交易、招投标、安全环保、产品质量、劳动用工、财务税收、知识产权、商业伙伴等重点领域

〔1〕 参见陈瑞华：《论企业合规的性质》，载《浙江工商大学学报》2021年第1期。

的合规问题，根据公司业务发展对合规重点领域及时进行更新。针对上述合规重点领域，北汽股份编制并发布了《北京汽车合规手册》，向全体员工介绍合规要求，提示合规风险并对手册内容定期作出更新，开发了合规筛查系统，以便及时识别和规范重点领域的合规风险。同时，公司还制定了《北京汽车股份有限公司行为准则》，确立了管理人员、员工、派出人员、商业伙伴一体遵守的纲领性文件。

在合规运行机制上，北汽股份建立了合规风险识别和评估、合规风险控制、合规监控、合规宣传及培训、合规监督与改进等五大运行体系。该公司每年进行综合性合规风险评估和专项风险评估，结合评估结果制定合规指引，指导业务部门开展合规工作；合规风险控制包括合规制度制定完善、合规筛查、重大项目和合同合规审核、合规强制咨询、经营决策合规支持等内容；法律与合规部门对各单位进行合规审查，开展合规审计，通过合规举报管理开展合规监控；合规宣传和培训包括对内部员工、商业伙伴、第三方开展定期或者专项合规培训，也包括对合规人员的业务培训；每年对合规管理情况进行总结，提交年度合规评估报告，实行合规奖励和惩戒制度。总体上，合规风险的识别与评估、审查、监督、培训、持续改进等措施形成了相对封闭的完整体系，这种体系化运行机制是企业主动预防、识别合规风险的关键制度安排，也是企业不断完善合规制度体系、有效应对和处理合规危机、实现企业自治管理的重要保证。[1]

这是一个兼顾了我国监管部门要求和国际惯例的合规管理体系建设的案例。通过观察这一案例，分析监管部门的合规管理指引，参考国际有效合规管理的标准，我们可以提炼出日常性合规管理体系的基本制度要素。在一定程度上，与国家治理的法律结构相似，企业合

〔1〕 参见《Compliance || 北汽合规管理体系建设》，载微信公众号“风险管理智慧”2021年9月2日，https://mp.weixin.qq.com/s/-WIVS_1Zexh3MakLFo0wuw。

规的治理结构也通常包含四项要素：一是作为企业宪章性质的“合规章程”；二是作为实体合规规范的合规政策和员工手册；三是作为企业组织规范的合规组织体系；四是作为企业管理程序法的合规流程。上述四项合规制度要素，在各自发挥独立功能的基础上，相互结合和补充，形成一种完整的合规管理体系。

1.合规章程

合规章程又被称为企业的“商业行为准则”，是企业对其合规管理体系加以宣示的规范，是具有最高效力的合规文件。一个合格的合规章程至少应当包括合规理念、合规基本原则以及合规管理体系的基本框架。从所发挥的功能来看，合规章程既是企业建立合规管理体系的规范依据，也可以在危机爆发时发挥风险防控的作用，及时切割企业与管理人员的法律责任。2015年，雀巢公司就以合规章程为重要证据，阻止了5名员工将刑事责任归于企业的企图，成功地完成了无罪抗辩。〔1〕

2.合规政策与员工手册

之所以将合规政策和员工手册视为企业合规的“实体规范”，是因为在任何一个专门性合规管理体系中，企业都要将几乎所有禁止性法律规则写入这两份文件之中，使之成为企业进行自我监管的主要法律依据。在一定程度上，无论是企业员工、管理人员还是子公司人员，只要遵守了企业发布的员工手册，就等于遵守了企业的合规义务，所实施的行为假如出现违法违规现象，那么，由此产生的法律责任一般应归于企业。同样，无论是客户、第三方商业伙伴还是被并购企业，只要遵守了企业的合规政策，那么，由此所形成的法律责任也应由企业承担。在一定程度上，员工手册是一种“面向内部”的实体规范，既是对企业员工、管理人员和子公司加以内部监管的依据，也可以在危机发生后成为分割企业责任与上述内部人员责任的依据。与此同时，合规政策则属于一种“面向外部”的实体规范，既是对客户、第三方和被并购企业进行合规管理的依据，也可以成为切割企业责任与客户责任、第三方责任和被并购方责任的重要证据。

---

〔1〕 参见陈瑞华：《合规视野下的企业刑事责任问题》，载《环球法律评论》2020年第1期。

在日常性合规管理体系构建过程中，企业要针对不同的合规领域确立专门性的合规政策和员工手册，将相关领域的行政法规、部门规章和刑事法律规范加以详尽的列举和排列，使之成为内部人员和外部人员一体遵守的行为准则。例如，在出口管制领域，企业要发布出口管制合规政策和员工手册；在反商业贿赂领域，企业要发布反商业贿赂合规政策和员工手册；在数据保护领域，企业要发布数据保护合规政策和员工手册；在反洗钱领域，企业要发布反洗钱合规政策和员工手册……在这些专门性合规政策中，企业要将相关行政法律、法规和刑事法律所确立的禁止性规则，整合进来，使之成为规范外部人员和企业行为的准则；在这些专门性员工手册中，企业也要将上述法律、法规所禁止的事项加以重新阐述，使之成为内部人员从事职务活动时所要遵守的准则。企业在进行合规培训、合规风险评估、合规尽职调查、合规审计、合规奖惩等活动时，都要将这些合规政策和员工手册的遵守情况作为基本的评判依据。

3.合规组织体系

建立一个运作良好的合规组织体系，是企业合规管理体系发挥有效作用的必要保障。在一个建立了现代公司治理结构的企业中，合规组织通常包括四个层级：一是董事会下设的合规管理委员会；二是首席合规官；三是企业合规部门；四是企业下属部门或分支机构的合规部门或合规专员。其中，合规管理委员会要由董事长、执行团队负责人担任成员，对合规管理负有最高责任；首席合规官应具有较高行政层级；企业应根据专项合规计划的要求，设置相对应的合规部门，如出口管制合规部、反商业贿赂合规部、数据保护合规部、反洗钱合规部等；企业在各部门和分支机构中至少要设置专项合规专员，有条件的企业还可以成立专项合规分支机构。〔1〕

四级合规组织要有效发挥合规管理的作用，就要遵循几项基本原则。其一是最高层承诺的原则。唯有董事会和执行团队高度重视并参与合规管理，才能将合规管理体系加以激活，使之成为有效公司

---

〔1〕 参见陈瑞华：《企业合规制度的三个维度——比较法视野下的分析》，载《比较法研究》2019年第3期。

治理的组成部分。其二是权威性原则。无论是合规管理委员会、首席合规官还是合规部门，不仅要具有较高行政层级，而且要对于合规管理拥有决定权，在合规与业务发生冲突时，拥有“合规否决权”。其三是独立性原则。企业尽管可以强调所谓的“全员合规”，但必须设置充足的专职合规管理人员，他们不得从事与合规管理发生冲突的经营、财务等管理活动，四级合规组织还应当上下一体，形成一个垂直领导的管理体系。其四是充分资源保障原则。企业应为合规管理配备充分的管理人员，提供足额的经费预算。其五是合规嵌入企业经营所有流程的原则。合规不能变成只有一部分管理人员监管企业经营活动的格局，而应当渗透到企业经营管理的所有环节和流程之中，在专职合规人员之外，还应在每个部门和分支机构设置必要的兼职合规人员，使其承担起监督所有员工、所有业务或管理活动依法依规进行的责任，必要时还应将合规转化为企业绩效考核的重要依据，使得专职和兼职合规人员在企业人事奖惩方面拥有重要的话语权和影响力。

4.合规流程

企业合规是一种基于合规风险的公司治理体系，其主要功能是确保企业依法依规经营，预防企业的违法、违规和犯罪行为。要发挥上述功能，企业就要建立合规管理的基本流程，使得企业及时评估、识别、监控、处置可能发生的潜在风险和违规事件。根据各国的基本经验，从程序上看，合规管理可以包括三大基本流程体系：一是风险防范体系，也就是预防违规事件发生的管理流程；二是风险监控体系，也就是及时识别、报告合规风险的管理流程；三是违规事件应对体系，也就是在违规事件发生后所采取的调查、奖惩和制度修复流程。

风险防范体系又被称为“事前预防流程”，是企业为防止合规风险的发生所采取的风险管理制度，通常由五个要素构成：一是定期的合规风险评估；二是专门的合规尽职调查；三是必要的合规培训；四是充分的合规信息沟通和传达；五是适当的合规文化建设。其中，合规风险评估是风险防范体系的核心要素，是企业通过对业务性质、交易规模、违法违规情况、涉讼情况等诸多方面的审查，检验其是否存在违法、违规和犯罪可能性的管理活动。合规尽职调查是合规风险评估的一种特殊形式，是针对客户、第三方商业伙伴和被并购企业是否存在违法违规情况所采取的背景调查活动。[1]合规培训是企业针对全体员工、客户、第三方所进行的定期或专门性的培训教育活动。合规信息沟通和传达是企业将法律法规、合规建设进展情况向全体员工、股东、第三方商业伙伴所进行的宣传、沟通和交流活动，目的在于促使上述人员了解法律法规的发展和企业合规政策的变化，做到全员合规。合规文化是企业通过合规管理体系的运行所形成的依法依规经营的习惯和氛围。

风险监控体系又被称为“事中识别流程”，是指企业对于经营活动是否合乎法律法规问题进行实时监督和控制，对于可能发生的违法违规行为及时加以识别和发现，以便对违法违规事件作出及时处置，对合规管理采取进一步改进措施。在一定程度上，风险监控体系犹如企业的二十四小时“雷达预警系统”，对于企业经营的各个环节进行地毯式的扫描和检查，以确保违法违规行为被纳入企业监管者的视野。通常风险监管体系由以下几个要素构成：一是实时合规检查，又被称为“合规控制管理”，也就是对企业的所有投资、并购、生产、销售、进出口等业务活动，都要进行合规性审查，以确保这些业务活动符合法律法规的要求。二是合规审计，又被称为“独立第三方合规审查”。企业委托外部独立的专业机构对合规管理体系的有效性进行定期或者不定期的审查，既审查合规政策是否在企业内部得到良好的执行，也审查是否发生了企业违法违规情况。三是实时举报机制。对于企业内部发生的任何违法违规行为，应建立实时接收投诉的机制，如举报电话、电子邮件、专项信箱等，对于员工、客户、第三方以及其他任何人针对企业违法违规行为提出的投诉，无论是实名投诉还是匿名投诉，都要进行调查处理，确保举报人得到特殊的保护，不被打击报复。四是合规报告制度。企业应确保首席合规官、合规部门和设在分支机构的合规专员，定期或者不定期地就企业合规管理问题提出报告，这种报告的事项既包括企业合规管理的执行情况，也包括企业内部发生的违法违规乃至犯罪

〔1〕　参见陈瑞华：《律师如何开展合规业务（二）——合规尽职调查》，载《中国律师》2020年第9期。

情况。

违规事件应对体系又被称为“事后合规管理流程”，也就是在违法违规事件发生后，企业对合规管理所采取的纠正和补救程序。[1]当然，这一体系发挥作用的前提，是企业发生了违法违规乃至犯罪事件，但还没有陷入被执法调查、刑事追诉或者合规制裁的危机之中。对于企业合规管理体系有效性的检验，不是看是否发生了违法违规事件，而是看发生这些违法违规事件之后，企业是否采取了适当的应对措施。具体而言，这种应对体系至少包括以下三个要素：一是合规内部调查。企业应自行或者委托外部专业机构对所发生的违法违规行为进行全面的调查，既查明违法事实，查明负有责任的员工、管理人员、客户、第三方或者被并购企业，也要揭示企业合规管理的漏洞和隐患。二是惩戒违规人员。对于违法违规行为负有直接责任的员工、管理人员应采取惩罚措施，如调离工作岗位、行政处分、送交司法机关处理等，对于负有直接责任的客户、第三方，则采取责任切割或者终止商业合作等处理措施。三是对合规计划作出及时完善和改进，对存在漏洞的合规管理体系作出必要的补救，对存在隐患的管理环节作出适当纠正，以避免再次发生类似违法违规行为。[2]

（三）日常性合规管理的局限性

“没有任何合规计划能够阻止违法违规行为的发生。”这是很多从事合规管理的企业界人士经常发出的感叹。同时，“有效的合规计划，并不意味着企业不发生任何违法、违规或者犯罪行为”。这是一些刑事执法官员所作的评论。这些感叹和评论不无道理，但也多多少少包含了对合规管理有效性的失望之情。无论是德国的西门子，还是中国的中兴公司，在被美国监管部门和刑事执法机关启动调查程序之前，都已经初步确立了日常性合规管理体系。至于那些接受美国、英国、法国乃至世界银行制裁的诸多跨国企业，更是建立了貌似完整的

---

〔1〕 参见陈瑞华：《论企业合规的中国化问题》，载《法律科学（西北政法大学学报）》2020年第3期。

〔2〕 参见陈瑞华：《律师如何开展合规业务（三）——合规内部调查》，载《中国律师》2020年第11期。

合规管理体系。但为什么这种合规管理体系都没有有效发挥阻止违法违规乃至犯罪行为发生的作用，甚至形同虚设呢？这在很大程度上反映出日常性合规管理体系具有一些自身难以克服的局限性。

首先，日常性合规管理体系将“可能的违法”或“潜在的违规”作为假想敌，通常没有经历“血与火的考验”，在能否成功预防违法行为、违规事件或者犯罪活动方面，缺乏实际的检验和证明。无论是跨国企业还是中国企业，在建立日常性合规管理体系方面，通常都只是针对若干项合规风险来建立专项合规体系。由于尚未爆发企业违法、违规乃至犯罪事件，监管部门、刑事执法部门或者国际组织尚未启动调查或制裁程序，因此，企业对于其决策、经营、财务、人事等管理环节究竟存在哪些潜在的风险点，很难做出准确无误的评估和诊断。尤其是很多中国企业，由于刚刚开始探索建立合规管理体系，往往倾向于建立“大而全”的合规管理制度。这种合规管理貌似“体系性较强”，却难以集中到企业最可能发生的合规风险上面，更难以通过合规风险点的逐一识别，将预防性措施融入各种合规政策和员工手册之中。结果，日常性合规管理体系貌似兼顾了很多合规风险，貌似建立了专项合规计划，也貌似确立了合规管理的多项流程，但在预防合规风险、监控合规管理以及应对违规事件等方面，却难以发挥实质的作用。

其次，企业合规所体现的是一种“大而不能倒”的治理哲学，对于那些经历过长时间“缺乏有效监管”和“野蛮生长”的大型企业而言，一些包含着违法因素的经营方式已经大体形成，一种通过违规获取竞争优势的商业模式已经积重难返，甚至一种为获取高额利润而不惜以身试法的公司文化已经深入骨髓。在没有外部强大监管压力和激励机制的情况下，要指望企业通过自身努力，来改变这些问题重重的经营方式、商业模式乃至企业文化，将是极其困难的。尤其是合规管理体系的执行，不仅仅意味着一种新型企业管理方式的确立，而更意味着公司治理结构的深层次改变，会带来股东、董事会、监事会、执行团队权力分配格局的重大变化。[1]尤其是合规管理的有效运行，要赋予合规部门很大的权威性，甚至要对所有企业业务活动进行优先

〔1〕 参见邓峰：《公司合规的源流及中国的制度局限》，载《比较法研究》2020年第1期。

合规审查，必要时还可以否决那些虽然盈利但存在明显合规风险的业务。假如没有面临深刻的危机，面临重大的灾难性后果，企业通过"自查自纠"和"自生自发"来进行的合规体系建设，真的能建立起一种行之有效的预防违法体系吗？这是不能不令人产生怀疑的问题。

再次，与企业决策管理、经营管理、财务管理不同的是，合规管理是一种只耗费资源而不创造利润的治理活动。有些企业所标榜的"合规创造价值"，只是一种可遇而不可求的理想。可能，"合规消耗利润"才是企业治理的常态。企业合规所能够带来的，无论是对违法违规行为的预防，还是企业合规增强竞争优势所获得的效益，往往要经过较长时间的实践才能显现出来。而在一个企业面临竞争压力，甚至遇到生存困难的情况下，企业最高决策层和管理层对于合规管理究竟能重视到什么程度，这是令人难以产生自信的。毕竟，合规管理体系所需要的人力物力财力的高成本投入，在一个以盈利为主要价值目标的商业组织中，通常会带来决策部门、经营部门、财务部门的强烈抵制，其生存空间很难得到较大的拓展。这就是为什么很多跨国企业在遭受监管部门、刑事执法机关或者世界银行制裁之前，合规部门没有较高地位，资源投入很少，对于公司业务的合规审查也缺乏实质审查权的主要原因之所在。

最后，合规作为企业实行"自我监管"的治理体系，要得到正常运行，就需要投入十分昂贵的成本，也需要企业最高层产生合规治理的决心和动力。在没有发生危机的情况下，在没有外部监管部门、执法机关或者国际组织强大制裁压力的情况下，尤其是在没有确立足够大的合规激励机制的情况下，企业要建立内部合规风险防控体系，对员工、管理人员、子公司、客户、第三方、被并购企业等启动"叠床架屋"的合规管理活动，这几乎是非常困难的。企业越大，发生违法、违规乃至犯罪行为的机率就越高，对企业进行合规治理的成本投入也就越大。日常性合规管理体系面临的重大挑战，就是如何在合规管理的高成本投入方面，产生较大的积极性和主动性。这一问题如果得不到解决，那么，所谓的合规管理体系就可能变成一种形式上和纸面上的合规规范，而在防控合规风险方面难以发挥实质的作用。

三、合规整改模式

如果说日常性合规管理体系是一种常态化的合规管理模式的话，那么，合规整改就属于一种"危机应对的合规管理模式"。企业之所以进行合规整改，通常是因为企业涉嫌实施违法、违规或者犯罪行为而面临监管部门的行政调查、司法机关的刑事追诉或者国际组织的制裁。在此情况下，合规整改其实是一种有效激励机制，通过这种合规整改，企业可以说服行政机关免除或者减轻行政处罚，说服司法机关作出不起诉或者其他宽大刑事处理，或者说服国际组织解除制裁，恢复企业参与市场准入的资格。为达到上述结果，企业针对所存在的合规漏洞和制度隐患，采取有针对性的纠错和补救措施，建立或者完善有关的合规管理制度。相对于日常性合规管理体系而言，合规整改具有若干特殊的制度属性，既具有特殊的制度结构，也具有一定的局限性。在以下的讨论中，笔者拟以刑事领域的合规整改为范例，对合规整改的性质、制度构造做出简要的分析和评价。

（一）合规整改的性质

在刑事合规整改的性质问题上，法律界存在"纠错性整改说"和"预防性整改说"的争论。前者强调合规整改的目标主要是对涉罪行为加以纠错和对危害后果进行弥补，企业在发现犯罪原因的前提下，通过对合规管理体系采取必要补救和修复措施，达到预防犯罪再次发生的目的。[1]这种观点强调如果企业提出的是那种没有"针对性"的综合合规计划，则所推出的注定是无效的合规整改方案。"针对性要求刑事合规计划应当包括两个方面内容：第一，对犯罪原因的分析，包括客观原因分析和主观原因分析，以真正体现企业对自身犯罪行为的认识；第二，针对犯罪原因而预采取的补救措施，以预防企业再次实施犯罪行为。"[2]

〔1〕 参见石磊：《刑事合规：最优企业犯罪预防方法》，载《检察日报》2019年1月26日，第3版。

〔2〕 王焰明、张飞飞：《企业刑事合规计划的制定要把握四个特性》，载《检察日报》2021年7月13日，第7版。

后一观点则关注企业涉罪前的体系化合规治理机制建设，主张在企业决策、组织架构、权责配置、机制运作情况等公司治理环节上，建立旨在实现刑事合规全覆盖的预防性合规机制。这种预防性合规整改可以发挥两个作用：一是不局限在某一涉罪环节采取纠正措施，而是将与犯罪行为有关的内部治理架构、规章制度、经营流程、人事管理等合规模块纳入合规整改范围，从整体上提高企业合规治理能力。二是在改革缺乏具体合规指引的情况下，引入尽职调查、培训、内部调查、举报控告等一系列合规管理要素，建立刑事风险的识别、预防、处置等多种合规机制，提高合规管理机制的独立性和有效性。〔1〕

上述两种观点各有其理论侧重点，分别强调了合规整改的“针对性”和“体系化”这两个重要特征。在合规不起诉改革的初期探索中，针对一些中小微企业的轻微犯罪案件，一些检察机关比较倾向于采取“纠错性合规整改”。但随着改革探索的逐渐深入，检察机关对于那些存在复杂治理结构的大型企业，仅仅采取“就事论事”的合规整改，就难以发挥预防犯罪的作用了，而引入“体系化的整改措施”就变得非常迫切。于是，一些涉案企业就被要求制定旨在改变公司治理体系的合规管理措施。其实，抛开那些流于形式的合规整改案例不说，只要稍微关注合规整改的有效性问题，涉案企业就要对合规整改的“针对性”和“体系化”进行必要的兼顾和融合。从近期检察机关对大型企业开展合规考察的经验来看，企业合规整改已经初步具有了特有的制度功能和制度框架。〔2〕

首先，合规整改的主要目的不是建立完整的合规管理体系，而是有效应对由刑事追诉所引发的企业危机，获得最大程度的合规激励。与日常性合规管理体系建设不同的是，合规整改是有效化解企业危机的手段。面对检察机关的追诉活动，涉案企业假如不采取任何有效的应对措施，就可能面临被提起公诉、定罪乃至判刑的后果，由此带来市场准入资格的丧失、商业交易机会的减少以及其他灾难性的损失。

〔1〕 参见王峰、王璐：《涉案企业刑事合规整改的三个趋势》，载微信公众号“中伦视界”2021年6月9日，https://mp.weixin.qq.com/s/KdnOsrQuildHRqgk/0/YoA。

〔2〕 参见陈瑞华：《企业合规不起诉改革的八大争议问题》，载《中国法律评论》2021年第4期。

为避免出现最不利的结果，涉案企业针对违法犯罪事件所暴露的管理漏洞提出有针对性的制度纠错和管理补救措施，消除容易引发违法犯罪事件的制度隐患，避免再次发生类似的犯罪行为。这些合规整改措施有一个明显的利益考量，那就是说服检察机关将企业纳入合规考察的对象，暂缓作出起诉的决定，给予企业完善合规管理体系的机会并最终作出不起诉的决定。可以说，通过合规整改来换取检察机关的宽大刑事处理，尤其是获得合规出罪的结局，这是合规整改的特有目的。[1]

其次，合规整改所针对的不是企业潜在的合规风险，而是已经暴露的现实危险。在搭建日常性合规管理体系时，企业通常都要对合规风险做出评估，遴选出若干项突出的合规风险，然后针对这些风险建立专项合规计划。相反，在危机发生后，企业的违法、违规乃至犯罪行为已经发生，企业要对这些现实的危险做出及时处置，透过这些违法事件发现企业出现违法犯罪行为的制度原因。从犯罪学的角度来看，企业合规整改所要经历的是三项合规整改流程：一是分析违法犯罪事件的现象；二是发现导致违法犯罪事件发生的原因；三是确定有效预防犯罪事件再次发生的管理措施。这种由“犯罪现象揭示”、“犯罪原因分析”和“犯罪预防控制”所组成的整改流程，显示出企业合规整改所针对的是已经发生的合规风险。当然，很多企业发生犯罪事件也不是偶然的，往往是“小错不断”的累积结果。企业在关注犯罪事件本身的同时，也会调查企业既往的违法、违规和犯罪事件，从中发现企业结构性的管理缺陷和疏漏，为合规整改提供进一步的根据。但无论如何，合规整改所要防控的不是企业潜在的合规风险，而是由已有犯罪事件和既往违规行为所暴露的制度缺陷和隐患。

再次，企业通过合规整改不是要建立全面的合规体系，而是建立与违法犯罪领域有关的专项合规管理制度。通常情况下，日常性合规管理体系的建立，要围绕着企业经评估确认的若干合规风险领域来展开。相比之下，合规整改所针对的只能是企业已经暴露的违法犯罪领域，而不可能扩展到其他领域。例如：对于企业涉嫌虚开增值税发票

〔1〕 参见陈瑞华：《企业合规出罪的三种模式》，载《比较法研究》2021年第3期。

的案件，合规整改的目标只能是建立"税收征管合规制度"；对于企业被指控犯有污染环境罪的案件，合规整改只能围绕着"环境保护合规制度"来展开；对于企业涉嫌侵犯商业秘密罪的案件，合规整改应主要着眼于"知识产权合规管理制度"的建立；对于企业涉嫌走私犯罪的案件，合规整改的重点应是完善"反走私合规管理制度"；对于企业涉嫌非法采矿犯罪的案件，合规整改应以"环境资源保护合规管理"的健全为主要目标；对于企业涉嫌犯有"单位行贿罪"的案件，合规整改要将建立"反商业贿赂合规制度"作为目标……唯有围绕着企业违法犯罪领域来建立相对应的合规制度，企业的合规风险才能被准确地揭示出来，合规整改也才能针对这些合规风险，发挥纠正制度错误、堵塞管理漏洞、消除隐患的作用。合规整改的有效性也才能得到保证。

最后，合规整改具有预防违法犯罪的目的，但其主要手段是堵塞漏洞，消除制度隐患，实现"去违法化"或"去犯罪化"。[1]预防违法犯罪行为是一切合规管理的终极目标。合规整改作为合规管理的一种模式，当然也要确立这一目标。但是，与日常性合规管理体系不同，合规整改所要预防的并不是潜在的合规风险，而是现实的违法违规乃至犯罪的危险。要实现这一目标，企业就要通过合规整改，透过违法犯罪事件的表象，发现制度漏洞和管理隐患，找到企业商业模式和经营方式上的"违法因素"或"犯罪基因"。在此基础上，企业通过采取体系化的纠错、补救和修复措施，堵塞漏洞，消除隐患，实现企业商业模式和经营方式上的"去犯罪化"。假如与医疗行为作一比较的话，合规整改其实是一种在"治疗疾病"的基础上，通过改变生活方式和作息规律，来"预防疾病再次发生"。而相比之下，日常性合规管理，所要做的主要是没有明确针对性的"常规体检"而已。

（二）合规整改的制度构造

一个有效的合规整改方案通常包含哪些制度要素呢？在检察机关探索合规不起诉制度改革过程中，这一问题一度成为困扰改革顺利进行的难题。不解决这一问题，我们就无法确定检察机关启动合规考

[1] 参见陈瑞华：《刑事诉讼的合规激励模式》，载《中国法学》2020年第6期。

察程序的具体标准，合规监管人在合规考察过程中也无法确定合规监管的重点问题，在合规考察结束的验收听证会上，检察机关更无法设定可操作的评估指标。随着合规不起诉改革的逐步推进，特别是一些涉嫌重大单位犯罪的大型企业被纳入合规考察的对象，企业提交的合规整改方案逐渐趋于成熟。[1]通过观察检察机关适用合规考察程序的一些案例，我们不难提炼出合规整改的基本制度要素。

深圳市某从事境外水果进口的公司（以下简称X公司），委托代理公司报关进口榴莲。2018年，X公司按照代理公司"指导价"制作虚假采购合同用于报关，报关价格低于实际成本价格。2018年至2019年，X公司多次要求以实际成本价进行报关，均被代理公司以行业惯例为由加以拒绝。这种虚报报关价格的行为一直持续到2019年4月。同年9月，检察机关在对X公司涉嫌走私普通货物案审查起诉过程中，认为该公司犯罪情节轻微，具有认罪认罚、补缴税款等情节，对该公司和相关责任人员作出了不起诉决定。

从2019年3月开始，在检察机关和海关的指导下，X公司启动了进口业务合规整改工作，主要整改措施包括以下七项：一是对涉案人员采取不同惩处措施，作出《关于公司海关案件处理通告》，对分管副总裁、子公司总经理、财务中心经理、进口部经理等四名责任人给予严重警告处分，取消年度奖金，同时要求其他部门开展自查自纠，以杜绝此类事件再次发生。二是引入外部专业机构协助完善合规体系，聘请律师团队进行进口业务风险评估，找到重点法律风险及其防范措施，完成公司进口合规手册，聘请知名会计师事务所开展内控体系建设项目，对公司及下属子公司的关联交易进行专项审计。三是建立合规组织体系，在集团层面设立合规管理委员会，将合规部、内控部和审计部作为合规风险管理的三道防线，设立合规部，各业务部门、分公司、子公司负责人

〔1〕 参见《企业合规改革试点典型案例》，载《检察日报》2021年6月4日，第2版。

担任兼职合规负责人，各指定一名员工作为本部门、分公司、子公司的兼职合规员，共设立专职和兼职合规人员94人。四是完善了合规管理体系，制定了《合规管理制度》《合规手册》《合规管理委员会议事规则》《进口贸易合规手册》。五是强化申报价格的真实性，采取有针对性的制度补救措施：明确定价机制，公司进口部与代理报关公司均承担如实申报义务，进口部提供给代理报关公司的清关文件均需有清晰的签收手续和完整的留存记录，如发现代理报关公司有篡改文件的行为，立即终止合作并追究责任；严格内部流程，不同岗位交叉审核，形成流程的闭环管理，按照海关AEO高级认证的要求，任何申报均需通过公司审核和确认后才能进行；明确责任划分，确保申报价格的完整性，与供应商做CFR或者CIF条款；规避关联交易风险，聘请外部专业机构进行价格鉴定，向海关申请对关联交易价格做出评估，申请海关做出预裁定。六是加强对代理报关公司的合规管理，严格设定代理报关公司的资格，如三年内无违法违规记录、信用良好、有正规的专业操作团队，优先选择海关AEO高级认证资格企业，并在合作之初进行合规评估，签订合规协议等，条件成熟时采取自理申报，不再委托代理报关公司，公司自主申报数据直接对接海关的单一窗口，增强公司对申报数据的掌控能力。七是建立与检察机关、海关的沟通交流机制，在检察机关建议下开展合规整改，向海关提供进口水果采购价格，向海关提交“关企合作”建议，被海关列入“互联网+智慧征管”ERP数据对接试点企业，等等。[1]

这是一个针对从事进出口业务的大型企业展开的合规整改案例。通过考察这一案例，同时结合其他案例的分析，我们可以揭示出涉案

〔1〕 参见深圳市宝安区促进企业合规建设委员会：《鑫荣懋果业科技集团股份有限公司合规整改和合规体系建设考察评估报告》，宝合委会评「2021」001－2号。另参见邱春艳：《以企业合规做实对民营企业的依法“平等”保护——第三届民营经济法治建设峰会上的“检察好声音”》，载《检察日报》2021年9月4日，第1版。

企业进行刑事合规整改的基本制度要素：一是认罪认罚，承认并停止违法犯罪活动；二是采取必要的补救挽损措施；三是查处相关的责任人；四是评估违法犯罪事实和既往合规事件；五是发现制度漏洞和管理隐患；六是采取有针对性的制度纠错和补救措施；七是将合规整改措施纳入相应的专项合规体系之中。下面依次对这些制度要素作出简要分析。

1.认罪认罚

根据最高人民检察院和各试点检察机关的改革文件，涉案企业和直接责任人员认罪认罚，是对该企业适用合规考察程序的前提条件之一。之所以要将企业认罪认罚作为合规整改的制度要素，主要是有两个方面的考虑：一是企业认罪认罚，承认检察机关指控的犯罪事实，是合规整改具有针对性的保证。在一定程度上，合规整改是企业放弃无罪辩护权、承诺与检察机关保持合作的标志。在认罪认罚的前提下，企业承认自身的违法犯罪事实，才能正视自身的管理漏洞和管理缺陷，从而展开有针对性的纠错和修复活动。二是企业唯有认罪认罚，才能确保合规整改的有效性。合规整改的根本目的是促使企业有效预防再次发生违法犯罪行为，而要达到这一目的，企业就应真诚地认罪悔罪，发现、报告和披露自身的犯罪原因，积极采取预防犯罪再次发生的措施。正因如此，涉案企业做出合规整改的第一步，应当是在停止犯罪活动的前提下，承认被指控的犯罪事实，放弃无罪辩护的权利，承诺接受并配合司法机关的调查和追诉活动。

2.补救挽损

上述案例中，涉案企业采取补缴税款的措施。这种“补救挽损”行为，就是合规整改的第二项制度要素。所谓“补救挽损”，是指涉案企业对于犯罪行为所造成的危害后果所采取的弥补损失、减少危害、恢复原状的修复性措施。从实践效果上看，补救挽损可以分为补交罚款、补缴税款、缴纳违法所得、赔偿被害人以及修复环境和社会关系等多种措施，其主要目的有二：一是大幅度减轻或者消除犯罪所带来的社会危害后果，维护国家、社会和被害人的利益；二是积极修复那些为犯罪所破坏的法益，降低对企业进行刑事责任追究的必要性和紧迫性。在实践中，有些企业积极采取了补救挽损措施，或者作出采取补救挽损措施的承诺。至少，在行政机关和司法机关责令其采取补救挽损措施时，涉案企业应采取配合措施。这是标志着企业启动合规整改的重要步骤。

3.查处责任人

“放过涉嫌犯罪的企业，但要严惩相关责任人”，是企业在面临法律危机时作出合规整改的基本原则。上述案例中，涉案企业对于与走私犯罪相关的责任人员采取了处罚措施。在实践中，对责任人的查处可以根据其违法犯罪的情节，采取调离工作岗位、解散组织或者团队、免除职务、开除公职甚至送交司法机关立案处理等多种处理方式。之所以要将查处责任人作为合规整改的制度要素，主要理由有两个：一是查处责任人可以保证对企业宽大处理的正当性。这些责任人对于企业实施犯罪行为负有不可推卸的责任，而动辄处罚企业往往会伤及无辜的员工、股东等关联人员，既然要对做出合规整改的企业采取宽大处理，那么，就必须由那些参与过企业犯罪的组织、筹划、共谋、执行的企业成员承担相应的刑事责任。二是唯有及时查处责任人，企业才能成功地进行制度整改。经验表明，在直接实施犯罪行为的责任人还“在其位”的情况下，企业合规整改往往会流于形式，相关管理制度建设也会形同虚设，而唯有将直接责任人及时作出处罚，企业合规整改的诚意和决心才可以得到验证，随后进行的合规制度建设也才具有实质性意义。

4.评估违法犯罪事件

在违法犯罪事件发生后，企业要启动合规内部调查程序。这种内部调查又被称为“企业自查”，是指企业在外部法律专家的帮助下，对违法犯罪事件本身进行全面的调查，发现违法犯罪发生的原因，评估该事件可能带来的严重后果。在评估该犯罪事件的同时，还可以对企业既往发生过的类似违法犯罪事件作出连带性调查，发现这些类似违法犯罪事件与本次犯罪事件的内在关联性。在上述案件中，企业对其虚报报关价格的事实作出了调查，查明了代理公司和本企业在虚报报关价格、偷逃海关关税方面的作用。

5.发现制度漏洞

在上述案例中，企业经过内部调查，发现造成走私犯罪发生的原因主要是企业没有建立完善的合规组织体系，没有发布相关的反走私合规政策和员工手册，没有对作为第三方的代理公司进行有效的合规管理，没有建立确保报关价格真实性的合规性审查机制。由于找到了导致犯罪发生的制度原因，企业就可以有针对性地采取相应的制度纠错和修复措施。根据实践的经验，合规漏洞的发现可以有以下几种主要途径：一是从违法犯罪事件中提炼出制度漏洞；二是从既往接受行政处罚或刑事执法调查的经历中发现企业的管理隐患；三是通过对显在的和潜在的合规风险加以评估，找到容易引发犯罪的合规风险点和风险领域；四是对企业的商业模式和经营方式加以审查，找到容易导致犯罪行为发生的制度因素；等等。

6.确定有针对性的纠错措施

从犯罪学的角度来说，企业合规整改就是一种在揭示犯罪原因的前提下，加强犯罪控制和预防的管理活动。要预防相似犯罪行为的再次发生，企业就需要针对制度漏洞采取"有针对性"的制度纠错和修复措施。从上述案例的情况来看，制度纠错和修复措施可以从以下几个方面展开：一是建立或者加强合规组织体系建设；二是发布专门性的合规政策和员工手册；三是建立针对第三方商业合作伙伴的合规管理措施，严格把握代理商的遴选资格、遴选程序和退出机制；四是建立确保报关价格真实性的合规审查机制；五是引入外部专业机构，加强对企业合规体系的审计工作，定期评估并修补合规体系的缺陷；六是加强与行政监管部门的日常沟通，主动寻求监管部门对企业合规体系的实时监控；等等。

7.合规体系化建设

那些有针对性的合规纠错和修复措施，只有被纳入合规管理体系之中，才能发挥长远的犯罪预防作用。[1]首先，企业应从整体治理的视角发现管理体系中存在的深层次问题；其次，企业应预防那些更为潜在、更为系统的刑事法律风险。为达到上述目的，企业可以适度引入日常性合规管理的经验，从合规章程、合规政策和员工手册、合规

〔1〕 参见郭小明、刘润兴：《如何确保刑事合规计划得以有效实施》，载《检察日报》2021年8月6日，第3版。

组织体系和合规三大流程的角度，将那些有针对性的具体整改措施融入合规体系之中，使之从具体的纠错措施转化为公司治理结构的一部分，最终渗透到企业的合规管理机制和合规文化之中。

在一定程度上，以纠错为目的的合规整改，只是有针对性地消除企业经营方式和商业模式中的“涉罪因素”，实现企业“去犯罪化”的目的。但是，假如不从源头加以治理，假如不从预防行政违法违规行为的角度出发，做出行政监管层面的“违法预防”努力，那么，所谓的“合规整改”就可能流于形式，无法起到彻底治理的作用。从这一角度来说，任何一种刑事合规整改，最终都应被纳入“行政监管整改”的轨道之中，将企业的行政违法违规行为消除在萌芽状态，由此才能从根本上发挥“犯罪预防”的效果。[1]所谓的“合规体系化建设”，其实是指企业在消除犯罪因素的前提下，进一步改进合规管理体系，将企业相关的行政违法违规风险进行进一步的预防、监控和应对。企业只有杜绝了行政违法违规的可能性，才能从根本上消除再次犯罪的可能性。

（三）合规整改的局限性

检察机关在探索合规不起诉改革过程中，一直面临一种制度设计上的困扰：如何避免企业的合规整改流于形式、发挥预防犯罪的实质效力。在这一方面，实践中出现了两种略显极端的合规整改方式：一种是采取“发现犯罪原因——提出纠错措施”的“点对点”整改方式，注重对现实合规风险的即时防控；二是采取“评估合规风险——确立合规体系”的体系化整改方式，强调对潜在和深层合规风险的全面防控。[2]

前一种合规整改模式又被称为“简易整改模式”，适用于那些涉嫌轻微犯罪的中小微企业，检察机关在作出相对不起诉决定的同时，通过发送检察建议，对企业提出相对简单的整改要求。只要企业针对

〔1〕 参见陈瑞华：《论企业合规在行政监管机制中的地位》，载《上海政法学院学报》2021年第6期。

〔2〕 参见孟广军等：《严管厚爱，为企业送上“法治定心丸”》，载《检察日报》2021年7月12日，第5版。

犯罪原因做出有针对性的合规整改，检察机关就可以给出合规整改成功的结论。但是，在发挥预防犯罪效果方面，这种纠错性合规整改具有两个明显的局限性：一是只关注犯罪事件所暴露的制度漏洞和管理缺陷，无法从整体治理的视角，解决企业治理结构和管理体系中的根本问题；二是只着眼于解决最表层的合规问题，对于企业深层和系统性的合规风险，无法加以解决。

后一种合规整改模式又被称为"普通整改模式"，适用于那些涉嫌犯有重大单位犯罪的大型企业，检察机关对其启动合规考察程序，指派合规监管人，设定合规考察期，在考察期结束之前进行合规整改的验收。这种模式尽管注重体系化的合规管理，但一旦操作不当，也会存在一些明显的问题。例如，合规整改过分注重建立大而全的合规体系，忽略了合规整改的"针对性"，既没有发现企业犯罪的制度成因，也没有提出有效防止企业再次犯罪的解决方案。又如，合规整改过于注重建立"完整的体系"，而忽略了导致企业犯罪的特殊制度漏洞，所提出的合规组织体系、合规管理体系和合规流程等，往往属于"放之四海而皆准"的管理措施，明显不能发挥纠正错误和制度修复的作用。再如，有些企业对于"合规整改"与"日常性合规管理"没有作出合理的区分，完全按照日常性合规管理的要求进行合规整改，甚至在有限的合规整改期限内建立多个专项合规管理体系。结果，在短时间内匆匆建立的合规管理体系，不仅存在"大而不当""泛泛而论"的问题，而且就连企业已经暴露的制度漏洞都无法作出有效的堵塞和修复，合规整改流于形式。

要解决上述问题，我们需要对"简易整改模式"和"普通整改模式"，从整改目标到制度构造，都做出适度的调整。任何一种合规整改都是在短时间内开展的，并且都要解决犯罪事件已经暴露的合规风险。因此，合规整改既不可能建成日常性合规管理体系，也不可能针对无关的合规风险建立合规管理体系，而只能着眼于与犯罪事件有关的专项合规体系建设。假如我们将"针对性"和"体系性"作为两个坐标的话，那么，针对轻微单位犯罪案件的"简易整改模式"，应更为注重合规整改的针对性和现实有效性，而适度关注合规整改的体系性，将合规整改措施纳入合规管理体系之中。与此同时，那些针对重大单位犯罪案件的“普通整改模式”，则应在保证基本的“针对性”的同时，加强合规整改的“体系性”，注重从合规组织建设、合规政策和员工手册的制定、合规防范体系、合规监控体系和合规应对体系的角度，针对现实的和潜在的相关合规风险，建立针对深层和结构性合规风险的管理体系。

四、两种合规模式的衔接

通常说来，“日常性合规管理”与“合规整改”各有其适用的对象和空间，可以独立地发挥合规治理的作用。当然，两种模式也具有各自的局限性，单靠任何一种模式，企业似乎都无法建立行之有效的合规管理制度。从企业合规的长远发展角度来看，日常性合规管理侧重于企业常态化的合规体系建设，旨在增强企业的商业竞争优势，应对监管部门日益严格的合规监管要求；而合规整改则注重在危机发生后企业制度纠错体系和违法犯罪预防体系的完善，旨在做出兼顾“针对性”和“体系化”的合规改进措施。从有效防控合规风险的角度来看，这两种合规模式可以在以下几个方面进行必要的衔接，以便发挥两种模式的制度合力：一是通过加强日常性合规管理，减少企业违法违规行为的发生，避免任意启动合规整改程序；二是通过危机后的合规整改，推动日常性合规管理体系的完善；三是日常性合规管理体系和合规整改齐头并进，相互补充，从不同角度推动企业的有效合规治理。下面依次作出简要的分析和评论。

首先，来看第一个方面的制度衔接问题。一个企业即使建立了非常完美的日常性合规管理体系，也难以防范一切合规风险，更无法杜绝违法犯罪行为的发生。但经验表明，相对建立了日常性合规管理体系的企业而言，那些根本不存在合规管理的企业，更容易发生违法犯罪行为。在很大程度上，企业一旦建立了常态化的合规管理体系，就可以发挥以下几个方面的作用：一是定期评估潜在的合规风险，根据合规风险建立相应的专项合规体系；二是通过合规政策、员工手册、尽职调查、合规培训等活动，对企业员工、管理人员、子公司、客户、第三方和被并购企业，发挥行之有效的违法预防作用；三是通过合规报告、合规审计、内部举报系统的建立，对企业违法犯罪事件发挥实时监控作用；四是在违法犯罪行为发生之后，企业通过有针对性的合规整改，发现合规管理的漏洞，消除合规管理的隐患，推动企业合规管理体系的不断完善。

通过上述常态化的合规体系建设，企业发生违法犯罪事件的概率大大降低，相应的合规风险得到及时有效的识别、监控、预防，企业自行改进合规体系的动力机制也发挥作用。既然违法犯罪事件发生的可能性大为减少，那么，企业为应对危机而进行合规整改的必要性也大为降低。因此，有效的日常性合规管理是减少企业合规整改的必由之路。这与一个人针对身体健康风险，定期作出专门性的身体检查，会明显降低重大疾病爆发的概率，显然是同样的道理。

其次，危机发生后的有效合规整改，是推动企业完善日常性合规管理体系的制度保证。既然没有任何企业的合规管理体系是完美无缺的，那么，现实的态度就应当是在发生违法犯罪事件后，企业采取适当的合规整改措施，以便对原有的合规管理体系作出必要的改进和完善。

有效的合规整改可以从以下几个方面发挥完善日常性合规体系的作用：一是通过合规整改，识别更多的合规风险点和风险领域，大大弥补原有“合规风险评估”的局限性；二是通过合规整改，检察机关督促企业修复制度漏洞，消除管理隐患，改造不合规的商业模式和经营方式，这要比企业对于违规事件进行“自查自纠”，更有利于合规管理体系的改进和完善；三是通过合规整改，企业在预防犯罪方面迈出坚实的一步，实现了管理方式和经营方式的“去犯罪化”，但假如要实现深层和长远的风险防控，企业还需要进行“源头治理”，那就是从避免企业行政违规的角度，建立行政监管合规体系，这是防止企业再次发生犯罪事件的必由之路。不仅如此，一次印象深刻、教训惨重的合规整改，会激发企业全面改进公司治理方式的动力，使得企业获得“全面改进治理结构”“重塑企业合规机制”的机会。经验表明，很多企业都是因为接受监管部门、司法机关乃至世界银行压力下的合规整改，才不仅获得了宽大处理的机会，还真正建立了有效的合规管理体系。在这一方面，西门子和中兴公司完善专项合规体系的经验，就属于典型的例证。

最后，理想的合规治理应当是企业自动地启动合规管理流程，根据企业内部存在的合规风险和发生的违规事件，对合规体系作出自我完善和改进。企业合规的最高境界应当是避开外部监管，实现企业的“自我监管”。但是，受多重因素的制约，上述理想合规治理状态通常是“可遇而不可求”的，发生的概率并不很高。现实的合规治理状态是，企业不仅会经常发生违法犯罪事件，而且还经常出现“合规治理失灵”的现象。在此情况下，无论是检察机关还是监管部门，都从外部推动和督促企业作出合规整改，并对作出有效合规整改的企业，给予较为宽大的处理，使其避免受到最严厉的处罚，由此激发企业进行有效合规整改的强大动力。在一定程度上，在违规事件发生后，企业自行启动的自我整改，与执法机关外部推动的合规整改，最终的效果和目标都是一致的。只不过，对于那些已经建立成熟的日常性合规管理体系的企业而言，企业自我整改就足以解决合规体系改进的问题，而那些尚未建立有效日常性合规体系的企业，则需要有执法机关的外部推动。两者相互结合，相互补充，共同推动不同企业实现完善合规管理体系的目标。

第七章

企业合规在行政监管中的地位

在行政监管制度中引入企业合规机制，一方面通过发布“合规指引”来指导企业建立合规体系，另一方面对那些建立或承诺建立合规体系的企业，在行政执法中给予宽大处理。这是激发企业建立内部自我监管体系、有效预防行政违法行为的必由之路。

——题记

一、引言

自2020年以来，在最高人民检察院的推动和指导下，一些地方的检察机关开始推行企业合规不起诉的改革试点。[1]2021年3月，最高人民检察院将这一改革试点的范围扩大到十个省市的部分检察机关。同年6月3日，最高人民检察院会同司法部、财政部、生态环境部、国有资产监督管理委员会、国家税务总局、国家市场监管总局等行政监管部门，发布了《关于建立涉案企业合规第三家监督评估机制的指导意见（试行）》，首次将行政监管部门引入企业合规不起诉的改革试点工作之中。[2]与此同时，一些地方检察机关在改革试点过程中，开始寻求与当地行政监管部门展开合作，或者联合组建"合规监管委员会"，或者请求相关监管部门在合规考察期间担任合规监管人，或者在合规考察期结束后，邀请监管部门对企业合规整改情况进行专业性验收，以此作为是否提起公诉

---

〔1〕 参见陈瑞华：《刑事诉讼的合规激励模式》，载《中国法学》2020年第6期。

〔2〕 参见《关于建立涉案企业合规第三方监督评估机制的指导意见（试行）》，载最高人民检察院官方网，https：//www.spp.gov.cn/spp/xwfbh/wsfbh/202106/t20210603_520224.shtml。

的参考依据。还有些检察机关提出了“事前合规”的概念，注重在企业犯罪案件发生之前，引入行政监管部门的合规管理机制，强调企业违法犯罪行为的“源头治理”，使行政监管部门在预防企业违法行为方面发挥“防洪堤”和“阻隔墙”的作用。

对于检察机关合规不起诉改革问题的考察，不是本章的研究重点。本章所关注的是，企业合规在行政机关的监管过程中究竟具有什么样的地位，可以发挥哪些方面的作用。其实，在最高人民检察院推行企业合规不起诉改革之前，我国行政机关就已经开始在行政监管领域引入了企业合规管理机制。早在2005年前后，我国金融监管部门就发布了金融企业合规指引，以指导金融企业建立合规管理体系。2018年，国有资产监督管理委员会发布了《中央企业合规管理指引（试行）》，国家发展改革委则会同其他行政部门发布了《企业境外经营合规管理指引》。这两部合规指引确立了我国企业开展合规管理的基本理念、原则和制度框架。在发布合规指引的同时，一些监管部门还开始探索行政执法方式的改革。2015年，中国证监会试行行政和解制度，尝试建立行政部门与涉案企业达成行政执法和解的制度，并将合规管理的要求引入和解协议之中。〔1〕2021年，随着市场监管部门对网络平台企业垄断行为的集中治理，反垄断合规开始成为监管部门进行行业治理的新方式，诸如反垄断合规指引的制定、行政指导制度的适用、以合规换取宽大行政处罚等制度的实施，开始出现在我国行政监管的实践之中。〔2〕

相比于检察机关主要通过不起诉来发挥合规激励的作用，行政机关可以通过发布合规指引、推行行政指导、实施强制合规、达成行政和解等多种方式推动企业建立合规管理体系。与此同时，行政机关可以从各自的监管领域出发，推动企业建立专门化的合规体系，如税收合规体系、知识产权合规体系、环保合规体系、数据保护合规体系、

〔1〕 参见陈瑞华：《论企业合规的中国化问题》，载《法律科学（西北政法大学学报）》2020年第3期。

〔2〕 参见《市场监管总局依法对阿里巴巴集团控股有限公司在中国境内网络零售平台服务市场实施“二选一”垄断行为作出行政处罚》，载央视网，http://tv.cctv.com/2021/04/10/VIDEB41NUp/Tgx302ReTKsms210410.shtml。

反商业贿赂合规体系等。这要比检察机关动辄建立综合化的合规管理体系，更有利于推动企业合规的专业化。不仅如此，从违法犯罪发生的原因来看，企业走上犯罪的道路，往往都是行政机关长期监管不力的结果，企业经历了长时间的“野蛮生长期”，逐渐形成了病态的经营方式和商业模式。而要真正解决企业的违法违规问题，就不能只着眼于刑事诉讼程序中的“去犯罪化”，还应从源头上治理企业的违法违规经营问题。只有从根本上解决企业违反行政法规的问题，才能从实质上实现企业的“去违法化”问题。离开行政合规体系的建立，来孤立地看待企业的刑事合规问题，可能属于一种“头痛医头，脚痛医脚”的治理方式，难以发挥长久的治理效果。

鉴于此，本文拟对企业合规在行政监管中的地位问题作出初步的讨论。笔者认为，我国已经初步形成了六种行政监管合规制度，也就是发布合规指引、推行行政指导、实施强制合规、确立预防性监管机制、推动合规宽大处罚机制、试行行政和解制度。对于这些制度，本文将作出有针对性的分析，对其优劣得失作出有针对性的评论。在此基础上，笔者还将对行政监管合规制度的未来发展趋势，作出简要的总结和评论。

二、合规指引的发布

通过发布合规指引或者合规指南的方式加强对相关企业的合规管理，是行政监管部门督促企业加强合规管理的重要方式。通过发布合规指引，行政监管部门确立企业合规管理的基本原则，推动企业建立合规组织体系，设定企业合规的风险识别、风险评估和风险防控机制，指导企业建立一套行之有效的合规管理运行和合规管理保障机制。在一定程度上，合规指引可以成为企业建立合规体系的基本指南和标准范本。

从所针对的合规风险来看，我国行政监管部门发布的合规指引，大体可分为两个类型：一是综合性合规管理指引；二是专门性合规管理指引。前者是行政监管部门针对企业面临的综合性合规风险发布的全面合规管理指南。发布这类综合性合规指引的监管部门通常都是负有全面监管责任的行政机关，如国有资产监督管理委员会、工商联等。后者则是某一领域的行政监管部门针对企业面临的特定合规风险发布的专门性合规管理指南，如国家金融监管部门、国家市场监管部门、国家证券监管部门、商务部等，针对金融、证券、反垄断、反不正当竞争、出口管制、数据安全、反洗钱等领域的合规风险，专门发布的合规指引。

2018年被称为我国的“合规元年”，其标志性合规管理事件是两个综合性合规管理指引的发布。2018年11月2日，国有资产监督管理委员会发布了《中央企业合规管理指引（试行）》，对中央国有企业强化合规经营、构建合规管理体系具有重要指导意义。2018年12月26日，国家发展改革委会同外交部、商务部、中国人民银行、国资委、外汇局、全国工商联制定发布了《企业境外经营合规管理指引》，对中国企业在境外经营过程中的合规管理问题提出了全面要求，确立了我国企业境外合规管理制度的基本框架。〔1〕

专门性合规管理指引的发布，始于金融管理部门对银行、保险公司等金融企业的合规监管。2005年4月，巴塞尔银行监督管理委员会发布了《合规与银行内部合规部门》，为会员国银行企业组建合规部门和建立合规体系确立了基本原则和制度框架。2006年，原中国银监会仿照上述文件，发布了《商业银行合规风险管理指引》。2007年，原中国保监会发布了《保险公司合规管理办法》。2008年，中国证监会发布《证券公司合规管理试行规定》（已失效）。2017年，中国证监会通过总结对证券企业合规管理的经验，发布了《证券公司和证券投资基金管理公司合规管理办法》。中国证监会2020年对该办法作出了修订。〔2〕

在推动企业建立合规体系方面，国家行政监管部门在反垄断和出口管制方面发布了两项专门的合规指引。这两项指引由于涉及多个领域的众多企业，因而具有更为广泛的影响。2020年9月，国务院

〔1〕 参见陈瑞华：《国有企业的合规管理问题》，载《中国律师》2019年第7期。
〔2〕 参见陈瑞华：《中国金融监管机构确立的合规体系》，载《中国律师》2019年第8期。

反垄断委员会发布了《经营者反垄断合规指南》，确立了我国首个指导企业建立反垄断合规计划的基本标准。这一指南，在对“合规”、“合规风险”和“合规管理”作出明确界定的前提下，要求企业建立以合规承诺、合规报告、合规组织、合规咨询、合规检查、合规汇报、合规培训、合规考核为中心的合规管理制度，将“禁止达成垄断协议”、“禁止滥用市场支配地位”和“依法实施经营者集中”等作为合规风险的重点领域，确立了以风险识别、风险评估、风险提醒、风险处置为核心的合规风险管理机制，构建起以合规奖惩、内部举报、信息化建设、队伍建设等为内容的合规管理保障机制。〔1〕

而在出口管制合规方面，商务部2021年发布了《关于两用物项出口经营者建立出口管制内部合规机制的指导意见》，确立了出口管制合规的基本原则和出口管制内部合规机制的基本要素。在上述意见的指导下，商务部还发布了《两用物项出口管制内部合规指南》，确立了“良好的出口管制内部合规制度”的“拟定政策声明”“建立组织机构”“全面风险评估”“确立审查程序”“制定应急措施”“开展教育培训”“完善合规审计”“保留档案资料”“编制管理手册”等九个要素，并围绕着这九个基本要素，为出口经营者建立健全出口管制合规制度提供了一般性指引。〔2〕

无论是综合性合规指引，还是专门性合规指引，在行政监管部门督促和指导企业实施合规管理体系方面，都可以发挥积极的作用。一方面，对于那些尚未建立合规管理体系的企业而言，行政监管部门可以引导其建立合规管理体系的基本框架，并为其建立专项合规计划设定最低标准。合规是一门科学，合规的生命在于行之有效。而要建立有效的合规计划，就需要进行专业化的合规风险评估，发现本企业的风险点和重点风险领域，并围绕着本企业的合规风险来建立有针对性的合规计划。不仅如此，合规管理不应仅仅流于形式化和表面化，而

---

〔1〕 参见《〈经营者反垄断合规指南〉及其解读》，载微信公众号“转型中的刑法思潮”2021年4月14日，https://mp.weixin.qq.com/s/suceqNPtKdaFts03ZCa6w。

〔2〕 参见合规与政府监管组：《正面激励引导企业合规：详解商务部出口管制合规指南》，载微信公众号“方达律师事务所”2021年4月30日，https://mp.weixin.qq.com/s/3JQ_63sn60xN1xdzkpXQ9A。

应当渗透到公司经营的每一流程之中，为此就需要确立一系列旨在发挥预防、识别和应对等作用的合规政策和流程。在这些方面，企业只要遵从上述合规指引的指导，就不难建立起一套专门性的合规管理体系。例如，从2018年到2021年，经过3年左右的时间，我国中央企业已经初步设立了合规管理委员会，并初步建立起合规管理体系。这显然得益于国有资产监督管理委员会和国家发展改革委前述合规指引的有效引导。另一方面，对于那些已经建立合规管理体系的企业而言，行政监管部门所发布的合规指引，还可以指导其完善合规体系、堵塞合规制度漏洞、消除合规制度隐患。经验表明，很多企业之所以出现违法违规经营问题，主要原因并不是没有建立合规管理体系，而是企业合规计划属于“纸面上的合规计划”，无法有效地发挥预防、识别和应对合规风险的效用。这种形同虚设的合规管理体系，在企业面临外国政府处罚和国际组织制裁的情况下，就暴露出严重的缺陷和不足。其实，上述合规指引几乎都是仿照欧美或者国际组织较为成熟的合规指南制定出来的，其中已经包含着有效合规的基本要素。那些遭遇处罚或制裁的企业，只要严格按照上述指引重建合规管理体系，堵塞合规制度漏洞，就可以在完善合规管理体系方面有所作为。例如，几乎所有合规指引都提出了“持续不断地开展合规风险评估”的要求。企业唯有不断进行发现评估，才可以发现新的合规风险，对某一专项合规计划作出持续不断的调整和修正，或者建立新的专项合规计划。

但是，我国行政监管部门在发布合规指引方面，也存在着一些值得重视的缺憾和不足。首先，那些综合性合规指引过于笼统抽象，在企业建立专项合规体系方面难以起到具体的指导作用。国有资产监督管理委员会和国家发展改革委2018年发布的两项合规指引，只是确立了企业合规的基本原则、管理职责、企业合规的重点、合规管理运行机制和合规管理保障机制，而没有提供合规管理体系的具体标准。尤其值得注意的是，这两份文件将企业的重点合规领域作出了较为详尽的列举，强调市场交易、安全环保、产品质量、劳动用工、财务税收、知识产权、商业伙伴等多个存在合规风险的领域，所关注的合规风险多达数十项之多。这很容易对企业造成一种误导，以为企业合规就等于“依法依规经营”。很多国有企业没有专项合规意识，动辄将十几项甚至数十项合规风险作为合规防范、识别和应对的对象，以至于建立了一种“大而全”的合规体系，或者推行“一揽子”合规计划。这种在合规体系建设方面出现的误区，就是监管部门合规指引没有发挥有效指导作用的结果。

其次，在专项合规指引的发布范围上，目前仅仅局限在金融、证券、反垄断、出口管制等少数行政监管领域，而在那些对国计民生具有更广泛影响的监管领域，监管部门则没有发布有针对性的合规指引，使得在这些领域内从事经营活动的企业，在建立完善合规体系方面缺乏有效的指导和监督。对于那些从事外向型经营活动的企业而言，在海外所面临的主要合规风险是出口管制合规风险、反商业贿赂合规风险、数据保护合规风险、反洗钱合规风险。在这些领域，我国监管部门尚未发布旨在指导企业应对的合规指南。而对于众多在国内从事经营活动的企业而言，目前所面临的合规风险主要有税收合规风险、知识产权保护合规风险、环境保护合规发现、商业贿赂合规风险、网络安全和个人信息保护合规风险、安全生产合规风险、不正当竞争合规风险等。而在这些领域，诸如税收监管部门、环保部门、海关部门、市场监管部门、公安部门等，还没有发布专门性的合规管理指引，使得这些领域的企业在建立合规体系方面缺乏基本的指导和有效的帮助。

最后，对于所发布的合规指引，监管部门没有建立配套的合规认证制度，使得企业在建立合规体系方面各行其是，随心所欲，也无法受到激励机制的约束，造成合规管理体系难以发挥行之有效的风险防控作用。经验表明，监管部门仅仅发布一份不太明确具体的合规指引，对于企业的指导作用还是十分有限的。要督促企业建立合格的合规管理体系，并确保该项管理体系的行之有效，就需要建立必要的配套监管措施。其中，建立合规认证制度，就属于这些配套措施的关键环节。对于那些遵照合规指引建立合规体系的企业，监管部门唯有进行有针对性的评估、审查，对符合最低合规标准的企业，授予认证资格。而对于那些没有按照要求建立合规体系的企业，监管部门则作出不予认证的决定，使其承受一定程度的压力。必要时，还可以考虑对那些通过合规认证的企业，给予必要的奖励措施，而对合规不达标的企业，则建立必要的惩罚措施。这种合规激励机制的引入，将会使企业在遵循合规指引方面产生内在的动力。

三、行政指导制度的推行

行政指导是行政监管部门在相对人同意的前提下，对其采取的建议、辅导、提醒、规劝、约谈、示范、公示等行政行为。与行政调查、行政处罚等强制性行政行为相比，行政指导具有非强制性和积极性行政行为的性质，并不产生直接的法律后果，却具有较大的灵活性和高效性，容易为行政相对人所接受，可以对强制性行政行为产生替代和补充的作用。

行政指导制度是我国政府职能转变和行政管理方式改革的产物。国务院2004年发布的《全面推进依法行政实施纲要》，提出了转变政府职能，深化行政管理体制改革的设想，其中在改革行政管理方式方面，就提出了充分发挥“行政规划”、“行政指导”和“行政合同”作用的要求。2021年1月，中共中央发布的《法治中国建设规划（2020-2025年）》提出了依法行政的新要求，并将加强“行政指导”、“行政奖励”和“行政和解”等非强制性行政手段的运用，作为“改进和创新执法方式”的重要改革举措。

在针对企业的行政监管方面，行政机关正在广泛地运用行政指导制度。例如，国家发展改革委对汽车企业提出了“发展节能环保型小排量汽车”的引导政策；商务部对外资企业提出了投资产业指导目录和与投资优势产业目录等方面的指导意见；地震主管部门对地震监测台网和监测台站提出了运行方面的指导意见。原国家工商管理总局发布了《工商行政管理机关行政指导工作规则》，提出了对工商企业完善经营管理行为、预防和避免相对人违法违规行为发生的指导意见。

为督促企业建立和完善合规管理体系，行政监管部门在对企业展开调查、处罚过程中，开始发挥行政指导制度的作用。例如，2021年4月6日，国家市场监督管理总局以阿里巴巴集团控股有限公司（以下简称阿里巴巴公司)“滥用市场支配地位”、违反《反垄断法》为由,作出了高达182亿多元的行政罚款。在作出严厉行政处罚的同时,该部门还向阿里巴巴公司发出一份行政指导书,向该公司提出了完善反垄断合规体系的指导意见,并要求该公司据此制定整改方案,明确整改任务和完成时限,在3年内,每年报送“自查合规报告”。同时建议该公司主动向社会公开合规情况,接受社会监督。〔1〕

国家市场监督管理总局向阿里巴巴公司提出了五个方面的合规整改意见:一是完全规范自身竞争行为,包括展开自查、申报和承担相关法律义务;二是严格落实平台企业主体责任,包括强化完善交易规则,与经营者展开公平合作,建立外部评价机制等;三是完善企业内部合规控制制度,包括完善合规咨询、合规检查、合规汇报、合规考核、合规培训和定期合规汇报等制度;四是保护平台内经营者和消费者合法权益,包括保护经营者和消费者知情权、公平交易权和自由选择权等;五是维护公平竞争,促进创新发展,包括加大资源端口开放力度,尊重用户选择权等。

又如,2020年12月,中国人民银行、中国银保监会、中国证监会、国家外汇管理局对蚂蚁科技集团股份有限公司(以下简称蚂蚁集团)进行了约谈,针对该公司金融业务中存在的垄断、不正当竞争和资本无序扩张等问题,督促其建立专门团队,并指导其制定整改方案。次年4月,上述金融管理部门再次对蚂蚁集团进行约谈,要求其“正视金融业务活动中存在的严重问题和整改工作的严肃性”,按照整改方案,进行深入和有效的整改。〔2〕

上述金融管理部门批准的整改方案,其实是一项针对蚂蚁集团金融合规风险所确立的合规管理体系。该体系并不是一项系统性的金融合规计划,而是针对该公司经营模式中存在的管理漏洞和制度隐

---

〔1〕 参见《市场监管总局对阿里巴巴的行政处罚决定书》,载微信公众号“澎湃新闻”2021年4月10日,https://mp.weixin.qq.com/s/ny3AwnkjyOEzlyzvkM4F5Q。另参见《国家市场监督管理总局行政指导书》,载微信公众号“市场监管半月沙龙”2021年4月10日,https://mp.weixin.qq.com/s/4EFaKGdJch-8ur7QqtkCYw。

〔2〕 参见《多部委约谈+行政指导会+合规承诺:监管机构聚焦平台数据保护》,载微信公众号“个人信息与数据保护实务评论”2021年4月14日,https://mp.weixin.qq.com/s/GQzuroyaRtW8PaAlvrgF_g。

患提出了一套“去违法化”和“去犯罪化”的制度改造方案。这套整改方案具有较大的可操作性，明显改变了蚂蚁集团的商业模式和经营方式。例如，为纠正该公司支付业务上的不正当竞争行为，要求在给付方式上给予消费者更多的选择权，要求“断开支付宝与花呗、借呗等其他金融产品的不当连接，纠正在支付链路中嵌套信贷业务等违规行为”；为打破信息垄断，要求该公司依法持牌经营个人征信业务；为健全风险隔离措施，规范关联交易，要求蚂蚁集团整体申设为金融控股公司，所有从事金融活动的机构全部纳入金融控股公司接受监管；为管控重要基金产品流动性风险，要求“主动压低余额宝余额”；等等。

再如，2021年4月，国家市场监督管理总局为规范网络平台企业的经营行为，重点解决这类企业强迫实施“二选一”行为，限制市场竞争，遏制创新发展的问题，要求各平台企业在一个月之内全面自检自查，逐项彻底整改并向社会公开依法依规经营承诺，接受社会监督。市场监管部门将组织对平台整改情况进行跟踪检查，整改期后发现平台企业继续强迫实施“二选一”等违法行为的将一律从重从严处罚。随后，包括爱奇艺、百度、滴滴、当当、美团、搜狗、携程、阿里、网易、腾讯、字节跳动在内的34家平台企业，相继发出依法依规经营承诺书，承诺依法依规从事经营活动，杜绝垄断行为，公平参与市场竞争，落实平台责任，强化商业内容治理，杜绝虚假宣传，履行知识产权保护义务，保护消费者权益，加强个人信息保护，等等。[1]

在督促企业建立合规管理体系方面，行政指导制度具有较大的灵活性和可操作性，可望对企业建立专项合规计划起到有效的指导作用。尤其是在企业因涉嫌行政违法而受到调查的过程中，行政机关在做出行政处罚之后，及时发出责令其进行合规整改的行政指导书，或者对那些正在面临行政调查的违规企业，通过约谈等方式责令其作出有针对性的合规整改并根据整改情况来决定是否继续作出行政处罚。这可以对企业形成一定的合规压力，使其产生一定程度的合规

---

〔1〕 参见《国家市场监管总局公示第一批互联网平台企业〈依法依规经营承诺〉》，载微信公众号“反垄断实务评论”2021年4月14日，https://mp.weixin.qq.com/s/IgJKH5ivXIHnIACmGJ4v2A。

动力。在这一方面，行政指导制度可以发挥类似于检察建议制度的作用。

但是，这种行政指导制度对于企业的约束力也是具有局限性的。一方面，行政机关在发出行政指导书或者提出合规整改意见之后，通常只是责令企业自行定期提交自查合规报告，而既没有指派合规监管人，对企业进行全流程合规跟踪指导，也没有确立具有可操作性的合规验收标准，这很容易造成所提出的合规整改方案流于形式，难以起到指导企业完善合规体系的作用。另一方面，对于企业拒不服从行政机关的行政指导，拒绝进行实质化合规整改的，行政机关究竟应采取什么样的惩罚措施，这也是不明确的。在行政执法实践中，行政指导制度的推行带有一定的运动式治理的特征。面对行政机关的行政指导，涉案企业往往只是从形式上加以敷衍应付，制定一些纸面上的合规整改方案，而很难做出实质性的合规整改，尤其是在改变商业模式、改造经营方式、实现“去违法化”等方面，企业往往很难发生真正的变化，行政机关也无法督促企业发生这种“脱胎换骨”般的改变。

四、预防性监管机制的确立

从立法宗旨上看，传统行政法与刑法具有很大的相似性，遵循一种严刑峻法的理念，强调通过对违法违规的相对人加以严厉惩罚，来实现行政法的惩罚和威慑功能。而从法律规范的结构来看，如同刑法包含“构成要件”和“刑罚”等基本要素一样，几乎所有行政法规也通常包含着行为要件和惩罚后果等基本构成要素。尤其是那些旨在对企业进行市场监管的行政法律，更是将违法行为的构成要素和法律责任的确定作为核心规范内容。当然，有些行政监管法律也引入一些程序因素，对监管部门对行政不法行为的调查活动做出了一些必要的规范。例如，2019年修订后的《反不正当竞争法》，2020年4月发布的《反垄断法》修订草案（公开征求意见稿），都采取了上述这种大体一致的立法体例。[1]对于这种以确定相对人违法行为构成要件和追究行为人法律责任为核心的监管方式，我们可以称为“惩罚性监管方式”。

但是，对于涉嫌行政违法的企业而言，仅仅依靠严刑峻法，根本不足以遏制那些以获取不正当利益为目的的违法违规行为。一方面，我国监管部门存在的“选择性执法”倾向，使得部分违法违规的企业没有受到及时的处罚，这使得那些受到处罚的部分相对人会产生“运气不好”的认识，并在采取非法经营活动方面存在一定的侥幸心理。这种执法方式要纠正那些通过违法可以获取巨额非法利益的企业的违法经营方式，普遍是不成功的。另一方面，在某些存在普遍违法违规现象的领域，企业基于“理性人”的基本考量，会做出“遵守规则即失去竞争优势”的判断，在采取违法经营行为之前，已经将罚款作为一种必要的“经营成本”，而采取“理性违法”的经营策略。这使得传统行政法在治理行政违法方面出现了普遍失灵的现象。

在此背景下，一种以注重防控违法风险为核心的立法理念在行政立法领域勃然兴起，成为一种新的行政监管方式。根据这种理念，要成功地遏制行政违法就应当对行政违法进行源头治理，树立“风险为本”的监管原则，以行政违法风险为导向，采取预防性的治理措施，为行政相对人设定防范相关风险的法律义务，并将那些不履行风险防范义务的行为，作为行政处罚的对象。对于这种注重风险防控的监管理念，我们可以称为“预防性监管方式”。

“预防性监管方式”与企业合规管理具有极为相似的旨趣，都追求对企业违法风险的评估、识别和预防，因此，那些确立这一监管方式的行政法律开始将企业合规的管理方式引入规范之中，使之成为企业相对人所要承担的法律义务。究其实质，行政法要发挥防控违法风

〔1〕 2019年修订后的《反不正当竞争法》就在“总则”部分确立了反不正当竞争法的基本原则；在“不正当竞争行为”部分则对主要的不正当竞争行为做出了界定；在“调查”部分则确立了主要的调查措施和相关程序；在“法律责任”部分明确规定了经营者违反该法所要承受的各种行政处罚措施。2020年4月发布的《反垄断法》修订草案（公开征求意见稿）也大体采取了与《反不正当竞争法》相似的立法体例。该草案在确立了反垄断基本原则的基础上，对三种垄断行为做出了明确界定，并确立了一系列禁止性规则：一是垄断协议；二是滥用市场支配地位；三是经营者集中。该草案还确立了对涉嫌垄断行为调查措施和调查程序，并针对各种垄断行为确立了明确的行政处罚措施。

险的效用，就要为企业确立一系列合规管理义务，包括进行合规风险评估，开展尽职调查，建立基于合规风险的内控机制，等等。这就将合规管理转化为一种企业相对人的法律义务，使合规管理具有强制性，使得那些违反合规义务的相对人，受到直接的行政处罚。

我国立法机关通过的《网络安全法》，首次将企业的风险防控纳入法律规范之中，使得合规管理成为网络经营者所要承担的义务。根据这一法律，网络经营者同时要承担“网络运行安全义务”和“网络信息安全义务”。前一义务主要包括：按照网络安全等级保护要求履行法定安全保护义务；网络产品和服务符合国家标准的强制性要求；与用户签订协议或者确认提供服务时，要求用户提供真实身份信息；制定网络安全事件应急预案，及时处置系统漏洞等安全风险；等等。后一义务则主要包括对所收集的用户信息严格保密；收集或使用个人信息遵循合法、正当和必要的原则，公开收集、使用规则，明示收集、使用信息的目的、方式和范围，征得被收集者同意；不得泄露、篡改、毁损所收集的个人信息，未经被收集者同意不得向他人提供个人信息；采取技术措施和其他必要措施，确保所收集的个人信息安全，防止信息泄露、损毁、丢失，在发生个人信息泄露、毁损或者丢失的情况时，立即采取补救措施；等等。[1]

我国立法机关通过的《数据安全法》和《个人信息保护法》为网络经营者确立了更多的风险防控义务。例如，主要数据的处理者应对其数据活动定期开展风险评估，风险评估报告应包括所掌握的主要数据的种类、数量，收集、存储、加工、使用的情况，面临的数据安全风险及其应对措施等；从事数据交易中介服务的机构在提供服务时，应要求数据提供方说明数据来源，审核交易双方的身份，并留存审核、交易记录。又如，个人信息处理者应定期对其个人信息处理活动遵守法律法规的情况进行合规审计，对于敏感个人信息的处理、利用信息进行的自动化决策、委托处理信息或者向他人提供个人信息等信息处理活动，进行事前风险评估，并对处理情况做出记录；个人信息处理

〔1〕 对这些合规管理义务条款的分析，可参见陈瑞华：《企业合规出罪的三种模式》，载《比较法研究》2021年第3期。

者发现个人信息泄露的，应当立即采取补救措施并通知履行保护职责的部门和个人；等等。[1]

在将合规管理纳入行政监管机制方面，立法机关2021年6月1日公布的《反洗钱法》（修订草案公开征求意见稿），可谓作出了迄今为止最大程度的立法努力。这部法律一旦通过实施，将使得“预防性监管”成为我国行政机关的重要监管方式，合规管理也将成为我国行政法为企业相对人设定的法定义务。基于洗钱犯罪的严重危害性以及治理洗钱问题的特殊性，世界各国在反洗钱领域所采取的都是预防与惩罚相结合的立法理念，对金融机构以及其他反洗钱义务主体赋予了防控金融风险的法定义务。

根据这一法律草案，金融机构和其他承担反洗钱义务的非金融机构应采取预防、监控措施，建立健全反洗钱内部控制制度，履行客户尽职调查、客户身份资料和交易记录保存、大额交易和可疑交易报告、反洗钱特别预防措施等风险防控义务。其他单位和个人应当依法配合金融机构和特定非金融机构履行反洗钱义务开展的客户尽职调查，配合反洗钱调查；依法履行巨额现金收付申报、反洗钱特别预防措施等义务。为履行风险评估义务，金融机构应设立反洗钱专门机构，根据经营规模和洗钱风险状况配备人力资源，开展反洗钱培训和宣传工作，通过内部审计或独立审计等方式，监督检查反洗钱内部控制制度的有效实施。为履行客户尽职调查义务，金融机构应通过尽职调查，了解客户身份、交易背景和风险状况，采取相应的风险管理措施；通过第三方识别客户身份的，应当评估第三方风险状况及其履行反洗钱义务的能力，并确保第三方采取法定的客户尽职调查措施。

相对于传统的“惩罚性监管方式”而言，新兴的“预防性监管方式”体现了一种源头治理的行政监管理念，为企业相对人确立了合规管理义务，这种义务以特定的合规风险为导向，包含着合规风险评估、客户或第三方尽职调查、合规培训、合规风险识别、合规审计、合规考核、合规奖惩机制等一系列风险防控要素。从根本上说，这种以

〔1〕 对上述条款的综合分析和评论，可参见陈瑞华：《企业合规出罪的三种模式》，载《比较法研究》2021年第3期。

风险防控为中心的合规管理机制，一旦为行政法所吸收，确立为企业相对人的法律义务，就大大改变了行政法律规范的框架结构，使其可以发挥评估、识别、预防企业违法违规风险的作用。在行政法律的作用下，企业相对人有望将外部监管压力转化为自我监管的动力，对于管理人员、员工、子公司、第三方商业伙伴、被并购方进行行之有效的合规管控，尽量减少上述人员的违法违规行为的发生，及时切割企业责任与上述关联人员的责任，从而构建一套实时发挥作用的"隔离带""防火墙"，实现风险转移的效果。

当然，目前真正确立这种"预防性监管方式"的行政法律还是为数不多的。除了在网络安全、数据安全和个人信息保护这种较为前沿的领域以外，要在其他领域的监管方式中融入合规管理的因素，尚处于艰难的探索之中。在那些更多涉及国计民生的监管领域，如税收征管、海关缉私、知识产权保护、环境保护、反商业贿赂、反不正当竞争、反垄断、安全生产等，相关行政法律仍然采取了传统的"惩罚性监管方式"，没有将合规管理设定为企业相对人的法律义务，更谈不上将源头治理、有效预防树立为立法的宗旨和目标。作为一种针对企业违法行为的被动应对，"惩罚性监管方式"的局限性是不言而喻的。而作为一种带有能动性和预防性的行政执法模式，"预防性监管方式"要真正落到实处，就必须超越以"认定—调查—惩罚"为基本构成要素的执法模式，树立起以法律风险防控为核心的新的监管理念。

五、强制合规义务的实施

所谓强制合规，是指法律对相关企业提出明确的建立合规管理体系的义务，并对拒不履行合规管理义务的企业做出行政处罚的制度。既然行政法将预防违法行为作为主要的立法目的，就必然对企业相对人提出明确的合规管理义务，并对拒不履行这类义务的企业做出处罚措施。可以说，在推动企业建立合规管理体系方面，强制合规制度为企业确立了一种法定的激励机制，使得不建立合规体系的企业受到惩罚，建立合规体系的企业受到奖励，从而使符合条件的企业在建立合规体系方面具有了较大的动力。

法国是第一个建立强制合规制度的西方国家。根据法国《萨宾第二法案》，强制合规分为两种类型：一是行政强制合规；二是刑事强制合规。前者是指法律赋予企业建立合规管理体系的义务，对于不履行义务的企业，行政监管部门可以处以行政处罚；后者则是指在企业构成犯罪的情况下，法院有权判令企业在规定期限内建立合规体系，对于拒不建立合规体系的企业，法院有权对其作出定罪量刑。〔1〕

在行政强制合规方面，法国法律要求符合以下两个条件的企业，有义务建立合规管理制度：一是用工人数达到500人以上，或者隶属于总部设在法国且用工人数达到500人的公司集团；二是企业年营业收入超过1亿欧元。对于符合上述条件的企业，假如不建立合规制度，那么，即便该企业没有发生违法违规行为，监管部门也要对企业及其高管作出行政处罚，法国反腐败局有权对其处以不超过100万欧元的罚款，并对公司高管处以不超过20万欧元的罚款。同时，该机构还有权要求企业或高管在不超过三年的期限内，完成合规制度的建立。

而在刑事强制合规方面，对于那些构成贿赂犯罪的企业，法国法院有权判令企业在规定期限内，按照法律要求建立合规制度。法国反腐败局负责监督和协助企业建立合规制度，并定期向检察机关报告企业建立和执行合规制度的情况。AFA由此产生的费用一律由企业承担。假如企业没有建立符合要求的合规制度，法国法院有权对企业及其高管判处罚金，并对相关人员判处两年以下监禁。〔2〕

迄今为止，我国在刑事法律中没有确立强制合规制度，对于已经构成犯罪的企业，司法机关并没有赋予其建立合规管理体系的义务。但自2017年以来，一些行政监管部门初步确立了行政强制合规制度。而从近期的行政监管法律的发展动向来看，行政强制合规制度的确立将是大势所趋。

2017年，中国证监会2020年修订后的《证券公司和证券投资基金管理公司合规管理办法》，要求中国境内设立的证券公司和证券投资

---

〔1〕　参见陈瑞华：《法国〈萨宾第二法案〉与刑事合规问题》，载《中国律师》2019年第5期。

〔2〕　参见陈瑞华：《企业合规基本理论》（第2版），法律出版社2021年版，第444页以下。

基金管理公司，一律实施合规管理，依法建立合规机构。具体说来，所有证券企业都要遵循“全员合规”“合规从管理层做起”“合规创造价值”“合规是公司生存基础”的理念，将合规管理覆盖所有业务，使得各个部门、各个分支机构、各层级子公司以及全体工作人员，在决策、执行、监督和反馈等各个环节，都要建立有效的合规机制。对于证券基金经营机构不遵循本办法进行合规管理，或者违反本办法导致公司治理结构不健全、内部控制不完善的，中国证监会可以对其采取出具警示函、责令定期报告、责令改正、监管谈话等行政强制措施。对于证券基金经营机构违反本办法规定，在合规管理保障的各个环节不依规经营的，如合规负责人不具备专业知识和技能，聘任或者解聘合规负责人不依规报送相关材料，不依规设立合规部门，不依规配备合规管理人员，不保证合规负责人和合规管理人员的独立性，不依规进行合规考核，无法保证合规负责人和合规管理人员的薪酬的，中国证监会可以对该经营机构处以警告或者罚款，对于直接负责的人员也可以处以警告或者罚款。

例如，2019年12月27日，中国证监会对国元证券、浙商证券、招商证券和西南证券等四家证券企业做出行政处罚，认定四家企业违反《证券公司和证券投资基金管理公司合规管理办法》以及《证券公司合规管理实施指引》的规定，普遍存在合规人员配备不足、合规考核违规、合规人员薪酬低于公司同等级平均水平以及部分重大决策未经合规人员审核等违规问题。其中，国元证券和西南证券被中国证监会责令改正，并被要求在3个月后分别向安徽证监局和重庆证监局报送整改结果。而对于招商证券和浙商证券，中国证监会则出具了警示函。[1]

在行政强制合规制度的推行方面，最值得关注的立法动向当属我国反洗钱立法的突破性进展。根据2021年6月立法部门发布的《反洗钱法（修订草案公开征求意见稿）》，金融机构和负有反洗钱义务的非金融机构，有义务依法建立健全反洗钱内部控制制度，评估机构洗

〔1〕 参见陈瑞华：《论企业合规的中国化问题》，载《法律科学（西北政法大学学报）》2020年第3期。

钱风险状况并制定相应的风险管理措施，包括设立反洗钱专门机构或者指定内设机构负责反洗钱工作，配备相应的人力资源，开展反洗钱培训和宣传工作，通过内部审计或者独立审计等方式，监督检查反洗钱内部控制制度的有效实施，按照规定建立客户尽职调查制度，建立客户身份资料和交易记录保存制度，执行大额交易和可疑交易报告制度。[1]对于被列入恐怖主义融资风险的个人和实体，任何单位和个人都有义务采取反洗钱特别预防措施。对于那些没有依法建立和实施合规管理体系的金融机构，行政管理部门可以分别情况作出三种处罚：一是对于金融机构没有依法建立健全反洗钱内部控制制度，或者没有有效实施反洗钱内部控制制度，或者没有设立反洗钱专门机构，没有配备人力资源，没有评估风险状况并制定风险管理措施，没有开展反洗钱培训和宣传，没有有效开展内部审计或者独立审计，或者反洗钱系统存在机制性缺陷的，行政主管部门可以责令限期改正，给予警告、罚款，或者限制或禁止开展相关业务。二是对于金融机构没有按照规定开展客户尽职调查，没有按照规定保存客户身份资料和交易记录，没有按照规定报告大额交易，没有按照规定报告可疑交易的，行政管理部门可以责令限期改正，或者给予警告、罚款、没收违法所得等处罚。三是对于与身份不明的客户进行交易或者为客户开立匿名账户或假名账户，为没有按照规定对高风险情形采取风险管理措施，或者没有按照规定执行反洗钱特别预防措施的，行政管理部门可处以罚款、没收违法所得等处罚。

尽管我国法律没有在刑事法领域确立强制合规机制，行政强制合规机制在行政法中的确立也才刚刚起步，但是，这种制度一经实施，就显示出强大的生命力。尤其是对于企业建立有效的合规管理体系而言，强制合规制度更是可以发挥着不可替代的积极作用。究其实质，强制合规制度为企业设定了明确的合规义务并对没有建立合规体系或者没有实施有效合规计划的企业设定了惩罚性的法律后果。在一定程度上，这种制度为企业建立合规管理机制施加了强大的压力。尽管相对于新型的合规免责或合规从宽制度而言，强制合规更为关注

---

〔1〕 参见马梅若：《〈反洗钱法〉将有重要修订！》，载《金融时报》2021年6月2日。

企业合规义务的履行和相关法律责任的追究，其激励效果是有限的，但是，这种强制合规制度对于督促企业“从无到有”地构建起最起码的合规体系，还是具有积极意义的。通常而言，企业建立合规管理体系，都要经历从“被迫合规”到“主动合规”的发展过程。而在企业进行“被迫合规”方面，强制合规制度无疑可以起到不可替代的作用。当然，要使企业达到“主动合规”的境界，还是需要建立更多的合规激励机制，使企业获得足够多的合规动力和奖励。

六、企业合规的宽大行政处理

当代行政法确立了协商性的行政监管理念，对于相对人配合行政调查、采取补救挽损措施、披露违规事实和违规责任人或者采取制度整改措施的，监管部门通常可以给予宽大的行政处理。其中，企业在发生违规行为之前已经建立合规管理机制的，行政机关可以做出免予行政处罚或者减轻行政处罚的决定。对于这种以合规作为宽大行政处理依据的制度，我们通常称为“行政合规的实体激励机制”。这种机制一般包含着三个方面的要素：一是对于没有建立合规管理体系的违规企业，行政机关可以做出较为严厉的处罚，从而使企业承受较大的合规压力；二是对于已经建立合规管理体系的企业，法律确立了免除或者减轻处罚的宽大处理措施，使其具有较强的合规动力；三是对于提出证据证明建立合规机制的企业，行政机关作出了宽大处理，使其获得实际的合规奖励。

过去，由于受到严刑峻法观念的强烈影响，我国行政法很少赋予企业相对人建立合规管理体系的义务，更谈不上对建立合规体系的违法企业给予宽大的行政处理。近年来，基于国家治理现代化的法治理念，也随着协商性执法和契约型行政理念的逐步确立，一些行政法律开始将合规管理引入行政监管体系之中，在赋予企业合规管理义务的同时，对那些建立合规体系的违法企业，确立了一定程度的激励机制。这主要体现在两个方面：一是那些涉嫌违法违规的企业，可以建立合规体系为依据，作出无责任抗辩，从而说服行政机关免除企业的行政责任；二是对于那些已经建立合规管理体系的企业，行政机关可以将该企业建立合规体系作为宽大行政处罚的依据。

（一）作为无责任抗辩事由的企业合规

我国立法机关通过的《反不正当竞争法》引入了严格责任制度，对于企业员工存在贿赂行为的，一律推定为“经营者”的行为。同时，该法为企业提供了无责任抗辩的机会，经营者（也就是企业）“有证据证明该工作人员的行为与为经营者谋取交易机会或者竞争优势无关的”，可以不负法律责任。〔1〕

按照严格责任的基本法理，在公司员工存在贿赂行为的情况下，公司要追求免除法律责任的效果，就不得不承担证明责任，证明员工的行为纯属个人行为，而与为公司“谋取交易机会或者竞争优势”没有关系。但是，如何证明这一点呢？在公司行为与员工行为难解难分的情况下，要让公司证明某一员工从事商业贿赂的行为与公司没有关系，这是非常困难的。很多情况下，某一员工的行贿行为主观上可能是为实现自己的利益，如提高经营业绩，改善与客户的关系，打开销售渠道，等等。但客观上仍然是有利于实现公司的整体利益。假如行政监管部门对此进行过于严格的解释，那么，公司既难以逃脱被追究行政责任的后果，也缺乏建立企业合规机制的积极性。因此，无论是从行政执法实践还是从监管机构的权威解释来看，企业只要证明自己在反商业贿赂方面采取了积极努力和有效措施的，就可以被认定为承担了上述证明责任。

在这方面，原国家工商行政管理总局的一名高级官员，就曾做出明确解释：“‘有证据证明该工作人员的行为与为经营者谋取交易机会或者竞争优势无关’是指，经营者已制定合法合规合理的措施，采取有效措施进行监管，不应放纵或者变相放纵工作人员实行贿赂行为。”〔2〕

---

〔1〕 参见肖江平：《新反不正当竞争法的主要进步》，载《中国市场监管研究》2017年第12期。

〔2〕 参见吴楠：《总局反垄断与反不正当竞争执法局局长就新〈反不正当竞争法〉接受记者专访》，载《中国工商报》2017年11月9日，第5版。

换言之，在企业员工存在商业贿赂行为的情况下，企业承担证明责任，证明该员工的行为不是为企业谋取交易机会或者竞争优势，否则，就要承担法律责任。企业要证明这一点，就需要证明自己建立了有效的反商业贿赂合规计划，也就是制定了合法、合规、合理的预防商业贿赂的措施，在反商业贿赂方面采取了有效的监督、管理、识别、报告措施，以显示企业没有放纵员工的商业贿赂行为。由此，企业合规就被引入反不正当竞争领域，具有无责任抗辩事由的效力。

（二）合规从宽处罚机制的引入

根据中国证监会2017年发布、2020年修正的《证券公司和证券投资基金管理公司合规管理办法》，对于那些涉嫌证券违规的企业，中国证监会可以根据这些企业建立合规管理制度的情况，对其采取从轻、减轻处罚的措施，甚至可以不予追究行政责任。具体而言，对于证券基金经营机构在合规管理保障方面存在违规行为的，中国证监会及其直属机构在查处过程中，发现其具有以下完善合规机制行为的，可依法从轻、减轻处理："主动发现违法违规行为或合规风险隐患"，"积极妥善处理"，"落实责任追究"，"完善内部控制制度和业务流程"并"及时向中国证监会或其派出机构报告"。假如证券企业违规行为情节轻微并及时纠正违法违规行为或避免合规风险，没有造成危害后果的，也可以不予追究法律责任。

中国证监会在证券管理领域推行强制合规制度的同时，第一次将合规激励机制适用于合规管理领域。对于那些积极完善合规机制的证券企业，采取从轻、减轻处罚的激励措施，甚至可以给予不追究法律责任的"奖励"，这对于证券企业积极完善合规计划，建立健全合规团队，有效维护合规管理机制的运行，将起到积极的推动作用。

我国立法机关2021年颁布实施的《行政处罚法》，对涉嫌行政违法的相对人确立了若干项从轻、减轻或者免除行政处罚的情节，其中，"主动供述行政机关尚未掌握的违法行为"，以及"配合行政机关查处违法行为有立功表现"的行为，属于积极配合行政调查的行为；"主动消除或者减轻违法行为危害后果"的行为，则属于有效补救挽损措施；"初次违法且危害后果轻微并及时改正"的行为，具有一定的合规整改因素，这里所说的“改正”，在实践中包含着堵塞制度漏洞、消除管理隐患和预防违法违规行为再次发生的因素，也就是通常所说的合规整改措施。暂且不论《行政处罚法》的实施效果如何，仅就该法的立法原意来看，上述针对相对人的宽大处理措施，包含着“合规激励”的因素。

（三）初步的反思

目前，我国行政法在确立合规激励机制方面，仍然处于萌芽的状态。比较法的研究表明，行政合规激励机制通常包含着实体激励和程序激励这两个基本组成部分。其中实体激励包含着合规免责和合规从宽这两种形态，是指对于那些违法行为发生时已经建立合规体系的企业，行政监管部门免予或者从轻、减轻行政处罚的制度。程序激励则是指那些接受行政调查的企业，通过承诺建立或完善合规管理体系，接受行政合规考察，来换取宽大行政处理的制度。应当说，我国行政法只是在很少领域内确立了合规免责和合规从宽的实体激励机制，还没有引入那种在欧美国家普遍实行的程序激励制度。

即便在实体激励机制的构建方面，我国行政法也才刚刚起步。在反不正当竞争领域，尽管随着严格责任和无责任抗辩制度的确立，企业在反商业贿赂领域确实可以将合规作为无责任抗辩的事由，但是，这种规定在实践中尚没有较为成熟的案例，行政监管部门在接受这种合规免责制度方面还是显得保守有余，开创性不足，缺乏最基本的想象力。而所谓的“合规从宽”，也只是在中国证监会发布的合规指引中得到初步的确立，还远远没有被确立在法律和行政法规之中，更没有被确立为一种普遍的行政处罚理念。

七、行政和解制度的试行

对于已经建立合规体系的企业，行政部门在行政执法过程中可以做出宽大的行政处理。这就是前面所说的行政合规的实体激励机制。但是，行政部门在行政执法调查中，对于那些涉嫌违法违规的企业，在承认违法事实、积极配合执法调查的前提下，作出合规整改承诺的，行政部门可否给予一定的宽大处理呢？答案是肯定的。这种宽大处理通常被称为“行政和解协议”，也就是行政机关对承诺建立或者完善合规管理体系的涉案企业，给予合规考察并暂缓实施行政处罚的宽大机制，这也就是行政合规的程序激励机制。

根据欧美国家行政法的经验，行政部门可与涉案企业达成一种行政和解协议，涉案企业通常要承诺承担以下义务：一是按照要求缴纳高额罚款，承认违法事实，积极配合行政执法调查，采取补救挽损、披露违法事实或者违法责任人的措施；二是提出合规管理计划，提出合规整改方案，承诺修补制度漏洞，消除制度隐患，避免再次出现违法违规行为。对于作出上述承诺的企业，行政部门会根据案件情况设定一年至十年以上的合规考察期，派驻合规监管人或者合规协调员，对企业实施或合规管理的情况进行跟踪调查、指导和报告。在考察期结束后，行政部门根据企业合规整改和实施合规管理的效果，作出是否撤销行政处罚的决定。

传统上，我国行政立法和执法领域一直奉行所谓“行政职权法定”“行政权力不得自由处分”的理念，对于引入源自英美的行政和解协议制度一直存在争议。中国证监会在证券期货执法领域率先引入行政和解协议制度，属于行政执法价值理念上的重大突破。这一行政和解制度标志着我国的行政监管从过去的以“命令—服从”为核心的强制行政管理模式，开始转向积极性、协商性和合作性的行政监管模式。从立法意图来看，行政和解制度的试点，主要预期目标有四个：一是通过责令行政相对人交纳高额的行政和解金，及时弥补投资者的经济损失；二是通过对疑难行政执法案件达成和解协议，推动案件快速解决，尽快明确和稳定市场预期；三是通过与行政相对人进行协商、让步并达成协议，减少平息行政争议，避免案件进入行政复议和行政诉讼程序；四是破解相关制度供给不足的现实难题，对那些在法律上难以定性的行为，在不给出明确结论的情况下，通过和解加以结案。[1]

---

〔1〕 参见肖钢：《积极探索监管执法的行政和解新模式》，载《行政管理改革》2014年第1期。

（一）我国行政和解制度的确立

2015年2月17日，中国证监会发布了《行政和解试点实施办法》，首次在证券违法案件中试点行政执法和解协议制度。根据这一制度，行政相对人涉嫌违反证券期货法律、行政法规和相关监管规定的，中国证监会在进行调查执法过程中，可以根据行政相对人的申请，与其就改正涉嫌违法行为、消除违法行为不良后果、缴纳行政和解金、补偿投资者损失等进行协商，与其达成行政和解协议并终止调查执法程序。根据改革决策者的观点，行政监管部门对行政相对人采取行政和解方式，有利于实现监管目的，减少争议，稳定和明确市场预期，恢复市场秩序，保护投资者合法权益。〔1〕

在这一试点办法实施过程中，中国证监会对于制度的适用采取了较为谨慎的态度。到2021年6月为止，中国证监会只在两个证券违法案件中适用了这一制度：一是2019年与高盛亚洲、高华证券等九名申请人达成行政和解协议，申请人交纳和解金1.5亿元；二是2020年与司度（上海）贸易有限公司、富安达基金管理有限公司、中信期货有限公司等五家公司达成行政和解协议，申请人交纳的和解金超过6.8亿元。在上述两个案件中，中国证监会都要求申请人采取必要措施加强公司的"内控管理"，并在完成后向中国证监会"提交书面整改报告"。〔2〕根据上述两项行政和解协议，中国证监会都中止了对申请人有关证券违法行为的调查和审理程序。〔3〕

2020年4月17日，中国证监会发布了《2019年法治政府建设情况》，重申"稳步推进行政和解工作，有效化解行政资源与行政效率的矛盾"，并强调2020年实施的修订后的《证券法》正式确立了行政和解制度，使得这制度具有了明确的法律基础。

---

〔1〕 参见李东方：《论证券行政执法和解制度——兼评中国证监会〈行政和解试点实施办法〉》，载《中国政法大学学报》2015年第3期。

〔2〕 参见杨为乔：《证监会、高盛行政执法和解背后》，载微信公众号"董事会杂志"2019年7月31日，https://mp.weixin.qq.com/s/CivⅡ-cQRqYzwfdp12HXug。

〔3〕 参见刘歆宇：《和解金超6.8亿元！中国证监会与司度等五家机构达成行政和解》，载微信公众号"澎湃新闻"2020年1月20日，https://mp.weixin.qq.com/s/NNfahgT8-8eJisRzNm-Pmw。

随着2019年修订的《证券法》正式生效实施，行政和解制度结束了长达五年的试点阶段，正式成为我国证券监管部门对证券期货企业实施行政监管的法定措施。这也标志着行政和解制度被正式确立在我国行政法律之中。

根据修订后的《证券法》第171条的规定，中国证监会对涉嫌证券违法的单位或者个人进行调查期间，被调查的当事人提出书面申请，承诺在中国证监会认可的期限内纠正涉嫌违法行为，赔偿有关投资者损失，消除损害或者不良影响的，中国证监会可以决定中止调查。被调查的当事人履行承诺的，中国证监会可以决定终止调查，否则，应当恢复调查。根据立法者的解释，这一规定其实吸收了《行政和解试点实施办法》的内容，确立了行政和解制度。其中，作为行政调查的相对人，被调查人需要提出书面申请，作出三项承诺：一是纠正违法行为；二是赔偿投资人损失；三是消除损害或不良影响。而作为负责行政调查的监管部门——中国证监会一旦批准这一申请，就要设定考察期限，暂时中止监管调查程序，对被调查人履行承诺的情况进行监督、跟踪和考察，在考察期结束之前，根据被调查人履行承诺的情况，决定是否终止或者恢复监管调查程序。

在此之前，立法部门2007年通过的《反垄断法》就在反垄断执法领域中率先确立了“执法承诺制度”。国务院反垄断机构2019年还通过了《垄断案件经营者承诺指南》。2021年11月，国务院正式发布了证券期货领域行政执法承诺的实施办法。至此，我国在反垄断执法和证券期货监管两个领域，确立了“行政执法承诺”制度。〔1〕

（二）行政和解对企业合规的激励作用

在我国现行行政监管体系中，证券监管部门具有较为开放的监管理念，敢于对监管方式作出大胆的改革创新。近年来，在证券期货监管领域试行行政和解制度并推动这一制度被确立在《证券法》之中，就属于该部门在探索新型监管方式方面取得的重大进展。应当

〔1〕 参见方达律师事务所：《简析〈证券期货行政和解实施办法（征求意见稿）〉修订要点》，载微信公众号“方达律师事务所”2021年6月3日，https://mp.weixin.qq.com/s/arbGpz5f1t_SBhOfKABf7g。

说，这种行政和解不同于以往的行政复议和解和行政诉讼和解，而是在行政执法过程中发生在行政机关与相对人之间的执法和解。这一和解发生的前提是相对人承认违法违规事实，愿意缴纳和解金，积极配合行政机关的执法调查，愿意采取必要的补救挽损措施。而行政机关在接受相对人的申请后，中止行政执法调查程序，在一定期限内给予相对人改过自新的机会，并根据相对人履行承诺的情况决定是否终止行政执法调查程序。可以说，这一制度的推行有两个方面的制度创新：一是引入了行政合同和行政契约的行政管理方式，削弱了那种以“管制”、“训诫”和“处罚”为核心的传统行政执法理念，强调通过行政机关与相对人之间的对话、协商和互利互惠提高行政监管的效率，增强行政执法的社会效果；二是引入了“法益修复”的理念，使得相对人在自愿缴纳和解金的前提下，积极配合，补救挽损，在一定程度上修复了为行政违法行为所破坏的法益，在执法实践中又引入了加强内部控制、展开整改等制度修补措施，这有助于确保相对人弥补制度漏洞，消除制度隐患，预防行政违法行为的再次发生。在一定程度上，行政和解制度的引入，意味着我国行政法从那种以“处罚”为核心的“被动型执法方式”，开始走向一种以“预防”为核心的“能动型执法方式”。

但是，自2015年开始试行行政和解制度以来，在长达7年的时间里，我国证券监管部门只对两起涉及违反证券监管法规的案件适用了行政和解措施。这显示出证券监管部门对适用这一新型制度可能具有一定的犹豫、彷徨甚至抵触态度。另外，尽管立法部门通过修订《证券法》，将行政和解制度确立在法律之中，但那条原则性很强的条款究竟如何得到落实，证券监管部门如何制定出一条行之有效的实施细则，仍然是一件悬而未决的事情。联想到证券监管部门动辄收取数以亿计的天价行政和解金，而很少对涉案企业提出较为具体的建立内部控制体系的建议，更没有建立一种推动企业进行合规整改的机制，因此，我们不禁感到怀疑，这一改革的目的究竟是为了推动企业相对人进行制度整改，还是为了收取涉案企业的天价和解金呢？

与欧美国家行政监管部门推行的行政和解协议制度相比，我国正在探索的行政和解制度明确缺乏“合规激励”的因素，更难以发挥

"合规激励"的效果。首先，在行政机关与涉案企业达成和解协议方面，后者是否建立合规管理体系并没有成为法定的重要条件。其实，在涉嫌违法违规的企业中，对于那些已经初步建立合规管理体系的企业，还是应给予较为宽大的行政处理，至少在缴纳的和解金数额上，要体现"合规宽大"的精神，以鼓励企业推进合规体系的建立。否则，企业在建立合规机制方面就会缺乏必要的动力。其次，行政机关在审核企业提交的合规申请时，除了责令其缴纳高额的合规金以外，没有提出专门的合规整改要求。假如企业在实施违法违规行为之后，不对自身的合规风险进行认真的评估，不提出行之有效的整改方案，行政机关就主要根据其缴纳和解金的行为来作为行政和解的主要根据，那么，涉案企业在建立合规管理体系方面又怎么可能具有足够的动力呢？再次，行政机关在与涉案企业达成和解协议时，既没有确定合规整改期限，也没有指派合规监管人或者合规协调员，更没有提出较为具体的提交合规进展报告的要求。既然如此，证券监管部门所要求的诸如"建立内部控制体系"以及"进行制度整改"等方面的要求，又怎么可能得到实现呢？最后，证券监管部门对于仅有的两起行政和解案件，没有将有关企业相对人违法违规情况以及建立内部控制体系的情况，向社会公布，这似乎违背行政执法的公开性和透明性原则，容易引起社会各界的合理质疑，引发人们对能否实现"法律面前人人平等"这一法律原则的担忧。

八、行政监管合规的发展空间

近年来，随着最高人民检察院在部分省市推行企业合规不起诉制度的改革，建立所谓"刑事合规"以及实施企业合规的"刑法激励机制"的问题，引起了理论界和实务界的普遍关注。但相比之下，在行政监管领域引入企业合规机制的问题，仍然处于少部分监管部门时断时续的零星探索阶段，既没有被纳入统一的行政法律体系之中，也没有引起行政法学界的普遍重视。2021年修订后的《行政处罚法》既没有将合规作为企业无责任抗辩的依据，也没有将合规作为减轻处罚的法定情节。这显示出企业合规在主流行政法中尚缺乏应有的一席之地。而对于合规在行政监管中的地位，法学界也缺乏有针对性的深入讨论。

尽管缺乏必要的理论论证，但行政监管部门却出于真切的“问题意识”，基于走出传统行政执法困境的考虑，对在行政监管领域引入企业合规机制问题进行了卓有成效的探索。本章前面所讨论的六种行政监管合规机制，就属于这种制度探索的重要结果。从所发挥的功能而言，诸如发布合规指引、推行行政指导、确立预防性监管方式，实施强制合规制度等，就属于将企业合规确立为企业相对人法律义务的四种尝试，使得企业承担了推行合规管理的法律义务，并承担不履行这一义务的法律责任。而诸如合规宽大处罚制度和行政和解制度的小范围推行，则意味着一种合规激励机制在行政法中初步得到确立，那些涉案违法违规的企业，一旦推行过或者承诺推行合规管理体系，就可以得到监管部门的宽大处理，避免受到更为严重的处罚或损害后果。

考虑人的理性能力的有限性，我们实在无法断言这六种行政监管合规机制是否具有持久的生命力。不过可以肯定的是，未来更多的行政监管部门基于有效监管的考虑，还会探索出一些新的行政合规机制。可以想象一下，过去闻所未闻的合规宽大处理机制、强制合规制度以及行政指导制度，随着证券、金融、网络、反垄断、反不正当竞争等领域中企业违法违规情况的普遍发生，逐渐被确立为一种法定的监管方式。在这一方面，研究者似乎可以更加谦虚一些，更多地充当问题的观察者和思考者，发现制度变迁的规律。

不过，在上述六种行政监管合规机制的形成过程中，研究者也确实可以从有效监管和有效合规的角度，作出必要的评论，提出合理的改进建议。例如，在发布合规指引方面，监管部门过去所作的发布综合性合规指引的努力，确实已经到了需要全面评估的时候。未来，各个监管部门有必要针对企业的特定合规风险，结合涉案企业普遍存在的制度漏洞和管理隐患，发布一些专项合规指引。例如，税收征管部门可以发布税收征管合规指引；环保部门可以发布环保合规指引；市场监管部门可以发布知识产权合规指引、反商业贿赂合规指引；网络数据监管部门可以发布网络数据合规指引；等等。这些专项合规指引，不应仅仅被视为一种纸面上的“合规流程”，而应着眼于企业相关合规风险的有效防控，确保合规计划的有效实施。

再如，在行政指导制度的实施方面，监管部门仅仅通过约谈、指导等方式来推进合规管理，还是远远不够的。近期国家市场监管部门对大型网络平台进行的反垄断合规治理方式，就是通过这种行政指导制度来加以推行的。但经验表明，这行政指导有些类似于一种运动式的治理方式，并没有发挥普遍的合规治理效果。与检察机关提出的检察建议相类似，行政机关所采取的行政指导措施，要推动企业进行实质性的合规整改，就需要具有“刚性”的约束力。这种制度仅仅停留在“建议”或者“指导”的阶段，涉案企业即便不予接受，也不承担消极的后果，这就会使这一制度的实施效果大打折扣。

又如，在强制合规制度和预防性监管方式的推行方面，目前监管部门的尝试还只是刚刚起步。未来，有必要将企业合规管理的基本要求都转化为企业的法律义务，这是行政法从原来固有的“处罚性监管方式”转化为“预防性监管方式”的重要标志。与此相对应，在行政法确立越来越多的预防性监管条款的情况下，企业相对人应当承担建立合规管理体系的义务，并在没有承担这些义务时承担相应的行政责任。这种强制合规制度有必要在所有监管领域中都得到普遍的推行。

再如，在企业合规的宽大处理机制方面，目前一些零零星星的相关规则有必要逐步变成一种普遍的合规实体激励机制。在未来的行政处罚法中，企业建立较为完善的合规管理体系的，应被纳入“首违不罚”的适用对象。行政法还应将企业建立合规机制作为普遍的减轻处罚情节。立法部门有必要总结一下反不正当竞争法和证券法实施的效果，将合规宽大处理机制全面确立下来。

最后，在行政和解制度的完善方面，有必要将其适用范围从反垄断、证券期货监管领域扩展到整个行政监管领域，使其被确立为一种普遍的行政合规激励机制。可以参考检察机关推行合规不起诉改革的经验，将诸如合规整改方案、合规考察期、合规监管人、合规验收等方面的制度加以全面确立，使得行政监管部门也在吸收合规激励机制的前提下，确立真正意义上的行政和解协议制度。应当明确的是，协商性行政执法的生命在于行政和解制度，而确保对企业违法进行源头治理的关键，则在于以合规换取行政和解机制的确立。只有当行政和解不仅仅是为了满足企业利益特殊保护的考虑，还要引入企业经营方式的“去违法化”改造的目标，才能使行政和解制度的发展步入健康的轨道。

第八章

企业合规与行政和解制度

放弃严刑峻法的行政管理思维，将协商、对话和妥协的理念引入行政监管之中，全面确立行政执法机关与相对人的行政和解制度，这是合规机制进入行政监管领域的必由之路。

——题记

一、行政和解制度在我国的引入

本来，合规是企业为解决内部违法违规问题而建立的一种风险防控机制，是当代公司治理体系的重要组成部分。在相当长的时间内，企业合规要么是一些企业加强自我管理的一种方式，要么属于特定行业内部实行自我监控、避免恶性竞争的行业治理途径。但是，在企业越来越走向规模化、综合化和专业化的情况下，这种依靠高额罚款、吊销执照乃至处以严厉刑事处罚的治理方式，对于有效治理企业违法违规问题，具有越来越明显的局限性。甚至在诸如证券期货、反不正当竞争、反洗钱、反商业贿赂等领域，传统的行政执法方式还面临着更为系统化、顽固化的挑战，对于很多大型企业的普遍违法违规情况，行政执法机构无法解决其管理结构和公司文化方面的问题，难以有效地发现和预防结构性的违法行为，在一定程度上还出现了监管失灵的现象。为有效地加强企业监管，督促企业防控法律风险，各国政府逐渐将推动合规体系建设作为加强企业监管的重要方式。[1]其中，在行政执法领域，政府监

〔1〕 参见邓峰：《公司合规的源流及中国的制度局限》，载《比较法研究》2020年第1期。

管部门为鼓励企业建立有效的合规计划，在保留传统的严刑峻法政策的基础上，确立了一种以合规换取宽大行政处罚的监管方式。对于那些建立合规机制的企业，政府监管部门在对其违法违规行为进行执法调查时，既可以将合规作为不采取执法行动的依据，也可以作为减轻行政处罚的重要事由，还可以作为与企业达成行政和解协议的前提条件。[1]由此，行政监管合规机制逐渐被引入行政执法程序之中。

我国政府监管部门高度重视企业合规机制的建设问题，通过发布企业合规管理的“国家标准”，督促中央国有企业以及从事海外经营业务的企业建立标准化的合规管理体系。与此同时，我国政府监管部门在证券期货、反不正当竞争等领域，还确立了一系列吸引或者激励企业建立合规管理机制的制度，包括强制合规制度、合规抗辩制度、合规减轻处罚制度以及行政和解制度。由此，我国政府监管部门初步确立了一种行政监管合规机制的框架体系。

但是，相比于前三种行政监管合规机制，行政和解制度的确立，对于推动企业建立合规管理体系具有更为强大的激励作用。早在20世纪末，我国法律就已经确立了行政和解制度。但这种行政和解主要适用于行政复议和行政诉讼程序，被用来解决行政机关与相对人发生的行政争议。而在行政执法调查环节，行政机关与相对人一直不存在行政和解问题。从2015年开始，这种局面发生了重大变化。在这一年，中国证监会发布了《行政和解试点实施办法》，在证券期货监管领域试点行政和解制度。根据这一制度，行政相对人涉嫌违反证券期货法律、行政法规和相关监管规定的，中国证监会在进行调查执法过程中，可以根据行政相对人的申请，与其就改正涉嫌违法行为、消除违法行为不良后果、缴纳行政和解金、补偿投资者损失等进行协商，与其达成行政和解协议并终止调查执法程序。根据权威的解释，对行政相对人采取行政和解方式，有利于实现监管目的，减少争议，稳定和明确市场预期，恢复市场秩序，保护投资者合法权益。[2]

---

〔1〕 参见尹云霞、李晓霞：《中国企业合规的动力及实现路径》，载《中国法律评论》2020年第3期。

〔2〕 参见李东方：《论证券行政执法和解制度——兼评中国证监会〈行政和解试点实施办法〉》，载《中国政法大学学报》2015年第3期。

通过分析中国证监会与一些企业达成的行政和解协议，我们不难看出，作为行政和解申请人的企业，在缴纳高额和解金的同时，都承诺采取必要措施“加强对公司的内控管理”，在完成后向中国证监会“提交书面整改报告”。作为和解协议所确定的回报内容，中国证监会决定终止对申请人有关行为的调查和审理程序。[1]

2021年11月，国务院发布了《证券期货行政执法当事人承诺制度实施办法》(以下简称《实施办法》)，正式以行政法规的名义在证券期货监管领域确立行政执法承诺制度。所谓行政执法承诺，其实就是行政和解的一种制度形式，是指国务院证券监督管理机构对涉嫌证券期货违法的单位或个人进行调查期间，被调查人承诺纠正涉嫌违法行为、赔偿有关投资者损失、消除损害或者不良影响，并经国务院证券监督管理机构认可，当事人履行承诺后该机构终止案件调查的一种行政执法方式。《实施办法》确立了行政执法所要遵循的公平、自愿、诚信的基本原则，建立了包括申请、受理、协商、确定承诺金额并签署承诺认可协议、履行承诺认可协议、中止调查以及终止调查等程序流程，明确了不适用执法承诺的具体情形，规定了承诺金的使用和管理方式，建立了有关的监督制约机制。[2]

在此《实施办法》发布之前，国务院反垄断委员会就曾发布过《垄断案件经营者承诺指南》(以下简称《承诺指南》)。这项《承诺指南》尽管只具有部门规章的法律效力，却是我国监管部门首次系统确立行政执法承诺制度。该项制度直接依据《反垄断法》有关条款建立。早在2007年，我国立法部门通过的《反垄断法》第45条就确立了反垄断领域行政执法承诺制度的基本框架。根据这一条文，对于反垄断执法机构调查的涉嫌垄断行为，被调查的经营者承诺采取措施消除该行为后果的，该机构可以决定中止调查，并对经营者履行承诺的情况进行监督，对于履行承诺的经营者，执法机构可以决定终

---

〔1〕 参见席涛：《证券行政和解制度分析》，载《比较法研究》2020年第3期。

〔2〕 参见昝秀丽：《重磅！证券期货行政执法当事人承诺制度明年起施行，开辟投资者权利救济新渠道》，载微信公众号“中国证券报”2021年11月29日，https://mp.weixin.qq.com/s/PiqqQUuOflpKMuvfLCvtzQ。

止调查。[1]

根据《反垄断法》的上述条款,《承诺指南》规定，被调查的经营者可以提出承诺，采取具体措施消除其行为后果，国务院反垄断执法机构可以接受经营者的承诺，决定中止和终止调查。《承诺指南》确立了承诺制度的适用范围、承诺的提出和撤回、承诺的措施、经营者与执法机构沟通、执法机构对承诺措施的审查措施、中止调查、终止调查、恢复调查等制度。

迄今为止，我国的行政执法承诺制度已经在反垄断和证券期货这两个领域建立了起来。这一制度的实质就是在行政执法机构调查相关违法行为过程中，涉嫌违法的经营者作出旨在消除行为后果、赔偿受害人、纠正违法行为的承诺，并与执法机构达成承诺认可协议，后者对履行承诺的经营者终止调查。目前，这一制度由国务院相关监管部门负责实施，适用的对象既包括自然人，也包括涉嫌实施不法行为的企业。当然，无论作出承诺的是自然人还是企业，都要缴纳高额的和解金或承诺金，并履行所承诺的义务和措施。作为回报和奖励，行政执法机构对该企业作出不追究行政责任的宽大处理。

从形式上看，行政执法承诺制度与检察机关推行的企业合规监管考察制度具有相似之处。但值得指出的是，检察机关对于涉嫌犯罪的企业，之所以将其纳入合规考察的对象，除了这些企业认罪认罚、配合调查并采取补救挽损措施之外，还因为这些企业提出了合规整改方案，作出了建立或者改进合规管理体系的承诺。[2]而至少从书面规定来看，行政执法承诺并没有明确包含企业合规整改的内容，也没有对涉案企业作出合规整改的明确要求。而从我国在试行行政和解制度期间所处理的少数案件情况来看，涉案企业尽管被要求加强“内控管理”，提交“书面整改报告”，但对于合规管理和合规整改却没有提供任何具体的信息，中国证监会更没有对合规整改的情况作出验收或者评估。很显然，在行政执法承诺制度的试行和设计中，企业合规管理和合规整改的因素受到了改革决策者的忽略，合规激励机制并没有

〔1〕 参见盛杰民、焦海涛:《反垄断法承诺制度的执行难题与激励》，载《清华法学》2009年第2期。

〔2〕 参见黎宏:《企业合规不起诉：误解及纠正》，载《中国法律评论》2021年第3期。

被引入这一制度之中。

本章拟对行政和解与合规激励的关系问题作出初步的讨论。笔者将首先分析美国行政和解制度中的合规激励机制，对行政和解与合规的关系作出理论上的归纳，然后考察中国行政和解试行的效果，分析行政执法承诺的制度框架，并从发挥合规激励作用的角度，提出改革行政和解制度的初步思路。

二、比较法的考察——以美国的行政和解协议制度为范例

我国的行政和解制度是通过借鉴美国行政和解协议制度而建立起来的。尤其是中国证监会，在对从事证券期货业务的企业进行监管过程中，越来越多地汲取了美国证交会的监管和执法经验。在行政和解中引入企业合规机制，就属于这种经验吸收的重要例证。为解释行政和解制度的来龙去脉，我们有必要对美国的行政和解协议制度做一简要分析。

通常情况下，美国行政部门对于违反行政法规的企业，都要启动行政调查程序，由调查部门展开全面调查。在调查结束并有足够证据证明企业违反行政法律的情况下，行政部门会选择实施两种制裁程序：一是行政制裁程序，也就是通过内部行政程序追究企业的行政责任；二是民事制裁程序，也就是通过向法院提起民事诉讼，由法院作出民事制裁的裁决。在行政执法实践中，行政机关在选择上述两项制裁程序方面拥有较大的自由裁量权。在有些案件中，行政机关甚至可以同时启动这两项制裁程序。

所谓行政和解协议，是指行政机关在行政制裁程序中，与那些配合调查、主动进行自我披露或者建立合规计划的涉案企业所达成的有关实施宽大行政处罚的协议。该类和解协议的内容通常包括两大部分：一是行政机关设置特定考验期，责令涉案企业在考验期内承担一系列义务；二是在考验期结束后，对于涉案企业遵守协议内容的，作出宽大行政处罚。原则上，在行政制裁程序中，从启动调查程序开始，直至行政制裁终局决定形成之前，涉案企业都可以与行政机关达

成行政和解协议。而在民事制裁程序中，行政机关向联邦地区法院提出民事指控之后，直至法院作出终局民事判决之前，行政机关也可以与涉案企业达成行政和解协议。一般而言，美国证交会与涉案企业通常达成暂缓起诉协议或者不起诉协议。其他美国行政机关，则与涉案企业达成行政和解协议。

（一）美国证交会的DPA和NPA

根据美国证交会发布的执法手册，美国证交会在进行一项执法调查或提出民事起诉时，要考虑以下因素：企业可能违反的法规或规则；潜在违法行为的严重程度；违法行为的潜在后果；潜在受害的群体是否特别脆弱或者处于危险之中；不当行为是否正在进行之中；不当行为是否能够在法规限定期限内得到快速调查；是否包括联邦或州政府机构在内的其他机构更加胜任这种调查工作。美国证交会还要考虑案件是否可能涉及普遍的商业惯例，案件是否属于累犯，等等。[1]

美国证交会也对涉案企业的合作问题设立了评估框架。根据美国证交会2001年作出的一份调查报告，要求在决定是否对企业采取执法行动时，考虑公司是否存在以下四个方面的合作措施：一是在发现不当行为之前进行自我监管措施，包括建立有效的合规程序；二是在不当行为被发现后进行自我报告，包括对不当行为的性质、程度、来源和后果进行全面的审查，向公众、监管机构和行业自律组织进行迅速、完整和有效的披露；三是采取补救措施，包括解雇或者适当惩处实施不当行为的人，修改或改进内部控制和程序，以防止不当行为再次发生并适当补偿那些受到不当行为影响的人；四是与执法机构的合作，包括向美国证交会提供有关不当行为与补救措施的信息。[2]由于每个案件都具有相应的个体差异，美国证交会在遵循上述评估框架的基础上，仍然会对每个案件的处理行使一定的自由裁量权。

---

〔1〕 See Securities and Exchange Commission Division of Enforcement, Enforcement Manual, 2.1.1 Ranking Investigations and Allocating Resources.

〔2〕 See the Seaboard Report, Report of Investigation Pursuant to Section 21(a) of the Securities Exchange Act of 1934 and Commission Statement on the Relationship of Cooperation to Agency Enforcement Decisions, Securities Exchange Act Release No. 44969 and AAER-1470 (Oct. 23, 2001).

2011年5月，美国证交会与一家违反FCPA的企业达成了第一份暂缓起诉协议。[1]在这一案件中，一家生产钢管产品的制造商在竞标供应石油天然气管道项目过程中，向乌兹别克斯坦政府官员行贿，违反了FCPA的反贿赂条款。该公司获得乌兹别克斯坦政府的多份合同，并获利500万美元。在违规行为被披露后，该公司作出了自我披露并进行了彻底的内部调查，还与美国司法部和美国证交会进行了全面的合作，采取了广泛的补救措施，包括加强反腐败程序和合规培训。根据该公司与美国证交会达成的DPA，该公司支付了540万美元赔偿金和350万美元罚款。

一般而言，美国证交会与企业达成的DPA，属于一种承诺在考验期之内暂时不采取执法行动的和解协议。该协议通常要求设置五年以内的考验期，在考验期结束后，涉案企业遵守各项协议要求的，美国证交会将不再采取行政制裁措施。而NPA则属于承诺不再采取任何执法行动的协议，没有考验期的设置，只要涉案企业与美国证交会达成了NPA，企业就需要永久性地遵守各项协议条款。但涉案企业在任何时间违反了NPA的条款，执法部门都可以要求SEC采取后续执法行为。

在具体协议内容上，DPA通常包括以下条款：一是同意完全配合执法人员的调查和执法程序，包括提供相关文件和材料，回答提问，出席面谈，在审判和其他程序中出庭作证，放弃有关诉讼权利等。二是同意在约定期限内被收取费用。三是同意不再违反证券法律。四是同意返还不当利益，或者支付罚款。五是对于满足DPA条款要求的企业，SEC不再采取进一步的执法行动。六是对于违反DPA条款的企业，SEC执法部门可以建议SEC采取进一步执法行动。七是在违反DPA条款的情况下，企业同意SEC使用协议所涉及的声明、信息和资料来采取对抗措施。八是为保护投资人而设定的其他禁止或保证条款。[2]

---

〔1〕 See Securities and Exchange Commission, Tenaris to Pay $5.4 Million in SEC's First-Ever Deferred Prosecution Agreement, accessible at https://www.sec.gov/news/press/2011/2011-112.htm.

〔2〕 See Securities and Exchange Commission Division of Enforcement, Enforcement Manual, 6.2.2 Deferred Prosecution Agreements.

而美国证交会与企业所达成的NPA，除了前述第二、三两项内容，其他条款几乎是完全一致的。[1]在执法实践中，DPA所包含的前述第三项条款，也就是通常所说的“合规条款”，对企业提出了改进合规计划的要求。相反，NPA一般不会包含类似的合规条款。

（二）商务部和联邦贸易委员会的和解协议

BIS可以发出一封控告信，启动正式行政执法行动，然后与涉案企业达成和解协议。在控告信发出前双方达成和解协议的，BIS可以考虑减少民事罚款的数额，案件也不再提交给行政法官。但是，在控告信发出之后，行政法官启动了审理程序，在此期间双方达成和解协议的，BIS可以将案件从行政法官处予以撤回。而在案件到达商务部副部长审核程序时，双方达成和解协议的，由副部长决定是否批准该项和解协议。[2]

FTC在行政制裁程序和民事制裁程序中都可以与企业达成和解协议。在针对企业侵犯消费者权益、违反反垄断法等方面的行为展开的行政调查和行政制裁程序中，FTC可以与涉案企业达成和解协议。而在FTC向联邦地区法院提起民事诉讼的案件中，FTC也可以与涉案企业达成和解协议，但FTC必须就该项和解的理由作出公开声明并获得法院的批准。[3]

例如，2019年7月，FTC与一家位于犹他州的科技公司InfoTrax Systems达成行政和解协议。[4]该公司被指控没有实施合理的安全保护措施，造成近100万名消费者的个人信息被黑客窃取。根据FTC的指控，该公司以及前任CEO没有采取合理、低成本、轻松可得的

〔1〕 See Securities and Exchange Commission Division of Enforcement, Enforcement Manual, 6.2.3 Non-Prosecution Agreements.

〔2〕 See U.S. Department of Commerce Bureau of Industry and Security, Administrative Enforcement Proceedings.

〔3〕 See Federal Trade Commission, A Brief Overview of the Federal Trade Commission's Investigative, Law Enforcement, and Rulemaking Authority, accessible at https://www.ftc.gov/about-ftc/what-we-do/enforcement-authority.

〔4〕 See Federal Trade Commission, Utah Company Settles FTC Allegations it Failed to Safeguard Consumer Data, accessible at https://www.ftc.gov/news-events/press-releases/2019/11/utah-company-settles-ftc-allegations-it-failed-safeguard-consumer.

保护措施来保护和储存的客户个人信息，包括该公司没有清点并删除不再需要的个人信息；没有对其软件进行代码审查并对网络进行测试；没有监测恶意文件上传；没有充分细分其网络；没有实施网络安全防护措施以监测网络上的异常活动。此外，FTC还指控，该公司将消费者个人信息以清晰可读的文本存储在网络中，个人信息包括社保号码、支付卡信息、银行账户信息、用户名和密码等。由于InfoTrax Systems保护数据措施不力，一名黑客在2014年5月至2016年3月，超过20次潜入该公司的服务器及其代为运营的网站，入侵者获取了大约100万名缴费者的敏感个人信息。直到2016年3月，该公司被警告其服务器已达到最大容量时才发现上述入侵事件。这一警告是由于黑客创建的数据文档文件所引起的。入侵者获取的个人信息可被用来实施身份盗窃和欺诈。FTC声称该公司没有对其应保护的个人数据提供合理的安全保护，违反了FTC所禁止的不当行为。

根据FTC与InfoTrax Systems达成的行政和解协议，该公司只有在实施一个信息保护项目，解决信息安保不力问题之后，才能从事收集、出售、共享或存储个人信息的业务活动。这个信息保护项目包括评估存档内部和外部的安全风险；实施安保措施来保护个人信息免受网络安全风险；检测和测试上述安保措施的有效性。此外，和解协议还要求，该公司每两年接受由第三方对其个人信息项目的评估。评估者必须独立实施取样、员工采访以及文件审阅等行为。不仅如此，协议还授予FTC任命独立评估者的权力。

（三）企业合规与行政和解协议的关系

目前，美国拥有行政执法权的监管部门，几乎都可以与实施违法违规行为的企业达成行政和解协议。特别是在反商业贿赂、反洗钱、数据保护、反不正当竞争、出口管制等领域，诸如美国证交会、商务部、财政部、联邦贸易委员会等在内的监管部门，还可以与美国司法部联合启动执法程序，使涉案企业同时受到行政执法程序和刑事追诉程序处理。在此类联合执法程序中，政府监管部门可以与检察机关一起，与涉案企业达成包括行政和解和附条件不起诉在内的“一揽子”

和解协议。这就使行政和解协议可以与暂缓起诉协议或不起诉协议具有一定的交叉性。

在大多数行政和解协议中，企业建立合规机制都可以成为企业成功签署和解协议的重要依据，也可以作为和解协议条款，对企业获得宽大处罚起到较为明显的激励作用。

通常情况下，监管部门都将企业建立合规机制视为企业配合监管调查的重要标志。有些监管部门认为，涉案企业建立了合规计划并在违法行为发生后对合规计划做出相应的完善，属于“良好的补救措施”，充分“体现了配合意愿”，结合该公司的自我披露行为以及配合调查情况等因素，共同促成了行政和解协议的达成。[1]这显然表明，企业建立合规计划，确实有助于行政和解协议的达成。

而在那些已经达成行政和解协议的案件中，监管部门通常都会提出一系列明确的合规条款，要求企业承担重建有效合规计划的义务。例如，在一些监管部门与企业签署的和解协议中，通常都有专门的“合规条款”，要求涉案企业对员工和管理层进行合规培训，每年提交合规报告，公司员工签字确认遵守公司的行为手册，加强公司内部管理和程序设计，加强证券和反腐败法的合规程序，等等。[2]又如，有些和解协议还明确要求企业重建合规组织体系，如建立隐私保护委员会，任命专门的合规官员，定期提交合规评估报告，委任外部独立专家，评估专项合规体系的运行状态。[3]

很多监管部门在行政和解协议中还要求企业引入独立合规监督员，使其作为独立的第三方，负责评估和监控企业遵守协议中有关合规要求的情况，以便确保企业减少再次发生不当行为的风险。例如，美国证交会就经常要求企业聘请一位独立的合规顾问，负责对企业内

〔1〕 See Securities and Exchange Commission Division of Enforcement, Enforcement Manual, 6.2 Cooperation Tools.

〔2〕 See Securities and Exchange Commission Deferred Prosecution Agreement with Tenaris.

〔3〕 See Federal Trade Commission, FTC's $5 billion Facebook settlement: Record-breaking and history-making, accessible at https://www.ftc.gov/news-events/blogs/business-blog/2019/07/ftcs-5-billion-facebook-settlement-record-breaking-history.

部控制机制的独立审查。[1]合规顾问通常会要求企业采取必要改进措施，以便加强合规计划，预防违规行为再次发生。假如企业认真对待合规顾问或者监督员的建议，在合规监督期间有效解决了原有的合规问题，那么，该企业就可以建立更为强大也更为持久的合规计划。当然，在很多执法案件中，美国司法部和美国证交会有时会采取联合行动，一起与涉案企业达成DPA或者NPA。在此情况下，两个机构会委派同一个合规顾问或者合规监督员并由其履行双重合规监控职责。[2]

通过对那些建立合规计划的企业适用行政和解协议制度并在行政和解协议中引入合规条款，督促企业将重建合规计划作为必要的补救措施，监管部门对企业建立合规机制采取积极的激励作用，这大大调动了企业针对合规风险建立有效合规计划的积极性，使企业通过寻求与监管部门的配合和合作来进行积极整改，弥补合规体系的漏洞，避免或者预防企业再次出现违法违规行为。可以说，正是通过这种平等参与的行政和解协议，而不是实施严厉惩罚，美国监管部门有效推动了企业合规机制的普遍建立。

三、对我国行政和解制度试点的观察

根据2015年中国证监会发布的《行政和解试点实施办法》，我国首次在证券和期货监管领域试行行政执法和解制度。所谓行政和解，是指中国证监会在对行政相对人涉嫌违反证券期货法律、行政法规和相关监管规定行为进行执法调查过程中，根据行政相对人的申请，与其就改正涉嫌违法行为，消除涉嫌违法行为不良后果，交纳行政和解金，补偿投资者损失等进行协商达成和解协议，并据此终止调查执法程序的行为。具体说来，行政和解要由行政相对人提出申请，中国证

---

〔1〕 See Veronica Root, *Modern-Day Monitorships*, 33 Yale Journal on Regulation 109, 131 (2016).

〔2〕 See Michael S. Diamant, Christopher W. Sullivan & Jason H. Smith, *FCPA Enforcement Against U.S. and Non-U.S. Companies,* 8 Michigan Business & Entrepreneurial Law Review 353, 359 (2019).

监会经过审核同意后，与行政相对人达成和解协议。和解协议的基本内容是，行政相对人交纳行政和解金并承诺改正所涉嫌的违法行为，消除所涉嫌的违法行为的后果。作为回报，监管部门终止行政执法调查程序，不再对行政相对人实施行政处罚。

中国证监会试点实施行政和解制度后的3年时间里，一直没有与行政相对人达成行政和解的案例。直到2019年年初，随着第一起行政和解案例的出现，我们有机会观察行政和解制度在实践中的实施状况。2020年年初，中国证监会又在另一起行政执法案件中达成了行政和解协议。这给我们提供了了解行政和解试点情况的又一机会。

2019年4月，中国证监会与高盛（亚洲）有限责任公司、北京高华证券有限责任公司等9名申请人达成行政和解。这是2015年中国证监会试点行政和解制度以来的首个行政和解案例。根据中国证监会的公告，2013年10月至2015年7月，高盛（亚洲）自营交易员通过在高华证券开立的高盛经纪业务账户进行交易，同时向高华证券自营营业员提供业务指导。双方于2015年5~7月的4个交易日的部分交易时段，从事了其他相关股票及股指期货合约交易。中国证监会于2016年7月对申请人的上述违规行为进行立案调查。经高盛亚洲、高华证券等9名申请人提出申请，中国证监会与其达成行政和解，责令申请人缴纳1.5亿元行政和解金，采取必要措施加强公司的“内控管理”，并在完成后向中国证监会“提交书面整改报告”。作为回报，中国证监会终止对申请人有关行为的调查和审理程序。〔1〕

2020年1月，上海司度公司等5家公司与中国证监会达成行政和解协议。根据中国证监会发布的2020年第一号公告，2015年，司度（上海）贸易有限公司与富安达基金管理有限公司、中信期货有限公司、国信期货有限责任公司、北京千石创富资本管理有限管理公司、国信期货有限责任公司等五家机构，因涉嫌违反账户管理有关规定，以及违反资产管理业务有关规定，被中国证监会进行监管调查。经上述五家机构提出申请，中国证监会最终与其达成行政和解。中国证监

〔1〕 参见杨为乔：《证监会、高盛行政执法和解背后》，载微信公众号“董事会杂志”2019年7月31日，http://mp.weixin.qq.com/s/Civ1I-cQRqY2WfdP12HXug。

会责令上述五家机构分别缴纳6.7亿元、180万元、1000万元、235万元和100万元的和解金，要求五家机构采取必要措施加强公司的“内控管理”，并在完成后向中国证监会“提交书面整改报告”。作为回报，中国证监会终止了对申请人有关行为的调查和审理程序。[1]

从上述两起行政和解案件的情况来看，中国证监会在证券监管领域进行行政和解的试点工作，并对涉嫌行政违法的企业提出纠正违法行为、消除或者减轻违法行为后果的方案，作为与其达成行政和解的前提条件，这的确将企业合规引入了行政和解过程之中。而涉案企业不仅要承诺加强内部管理，还要切实采取进行内部整改的具体措施，如此方能换取监管部门终止行政调查程序，避免更为严厉的行政处罚后果。这显然表明，至少在行政监管领域，企业合规已经在发挥行政监管激励机制的作用。

但是，由于在行政和解试点实施方案中没有较为完整地引入企业合规的激励机制，因此，中国证监会通过行政和解来推进企业合规机制究竟能取得多大的效果，这又是存在疑问的。从激励企业建立合规计划的角度来看，中国证监会似乎缺乏必要的制度配套机制。

首先，中国证监会没有针对企业从事证券期货经营活动发布专门性的合规管理指南。

西方国家对违规企业推行行政和解协议的经验表明，只有督促企业针对特定合规风险实施专项合规计划，行政和解才能在预防、监控和应对合规风险方面发挥确实有效的作用。为此，政府监管部门需要定期发布专门的合规管理指南，引导企业建立或者改进合规计划。可惜的是，中国证监会在试点实施行政和解制度时，没有针对证券期货领域的合规风险发布专门的合规管理指引，致使涉案企业在“纠正违法行为”“积极整改”“建立内控机制”等方面，缺乏基本的合规指引。涉案企业在交纳行政和解金之后，既不颁布“合规章程”，不建立合规组织体系，不针对虚假陈述、内幕交易、操纵市场、欺诈客户等违法违规行为制定专门的合规政策和员工行为守则，也不针对上述合规

---

〔1〕 参见刘歆宇:《和解金超6.8亿元！中国证监会与司度等五家机构达成行政和解》，载微信公众号“澎湃新闻”2020年1月20日，http://mp.weixin.qq.com/s/NNfah9T8-8eJiSRzNm-Pmw。

风险确立有针对性的预防、监控和应对机制，那么，所谓的“纠正违法行为”和“积极整改”，就将是一句空话。

其次，中国证监会没有将企业建立合规机制作为适用行政和解程序的前提条件。

根据中国证监会的行政和解试点实施办法，除了一些弹性十足的模糊条件以外，可操作的适用条件是案件在事实认定或法律适用等方面属于“疑难案件”，行政相对人愿意交纳高额行政和解金。这里并没有将企业建立合规机制作为适用行政和解的前提条件。而假如涉案企业从来没有建立合规管理机制，就谈不上“改进”或者“完善”合规体系的问题。假如与中国证监会达成行政和解协议，涉案企业在一片空白的基础上建立合规管理体系，又如何有效地纠正违法行为或者进行积极整改呢？

企业合规机制要得到普遍推行，就需要监管部门建立有效的合规激励机制，也就是对那些建立合规计划的企业，在适用行政和解程序时处于优先地位。由此才能对潜在的违法违规企业形成一种积极效果，吸引其通过建立合规机制来换取行政和解的机会。而假如监管部门在适用行政和解程序时根本不将合规机制作为一项前提条件，那么，那些从事证券期货业务的企业在建立合规管理体系方面究竟能有多大的动力呢？

再次，中国证监会对于申请行政和解的企业，没有在行政和解协议中引入完整的企业合规条款。

英美国家的政府监管部门对于达成行政和解协议的案件，都会将这些和解协议的文本进行全文公布。这一方面可以使行政和解协议的内容为社会公众所知情，符合行政执法公开透明的理念；另一方面也使那些涉案企业受到一定程度的惩戒和威慑，既要积极配合监管部门的处理，完善合规体系，又要避免再次出现违法违规行为。不仅如此，英美国家在行政和解协议中会与企业签订专门的“合规条款”或“合规文本”，对企业建立怎样的合规管理机制提出非常明确的要求。这些合规条款或者合规文本会成为行政和解协议的一部分或者作为附件，成为检验企业是否履行行政和解协议的主要依据。

但迄今为止，中国证监会只对两个案件适用了行政和解程序，也没有将这两份行政和解协议书的完整文本公之于众。我们无法了解中国证监会究竟向这些企业提出了哪些方面的合规要求，也不知道这些企业究竟作出了哪些合规承诺。但从中国证监会公开发布的案例介绍来看，这些企业都被要求“采取必要措施加强公司的‘内控管理’，并在完成后向中国证监会‘提交书面整改报告’”。至于究竟如何加强“内控管理”，提交怎样的“整改报告”，中国证监会则没有提出明确的要求。中国证监会有没有与涉案企业签署专门的合规条款或者合规文本呢？对此，我们无从得到答案。人们有理由提出疑问：收取高额行政和解金的中国证监会在督促企业建立合规管理体系方面究竟进行了多少实质性的监管？

最后，中国证监会没有对企业完善合规机制确立一个考验期，也没有对企业改进合规机制建立持续的监督机制。

按照英美等国实施合规管理机制的经验，监管部门与违规企业达成行政和解协议的，通常会设定一个为期三年或者时间更长的考验期，在此期限内责令企业履行各项义务，尤其是建立或者完善专项合规计划。监管部门根据企业违规以及建立合规计划的实际情况决定是否派驻合规监督官或者合规协调员，定期对企业建立合规体系的进展情况进行检查和督促。当然，对于高度配合监管调查的企业，监管部门也可以不派驻合规监督官或者合规协调员，而是要求企业定期提交合规进展报告。最终，在考验期结束之前，监管部门要对企业履行行政和解协议的情况进行检查验收，经检验认定为完全履行和解协议的，才最终停止行政执法程序。

但按照中国证监会的行政和解试点实施办法，监管部门对于涉案企业并没有明确的考验期，也没有对企业建立内部管理机制或者采取积极整改措施进行持续不断的监督和检验。这种试点办法既没有建立派驻合规监督官的制度，也没有确立涉案企业定期提交合规报告的义务，更没有在考验期结束之前对企业建立合规机制的情况进行检查验收。如此放任自流式的监管方式，如何对涉案企业完善内部管理机制产生有效的约束力呢？

四、我国行政执法承诺制度的基本框架

我国的行政执法承诺制度目前在反垄断和证券期货两个领域得到了实施。2007年通过的《反垄断法》首次在反垄断领域确立行政执法承诺制度。2019年国务院反垄断委员会通过《承诺指南》，推动了这一制度在反垄断领域的正式实施。2015年，中国证监会发布了《行政和解试点实施办法》，尝试在证券和期货监管领域试行行政执法和解制度。经过四年的试行，这一制度被2019年修订后的《证券法》吸收，并被代之以行政执法承诺制度。2021年国务院通过发布《实施办法》，建立了证券期货监管领域中行政执法承诺制度的框架。

从形式上看，我国的行政执法承诺制度与美国的行政和解制度具有一定的相似之处。但唯一不同的是，美国的行政和解制度通常都包含了企业合规的要素，与行政监管部门达成和解协议的涉案企业，都要承担建立或者改进合规计划的义务。而从制度设计上看，我国的行政执法承诺制度并没有将合规要素纳入其中，执法机构与涉案企业所达成的承诺认可协议，也没有明确包含建立或改进合规计划的条款。在以下的讨论中，笔者将简要分析这一制度的基本理念，并从申请、承诺采取的措施、协议达成、中止调查、终止调查等几个方面，对反垄断和证券期货领域的行政执法承诺流程作出简要的分析和评价。

（一）行政执法承诺的基本理念

传统上，我国行政立法和执法领域一直奉行所谓“行政职权法定”“行政权力不得自由处分”的理念，对于引入源自英美的行政和解协议制度一直存在争议。国务院监管部门在反垄断和证券期货执法领域，率先引入行政执法承诺制度，属于行政执法理念上的重大突破。这一制度的确立标志着我国的行政监管从过去的以“命令—服从”为核心的强制行政管理模式，开始转向积极性、协商性和合作性的行政监管模式。

早在行政和解制度试点之处，证券监管领域的改革决策者认为，试行行政和解制度主要有四个预期目标：一是通过责令行政相对人交纳高额的行政和解金，及时弥补投资者的经济损失；二是通过对疑难

行政执法案件达成和解协议，推动案件快速解决，尽快明确和稳定市场预期；三是通过与行政相对人进行协商、让步并达成协议，减少平息行政争议，避免案件进入行政复议和行政诉讼程序；四是破解相关制度供给不足的现实难题，对那些在法律上难以定性的行为，在不给出明确结论的情况下，通过和解加以结案。〔1〕

早在2019年，国务院反垄断部门曾认为，建立行政执法承诺制度对于加强和改进反垄断执法，保护市场公平竞争，具有三个方面的意义：一是有利于尽快恢复公平竞争市场秩序，通过对承诺采取措施消除有关行为不利影响的经营者终止调查，放弃行政处罚，鼓励其终止违法行为，消除不法行为的后果和影响，保护了市场公平竞争；二是有利于提高反垄断执法效率，垄断行为的调查取证经常面临较大困难，需要耗时费力，行政执法承诺制度鼓励经营者主动停止违法行为，作出相关承诺，可以有效缩短反垄断执法时间，提高执法效率；三是有利于节约反垄断执法资源，通过引入协商和和解的制度因素，促使经营者尽早停止不法行为，确保执法机构以较少的人力物力投入，在较短时间内办理完毕反垄断执法案件。〔2〕

2021年，中国证监会和司法部对于在证券监管领域建立执法承诺制度的主要意图，作出了新的解读。这一制度被认为在提高执法效率、及时赔偿投资者损失、尽快恢复市场秩序等方面具有四个意义：一是有效提高执法效能，化解资本市场执法面临的“查处难”与市场要求“查处快”之间的矛盾；二是及时赔偿投资人损失，增强其获得感和满意度；三是确实提高违法成本，增强监管失效，使涉嫌违法的经营者付出较高的经济代价；四是有助于尽快实现案结事了和定分止争，妥善化解社会矛盾，及时恢复市场秩序，稳定市场预期。〔3〕

〔1〕 参见肖钢：《积极探索监管执法的行政和解新模式》，载《行政管理改革》2014年第1期。

〔2〕 参见万江、郭程：《国务院反垄断委员会〈垄断案件经营者承诺指南〉评述》，载微信公众号“环球律师事务所”2020年8月19日，https://mp.weixin.qq.com/s/RzxsOsNq84Rzhp75rbp9OQ。

〔3〕 参见昝秀丽：《重磅！证券期货行政执法当事人承诺制度明年起施行，开辟投资者权利救济新渠道》，载微信公众号“中国证券报”2021年11月29日，https://mp.weixin.qq.com/s/PiqqQUuOflpKMuvfLCvtzQ。

其实，作为一项重大的行政执法改革，行政执法承诺制度的建立，意味着一种带有协商性、妥协性和合作性的执法方式，被引入行政执法程序之中。如果站在行政执法改革的角度，那么，我们可以将行政执法承诺制度所要实现的价值目标，概括为四个方面：首先，从提高效率和节约资源的角度看，对于那些涉及复杂专业问题的反垄断和证券期货执法案件，执法机构的普通调查活动需要投入大量人力物力财力，也需要投入动辄长达数年的时间，甚至会出现对疑难案件难以认定的情况，而通过引入执法承诺制度，经营者主动停止违法行为，采取消除不利影响的措施，执法机构就可以在短时间内做到案结事了，快速处理了案件。其次，从制度激励的角度来说，行政执法承诺制度其实包含一种激励机制：只要主动作出消除不利影响、赔偿受害者损失等方面的承诺，并采取有效的履行承诺的措施，就可以获得执法机构中止调查、终止调查的结果，说服执法机构放弃行政处罚，这就使得做出承诺的经营者获得了较大的执法奖励，使得那些潜在的违法者获得与执法机构作出承诺的动力。再次，行政执法承诺制度的建立，使得那种以调查、处罚和威慑为核心的理念得到调整，被代之以承诺、协商、互惠和利益兼得的理念，被调查的经营者不仅可以参与对执法方式的协商过程，还可以自主地选择最有利的执法结局，经营者通过停止违法行为、缴纳承诺金，换取了执法机构对行政处罚的放弃，这可以唤起经营者的法律主体意识，使其更有可能接受安检的处理方式。最后，执法承诺制度尽管可能使那些履行承诺的违法者免受行政处罚，却使其缴纳了承诺金，尤其是远远高出正常罚款标准的承诺金，使其为违法行为付出了高昂的代价，这种承诺金的科处，事实上可以发挥惩罚和威慑的效力。

（二）行政执法承诺的基本流程

相对于传统的行政执法程序而言，行政执法承诺属于一种基于经营者申请和沟通协商而确立的特别行政执法程序。这一特别程序以经营者提出适用承诺申请为开端，监管部门受理后，对其承诺作出审查，并与其就承诺事项展开沟通协商，在达成承诺认可协议后，作出中止调查的决定。在双方商定的承诺履行期内，监管部门认为经营者完全履行协议的，作出最终的终止调查决定。

1.行政执法承诺的申请

原则上，行政执法承诺以经营者提出申请为适用的前提，监管部门一般不会依据职权主动启动行政执法承诺程序。在反垄断执法领域，反垄断执法机构在作出行政处罚告知之前，经营者都可以提出承诺。执法机构鼓励经营者在尽可能早的阶段提出承诺，并可以告知经营者涉嫌垄断行为的基本实施和可能造成的影响，与执法机构进行必要的沟通。在沟通的基础上，经营者可以自愿提出承诺。

在证券期货执法领域，国务院证券监管机构设置专门负责执法承诺工作的部门，并与调查部门相互分离。该机构在送达当事人的案件调查法律文书中，要告知其有权申请适用执法承诺制度。当事人自收到监管机构案件调查法律文书之日起，至该机构作出行政处罚决定之前，都可以提出适用行政执法承诺的申请。对此申请，监管机构在法定期限内尽快做出是否受理的决定。

2.经营者需要承诺采取的措施

在反垄断执法领域，经营者提出的承诺申请，通常包括以下内容：一是被调查的涉嫌垄断行为及可能造成的影响；二是承诺采取消除行为后果的具体措施；三是承诺采取的具体措施能够消除行为后果的说明；四是履行承诺的时间安排及方式；五是其他需要承诺的内容。

通常情况下，涉嫌垄断的经营者所承诺的措施可分为“结构性措施”、“行为性措施”以及“综合性措施”。其中“结构性措施”可以包括剥离有形资产、知识产权等无形资产或者相关权益，“行为性措施”可以包括调整定价策略、取消或者更改各类交易限制措施、开放网络、平台等基础设施，许可专利、技术秘密或其他知识产权等。但无论如何，所承诺的措施应当是明确、可行和可以自主实施的，加入承诺的措施需要经过第三方同意，经营者需要提交第三方的书面意见。

在证券期货执法领域，经营者提出的承诺申请，应当包括以下内容：一是当事人的基本情况；二是提出申请的主要事实和理由；三是当事人已采取或者承诺采取的三类措施，包括纠正涉嫌违法行为、赔偿投资者损失、消除损害或不良影响的措施；四是监管机构规定的其他事项。

从法律所要求的承诺措施来看，涉嫌违法的经营者所承诺的措施都属于补救性和挽损性的措施，无论是消除不法行为的损害后果或不良影响，纠正涉嫌违法行为，还是赔偿投资者损失，都属于事后采取的消除不法行为危害后果或修复社会关系的行为。在一定程度上，这些措施也具有预防不法行为再次发生的效果。

3.承诺许可协议的达成

在反垄断执法领域，执法机构与经营者可以就承诺内容进行沟通协商，协商内容可以包括案件事实的具体表述、承诺的措施能否有效消除涉嫌垄断行为的后果，以及是否限于解决执法机构所关注的竞争问题。在沟通过程中，经执法机构与经营者一致同意，可以共同邀请第三方经营者、行业主管部门、行业协会、专家学者共同参加讨论。经营者的涉嫌垄断行为加入已经影响到其他不特定多数的经营者、消费者利益或者社会公共利益，还可以就所承诺的措施向社会公开征求意见，对于各界提出的意见，执法机构可以建议经营者修改承诺措施，或者重新提出承诺措施。

在证券期货执法领域，监管机构对承诺申请作出受理决定的，可以根据当事人涉嫌违法行为造成的损失、损害或者不良影响等情况，就承诺事项与当事人进行沟通协商。监管机构与当事人进行沟通协商的期限通常为6个月，沟通协商应当当面进行，有至少工作人员参加，并制作笔录。

监管部门与当事人经过沟通协商，认可当事人所提出的承诺的，应当与当事人签署“承诺认可协议”。这种协议应载明以下事项：一是申请适用承诺的是由；二是当事人涉嫌违法行为的主要事实；三是当事人承诺采取的纠正违法行为、赔偿损失、消除损害或不良影响的具体措施；四是承诺金的数额和缴纳方式；五是当事人履行承诺的期限；等等。

4.承诺金的收取

在反垄断执法领域，执法机构能否收取承诺金，相关法规并没有作出明确的规定。但根据2021年通过的《实施办法》，在证券监管领域，经营者提出适用承诺的申请的，国务院证券期货监管部门会与其就承诺金的数额和缴纳方式进行沟通协商，并就此达成承诺认可协议。在一定程度上，缴纳足够数额的承诺金，既是经营者所要承诺履行的义务，也是监管部门作出终止调查决定的前提条件。

所谓承诺金，实质当事人为适用证券期货行政执法承诺而缴纳的资金。原则上，在确定承诺金数额时，监管部门应综合考虑以下因素：当事人因涉嫌违法行为可能获得的收益或者避免的损失；当然可能被处以罚款、没收违法所得的金额；投资者所遭受的损失；签署承诺认可协议时案件所处的执法阶段；等等。但根据证券监管领域行政和解试点情况来看，监管部门与相对人达成和解协议的，动辄会收取上千万甚至超过一亿元的“和解金”。由此可以预计，无论是证券监管部门还是反垄断执法机构，未来要收取的“承诺金”也将维持较高的标准，尤其是远远高于行政法规所确立的行政罚款标准。

5.中止调查

作为一种激励机制，对于那些承诺采取补救措施，或者履行承诺的经营者，执法机构要作出中止调查的决定。所谓中止调查，是指执法机构在与涉嫌实施不法行为的经营者达成承诺协议后，暂时停止行政执法调查的措施。

执法机构对经营者的承诺进行审查时，可以综合考虑经营者实施涉嫌垄断行为的主观态度，行为的性质、持续时间、后果、损害和影响，以及所承诺的措施及其预期效果。经过审查，执法机构认为经营者的承诺经符合适用行政执法承诺的法定条件的，可以作出中止调查的决定。上述中止调查的决定书，一律都要向社会公开。

6.履行协议

在监管部门作出中止调查决定时，会确定一个经营者履行承诺的期限。这一履行承诺期限也就是中止调查的期限。在此期限内，经营者要按照中止调查决定书的要求，向执法机构书面报告承诺的履行情况，执法机构要对经营者履行承诺的情况进行监督。经营者在履行承诺过程中，可以申请变更承诺的内容，执法机构经过审查可以作出是否同意的决定。经营者因自身原因没有履行或者没有完全履行承诺的，监管部门应当终止适用行政执法承诺，重新启动行政处罚程序。

7.终止调查

所谓终止调查，则是指经营者在中止调查期间，完全履行了所作的承诺措施，执法机构作出了终止执法调查程序，放弃行政处罚的决定。在当事人履行承诺的期限内，监管部门认为当事人完全履行了承诺认可协议的，监管部门应当终止案件调查，向当事人出终止调查决定书。终止调查的决定应当向社会公告。终止调查后，监管部门对经营者涉嫌实施的统一违法行为不再重新调查。

（三）对行政执法承诺制度的简要评论

相对于2015年试行的行政和解制度而言，新近确立的行政执法承诺制度有了一些显著的变化，例如，扩展了申请时间，调整了适用条件和范围，优化了启动程序，完善了承诺金数额的确定因素，明确了集体决策制度，这对于经营者及时提出适用承诺的申请，尽快与监管部门达成承诺许可协议，无疑是有着积极意义的制度调整。与此同时，从2019年到2021年，国务院及其下属的监管部门逐步将行政执法承诺的适用对象扩展到反垄断执法和证券期货监管领域，这有助于行政执法承诺制度在更广的范围内发挥更大的作用。

无论是在反垄断执法领域还是证券期货执法领域，行政执法承诺制度的适用还有一些不明确的地方，需要通过制定更具可操作性的实施细则，来加以明确和解决。这一制度还具有一定程度的不确定性。例如，在经营者所承担的具体承诺措施上，无论是反垄断执法机构确立的所谓“消除其行为后果”的具体措施，以及所谓的“结构性措施”和“行为性措施”，都只是较为抽象的概念，还没有被解释为可操作的内容。而证券监管部门所确立的所谓“纠正涉嫌违法行为”“赔偿有关投资者损失”“消除损害或者不良影响”，也都是含义模糊的规定，也需要得到精准的解释，使得经营者明确了解其所承诺履行的义务内容。又如，在承诺金的收取上，有关法规尽管确立了监管部门确定数额和收取方式的若干考量因素，但仍然给执法机构留下太大的自由裁量的空间。其实，正如行政和解制度试点期间的几个案例所显示的那样，行政执法承诺金的收取既要具有充分的惩罚性和威慑力，又要贯彻必要性、比例性和合理性的原则，确定若干个构成板块，如惩罚性数额、违法所得的没收额度、对投资者和其他受害者的赔偿额度、需要补交的税收额度、为消除危害后果和修复法益所投入的金额，等等。又如，在履行承诺期限的确定上，不应赋予行政执法机构太大的自由裁量权，而应确立一种最低限度的期限，如一年以上和三年以内。考虑到目前经营者所承诺采取措施中尚未明确引入合规整改，但监管部门在行政和解试行中却提出了责令经营企业“建立内控机制”的要求，因此，这种对涉案企业治理机构和管理体系的调整，需要有足够的时间投入。

当然，新近确立的行政执法承诺制度，可能最容易引起争议的还是没有将合规管理制度引入承诺措施之中。与国外执法机构所推行的行政和解协议制度相比，我国行政执法承诺制度没有明确包含合规整改的内容，没有将建立或改进合规管理体系，作为涉案企业所要承诺采取的措施。所谓的“纠正违法行为”“赔偿损失”“消除损害和不良影响”，无非是执法机构责令涉案企业所采取的配合性和补救性措施而已，这些企业即便履行了上述所承诺的措施，也最多会产生减轻不法行为危害后果的作用。但是，在涉案企业完全履行承诺之后，企业的治理结构并没有发生任何变化，仍可能存在根本性的治理缺陷，企业的管理机制仍然存在着重大的漏洞，企业的决策、经营、人事、财物、薪酬、法务管理等制度层面，仍然存在明显的隐患，使得企业继续存在违反行政法规乃至违法刑法的经营模式，以至于承担着显而易见的“合规风险”。行政执法机构仅仅关注于收取高额的“承诺金”，而不对涉案企业的治理机构和管理体系作出“结构性调整”，也不责令企业对其存有偏差的“公司文化”作出任何实质性的改造。如此下去，在执法机构终止调查之后，企业认为已经“案结事了”，它还会做出实质性的合规整改措施吗？如何有效预防企业再次发生类似的违法事件呢？

本来，自2015年以来，中国证监会已经在证券监管领域启动了行政和解制度的试行，并在相关案例中引入了合规整改制度的因素。所谓的“内控管理”和“整改报告”，已经包含了引入合规管理体系的内容。但是，在行政和解制度被确立在《证券法》，并被国务院以“行政执法承诺”的名义写入行政法规之中的情况下，这种经过艰难探索而确立的合规整改机制，却没有被确立在上述法律之中，没有被列为涉案企业承诺采取的改进措施，这岂不令人感到十分遗憾吗？

五、在行政和解中引入合规机制的设想

从欧美国家推行行政和解协议制度的经验来看，企业在案发前建立合规管理体系，可以促进涉案企业与行政机关达成和解协议；企业在行政执法过程中承诺建立或者改进合规体系，可以成为行政和解协议的重要内容，甚至成为行政机关对企业做出宽大行政处理的主要依据。可以说，在企业涉嫌行政违法的案件中，合规已经成为企业寻求行政激励机制的重要方式，也是行政机关进行有效监管的一种手段。在涉企案件中，没有合规条款的行政和解协议，显然是不完整和不合理的协议。

通过借鉴欧美国家的行政监管方式，我国已经在证券监管领域进行了行政和解制度的改革试点，并在反垄断执法和证券监管领域正式推行了行政执法承诺制度。在2015年以来的改革试点中，我国证券监管部门已经在行政和解协议中尝试引入企业合规的机制。但由于被纳入试点的案件数量极为有限，有关“内控管理”和“整改报告”的要求又过于笼统，因此，我们无从判断这场试点引入合规机制的具体情况，也难以评估其实施效果。但是，在行政执法承诺制度正式确立后，我国监管部门在与涉案企业进行沟通协商之后，却仅仅保留了诸如消除不利影响、赔偿损失、纠正违法行为等补救性的措施，而没有对涉案企业提出明确的合规整改或者重建合规计划的要求。至少从书本法律上看，我国目前正式确立的是一种缺乏合规激励机制的行政和解制度。

我国行政监管部门已经认识到企业合规对于预防行政违法行为的重要作用，正在通过多种途径推动企业建立合规管理体系。除了发布带有指导性的企业合规指引以外，又开始通过行政指导、强制性合规等方式，督促那些涉嫌行政违法的企业进行合规整改，或者建立合规管理体系。近期在反垄断和反不正当竞争领域所发生的一些行

政违法案件，行政机关对一些大型网络平台在科处高额行政罚款的同时，还对其提出限期进行合规整改、责令其作出合规承诺的要求。这就属于合规被引入行政执法程序的重要进展。〔1〕但是，要在行政监管和行政执法过程中全面引入合规激励机制，就不能仅仅限于以上制度安排。在适用面更广、影响更为深远的行政和解制度中，假如引入合规机制，使得涉案企业在承诺采取补救措施的同时，作出进一步的合规整改承诺，执法机构根据企业合规整改的效果来做出免除行政处罚的决定，就有可能推动企业在治理结构和公司文化方面发生积极的变化，在预防企业行政违法方面产生更为积极的效果。〔2〕

自2020年以来，我国检察机关启动了企业合规监督考察制度的改革试点，对于涉案犯罪的企业，在其认罪认罚、采取补救挽损措施的前提下，责令其提交合规整改方案，设置合规考察期，指派合规监管人，对其合规整改情况进行监督、指导和报告，在考察期结束前进行合规评估，对于验收合格的企业做出不起诉的决定。这一改革试点取得了积极的法律效果和社会效果，赢得了社会各界的普遍肯定，改革试点范围也逐步从若干个基层检察机关扩展到十个省市的三级检察机关，并有望在全国范围内得到推行。〔3〕

通过借鉴欧美国家行政和解协议的理念，评估我国行政和解试点的效果，特别是总结我国检察机关推行的企业合规监督考察制度的经验，我国可以提出在未来的行政和解制度中引入合规机制的基本设想。

（一）事前合规的激励

为确保行政和解制度发挥有效的合规激励作用，执法机构对于那些在案发前建立合规体系的企业，在执法调查过程中提出适用承诺申请的，应当优先适用行政执法承诺。在目前的反垄断和证券执法过

〔1〕 参见陈瑞华：《论企业合规在行政监管机制中的地位》，载《上海政法学院学报》2021年第6期。

〔2〕 参见周佑勇：《契约行政理念下的企业合规协议制度构建——以工程建设领域为视角》，载《法学论坛》2021年第3期。

〔3〕 参见陈瑞华：《刑事诉讼的合规激励模式》，载《中国法学》2020年第6期。

程中，涉嫌违法的企业只要缴纳承诺金，承诺采取必要的补救措施，执法机构就可以与其签署承诺许可协议。笔者认为，要在行政和解制度引入合规机制，就要在适用行政执法承诺的条件中引入合规因素。对于涉案企业而言，在案发前没有建立合规体系，仍然可以提出适用承诺的申请。但是，对于那些案发前已经建立合规体系的企业，执法机构应当优先适用行政执法承诺，并可以考虑将承诺金的数额和交付方式，与那些从来没有建立合规体系的企业有所区别对待。

建立这种事先合规优先适用承诺的制度，主要目的在于激励更多企业建立合规体系，使得建立合规体系成为适用承诺制度的一项优势。对于那些在反垄断或证券领域存在潜在违法问题的企业而言，这种对建立合规与体系的违法企业，所采取的有效适用承诺的奖励性措施，可以产生较大的激励作用，吸引它们尽快和尽早提出适用承诺制度的申请。与此同时，对于普通企业而言，也可以形成一种“合规可以换取宽大处理”的认识，在建立反垄断合规体系和证券合规体系方面，可能会产生程度不同的动力。

（二）事后合规的引入

行政执法过程中，涉嫌违法的企业一旦提出适用承诺制度的申请，执法机构要与其展开沟通协商。在协商过程中，执法机构除了提出缴纳承诺金、采取必要补救措施等要求以外，还应责令企业提交企业自查报告和合规整改方案，并对经过协商所达成共识的合规整改条款，写入承诺许可协议之中，使之成为执法机构对企业作出中止调查决定的前提条件之一。原则上，对于那些案发前没有建立合规体系的企业而言，执法机构应当将建立反垄断合规体系或证券合规体系写入承诺许可协议；而对于那些案发前已经建立合规体系的企业而言，执法机构则应当将改进合规体系或者有效合规整改的条款，写入承诺许可协议。

检察机关探索合规监督考察制度的经验表明，唯有在合规考察程序启动之前提出合规整改的要求，涉案企业才会对建立或改进合规管理给予高度重视，并投入资源进行实质性的合规整改。通过借鉴检察机关的改革经验，行政执法机构在涉案企业提出申请之初，就应当与其就合规整改方案展开充分的沟通协商，并就切实可行的合规整改达成协议。执法机构必要时可以对企业展开一定的调查，了解企业的性质、经营范围、治理结构、管理方式以及违法违规的历史，尽量找到企业违法的制度原因，发现管理漏洞、制度隐患和治理结构的缺陷。唯有如此，执法机构才能提出有针对性的合规整改方案，督促企业建立有效的合规体系。

（三）合规考察制度的设置

根据现有行政执法承诺制度，执法机构作出中止调查决定后，应确定适当的承诺履行期限。可惜，现行法律对这一期限并没有作出明确的限定，也没有对执法机构督促企业采取补救和整改措施提出明确的要求。通过参考检察机关推行合规监督考察制度的经验，我们可以大体提出类似的制度框架。首先，执法机构可以确立一年以上和三年以内的承诺履行期限，并将该期限确立为合规整改期限。其次，在承诺履行期限内，执法机构应加强对企业合规整改的监督力度。根据企业的情况，可以考虑设立两种监督模式：一是定期报告模式，也就是对于企业事先建立合规体系的，执法机构责令涉案企业定期提交合规整改报告，报告合规整改和合规体系建设的进展情况；二是合规监管人监督模式，也就是对于涉案企业事先没有建立合规体系的，可以借鉴检察机关改革的经验，由执法机构委派第三方专业机构或人员担任合规监管人，协助执法机构对企业合规整改和合规体系建设情况进行监督、指导和报告。最后，在承诺履行期限内，涉案企业进行合规整改，同时采取其他所承诺的补救措施，如消除违法行为的后果和影响，赔偿投资者或其他受害人的损失，停止和纠正违法行为，等等。

（四）有效合规的标准

与检察机关对涉嫌犯罪的企业确立的合规整改标准一样，执法机构在行政和解中也应确立有效合规的基本标准。原则上，有效合规是指涉案企业通过合规整改和建立合规体系，可以行之有效地发现和预防违法行为，从而建立一种依法依规经营的企业管理结构和公司文化。为达成这一目标，执法机构应监督企业采取必要的补救措施，寻找并发现企业违法行为发生的制度原因，针对制度漏洞、管理隐患和治理缺陷，采取有针对性的纠错和修复措施。在此基础上，企业应当根据其性质、治理结构、管理模式，引入一种最低限度的专项合规体系。

要确立最低限度的合规体系，就应当以专项合规政策、标准和准则为核心，确立一套有效实施和执行合规政策、标准和准则的组织体系，建立一套一套可发挥预防、监控和应对作用的合规管理流程。[1]

（五）合规评估验验收

任何合规体系的建立，都需要有合规评估验收机制的配套和保障。执法机构在承诺履行期限结束之前，也应当借鉴检察机关改革的经验，对企业建立或改进合规管理体系的进展情况，作出综合性评估和验收。对于评估验收合规的企业，执法机构可以结合企业缴纳承诺金和采取补救措施的情况，作出终止调查的决定。而对于经过评估验收，被认为没有采取有效合规整改措施，或者合规整改不合格的企业，执法机构则可以终止执法承诺程序，恢复行政执法调查，并对其采取行政处罚措施。

（六）行政合规与刑事合规的衔接

目前，行政执法承诺制度适用的范围还主要局限在反垄断执法和证券监管这两个领域。未来，随着行政执法机构监管理念的进步，也随着进一步改革条件的逐渐成熟，行政执法承诺制度应当被逐渐适用到其他领域的行政执法实践之中。在包括税收管理、环境资源保护、知识产权保护、反洗钱、数据保护、反商业贿赂、安全生产、产品质量等在内的一系列行政监管领域中，法律也应授权执法机构适用行政执法承诺制度。而在所有适用行政执法承诺的领域中，合规机制都应被引入行政和解协议中。与此同时，在检察机关适用刑事合规计划的案件中，涉案企业即便被做出不起诉的决定，也可以继续接受相关行政执法部门的合规监管，与其达成承诺许可协议，在一定期限内继

---

〔1〕 参见陈瑞华：《企业有效合规整改的基本思路》，载《政法论坛》2022年第1期。

续接受行政执法机构的合规考察。

目前，检察机关的合规考察期一般为六个月至一年。即便未来企业合规监督考察制度经过全国性改革试点，最终被确立在法律之中，合规考察期也不会延伸到太长时间。在检察机关合规考察期十分有限的情况下，就可以考虑建立刑事合规与行政合规的衔接机制，在检察机关结束合规考察，作出不起诉决定之后，继续交由相关行政执法机构进行执法调查，与涉案企业达成承诺许可协议，将合规机制纳入该项协议之中。在执法机构所确立的承诺履行期限内，涉案企业继续进行有针对性的合规整改，直到承诺履行期结束后，执法机构作出中止调查的决定。

第九章

合规与企业刑事
归责问题

不能仅根据内部员工的行为来认定企业刑事责任，而应将企业视为一个独立的生命有机体，根据企业的整体意志和行为来确定企业的刑事责任。这是建立刑事合规机制的前提。

——题记

一、“企业合规无罪抗辩第一案”

自我国刑法确立单位犯罪制度以来，司法机关一般都是以单位直接责任人员的行为作为判定单位责任的根据。只要单位内部“直接负责的主管人员”或者“其他责任人员”以单位的名义，为实现单位的利益并体现单位的整体意志所实施的犯罪行为就属于单位犯罪行为。一般情况下，某一犯罪行为假如是经过单位决策层（如董事会或者党政办公会）讨论决定的，或者由单位法定代表人以单位名义实施的，那么，我们将其认定为单位犯罪似乎并不存在太大的争议。但是，随着公司治理结构越来越走向复杂化和专业化，越来越多的大型公司乃至跨国公司都面临着如何对分支机构、第三方乃至普通员工进行管理、控制和监督的问题。假如公司分支机构的某一员工以单位名义为了实现单位利益实施了某种违法犯罪行为，那么，该公司在什么情况下才会为此承担刑事责任呢？换言之，在企业员工实施犯罪行为并辩称为“公司行为”的情况下，公司究竟如何实现单位责任与员工个人责任的有效切割呢？2017年，兰州中院对雀巢公司员工侵犯公民个人信息一案的终审裁定，在区分单位责任与员工个人责任方面作出了全新的探索。

根据兰州市城关区人民法院2016年作出的刑事判决书，2011年至2013年9月，被告人郑某、杨某分别担任雀巢（中国）有限公司西北区婴儿营养部市务经理、兰州分公司婴儿营养部甘肃区域经理期间，为了抢占市场份额，推销雀巢奶粉，授意该公司兰州分公司婴儿营养部员工被告人杨某某、李某某、杜某某、孙某通过拉关系、支付好处费等手段，多次从兰州大学第一附属医院、兰州军区总医院、兰州兰石医院等多家医院医务人员手中非法获取公民个人信息。期间，被告人王某某利用其担任兰州大学第一附属医院妇产科护师的便利，将其在工作中收集的2074条公民个人信息非法提供给被告人杨某某、孙某，收取好处费13，610元；被告人丁某某利用其担任兰州军区总医院妇产科护师的便利，将其在工作中收集的996条公民个人信息非法提供给被告人李某某，收取好处费4250元；被告人杨某甲利用其担任兰州兰石医院妇产科护师的便利，将其在工作中收集的724条公民个人信息非法提供给被告人杜某某，收取好处费6995元。

在一审庭审中，被告人郑某、杨某、杨某某、李某某、杜某某辩称，是为完成公司任务收集公民个人信息，起诉书指控非法获取公民个人信息的数量不准确。

根据当庭经过质证的雀巢公司指示（收录于雀巢公司员工培训教材）、雀巢（中国）有限公司情况说明，雀巢公司不允许员工以推销婴儿配方奶粉为目的，直接或间接地与孕妇、哺乳妈妈或公众进行接触，不允许员工未经正当程序或未经公司批准而主动收集公民个人信息。

根据当庭经过质证的雀巢公司就DR的概念、目标任务、与DR相关的信息获取方式等所作的情况说明，DR任务目标不是收集消费者个人信息，DR工作完成的实际效果由中国健康促进与教育协会承办的营养咨询中心（NCC）通过电话来了解和评估。为完成电访调研，需要用到消费者自愿提供的部分个人信息，雀巢公司不允许为此向医务人员支付任何资金或者其他利益。雀巢公司从不为此向员工、医务人员提供奖金。

雀巢公司在《雀巢指示》以及《关于与保健系统关系的图文指引》等文件中明确规定，“对医务专业人员不得进行金钱、物质引诱”。对于这些规定要求，雀巢公司要求所有营养专员都要接受培训并签署承诺函。

经当庭质证的医务渠道WHO在线测试成绩、测试卷、关于在高风险国家与医务专业人员和医疗保健机构交往的指示以及员工奖金表均证明，被告人郑某、杨某、杨某某、李某某、杜某某、孙某均参加雀巢公司不允许营养专员向医务人员支付费用获取公民信息的培训和测试。

雀巢公司的政策与指示、雀巢宪章、关于与卫生保健系统关系的图文指引，证实雀巢公司遵守世界卫生组织《国家母乳代用品销售守则》及卫生部门的规定，禁止员工向婴儿母亲发放婴儿配方奶粉免费样品，禁止向医务专业人员提供金钱或物质的奖励，以引诱其推销婴儿配方奶粉等。

2016年10月31日，一审法院判决雀巢公司郑某、杨某、孙某等六人以非法方式获取公民个人信息，情节严重；医院王某某、丁某某等三人违反国家规定，将本单位在履行职责或者提供服务过程中获得的公民个人信息，出售或者非法提供给他人，情节严重。上述九人的行为均已构成侵犯公民个人信息罪。〔1〕

一审法院宣判后，各被告提起上诉。其中，上诉人郑某的上诉理由是自己的行为系属公司行为；杨某某的辩护人提出本案属于单位犯罪的辩护意见；李某某上诉的主要理由是自己的行为都是公司下达的任务；杜某某上诉的主要理由是自己的行为是按照公司要求所作的，所获取的信息都是提供给公司的。

〔1〕 参见兰州市城关区人民法院刑事判决书，(2016)甘102刑初605号。

> 2017年5月31日，兰州市中级人民法院经过不开庭审理后认为，“单位犯罪是为本单位谋取非法利益之目的，在客观上实施了由本单位集体决定或者由负责人决定的行为。雀巢公司手册、员工行为规范等证据证实，雀巢公司禁止员工从事侵犯公民个人信息的违法犯罪行为，各上诉人违反公司管理规定，为提升个人业绩而实施的犯罪为个人行为”。据此，兰州市中级人民法院裁定驳回上诉，维持原判。[1]

这个案件曾被律师界称为“企业合规无罪抗辩第一案”。这种说法不无道理，但我国刑法迄今尚未确立严格责任制度，无法将员工行为直接推定为企业责任，当然也就谈不上企业作出无罪抗辩的问题。更何况企业建立合规体系也主要由行政监管部门强力推动，刑法并没有为企业合规确立明确的激励机制，企业因为建立合规体系而不承担刑事责任，或者被减轻刑事处罚，这在法律上并没有得到确立。

尽管如此，这一裁决仍然具有里程碑的意义。本案中，被告人所实施的侵犯公民个人信息的行为，是以雀巢公司员工的名义进行的，并且也是为实现雀巢公司的利益，这是不可否认的事实。问题的关键在于他们的行为是否体现雀巢公司的主观意志。按照公认的犯罪构成要件理论，主观要件由“意识因素”和“意志因素”组成。对于意识因素，雀巢公司可以很容易证明无论是最高决策层还是最高管理层，对于上述几名员工的行为既没有授权实施，也没有听取他们的汇报，也就是根本不了解情况。对于雀巢公司这样一个有着数千名甚至上万名员工的超大型企业而言，要让决策层和高级管理层了解每一位员工的行为，这是不可想象的。既然如此，再来讨论雀巢公司究竟是否“追求”某种危害社会的结果发生，就没有任何意义了。

可能有争议的问题在于雀巢公司对于员工的犯罪行为是否存在过失责任或者间接故意责任。而过失作为一种犯罪形态，是指行为人应当预见行为的危害后果，却由于“疏忽大意”或者“过于自信”而轻信可以避免结果的发生，而这种结果并不是行为人所希望发生的。当

---

〔1〕 参见兰州市中级人民法院刑事裁定书，(2017)甘01刑终89号。

然，在特定情况下，雀巢公司放任员工违法犯罪的行为方式也可以显示其具有间接故意。在此情况下，行为人已经预见到危害结果可能发生，却放任该结果的发生，对该结果采取既不排斥也不追求的心态。对于大型商业企业而言，假如对员工疏于管理，缺乏培训，没有可操作的规章制度来规范员工的行为，就可能存在因不作为而承担过失责任或者间接故意责任的问题。

在本案中，雀巢公司恰恰以其公司内部治理结构作为抗辩的根据，证明自己明文禁止员工向婴儿母亲发放婴儿配方奶粉免费样品，禁止向医务专业人员提供金钱或物质奖励，以引诱其推销婴儿配方奶粉，禁止未经批准自行采集公民个人信息。这些政策和规范不仅明文被列入包括雀巢公司宪章、公司指示、员工手册等规范性文件之中，而且还被列入员工培训内容之中，而本案的数名被告人均接受过相关的培训和测试。正因如此，这些员工的行为其实是在追求个人工作业绩的考量下所实施的，而雀巢公司既尽到了注意义务，也履行了管理、监督、教育、培训的责任。这些员工的行为违背了雀巢公司的管理规定，当然也就意味着违背了雀巢公司的主观意志。既然雀巢公司对这些员工的行为既不知情，也尽到了管理、监督、教育、培训的责任，那么对这些员工违背公司规定实施的犯罪行为，雀巢公司当然就不承担法律责任了。

可以看出，真正将公司责任与员工责任切割开来的，恰恰是公司是否具有实施犯罪行为的“主观意志”问题。正是雀巢公司内部已经建立的合规管理体系，既排除了公司存在“放任结果发生”的间接故意问题，也否定了公司存在“疏忽大意”或“过于自信”的过失问题，因此成为该公司不承担刑事责任的直接依据。

这一裁决的重大突破在于，法院以企业合规管理体系为依据，认定单位不存在构成犯罪所需要的主观意志因素，从而将单位责任与员工个人责任进行了切割。总体上，这一裁决逻辑仍然是那种以单位员工行为来推论单位责任的理论延续。

但是，在我国行政监管部门大力推进企业合规管理体系建设的背景下，我国国有企业已经全面启动了建立合规机制的试验，而民营企业的合规体系建设也在推进的过程中。而综观西方国家的法制经验，企业全面建立合规计划的最大推动力，可能是合规激励机制的建立。所谓合规激励机制，是指企业因为建立合规计划而受到宽大的行政处罚和刑事处理。其中，刑法上的合规激励机制，对于那些已经涉嫌犯罪的企业而言，可能具有至关重要的价值，它可以成为企业被作出无罪处理的直接依据，也可以成为法院减轻刑事处罚的依据，还可以成为企业与检察机关达成暂缓起诉协议的前提条件。[1]我国刑法和刑事诉讼法还没有确立这种合规激励机制。这会导致企业建立合规计划失去应有的动力，使得企业难以通过建立或者完善合规计划，来换取宽大的刑事处理。

目前，法学界和律师界正在积极推动立法机关引入这种以合规换取无罪处理的机制。经过各界的努力，未来我国司法机关很有可能接受那种以合规换取附条件不起诉的制度逻辑。不过，这种以合规换取无罪处理或附条件不起诉的做法，究竟具有怎样的理论基础呢？我国的单位犯罪归责理论究竟要做怎样的调整，才能容纳这种制度逻辑呢？对于这些理论问题，我们有必要作出深入的思考。

鉴于此，我们拟从企业合规的角度，对单位刑事归责问题进行初步考察。笔者将以西方相关理论的发展为切入点，讨论企业归责理论的变迁和发展趋势，然后对我国的单位犯罪理论进行全面的清理和反思。在此基础上，笔者将提出一种新的企业刑事归责理论，并为企业引入合规治理体系的激励机制问题，确立一种新的理论根据。

二、企业刑事归责原则的比较考察

从合规发展历史来看，企业合规体系是英美法国家最先创立的一种公司治理机制，它后来为大陆法系国家所接受，属于法律移植的结果。但即使是在英美法国家，企业合规体系最初并没有太大的制度空间，而经历了从道德范畴到法律范畴的长期演变。自1990年以后，

---

〔1〕 参见陈瑞华：《企业合规制度的三个维度——比较法视野下的分析》，载《比较法研究》2019年第3期。

人利益，在其职责范围内实施的犯罪行为，应当由法人与该高级代理人各自承担刑事责任。表面看来，同一性原则似乎与雇主责任原则没有实质的区别，而无非是将董事、经理等高级代理人的行为作为对企业进行归责的依据。但实际上，雇主责任原则将代理人的行为直接归责于企业本身，并不重视企业自身的主观过错。而同一性原则则高度重视企业的主观过错，认为唯有高级代理人的认识和意志才代表了企业的认识和意志。正因如此，英美刑法理论上有所谓“第二自我”（alter ego）理论，将董事会成员、高级管理人员视为公司的化身或“第二自我”，他们的行为和主观心态就等于公司的行为和主观心态。这些高级代理人无论是直接实施了犯罪行为，还是授权、要求、命令或者容忍一般员工的犯罪行为，都要与公司一起承担刑事责任。[1]

迄今为止，上述两项原则仍然是美国法院认定法人犯罪的理论根据。但是，无论是雇主责任原则，还是同一性原则，都不是根据法人本质和法人行为的特点而确立的归责原则，而是通过对法人内部自然人责任的认定来间接推论法人的刑事责任。因此，这两种归责原则受到多方面的质疑和批评。例如，由于一般企业员工或者高级代理人的犯罪行为会归责于法人，因此，这两个原则的适用会带来对法人处罚过宽的问题，甚至导致事实上的客观归罪后果。又如，由于必须先证明代理人存在犯罪行为，然后才能推导出法人刑事责任的问题，这使得在那些难以确定犯罪嫌疑人的复杂案件中，对法人追究刑事责任会变得十分困难。

为解决同一性原则在适用中出现的问题，美国一些法院发展出一种“集体认识原则”（principle of collective knowledge）。根据这一原则，只要多个公司代理人的主观心态和客观行为能够满足犯罪所要求的犯意和行为条件，就可以对公司进行定罪。即使没有办法证明任何一个雇员存在主观过错，但只要认定公司行为是所有员工在职责范围内的行为集合，就可以对一个法人追究刑事责任。[2]尽管这一原则

〔1〕 See VP Nanda, *Corporate Criminal Liability in the U.S.: Is a New Approach Warranted?* ,(September 21, 2019), https://link.springer.com.See Crystal Jezierski, *Corporate Liability in U.S.*,(September 21, 2019), https://globalcompliancenews.com>white-collar-crime.

〔2〕 参见王良顺：《美国法人犯罪的归责》，载《环球法律评论》2009年第6期。

可以避免法人借口不了解代理人的行为而逃避刑事责任的问题，但仍然是通过认定所有员工的意图和行为来确定公司的刑事责任。

随着企业合规机制在美国的逐步推行，特别是20世纪70年代以后美国《反海外贿赂法》的实施，美国刑法理论开始对原有的通过确立自然人责任来推论法人责任的理论进行反思，逐步出现了一种注重法人独立责任的“组织责任”（organizational liability）理论。根据这种归责理论，法人既属于一种拟制的人格体，也具有独立的认识能力和意志能力。无论是否存在法人成员的犯罪行为，只要法人或者法人成员实施了体现法人整体主观意志的犯罪行为，就应当对该法人追究刑事责任。这一原则不将法人成员构成犯罪作为对法人归责的前提，而注重将那些体现法人自身意志的犯罪行为作为对法人进行归责的基础。在这一思潮的影响下，出现了一系列相关的法人归责理论。[1]

例如，根据“法人主动过错理论”，只要法人为预防犯罪作出了合理的努力，就足以证明法人不存在犯罪意图，也就不应追究其刑事责任。所谓“合理的努力”，主要是指法人实施了预防犯罪的政策，作出了明确而有说服力的意思表示。又如，根据“法人反应过错理论”，法人犯意不等于代理人的犯意，也不能通过法人的明示或者默示而表现出来。在法人对发生的犯罪没有及时给予应对时，就可以认定法人具有犯意。换言之，根据犯罪发生前后的各种相关事实，假如犯罪前法人没有采取适当预防犯罪措施，或者犯罪后没有为预防犯罪再次发生而采取整改的措施，就可以对法人进行归责。再如，根据“法人品格论”，在法人品格对代理人的违法行为具有促进作用时，就有处罚法人的必要。而判断法人品格的依据主要有：法人预防犯罪的措施，犯罪后的补救措施，法人的组织结构、活动方针以及为遵守法律所作出的努力等。最后，根据“推定法人责任论”，对法人违法行为的认定，应当以法人的规模、组织结构、意思决定过程等为依据，对法人成员的行为是否属于法人行为作出判断。但是，对于法人主观犯意的认定，则应当以同等规模和结果、具有平均理性的法人是否认识到侵害

〔1〕 See Klaus Heine and Kateryna Grabovets, *Organizational Liability*,（September 21, 2019）, https://link.springer.com>encyclopedia-of-law-and-economics.

的危险性为标准来加以推定。对于法人犯意可以根据下列事实加以判断：一是法人鼓励、促进犯罪行为的政策和习惯；二是法人允许违法行为的措施；三是对犯罪有明示或者暗示的命令、许可、同意或支持。除此之外，美国还出现了“三阶段论”“遵循准则论”“法人共犯论”等一些倡导依据法人本质特征来确定归责依据的理论。[1]

可以说，通过对传统的刑事归责原则的反思，美国出现了各种依据法人本质特征来确定法人刑事责任的理论。这些理论尽管各有其侧重点，但其共同特征是，放弃了传统的、以法人成员为中介的归责路径，而强调法人的独立人格和独立意志并据此确定法人的刑事责任。法人的行为固然要通过法人成员或者代理人加以实施，但法人的主观意志却不依赖于其成员或代理人的意志而独立存在。至于究竟如何认定法人的独立意志，有的理论强调预防犯罪的政策，犯罪后采取补救措施的行动，有的理论则强调法人的组织结构，或者法人对待代理人违法行为的态度和制度等。正是在这些理论的推动下，企业合规机制才逐渐成为司法机关对涉案企业采取宽大刑事处理的直接依据。美国检察机关在决定是否对企业提起公诉，或者是否预期达成暂缓起诉协议或者不起诉协议时，要考虑诸如“企业犯罪的性质和严重程度”“企业内不当行为的普遍程度”“企业不当行为的历史”“企业对不当行为的反应”“企业内部对犯罪容许的程度”“企业是否建立了有效的合规计划”“企业是否配合调查”“企业是否主动进行自我披露”等，就充分体现了上述“整体责任原则”的深刻影响。[2]其实，只要不再以代理人行为为媒介来推论企业的刑事责任，而是根据企业的品格、企业预防犯罪的政策、配合调查程度、自我披露行为等来确定其刑事责任，企业合规机制被确立为刑法激励机制，就具有了理论上的依据。

---

〔1〕 参见王良顺：《美国法人犯罪的归责》，载《环球法律评论》2009年第6期。

〔2〕 参见［美］瑞恩·D.麦克康奈尔等：《“事前规划”抑或“事后处罚”：合规在刑事案件中的作用》，万方译，载李本灿编译：《合规与刑法：全球视野的考察》，中国政法大学出版社2018年版，第145页以下。

（二）英国的企业归责原则

早期的英国刑法不承认法人的刑事责任。但是，随着社会的发展和企业越来越多地出现违法违规问题，19世纪中期英国开始承认法人犯罪，引入了源自民事侵权法的替代责任理论并将其作为对法人追究刑事责任的理论依据。迄今为止，替代责任原则与同一性原则是英国刑法对企业进行刑事归责的两项基本原则。其中，替代责任适用于那些按照严格责任确立的犯罪，意味着企业要为其员工和代理人的行为承担刑事责任。根据替代责任原则，企业员工和代理人只要实施了犯罪行为，无论是否存在故意、鲁莽或者疏忽的主观过错，都可以导致企业承担刑事责任。所谓替代责任（vicarious liability），是某一主体在自身没有犯意和行为的情况下，为他人的犯意和行为而承担刑事责任。在法人犯罪案件中，假如公司员工在职权范围内为实现公司的利益而实施了犯罪行为，公司在自身没有犯意和行为的情况下，就要为员工承担替代责任。〔1〕

而同一性原则则被视为一种"非替代责任"（non-vicarious liability），意味着公司不是为员工、代理人的行为代为承担责任，而是因其独立的行为和主观过错而承担责任。但公司本身并无思想和意志，只能通过其高级代理人来表达思想和意志。对于那些需要以存在犯罪意图为前提的犯罪行为而言，那些公司高级代理人的行为和犯罪意图将被视为公司的行为和犯罪意图。与美国相似，英国刑法也将代表公司的高级代理人界定为董事会成员以及高级管理人员。这些高级代理人被视为企业的"控制人员"，他们的地位决定了他们的行为和意志就等于公司的行为和意志，公司会因其行为而承担刑事责任。〔2〕

相比之下，替代责任主要适用于涉及健康、安全、环境等问题的特殊犯罪案件，对这类公司犯罪案件的认定适用严格责任，并不存在

---

〔1〕 See The Crown Prosecution Services, *Corporate Prosecutions*,（September 4, 2019）, https://www.cps.gov.uk.

〔2〕 See Joanna Ludlam, *Corporate Liability in the U.K.*,（September 4, 2019）, https://globalcompliancenews.com.

太大的困难。但同一性原则在适用中面临的主要批评是，它导致对企业定罪变得十分困难。在适用这一原则方面，检察官既要证明那些代表公司的“指导性心态和意志”（directing mind and will）的高级代理人的刑事责任，还要证明他们的精神状态就等于公司的主观心态。这类案件一旦发生在那些报告机制不透明且决策机制过于分散的大型企业之中，就将使检察机关在起诉方面面临较大的困难。这在一定程度上可以解释为英国长期以来对公司犯罪提起公诉的案件少之又少的原因。[1]

近年来，在那些以主观过错为必备要件的公司犯罪案件中，同一性原则的适用开始受到挑战。无论是在刑法理论上，还是在刑事立法的发展上，都出现了一种可称为“预防失职模式”（failure to prevent model）的理论。根据这一理论，企业“在预防欺诈及其他经济犯罪方面存在失职”（failing to prevent fraud and other economic crimes）问题时，应当承担刑事责任。具体而言，只要公司的相关人员实施了经济犯罪行为，那么，公司就要承担“预防相关人员经济犯罪失职”的刑事责任。这种归责方式实际上引入了一种严格责任原则，也就是不需要证明公司在预防或阻止相关人员犯罪方面存在主观过错，相关人员的犯罪行为可以直接推定公司责任的成立。但与替代责任不同的是，公司在阻止或预防犯罪方面一旦存在失职行为，将构成特定的失职犯罪，而不构成员工或代理人所承担的罪名。这样，公司责任就与代理人责任发生了分离。当然，公司要提出无罪抗辩，就要承担证明自身不存在失职行为的责任。为承担此类证明责任，公司需要提出证据证明其具有阻止或预防相关犯罪的“合理程序”。所谓“合理程序”，其实就是在反贿赂、反逃税、反欺诈等方面的合规管理体系，包括合规风险评估、与风险相称的预防程序、最高层关注、尽职调查、培训与沟通、监控与审查等。[2]

2010年英国通过了《反贿赂法》，确立了商业组织预防贿赂失职

〔1〕 See Sean Curran, *Developments in Corporate Criminal Liability*,（September 4, 2019）, https://www.financierworldwide.com.

〔2〕 See *Corporate Criminal enforcement: A Continuing Trend*?,（September 4, 2019）, https://www.ashfords.co.uk.

罪。根据该法，任何与公司相关的人员为获取或者保留公司业务而实施贿赂行为的，公司都会被指控构成该项失职罪名。但公司能够证明其具有“合理程序”来预防贿赂行为的，可以免除刑事责任。[1]

2017年英国通过了《反金融犯罪法》(the Criminal Finances Act 2017)，确立了两种新的公司罪名：一为未能预防推动逃避英国税收罪；二为未能预防推动逃避外国税收罪。该法对这两项罪名的表述与2010年《反贿赂法》有关商业组织预防贿赂失职罪的表述是相似的。具体而言，假如公司未能阻止代表他们行事的个人或者组织进行逃税行为，无论其是否因此获得收益，都将被认定为上述两种犯罪。当然，对该法所确立的这一严格责任，公司可以作出积极的无罪抗辩，也就是能够证明公司通过“合理程序”来防止相关人员逃税行为的，就可以不承担刑事责任。[2]

随着一系列法律即将颁布，特别是随着欧盟《通用数据保护条例》在全欧盟国家境内的普遍实施，英国正酝酿在法律中引入更多新的公司罪名，这类罪名都具有在阻止或预防犯罪方面存在失职的特征，公司也都可以建立有效的合规程序来进行无罪的抗辩。通过这种立法方式，英国将合规机制引入公司刑事归责机制中。

(三)大陆法系国家的企业归责原则

大陆法系国家曾长期奉行以自然人刑事责任为基础的刑法理论，不承认法人具有犯罪主体的资格。但这种局面自20世纪90年代以来发生了重大变化。1994年法国修改刑法典，确立了法人的刑事责任制度。继法国之后，2001年意大利在刑法典中正式确立了法人犯罪制度。目前，除德国外，大多数大陆法系国家确立了法人独立承担刑事责任的制度。

《法国刑法典》第121-2条第1款规定：“如果犯罪行为是为了法人利益并且由法人机关或者代表实施，那么除国家之外的所有法人都应承担刑事责任。”这标志着《法国刑法典》首次正式确认法人的刑

---

〔1〕 参见陈瑞华：《英国〈反贿赂法〉与刑事合规问题》，载《中国律师》2019年第3期。

〔2〕 See Lisa Thompson, *Compliance Risk in the UK: What Companies Need to Know*, (September 21, 2019), https://www.lexisnexis.com>bizblog>archive.

事责任。当然，刑法典最初所确立的法人罪名还是限于法律明文规定的范围。但是，法国2004年3月9日通过的刑事法令则将法人承担刑事责任的范围扩展到所有可由自然人构成的罪名。这就使法人受到刑事归责的范围与自然人保持了完全一致。〔1〕

根据法国法学界的解释，《法国刑法典》在法人归责方面确立了一种“代表责任”，这种归责原则受到了英美替代责任、同一性责任以及组织责任理论的不同影响。尽管对于《法国刑法典》的这一条款有着各种不同的解释，但总体上仍然被视为一种通过自然人的行为来归责于法人的责任理论。首先，根据这种“代表责任理论”，只有代表法人的自然人所实施的犯罪行为才可以归责于法人。这里所说的自然人主要是指“法人机关或者代表”，法人机关一般是指法人的决策机关，如董事会和股东大会；法人代表则是指根据法律和章程以法人名义行事的董事、经理等高级代理人。其次，法人机关或代表所实施的犯罪行为是为了实现法人的利益。对这一点的广义解释是，为了法人利益的行为既可以是指“为使法人获得收益或者减少损失”而实施的行为，也可以是指“为了确保法人的成立目标、组织结构、社会职能的实现”而实施的行为。〔2〕在司法实践中，只要实施犯罪行为的机关或代表没有追求个人的利益，就可以认定该行为是为了实现法人的利益。〔3〕

在法人因上述机关和代表的犯罪行为而承担刑事责任的情况下，法院可以对其处以多种刑事处罚，这些处罚通常包括罚金、限制措施、没收措施。自2016年法国通过《萨宾第二法案》之后，法人一旦被认定构成腐败犯罪的，应在AFA的监督下在规定期限（最长为5年）内执行专门的反腐败合规计划。自此以后，实施合规计划开始成为法国刑法所确立的刑事处罚。根据法国刑法，被定罪的企业在规定期限内没有实施有效合规计划的，可以对个人处以2年的监禁刑，并且对

---

〔1〕 参见卢建平、杨昕宇：《法人犯罪的刑事责任理论——英美法系与大陆法系的比较》，载《浙江学刊》2004年第3期。

〔2〕 参见陈萍：《法国法人刑事责任归责机制的形成、发展及启示》，载《政治与法律》2014年第5期。

〔3〕 See Eric Lasry, *Corporate Liability in France*, (September 6, 2019), https://globalcompliancenews.com.

法人处以不超过5万欧元的罚金。[1]

自2016年《萨宾第二法案》通过以来，法国在反腐败领域引入了合规体系。除了上述将实施合规计划作为一种刑事处罚措施以外，该法还建立了强制合规制度，要求达到法定规模和盈利额度的企业建立合规体系，并对拒绝建立合规体系的企业确立了行政罚款的后果。尽管建立有效的合规体系并不是对涉案企业免除或减轻刑事处罚的法定依据，但在司法实践中，合规逐渐成为检察机关决定是否起诉的一项考量因素，也成为法院确定量刑幅度的参考依据。特别是根据《萨宾第二法案》，法国针对腐败、洗钱等犯罪行为，确立了CJIP制度。检察机关与涉案企业达成这种协议的，企业除了缴纳罚款、赔偿被害方损失以外，还要在AFA的监督下实施最长3年的反腐败合规计划。在考验期结束后，检察机关对于那些实施了有效合规计划的涉案企业，经法院审查批准，可以作出不予起诉的决定，最终会免除企业刑事责任。这种法国式的暂缓起诉协议制度的实施，意味着企业实施合规计划可以成为被免除刑事责任的依据。这在法国刑法上属于重大的制度创新。

为什么实施有效的合规计划会带来免除企业刑事责任的后果？企业合规机制的构建对法国的法人刑事归责理论带来哪些影响？对于这些问题，尚未发现法国法学界提出相应的理论解释。

与法国相似，意大利刑法也是根据自然人的行为来确定法人的刑事责任。但与法国不同的是，意大利法律明确将企业实施合规计划作为对其免除刑事责任或者减轻处罚的依据。根据意大利2001年6月8日通过的第231号立法法令（以下简称第231号法律），公司内部享有管理职权并代表公司承担责任的人，以公司的名义或者为实现公司的利益，在意大利或者国外实施的具有主观意图的犯罪行为，应当由公司承担法律责任。上述人员主要包括代表公司或实际管理或控制公司的董事和经理，以及受到上述董事和经理指导和监督的个人。对于这些人员所从事的犯罪行为，第231号法律除了要追究他们自身的刑

---

〔1〕 See Morgan Lewis and Bockius LLP, *Sapin II Law*: *The New French Anticorruption System*,(September 6, 2019), https://www.lexology.com>detail.

事责任以外，还会追究公司的法律责任。公司所承担的法律责任主要有三类：一是罚金；二是取消特定的经营资格；三是没收犯罪所得。有观点认为，意大利对公司涉嫌犯罪的案件，是通过刑事程序来追究公司的行政责任。[1]

建立有效的合规计划是免除或者减轻公司责任的最重要方法。对于满足以下六个条件的公司，检察机关可以不再对公司提起刑事指控，而只对那些构成犯罪的个人提起诉讼：一是确定公司业务中的风险活动或风险领域；二是确定处理适合预防犯罪的财政资源的方式；三是提供旨在规划公司决议形成和实施的具体协议（政策），以防止潜在的犯罪发生；四是授权一个具有自主控制权的监督机构，负责监控公司建立合规计划的进展情况；五是为特定公司员工和代表提供持续培训；六是对于不遵守第231号法律所确立的公司准则的员工和代表，采取相应的纪律惩戒。

在受到刑事指控的情况下，公司可以通过证明已经实施有效的合规计划来进行积极的无罪抗辩。其中，对于普通员工所实施的犯罪行为，公司可以通过证明已经实施足以有效预防犯罪行为的合规计划而免除刑事责任。而对于高级管理人员所实施的犯罪行为，公司除了证明已经实施了有效的合规计划之外，还需要证明：(1)监督机构已经进行了充分的监控；(2)该高级管理人员通过欺骗规避公司内部控制体系而实施了犯罪行为。[2]

三、我国单位犯罪的归责方式

在1997年以前，我国曾有大量的单行行政法规确立了单位犯罪制度。1997年修订后的《刑法》将单位犯罪制度确立在基本法律之中，并要求只有在法律明文规定的情况下，单位才具有犯罪主体的资

---

〔1〕 See Aurelio Giovannelli and Roberto Cursano, *Corporate Liability in Italy*, (September 6, 2019), https://globalcompliancenews.com.

〔2〕 See Roberto Pisano, *Corporate Criminal Liability under Italian Law*, (September 6, 2019), https://globalcompliancenews.com.

格，并被独立定罪量刑。与此同时，刑法还确立了“双罚制”的刑事处罚方式，除法律明文规定的情况外，原则上对构成犯罪的单位处以罚金，同时对“直接负责的主管人员”和“其他责任人员”单独处以刑事处罚。

（一）单位责任与员工责任的承担方式

那么，究竟根据什么条件来确定单位承担刑事责任呢？从企业归责理论的角度来看，究竟是根据单位内部自然人的行为和意志来对单位进行归责，还是仅仅根据单位自身的行为和意志来确定其刑事责任呢？对于这一问题，刑法本身只是笼统地规定，单位对于“实施的危害社会的行为”，“应负刑事责任”。但是，所谓单位，无非是公司、企业、事业单位、机关、团体的代名词，他们尽管在法律上被视为“具有独立人格的法人”，但其行为主要通过其内部的自然人来实施，其认识和意志也要通过内部的员工来表达，那究竟在什么情况下才算是单位实施了“危害社会的行为”呢？尤其是在单位员工实施危害社会行为的情况下，究竟如何区分“员工个人责任”与“单位责任”呢？

不解决这些问题，就无法确定单位的刑事责任，也难以对单位责任与员工责任加以适当的分离。在这方面，最高人民法院和最高人民检察院通过了一系列司法解释。通过分析这些司法解释，我们可以发现我国司法机关对单位进行刑事追责的基本逻辑。

首先，对于单位犯罪仍然适用与自然人相同的追责原则，也就是责任自负原则和主客观相统一原则。单位构成犯罪既要有犯罪行为，也具备独立的主观罪过，也就是为构成犯罪故意或过失所需要的意识因素和意志因素。

其次，单位犯罪要通过内部成员来实施。那些能够代表单位意志的成员可以是单位负责人，也可以是单位有决策权和经营管理权的高级管理人员，还可以是接受单位授权的其他人员。当然，能够代表单位实施犯罪行为的内部成员，需要具备一定的决策权或管理权，但也可以是经单位授权的普通员工。因此，最终被追责的自然人被确定为“责任人员”，也就是“直接负责的主管人员”和“其他责任人员”。

最后，单位犯罪要同时符合三个条件：一是单位成员以单位名义实施犯罪行为，也就是经由单位集体决定或者单位的负责人或者被授权的其他人员决定或者同意；二是单位成员为实现单位利益而实施犯罪行为，即为单位谋取不正当利益或者违法所得大部分归单位所有；三是需要具有独立的“单位意志”，主要体现在单位集体研究决定，单位负责人决定或者同意，或者单位被授权的其他人员决定或者同意。

单位犯罪制度在刑法上确立二十余年来，不仅在理论上存在较大的争议，而且在司法实践中暴露出一些难以解决的问题。其中，受到广泛关注的问题主要有三个：一是对于单位犯罪与自然人犯罪存在明显的“入罪标准不统一”“同罪不同罚”的问题；二是对单位的刑事责任与行政责任存在明显的不均衡问题；三是在认定单位主观意志方面存在较大困难，造成司法机关自由裁量权的滥用。

（二）入罪标准不统一问题

在单位和自然人都独立实施同样犯罪行为的情况下，假如单位的入罪标准较高，而自然人的入罪标准较低，那就意味着自然人作为单位犯罪中的直接责任人员，与作为独立的自然人犯罪主体，会受到截然不同的法律待遇。同样，在单位和自然人都独立构成某一罪名的情况下，假如对单位犯罪中的直接责任人员与独立实施犯罪的自然人所判处的刑事处罚有着明显的差异，这也违背法律面前人人平等的原则。然而，我国刑法在确立单位犯罪制度之初，这种针对单位犯罪与自然人犯罪的入罪标准和量刑标准一直存在明确的“同罪不同罚”的现象。对于同一犯罪行为，单位犯罪的入罪标准要明显高于自然人犯罪的入罪标准，单位犯罪中的直接责任人员所受到的刑事处罚，也明显轻于那些独立构成犯罪的自然人。

根据一些学者作的实证研究，我国刑法在大多数罪名的适用中，对于单位犯罪的直接责任人员适用与个人犯罪相同的定罪量刑标准。但是，在一些特定罪名的适用中，如走私普通货物、物品罪，高利转贷罪，内部交易罪，编造并且传播影响证券、期货交易的虚假信息罪，洗钱罪，行贿罪等，仍然实行“入罪标准不统一”“同罪不同罚”的二元制刑罚制度。[1]

但在司法实践中，对单位犯罪与自然人犯罪“同罪不同罚”的问题可能更为严重，几乎已经形成了一种司法惯例。在入罪标准上，有些单位犯罪的犯罪起点数额要达到自然人犯罪数额的3~5倍。如个人实施的非法吸收公众存款行为的入罪数额标准为20万元以上，而单位实施的同一犯罪行为入罪标准则为100万元以上。而从法定刑的角度来看，一些单位犯罪中直接责任人员的法定刑要远远轻于自然人犯罪的法定刑。如个人对有影响力的人行贿，构成犯罪的最高刑期为10年有期徒刑，而单位犯罪的责任人的最高刑期仅为3年有期徒刑。结果，自然人一旦受到刑事起诉，往往倾向于将责任推给单位。而将自然人犯罪替换成单位犯罪，也已经成为律师界普遍运用的辩护策略。因为唯有如此，自然人作为直接责任人员才能在部分案件中逃避刑事处罚，或者被处以较轻的处罚。不仅如此，一些地方法院为寻求经济利益，也更愿意将一些复杂疑难的案件认定为单位犯罪，这样可以对单位处以高额的罚金刑。[2]

（三）单位的刑事责任与行政责任

我国刑法对于单位犯罪只是确立了“罚金刑”，而没有将那些已经确立在行政法中的“资格处罚”引入刑事处罚体系中来。无论是英美法系国家还是大陆法系国家，对于构成犯罪的企业除了科处罚金刑以外，还会处以程度不等的资格剥夺或者其他限制性措施。在很多情况下，对企业剥夺某种经营或交易资格，或者采取某种经济限制性措施，要比单纯的罚金刑会给企业带来更大的损失，使企业付出更为沉重的代价，从而更能发挥刑罚的报应和威慑作用。但遗憾的是，我国实行的是行政处罚与刑事处罚的二元化制裁体系，涉案企业假如仅仅构成行政违法而不构成犯罪，还有可能受到罚款、取消营业资格、吊

〔1〕参见史东海：《单位犯罪刑法规范及相关司法解释的发展——兼述打击走私犯罪对单位犯罪刑法规范及相关司法解释的促进》，载陈晖主编：《海关法评论》第8卷，法律出版社2019年版。

〔2〕参见娄秋琴：《从单位犯罪认定的视角谈公司企业权益的保护》，载《人民法院报》2018年9月12日，第6版。

销营业执照等行政处罚。但是，企业一旦被作出有罪判决，法院最终也只能对其科处罚金刑，而不再有其他方面的刑事处罚。

实践中，由于刑法本身没有确立这类资格限制措施，检察机关和法院无法直接作出限制企业从业资格的决定。检察机关可能会向行政机关发出“检察建议”，法院也可能发出“司法建议”。但是，这些检察建议和司法建议并不具有强制执行效力，而且还要取决于行政监管部门的执法能力和执法力度。相对于一些西方国家直接由法院采取这类取消资格、限制交易的刑事处罚措施，我国仅仅授权法院建议行政监管机关采取这类行政处罚措施，显然存在处罚不均衡、不及时和缺乏力度的问题。[1]

（四）单位主观意志的认定问题

在单位主观意志的认定上，除了单位决策层集体讨论决定的情况外，在单位内部自然人实施犯罪行为的情况下，如何区分单位责任与高管责任、单位责任与员工责任、单位责任与分公司责任、单位责任与第三方责任，已经成为亟待解决的问题。

我国《刑法》所确立的单位犯罪，通常都是通过直接责任人员以积极作为的方式实施的犯罪行为。但对于企业内部高级管理人员或者普通员工实施的犯罪行为，企业以不作为的方式加以默许，或者在制止上述人员犯罪方面负有过失责任的，企业究竟要不要承担刑事责任呢？在这一方面，我国刑法和司法解释都没有作出明确的规定。

由于主要是根据直接责任人员的行为和罪错来推论单位的行为和罪错，我国司法机关难以从单位自身的政策、规章、制度、行为规范等方面独立确定单位的犯罪意图。结果，对于那些由企业高层管理人员经无记名表决实施的违法行为，以及无法确定“直接责任人员”的违法行为，就难以认定为单位犯罪行为了。与此同时，对于自然人为进行违法犯罪活动而设立的企业，或者单位设立后以实施犯罪为主要活动的，司法解释要求一律不按单位犯罪论处，而只追究自然人的刑事责任。这显然否认了单位具有独立犯罪意图，混淆了自然人责任与

---

〔1〕 参见黎宏:《完善我国单位犯罪处罚制度的思考》，载《法商研究》2011年第1期。

单位责任。[1]

不仅如此，由于现有的单位归责原则是以自然人存在犯罪行为和犯罪意图为前提的，几乎不承认单位的独立行为和独立意志，因此，企业纵然建立了有效的合规体系，司法机关一般也难以将其视为单位在预防、治理、应对自然人犯罪方面的补救措施，更不将其视为单位主观意志的表现。结果，对于建立有效合规计划的企业，司法机关几乎不会将其作为对涉案企业进行激励的根据。在行政监管部门强力推进合规体系建设的情况下，企业究竟有多大的动力来实施合规计划呢？换言之，不建立有效的合规体系，企业在承担刑事责任方面究竟会受到哪些严厉惩罚呢？而一旦建立了有效的合规计划，企业是否会因此被免除刑事责任，还是被减轻刑事处罚呢？

四、“企业独立意志理论”的提出

对比较法的考察足以显示，目前那种以自然人为归责基础的企业归责方式，不仅在理论上漏洞百出、难以自洽，而且在司法实践中既无法有效保护企业的合法利益，也容易使那些真正承担罪责的企业逃脱法网。美国法学界提出的“组织责任”理论，将企业视为具有独立人格和独立意志的生命有机体，注重从企业的治理结构、文化、预防犯罪的机制等方面来探究其主观罪错，从根本上将企业责任与员工责任进行分离，为企业刑事归责确立了一条新的理论思路。英国近年来越来越注重以企业预防贿赂、逃税等存在失职问题来追究其刑事责任，也是将企业视为独立的生命有机体的表现，强调追究企业因不作为或者过失而造成员工违法行为的刑事责任。这在实质上也是对传统的替代责任和同一性理论的超越，意味着企业的组织责任理论开始在法律制度和法律实践中得到接受。在法国、意大利等大陆法系国家，至今仍然实行以自然人为基础的法人归责机制，但也已经出现了

〔1〕 参见徐鹏博、黎宏：《美国法人犯罪刑事责任的认定及其启示》，载《人民检察》2017年第19期。

对这种归责机制的反思，并在司法实践中出现了一些以法人独立行为和独立意志作为归责根据的判例。在日本，法学界对于源自大陆法的法人归责理论进行反思之余，开始出现了接受组织责任理论的明显趋势。日本学者提出的“法人独立行为责任论”和“企业组织体责任论”，就是这方面的典型例证。[1]

目前，我国法学界也出现了对那种以自然人行为为基础的单位归责理论的反思，有学者认为，唯有借鉴英美最新的组织责任理论，强调单位具有独立于自然人的刑事归责资格，才能走出制度和实践中的困境。为此，需要强调单位独立意志论，即使在单位内部没有任何自然人承担刑事责任的情况下，单位只要具备独立的行为和主观过错，就可以被追究刑事责任；强调单位在对内部员工和高级管理人员存在监管不力的情况下，可以构成过失犯罪；强调单位面对员工、高管等违法行为存在不作为的情况，也就是对预防后者的违法犯罪行为存在失职的情况，就应承担相应的刑事责任。[2]

应当说，目前我国刑法学界对单位归责问题所作的讨论和反思，既具有理论上的价值，也有利于公平合理地解决单位的刑事责任问题。在笔者看来，我国目前对企业合规管理体系的全面推进，以及与此相关的对企业法律风险防控的高度关注，恰恰为单位归责理论的转型提供了难得的契机和社会的基础。尽管我国企业合规机制主要是由行政监管部门依靠行政手段加以强力推动的，其最初动因也是为了降低中国企业在“一带一路”背景下进行海外投资经营可能面临的法律风险。但是，这种合规管理机制一旦被引入中国，就不会仅仅在公司治理框架内发挥作用，而更有可能转化为一种法律激励机制。这是因为仅有行政监管部门的强力推动，不足以使企业在建立合规计划方面具有真正的动力，反而有可能使企业为应对行政机关的监管要求而制订一系列“书本上的合规计划”，以至于造成合规管理体系的形式化和空壳化。而要使合规机制真正成为中国企业“触及灵魂的治理方式”并使其发挥防范合规风险、有效监控违法违规行为的作用，确

〔1〕 参见卢建平、赵昕宇:《法人犯罪的刑事责任理论——英美法系与大陆法系的比较》，载《浙江学刊》2004年第3期。

〔2〕 参见黎宏:《完善我国单位犯罪处罚制度的思考》，载《法商研究》2011年第1期。

实还需要在行政监管和刑法这两个领域建立行之有效的合规激励机制。其中，刑法上最重要的激励机制就是以企业合规换取宽大的刑事处理，如以合规换取检察机关的不起诉，法院定罪后予以减轻刑事处罚，或者检察机关与涉案企业达成暂缓起诉协议，最终通过督促企业通过完善合规计划来换取无罪处理。

鉴于此，笔者拟提出一种“企业独立意志理论”，以此区别于传统的建立在自然人责任基础上的“企业归责理论”。根据这一理论，企业内部的员工、高级管理人员所实施的行为，究竟是否是“以企业的名义”并“为着企业的整体利益”而实施的，这不足以成为区分企业责任与员工责任的根据。要将企业责任与员工责任加以彻底分离，避免企业因为个别员工或高管的不当行为而不合理地承担刑事责任，唯有对企业的主观意志与员工的主观意志加以彻底分离，才能使企业的犯罪意图和主观罪过得到独立的认定。只有企业的整体意志得到独立的认定，对其刑事责任的追究才具有合理性和正当性。

那么，作为一种商业组织，企业内部既包含人数众多的员工和高级管理人员，也具有较为复杂的管理结构和层级，究竟如何确定其是否具有犯罪意图或者犯罪意志呢？尤其是在抛开内部员工或高级管理人员的主观意志的情况下，究竟如何确定企业的独立意志呢？

罗马法时代有一句著名的法谚：“人的客观行为反映人的主观意志。”企业的独立意志一般是通过其独立的行为来得到体现的，其整体行为也可以成为判定其是否具有主观罪过的依据。按照前文的分析，美国的组织责任理论，将企业的组织结构、治理方式、文化乃至预防犯罪的政策等作为确定企业是否具有主观罪过的根据。这些理论概括固然可以克服传统的企业归责理论的局限性，但却无法将企业的主观罪过与企业行为建立起有机的联系。其实，“无行为则无责任”。企业作为一个具有独立法律人格的生命有机体，唯有实施了某种独立于自然人的行为，才能体现其独立的意志。那么，究竟是哪些行为可以成为我们认定企业具有犯罪的主观罪过呢？

我们可以借用行政法中的概念，将独立的企业行为分为具体企业行为与抽象企业行为。所谓具体企业行为，是指企业在经营管理、财务管理以及合规管理过程中，为避免经营风险、财务风险和合规风险所实施的具体经营和管理行为。在经营管理方面，企业的具体行为可以表现为设立、投资、开发、生产、并购、破产重组和清算等行为；在财务管理方面，企业的具体行为可以有报表、入账、会计审核、内部审计等一系列行为；在合规管理方面，企业的具体行为可以包括风险评估、尽职调查、员工培训、内部沟通、内部举报、风险报告、内部调查、惩戒责任人、配合调查、主动披露等一系列风险预防、识别和应对行为。所谓抽象企业行为，是指企业为实现公司治理的目标所实施的制定章程、政策、规范和文件的行为，也就是通常所说的建章立制、制定政策和程序的活动。在经营管理过程中，企业为提高投资回报率所颁布的生产流程、投资并购政策、销售政策、奖励政策等，都属于抽象企业行为。在财务管理中，企业为加强财务管理、避免财务混乱、杜绝财务造假、禁止财务舞弊等情况，所采取的加强财务管理和强化内部审计的政策，就属于抽象企业行为。而在合规管理方面，企业为降低合规风险所颁布的合规章程、合规管理规范、员工行为准则、对合规风险的预防、识别和应对的制度体系等，也都属于企业的抽象行为。

无论是具体企业行为，还是抽象企业行为，只要是企业经过法定决策程序所直接实施的或者是经过企业依法授权或者事后确认的，就都属于企业整体行为。企业通过这些具体行为和抽象行为，表达了企业真实的主观意志。对于企业是否应当承担刑事责任的问题，也应当通过企业的具体行为和抽象行为对其是否具备犯罪的主观罪过作出准确的判断。尤其是在企业员工、高级管理人员实施某种不当行为的情况下，对于该行为是否为企业所为，是否体现企业的主观意志，也应根据企业是否存在具体行为或抽象行为来作出判断。一方面，假如员工或高管的行为本身就是执行企业整体决策、贯彻企业政策、获得企业授权、许可或事后承认的结果，那么，这种个人行为也就体现了企业的整体意志。另一方面，企业的某一具体行为或抽象行为并不是任何员工或高管所直接实施的，而是企业决策层经过投票表决的结果，那么，这种决策就代表了企业整体的主观意志。即便没有任何员工或高管对此行为承担责任，企业本身也应承担整体责任。

按照企业整体行为体现其独立意志的观点，企业合规机制可以从哪几个方面来影响企业的刑事责任呢？一般来说，一项有效的合规计划通常包含企业的合规宪章、合规组织架构、合规实施规范和员工行为守则、合规防范体系、合规识别体系以及合规应对体系等基本内容。有效的合规体系意味着企业对于单位内部的违法违规行为采取“零容忍”的态度，对合规风险进行评估，对员工进行有针对性的定期培训，对高风险的领域和合作伙伴进行尽职调查，对企业经营活动进行全流程的实时监控和合规预警，对发生的违法违规行为进行及时调查，对有关责任人进行有效惩戒，对合规体系的制度漏洞进行及时修补。[1]可以说，企业建立或完善合规计划的行为，既包含大量具体的企业合规管理行为，也包含一系列抽象企业行为。这些行为可以从以下四个方面来消除或者减轻企业的刑事责任：一是企业建立有效的合规计划，可以对其犯罪意图产生直接否定的效果；二是企业建立严格的内控机制，可以否定其失职或过失责任；三是在适用严格责任的情形下，企业建立合规管理机制，可以承担无过错的证明责任，从而成功地进行无罪抗辩；四是通过建立有效合规计划，企业可以堵塞制度漏洞，实现企业的内部自我治理，降低再次发生犯罪行为的可能性，大大降低其行为的社会危害性。下面依次对其作出分析和评论。

首先，通过建立有效的合规计划，企业对违法、违规乃至犯罪行为进行有效的防范、识别和处置，体现出拒绝实施、接受违法犯罪行为的主观意志。前文提到的雀巢员工侵犯个人信息案件中，雀巢公司以制定合规宪章、合规管理规范、员工行为准则等文件的抽象行为，以及开展合规培训、签订合规承诺书等具体行为，都足以说明雀巢公司对于员工通过贿赂医务人员来非法获取个人信息的行为，是通过多个文件加以严格禁止的。这显然表明，雀巢公司既没有亲自实施侵犯个人信息的行为，也没有鼓励、帮助、教唆、赞同、接受员工的侵犯个人信息行为。恰恰是雀巢公司实施合规计划的行为，足以证明该公司并没有实施侵犯个人信息犯罪行为的主观意图。既然就连实施犯罪的主观意图都不存在，那么，企业当然就不应对个别员工实施的犯罪

〔1〕 参见陈瑞华：《西门子的合规体系》，载《中国律师》2019年第6期；陈瑞华：《有效合规计划的基本标准——美国司法部〈公司合规计划评价〉简介》，载《中国律师》2019年第9期。

行为承担刑事责任了。

其次，企业通过建立有效的合规计划，足以证明自身对于员工、高管、合作伙伴或者客户的违法犯罪行为，既不存在失职的问题，也不承担过失责任。在司法实践中，那种由企业直接实施故意犯罪的情况是较为罕见的，常见的是对于员工、高管、合作伙伴或客户的违法犯罪行为，企业因为采取不作为或者存在失职的行为而承担过失责任的问题。但是，企业一旦建立了有效的合规计划，即意味着企业通过合规宪章、合规管理规范和员工行为准则，向全体员工划定了合法与非法的行为界限，要求员工遵守企业所设定的商业行为模式；企业通过合规风险评估、尽职调查、内部培训、上下沟通等活动，向员工、高管、第三方、客户尽到了提醒和警告的义务，促使其远离违法犯罪行为；企业通过鼓励内部举报、定期合规报告、合规审计等活动，对于存在高风险的领域和个人进行了合规风险的全流程预警；企业通过对违规行为进行调查、惩戒责任人、发现并弥补合规管理漏洞、主动自我披露等行为，展示了对企业内部违法犯罪行为的零容忍和积极预防的态度。一言以蔽之，企业通过合规管理体系承担了预防违法犯罪行为的责任。假如员工、高管、合作伙伴或者客户仍然实施违法犯罪行为，那么，企业就既不存在失职问题，也不存在疏忽大意或者过于自信的主观罪过。

再次，即便在适用严格责任的情况下，企业只要建立了有效的合规计划，就可以承担证明自身不存在过错的证明责任，从而成功地进行无罪抗辩。在英美法国家，对于企业与高管、员工乃至第三方的责任识别问题，通常确立了两种形式的严格责任：一是后者实施特定犯罪行为的，推定为企业构成同样的罪名（这就是替代责任或雇主责任原则适用的后果）；二是后者实施犯罪行为的，推动企业构成预防该项犯罪的失职罪（英国的预防失职模式即属于此类）。我国民法确立了严格责任制度，行政法上已经在特定领域有了严格责任的萌芽。[1]

---

〔1〕 参见《反不正当竞争法》第7条第3款："经营者的工作人员进行贿赂的，应当认定为经营者的行为。但是，经营者有证据证明该工作人员的行为与为经营者谋取交易机会或者竞争优势无关的除外。"对这一条文的权威解读，可参见吴楠：《总局反垄断与反不正当竞争执法局局长就新〈反不正当竞争法〉接受记者专访》，载《中国工商报》2017年11月9日，第5版。

但刑法迄今为止仍然坚持主客观相统一原则，拒绝承认严格责任的正当性。但即便如此，在企业高管、员工乃至第三方（包括供货商、经销商、代理商等）实施了犯罪行为的情况下，企业仍然可以实施合规计划作为无罪抗辩的事由，以便证明自身对于高管、员工乃至第三方的犯罪行为，既不存在主观明知、不存在追求或者放任的主观意志，也不存在疏于管理、缺乏监控的过失，从而作出积极的无罪抗辩。前文所分析的雀巢公司案件，足以显示企业合规在证明单位不具有主观罪过方面，是具有充分说服力的，也已经开始被司法机关采纳为无罪裁判的根据。正因如此，即便是在主客观相统一原则积极发挥作用的情况下，我们仍然可以在企业合规与单位免责之间建立有机的联系。

最后，企业一旦建立有效的合规计划，就意味着该企业建立了一整套预防、识别和纠正内部犯罪行为的机制，可以实现企业内部的自我治理。

在美国、英国、法国等国家，一家建立了合规计划的企业，即便面对较为重大的刑事指控，检察机关也可以与其达成暂缓起诉协议，在考验期之内促使其缴纳高额罚款，完善合规计划，并在考验期结束后作出撤销起诉的决定。之所以将企业建立或完善合规计划作为免除企业刑事责任的依据，主要是因为企业经过若干时间的配合调查和重建合规计划，已经建立了一整套足以预防犯罪发生、识别违法违规行为和有效应对违规事件的机制。其中，预防机制可以通过对违规风险的评估、尽职调查、培训、沟通等方式，实现对内部违法违规行为的有效预防和阻止；识别机制通过对违法违规行为的举报、报告、审查、预警等方式，实现对内部违法违规行为的实时监控；应对机制则通过内部独立调查、违规责任人的发现和惩戒、合规体系漏洞的诊断、合规计划的完善等方式，实现企业内部的自查自纠，建章立制，弥补漏洞，避免类似违法违规乃至犯罪行为的再次发生。

有了有效的合规计划，企业就具有实施内部自我治理的能力，这标志着企业形成了一种依法依规经营的文化，具有了一种发现和纠正违法违规乃至犯罪行为的能力。在一定程度上，企业通过合规体系的建设，足以实现那种通过刑事处罚所要实现的个别威慑效果。不仅如此，通过以合规换取宽大的刑事处理，还可以对众多企业形成一种激励效应，促使它们积极地建章立制，完善预防、识别和应对体系，来减少和避免违法违规乃至犯罪行为的发生，从而产生最大限度地威慑潜在犯罪者的效果。不仅如此，通过在考验期之内实施的合规监督和合规报告机制，企业通过重建合规计划，消除了重新犯罪的可能性，改变了原来促使犯罪行为发生的文化和管理机制，实现了本来要通过刑事处罚才能实现的矫正功能。

即便企业因为所涉及的案情特别重大，检察机关不得不对其提起公诉，法院仍然可以将合规作为宽大刑事处理的依据，也就是将合规作为一种减轻刑事处罚的情节。这是因为企业通过建立合规计划这一整体行为，表达以下几个方面的意愿：一是承认被指控的犯罪事实，具有认罪悔罪表现；二是积极配合刑事调查，表达了改过自新的意愿，并大大节省了调查机关的调查成本和相关资源；三是积极披露企业内部员工的犯罪行为，使其受到及时的惩戒，甚至被诉诸司法程序；四是通过建章立制，建立了预防犯罪再次发生、有效识别犯罪行为以及矫正不良经营模式的管理体系，消除或减少了再次犯罪的可能性。

既然企业通过重建合规计划大大减轻了其犯罪行为的社会危害性，降低了企业再犯新罪的可能性，那么，根据罪责刑相适应的基本原则，对其定罪后的刑事处罚也应给予相应的减轻处罚。

五、企业合规视野下单位犯罪制度的重构

从世界范围来看，那种根据企业成员责任来认定企业责任的刑事归责原则已经缺乏生命力，取而代之的是一种建立在企业独立承担刑事责任基础上的刑事归责理论。而中国的单位犯罪制度也建立在类似的归责理论基础之上，将单位责任与单位内部责任人员的责任没有进行必要地分离，以至于造成在单位刑事追诉方面出现诸多方面的问题。要走出这一困境，有必要根据“企业独立意志理论”，将单位视为一个独立的生命有机体，从单位自身行为上确定单位的独立意志。只有在单位存在独立的犯罪意图或者对内部员工的犯罪行为存

在独立的失职或过失责任时，才能追究单位的刑事责任。而在单位建立了有效的合规计划的情况下，这种合规管理体系本身就足以否定其存在犯罪意图，也可以否定其对于单位内部员工、高管、第三方或者客户实施的犯罪行为存在失职或者过失，从而将单位责任与单位内部员工、高管、第三方、客户的刑事责任进行必要的分割。那么，根据这种“企业独立意志理论”，我们究竟如何对单位犯罪制度进行重新构建呢？

首先，对于单位犯罪的概念应作适当的调整。传统上，我国的单位犯罪是指公司、企业、事业单位、机关、团体为单位谋取非法利益或者以单位名义，经单位集体研究决定或者由负责人员决定实施的犯罪。这一概念貌似概括全面，但有点似是而非，难以解释单位犯罪的本质特征。其实，作为一种独立的生命有机体，单位尽管有着为数或多或少的自然人成员，但它一旦成立，就在本质上具有独立的法律人格，独立地享有权利，履行义务，并承担法律责任。在这方面，应当接受民法上关于法人和非法人团体的概念，将单位视为具有独立行为和独立主观意志的法律主体。从这方面来说，单位犯罪应当被定义为公司、企业、事业单位、机关、团体在具有主观罪过的前提下所实施的为法律所禁止的危害社会行为。单位构成犯罪的前提条件有二：一是实施了危害社会的行为，而该行为属于刑法上所禁止的行为；二是单位具有主观罪过，要么具有犯罪故意，要么因为疏忽大意或者过于自信而具有过失。

其次，对于单位犯罪与自然人犯罪的关系应作适当界定。传统的刑法理论过于重视单位内部自然人的行为，并将其视为单位构成犯罪的前提和基础。应当说，有一部分单位犯罪确实是通过单位内部的自然人实施的。例如，单位内部经过集体讨论和表决所实施的犯罪，单位内部经主要负责人决定但经过其他高层管理人员事后确认的犯罪行为，高级管理人员或者普通员工代表单位或者经单位授权所实施的犯罪行为，等等。这些当然都可以被认定为单位犯罪，对单位和直接责任人员实施“双罚制”，这当然是没有问题的。但是，在司法实践中，还有大量的情况应当被视为单位犯罪，该项犯罪与内部的自然人在承担责任方面却无法保持同步。例如，经单位内部高级管理层无记名表决所形成的单位行为，可能无法追究投赞成票的自然人的刑事责任，但单位的整体行为构成犯罪；对于特定高管或员工的违法行为，单位没有承担注意义务，对其预防、监督、控制、识别、培训、惩戒缺乏有效制度安排，对于单位的不作为情况，似乎应当追究刑事责任；单位没有建立和实施有效的规章制度，内部管理混乱，以至于造成内部高管或员工任意实施违法行为，对此也应认定单位存在过失，令其承担刑事责任；等等。

其实，在单位与单位内部自然人承担责任的方式上，可以存在多元化的模式：一是单位成员以单位名义、为单位利益并体现单位意志所实施的犯罪行为，对此情况可以适用现行的"双罚制"；二是单位整体实施了犯罪行为，但无法确定单位内部成员成为"直接责任人员"，对此情况只能单独追究单位的责任；三是对于单位成员实施的特定犯罪行为，单位因为存在疏忽大意或者过于自信而导致危害社会结果的发生，单位应当为其过失而承担刑事责任；四是对于单位成员为实现单位利益所实施的特定犯罪行为，单位因为疏于管理、缺乏有效监管或者没有建立相应的防范体系，应当承担独立的刑事责任，如构成特定的失职犯罪。

再次，对于单位的主观罪过应作重新界定。传统的理论将单位成员的意图、意志或者犯意视为单位的意图、意志或者犯意。这在一部分案件中是可以成立的。但是，作为一种具有独立法律人格的主体，单位具有独立的认识能力和主观意志。一方面，即便是在单位成员具有犯罪意图和意志的情况下，这充其量也是单位整体意志的外在表现方式而已。另一方面，在单位成员主观意图不明显或者不同单位成员主观意志不一致的情况下，单位仍然具有独立的主观意图或者意志。单位表达其认识、意图和意志一般有两种主要方式：一是通过所发布的章程、规范、行为守则、奖惩标准等规范性文件，来"抽象地"表达单位的意志；二是通过对员工的职务行为实施教育、培训、防范、识别、奖励、惩戒等具体行为，来"具体地"表达单位的意志。

在本章前文提到的雀巢公司案件中，该公司所提交的政策与指示、雀巢宪章、关于与卫生保健系统关系的图文指引等文件，就以"抽象的方式"体现了该公司的"主观意志"，也就是对员工违法犯罪行为的注意、防范、识别和禁止，说明该公司表达了不容忍和禁止违法犯罪行为的主观态度。而雀巢公司对员工所采取的培训、测试以及发放奖金等行为，则以“具体的方式”体现了该公司的意志，证明该公司禁止员工以非法方式获取个人信息。正是基于对雀巢公司规范文件和具体管理行为的认定和评判，司法机关才否定了该公司的主观罪过，并将有关行为认定为自然人犯罪行为。

最后，在对单位实施刑事处罚方面，应当确立多元化的刑事处罚体系。目前，我国刑法对于构成犯罪的单位只是科处罚金，而没有确立其他方面的刑事处罚。其实，对于那些实施了经济犯罪的单位而言，唯有“剥夺违法者违法所得的利益”，才能使刑事处罚产生真正的威慑力。有必要针对单位犯罪建立一些必要的“资格刑”，作为附加刑，对单位的经济利益、经营资格或社会声誉进行必要的剥夺或者限制，使其承受与其犯罪行为相适应的损失。例如，可以借鉴行政处罚法所设定的剥夺资格制度，建立以下“资格刑”制度：一是取消公司上市资格；二是取消从事特许经营的资格；三是取消与政府部门进行交易的资格；四是吊销营业执照。

经验表明，唯有对构成犯罪的单位处以上述各种资格刑，使其遭受重大的经济损失、交易机会损失或社会声誉损失，单位犯罪才有可能得到真正的遏制，那种通过合规换取宽大刑事处罚的激励机制才能得到真正的激活。试想一下，作为一种关心自身生死存亡的理性人，假如单位在极为严厉的刑事处罚与重建合规计划之间进行选择，它无疑会选择后者。相反，假如要单位在接受罚金处罚与建立合规计划之间进行选择，它会毫不犹豫地选择前者。唯有在对严厉的刑事处罚产生畏惧的情况下，企业才会在建立合规计划方面产生动力，企业合规机制的推行才具有现实的可能性。

第十章
企业合规出罪的三种模式

我预计，与自然人以“正当防卫”“紧急避险”作为无罪抗辩事由一样，涉案企业未来有可能以“建立了有效合规体系”为由，提出无罪抗辩，或者申请减轻处罚，还可以“事后进行了有效的合规整改”为由，申请检察机关作出不起诉决定，或者说服法院作出减轻处理的裁决。

——题记

一、问题的提出

在加强民营企业司法保护的政策背景下，我国检察机关开始探索实施企业合规不起诉制度。与传统的相对不起诉制度不同，检察机关适用合规不起诉的主要理由不是行为人犯罪情节轻微，依照刑法可以免除处罚，而是企业在积极配合、有效补救的前提下，推行企业合规计划，对其管理制度进行了认真整改，消除了企业管理上的制度漏洞和隐患，对于企业再次犯罪进行了有效的预防。检察机关通过采取合规考察措施，对实施有效合规计划的涉案企业最终作出不起诉的决定。这种合规不起诉制度的适用，使得企业合规成为检察机关作出无罪处理的直接依据，合规因此具有了重要的"出罪"功能。[1]

但是，在企业合规不起诉制度探索过程中，对于合规是否以及应否具有出罪功能，企业合规不起诉究竟适用于哪些企业犯罪案件，理论界和实务界都存在一些不同的认识。部分学者认为，基于欧美国家的法制经验，也基于合规管理体系所发挥的预防犯罪的功能，企业

〔1〕 参见陈瑞华:《刑事诉讼的合规激励模式》，载《中国法学》2020年第6期。

合规应具有实体出罪和程序出罪的双重功能。其中，在实体法上，企业合规应成为涉案企业提出无罪抗辩的法定事由。在程序法上，检察机关根据企业实施合规体系所做的合规不起诉决定，本身就具有“合规出罪”的效果。但是，一些刑法学者则认为，在企业构成犯罪后，企业建立合规体系只能成为减轻刑事处罚的依据，而不应成为对其宣告无罪的正当事由。这与自然人实施犯罪行为后，即便再改过自新也不足以成为对其免除责任的依据，是同样的道理。这些学者甚至认为，即便是在合规不起诉领域，合规也不能单独成为免除企业刑事责任的依据，而需要结合其他因素，如犯罪情节轻微、单位积极配合调查、单位实施有效的补救措施等，才能成为检察机关作出不起诉的依据。

而在司法实践领域，不同地方的检察官对于企业合规的功能给予不同的解释。有些地方检察机关认为，企业合规是一套程序复杂而代价高昂的公司治理体系，应主要适用于那些涉嫌犯有严重犯罪的大型企业，而不宜适用于涉嫌轻微犯罪的中小型企业。有的检察官明确指出，应当将“合规不起诉”与“相对不起诉”加以分离，对于那些直接责任人可能被判处3年有期徒刑以下刑罚的单位犯罪，检察机关直接适用相对不起诉就可以了，没有必要对其适用合规考察制度。但是，也有不少地方的检察机关对于合规不起诉的制度试验，则持相对谨慎的态度。这些检察机关将合规不起诉视为相对不起诉的一种形态，将企业犯罪与企业责任人犯罪捆绑在一起，认为只有对那些直接责任人可能被判处3年有期徒刑以下刑罚的单位犯罪案件，才可以适用合规不起诉制度。而对于那些直接责任人可能被判处3年有期徒刑以上刑罚的单位犯罪案件，检察机关则不得将其纳入合规考察的对象，而最多将合规作为宽大量刑的依据。

检察机关在探索合规不起诉制度过程中，确实要考虑我国的特殊情况，而无法照搬照抄欧美国家的相关法律制度。例如，对于涉嫌犯罪的企业，检察机关首先对其科处高额罚款，然后才与其达成暂缓起诉协议或者不起诉协议。这种在欧美司空见惯的合规考察制度，可能并不适合我国的情况。[1]又如，美国和欧洲国家将企业与企业内部高级管理人员加以分离，对企业经过合规监管认为已经实施有效合规计划的，可以作出不起诉的决定，而对于企业内部直接责任人员则提起公诉。这种“放过企业，但要严惩责任人”的制度设计，可能难以为我国所采纳。因为按照我国的单位犯罪制度，对单位内部直接责任人追究刑事责任的前提，是单位构成犯罪，而假如单位不构成犯罪的话，对直接责任人定罪判刑就失去了依据。[2]再如，对于涉嫌严重商业贿赂、洗钱、侵犯个人数据隐私等犯罪的企业，欧美检察机关都可以与其达成暂缓起诉协议，责令其在考察期限内建立或者完善合规管理体系，并可以根据其实施合规计划的效果作出不起诉的决定。但是，受罪刑法定和罪刑相适应等基本原则的限制，我国检察机关对涉嫌犯罪的企业在适用合规不起诉方面，不可能享有太大的自由裁量权。[3]对于涉嫌特别重大犯罪的企业，检察机关无法适用合规不起诉制度，而只能将合规作为提出宽大量刑建议的依据。

尽管如此，欧美国家将合规纳入刑法体系之中，充分发挥了合规的刑事激励功能。这是一条可资借鉴的法制经验。事实上，没有任何企业愿意主动实施这种代价昂贵的合规管理体系，也没有任何行业协会能够强制企业建立较为完善的合规计划。有效的合规计划通常建立在效果显著的合规激励机制的基础上。而目前公认的合规激励机制莫过于行政监管部门的行政激励机制与刑事执法部门的刑事激励机制。其中，对于那些涉嫌犯罪的企业而言，由检察机关根据其推进合规管理的效果作出是否给予宽大刑事处理的决定，属于效果最为显著的激励机制。而要发挥这种刑事激励的效果，检察机关无非有两种选择：一是作出无罪处理；二是提出宽大的量刑建议。相比之下，对于涉案犯罪的企业而言，合规出罪还比合规宽大量刑具有更大的吸引力。毕竟，一个企业一旦被定罪，即便受到宽大刑事处罚，所带来的

---

〔1〕 参见时延安：《单位刑事案件的附条件不起诉与企业治理理论探讨》，载《中国刑事法杂志》2020年第3期。

〔2〕 参见张军、姜伟、郎胜、陈兴良：《刑法纵横谈》，法律出版社2003年版，第306页。

〔3〕 参见陈瑞华：《企业合规视野下的暂缓起诉协议制度》，载《比较法研究》2020年第1期。

也无非主要是罚金数额的降低而已。而企业一旦被做出无罪处理，就不仅可以避免被戴上“犯罪人”的帽子，防止受到刑事处罚，而且还可以避免受到各种资格剥夺的严厉后果。[1]

正因为如此，我们在探索企业合规不起诉制度过程中，应当引入合规出罪制度，确保企业推进合规管理可以成为免除刑事责任的依据。而要达成这一制度变革，我们需要对合规出罪的问题作出理论上的分析和论证。本章首先将企业犯罪区分为两种形态：一是系统性企业犯罪形态；二是非系统性企业犯罪形态。在此基础上，笔者将合规出罪区分为三种模式：一是“主观罪过免除模式”；二是“法定管理义务履行模式”；三是“合规考察免责模式”。笔者将分析这三种合规出罪模式的构成要素和正当根据并对我国未来的刑事合规制度作出预测和评论。本章所要论证的主要观点是，针对不同类型的企业犯罪形态，应适用相对应的合规出罪模式，使得企业合规真正成为司法机关免除企业刑事责任的依据，从而发挥社会综合治理的效果。

二、企业犯罪的两种形态

要研究合规出罪问题，需要对企业犯罪的形态作出适当的区分。企业作为具有法律拟制人格的主体，可以独立承担刑事责任。这一制度最初确立在英美法之中。迄今为止，英美法所确立的企业刑事归责原则主要是替代责任原则和同一性原则。根据前一原则，企业对其员工或代理人在职务范围内，为实现企业利益所实施的犯罪行为，应承担相同性质的刑事责任。而根据后一原则，企业内部的董事、经理等高级管理人员才属于企业的高级代理人，他们为实现企业利益所实施的犯罪行为，应当由企业与他们共同承担刑事责任。这两种归责原则都将企业内部代理人的犯罪行为，推定为企业犯罪行为，所适用的案

〔1〕 参见陈瑞华：《企业合规的基本问题》，载《中国法律评论》2020年第1期。

件通常都不是企业集体决策所实施的犯罪案件。[1]

直到20世纪后期，企业承担刑事责任的制度才为部分大陆法国家所确立。无论是意大利还是法国，都受到上述英美法归责原则的影响，确立了法人犯罪制度。在法国，根据“代表责任”原则，只有作为企业代表的机关或者代表为实现企业利益所实施的犯罪行为，才可以由企业承担刑事责任。而根据意大利第231号法律，公司内部享有管理职权并代表公司承担责任的人，以公司的名义或者为实现公司的利益，在意大利或者国外实施的具有主观意图的犯罪行为，应当由公司承担法律责任。上述人员主要包括代表公司或者实际管理或控制公司的董事和经理，以及受到上述董事和经理指导和监督的个人。第231号法律明确规定，实施有效合规体系，可以免除企业的刑事责任。但是，企业发生系统性犯罪行为的情况除外。可见，在意大利等大陆法国家，合规出罪制度主要适用于代表、管理或控制企业的人所实施的犯罪行为，而不适用于企业的系统性犯罪行为。[2]

我国刑法向来不承认替代责任原则和同一性原则，而是确立了主客观相统一原则，在追究单位刑事责任方面，强调无论是单位内部主管人员还是直接责任人员，都要以单位的名义，为实现单位的利益并体现单位的意志所实施的犯罪行为才能由单位承担刑事责任。通常情况下，我国的单位犯罪主要是指经单位集体决定或者经单位负责人决定所实施的犯罪行为。至于那些由某一代表、管理或控制企业的人员所实施的犯罪行为，究竟要不要由企业承担刑事责任，在理论上和实践中都存在一些争议。原则上，这些人员的行为唯有体现单位的集体意志，才能追究单位的刑事责任。[3]

由此看来，无论是在英美法、大陆法还是在中国法中，根据犯

---

〔1〕 See VP Nanda, *Corporate Criminal Liability in the U.S.: Is a New Approach Warranted?* ,(September 21, 2019), https://link.springer.com.See Crystal Jezierski, *Corporate Liability in U.S.*,(September 21, 2019), https://globalcompliancenews.com>white-collar-crime.

〔2〕 See Aurelio Giovannelli and Roberto Cursano, *Corporate Liability in Italy*,(September 6,2019), https://globalcompliancenews.com/white-collar-crime/corporate-liability-in-italy/.

〔3〕 参见叶良芳:《论单位犯罪的形态结构——兼论单位与单位成员责任分离论》,载《中国法学》2008年第6期;另参见黎宏:《单位犯罪中单位意思的界定》,载《法学》2013年第12期。

罪行为是否由企业通过集体决策或者授意来加以实施，可以将企业犯罪分为两种基本形态：一是系统性企业犯罪；二是非系统性企业犯罪。

所谓系统性企业犯罪，是指企业作为一种具有法律人格的商业组织，经过集体决策或者经由企业负责人作出决定实施的危害社会行为。这种"系统性企业犯罪"可以分为两种具体形态：一是经企业内部集体决策实施的犯罪行为，二是经企业负责人授权或者授意实施的犯罪行为。前者通常发生在企业董事会、高级管理团队等经过集体讨论和表决来决定实施犯罪行为的情况之下。例如，某企业董事会决定实施走私、虚开增值税发票、侵犯商业秘密、污染环境、制造或者销售假药等犯罪行为，某公司管理团队决定采取非法经营、侵犯公民个人信息、非法吸收公众存款等商业模式或经营方式，等等，这些都属于由企业决策机构集体决定实施的系统性犯罪行为。

后一种系统性企业犯罪行为则是由企业内部负责人授权或者授意实施的犯罪行为。这种企业的董事会或者管理团队并没有作出实施犯罪行为的决定，但企业的董事长、总经理等负责人却作出授权或者授意某一部门、子公司、高级管理人员、员工、第三方等实施犯罪行为的决定。例如，在排放污染物方面，企业并没有作出集体决定，但是，企业董事长、总经理指令或者许可下属实施排放污染物的行为。这种污染环境犯罪行为也属于系统性企业犯罪行为。[1]

所谓非系统性企业犯罪行为，则是指在没有企业集体决策，也没有企业负责人作出授权或授意的情况下，企业内部的某一高管、董事、员工、子公司、第三方等关联人员，以企业名义并为实现企业利益而实施了犯罪行为，由于企业对这类行为采取了接受、纵容行为，或者没有采取制止或纠正措施，因此，该行为被推定为企业犯罪行为。

相对于系统性企业犯罪行为，非系统性企业犯罪行为在认定上存在一定的争议。通常情况下，无论是企业内部的高管、员工，还是子公司、第三方，要认定其"以企业名义"或者"为实现企业利益"，都是不存在困难的。只要有证据证明这些人员利用参与企业经营管

〔1〕 参见石磊：《单位犯罪意志研究》，载《法商研究》2009年第2期。

理的机会，其行为的意图在于提升企业的竞争优势，增加企业的商业机会，或者提高企业的经营业绩，就足以认定上述两个事实。但是，究竟如何认定这些人员的意志体现了企业整体的“主观意志”，这却是一个非常困难的问题。在这一方面，英美法确立了一种严格责任原则，也就是在代理人或者高级代理人实施犯罪行为的情况下，推定企业承担刑事责任。一些大陆法国家尽管没有确立这种严格责任制度，却也接受根据代表、管理或控制企业的人员的犯罪行为追究企业刑事责任的观点。我国刑法并不承认严格责任原则，但在认定由企业内部管理人员犯罪行为引发的企业刑事责任问题上，在实践中也遵循着一种“主观意志推定”规则，也就是对于高管、员工、子公司或第三方的犯罪行为，只要企业不采取禁止、纠正、预防等措施的，就推定其承担刑事责任。〔1〕

在对企业犯罪作出上述区分的前提下，再来考察合规出罪问题，就可以作出较为清晰的评价了。原则上，对于系统性的企业犯罪行为，由于企业既实施了危害社会的行为，也具有明显的主观罪过，因此应当追究企业的刑事责任。对这类案件，在刑法中确立合规出罪机制并没有太大的空间。诚如部分刑法学者所说，对这类案件，企业建立或者承诺建立合规管理体系最多只能作为宽大量刑的依据，而不能成为作出无罪处理的法定事由。与此同时，在适用企业合规不起诉制度时，对于系统性的企业犯罪案件，除非犯罪情节轻微，企业存在积极配合调查、认真补救和有效整改的行为，否则，一般也不宜将其纳入合规考察的适用对象。原则上，对系统性企业犯罪案件，大体上可以只对直接责任人可能被判处3年有期徒刑以下刑罚的案件，适用合规考察措施，对其在考察期内实施有效合规计划的，可以作出不起诉的决定。这里的合规不起诉就可以被视为一种特殊的相对不起诉。

相反，对于那些非系统性企业犯罪案件，在确立严格责任制度的前提下，刑法应当建立专门的合规出罪机制。原则上，在没有建立合规管理体系的情况下，企业对于员工、高管、子公司、第三方的犯罪行

〔1〕 参见李冠煜：《单位犯罪处罚原理新论——以主观推定与客观归责之关联性构建为中心》，载《政治与法律》2015年第5期。

为，应当推定存在主观罪过，承担刑事责任。但是在已经实施合规管理体系的情况下，企业对上述关联人员尽到了注意、监督、管理责任，对他们的违法违规行为采取了禁止、预防和惩戒措施，就足以证明企业不存在危害社会的主观罪过，实现了对上述人员的责任切割，不再承担刑事责任。另外，对于那些违法违规发生频率较高、企业容易发生管理失控的领域，刑法还可以确立若干“失职类企业犯罪”，也就是将企业没有积极履行监管义务导致关联人员出现犯罪行为的情况，认定企业构成特定的失职犯罪。在此情况下，企业假如没有实施有效合规计划的，这种失职性犯罪即告成立；而假如企业建立了有效合规计划，对关联人员承担了积极的监督和管理义务，那么，对于关联人员所实施的犯罪行为，企业就不再成立失职犯罪。

而在探索企业合规不起诉过程中，对于非系统性企业犯罪案件，原则上，检察机关只要认为企业建立合规管理体系或者作出建立合规计划的意愿的，都可以将其纳入合规考察的对象，对其适用附条件不起诉制度。在考察期限内，这类企业只要建立合规管理体系，遵守所作的合规承诺，有效实施了合规管理体系，检察机关就可以作出不起诉的决定。对于这类案件，检察机关就没有必要将适用对象限制在轻微刑事案件，而可以对那些直接责任人可能被判处10年有期徒刑以下刑罚的单位犯罪案件，适用合规考察制度。

由此看来，我们可以根据企业犯罪的不同类型，将合规出罪制度分为三种模式：一是“主观过错免除模式”，二是“管理义务履行模式”，三是“合规考察免责模式”。其中，前两种模式适用于非系统性企业犯罪案件，最后一种模式则既适用于非系统性企业犯罪案件，也适用于轻微的系统性企业犯罪案件。至于较为重大的系统性企业犯罪案件，则不存在合规出罪的制度空间。

三、主观过错免除模式

所谓主观过错免除模式，是指企业通过建立和实施有效合规计划证明自身对关联人员实施的犯罪行为不存在主观过错，从而免除其刑事责任的合规出罪模式。我国刑法没有确立刑事合规制度，也没有将合规作为企业免责的法定依据。但在司法实践中，遇有企业内部管理人员或者员工实施犯罪行为时，企业有证据证明采取了合规管理措施，如发布合规政策和员工手册，对员工或管理人员进行过诸如培训、惩戒、奖励等合规管理的，司法机关可以据此认定企业对于上述犯罪行为的发生不存在主观过错，从而免除其刑事责任。2017年兰州中院判决的数位雀巢员工侵犯公民个人信息，雀巢公司因为建立了合规体系而不承担刑事责任的案件，就是一个典型的例子。[1]

一般来说，主观过错免责模式具有三个基本构成要素：一是企业内部员工、高级管理人员、子公司、第三方、被并购方等作为企业关联人员，以实现企业利益为目的实施了犯罪行为；二是企业对于上述关联人员的行为承担无过错责任；三是企业以建立或实施合规计划为依据，证明自身对上述关联人员实施了有效的合规管理，实施了禁止上述人员实施违法犯罪行为的合规政策，建立了旨在预防违法违规行为的合规管理流程，因此，企业既不存在追求或者放任危害社会结果发生的故意，也不存在因疏忽大意或过于自信而导致危害社会结果发生的过失。

（一）比较法上的分析

主观过错免除模式普遍存在于英美法国家企业合规制度之中。这些国家确立的替代责任原则和同一性原则，强调企业承担刑事责任的基础，要么是公司代理人在职责范围内为公司利益实施了犯罪行为，要么是公司内部的董事、经理等高级管理人员在职责范围内为实现利益所实施的犯罪行为。在上述两种情形下，企业都要承担法律责任，也就是因为代理人或者高级管理人员的犯罪行为而承担整体性的刑事责任。[2]企业要免除自身的刑事责任，与代理人或高级管理人员的责任进行有效切割，就必须提出证据证明自身建立并实施了有效的合规管理体系，尽到了合规管理义务，对这些人员的犯罪行为既不存

---

〔1〕 参见陈瑞华：《合规视野下的企业刑事责任问题》，载《环球法律评论》2020年第1期；另参见陈瑞华：《合规无罪抗辩第一案》，载《中国律师》2020年第5期。

〔2〕 参见时延安：《合规计划实施与单位的刑事归责》，载《法学杂志》2019年第9期。

在授意行为也没有失职行为，由此说服司法机关对企业作出无罪处理决定。

根据替代责任或雇主责任原则，企业内部员工为实现企业利益而实施犯罪行为的，企业应对此承担刑事责任。根据同一性原则，代表企业主观意志的高级管理人员实施犯罪行为的，企业也应对此承担刑事责任。但是，企业假如能够证明已经建立了有效的合规管理体系，如发布了企业合规政策和员工行为手册，建立了合规组织体系，对于员工和高管所实施的违法行为明令禁止并建立了惩戒机制，实施了内部合规培训制度，等等，就可以证明自身不存在主观过错，上述员工或高管的犯罪行为纯属个人行为，从而推翻严格责任。美国法律确立了“母子公司连带责任”原则，对于与母公司存在代理关系的子公司实施犯罪行为的，母公司应当承担刑事责任。但是，假如母公司实施了有效的合规管理体系，制定了与子公司关系的合规文件，对子公司实施了合规管理制度，如合规培训、风险评估、持续沟通、合规监控、惩戒机制、制度整改等，那么，就可以实现与子公司责任的有效切割，不再承担刑事责任。与此同时，对于作为商业伙伴的第三方，包括上游的供货商、提供商，中游的代理商、服务商，下游的承包商、销售商等，美国法律也适用替代责任原则，要求企业对其犯罪行为承担刑事责任。而企业要实现出罪的结果，就要承担证明责任，证明自身建立了针对上述第三方的合规管理制度，包括合规培训、合规尽职调查、分级管理、退出机制等，由此方能实现与这些第三方的责任切割。不仅如此，美国法律还确立了“继承责任”原则，要求在发生企业合并或收购行为时，收购企业对于被收购企业在并购之前所实施的犯罪行为，承担无过错刑事责任。而收购企业要推翻这种继承责任，就需要证明自身进行过有效的并购前尽职调查，并在收购完成后加强了对被并购企业的合规管理和内部控制。

近年来，一些大陆法国家在刑法中确立了合规出罪制度。尽管这些国家并没有确立源自英美法的替代责任原则和同一性原则，但是，那些代表企业利益并行使管理职权的高级管理人员所实施的犯罪行为，应当由企业承担刑事责任。而企业一旦实施有效的合规计划，就有可能被免除刑事责任。例如，根据意大利法律，在受到刑事指控的情况下，公司可以通过证明已经实施有效的合规计划来进行积极的无罪抗辩。其中，对于普通员工所实施的犯罪行为，公司可以通过证明已经实施足以有效预防犯罪行为的合规计划而免除刑事责任。而对于高级管理人员所实施的犯罪行为，公司除了证明已经实施了有效的合规计划以外，还需要证明以下两点：一是监督机构已经进行了充分的监控；二是该高级管理人员通过欺骗性手段规避公司内部控制体系，实施了犯罪行为。〔1〕

意大利法律还对作为出罪依据的有效合规计划确立了六项标准：一是确定公司业务中的风险活动或风险领域；二是确定处理适合预防犯罪的财政资源的方式；三是提供旨在规划公司决议形成和实施的具体协议（政策），以防止潜在的犯罪发生；四是授权一个具有自主控制权的监督机构，负责监控公司建立合规计划的进展情况；五是为特定公司员工和代表提供持续培训；六是对于不遵守第231号法律所确立的公司准则的员工和代表，采取相应的纪律惩戒。〔2〕

《西班牙刑法典》第31条第2款也规定，企业实施有效预防犯罪的合规体系的，对公司内部人员所实施的犯罪行为不承担刑事责任。企业要想达到出罪效果，就需要对以下事实承担证明责任：企业已有效采纳并执行了合规体系；合规组织和人员被充分授权，具有独立性和专业性；组织充分行使了监督和控制职能；未发生系统性犯罪行为。

《西班牙刑法典》也对有效合规体系的标准作出了规定：一是开展风险评估，识别可能构成犯罪的活动及行为；二是建立企业行使决策权和执行决策的政策和流程；三是实施适当的财务会计管理；四是及时报告潜在风险和违规行为；五是建立纪律处分制度，以适当惩处任何违规行为；六是定期更新合规体系。如果合规体系的规定严重违反法律或行业标准，或者企业的组织结构或活动发生组织变更，则应

---

〔1〕 See Roberto Pisano, *Corporate Criminal Liability under Italian Law*,（September 6,2019）, https://globalinvestigationsreview.com/review/the-european-middle-eastern-and-african-investigations-review/2020/article/corporate-criminal-liability-under-italian-law.

〔2〕 See Aurelio Giovannelli and Roberto Cursano, *Corporate Liability in Italy*,（September 6,2019）, https://globalcompliancenews.com/white-collar-crime/corporate-liability-in-italy/.

进行定期验证，并在必要时对合规体系进行修正。[1]

很显然，无论是意大利还是西班牙，在将合规出罪机制确立在法律之中时，都将企业实施有效合规计划作为切割企业责任与企业内部人员责任的重要根据。而这种责任切割之所以能够成功，主要原因就在于实施合规体系是体现企业尽到管理责任和注意义务的重要根据，内部人员的犯罪行为超出了企业的授权或者授意，其主观意志不能等同于企业自身的主观意志。

（二）我国司法实践中的“合规无罪抗辩”

在我国刑事司法实践中，对于公司员工或者高级管理人员实施犯罪行为的案件，司法机关需要同时查明以下三个事实：一是是否以单位名义实施违法行为；二是是否为实现单位利益而实施违法行为；三是违法行为是否体现单位的集体意志。对于前两个问题，司法机关认定起来并不存在太大困难。在很多企业员工或高级管理人员利用职务之便来实施商业贿赂、欺诈、侵犯他人权益的案件中，行为人经常以“单位员工”或者“单位高管”的名义，打着单位的旗号从事违法行为；他们之所以从事违法行为，既有提高个人业绩的考虑，也会在客观上带来增加单位商业利润、提高单位商业竞争力的后果。可能容易发生争议的是“是否体现单位意志”的问题。假如单位在合规管理上存在重大疏漏，既没有发布商业行为准则、合规政策和员工行为守则，也没有建立包括合规风险评估、合规培训、内部举报等在内的合规机制，那么，单位对于员工违法违规行为的发生，就可能难辞其咎，存在着管理上的重大主观过错，司法机关据此可以追究企业的刑事责任。

2017年兰州中院对雀巢公司员工侵犯公民个人信息案件的终审判决，就试图走出上述困境。兰州中院的裁定书认为：“单位犯罪是为本单位谋取非法利益之目的，在客观上实施了由本单位集体决定或者由负责人决定的行为。雀巢公司手册、员工行为规范等证据证实，

---

〔1〕 参见《西班牙反贿赂法律法规简介》，载微信公众号“合规小叨客”2020年6月3日，https://mp.weixin.qq.com/s/BHwb6-iQ7IWJF5PorawvbQ。

雀巢公司禁止员工从事侵犯公民个人信息的违法犯罪行为，各上诉人违反公司管理规定，为提升个人业绩而实施的犯罪为个人行为。”[1]

可以看出，即便在没有确立企业严格责任的情况下，我国刑法也存在着合规出罪的制度空间。假如企业在员工或管理人员发生犯罪行为之后，向司法机关证明自身建立了合规管理体系，证明自己对员工或管理人员尽到了合规管理责任，对合规风险尽到了注意义务和防范义务，对违规行为进行了及时识别和监控，在违规事件发生后有一套积极配合、有效补救和认真整改的应对机制，那么，司法机关就可以据此认定，该员工或管理人员的行为不符合企业的合规政策，违背了企业的规章制度，脱离了企业的合规流程，与企业的意志相悖，纯属其个人行为。这样，合规管理体系的建立和实施，就可以证明企业不存在主观上的故意或者过失，因此对员工行为不承担刑事责任。

（三）主观过错免除模式的正当依据

在企业关联人员实施犯罪行为的情况下，为什么企业建立了有效的合规计划，就可以证明企业不存在主观过错，并进而不承担刑事责任呢？对于这一问题，我们可以提出“企业独立意志理论”和“有效监管理论”，来作出理论上的论证。

首先，根据“企业独立意志理论”，企业作为一种生命有机体，尽管不像自然人那样，具有生理意义上的意识和意志，却可以具有法律意义上的意识和意志。传统的法人犯罪理论，将企业承担刑事责任的基础建立在企业内部人员的犯罪行为基础上，忽略了企业的独立意识和意志。其实，无论是企业管理人员、内部员工、子公司，还是作为第三方的合作伙伴，他们的犯罪行为不一定体现企业的整体意志。在无法查明这些人员的行为是否体现企业意志的情况下，如何判断企业应否承担刑事责任就成为一个十分关键的问题。一般来说，企业经过集体决策所发布的公司章程、合规政策、员工行为手册，就属于体现其整体意志的“抽象企业行为”。而企业针对合规管理问题所采取的合规风险评估、尽职调查、合规培训、合规文化传播、合规奖惩、制度整

[1] 参见兰州市中级人民法院刑事裁定书，(2017)甘01刑终89号。

改等措施，则属于体现企业整体意志的“具体企业行为”。

通过上述抽象企业行为和具体企业行为，企业向我们展示了与关联人员完全不同的意识和意志。一方面，企业已经意识到关联人员可能实施违法违规乃至犯罪行为，通过颁布合规章程、合规政策和员工手册，承担了注意义务和警示义务，这显示出企业对关联人员可能出现违法违规行为存在着清醒的认识，但对自身通过实施合规管理来防范内部违规行为发生的情况，也有着清晰的判断。另一方面，对于关联人员的行为可能造成的危害社会的后果，企业通过合规管理机制，对有关责任人采取过惩戒措施，采取了预防、制止、识别违法违规行为的动态管理流程，这体现了企业不存在追求、放任危害结果发生的主观意志，也显示出企业没有诸如疏忽大意或者过于自信等方面的过失。因此，在企业已经实施合规管理体系的情况下，企业已通过合规管理行为显示出不鼓励甚至禁止违法违规行为的主观意志，任何关联人员所实施的犯罪行为，已经不再体现企业的主观意识和主观意志，而纯属其个人行为。正是这种合规管理体系的建立，发挥了将企业责任与关联人员责任加以切割的作用。

其次，根据“有效监管理论”，一个企业一旦成长到规模较大的程度，就经常面临着外部监管失灵的问题。如何加强企业的内部监管，使得为数众多的关联人员依法依规从事经营活动，防止企业发生诸多方面的法律风险，就成为公司治理的现实难题。通常来说，企业决策层即使拥有“火眼金睛”，可以对全企业内部的经营行为“明察秋毫”，也难以禁绝那些发生在高管、员工、子公司、第三方身上的违法违规行为。例如：尽管企业董事会再三发布禁令，但分管经营的高管为追求业绩，也有可能鼓励或者放任本部门人员采取侵犯个人信息、非法经营、虚开发票等违法行为；尽管企业管理层反复强调环境保护问题，但分管环保的高管或者员工为降低经营成本，仍有可能采取违法排放污染物的行为；尽管企业制定了相关的依法经营的政策，某一子公司为寻求商业机会，仍然可能采取侵犯商业秘密等违法行为；尽管企业要求供应商、代理商、分销商采取依法经营行为，但这些第三方为增强自身的竞争实力，仍然可能采取包括商业贿赂在内的违法行为。对于上述违法违规行为，那些行政监管部门要想从外部进行有效的预防、识别和应对，不仅成功概率较低，而且效果并不显著。

在外部监管效果不佳的情况下，加强企业内部的自我监管，就成为预防企业违法犯罪行为的必由之路。但是，建立合规体系，推行合规管理机制，是一种成本高昂的治理方式。假如没有外部的强大激励，几乎没有企业愿意主动采取这种公司治理方式。对于建立合规管理体系的企业，确立合规出罪机制，使其对于企业关联人员的犯罪行为，不再承担刑事责任，就是一种最为重要的激励机制。[1]而要达到这种合规激励的效果，刑法就需要确立一种主观意志推断逻辑，那就是在企业建立合规管理体系的情况下，推定企业具有预防、阻止关联人员违法犯罪行为的意识和意志，而不再承担由关联人员的行为所可能引发的刑事责任。因此，实施合规管理体系，既是证明企业不具有犯罪过错的根据，也可以成为对企业豁免刑事责任的依据。

以上两个方面的论证，对于那些非系统性企业犯罪案件都是适用的。毕竟，在犯罪既不是企业集体决策实施也不是企业负责人决定实施的情况下，区分企业责任与企业关联人员责任的关键，在于判断企业是否对关联人员的犯罪行为存在主观过错。而合规机制的建立和实施，恰恰起到切割企业责任与关联人员责任的效果，也有助于实现企业对于关联人员的有效内部监管。但是，企业一旦实施系统性犯罪行为，企业的主观意识和意志都可以得到较为充分的证明，企业的犯罪行为和主观过错都可以得到清楚的认定。在此情况下，企业即便建立了合规管理体系，也形同虚设，无法发挥有效预防和制止违法犯罪行为的效力。这种合规管理体系的存在，最多能够成为对企业进行宽大刑事处罚的依据，而无法成为免除其刑事责任的依据。

四、法定管理义务履行模式

所谓“法定管理义务履行模式”，是指在法律确立“失职性犯罪”

〔1〕 参见陈瑞华：《企业合规制度的三个维度——比较法视野下的分析》，载《比较法研究》2019年第3期；另参见邓峰：《公司合规的源流及中国的制度局限》，载《比较法研究》2020年第1期。

的情况下，企业通过建立或者实施合规管理体系证明自己履行了法律规定的监督和管理义务，从而免除了自身的刑事责任，达成合规出罪的效果。这种模式适用的前提是，在企业关联人员实施特定犯罪行为的情况下，法律推定企业在预防、阻止关联人员犯罪方面存在失职行为。而企业推行合规管理体系，则成为企业证明自身不存在失职行为的依据，也成为免除刑事责任的依据。

在企业没有通过集体决策或者负责人做出决定而实施犯罪的情况下，“失职性犯罪”其实属于企业没有履行法定管理义务而导致的犯罪行为。[1]所谓“失职性犯罪”，是指企业因对内部员工、高管、子公司、第三方等关联人员，在监督和管理上存在重大失职行为，致使上述关联人员实施了犯罪行为并造成严重危害社会的后果。在这类犯罪的法定构成要件中，企业拒不履行法律或行政法规所规定的管理义务，是其承担刑事责任的前提条件之一。这种法定管理义务与实施合规管理义务具有包容或者重合的关系。企业在受到这类失职性犯罪的指控之后，假如能够证明自身履行了法定的管理义务，建立了合规管理体系，就足以推翻有关存在失职的指控，达到合规免责的效果。

具体来说，法定管理义务履行模式具有以下三个方面的构成要素：一是法律为企业确立了特定的强制合规义务，要求企业建立合规管理体系；二是在企业内部关联人员实施特定违法犯罪行为的情况下，企业没有对员工、高管、子公司、第三方等关联人员履行监督管理义务，存在失职行为；三是企业一旦建立或者实施合规管理体系，就可以将此作为抗辩事由，证明企业发布了合规政策和员工行为守则，对这些关联人员进行了合规培训，对违法违规人员作出过惩戒，尽到了合规管理义务，因此被免除刑事责任。

（一）英国的刑事合规经验

英国在企业刑事归责方面一直奉行替代责任和同一性责任并行

〔1〕 参见王利宾：《网络运营商严重监管失职的犯罪化问题研究》，载《湖南社会科学》2018年第4期。

的原则，但相比之下，同一性责任原则适用的范围更为广泛。近年来，随着大型企业集团从事商业贿赂、违反税收征管等方面的违法犯罪活动日益严重，传统的企业归责原则在有效追究企业刑事责任方面显示出越来越明显的局限性。例如：根据替代责任原则，企业会因为员工、第三方的违法行为而受到责任追究，这很容易造成企业刑事追责的泛滥。又如，根据同一性原则，企业内部的高级管理人员或者高级董事的行为和意志，才被归属于企业的整体行为和主观意志，这对于认定小型企业的刑事责任可能不存在较大困难，但对于拥有众多员工、公司治理结构极其复杂的大型企业集团而言，要确定哪些高级管理人员或董事的意志等同于公司意志，经常会存在多方面的困难，而要追究这类企业的刑事责任，也会变得步履维艰。[1]这也是英国近年来对大型企业启动刑事诉讼程序少之又少的原因。[2]

2010年，英国通过了《反贿赂法》，在反商业贿赂领域确立了一种新型的罪名——“商业组织预防贿赂失职罪”。2017年，英国在反金融犯罪领域又确立了两种新罪名：一是“商业组织预防逃避英国税收失职罪”；二是“商业组织预防逃避外国税收失职罪”。这些新型罪名具有一种“预防特定犯罪存在失职行为”的入罪模式，在企业员工、第三方等实施相关犯罪行为时，企业本身要承担严格责任，构成一种失职类犯罪。只不过，英国刑法并没有确立企业与员工同罪的刑事责任，而是确立了一种企业因员工犯罪而承担独立失职犯罪的责任。从后果上看，这一失职类罪名比员工所构成的贿赂、逃税等罪名在刑事处罚上要轻得多。

失职入罪制度的实施，客观上造成企业入罪的难度大为降低。为避免这种扩大入罪的制度产生的负面作用，就需要建立与之相互平衡的无罪抗辩制度。基于这一原理，英国法律对于上述三种失职类犯

---

〔1〕 参见欧阳本祺：《我国建立企业犯罪附条件不起诉制度的探讨》，载《中国刑事法杂志》2020年第3期。

〔2〕 See *Corporate Criminal enforcement: A Continuing Trend?*, (September 4,2019), https://www.ashfords.co.uk/news-and-media/general/corporate-criminal-enforcement-a-continuing-trend.See Mark Dunn, *Compliance Risk in the UK: What Companies Need to Know*, (September 4,2019), https://bis.lexisnexis.co.uk/blog/categories/governance-risk-and-compliance/compliance-risk-uk.

罪，都确立了合规无罪抗辩的机制。企业只要提出证据，证明已经制定了“充分程序”预防贿赂或者逃税行为的，就可以不承担刑事责任。所谓的“充分程序”，也就是足以发挥预防犯罪功能的合规管理机制，也就是包括“相称程序原则”“高层承诺原则”“风险评估原则”“尽职调查原则”“有效沟通原则”“监控和评估原则”等在内的六项合规管理体系。[1]由此，一个商业组织的“关联人员”，只要为获取或保留该组织的业务，或者为获取或保留该组织的商业优势而实施贿赂行为的，该商业组织就应承担证明自身存在合规管理体系的义务，由此证明自身不承担预防犯罪的失职责任。这种合规出罪模式，可以被称为“管理义务履行出罪模式”。

（二）我国刑法确立的管理义务履行出罪制度

为督促企业有效履行对员工、子公司、第三方等相关方的管理责任，追究企业在预防上述人员犯罪方面的失职责任，我国刑法也确立了以企业为特殊犯罪主体的失职性犯罪。目前，最典型的失职类罪名是“拒不履行信息网络安全管理义务罪”。根据刑法，要构成这一罪名，需要同时具备以下四个要件：一是法律或行政法规为网络服务提供者确立了网络安全管理义务；二是企业没有履行这些法定的管理义务；三是监管部门责令企业采取改正措施，企业拒不改正；四是企业拒不履行网络安全管理义务的行为，造成违法信息大量传播，或者致使用户信息泄露，或者造成其他严重后果。

根据立法原意，企业只要拒不履行上述法律所确立的“网络安全管理义务”，经监管部门责令改正而拒不改正，造成法定严重后果的，企业就应承担相应的刑事责任。这种责任属于企业因以下双重“不作为”而引发的刑事责任：一是在责令员工、子公司、第三方等相关人员遵守法定网络安全管理义务方面，存在不作为或者失职的情况；二是对于监管部门提出的改正措施，存在抗拒或者消极应对的情况。[2]在此情况下，涉案企业假如不进行积极的无罪抗辩，司法机关就有可

---

〔1〕 参见陈瑞华：《英国〈反贿赂法〉与刑事合规问题》，载《中国律师》2019年第3期。

〔2〕 参见谢望原：《论拒不履行信息网络安全管理义务罪》，载《社会科学文摘》2017年第6期。

能对其采取刑事追诉措施，乃至追究其刑事责任。

那么，涉案企业究竟如何进行无罪抗辩呢？在这一问题上，我国刑法没有确立法定的无罪抗辩事由，更没有像英国法律那样，明确将企业遵守有关企业合规的“充分程序”作为法定的无罪抗辩事由。尤其是我国刑法所要求的“网络安全管理义务”是否等同于网络数据和个人信息保护领域的“合规管理义务”，也是存在争议的。不过，刑法所说的“信息网络安全管理义务”，主要是指我国法律和行政法规为网络经营者所确立的管理义务。〔1〕这些管理义务至少部分具有堵塞网络管理漏洞、消除数据保护制度隐患、避免个人信息受到侵犯的性质，也可以在一定程度上发挥防范、识别网络合规风险的功能，因此，至少有一部分可以被视为一种“网络合规管理义务”。

例如，我国现行《网络安全法》确立了网络运营者的“网络运行安全义务”和“网络信息安全义务”。这些义务包含着一些企业商业行为准则的内容，无论是企业的网络合规政策，还是员工行为准则，都应将其纳入其中，使其成为嵌入企业经营流程之中的合规要求。其中，网络运行安全主要有按照网络安全等级保护要求履行法定安全保护义务；网络产品和服务符合国家标准的强制性要求；与用户签订协议或者确认提供服务时，要求用户提供真实身份信息；制定网络安全事件应急预案，及时处置系统漏洞等安全风险；等等。网络信息安全义务则主要包括对所收集的用户信息严格保密；收集或使用个人信息遵循合法、正当和必要的原则，公开收集、使用规则，明示收集、使用信息的目的、方式和范围，征得被收集者同意；不得泄露、篡改、毁损所收集的个人信息，未经被收集者同意不得向他人提供个人信息；采取技术措施和其他必要措施，确保所收集的个人信息安全，防止信息泄露、损毁、丢失，在发生个人信息泄露、毁损或者丢失的情况时，立即采取补救措施；等等。

正因为法律和行政法规所确立的网络安全管理义务具有合规管理义务的功能，因此，企业就可以根据自身“履行网络安全管理义务”

---

〔1〕 参见王文华：《拒不履行信息网络安全管理义务罪适用分析》，载《人民检察》2016年第6期。

为由，提出无罪抗辩事由。具体而言，假如企业提出证据证明自身已经建立了网络合规管理体系，也就相当于履行了信息网络安全管理义务，从而证明自身不存在失职或者不作为的情况，司法机关就可以终止追究其刑事责任，认定其不构成拒不履行网络安全管理义务罪。

（三）管理义务履行模式的理论根基

通过追究企业在预防关联人员犯罪方面的失职责任，迫使企业履行建立合规管理体系的义务并给予企业合规出罪的机会，这是管理义务履行出罪模式的基本特征。这方面的刑事立法，无论是在英国还是在中国，都处于刚刚起步的阶段。应当说，这一模式对于系统性企业犯罪案件是无法适用的。毕竟，在系统性企业犯罪案件中，犯罪行为是由企业整体实施的，企业也具有实施犯罪的主观意图。企业即便建立合规体系，也无法否定其具有实施犯罪的主观过错。与此同时，这一模式对于一般的非系统性企业犯罪案件也是不适用的。毕竟，企业在这种案件中所承担的是管理失职责任，合规体系的建立，不是为了切割企业责任与关联人员的责任，而是为了证明企业在预防或阻止关联人员犯罪方面不存在失职行为，因此不必承担失职性刑事责任。

那么，在失职性犯罪案件中建立这种管理义务履行模式，究竟具有怎样的理论依据呢？我们可以从三个方面对此作出简要的论证。

首先，这种合规出罪模式为企业确立了强制合规义务，设定了“不合规即有罪”的构成模式，可以有效地推动企业建立合规管理体系。

一般情况下，对于非系统性企业犯罪案件，刑法所采取的是“合规即有可能出罪”的处理方式。但是，这种出罪方式有一个明显的局限性，那就是企业建立合规体系，只是创造了一种合规出罪的可能性。因为这种建立或者实施合规管理体系的行为，究竟能否证明企业不存在犯罪故意或者过失，能否切断企业与关联人员的责任，都是不确定的，都取决于司法人员的自由裁量。这就有可能大大降低了合规的刑法激励效果。相反，对于特定的非系统性企业犯罪案件，刑法一旦确立管理义务履行出罪模式，就等于为企业确立了强制合规的义务。在这种“不合规即有罪”的责任追究模式下，企业为规避可能的刑事法律风险，不得不建立合规计划，实施有效的合规管理体系。如果说“合规即有可能无罪”的模式，只是为企业提供了一种合规奖励机制的话，那么，这种“不合规即有罪”的责任追究模式，则为企业确立了一种合规惩罚制度。相比之下，在推动企业实施和完善合规体系方面，这种管理义务履行出罪模式可以发挥更为明显的激励效果。

对于在企业内部发生关联人员实施上述犯罪行为的企业，刑法通过建立一种特殊的严格责任，推定企业在预防、阻止关联人员犯罪方面存在失职行为，也就是存在主观过失，这就将提出无罪抗辩的义务转到企业身上。[1]为寻求积极的无罪抗辩，企业就需要提出建立或者实施合规管理体系的证据，证明自身不存在失职行为，尽到了注意、预防或者阻止关联人员犯罪的义务。对于那些没有建立合规管理体系的企业而言，这种抗辩无疑是难以说服司法人员的，只能承受被定罪的后果。这种情况会促使该企业尽快实施合规管理体系，避免再次出现类似的被追究失职责任的情况。而对于那些尚未被追究责任的企业而言，它们为吸取教训，避免重蹈覆辙，会尽快建立合规计划，或者实施有效的合规管理体系。因此，管理义务履行模式的实施，无论是对涉案企业，还是对其他企业，都可以最大限度地激发他们建立有效合规管理体系的动力。

其次，这种合规出罪模式将企业管理义务与合规义务加以整合，使得企业承担合规管理义务成为一种刑法义务，大大提高了企业合规的法律地位。

英国《反贿赂法》确立了企业合规的六项“充分程序”，我国刑法也要求企业承担行政法规所确立的“信息网络安全管理义务”。由于这种企业管理义务主要是针对员工、高管、子公司、第三方等关联人员而确立的，其中必然包含着预防、识别和应对这些人员违法违规行为的管理义务，因此，这种企业管理义务包含着企业合规管理义务的内容。通过将合规管理义务纳入刑法的轨道，企业合规就成为企业所要承担的刑法义务，这就使得合规管理不再仅仅是企业的内部治理方

〔1〕 参见陈瑞华：《论企业合规的中国化问题》，载《法律科学——西北政法大学学报》2020年第3期。

式，而成为企业所要承担的刑事法律义务。企业不履行这种法律义务的，就要直接承担失职犯罪的责任。这种合规出罪模式显然大大提升了企业合规的法律地位。

最后，企业承担了法定的管理义务，足以证明对于关联人员的犯罪行为不存在主观过失，因此不承担在预防、阻止这些人员犯罪方面的失职责任。

所谓企业失职性犯罪，其实就是企业存在主观过失所造成的犯罪行为。这种过失主要表现在企业没有尽到足够的管理义务，致使员工、管理人员、子公司和第三方实施了违法违规行为，乃至造成了危害社会的后果。而合规管理体系的建立，足以证明企业对于关联人员尽到了注意义务，履行了监督和管理责任，对于这些人员的行为所造成的危害社会后果，企业既不存在疏忽大意的过失，也不存在过于自信的过失，而是在预防违法行为、识别违规事件、应对犯罪案件等方面，作出了充分的准备和努力。但是，由于这些关联人员故意不遵守企业所设立的规章制度和管理规范，致使企业管理体系出现失灵现象。对于建立合规管理体系的企业而言，这些关联人员的犯罪行为属于一种“意外事故”或者“不可抗力事件”，超出企业管理体系所能预测、应对和处置的范围。[1]因此，恰恰合规体系的建立，切断了企业管理与关联人员犯罪行为之间的联系，成为企业不承担过失责任的直接依据。

五、合规考察免责模式

前两种合规出罪模式，都是刑法对已经推行合规管理的企业所建立的一种无罪抗辩制度。就像自然人可以正当防卫、紧急避险为依据，作出无罪抗辩一样，企业也可以将自身建立合规管理体系作为无罪抗辩的法定事由。与此不同的是，在实施合规考察制度的情况下，

---

〔1〕 参见耿佳宁：《单位固有刑事责任的提倡及其教义学形塑》，载《中外法学》2020年第6期。

对于那些已经构成犯罪的涉案企业，检察机关在责令其积极配合、有效补救的基础上，将其纳入合规考察的对象，责令其建立有效合规计划，根据其推进合规管理、展开制度整改的效果作出不起诉的决定。这种企业通过接受合规考察来说服司法机关免除刑事责任的制度，我们可以称为“合规考察免责模式”。

最早确立合规考察免责模式的是美国。20世纪90年代以来，美国联邦检察机关将“审前转处协议”制度适用到企业犯罪案件之中，确立了暂缓起诉协议和不起诉协议制度。涉嫌犯罪的企业经过与检察机关协商后达成协议的，可以在缴纳高额罚款、积极配合、有效补救的基础上，在商定的合规考察期内实施有效合规计划，检察机关根据企业推行合规管理的效果，作出是否提起公诉的决定。由于接受合规考察的企业一旦实施有效的合规计划就可以获得无罪处理，避免遭受灾难性的后果，因此，大多数接受合规考察的企业都积极履行合规义务，这在客观上推动了合规管理体系的普遍推广。[1]20年后，这一合规考察免责模式逐渐被英国、法国等国家所接受。2014年，英国确立了暂缓起诉协议制度，检察机关在法院的司法监督下推行针对涉案企业的合规考察免责制度。其后，法国、澳大利亚、加拿大、新加坡等国家，都以英国模式为样本，确立了暂缓起诉协议制度。[2]

自2020年以来，随着企业合规制度被广泛纳入企业监管机制，我国检察机关开始进行企业合规不起诉制度的改革探索。在最高人民检察院的指导下，一些地方检察机关开始试行“企业合规考察制度”。对于涉嫌轻微犯罪的企业，在其认罪认罚并具有合规意愿的前提下，检察机关将其纳入合规考察的对象，在所设定的考察期内，责令企业聘请外部独立监管人，推行合规管理机制，对于成功建立合规管理体系的企业，检察机关经审核验收后作出不起诉的决定。由于这种合规不起诉制度的适用对象都是已经构成犯罪的企业，检察机关经过合规考察后对其作出不起诉的决定，因此，这种制度具有“合规考察出罪”

---

〔1〕 参见陈瑞华：《企业合规视野下的暂缓起诉协议制度》，载《比较法研究》2020年第1期；另参见陈瑞华：《美国暂缓起诉协议制度与刑事合规》，载《中国律师》2019年第4期。

〔2〕 参见陈瑞华：《暂缓起诉协议的司法审查模式》，载《中国律师》2019年第10期；另参见陈瑞华：《法国〈萨宾第二法案〉与刑事合规问题》，载《中国律师》2019年第5期。

的性质。

这种合规考察免责模式的基本特征有四：一是企业依据刑法已经构成特定的犯罪；二是企业自愿认罪认罚，积极配合调查，认真采取补救挽损措施并具有进行制度整改的意愿；三是检察机关将企业纳入合规考察的对象，责令其聘请外部独立监管人，在考察期内建立和推行合规管理体系；四是经过合规考察，检察机关对于建立有效合规计划的企业作出不起诉的决定，从而免除其刑事责任。

（一）作为出罪依据的合规考察

我国的合规不起诉制度尽管与西方的暂缓起诉协议制度存在较大差异，但大体上形成了一种“合规考察免责”模式。对于这一点，有人可能会提出质疑，认为在合规不起诉制度实施中，合规并不是企业出罪的唯一根据，而是一项重要的考量因素。企业假如不认罪认罚，不配合执法部门的调查取证，不采取赔偿、退款退赃、补缴税款、修复环境等补救挽损措施，那么，即便建立了合规管理机制，检察机关也不会作出不起诉的决定。根据这一理由，有人不认为合规是检察机关作出不起诉决定的唯一依据，甚至否定合规考察制度的出罪功能。

其实，通过比较法的简单考察就可以发现，无论是暂缓起诉协议还是不起诉协议，都属于涉嫌犯罪的企业与检察机关达成的附条件的不起诉合同。在美、英、法等国，检察机关通常设置3年左右的考察期，将决定起诉的时间加以延后并与涉案企业签订一份书面协议。涉案企业所要承担的义务主要是：承认犯罪事实；缴纳高额罚款；恢复原状；缴纳违法所得；向被害方加以赔偿；配合执法机关的持续调查；撤换或者改组董事会或高级管理团队；处罚对企业犯罪负有直接责任的人员；实施有效的合规计划；接受检察机关委派的合规监管人，接受合规监督和考察……

通过考察欧美国家暂缓起诉协议或不起诉协议的条款可以发现，企业要承担一系列合同义务，但其核心仍然是实行有效合规计划的义务。一般而言，企业已经建立合规管理体系，是检察机关与其达成协议的前提条件之一。对于一个从来没有建立合规计划的企业，要与检察机关达成这种协议,可能性是微乎其微的。而在达成上述协议之前,企业要提供令检察机关满意的改进合规管理的方案。这一方案一经得到批准,就会被放置在暂缓起诉协议或不起诉协议之中,成为检验企业是否实行有效合规计划的依据。而在协议所确立的诸项条款中,考察期本身就是为督促企业实施合规计划而设置的;那些缴纳罚款、积极配合、认真补救等方面的条款也是确保企业实施有效合规计划的必要措施,甚至可以说是检察机关启动合规考察的前提条件。而协议一旦签署,合规考察程序一旦启动,那么,决定检察机关是否作出不起诉决定的因素就主要是企业履行各项义务的情况了。通常而言,企业不采取诸如认罪、缴纳罚款、积极配合、有效补救等保障性措施的,检察机关就连合规考察程序都不会启动。因此,在考察期结束后,真正决定检察机关是否作出不起诉决定的因素,就主要是合规进展情况了。因此,在西方国家的刑事诉讼中,合规显然具有出罪的功能。

在我国近年来的合规不起诉改革探索中,检察机关推行"合规考察制度",经过合规考察所作的不起诉被称为"企业合规不起诉",这都显示出企业合规在这一制度构建中的关键作用。从基本制度逻辑来看,检察机关对于涉案企业通常会进行两次审查:一是审查企业是否符合合规考察的条件;二是审查企业是否符合合规不起诉的适用条件。

在第一次审查中,检察机关要审查的内容是多方面的,通常包括犯罪事实是否得到证明,企业是否认罪认罚,企业是否有推行合规管理的可能,企业是否采取了退款、退赃、补缴税款、修复环境等补救挽损措施,等等。可以说,涉案企业的认罪认罚、积极配合、有效补救等行为,对于检察机关将企业纳入合规考察程序,是非常重要的考量因素。[1]

但是,检察机关一旦作出合规考察或者附条件不起诉的决定,就会责令企业承担新的合规义务,如聘请合规监管人并与其签署合规监

---

〔1〕 参见李勇:《检察视角下中国刑事合规之构建》,载《国家检察官学院学报》2020年第4期;另参见李玉华:《以合规为核心的企业认罪认罚从宽制度》,载《浙江工商大学学报》2021年第1期。

管协议；提交刑事合规计划，构建有效的企业合规制度；服从检察机关、合规监管人的监督；披露相关事实信息；定期报告合规建设进展情况；及时披露并制止可能存在的违法犯罪行为；等等。因此，在合规考察期结束之前，检察机关要对企业进行第二次审查，审查的核心问题就是企业履行刑事合规义务的情况，尤其是执行有效合规计划的实际效果。可以说，在决定是否不起诉方面，检察机关所要考虑的核心问题主要是，企业是否建立并实施了有效的合规计划，原有的制度隐患是否已经消除，原有的制度漏洞是否已经堵塞，所提出的整改方案是否得到执行，企业再次违法犯罪的可能性是否明显降低。〔1〕

因此，在检察机关所要考量的诸多因素中，企业是否实施有效合规计划，显然是决定是否做出不起诉决定的关键因素。其他包括认罪认罚、积极配合、有效补救等在内的因素，尽管也是检察机关作出合规考察决定的主要考量因素，但合规考察程序一旦启动，它们就会让位于合规管理体系是否建立的问题了。涉案企业一旦按照所承诺的合规方案在考察期内实施了合规管理体系，检察机关就可以此为依据对企业作出无罪处理。这充分显示出，在被纳入合规考察之后，企业推行合规管理具有明显的出罪功能。

（二）对非系统性犯罪企业作出无罪处理的根据

在探索合规不起诉改革过程中，检察机关对于那些认罪认罚、具有合规意愿并采取积极补救挽损措施的涉案企业，都适用了合规考察制度，进而作出了合规出罪的决定。但是，根据前面的分析，企业犯罪可以有系统性犯罪与非系统性犯罪之分。对于实施系统性犯罪的企业，检察机关适用合规考察免责机制的空间并不是太大。对于那些构成非系统性犯罪的企业，则具有合规考察制度的较大空间。那么，究竟为什么要对那些实施非系统性犯罪的企业适用合规考察免责机制呢？

其实，非系统性企业犯罪的本质是企业的犯罪行为不是通过集体决策或者企业负责人决定实施的，而是企业的某一关联人员以企业

---

〔1〕 参见陈瑞华：《企业合规不起诉制度研究》，载《中国刑事法杂志》2021年第1期。

名义和为实现企业利益所实施的犯罪行为，而企业则因为没有建立严格的合规管理体系或者没有采取预防、阻止措施而承担了一种推定性刑事责任。检察机关一旦将这类企业纳入合规考察对象，对其采取合规监管措施，促使其建立一种有效的合规计划，就可以达到三方面的积极效果：一是对于那些为犯罪所破坏的法益，企业通过建立合规机制进行了成功修复和补救；二是通过制度整改、改造商业模式和建立内部自我监管机制，有效地预防企业再次发生类似的犯罪行为；三是通过出罪处理避免企业承受灾难性损失，有效地维护了公共利益。对于这三个方面，下面依次做出简要分析。

首先，根据“法益修复理论”，企业建立有效合规计划本身，意味着对业已受损的法益进行了补救和修复，这是对企业采取合规出罪措施的主要依据。

按照传统的刑法理念，犯罪是一种侵害法益的危害社会行为，这些法益既可能是国家利益、社会公共利益，也有可能是被害人的利益。我们之所以要对犯罪人追究刑事责任，就是要发挥刑法的报应和威慑功能，剥夺那些侵害法益的人违法所获取的利益并使其遭受利益损失和相应的痛苦。可以说，传统理论秉持的是一种“向后看”的观点，侧重对侵害法益者的惩罚。但是，按照合规考察的理念，企业接受合规考察后建立有效合规计划的，对那些为犯罪所侵害的法益采取了修复和补救措施，[1]使得对企业追究刑事责任的基础不复存在。这是一种“向前看”的视角，强调对修复法益的企业的宽大处理。

在非系统性企业犯罪案件中，直接实施犯罪的都是企业管理人员、员工、子公司、第三方等关联人员，企业本身因为在合规管理方面存在过错而被卷入刑事诉讼程序之中。通过接受检察机关的合规考察机制，企业采取了一系列积极应对措施，如认罪认罚，配合执法部门的调查执法活动；积极披露和报告犯罪行为；严惩负有直接责任的关联人员；采取了赔偿被害人、补缴税款、缴纳违法所得、恢复原状等补救挽损措施……不仅如此，企业还针对管理上的漏洞和制度上的隐

〔1〕 参见陈卫东：《从实体到程序：刑事合规与企业“非罪化”治理》，载《中国刑事法杂志》2021年第2期。

患，采取了有针对性的积极整改措施，建立了一套旨在预防、识别和应对合规风险的治理体系。可以说，包括建立合规体系在内，企业实施了一系列“法益修复”行为，对于那些为犯罪所破坏的法益进行了全方位的修补。其中，企业的配合执法行为有利于全面查清犯罪案件事实，补救挽损行为则有利于挽回国家、社会和被害人的损失，惩戒直接责任人的行为可以从人事上消除企业再次出现犯罪行为的可能性，建立合规体系的行为则可以从制度上预防犯罪行为的再次发生。上述法益修复行为足以显示出，对于那些建立有效合规计划的企业而言，企业犯罪所造成的社会危害性已经降到最低程度，对企业继续定罪，既是没有必要的，也是不公平的。基于这一有效修复法益的效果，对接受合规考察的企业采取合规出罪的处理，是具有正当性的。

其次，根据“有效预防犯罪理论”，企业通过建立有效合规计划，加强了内部合规管理，消除了关联人员再次犯罪的可能性。这是对企业做出合规免责的又一依据。

传统的刑法理论建立在“有罪必罚”的基础上，遵循罪责刑相适应的原则，对于构成犯罪的行为人，一律按照法定构成要件来加以定罪。即便行为人事后采取了积极有效的预防犯罪措施，确保再次犯罪的可能性明显降低，也不足以抵消其本应承担的刑事责任。作为一种例外，只有在案件存在诸如正当防卫、紧急避险等法定无罪抗辩事由的情况下，司法机关才有可能对行为人作出无罪处理。但是，这些法定的无罪抗辩事由，主要是针对自然人而设定的，而对于实施危害社会行为的企业，则没有设立这方面的出罪事由。[1]

但是，与自然人不同，企业是一种具有法律拟制人格的商业组织，内部有极为复杂的治理结构。对涉嫌犯罪的企业设立合规出罪机制，可以对其建立内部控制机制、预防犯罪发生产生强大的激励效果。在企业发生非系统性犯罪行为的情况下，其关联人员实施了犯罪行为，企业存在的问题主要是缺乏有效的管理体系和内控机制，其治理方式在阻止、预防关联人员犯罪方面存在结构性缺陷。而企业一旦接受检察机关的合规考察，建立了较为完善的合规管理体系，那么，

〔1〕 参见马明亮：《作为犯罪治理方式的企业合规》，载《政法论坛》2020年第3期。

就可以在三个方面发挥有效的预防犯罪效果：一是对原来存在“原罪”的商业模式和经营方式，作出了有效改造，消除了原有的违法、违规乃至犯罪因素。二是针对特有的合规风险，加强了对内部违法违规行为的预防、识别效果。例如：通过发布专项合规政策和员工行为守则，建立合规培训制度，督促员工和子公司依法依规经营；通过实施合规风险评估、合规尽职调查、合规风险定期报告等制度，将第三方的经营活动纳入合规监控体系；通过建立内部举报机制、建立合规审计制度，及时识别可能发生的违法违规事件；等等。三是通过建立合规内部调查、合规整改、合规奖惩等制度，及时堵塞原有的管理漏洞，消除原有的制度隐患，完善合规管理体系。

通过实施合规治理体系，企业建立一套针对关联人员的内部监管体系，对行政机关外部监管的局限性进行了必要的弥补。这一内部监管体系以合规管理为手段，以企业管理人员、员工、子公司、第三方乃至被并购企业为监管对象，以督促上述关联人员依法依规经营为主要目标，从而形成了一种有效预防犯罪发生的管理体系。[1]要激发企业实施这种自我监管、预防犯罪的积极性，检察机关就需要给予企业较为强大的激励机制。因此，对于成功地建立了旨在预防犯罪的自我监控机制的涉案企业，检察机关通过设立合规出罪机制，就可以发挥有效的激励作用。[2]试想一下，没有这种合规考察免责机制，有哪一家企业愿意主动从事这种耗时费力而难以产生直接经济效益的合规管理呢？

最后，根据“公共利益考量理论”，对一个经过合规考察而成功建立合规管理体系的犯罪企业，检察机关作出不起诉的决定，更加符合社会的公共利益。

传统的刑事诉讼理论坚持起诉法定与起诉裁量相结合的理念，对一个依据刑法构成犯罪的人，只要达到法定证明标准的，一般都要统一提起公诉。只有在犯罪情节轻微、依照刑法不需要判处刑罚的案件，检察机关才可以作出不起诉的决定。而对于犯罪情节较重的案

---

〔1〕 参见陈瑞华：《论企业合规的性质》，载《浙江工商大学学报》2021年第1期。

〔2〕 参见李玉华：《我国企业合规的刑事诉讼激励》，载《比较法研究》2020年第1期；另参见刘少军：《企业合规不起诉制度本土化的可能及限度》，载《法学杂志》2021年第1期。

件，检察机关则没有不起诉的制度空间。对于单位犯罪案件，检察机关原则上要依据直接责任人员可能被判处3年有期徒刑以下刑罚的情况，对单位或者直接责任人员作出不起诉的决定。

而在企业接受合规考察的案件中，企业依照检察机关的监管要求，建立了有效的合规计划，加强了内部监控体系，有效地预防内部关联人员再次犯罪的发生。对于这样的涉案企业，基于公共利益的考量，检察机关就没有必要提起公诉，而采取合规出罪的处理方式。具体说来，合规出罪机制可以从以下方面维护公共利益：一是避免企业可能宣告破产的结局，防止由于企业员工下岗失业、投资者遭受损失、第三方投资失败等所带来的社会矛盾和社会冲突；二是避免企业或者企业直接责任人被定罪的结果，防止出现诸如企业无法上市、被取消特许经营资格、被吊销营业执照等方面的情况；三是避免因为企业被定罪而可能带来的税收流失、经济滑坡、新兴产业受挫等灾难性后果；四是激励一些富有科技含量的涉案企业，通过建立有效合规计划，改造经营方式和商业模式，而得到可持续发展，最终可能成为具有旺盛生命力的"百年老店"。

检察机关通过实施合规考察制度，对于涉案企业不是简单地进行证据审查和构成要件审查，而要进行"公共利益的考量"，并根据维护公共利益的需要来决定是否提起公诉。〔1〕这是一种检察理念和公诉方式的重大革新。根据这种理念，检察机关不再单纯地追求"有罪则捕"、"有罪就诉"或者"有罪必罚"，而是以追求公共利益最大化为目标，对于建立内部监控体系、预防关联人员犯罪的涉案企业，采取合规出罪的处理方式。这种对国家刑罚权的适度放弃，恰恰更符合国家和社会的利益。

（三）对实施轻微系统性犯罪的企业适用合规考察的依据

上述合规考察免责的理论根据，对于那些实施非系统性犯罪的企业都是适用的。但是，对于那些由企业集体决策或者由企业负责人

〔1〕 参见李奋飞：《论企业合规检察建议》，载《中国刑事法杂志》2021年第1期；另参见卫跃宁：《由"国家在场"到"社会在场"：合规不起诉实践中的法益结构研究》，载《法学杂志》2021年第1期。

决定实施的犯罪案件而言，上述出罪根据可能无法全部适用。毕竟，这类企业具有实施犯罪行为的“主观意志”，企业决策层几乎成为一种犯罪集团，企业出台的政策和做出的决定都是具有犯罪倾向的。对这类企业进行合规考察，对其经营模式和商业模式加以改造，确立由企业对关联人员实施内部监管机制，可能难以发挥实际的效果。对于这种由企业集体决策或者负责人决定实施的犯罪，并不具有合规出罪的太大空间。

尽管如此，对于情节轻微的系统性企业犯罪，根据起诉裁量原则的要求，检察机关仍然可以对其适用相对不起诉。而在适用相对不起诉过程中，检察机关也可以将这种犯有轻微系统性犯罪的企业，纳入合规考察的对象，并在其确实建立有效合规计划之后，对其作出不起诉的决定。既然如此，我们就需要回答一个问题：为什么对实施轻微系统性犯罪的企业，也可以做出合规考察免责的决定？

对于这一问题，笔者可以用“程序出罪理论”做出简要的解释。在我国目前的刑事立法中，存在着大量过于严厉的实体入罪条款，使得企业承受着越来越大的刑事法律风险。我国刑法对企业犯罪确立了越来越多的罪名，且几乎都是法定犯，也就是从行政不法行为转化过来的犯罪。企业犯罪的入罪门槛较低，且与行政不法行为呈现“同质化”的状态，除了“情节严重”“数额较大”“造成严重后果”“受到行政处罚后拒不改正”等因素外，几乎没有实质性的差异。企业犯罪的覆盖面较广且出现了继续入罪扩大化的发展趋势，从食品药品安全、税收征管、金融管理、知识产权保护、环境保护、公司企业监管，直到网络安全、数据保护等数十个生产经营领域，企业可能触犯的罪名已经达到150个以上。

在这种“实体入罪”越来越普遍而严厉的背景下，检察机关为避免企业遭受不必要的刑事制裁，需要建立一种“程序出罪”的机制，来发挥调和和弥补的功能。毕竟，这类系统性犯罪尽管是由企业集体决策或者负责人决定实施的，但危害后果并不严重。假如企业经过合规监管程序建立了有效的合规计划，就足以预防犯罪的再次发生，检察机关就没有必要对其提起公诉而可以做出宽大的刑事处理。这种针对实施系统性犯罪的企业所做出的合规出罪决定，既符合社会公共利益，也体现了惩办与宽大相结合的刑事政策，属于对“实体入罪”现象的一种程序补救。

当然，对于这类系统性企业犯罪，检察机关在进行合规考察过程中可以提出更为严格的合规要求。除了责令企业聘请合规监管人、设置较长考验期以外，还应当对直接责任人作出较为严厉的惩戒。例如，检察机关可以责令这类企业解散董事会，更换管理团队，对有关直接责任人作出严厉处罚。又如，检察机关可以提出更为严格的合规整改要求，如设置更长时间的考察期限，责令企业聘请更为专业的合规监管人团队，所提出的合规整改要求也更为全面具体。再如，检察机关可以发布更为具体的合规指引，提出更为明确的合规验收标准。

六、合规出罪模式的未来选择

在将企业犯罪作出区分的前提下，我们分析了合规出罪的三种模式，并对这些合规出罪的正当根据作出了论证。分析至此，我们可以提出总结性意见并对那些困扰我国合规不起诉制度改革的问题作出解答了。

首先，可以肯定的是，企业建立有效的合规计划，可以在不同类型的案件中发挥不同的出罪功能。对于一般的非系统性企业犯罪案件而言，合规机制的存在，可以成为证明企业不具有犯罪故意或者过失的直接依据，发挥切割企业责任与关联人员刑事责任的功能。而对于那些失职性犯罪案件而言，合规管理体系的建立，则可以成为企业承担法定管理义务、不存在失职行为的依据，进而发挥免除失职责任的依据。但在企业已经构成犯罪的案件中，检察机关通过将其纳入合规考察程序，对其作出免除刑事责任的决定，这可以发挥修复法益、预防犯罪和内部有效监管的作用。至于那些犯有系统性犯罪的企业，因为企业存在明显的主观过错，一般没有合规出罪的太大空间。唯有在轻微案件中，检察机关可以将建立合规管理体系作为情节轻微的表现方式，并据此作出不起诉决定。这种合规出罪所针对的是实体入罪过于严厉的问题，所发挥的程序出罪的功能。

其次，“合规不起诉”与“相对不起诉”并不能完全画等号。原则上，相对不起诉是检察机关对犯罪情节轻微的涉案企业所作的一种宽大刑事处理，具有一种“裁量出罪”的性质。而合规不起诉则是检察机关对于那些接受合规考察并建立有效合规计划的涉案企业，以修复法益、有效预防犯罪和建立自我监管机制为依据所作出的宽大刑事处理，具有一种“合规出罪”的性质。对于非系统性企业犯罪案件，无论情节轻重，都可以适用合规出罪机制。而对于系统性企业犯罪，合规出罪机制没有太大的适用空间。只有那些情节轻微的案件，检察机关才可以给予企业适用合规考察的机会，并将建立有效合规计划作为情节轻微的依据，从而作出不起诉的决定。在这种情况下，合规不起诉就与相对不起诉发生了竞合关系。因此，很多检察官所作的“合规不起诉只适用于轻微刑事案件”的论断，对于系统性企业犯罪案件是可以成立的，但对于非系统性企业犯罪案件并不适用。

再次，合规不起诉究竟适用于企业还是直接责任人？在非系统性企业犯罪案件中，企业关联人员实施犯罪发生在先，企业因其存在主观过错或者发生失职行为而被归责在后。但假如企业以实施合规管理为依据，提出了有效的无过错或者无失职抗辩，那么，这类企业犯罪就可以转变为自然人犯罪，也就是相关关联人员单独承担刑事责任。因此，单位犯罪与直接责任人的刑事责任就可以发生必要的分离了。这完全契合一个基本的合规理论：“尽量放过企业，但要严惩责任人。”但是，在系统性企业犯罪案件中，企业犯罪仍然要遵循传统的归责原则，那就是企业构成犯罪，是直接责任人构成犯罪的前提和基础。因此，对这类案件适用合规不起诉，就无法将企业犯罪与直接责任人犯罪进行分离。检察机关假如要对企业适用合规考察免责制度，就需要将企业与直接责任人一并作出不起诉处理。不过，这类案件都是轻微企业犯罪案件，无论是对企业还是对直接责任人，在适用相对不起诉方面都不存在法律障碍。

最后，企业合规不起诉究竟是适用于中小微企业，还是大型企业集团？经验表明，非系统性犯罪案件通常发生在大型企业集团的生产经营过程之中，这类企业具有内部复杂的治理结构，也有为数众多的商业伙伴，并会发生频率较高的投资并购活动，关联人员发生犯罪行为的概率较高，且在内部治理上要投入极大的成本。对于这类大型企业，企业合规不起诉的适用，可以加强企业的内部监管，克服外部监管失灵的难题，有效地发挥预防犯罪的效果。相反，系统性企业犯罪经常发生在中小微企业的经营活动之中。对于这类企业，检察机关适用合规不起诉的空间并不大，大体上可以适用于情节轻微的企业犯罪案件。很多检察机关将适用对象界定为“直接责任人可能被判处三年有期徒刑以下刑罚的案件”，大体是可以成立的。但对于这类企业，应当在更换董事会和管理团队、严惩责任人的基础上，责令其作出积极配合和有效补救挽损措施，并适用更为严格的合规监管程序。

第十一章
合规与企业责任切割问题

确立企业严格责任，使企业承担证明存在有效合规体系的举证责任，将合规作为无责任抗辩事由，这是将企业责任与员工责任、子公司责任、第三方责任和被并购企业责任加以有效切割的制度保障。

——题记

一、作为企业责任切割依据的合规机制

通常那种纯粹为实施违法犯罪行为而成立的企业，是不存在的，或者即便偶尔存在，也会很快受到行政处罚，或者被追究刑事责任。与此同时，那种由企业集体决策实施的违法犯罪行为一旦发生，也很容易追究企业的法律责任。毕竟，在上述两种情况下，行政执法部门和司法机关可以认定企业整体上既实施了违法犯罪行为，也存在主观罪过。根据主客观相统一原则，企业应当承担相应的行政责任或刑事责任。

但是，假如实施违法犯罪行为的是企业内部员工或者公司高管，而该员工或者高管辩称自己所实施的行为是为了实现企业的利益，并体现企业的主观意图，因此自己的行为实质上属于“公司行为”，那么，究竟如何区分员工责任和企业责任？

与员工行为相类似的还有子公司的责任认定问题。假如，某一公司拥有多家实际控制的子公司，那么，对于这些子公司所实施的违法犯罪行为，母公司究竟要不要承担法律责任呢？这些子公司可能会辩解说，它们的违法犯罪行为体现了母公司的主观意志，与母公司具

有共同的犯罪意图，因此，母公司应当对此承担行政责任或者刑事责任。

类似的情况还会出现在企业发展第三方和展开投资并购活动的场合。在第三方或者商业合作伙伴实施违法犯罪行为的情况下，企业面临着承担连带责任的风险。而在投资并购活动中，被投资或并购的企业，一旦在投资并购之前存在违法犯罪行为，或者在投资并购之后实施了违法犯罪行为，那么，作为投资方的企业要不要承担继承责任呢？

上述情况足以显示，企业因为内部员工、子公司、第三方或者被投资并购方的行为而承担行政责任或者刑事责任的风险，要远远大于企业自身所实施的违法犯罪行为。在行政法和刑法领域，这种企业责任往往带有“推定责任”的性质，也就是法律将员工、子公司、第三方、被并购方实施违法犯罪行为作为“基础事实”，直接推导出企业实施违法犯罪行为这一“推定事实”，从而追究企业的行政责任或刑事责任。而要推翻这种法律推定，企业需要承担证明责任，证明自身没有违法犯罪事实，由此才能免除自己的法律责任。那么，企业究竟通过何种方式来进行这种无责任抗辩呢？换言之，究竟如何确保企业不会因为员工、子公司、第三方或被并购方的行为而“引火烧身”呢？

英美等国的经验表明，在企业员工、子公司、第三方或者被投资并购方实施行政违法行为或者犯罪行为的情况下，企业唯有实施有效的合规管理体系，尤其是对合规风险的防范机制，才能证明自己对员工尽到了培训和告知义务，对子公司尽到了合规风险防控义务，对第三方尽到了合规管理义务，对被投资并购方尽到了合规风险评估和管控义务，由此才能证明自己既没有鼓励或者同意前者的违法犯罪行为，也不存在因管理失职而存在明显过失，因此，不承担行政责任或刑事责任。这样，企业合规机制就成为切割企业责任与员工责任、子公司责任、第三方责任、被投资并购方责任的根据，成为免除企业责任的重要根据。

目前，我国行政监管部门正在以行政主导的方式推进企业合规管理体系建设，出台了一系列企业合规管理指引，试图为我国企业确立合规管理的基本标准。与此同时，一些行政法规或者行政规章也初步确立了一些企业承担“严格责任”的制度，使企业因员工行为而承担行政法律责任的可能性大大增强了。在此情况下，企业合规机制不仅仅是企业加强公司治理、承担社会责任、实现可持续发展的制度保证，更是企业建立“隔离带”“防火墙”的现实需要，使企业对于员工、子公司、第三方、被并购方的违法犯罪行为，实现法律责任的有效切割和豁免。

在以下讨论中，我们拟以美国的企业责任理论为背景，分析企业合规机制在有效保护企业利益方面的作用，并对我国建立企业合规机制的目标和相关制度保障，作出初步的分析和评论。笔者认为，在绝大多数由员工、子公司、第三方、被并购方的行为所引发的企业法律风险中，建立有效的合规计划，是有效切割企业责任，为企业提供无责任抗辩的有力依据。作为企业的一种无责任抗辩事由，企业合规属于企业规避行政处罚和刑事责任的重要激励机制。

二、企业责任与员工责任的切割

在英美刑法中，无论是公司员工还是公司内部高级管理人员，他们在职务犯罪内所实施的犯罪行为，应当归由公司承担刑事责任。这种归责原则，导致企业承担了一种严格责任，也就是因内部员工或者高级管理人员的行为而承担的无过错责任。

近年来，在英国刑法理论上，还出现了一种企业因内部员工的行为而承担过失责任的理论。只要公司的相关人员实施了经济犯罪行为，那么，公司就要承担“预防相关人员经济犯罪失职”的刑事责任。这种归责方式实际上引入了一种新的严格责任原则，也就是不需要证明公司在预防或阻止相关人员犯罪方面存在主观过错，相关人员的犯罪行为可以直接推定公司过失责任的成立。

无论是因员工行为而导致企业构成故意犯罪，还是企业因在预防员工犯罪方面存在失职而构成过失犯罪，企业都将承担一种严格责任。所谓“严格责任”，是指只要一个商业组织的内部员工或者高级管理人员实施了犯罪行为，那么，检控机构不需要承担证明责任，而可以直接推定该商业组织构成该项犯罪，或者推定其存在一种新的过失犯罪行为。而该商业组织要推翻这种严格责任，就需要承担证明责任，证明自己已经制定了旨在预防员工犯罪行为发生的合规管理机制。在这里，企业合规就成为企业将员工责任与企业责任加以切割的“无罪抗辩事由”。

我国刑法一直秉承所谓主客观相统一原则，不承认严格责任的正当性，要求对单位加以定罪，必须同时具备单位实施犯罪行为以及该行为体现单位整体意志这两个构成要件。但在司法实践中，除了那些极为罕见的单位整体实施犯罪行为的案件以外，绝大多数单位犯罪都是从单位内部员工或者高级管理人员的行为中推导出来的。换言之，只要认定单位员工或者高级管理人员为了实现单位的利益，代表了单位的整体意志，那么，该员工或高管的犯罪行为就应被视为单位犯罪行为。据此，在司法实践中，我国对单位犯罪的认定实际奉行着一种类似严格责任的归责方式。

但是，对于内部员工或者高管的行为，假如单位建立了明确的规章制度，既对员工有着明确的禁止性要求，又对员工的违法犯罪行为确立了惩戒性后果，那么，这种内部控制和管理机制，就足以证明这些员工或者高管的行为属于个人行为，而不属于单位行为，单位对此不承担刑事责任。

2015年，兰州中院对雀巢公司数名员工涉嫌侵犯个人信息案件的判决，就展示了这种刑事归责方式的运用。根据法院的判决，“雀巢公司手册、员工行为规范等证据证实，雀巢公司禁止员工从事侵犯公民个人信息的违法犯罪行为，各上诉人违反公司管理规定，为提升个人业绩而实施的犯罪为个人行为”。

很显然，兰州中院的裁判逻辑表明，只要单位建立了合规管理体系，对员工进行过相关合规培训，签署过依法从事经营活动的承诺函，明确禁止员工从事违法违规行为，那么，由员工所实施的相关违法违规行为就不应视为单位行为，而应属于员工个人行为。由此，这种合规管理体系和内部控制机制成功地将员工行为与企业行为进行了切割，使单位不因员工的行为而承担刑事责任。

尽管我国刑法在引入严格责任制度方面较为保守和滞后，但是为实现对企业的有效监管，我国行政法却开启了确立严格责任的先例。《反不正当竞争法》引入了严格责任制度，对于企业员工存在贿赂行为的，一律推定为“经营者”的行为。同时，该法为企业提供了无责任抗辩的机会，经营者（也就是企业）只要“有证据证明该工作人员的行为与为经营者谋取交易机会或者竞争优势无关的”，就可以不负法律责任。[1]

根据权威的解释，企业要证明该工作人员的行为“与为经营者谋取交易机会或者竞争优势无关”，就需要提供相关证据，证明自己已经制定合法、合规、合理的措施，采取有效措施进行监管，没有放纵工作人员的违法行为。换言之，企业只要建立针对反不正当竞争行为的合规管理机制，对员工的商业贿赂行为采取了禁止性和惩罚性措施，并通过培训、沟通等方式采取了预防性措施，那么，企业就可以对员工的商业贿赂行为不承担行政法律责任。

通过上述分析可以看出，无论是在英美刑法还是在我国行政法中，企业因员工行为而承担严格责任的制度已经得到初步的确立。企业要进行有效的无罪抗辩或者无责任抗辩，就要以企业建立合规机制为根据，论证企业在员工犯罪问题上既不存在故意追求或放任的主观心态，也不存在管理上的失职或者过失。由此，企业合规就成为分割员工责任和企业责任的重要依据，也成为企业免责的重要抗辩事由。

那么，企业究竟根据合规管理体系的哪些方面来进行这种责任的切割呢？

首先，企业为预防特定合规风险，颁布了专项合规政策和员工行为准则，明确告知了员工行为的边界范围，对那些违法违规行为提出了明确的禁止性要求并建立了惩戒性制度。假如企业出具了这些政策、行为准则以及奖惩机制，那么，就足以说明企业尽到了合规管理义务。

其次，企业为预防合规风险，需要对员工或高管进行合规培训。这种培训既包括定期的常规培训，又包括针对重点高危员工进行的专项培训。假如企业进行过这种培训，留存了培训记录，出具了员工签

---

〔1〕 参见肖江平：《新反不正当竞争法的主要进步》，载《中国市场监管研究》2017年第12期。

署的承诺函，那么，就足以证明企业尽到了对员工的提醒、教育和沟通义务，既没有鼓励或者放纵员工的犯罪行为，也没有在阻止员工违反法律法规方面存在失职行为。

再次，在日常经营过程中，假如企业对员工的行为建立了实时合规监控措施和行之有效的合规监控措施，存在自下而上的合规报告机制，实施了违规行为的举报制度，那么，这足以说明，企业对于员工的违法违规行为建立了预警机制。

最后，在违规行为发生后，企业对于员工的违规行为进行及时的内部调查，必要时针对违规员工启动专门的反舞弊调查，对存在违法违规行为的员工进行及时的惩戒，并适时进行制度整改，弥补合规体系的漏洞，这也足以说明，企业在配合监管调查以及应对违规行为方面，采取了积极有效的补救措施。

三、母公司责任与子公司责任的分割

根据美国1977年通过的《反海外贿赂法》，美国母公司控制的海外子公司属于所在国的法人，该公司一旦实施了海外贿赂行为，美国母公司要对这种海外贿赂行为承担法律责任。例如，美国母公司拥有或者控制海外子公司50%以上投票权的，母公司就被视为对子公司实施了“充分控制”。假如腐败性支付反映在总公司的账簿之中，那么，母公司将被视为“知道”子公司的违法性支付行为。假如母公司对此不采取任何措施加以阻止，母公司将被视为默许该违法支付行为。又假如子公司坚持实施此项贿赂行为，而母公司不采取措施加以阻止的，即被视为“应该知道”此项贿赂行为，构成“有意避免”或者“故意无视”，从而承担法律责任。

由此，美国法律首次确立了所谓的“母子公司连带责任”（Parent-Subsidiary Liability）原则。根据这一原则，对于子公司所实施的海外贿赂行为，母公司应当承担刑事责任。这种特定情形一般是指两种情况：一是母公司对其直接参与子公司海外贿赂的行为承担刑事责任。例如，母公司直接指令子公司实施贿赂行为，或者直接参与了子公司的贿赂活动，这都会导致母公司承担刑事责任。二是根据传统的代理原则，母公司对子公司所实施的贿赂行为承担刑事责任。对于这种刑事归责方式，需要根据母子公司的代理关系做出分析和解释。

通常而言，代理的基本特征是实施控制。执法机关在评估一个子公司可否成为母公司的代理人时，会对母公司的控制情况作出评估，包括母公司是否对子公司的行为事先明知并发出了指令。原则上，只要这种代理关系是存在的，那么，子公司的意志和行为就应被视为母公司的意志和行为，并成为母公司承担刑事责任的根据。与此同时，根据传统的雇主责任原则，一个公司应对作为其代理人的雇员，在其职责范围内并至少部分是为实现公司利益的行为承担刑事责任。因此，假如母公司与子公司之间存在代理关系，那么，子公司内部的雇员只要实施了海外贿赂行为，母公司就应为此承担刑事责任。

美国法的这种“母子公司连带责任”原则得到了其他国家的广泛承认，并成为在反海外贿赂领域实施“长臂管辖权”的法律依据。继美国之后，英国《反贿赂法》、法国《萨宾第二法案》中相继确立了类似的归责原则，也就是根据子公司的海外腐败行为，直接追究母公司的行政责任和刑事责任。就连世界银行这样的国际金融组织，在认定各国企业招投标过程中存在的腐败、欺诈等重大违规行为时，也接受了“母子公司责任”的基本原则，也就是只要对某一子公司采取制裁措施的，该公司的母公司及其他子公司，都要受到连带的制裁。截至2019年年底，中国共有40余家公司因在参与世界银行项目的招投标过程中存在欺诈或者腐败行为，受到了“附条件的免予取消资格”或者“附解除条件的取消资格”的制裁。但受到连带制裁的这些公司的子公司，则多达800余家。

既然企业可能因子公司的违法犯罪行为而承担连带法律责任，那么，为避免因子公司的行为而受到法律制裁，企业究竟如何进行法律风险防控呢？

与那些来自企业员工的法律风险一样，来自子公司的法律风险也要通过企业合规机制来加以规避。为建立与子公司之间的隔离带或防火墙，作为母公司的企业应该建立以下合规机制。

首先，母公司应实施专项合规政策，制定与子公司关系的合规文件。对子公司，母公司无论是通过持有股权实施控制，还是通过协议来实施控制，都应建立针对子公司的合规政策，将母公司的合规管理纳入对子公司的实际控制体系之中。一般来说，母公司对子公司的控制能力越强，就越要采取更为强有力的合规管理措施。通过母公司合规部门对子公司合规部门的管理，母公司对于子公司的违规行为应当及时加以识别，及时加以阻止，承担必要的注意义务，以便尽到持续管理和实施监控的责任。

其次，母公司应定期或者不定期地对子公司进行合规培训，与子公司就合规管理问题展开持续不断地沟通，建立一体化的合规管理体系。母公司与子公司尽管都是独立的法人，独立地承担民事责任，但是，母公司可以运用对子公司的控制关系，建立母公司与子公司之间的一体化的合规管理体系。可以通过定期合规培训、持续沟通和合规监控等方式，母公司可以对子公司的违法犯罪行为进行阻止和预防。

最后，在子公司违法犯罪行为发生后，母公司应当及时建议处理子公司内部的责任人，调查违规行为，查找合规管理漏洞，进行及时的制度整改，强化子公司的内部管理机制，采取必要的补救措施。

与员工行为所引发的企业责任一样，子公司的行为也会导致母公司承担法律责任。为避免母公司承担这类责任，母公司需要通过合规管理机制，达到两个方面的效果：一是避免直接向子公司发出允许、纵容或默许其违法犯罪行为的指令或授意；二是通过实施有效的合规管理机制，对子公司进行有效的合规管理和监控，使得母公司的合规政策可以在子公司得到落实和贯彻，避免因合规管理失职而承担法律责任。因此，通过合规管理机制的实施，母公司与子公司就可以实现法律责任的切割和分离。

在我国公司法上，企业成立分公司和子公司的，分公司、子公司与母公司具有不一样的法律关系。原则上，企业的分公司作为企业的分支机构不具有法人资格，其所实施的违法犯罪行为应由企业完全承担法律责任。这里所说的“分公司”，与企业设立的管理部门或者办事处一样，其行为应被视为企业的行为。

但是，子公司与分公司的情况却不相同。所谓子公司，是指因一定比例的股份被另一个公司持有，或者通过协议方式受到另一个公司实际控制的公司。一般来说，拥有股份越多的股东对公司事务具有更多的决定权，假如一个公司拥有了另一个公司50%以上的股份，就能够实现对该公司的实际控制，成为该公司的母公司。与此同时，即使形成不了这样的控制关系，假如通过订立特殊的协议，一个公司愿意接受另一个公司的控制的，那么，该公司也可以成为另一个公司的子公司。与分公司不同，子公司具有独立的法人资格并独立承担民事责任。母公司作为子公司的最大股东，仅以对子公司的出资额为限，对子公司的债务承担民事责任。与此同时，子公司作为独立的法人，可以独立地承担行政责任和刑事责任。对于子公司的违法犯罪行为，母公司并不必然承担行政责任或者刑事责任。在司法实践中，假如子公司接受了母公司的犯罪意图，达成了共同犯罪的故意，母公司与子公司可以构成共同犯罪。

迄今为止，我国法律尚未完全确立上述“母子公司责任”原则，在坚持母公司与子公司独立承担民事责任的前提下，主张母公司与子公司独立承担行政责任和刑事责任。只有在母公司与子公司存在共同犯罪意图的情况下，才会追究母公司和子公司的共同刑事责任。结果，在母公司没有明显授意或指令的情况下，子公司的违法犯罪行为，就无法波及母公司，使母公司放弃了严格管理、实施合规监管的责任。未来，唯有遵循国际惯例，在行政监管和刑事司法领域确立“母子公司连带责任”，在母公司对子公司实施控制的情况下，母公司对子公司实施的违法犯罪行为承担连带责任。而母公司要避免承担此类连带责任，就必须建立有效的合规管理体系，由此方能切断母公司与子公司的责任，实现母公司责任的豁免。

四、企业责任与第三方责任的分割

企业在经营过程中经常会与一些商业伙伴展开密切合作。这些商业伙伴又被称为“第三方”，通常是指上游的供应商、供货商，下游的经销商、分销商、代理商等，以及提供特殊服务的企业，如律师事务所、咨询公司、旅行社、会计师事务所等。

基于合规风险角度的考虑，对第三方合规风险的防范、监控和应对，是企业合规管理体系的重要组成部分。美国司法部和美国证交会在实施《反海外贿赂法》过程中，发现大多数海外贿赂行为都是由美国企业的海外供应商、经销商或代理商实施的。有些企业在国际商业交易中甚至通过包括代理商、顾问和分销商在内的第三方，来掩盖其向外国官员提供贿赂的事实。而根据普遍管辖权原则，凡是由企业海外商业伙伴所实施的海外贿赂行为，都可能由企业本身承担法律责任。这种由第三方违法违规行为所引发的企业法律风险，被视为一种特殊的企业合规风险。

除反商业贿赂领域之外，即便在数据保护、出口管制等领域中，企业也经常因为第三方的违法违规行为而承担连带的法律责任。例如，在涉及客户个人数据信息的领域，向企业提供数据信息的上游第三方涉嫌非法获取个人信息行为，或者接受企业数据信息服务的下游第三方涉嫌非法向其他人提供或者出售个人信息，这些都可能导致企业本身涉嫌共同实施违法违规行为，或者涉嫌存在拒不履行网络安全管理义务的违法犯罪行为。又如，在出口管制领域，与企业有密切商业合作的代理商涉嫌违反出口管制法律向那些受到贸易禁运的国家或者企业出口企业的商品，从而导致企业本身可能承担连带法律责任。

概括起来，企业因为第三方的违法违规行为所承担的法律责任可分为三种类型：一是因为鼓励、纵容、放任第三方的违法违规行为，因此与第三方构成共同违法或者共同犯罪行为；二是因为一些第三方以企业名义实施违法违规行为，导致企业因第三方的行为而承担严格责任；三是因为对某些第三方缺乏有效管理和监控，导致企业承担失职责任。

对于一些大型企业，尤其是跨国企业，要发展海外业务，通常会发展数量众多的第三方合作伙伴，而这些合作伙伴一旦出现违法违规行为，就有可能使企业本身"引火烧身"，面临多方面的法律风险。那么，究竟如何为企业与第三方建立"隔离带""防火墙"呢？

通常来说，企业合规机制的建立，是有效切割企业责任与第三方责任的制度保障。从积极的方面来说，建立有效的合规计划是企业加强对各种第三方合规管理的需要，是企业实行自我监管、自我防控、自行整改的重要表现。但是，从消极的角度来说，企业建立针对第三方的合规管理体系，是切割企业责任与第三方责任的有效方法。

大体来说，在第三方实施违法违规行为的情况下，企业要成功地避免法律风险，就需要从两个方面建立企业合规机制：一是加强对第三方合规风险的评估，实施第三方尽职调查；二是对第三方进行持续不断地合规监控和管理。

所谓第三方尽职调查，是指企业在发展第三方合作伙伴过程中，针对第三方的合规风险所进行的专门性调查活动。这种合规尽职调查的目的有二：一是对第三方的违规历史、合规意识和合规制度进行全面了解，对第三方的合规风险作出准确识别和评估；二是对于那些合规风险过高、可能使企业承担较大继承责任的第三方，企业应即时终止合作，避免第三方合规风险转移。而对于那些虽有合规风险，但处于可控制范围内的第三方，企业作出适当的交易安排，提出恰当的合规治理措施，对第三方提出切实可行的合规整改要求，在第三方的合规管理达到企业要求之后，再启动与第三方的正式合作。

企业对第三方进行的尽职调查工作，是确定企业是否有能力发现第三方不当行为的制度保证，也是评估企业是否建立有效合规计划的重要标准之一。一个行之有效的第三方尽职调查，应当做到对第三方合作伙伴的资质和关系有所了解，对第三方是否经常被作为隐瞒不法行为的代理人、顾问或者分销商有所认识，并且对第三方的声誉、商业价值以及经营方式等加以了解。

在对第三方进行尽职调查以外，企业还应对那些展开合作的第三方进行持续不断地合规监控和管理，以避免第三方出现违法违规行为。例如，企业应针对第三方建立以风险为基础的合规管理体系，包括对第三方合作伙伴展开定期或者专门性的合规尽职调查、合规培训，实施专项审计，并实施年度合规资格认证。对于存在合规风险的第三方，或者合规资格认证不合格的第三方，企业应责令其进行必要的整改，在一定期限内达到企业合规体系的要求。否则，企业就应根据第三方合作伙伴的退出机制，责令其退出合作，取消其供应商、代理商、经销商等资格。

无论是针对第三方的合规尽职调查，还是对第三方进行的持续不断地合规监控和管理，一方面可以实现企业内部治理的最佳效果，另一方面也可以将企业责任与第三方责任进行有效地切割和分离，实现企业法律责任的豁免。一项有效的合规计划，可以证明企业不仅没有参与第三方的违法违规行为，而且对第三方的违法违规行为不存在支持、纵容、放任等行为，并对第三方的违法违规行为不存在失职或者管理不当的问题。企业对于第三方的行为既不参与也不存在故意或者过失的主观过错，当然也就不承担行政责任或刑事责任了。

五、投资并购领域中的责任分割

作为企业的日常经营活动，投资并购通常是指企业为扩大经营范围和提高投资规模，将另一家企业的股权予以收购或者将另一家企业予以兼并，使其成为本企业的子公司。但是，从合规的角度来看，投资并购活动却蕴含着多种法律风险。即便企业本身严格遵守法律法规，但假如被收购的企业实施过违法犯罪行为或者有实施违法犯罪行为的危险，那么，企业就会因为被并购企业的违法犯罪行为而承担相应的法律责任。通俗地说，企业在投资并购过程中一旦操作不当，就有可能“引火烧身”，因被并购企业的行为而面临某种合规风险。那么，究竟如何防范这种因投资并购行为而带来的合规风险呢？

在美国企业合规制度中，存在一种“继承责任”的理论。所谓继承责任（successor liability），是指企业在与另一家企业发生合并或者收购行为时，对于被收购企业在合并或收购之前发生的违法违规行为所要承担的法律责任。作为公司法上的一般归责原则，当两家公司发生合并或收购行为时，后继公司（the successor company）要对前任公司（the predecessor company）的违法违规行为承担法律责任。这是防止后继公司逃避责任的制度保障。根据1977年FCPA，继承责任原则已经成为确定公司行政责任和刑事责任的重要依据。美国司法部和美国证交会作为该法的主要执法部门，在追究企业的海外贿赂行为时，就将继承责任理论作为对实施投资并购的企业追究法律责任的直接依据。

原则上，追究企业继承责任的前提是，被并购企业实施了违法犯罪行为并需要承担相应的法律责任。假如在并购行为发生之前，某一外国企业并不受FCPA的管辖，也不构成该法所界定的海外贿赂行为，那么，一项单纯地对该外国公司的收购行为并不足以成为后继公司承担刑事责任的根据。相反，在并购行为发生之前，被并购企业实施了海外贿赂行为，那么，作为收购方的后继公司就要为被并购企业的违法犯罪行为承担继承责任。换言之，企业一旦完成并购行为，在继承了被并购企业的资产和股权的同时，也要对后继公司的违法犯罪行为承担法律责任。

在继承责任原则的影响下，美国司法部和美国证交会鼓励公司开展并购前的尽职调查，并在收购完成后加强合规计划和内控机制。这主要是基于以下四个理由：一是尽职调查可以帮助收购公司准确地对目标公司进行评估。通过贿赂手段获取的合同以及通过非法手段进行商业交易，都是不可持续的，这些由目标公司先前所实施的非法行为极有可能使收购公司承担法律责任，也会损害收购公司的声誉和发展前景。在收购之前对这些问题展开调查和了解，有助于收购公司更好地评估潜在的法律责任，并对目标公司的价值做出适当评价。二是收购前的尽职调查可以降低收购公司继续从事贿赂行为的风险。适当的尽职调查可以识别商业和区域风险，为目标公司快速和成功地融入收购公司的内控机制和合规环境奠定基础。三是一旦通过尽职调查发现了目标公司的潜在违法行为，收购公司可以通过就相关费用、责任以及补救措施进行谈判而快速和有序地处理相关的法律风险。四是全面的尽职调查可以表明公司对违反FCPA行为的全面披露并采取积极预防的态度。

一方面，在执法实践中，美国司法部和美国证交会对于那些对自身不当行为作出自愿披露和积极合作的公司，通常不会采取执法行动。这两个机构只在有限情况下对后继公司提起诉讼，这通常发生在该公司存在严重和持续的违规行为，或者后继公司直接参与实施违规行为，或者在收购完成后没有阻止违规行为继续实施的情形。另一方面，美国司法部和美国证交会在实践中经常发动针对前任公司的执法诉讼，尤其是在收购公司及时对违规行为作出自愿披露和采取补救措施，或者执法部门在收购完成之前已对前任公司启动监管调查程序的情形之下。当然，在收购公司履行披露和补救义务的情况下，即便是对一个前任公司在收购完成后被披露的违反FCPA的行为，美国司法部和美国证交会也会提起执法诉讼。不仅如此，针对前任公司的执法行动一旦启动，那些承担披露和补救义务的后继公司，还可以获得美国司法部和美国证交会的一项保证，也就是不再受到任何执法行动的承诺。

我国法律并没有确立上述继承责任，也没有因为企业未对被并购企业进行合规管理而追究企业的继承责任。但是，FCPA所确立的上述继承责任原则，却具有较大的参考价值。

首先，继承责任属于一种特殊的“严格责任”，赋予那些实施投资并购的企业承担一种特殊的无过错责任。投资并购是一种蕴含多种风险的经营活动，假如企业为追求商业利益，而不对被收购企业展开充分的尽职调查，不了解该企业的性质、规模、违法违规历史、管理制度漏洞、商业模式等，就有可能收购一家“带病企业”甚至“犯罪集团”。为督促企业在实施投资并购过程中慎重行事，避免可能的法律风险，法律有必要确立继承责任原则，使得企业为被收购企业的违法犯罪行为承担无过错责任。这表面看起来会使企业承担更大的法律风险，但从长远来看，有助于企业建立针对投资并购活动的合规管理机制，树立高度的风险防控意识，减少乃至避免相应合规风险的爆发。

其次，继承责任是一种可以被推翻的法律责任。企业要避免承担继承责任，就需要从三个方面来承担举证责任：一是在收购前实施了尽职调查，并将发现的被收购方的违法犯罪行为主动向监管部门加以披露，配合调查，并将被收购方纳入合规计划和内部控制系统，那么，监管部门就有可能拒绝对收购方采取执法行动。二是即便在收购前没有实施尽职调查，但在收购完成后进行全面尽职调查，并将被收购方纳入合规计划的，监管部门也可以对收购方给予适当的奖励，减轻或者免除相应的行政处罚。三是企业在完成并购行为之后，假如将被并购企业迅速纳入其内部控制体系之中，包括对新员工进行培训，根据企业标准对第三方进行重新评估，对新的业务进行合规审计等，那么，监管部门即便发现被并购企业存在违法犯罪行为，也会将企业责任与被并购企业的责任加以切割而豁免企业的继承责任。

六、企业合规风险的“防火墙”

经验表明，企业因为直接实施违法犯罪行为而承担法律责任，这种情况还是少之又少的。绝大多数的企业合规风险来自企业与员工、子公司、第三方以及被并购方的违法犯罪行为。如何加强对企业员工、子公司、第三方和被并购企业的合规管理，已经成为企业防范合规风险的重大课题。从积极角度来说，加强对员工、子公司、第三方和被并购企业的合规管理，如强化相关的尽职调查，进行必要的合规风险评估，展开定期或者专项合规培训等，对于企业有效地实现自我监管、自我治理和自我整改，无疑是极为有利的。但从消极角度来看，唯有建立一套行之有效的合规管理体系，使得员工、子公司、第三方、被并购企业都被纳入企业合规管理体系之中，企业才能真正规避法律风险，实现企业责任与员工责任、子公司责任、第三方责任和被并购企业责任的有效切割。

迄今为止，英美法对企业法律责任的追究大都遵循了一种“严格责任”的思路。也就是说，只要企业员工、子公司、第三方、被并购企业实施了违法犯罪行为，这些行为就有可能被视为企业行为，企业也要因此承担行政责任或者刑事责任。至于企业承担这类法律责任的依据，要么是雇主责任或者同一性责任，要么是母子公司责任，要么是继承责任。当然，英国法创立了一种企业失职责任，也就是在员工、子公司、第三方实施违法犯罪行为时，企业并不因此承担相同的法律责任，但要承担因预防违法犯罪行为不力的法律责任。

英美法的经验表明，唯有全面确立企业的严格责任，才能将企业合规机制引入行政监管领域和刑事司法领域。在严格责任制度框架下，法律相当于建立了一种“推定性的法律责任”，也就是根据员工、子公司、第三方、被并购企业的违法犯罪行为，推定企业具有主管过错并承担法律责任。而要推翻这种推定的法律责任，企业就要承担举证责任，也就是要以企业合规机制作为无责任抗辩或者无罪抗辩的法定事由。例如，企业可以实施定期或者有针对性的合规培训，证明自己对员工尽到了注意、教育和管理义务，从而证明自己对员工的违法行为不存在主管过错。又如，企业可以通过建立针对子公司的合规管理机制，如对员工的合规培训，对子公司中高层管理者的合规培训，合规风险评估，自下而上的合规风险报告机制，以及在违规行为发生后，对子公司中高层管理者的责任追究等，证明企业对子公司的合法合规经营尽到了注意义务。再如，企业可以建立针对第三方的合规尽职调查机制，针对其合规风险建立的分级管理机制，证明自己对第三方尽到了合规风险防控职责。不仅如此，企业还可以通过实施针对被并购企业的尽职调查和持续不断地合规监管机制，证明自己对被并购方承担了并购前的资格审查和风险评估义务。

当合规管理机制可以成为企业进行无责任抗辩或者无罪抗辩的法定事由，当企业可以将合规机制作为免责的重要证据，当合规可以成为切割企业法律责任的重要依据，那么，企业就会产生“合规创造价值”的印象，从而对这种公司治理方式给予真正的重视并将企业合规机制激活，使之成为企业治理体制中不可或缺的组成部分。反过来，假如企业建立合规管理机制只是奉命行事、执行行政命令的结果，而不会因这种管理机制而获得免除法律责任的“巨大收益”，那么，它们在建立企业合规机制时就难以产生强大的动力。

目前，我国反不正当竞争法已经初步确立了企业的严格责任，将企业合规作为企业作出无责任抗辩的法定事由。但是，这种严格责任条款还只是初步的立法进步，无论是行政法，还是刑法，都还没有确立完整意义上的“严格责任”制度，更没有将合规机制作为企业作出无责任抗辩或者无罪抗辩的法定事由。可以说，法律上确立严格责任条款，赋予企业更大的无过错责任，这是督促企业加强对员工、子公司、第三方和被并购方合规管理的必由之路。与此同时，将合规机制作为无责任抗辩的法定事由，赋予企业以合规机制为依据进行法律责任的切割，这种立法思路也具有很大的启发性，可以成为我国推进企业治理和合规管理建设的法律路径。

第十二章

企业合规与暂缓起诉协议制度

“尽可能放过企业，但要严惩责任人。”这是企业合规的内在奥秘。企业合规不等于企业家的风险防控，更不等于企业高管的刑事法律风险防控。在一定程度上，企业合规就是企业以建立合规体系为代价换取执法部门的宽大处理。而对违规行为展开自查自纠并对责任人进行及时惩戒，恰恰是企业建立有效合规体系的重要标志。

——题记

一、暂缓起诉制度的产生

传统上，无论是对自然人犯罪案件，还是对公司犯罪案件，检察机关都可以有三种处理方式：一是提起公诉；二是作出不起诉的决定；三是与被告方达成辩诉交易或量刑协议，在被告人自愿认罪的前提下，建议法院作出宽大的刑事处理。

但是，在检察机关提起公诉、作出不起诉决定以及与被告方达成"量刑协议"之外，美国还确立了一种"审前转处协议"(pre-trial diversion agreement)制度，也就是检察官与被告方达成协议，承诺设置一定的考验期，在考验期之内暂时不对其提起公诉，而被告方在此期间要履行一系列义务，如自愿承认被指控的犯罪事实、赔偿被害方、承诺全力配合调查等。在考验期结束后，检察官经过审核认为被告方履行了协议义务的，就可以放弃对被告方的起诉，案件以被告人受到无罪处理而告终。最初，这种"审前转处协议"制度出现在美国少年司法程序之中，被用来处理那些涉嫌轻微犯罪的未成年人，后来逐渐被扩展适用到那些需要适用强制性治疗措施的毒品犯罪案件。1974年美国国会颁布的《迅速审判法案》，正式确认了“审前转处协议”制度。1990年，美国司法部颁布的《联邦检察官手册》(U.S.Attorney Manual)，对于检察官适用“审前转处协议”的目标、条件和程序等作出了详细规定。迄今为止，“审前转处协议”制度仍然是美国检察机关处理轻微刑事案件的一种重要方式。

自20世纪90年代以来，美国联邦检察机关逐步将“审前转处协议”制度适用到公司涉嫌犯罪的案件之中。尤其是在公司涉嫌商业贿赂、洗钱、违反出口管制法律、个人数据信息保护、金融欺诈、环境污染、违反医疗监管等犯罪的案件中，美国联邦检察机关要么通过与涉案企业达成DPA，要么通过与其达成NPA，来替代原来的提起公诉或者不起诉决定。与辩诉交易制度不同的是，检察官对于接受上述两种“审前转处协议”的企业，在考验期结束后一旦认为企业遵守了协议要求的，就可以不起诉而结案。换言之，与检察官达成辩诉交易的企业，最终仍然要被法院作出有罪裁决；而与检察官达成暂缓起诉协议或者不起诉协议的企业，在考验期结束后会被宣告为无罪。〔1〕

与传统的针对自然人的“审前转处协议”制度不同的是，这种适用于公司的暂缓起诉协议和不起诉协议，对被告方提出了新的义务：一方面，要缴纳高额罚款，被没收所有违法所得，向所有因犯罪行为受到损失的被害方进行赔偿；另一方面，还要承诺在配合检察官调查的前提下，重建合规计划，或者完善合规管理体系，接受检察机关派驻的合规监督员，定期就其完善合规计划的进展情况向检察机关汇报。检察机关在对涉案公司进行持续合规监管的基础上，在考验期结束后，根据该企业重建或者完善合规计划的情况，最终决定是否提起公诉。

从制度设计上来看，暂缓起诉协议与不起诉协议具有一些细微的差异。通常来说，检察官对于已经提起公诉的案件，可以与涉案企业达成暂缓起诉协议。暂缓起诉协议会记载有关的犯罪事实，需要取得法官的批准。而对于尚未提起公诉的案件，检察官则可以与企业达成不起诉协议。这种协议不需要法官的批准，也一般不需要记录有关

---

〔1〕 See Cindy R.Alexander and Mark A.Cohen, *The Evolution of Corporate Criminal Settlements: An Empirical Perspective on Non-Prosecution, Deferred Prosecution, and Plea Agreement*, 52 Am.Crim.L.Rev.537 (2015).

犯罪事实，完全由检察官与涉案企业通过协商来达成协议。在美国检察机关的司法实践中，暂缓起诉协议与不起诉协议一旦达成，在协议条款的设定上几乎没有任何实质性的区别。1992年，美国纽约联邦地区检察官办公室对所罗门兄弟公司（Salomon Brothers）证券欺诈一案，第一次适用了不起诉协议制度。而在两年后，该联邦检察官办公室对于普鲁顿特证券公司（Prudential Securities）虚报投资收益一案，第一次适用了暂缓起诉协议制度。[1]

美国针对公司案件实行的“审前转处协议”制度，由于在降低诉讼成本、预防公司再次犯罪、避免损害无辜者利益等方面产生了积极效果，因此，对其他国家刑事诉讼制度的发展产生了较大的影响。但鉴于其中的不起诉协议制度赋予检察官过于宽泛的自由裁量权，且规避了法官的司法审查，因此，一些国家对于美国推行的暂缓起诉协议制度更为青睐。继美国之后，英国于2014年实施了《犯罪与法院法》，正式确立了暂缓起诉制度。[2]2018年6月，加拿大仿效英国，修订了《刑法典》，正式确立暂缓起诉协议制度，授权检察官在企业涉嫌欺诈、贿赂、洗钱等严重经济犯罪案件中，可以与涉案企业达成暂缓起诉协议。[3]2018年，澳大利亚也以英国立法为范本，通过了《刑事立法修正案》，在对刑法有关跨国贿赂犯罪条款作出修订的同时，确立了暂缓起诉协议制度。[4]2018年3月，地处亚洲的新加坡，也仿效英国确立了暂缓起诉协议制度。该国议会通过了《刑事司法改革法》，允许检察官与那些涉嫌贿赂、洗钱等犯罪的企业达成附条件的暂缓起诉协议。[5]

2016年12月8日，法国议会通过了旨在严惩企业商业贿赂行为的

〔1〕 参见叶良芳：《美国法人审前转处协议制度的发展》，载《中国刑事法杂志》2014年第3期。

〔2〕 See *Deferred Prosecution Agreements: Key Differences Between the US and UK*, (August 24, 2019), https://www.marsh>research.

〔3〕 See *Deferred Prosecution Agreements in Canada: Now in force*, (August 24, 2019), https://www.osler.com>blogs>risk.

〔4〕 See *Australia's new DPA system and what it means for General Practitioners*, (August 24, 2019), https://www.medrecruit.com>blog.

〔5〕 See Commentary: Deferred Prosecution Agreements in Singapore, (August 24, 2019), https://learn.asialawnetwork.com.

《萨宾第二法案》，在推行了强制性企业合规制度的同时，引入了美国式的暂缓起诉制度。这是法国继确立英美式的认罪量刑协商制度以来，再次接受源自普通法的协商性司法制度。根据这一制度，检察机关在与那些涉嫌商业贿赂的企业进行庭前认罪答辩的基础上，可以达成附条件的和解协议。这被称为“基于公共利益的司法协议”制度，又被视为法国式的暂缓起诉协议制度。这标志着美国式的起诉和解制度被正式引入欧洲大陆法国家。[1]

值得关注的是，无论是美国的暂缓起诉协议或不起诉协议，还是英国、加拿大、澳大利亚、新加坡、法国等国确立的暂缓起诉协议，都将企业重建合规体系纳入协议之中，并将其作为检察机关暂缓起诉的重要附加条件。可以说，那些涉嫌严重经济犯罪的企业承诺重建合规计划，已经成为检察机关与其达成暂缓起诉协议的前提；这些企业对合规计划的完善情况，也成为检察机关最终放弃起诉的重要依据。在一定程度上，与检察机关达成暂缓起诉协议，进而说服检察机关放弃对企业的刑事指控，已经成为众多企业重建或者是完善合规计划的最大动力之一。

目前，我国政府监管部门正通过行政主导的方式全力推进企业的合规管理体系建设，越来越多的国有企业和民营企业也开始重视合规计划的构建问题。但与此形成鲜明对比的是，我国刑法对于单位犯罪的定罪量刑规则显得过于墨守成规，而我国刑事诉讼法对于单位涉嫌犯罪的案件也没有确立特殊的诉讼程序，尤其是没有将合规机制引入这两部法律之中，没有为企业建立合规机制确立刑法上的激励机制，也没有为企业以合规换取宽大处理设定诉讼程序上的空间。所以，企业在推进合规体系建设方面就缺乏了足够强大的动力。

鉴于此，笔者拟从比较法的角度，对于美国、英国、法国、澳大利亚、加拿大、新加坡等国的暂缓起诉协议制度作出初步的研究。本章将暂缓起诉协议制度划分为检察官自由裁量与司法审查两种模式，分析暂缓起诉协议制度与企业合规制度的关系，并对暂缓起诉协议制度

---

〔1〕 See *French Announces Its First Deferred Prosecution Agreement*,（August 24, 2019）, https://www.skadden.com>2017/12.

的正当性作出论证。在此基础上，本章将对这一制度引入中国的必要性和可行性做出初步的评论。

二、暂缓起诉协议的两种模式

美国检察机关在将“审前转处协议”制度适用于涉案企业时，创设了暂缓起诉协议和不起诉协议两种制度。后者赋予检察官近乎独断的权力，使其可以按照自身意愿与涉案企业达成协议而不受任何形式的司法审查。而暂缓起诉协议尽管要经过法官的审查和批准，但在实践中这种协议从内容、考验期的确定，到协议的监控和最终决定，都完全控制在检察官手中，法官的审查和监控几乎形同虚设。与此相反，无论是英国、法国，还是作为英国制度仿效者的加拿大、澳大利亚、新加坡，不仅对那种检察官拥有绝对控制力的不起诉协议制度予以排斥，而且在引入暂缓起诉协议制度时，也进行了大规模的改造，使其受到较为严格的司法审查。检察机关与涉案企业达成暂缓起诉协议后，检察官需要将协议文本提交法院，法官在经过听证程序加以审查确认后，该项协议方才发生法律效力；在考验期内，法院要对协议的履行情况，尤其是涉案企业重建合规计划的情况进行监控；在考验期结束后，检察官要向法院提出建议，由后者决定是否撤销案件或者恢复法庭审理。由此，在英、法等国的暂缓起诉协议制度中，一种有别于美国模式的司法审查模式蔚然成型。〔1〕在以下讨论中，笔者拟以美国、英国、法国、加拿大、澳大利亚、新加坡的暂缓起诉协议制度为蓝本，对这两种暂缓起诉协议模式做出比较，并作出简要的评论。

（一）检察官自由裁量模式

在美国，对涉嫌犯罪的企业是否适用暂缓起诉协议或不起诉协

〔1〕 See Jennifer Arlen, *The Potential Promise and Perils of Introducing Deferred Prosecution Agreements Outside the U.S.*, July 29, 2019, NYU School of Law, Public Law Research Paper, No.19-30.Available at SSRN: https: //ssrn.com/abstract=3428657, August 24, 2019.

议完全由联邦或州检察官自行决定。法官对暂缓起诉协议的审查或者批准，经常是形式上的而不具有实质性的意义。暂缓起诉协议可以被应用于包括垄断、欺诈、贿赂、逃税、环境污染、违反出口管制、侵犯个人数据信息等在内的诸多公司犯罪案件，这些案件通常涉及证券法、贸易法、反不正当竞争法、环境保护法、反海外贿赂法、食品药品安全法、税务和货币交易法、反欺诈法和反洗钱法等诸多方面的法律法规。

美国法律赋予检察机关较为广泛的执法权，也授权检察机关与涉案企业较为自由地达成暂缓起诉协议或不起诉协议的权力。在实践中，由于几乎所有企业违法违规行为都可能同时构成犯罪行为和行政违法行为，因此，检察机关经常会同其他政府监管部门与涉案企业达成所谓的"一揽子"和解协议。例如，经常随同美国检察机关与涉案企业达成暂缓起诉协议的政府监管部门有：美国证交会、美国食品药品监督管理局、美国商务部、美国财政部、美国联邦贸易委员会等。在很多案件中，美国各州的检察机关也经常会同州政府监管部门与涉案企业达成暂缓起诉协议。例如，在著名的西门子海外贿赂案件中，美国司法部就会同美国证交会与西门子达成了暂缓起诉协议；而在中兴公司违反出口管制法案件中，美国司法部就会同商务部、财政部与中兴公司达成了暂缓起诉协议。〔1〕

在美国检察官适用的"审前转处协议"中，不起诉协议的适用在比率上明显大于暂缓起诉协议的适用。这在一定程度上反映出检察官对自由裁量权适用的偏好，因为不起诉协议的适用就连最起码的司法审查都规避了。而在适用暂缓起诉协议的案件中，检察官通常会与涉案企业进行长达数月乃至一年以上的和解谈判，只有在双方达成协议后，才会将暂缓起诉协议的文本提交法官面前。而法官通常只是进行形式上的审查，而几乎不会推翻或者改变检察官提交的暂缓起诉协议。而在法官批准DPA之后，对于整个协议的执行情况也很少进行监控。例如，在2016年的USA v.Fokker Services B.V.案中，一名联邦地

〔1〕 See Peter Spivack and Sujit Raman, *Regulating the "New Regulations": Current Trends in Deferred Prosecution Agreements*, 45 AM.Crim.L.Rev.159（2008）.

区法院法官以检察官没有对涉嫌犯罪的公司高管起诉，以及暂缓起诉协议内容对于被告公司过于宽大为由，没有批准检察官与被告公司达成的协议。但在上诉程序中，华盛顿特区的巡回上诉法院撤销了地区法院的判决，认为是否签订暂缓起诉协议以及如何设定DPA的具体条款，都完全属于联邦检察官的职权范围。[1]而在2017年的另一起案件中，联邦第二巡回上诉法院对于法官监控DPA执行过程的权力作出了明确限制。[2]有资料表明，迄今为止，无论是对暂缓起诉协议的审查和批准，还是对这一协议执行情况的监控，美国法官几乎采取听之任之的态度，而几乎没有施加实质性的干预。至于在考验期结束后，对企业遵守协议情况的评估以及是否提起控告，则几乎完全由检察机关自行确定，法官几乎没有改变过检察官的决定。对于这种司法审查流于形式的问题，越来越多的评论家批评说，美国检察官在签订DPA方面基本上绕开了正式法律体系，引发了宪法和公共政策上的危机。同时，也有不少人担心检察官在签署DPA方面占据了不正当的优势地位，使其在与被告公司的谈判和协商中滥用公诉权力。[3]

在适用暂缓起诉协议方面，法官通过司法审查对检察官自由裁量权的约束是十分有限的。为防止这种自由裁量权的滥用，美国司法部持续不断地发布有关对企业提起刑事指控的指南或者备忘录，为检察官确立一些可供遵守的行为规范。其中，1999年发布的霍华德备忘录以《对公司提起刑事指控》为题，列明了检察官对企业提起公诉时需要考虑的八个因素；2003年发布的汤普森备忘录，以《联邦商业组织起诉原则》为题，要求检察官将企业与政府合作及其对违规行为披露等作为宽大处理的依据，并强调尽量通过达成DPA和NPA来代替提起公诉；2006年发布的麦克纳蒂备忘录对检察官为获得涉案企业合作所采取的措施作出了一些限制；2008年发布的菲利普备忘录，对汤普森备忘录进行了修订，并被纳入《美国检察官手册》；2008年发布的莫德福备忘录，为检察官任命合规监督官以及划定监督官的职责范围

〔1〕 See United States v. Fokker Services B.V., 818 F.3d733, 742–745 (D.C.Cir.2016).

〔2〕 See United States v. HCBC Bank USA, N.A., 863 F.3d 125 (2d Cir.2017).

〔3〕 See Wilson Ang and others, *Deferred Prosecution Agreement—Justice Delayed or Justice Denied?* , Norton Rose Fulbright, March 2018.

等问题确立了一些指导意见；2010年的格林德勒备忘录，对检察官与企业达成的暂缓起诉协议中有关合规监督官的角色定位问题，尤其是解决协议履行中公司与合规监督官的争议问题，提供了指导意见。〔1〕

那么，一份典型的暂缓起诉协议究竟包括哪些内容呢？通过考察诸多美国检察官与涉案企业达成的暂缓起诉协议，我们可以简要列举一下检察机关要求企业履行的基本义务：一是涉案企业承认其犯罪事实；二是涉案企业接受执法机关提出的处罚、罚款、恢复原状、没收违法所得、向被害方予以赔偿以及其他补救措施；三是涉案企业有义务配合执法机关的持续调查；四是执行有效的合规计划，预防和杜绝今后发生类似的违法违规行为；五是撤换乃至改组董事会或公司高级管理团队，对于企业违法违规行为的发生负有直接责任的员工或公司高管，作出严厉处罚；六是接受检察机关委派的合规监督员，接受为期三年以上持续地合规监管；七是在考验期内不得重新实施该项犯罪行为，也不得以任何方式违反协议条款；八是涉案企业放弃迅速审判的权利以及有关诉讼时效的抗辩权；九是禁止涉案企业作出与协议相矛盾的陈述；等等。

美国联邦检察官通过推行暂缓起诉协议，责令涉案企业缴纳高达数亿美元的高额罚款，并通过每年与全世界企业达成暂缓起诉协议和不起诉协议而获得数十亿美元的"经济收益"。近年来，这种通过罚款所获取的收益还呈现逐年递增的发展趋势。特别是对在美国开展业务或者上市的外国公司，这种"和解罚款"正面临着越来越大的争议。不少人士指责美国联邦司法部"动机不纯"，甚至构成对外国企业的"敲诈勒索"。但从客观上讲，联邦检察官通过实施暂缓起诉协议和不起诉协议，也确实使那些存在贿赂、洗钱等不法行为的公司受到了强有力的惩罚。而最引人关注的是，检察官通过设定考验期，在责令涉案公司缴纳罚款的同时，还要求该公司建立或者完善合规机制，使得合规制度和合规文化在全世界范围内得到全面的推行。在一定意义上，美国的暂缓起诉协议制度促使全世界的跨国企业不得

---

〔1〕 See Matt Senko, *Prosecutorial Overreaching in Deferred Prosecution Agreements*, 19 S.Cal.Interdisc.L.J.163 (2009-2010).

不重视合规机制的建立和完善，这一制度成为合规制度的最重要推动者。

（二）司法审查模式（之一）

英国的暂缓起诉协议是指检察机关在对涉嫌犯罪的企业提起公诉后，在法官的监督下与该企业达成的一项附条件的暂停起诉的协议。有权与涉案企业达成这一协议的主要是英国反严重欺诈办公室和皇家检察署。这两个机构享有对刑事案件提起公诉的权力，也可以对那些符合条件的刑事欺诈、贿赂及其他公司犯罪案件提出暂缓起诉的申请。

与美国暂缓起诉制度不同的是，英国的暂缓起诉只针对涉嫌犯罪的企业，而不适用于涉嫌犯罪的自然人。这一协议由检察官与涉案企业自愿达成，但需要法官进行审查并作出批准，方可产生法律效力。生效后，暂缓起诉协议具有中止诉讼程序的效力。在协议所设定的考验期内，涉案企业需要履行协议所确立的各项义务，特别是缴纳罚款和推进合规计划的义务。在考验期结束后，检察机关经过审查认为涉案企业履行了暂缓起诉协议所确立的各项义务，撤销起诉更有利于维护公共利益的，就可以正式撤销起诉，案件最终以检察机关不起诉、涉案企业避免定罪而告终。

为避免检察官滥用自由裁量权，英国法律为检察官在适用暂缓起诉方面设立了两方面的检验标准：一是证据检验，二是公共利益检验。

在证据检验方面，检察官要适用暂缓起诉制度，就需要确信案件有足够证据证明所指控的犯罪事实，或者基于一些可接受的证据表明对企业构成犯罪具有合理怀疑，并且有合理的理由相信通过进一步调查就可以获得可接受的证据，以便现有证据能够证明犯罪事实。

而在公共利益检验方面，检察官要考虑假如不对企业提起诉讼，而是达成暂缓起诉协议，是否更有利于公共利益的实现。检察官在考虑公共利益时，需要兼顾多个方面的因素：涉案企业过去是否实施过类似行为，假如该企业被采取过刑事、民事或监管执法方面的处罚措施，那么，暂缓起诉就难以适用；公司是否制定了积极有效的合规计划，假如涉嫌违反2010年《反贿赂法》，该企业是否遵守了有关适当程序的指导意见；在被发现存在不法行为之后，涉案企业是否与检察官保持了合作；等等。

通常情况下，一份完整的暂缓起诉协议包括以下条款：支付经协商确定的罚款；对受害者作出经济补偿；支付检察机关的相关费用；与执法机构进行合作；遵守禁止从事特定活动的禁令；提交财务报告；建立强有力的合规计划或监督计划；对于检察机关将来起诉公司内部员工保持合作；等等。

与美国模式相比，英国暂缓起诉协议制度具有一个鲜明的特征，那就是这种协议必须取得法院的审查、批准和监督。在与涉案企业进行协商过程中，检察官可以提交自行作出的事实陈述以及有关每项罪行的详情，双方可就商谈的事实信息作出保密承诺，只有在就事实陈述达成一致意见的情况下，才能达成暂缓起诉协议。在签订暂缓起诉协议之前，检察官必须向法官证明，签订暂缓起诉协议可能更符合司法公正的要求，所有条款都必须是公平、合理和相称的。在检察官提交暂缓起诉协议后，法官会举行秘密的听证会，对协议条款进行审查。一旦接受了暂缓起诉协议，审判法官就要在公开的听证会上正式批准该项协议。只有在这时，检察官才可以将暂缓起诉协议的内容公之于众。〔1〕

具体来说，英国法律确立了以下四个阶段的DPA适用程序：一是DPA启动程序。通过涉嫌经济犯罪的公司进行自我举报，或者举报人进行报案，或者检察机关初步调查，检察机关与涉案公司进行初步协商，出现达成暂缓起诉协议的意向。二是检察官邀请涉案公司进行DPA谈判。一般会提出正式邀请函，双方需要确定涉嫌违规的事实以及所适用的法律条款。三是检察官与涉案企业根据检察官法和检察指南来形成初步的DPA草案。四是法院审查和批准，检察官与涉案企业达成协议后，将协议提交法院，后者要经过两道程序来进行审查：(1)法院秘密举行预先庭审，检察官向法院提交包含事实陈述的相关

〔1〕 See E.Chua and B.Chan, *Deferred Prosecution Agreements in Singapore: What Is the Appropriate Standard for Judicial Approval?* , International Commentary on Evidence, published online: 2019-08-01, https://doi.org/10.1515/ice-2019-0002.

证明文件，证明所提交的DPA“可能符合司法利益”，并且DPA的相关条款是公平、合理和相称的，法官在此环节既可以修改DPA的条款，也可以拒绝接受所提议的DPA；（2）在随后举行的最终庭审中，检察官需要申请刑事法院的法官宣布DPA符合司法的利益，DPA的条款是公平、合理和相称的。一旦协议得到批准，法院应当以公开听证会的方式公布DPA的全部内容。[1]

从2014年《犯罪与法院法》生效以来，截至2018年12月，英国检察机关一共与四家企业成功达成了暂缓起诉协议。这些企业分别是：渣打银行（2015年），一家匿名公司（2016年），劳斯莱斯（2017年），特易购（2017年）。作为协议的主要内容，上述四家公司共向英国政府支付罚款6.7亿英镑。2018年11月30日，英国反严重欺诈办公室宣布，英国首个暂缓起诉协议正式终止，涉案企业渣打银行已经完全遵守协议条款，被最终撤销起诉。

2015年11月30日，英国反欺诈办公室与渣打银行达成的暂缓起诉协议正式生效。此前，检察官曾向法院提起诉讼，指控渣打银行违反2010年《反贿赂法》第7条，未能防止公司员工发生在坦桑尼亚的商业贿赂行为。英国反欺诈办公室与该公司达成了以下协议：（1）渣打银行必须与调查机构进行充分而诚实的合作，包括披露有关个人活动的信息和材料；（2）向坦桑尼亚政府提供600万美元的经济赔偿并支付相关利息；（3）所获取的840万美元利润将由SFO予以没收并转交英国财政部；（4）调查机构对渣打银行罚款1680万美元并转交英国财政部；（5）重建公司合规计划；（6）渣打银行将向反欺诈办公室支付3.3亿英镑的费用。对于上述协议所确立的义务，渣打银行在2017年8月之前，全都履行完毕，这种履行协议的情况得到了英国反欺诈办公室的肯定。经法院批准，英国反欺诈办公室撤销了对该银行的起诉。[2]

---

〔1〕 See *The Mechanics of Deferred Prosecution Agreements in the UK*,（August 7, 2019）, https: //www.gov.uk/speeches.

〔2〕 See *SFO Agrees First UK DPA with Standard Bank*,（August 7, 2019）, https: //SFO/News-Release/SFO-Agrees-first-UK-DPA-with-Standard-Bank.

（三）司法审查模式（之二）

在英国模式的影响下，加拿大、澳大利亚和新加坡也接受了这种暂缓起诉协议的司法审查模式。法国所确立的CJIP制度，包含检察机关与涉案公司达成和解协议的因素，并将该协议严格控制在法院的司法审查轨道之内，因此，我们也将其视为法国式的暂缓起诉协议制度，并将其归入“司法审查模式”。

例如，加拿大检察机关可以与涉案企业达成一项暂缓起诉协议，也就是在设定的考验期内，涉案企业只要按照协议所约定的要求履行了诸如罚款、赔偿和建立或健全合规计划等义务，检察机关在考验期满后将放弃对该企业的刑事指控。与英国相似，加拿大的DPA制度也仅适用于公司，而不适用于自然人；检察官经过与涉案企业进行商谈，达成暂缓起诉协议后，应将该协议提交法院加以审查；法官在对协议的合法性进行审查的过程中，要确保该项协议的公平、合理和相称；法院一旦批准，该协议还要被公之于众，以确保DPA的透明性和公开性。

与英国同行相似，加拿大检察官是否签署暂缓起诉协议，以及在该项协议中确立何种条款，也要考虑以下因素：一是涉案企业是否就其不法行为作出过报告和承认；二是企业是否与政府保持了合作；三是企业是否表现出对其商业行为和企业文化加以改革的真诚意愿；四是涉嫌犯罪的性质和严重程度；五是责任程度（如高级管理层是否纵容了不当行为）；六是公司是否加强或采用了合规计划；七是定罪是否对无辜的第三方造成重大的负面影响。[1]

又如，在澳大利亚，DPA是检察官与涉嫌犯罪的公司自愿达成的一种协议，后者可以通过履行特定的义务，如向受害者赔偿、支付罚款、建立合规计划等换取检察官撤销起诉。与英国的暂缓起诉协议非常相似，澳大利亚的DPA也只是适用于公司，而不适用于自然人；DPA仅适用于那些较为严重的公司犯罪，如贿赂、欺诈、内幕交易以及其他涉及市场交易的不法行为；DPA的条款由检察官与涉案公司通

---

〔1〕 See *Features of Canada's New DPA Scheme*,（August 24, 2019）, https://www.mondaq.com>canada>crime.

过协商加以确定，一般包括涉案企业缴纳罚款、赔偿受害者、实施合规计划等；法官对DPA的条款负有审查职责，会考虑这些条款是否符合司法公正的原则，是否公平、合理和相称；DPA一旦得到法官的批准，即应公之于众；DPA得到批准后，检察官要承诺对遵守协议的被告公司在考验期结束后，不再提起刑事诉讼。

根据澳大利亚法律，一份完整的暂缓起诉协议通常包括以下内容：第一，DPA会对涉案公司实施的所有违法行为都列出事实陈述，但并不强制要求其承认检察官指控的罪行。第二，DPA会向涉案公司提出遵守协议的要求。必要时，检察官可以指派专门的监督员监督公司对协议的遵守。第三，DPA会列出涉案公司需要支付的罚款额度。检察官会根据公司的合作情况、定罪所带来的刑事处罚的严重程度以及所获取的收益等因素确定罚款的额度。第四，DPA会列明涉案公司违反协议的各种情形以及相应的后果。第五，对于针对公司员工的调查和起诉，公司有义务加以配合和支持。第六，DPA 会确立公司加强合规计划或者实施补救措施的义务。第七，DPA也可以规定涉案公司支付检察官因达成协议所产生的费用、未遵守DPA条款所产生的后果以及向受害者所支付的赔偿金等。[1]

再如，与英国模式相似，新加坡的暂缓起诉协议也是检察官与涉嫌贿赂、洗钱等经济犯罪的公司所达成的附条件的延期起诉协议，根据这一协议，涉案公司承诺遵守特定的义务，如实施合规计划，加强内部政策，设立合规监督员，对针对员工的调查和起诉进行合作，补偿受害者，缴纳罚款，等等。假如公司未能履行DPA所确立的义务，检察官可以重新对该公司提起公诉。对于涉案公司而言，选择DPA意味着避免被法院定罪的后果，避免因此定罪所带来的利益损失和声誉损失，受到较之刑事处罚更为轻微的惩罚。

检察官在与涉案公司达成暂缓起诉协议后，需要将协议提交新加坡高等法院加以审查。该法院必须确信该协议符合司法公正的原则，其条款是“公平、合理和相称的”，才会批准该项协议；在协议得

---

〔1〕 See *How Might a Deferred Prosecution Agreement Scheme Work in Australia?* , (August 24, 2019), https://www.lexology.com>detail.

到批准后，检察机关需要将其公之于众；在DPA生效期间，检察机关对于DPA条款可以做出变更，但要取得新加坡高等法院的批准；假如检察机关认为被告公司在考验期之内没有遵守协议的条款，应向法院寻求救济，后者只有在对公司破坏协议的行为达到优势证据的情况下，才能批准检察机关的起诉请求。[1]

无论是加拿大、澳大利亚还是新加坡，都属于曾接受英国殖民统治多年的英联邦国家，也都实行普通法制度，对于暂缓起诉协议制度的接受并不存在制度和文化上的障碍。但是，作为大陆法国家的法国所确立的CJIP制度究竟与英国的DPA制度有何异同呢？

与英国和美国都不相同的是，法国法律对于检察官与涉案公司达成协议的内容作出了严格限制，赋予法官依据职权对这种和解协议进行实质审查的权力。

根据法国《萨宾第二法案》，检察机关签署暂缓起诉协议的条件是，企业需要交纳不超过过去3年平均年营业额30%的罚款，并且同意在AFA监控下，在第三方独立专家的协助下，在3年之内建立或完善合规制度。在那些有明确被害人的案件中，企业还需要在1年之内按照约定方式赔偿被害人的损失。

在与企业达成上述协议后，检察机关将协议文本提交法院，法院经过听证程序加以确认之后，和解协议正式生效。在经过不超过3年的考验期之后，经过审核企业履行了协议所确定的各项义务的情况，检察机关认为涉案企业履行了各项义务的，将向法院提出申请，放弃对该企业的公诉程序。而假如企业没有遵守协议所确立的义务，检察机关可以向法院汇报，由法院决定是否恢复公诉程序。

与美国和英国的暂缓起诉协议相比，法国的这种"基于公共利益的司法协议"具有以下几个方面的特点：一是涉案公司不需要承担认罪的义务，但需要承认检察机关提供的"事实陈述"及其法律意义，也就是承认这些事实构成公司被指控的罪行。但这种承认并不等于有罪供述，也不会产生任何犯罪记录。二是检察机关与公司签订这类

〔1〕 See Wilson Ang and others, *Deferred Prosecution Agreements in Singapore-Five Things You Should Know*,(August 24, 2019), https://www.regulationtomorrow.com.

协议，而不与任何自然人达成协议。三是这类协议只适用于特定的违法行为，包括腐败、洗钱等行为。四是协议通常包括涉案公司的各项义务，包括支付罚款，向受害者支付赔偿金，在反腐败局监督下实施或加强企业合规计划。[1]

在接受法院的司法审查方面，法国的CJIP与英国的DPA更为类似，赋予法官对检察官所提交的协议进行全面审查和持续监控的权力。检察机关向法院提交该项协议后，由法官审查后予以批准，批准后，协议文本应在相关网站上予以公布。法官对该项协议的审查主要集中在以下方面：是否有适用暂缓起诉协议的必要性；程序是否得到适当的执行；所提出的制裁性措施是否在法律所容许的范围之内；处罚措施是否与不法行为所带来的收益成比例。除此之外，法院对于检察机关提交的协议只能予以接受或者予以拒绝，不能对其条款加以修改；法官在协议被批准后也不承担监督职能，也没有对协议是否被违反作出评估的权力。

2017年11月27日，法国负责起诉严重金融犯罪案件的金融检察官办公室，与涉嫌洗钱犯罪的汇丰银行瑞士支行达成了第一项和解协议。该项协议得到了巴黎高等法院的批准。经涉案银行确认，检察机关指控的事实陈述是，该银行的一位前雇员从银行窃取了一些客户资料并将这些资料提交给法国当局。资料显示，多位法国客户向法国税务机关隐瞒了自己的真实收入和资产，存在逃税行为。而银行则涉嫌实施洗钱以及其他非从事银行业务的行为。在此后的调查过程中，汇丰银行对其银行机构和业务程序作出了全面改革，在防范法律风险方面作出了积极努力。

经过长达6个月的协商，金融检察官办公室宣布了经巴黎高等法院批准的和解协议。根据这一协议，汇丰银行瑞士支行同意支付总额达3亿欧元的罚款和赔偿，其中1.42亿欧元属于对法国的赔偿金，8600万欧元属于对涉案银行利润的没收金，7200万欧元属于对涉案银行的罚款。后两项没收款项没有超过汇丰银行瑞士支行前3年平均收入的

---

〔1〕 See *The French Prosecutor Office Has Entered Into the First French DPA in History With HSBC Private Bank Suisse*,(August 24, 2019), https://www.kramerlevin.com.

30%。但赔偿金不受此额度的限制。[1]

值得注意的是，检察机关与汇丰银行签订的和解协议并没有包括银行建立或加强合规计划的内容。这主要是因为在达成该项协议之前的数年时间里，汇丰银行作为一家总部在英国的跨国银行，已经针对瑞士支行在信贷管理上的违规情况，加强了在反洗钱和税务合规方面的机制，对于防范合规风险作出了一些积极努力。

综上所述，无论是加拿大、澳大利亚、新加坡，还是法国，基本上是仿效英国模式，确立了一种暂缓起诉协议的司法审查模式。检察官在与涉嫌经济犯罪的企业达成初步的和解协议之后，会将协议文本提交法院审查；法院经过听证审查，认为协议的内容符合司法的利益，满足了公平性、合理性和适当性等方面的要求，就可以批准该项协议；检察官必须将协议文本和内容向社会予以公开；在该项协议履行过程中，遇有涉案企业违反协议条款的情形，检察官应提请法官进行审核，法官有权决定终止该项协议，允许检察官对企业提起公诉，案件由此进入法庭审判程序；在约定考验期结束后，法官有权对协议履行情况进行全面审核，并最终批准案件终止诉讼，或者允许检察官提起公诉。一言以蔽之，尽管检察官在和解协议的达成、履行和监控方面仍然享有较大的自由裁量权，但法官对这种裁量权进行了很大程度的限制和约束。

三、暂缓起诉协议与企业合规的关系

暂缓起诉协议制度发端于美国，目前同时被适用于涉嫌轻微犯罪的自然人以及涉嫌经济犯罪的企业。对于涉嫌犯罪的自然人而言，暂缓起诉协议无非是检察官根据被告人改过自新的意愿所签署的一种附条件不起诉协议而已，与企业合规没有任何关系。但对于那些涉嫌商事犯罪的企业而言，暂缓起诉协议已经与企业建立合规计划具有

---

〔1〕 See *The French Prosecutor Office Has Entered Into the First French DPA in History With HSBC Private Bank Suisse*,（August 24, 2019）, https://www.kramerlevin.com.

极为密切的联系。特别是在美国，20世纪90年代对企业适用暂缓起诉协议的案件还并不多见，直到21世纪初期，随着安然案件、世通案件以及安达信案件的发生，联邦检察官尽管对这些企业提起公诉并达到了对其定罪的结果，但也造成了诸如企业破产、员工失业、经济和金融遭遇严重动荡等方面的后果。自此以后，美国联邦司法部才开始大规模适用暂缓起诉协议，并在几乎每一个达成和解协议的案件中，将企业合规机制融入审前转处协议之中。而自2014年以来，英国、法国在确立暂缓起诉协议制度的同时，也将企业合规机制吸收进来，使企业完善合规计划成为和解协议的重要内容，也成为检察机关最终不起诉的前提条件。直至2018年以后，加拿大、澳大利亚和新加坡在仿效英国确立暂缓起诉协议制度时，也无一例外地将企业合规机制引入这种协议。

尽管上述各国对于暂缓起诉协议吸纳企业合规机制的方式和程度存在一定的差异，但大体来说，企业合规机制的构建都已经成为暂缓起诉协议的有机组成部分。具体而言，在这些国家，企业合规与暂缓起诉协议存在三个方面的关系：一是涉案企业建立合规计划，是检察机关与其达成暂缓起诉协议的前提条件之一；二是在暂缓起诉协议中，企业通常都要承诺完善合规计划，也就是提出全面重建合规管理体系的具体方案；三是在考验期内，检察机关会对企业重建合规计划的进展情况进行持续不断地监控，包括派驻独立的合规监督员进行持续不断地监督，或者由企业自行定期提交合规进展报告。下面依次进行简要分析。

（一）作为签署暂缓起诉协议之前提的合规计划

无论是在美国还在英国，对于涉嫌经济犯罪的企业，检察机关不仅要将该企业建立合规计划作为是否提起公诉的考量因素，而且在决定是否与其签署暂缓起诉协议时，也要考虑企业是否已经确立了合规计划。相对于从来没有建立合规计划的企业，那些已经初步建立合规计划的企业，与检察机关达成暂缓起诉协议的可能性要大得多。对于这些企业，暂缓起诉协议往往会包含一系列有关加强合规管理的条款，其目的在于确保合规计划的有效性。但对于一个从未有合规计划的企业，检察机关无法相信通过达成暂缓起诉协议，会促使其从无到有地建立起“有效的合规计划”。

根据美国《联邦检察官手册》，检察官在决定是否提起公诉，以及是否达成暂缓起诉协议或不起诉协议时，至少要考虑以下十个重要因素：一是犯罪的性质和严重程度；二是公司内部不法行为的普遍性；三是公司类似行为的前科，包括民事不法前科和犯罪前科；四是公司是否愿意协助调查其代表人；五是公司是否建立了合规计划；六是公司是否及时并自愿披露不法行为；七是公司是否采取补救措施，如解雇实施不法行为的员工并与政府机构进行合作；八是起诉可能引起的附带后果，包括对股东、员工等的影响；九是对公司采取民事或行政监管措施是否已经足以产生惩罚效果；十是对公司员工的起诉是否充分。

检察官在考量以上因素时享有较大的自由裁量权。通常情况下，从检察机关启动调查程序到达成暂缓起诉协议，都要经历时间不等的谈判期间。在此期间，涉案企业为促成和解协议的达成，通常会采取诸如披露违法信息、与调查部门展开合作、完善合规计划等方面的工作。这些工作的进展情况都会成为检察官决定是否签署暂缓起诉协议时需要考量的重要因素。大量的案例显示，检察官对于那些已经建立合规计划，与调查机构展开充分合作，但合规计划有待完善的涉案企业，更愿意通过签署暂缓起诉协议来督促其完善合规计划，以实现刑罚的惩罚、威慑和矫正功能。〔1〕

例如，2018年11月18日，美国司法部和纽约南区检察官办公室与法国兴业银行达成一项暂缓起诉协议，兴业银行同意向美国政府和纽约州政府支付8.8亿美元的刑事罚款，以换取联邦和州检察机关在约定的三年考验期内不对其涉嫌共谋犯罪提起公诉。根据该暂缓起诉协议所附的“事实陈述”，该项协议的达成充分考虑了兴业银行与调查机构的实质性合作和完善合规计划的情况。在调查机构启动调查程序后，兴业银行除了就其违法行为作出信息披露，还进行了广泛而

〔1〕 参见郭林将：《论暂缓起诉在美国公司犯罪中的运用》，载《中国刑事法杂志》2010年第7期。

彻底的交易审查，与政府签订了罚款和延期罚款协议，向调查机构提供了大量书面材料和调查结果，回答了调查机构的问题，安排有关员工接受各种面谈。不仅如此，兴业银行在调查开始之前，就终止了违法行为，对其遵守制裁法方面的合规计划进行了重大改进。从2009年到2017年，该银行增设中央制裁法合规职能部门，将其员工增加到31名，而且将其全球合规部员工从169名增加到785名；对其合规IT进行了改进，总体合规预算从2010年的5380万欧元，增加到2016年的1.86亿欧元；针对遵守制裁法的问题，兴业银行发布了有关遵守制裁法的合规政策，建立了对参与违反制裁法业务的员工辞退政策，就制裁法合规政策进行了员工培训。[1]

而在英国，根据反严重欺诈办公室和皇家检察署公布的DPA守则，检察官在考虑是否对涉案企业适用DPA时，要进行证据检验和公共利益检验。涉案企业是否建立合规计划，被视为公共利益检验的重要考量因素。为确定签署暂缓起诉协议是否更符合公共利益，检察官通常要考虑企业所犯罪行的严重性，同时也要考虑以下四个因素：一是企业类似不法行为的历史；二是企业在违规之前、期间和之后的合规计划；三是企业什么时间披露其不法行为以及所提供的信息的准确性和完整性；四是企业配合刑事调查的情况。与此同时，在对检察官提交的暂缓起诉协议进行司法审查时，法官同样要对包括企业建立合规计划等因素进行考量，以便确认批准暂缓起诉协议更符合司法的利益。

（二）作为协议重要内容的合规计划

无论是暂缓起诉协议制度发源地美国，还是后来确立这一制度的英国、法国等国，几乎无一例外地将涉案企业完善合规计划作为这一协议的主要内容。一方面，为达成这种附条件的延期起诉协议，检察官通常要求涉案企业在缴纳高额罚款的基础上，作出完善合规计划的承诺，接受改进合规计划的持续审查，并且作出与调查机构进行全

〔1〕 See USA v. S.G.S.A.,（August 24, 2019）, https://www.justice.gov/usao-sdny/press-release/file/1112461/download.

面合作的承诺。另一方面，为避免受到更严厉的处罚，防止遭受更严重的损失，涉案企业也会承诺在原有披露违法信息、配合监管调查、完善合规计划等项工作的前提下，进一步努力改进合规管理体系，以便堵塞合规体系的漏洞，防范、识别和有效监控可能的合规风险，有效地惩处违法违规责任人，最大限度地减少再次出现违法行为的可能性。在一定程度上，所谓的暂缓起诉协议，其实主要是指检察机关与涉案企业在完善、改进企业合规管理体系方面所达成的妥协方案而已。

对于暂缓起诉协议所确立的重建合规计划的条款，任何国家都不会提出千篇一律的要求，而会针对个案中企业涉嫌违规的情况以及特定高风险领域确定具体的合规改进条款。在这方面，美国、英国、法国等国都发布了有效合规计划的最低标准。美国联邦司法部几乎每年都会为检察官确立有效合规计划的规范指引。可以说，在督促企业重建合规计划方面，各国检察机关既要遵循最低限度的有效合规计划要求，又享有一定的自由裁量权，做到了原则性和灵活性的有机结合。

例如，2019年美国联邦司法部与Lumber Liquidators公司达成的暂缓起诉协议，要求被告公司从加强内部控制、政策和程序方面，改进或者重建其合规计划，以确保公司具有有效的内部会计控制系统以及严格的反欺诈合规计划。不仅如此，该项协议还专门将重建企业合规计划的部分作为独立的附件，从高层承诺、政策与程序、定期风险审核、适当监督、培训和指南、内部报告和调查、纪律惩戒、第三方关系、兼并与收购、监控与测试等方面，全面提出了被告公司重建合规体系的要求。[1]

又如，在经过长达四年的反贿赂调查之后，英国反严重欺诈办公室与劳斯莱斯公司2017年达成的暂缓起诉协议，获得了高等法院王座法庭的批准。根据这项涉及高达近5亿英镑罚款的协议，被告公司须继续委托Gold爵士领导的团队对其反贿赂和腐败合规情况展开独

〔1〕 See USA v. Lumber Liquidators Holdings, Inc.,（August 10, 2019）, https://www.justice.gov/opa/press-release/file/1143011/download.

立审查，在已经完成的两份中期报告的基础上，完成第三份有关重建合规计划的独立报告。在第三份报告完成后，被告公司需要制订一份书面计划，以便对前两份报告就完善合规计划所提出的建议加以落实和实施。同时，建议第三份报告对以下四个领域的合规风险作出重点分析：一是被告公司以现金、信贷或其他方式向客户提供“特许权”的问题；二是被告公司合规员工的地理分布、数量和专业能力问题；三是为防控合规风险而展开合规培训问题；四是劳斯莱斯动力系统的有效反腐败政策、程序和控制问题。[1]

（三）对企业完善合规计划的持续监控

在美国、英国、法国的暂缓起诉协议制度中，检察机关除了要求涉案企业在约定的考验期之内，作出改进合规计划的承诺以外，还要求企业聘请独立的合规监督员，随时监督和审查涉案企业遵守协议、改变经营方式以及制定或完善合规机制的情况，并向执法机关或监管机构作出定期汇报。这种合规监督员制度对于企业针对合规风险重建合规计划起到了持续监控的作用，是企业防止再次出现违法违规情况的重要制度保证。可以说，在暂缓起诉协议制度的实施过程中，没有合规监督员持续有效的监控，所谓重建合规计划的承诺将无法得到落实。

在美国，这种合规监督员一般由从事过检察官、法官或证券管理工作的人来担任，首先由涉案企业提出若干名人选，最终由检察机关确定，但要由企业支付工作薪酬。在实践中，那些曾经在美国司法部工作过的前任检察官被委任为合规监督员的比例非常高。在英、法等国，合规监督员也可以由一名德高望重的法律界、财经界或者其他领域的专业人士来担任。

合规监督员一旦得到任命，就要对涉案企业违法违规情况、主要合规风险领域、合规计划的缺陷、第三方监控体系等进行全面审查，提出改进合规管理体系的建议。涉案企业在接到合规监督员的审查

---

〔1〕 See Deferred Prosecution Agreement-SFO v. Rolls Royce PLC,（August 10, 2019）, https://www.sfo.gov.uk/case/rolls-royce-plc.

和建议之后，应有针对性地进行整改和调整，除按照建议调整公司董事会成员、撤换高级管理层、增加合规管理人员等之外，还要按照有效合规计划的要求，从制定员工手册、建立合规风险防范体系、监控体系和应对体系等角度，全面重建企业的合规管理体系。对于企业整改和重建合规计划的情况，合规监督员要向检察机关提交定期报告。通常情况下，合规监督员要向检察机关提交季度报告，最迟每半年提交一份报告。不仅如此，在整个考验期内，合规监督员还可以从防范合规风险的角度，对企业日常经营活动、重大公司决策乃至公司人事安排提出建议。

例如，在2015年美国司法部与Louis Berger International公司达成的暂缓起诉协议中，公司被要求在3年考验期内接受一名协议双方都认可的合规监督员。在协议生效后的30日内，公司应提交3个监督员候选人的名单，司法部从中自主选任一位，担任正式的合规监督员。合规监督员必须具有以下资格：具备FCPA及其他反腐败法律方面的专业知识和能力；具备设计或审查企业合规政策、程序和内部控制体系方面的经验（包括在FCPA和反腐败政策、程序和内部控制方面）；具备为履行监督员职责而获取和使用相关资源的能力；具备为有效而公正地履行监督员职责所需要的充分独立性。合规监督员的首要职责是评估和监督被告公司遵守协议条款的情况，包括执行协议所确立的重建合规计划的义务，以便处理和降低任何违法行为再次发生的危险。为有效地履行合规监督职责，合规监督员有权就公司遵守反腐败法律的有效性进行初步审查（initial review），提交初步报告（initial report），然后进行后续审查（follow up review），并向检察官办公室提交后续报告（follow up report）；合规监督员有权就公司相关腐败行为以及虚假报表和记录行为向公司高层披露，并有义务就其中的违法行为向美国司法部进行报告；合规监督员应在提交报告后与美国司法部官员进行会面，就报告中的具体情况进行讨论。[1]

又如，2014年，英国反严重欺诈办公室与Standard Bank PLC达成

---

〔1〕 See USA v.Louis Berger International, Inc.,（August 12, 2019）, https://www.justice.gov/criminal-fraud/file/642061/download.

了英国历史上第一起暂缓起诉协议。根据这份协议，被告公司在考验期内须与SFO和其他调查机构进行充分和诚实的合作。在此基础上，被告公司须委托PWC公司就该银行的内部反贿赂和反腐败合规程序进行审查，并接受SFO确定的审查范围和程度。在审查完成后，被告银行须接受相关的合规重建建议，并在审查完成后12个月内按照建议采取行动。PWC公司须向SFO提交定期报告，以验证被告银行改进合规计划的进展情况。[1]

当然，检察机关并不是在每起案件中都委任合规监督员。自2016年以来，美国司法部实施了一种针对企业主动披露违规情况的合规奖励制度。[2]根据这一制度，在接受检察机关以及其他监管部门调查期间，假如涉案企业主动进行自我披露，就调查机构没有发现的违法行为和违规责任人进行主动报告的，检察机关在与其达成的暂缓起诉协议或不起诉协议中，可以不再提出强行派驻合规监督员的要求。取而代之的是企业承担定期报告的义务。美国检察机关在近年来达成的暂缓起诉协议中，逐步开始适用企业合规报告制度（corporate compliance reporting），也就是要求企业在考验期内，每年向检察机关或其他监管部门就其完善和执行合规计划的情况提交一份报告。一些暂缓起诉协议的文本，在载明完善合规计划和定期提交合规报告的条款之外，还会附上完善合规计划的详细方案以及有关提交年度报告的要求。

例如，在2018年美国司法部与Transport Logistics International 公司达成的暂缓起诉协议中，被告公司作出了全面完善企业合规计划的承诺，同时还就其完善反海外腐败合规计划的进展情况承担每年至少一次的定期报告义务。根据相关条款，该公司签署协议后的一年以内，完成初步审查并提交初步报告，随后在剩余的两年考验期内完成两次审查并提交两份后续报告。所有审查和报告都要围绕改进反腐败合规计划，完善有关公司在执行FCPA等相关法律方面的内部控制、

---

〔1〕 See Serious Fraud Office v.Standard Bank PLC,(August 10, 2019), https://www.sfo.gov.uk/download.

〔2〕 参见陈瑞华：《企业合规制度的三个维度——比较法视野下的分析》，载《比较法研究》2019年第3期。

政策和程序等问题而展开。[1]

四、暂缓起诉协议制度的理论基础

有研究者基于对美国审前转处协议制度的研究和观察，认为美国之所以对企业适用审前转处协议制度，主要是为了避免刑罚的水漾效应，也就是避免因惩罚罪犯（公司）而可能对其他人（与犯罪行为无关，但与罪犯存在某种社会关系的第三人）带来的不利影响。因为正是2001年前后随着美国安然案件、世通案件和安达信案件的发生，检察机关对这些企业提起公诉带来的企业破产、员工失业的严重教训，才促使美国司法部转变起诉政策，利用检察官的起诉威慑功能换取涉案企业内部的公司治理。通过适用包括暂缓起诉协议在内的审前转处协议制度，美国司法部期望避免损害公司的投资者、雇员、养老金领取者、客户等无辜第三人的利益，避免刑罚的水漾效应。[2]

的确，在诸多讨论美国审前转处协议的文献中，都提到了安然案件和安达信案件，并认为这些案件的发生与暂缓起诉协议在企业犯罪案件中的广泛运用具有一定的联系。笔者也基本赞同"对涉案企业适用暂缓起诉协议是为了避免刑罚的水漾效应"这一判断。但是，即便在美国，仅仅从这一角度对审前转处协议制度的正当性作出解读，似乎仍嫌过于简单。这是因为假如检察机关签署暂缓起诉协议仅仅是为了避免对涉案企业提起公诉，那么，为什么还要求企业缴纳近乎天文数字的罚款？为什么要企业作出配合调查尤其是主动披露违法行为和违法人员的承诺？为什么要企业重建合规计划，甚至委任合规监督员全程监控合规进程？仅仅从避免刑罚的水漾效应这一点，是难以得到解释的。况且，无论是英国、法国还是加拿大、澳大利

〔1〕 See *Transport Logistics International Inc.Agree to Pay $2 Million Penalty to Resolve Foreign Bribery Case*,（August 12, 2019）, https://www.justice.gov/opa/press-release/file/1043241/download.

〔2〕 参见叶良芳：《美国法人审前转处协议制度的发展》，载《中国刑事法杂志》2014年第3期。

亚、新加坡等国家，只是确立了暂缓起诉协议制度，对其适用范围、适用方式和适用程序作出了严格限制，确立了有别于美国的司法审查模式。从比较法的角度来看，如此多的国家采纳暂缓起诉协议制度，并将其作为处理公司犯罪案件的刑罚替代方式，肯定有其内在和外在的原因。

从本质上看，暂缓起诉协议属于检察机关与涉案企业基于平等协商和自愿选择所签署的一份"合同"或"契约"。既然是合同或契约，那么，缔约方一般都会经过理性的利害关系考量，为追求利益的最大化、达到损失的最小化而选择双方都能接受的协议条款。因此，与辩诉交易一样，暂缓起诉协议也要符合基本的"利益兼得原理"。与此同时，仅仅基于利害关系的考量并不足以解释任何制度改革的正当性，这里往往还存在更为深层的动因，使得诸如公共利益、司法公正等方面的因素被考虑在内。英国与其他一些英联邦国家都强调暂缓起诉协议要接受法院的司法审查，使其"符合司法的利益"，并且要满足"公平"、"合理"和"适当"等要求，就有这方面的考虑。鉴于此，我们拟从三个方面对暂缓起诉协议的正当性作出理论上的解释。

（一）利益兼得原理

很多人对暂缓起诉协议制度提出的主要非议是，它赋予检察机关较大的自由裁量权，使其替代法院成为企业涉嫌犯罪案件的实际裁决者；它剥夺了涉案企业的正当法律程序保障，诸如律师对客户的作证豁免特权、获得法庭公正审判的权利、申请非法证据排除的权利等，都难以得到实现。尤其是，一旦涉案企业接受了暂缓起诉协议，就要承认检察机关指控的犯罪事实，而这种承认在检察机关恢复对其提起诉讼时有可能作为指控证据使用。这就造成涉案企业一旦选择暂缓起诉协议，就几乎不可能再获得无罪裁判的机会。

其实，对暂缓起诉协议的上述批评，与当年对辩诉交易的批评具有相似之处。但是，辩诉交易制度符合"利益兼得原理"，能够满足各个方面的利益，这种功利主义的基础使其长期成为美国处理大多数刑事案件的程序。同样，即便面临上述多方面的批评，暂缓起诉协议制度也能够满足整个社会、检察机关和涉案企业的利益，最大限度地避免了负面的社会效果，因此具有广泛的社会现实基础。

检察机关通过与涉案企业达成暂缓起诉协议，使绝大多数涉嫌犯罪的企业最终避免了被提起公诉的结局，摆脱了被法院定罪的命运并避免承受诸多方面的附带结局，防止因企业破产而出现员工失业、投资人或股东血本无归、养老金领取者老无所依、客户以及其他无辜第三人付出沉重代价等一系列后果，避免因经济动荡或金融危机而影响政府的管理秩序。这种对刑罚水漾效应的避免，显然是各国检察机关所追求的政治收益。毕竟，无论是美国的司法部，还是英国反严重欺诈办公室以及其他国家的检察机关，在决定是否对企业提起公诉方面，都要考虑公共利益的需要，也不可能离开对政治因素的考量。而选择与企业签署暂缓起诉协议，在很大程度上确有避免企业破产、防止员工失业、预防经济滑坡等政治方面的考量。

除此之外，检察机关还会基于提高诉讼效益的考虑，通过适用暂缓起诉协议，避免冗长烦琐的司法程序，避免法庭审判的不确定性，减轻检察官在公司犯罪案件中承担极为沉重的调查责任和举证负担，从而最大限度地提高执法效率和增强执法力度。

经验表明，将涉案公司起诉到法院，使其接受法庭审判，不仅存在耗时费力、案件久拖不决的问题，而且也难以保证检察机关获得确定的胜诉结局。一方面，因为公司犯罪大都属于专业性极强的经济违法行为，发生在公司运营过程之中，能见度较低，检察官很难收集到足以达到排除合理怀疑的指控证据。另一方面，涉案公司一般都拥有雄厚的财力，会聘请经验极其丰富的律师为其提供帮助，检察官无论是在调查取证还是在提起公诉方面，都将面临专业律师强有力的“抵制”，后者要么对公诉方证据的合法性提出质疑，要么对案件是否达到定罪标准发难，这就大大增加了对企业定罪的难度。

而随着公司犯罪案件的迅猛增加，各国检察机关对诸如商业贿赂、不正当竞争、违反出口管制、洗钱、侵犯个人信息、商业欺诈等公司犯罪案件加大执法力度，法院面临着日趋严重的案件积压、诉讼拖延的问题。这种“不堪重负”的司法系统势必造成检察机关要经历很长时间才能将涉案公司绳之以法。美国学者的实证研究表明，很多公司犯罪案件从案件发生到生效判决产生，动辄持续7年乃至更长的时间。检察机关将大量时间、财力和人力投入部分案件的诉讼过程之中，而无力对其他涉及经济犯罪的公司展开调查和起诉，从而导致不同程度的执法不力问题。

暂缓起诉协议的广泛采用，使检察机关摆脱了上述困境，公司犯罪案件的执法效率和执法力度得到了显著的提高。首先，暂缓起诉协议的签署建立在公司承认指控犯罪事实的前提下，公司对检察机关的调查和起诉可以提供多方面的配合和支持。涉案企业不仅全面配合检察机关和监管部门的调查，积极提供证据，接受调查取证，督促员工接受问询，对公司违法事实以及实施违法行为的员工进行自我披露，而且还像自愿认罪的自然人那样，放弃包括申请排除非法证据、申请行使律师保密特权在内的正当程序保障，这就大大节省了检察机关的时间和财力，大大减少了检察官在调查取证和提起公诉方面的阻碍。其次，暂缓起诉协议的签署还意味着检察机关可以获得相对稳定的有利结局，无论是在考验期之内督促企业履行协议所确定的配合调查、重建合规计划、接受合规监管等项义务，还是在考验期结束后对公司遵守协议情况进行最终审核，都使检察机关占据了极大的主动性，在涉案企业履行义务方面起到了监控、审核和督促的作用。最后，实证研究也表明，大量适用暂缓起诉协议的案件，从公司案发到暂缓起诉协议所确定的考验期结束，一般都会经历4年左右的时间。当然，相对于那些进入正式法庭审判程序的案件，时间的节省还没有反映出问题的全貌。在这一段时间里，检察官可以借助公司自我披露和合规监督员的合规监控机制等，将自己从繁重的调查和公诉工作中解脱出来，可以同时办理其他公司涉嫌经济犯罪的案件，从而大大提高了执法的效率和执法的力度。〔1〕

那么，那些选择与检察机关达成和解协议的企业通过签署暂缓起诉协议，究竟可以获得哪些方面的收益呢？

从实质上看，企业一旦被定罪，带来的直接后果无非是遭受法院

---

〔1〕 See W.A.Kaal and Timothy A.Lacine, *The Effect of Deferred and Non-Prosecution Agreements on Corporate Governance*: *Evidence from 1993-2013*, 70 Bus.Law61 (2014–2015).

的罚金处罚。但是，无论是在美国、英国，还是在法国、加拿大、澳大利亚等国，法院一旦宣告企业有罪，往往会对其作出附带处罚，如剥夺与政府签订合同的资格，甚至吊销某种营业资格。这种由定罪所带来的“剥夺资格”处罚往往属于定罪的附带后果。例如，在2002年的安达信案件中，检察机关对其提起公诉的第二天，美国证交会就要求安达信在2002年8月31日起停止从事上市公司的审计业务，这等于迫使其关门歇业，相当于“被置于死地的死刑”。[1]以金融机构为例，这些企业之所以选择暂缓起诉协议，是为了避免遭受更大的损失或者付出更为严重的代价。这些损失和代价主要包括：一是失去业务执照。一旦被美国监管机构“暂停业务”或者“吊销执照”，那么，银行就会失去美国这个最重要的市场，在美国无法继续生存和经营，从而带来极为沉重的损失。二是失去市场、客户和员工。在很多案例中，这类案件即便被诉诸法院，但烦琐冗长的司法程序，也会使公司陷入讼累之中，导致市场、客户和员工大量流失。三是股价下跌。监管机构一旦放出不利信息，就会导致涉案企业股票价格大幅下跌，给企业带来重大损失。四是持续不断的恶意监管。假如不与监管机构达成和解协议，那么，涉案企业就有可能遭受恶意监管，被再次起诉的概率大大提高。

在此背景下，一旦遇有监管机构提起某种指控，特别是检察机关提出刑事指控，涉案企业通常都会与其进行闭门协商，寻求最“优惠”的罚款数额和最宽松的合规监管条件，以换取这些监管机构放弃向法院提起诉讼。在实践中，几乎所有达成起诉和解的案件，最终在考验期结束后，都以检察官放弃起诉而宣告结束。涉案企业在逃避了被定罪命运的同时，也避免了被剥夺与政府交易或者从事某种营业资格的结局。在“起诉公司相当于判其死刑”的制度背景下，选择暂缓起诉协议的企业，在很大程度上关系到企业的生死存亡，其所获得的收益显然是不可估量的。

---

〔1〕 参见叶良芳:《美国法人审前转处协议制度的发展》，载《中国刑事法杂志》2014年第3期。

(二)刑罚功能的有效替代

暂缓起诉协议制度面临的一项批评是,检察机关将构成犯罪的企业不予起诉,以高额罚款替代刑事处罚,难以发挥刑罚所应发挥的报应和威慑功能,有放纵犯罪之嫌。确实,检察机关一旦与涉嫌犯罪的企业达成暂缓起诉协议,在经过若干年的考验期之后,几乎不再对其提起公诉。但是,检察机关对涉案企业实施的高额罚款,以及就其配合调查、完善合规计划等所施加的义务,尽管不具有刑事处罚的性质,却可以发挥不亚于刑事处罚的效用。这种对刑事处罚功能的有效替代,是暂缓起诉协议制度具有正当性的重要体现。

根据当代社会学上的结构功能主义原理,任何制度或结构的存在,都取决于它所发挥的功能和作用,结构与功能相互依存,达成一定的平衡状态。在特定结构存在缺陷的情况下,要建立一种取而代之的新结构,就应当使其发挥原有的功能。按照这一原理,检察机关对涉嫌犯罪的企业提起公诉,使其遭受定罪判刑,固然存在严重的缺陷,但要以暂缓起诉协议制度取而代之,还必须确保这一制度能够发挥刑罚所固有的功能。否则,单纯考虑避免企业被定罪这一因素,就有可能导致企业犯罪不仅得不到惩罚,反而会受到纵容,其他企业也会纷纷效仿,以至于无法维系基本的法律秩序。

暂缓起诉协议制度的运用,使检察机关通常会放弃对涉案企业的起诉,客观上避免了企业受到定罪判刑的后果。但这一制度的生命力在于,它只是避免企业以“罪犯”的名义接受刑事处罚,却使企业遭受了另一种形式的惩罚,通过一系列新的制度安排,迫使企业接受披露犯罪事实和犯罪人、重建合规计划、接受合规监控等补救措施,既有助于防止企业再次实施犯罪行为,也对其他企业起到足够的威慑效果。结果,暂缓起诉协议制度既使那些涉嫌犯罪的企业避免了受到刑事处罚的命运,又发挥了刑罚所固有的惩罚和威慑功能,甚至在惩罚和威慑功能的发挥方面还具有更为理想的效果。

1.暂缓起诉协议在发挥惩罚功能方面的效果

刑罚唯有充分发挥惩罚效果,才能体现其固有的报应功能。而要发挥这一效果,就应确保犯罪人受到与犯罪性质和严重程度相适应的刑事处罚。从企业犯罪所遭受的刑事处罚来看，各国刑法适用最为广泛的是罚金刑，但对所科处的罚金数额都有严格的法律限制。从达成辩诉交易或认罪协议的案件来看，这种罚金数额一方面要受到刑法的限制，另一方面还要适度地予以放宽。因此，无论是在美国、英国还是法国，对于自愿认罪并与检察机关达成认罪协议的企业，法院在定罪后所科处的罚金数额一般都是几十万美元或欧元，或者最多数百万美元或欧元。

但是，在适用暂缓起诉协议的案件中，检察机关享有较大的自由裁量权，与涉案企业通过协商来确定罚款数额而无须遵守刑法有关罚金数额的法律限制。这种"罚款"并不具有刑事罚金的性质，其实属于一种"和解金"，也就是涉案企业为接受和解协议所支付的"补偿金"，其中既包括单纯的惩罚性费用、没收的违法所得，也包括向被害方支付的赔偿金以及向监管部门、检察机关支付的调查费用。从美国近年来达成的暂缓起诉协议的情况来看，这种带有"和解金"性质的罚款动辄高达数千万美元或者欧元，甚至超过1亿美元或1亿欧元的案件已经极为常见了。例如，美国学者的一项研究表明，在1987~2011年，那些适用暂缓起诉协议的案件的罚款基准数额为1.89亿美元，适用不起诉协议的基准罚款数额为2.19亿美元，而同一时期适用辩诉交易的案件，法院罚金的基准数则为7570万美元。〔1〕又如，英国反严重欺诈办公室签署的4项暂缓起诉协议中，有两起案件的罚款额度都在1亿欧元以上，其中作为被告人的劳斯莱斯公司甚至需要向英国缴纳接近3亿英镑的罚款，向美国和巴西分别支付1.7亿美元和2550万美元的罚款。〔2〕再如，2016年法国法院对一家瑞士银行涉嫌洗钱犯罪的案件，批准了国家金融检察院与被告银行通过庭前认罪答辩程序所达成的认罪协议，对被告银行宣告有罪，并判处280万欧元的罚金。但2017年法国法院批准了国家金融检察院与另一家瑞士银行达成的暂

---

〔1〕 See Cindy R.Alexander and Mark A.Cohen, *The Evolution of Corporate Criminal Settlements: An Empirical Perspective on Non-Prosecution, Deferred Prosecution, and Plea Agreement*, 52 Am.Crim.L.Rev.537 (2015).

〔2〕 See *Approval of UK's fifth DPA concludes SFO investigation into Serco Companies*, (August 24, 2019), https://hsfnotes.com>2019/07/10.

缓起诉协议，被告银行需支付的罚款和赔偿金总额达到创纪录的3亿欧元。[1]

当然，法院一旦对企业定罪判刑，不仅会将企业认定为“罪犯”，对其科处罚金，还会带来一系列的附带后果，使其丧失某种与政府交易或从事特定经营的资格，这种直接后果和附带后果的结合，确实会使企业遭受极大的损失。但是，暂缓起诉协议的适用，却使企业承受近乎天文数字的罚款，这种动辄高达数千万元乃至上亿美元或欧元的罚款，对于任何企业来说，都属于极为沉重的负担。尤其是企业涉嫌实施的犯罪通常都属于牟利型犯罪行为，具有明显的获得不正当利益的性质，因此，这种高额罚款在很大程度上可以发挥“剥夺违法者违法所得之利益”的效果，甚至还会使涉案企业承受远远超出其违法所得的经济损失。

2.暂缓起诉协议的特殊威慑效果

刑事处罚的特殊威慑效果通常表现在犯罪人因受到严厉而及时的刑事处罚，承受高昂的代价和损失，从而失去了再次实施犯罪的动力和能力。而通过适用暂缓起诉协议，首先，涉案企业承认实施了检察机关所指控的犯罪事实，这相当于自然人对犯罪事实的“供认”，具有“认罪悔罪”的效果；其次，对于那些试图在经营中获得不当利益的企业而言，高额罚款本身就构成一种重大威慑，迫使其不再实施新的犯罪行为；再次，协议为企业所确立的配合调查、主动披露违法行为和违规人员、重建合规计划乃至接受全程合规监管的义务，迫使其清除导致再犯罪的因素，堵塞合规漏洞，有效预防、识别和应对可能的违规行为，减少了今后再次实施犯罪行为的可能性；最后，涉案企业一旦没有履行协议，检察机关将保留对其起诉的权力，并可以使用在考验期内调查取得的所有证据以及被告企业所作的陈述，这就使得“法院定罪几乎成为定局”，因此几乎没有企业在达成DPA后的考验期内重新实施犯罪的情况，而即使在检察机关放弃起诉后，企业再犯

〔1〕 See *First French DPA Ever Approved in France*,(August 24, 2019), https://www.allenovery.com>en-gb>pages.

新罪的可能性也变得微乎其微了。[1]

3.暂缓起诉协议的一般威慑效果

刑事处罚的一般威慑功能主要表现在，对犯罪人的严厉处罚使那些潜在的犯罪人认识到犯罪后遭受惩罚的必然性和严厉性，从而失去了实施犯罪的动力。暂缓起诉协议的适用，使涉案企业被处以近乎天文数字的高额罚款，这本身对那些潜在的可能实施以获取非法利益为目的的企业就足以发挥心理威慑效果。而在暂缓起诉协议达成后，特别是得到法院批准后，那些记录了起诉书、犯罪事实和企业认罪条款的协议文本，通常都会被通过法定途径公之于众。这种对协议文本的公开发布，无异于对企业犯罪行为进行了公开宣告和谴责，会程度不同地降低企业的信誉和社会评价，使得企业在经营业务、获得交易机会、增强竞争优势等方面受到负面的影响。不仅如此，涉案企业通过创建合规计划、接受全程合规监管，最终获得了检察机关撤销起诉的奖励，这在很大程度上可以促使其他企业加快建立有效合规计划的进度，争取获得合规激励机制的机会。暂缓起诉协议制度对于企业建立合规管理体系的推动作用，势必确保其他企业建章立制，预防、识别和应对违规行为的发生。这对于减少企业犯罪无疑是有益的。[2]

（三）检察官参与公司治理的助推器

暂缓起诉协议制度经常受到的另一种批评是，检察机关在涉案公司没有被法院定罪的情况下，却对其实施了像“犯罪人”一样的对待，违反无罪推定原则；检察机关作为行使刑事调查权和公诉权的国家机关，却行使着那种针对罪犯才能行使的“行为矫正权”，这显然属于一种越权。这种批评确实不无道理，但是，与传统的公诉制度相比，暂缓起诉协议制度使检察机关在企业没有被定罪的情况

---

〔1〕 See E.Illovsky, *Corporate Deferred Prosecution Agreements*, 21 Crim.Just.36（2006-2007）.

〔2〕 See F.Mazzacuva, *Justification and Purposes of Negotiated Justice for Corporate Offenders*: *Deferred and Non-Prosecution Agreements in the UK and US Systems of Criminal Justice*, The Journal of Criminal Law, June 1, 2014.

下，参与企业治理过程，实现了从追求惩罚、威慑效果向督促公司改变治理方式的重大转变，从而发挥一种针对公司犯罪行为的矫正功能。

首先，通过与检察机关达成暂缓起诉协议，涉案企业进行全方位的合作，在自愿承认犯罪事实的前提下，为检察机关以及其他监管部门的调查“大开绿灯”并对公司决策层、管理层、审计机构进行全面整顿，撤换那些负有责任的高层管理者。不仅如此，通过被动地或者主动地承担自我披露的义务，涉案企业不仅向检察机关提供新的违法事实，还将有关员工乃至高层管理人员的违法行为告知调查人员。这种对刑事调查和监管调查的全面配合，一方面意味着企业对过去的违法违规行为进行了“认罪悔过”，另一方面也导致所有对违法犯罪行为负有责任的自然人被及时有效地追究法律责任，实现了违法员工与企业的有效切割。这显然为检察机关和监管部门督促企业进行“脱胎换骨”地变革治理方式，奠定了基础。

其次，作为暂缓起诉协议的核心要求，检察机关责令涉案公司重建合规计划，全面评估公司的合规风险，督促企业重新组建合规组织体系，从事先防范、事中监控和事后应对等多个角度完善合规管理体系，切实有效地避免公司违法违规行为的发生。与此同时，在协议所确定的考验期内，检察机关还通过委任独立的合规监督员或者建立合规报告制度，对涉案企业重建合规计划的进展情况进行实时监控，使其接受定期审核，提交定期报告，必要时提出新的整改意见。由此，检察机关在企业重建合规治理体系方面发挥着监督者、审核者乃至裁判者等司法官的角色，使暂缓起诉协议发挥着通过改进公司治理结构来矫正原有违规经营方式的作用，有望在协议所确定的数年考验期之内，督促和引导企业逐步形成一种依法合规开展业务活动的机制，形成一种合规经营的企业文化。这种对涉案企业合规经营方式的全面塑造，是暂缓起诉协议制度所发挥的最显著功效。

最后，暂缓起诉协议制度的推行，促使企业在加强对内部员工和高层管理人员合规管理的同时，也加强了对投资并购相对方以及第三方的合规管理，在很大程度上避免后者出现违法犯罪行为。大量案例表明，公司在投资并购环节经常出现重大合规风险，公司在发展诸如供货商、经销商、代理商等第三方合规伙伴过程中比较容易出现违法违规行为。投资并购的相对方一旦出现违法违规行为，公司作为投资方或并购方，通常要承担“继承责任”，对前者的违法违规行为承担连带责任。而各类第三方合作伙伴一旦实施违法犯罪行为，也会导致公司承担相应的法律责任。而在暂缓起诉协议中，检察机关通常都会责令涉案企业完善针对投资并购领域和第三方合作伙伴的合规管理，除了评估第三方合规风险、全面展开合规尽职调查以外，还要对第三方合作伙伴的经营模式和交易方式提出整改方案，促使其建立依法依规经营的机制和文化。于是，在检察机关的督促下，涉案企业通过重建合规计划，就可以对为数众多的第三方合作伙伴的合规管理进行监控、督促和裁判，使合规管理体系产生了强烈的辐射效应。[1]

---

〔1〕 See M. Kochler, *Measuring the Impact of Non-Prosecution and Deferred Prosecution Agreements on Foreign Corrupt Practices Act Enforcement*, 49 U.C.D.L.Rev.497（2015–2016）.

第十三章
刑事诉讼的合规激励模式
——企业合规不起诉在我国的兴起

相对于传统的对抗性司法程序而言，那些建立在被追诉人自愿认罪基础上的诉讼程序具有“合作性司法”或“协商性司法”的性质。其中，认罪认罚程序具有“公力合作模式”的性质，刑事和解程序具有“私力合作模式”的属性，而企业合规不起诉程序也属于一种具有激励作用的“公力合作模式”。只不过，与认罪认罚从宽制度所具有的“认罪认罚激励”效果以及刑事和解制度所发挥的“赔偿激励”作用相比，合规不起诉制度则可以发挥“合规激励”的功能。

——题记

一、问题的提出

作为一种新型的公司治理方式，企业合规是一种以避免合规风险为导向，由企业建立的一套针对违法犯罪行为进行事先防范、事中监控和事后补救的内部监控机制。但是，企业仅仅建立纸面上的合规体系是没有实质意义的。这种管理体系要得到切实有效的实施，就必须有行政监管和刑事司法上的双重激励机制。对于那些涉嫌实施犯罪行为的企业，在刑事法中确立以合规换取宽大刑事处理的机制，是督促其实施有效合规计划的必要条件。其中，对于那些承诺建立或者完善合规管理体系的涉案企业，检察机关直接作出不起诉的决定，或者设置考验期，根据涉案企业实施合规体系的效果决定是否对其提起公诉，被越来越多的国家确立为法定的刑事合规制度。迄今为止，美国确立了暂缓起诉协议和不起诉协议制度，英国、法国、澳大利亚、加拿大、新加坡等国，则仿效美国确立了暂缓起诉协议制度。

我国刑法确立了单位犯罪制度，但尚未确立刑事合规制度，没有将企业合规作为司法机关对涉案企业作出宽大刑事处理的法定依据。我国刑事诉讼法确立了相对不起诉制度和认罪认罚从宽制度，但还没有将企业承诺建立合规体系作为不起诉的依据。至于那种类似于西方国家暂缓起诉协议制度的附条件不起诉制度，目前也只能适用于那些涉嫌犯有轻微犯罪行为的未成年人，而无法适用于涉嫌经济犯罪的单位嫌疑人。可以说，无论是刑法还是刑事诉讼法，都还没有从实体处置和程序设计上确立企业合规的刑事激励机制。

但是，随着我国社会、政治、经济的发展和转型，加强对民营企业和民营企业家的特殊保护，避免因为办理刑事案件而"毁掉企业"或"影响经济发展"，已经成为我国司法机关普遍接受的刑事法理念。与此同时，检察机关作为国家法律监督机关，在行使逮捕、公诉和诉讼监督职能之外，还要更多地承担参与社会治理的职能，可以通过发出检察建议、慎用强制处分措施、扩大适用相对不起诉、提起公益诉讼等方式，参与解决诸多方面的社会治理难题，这也成为新时期检察体制改革的一项重要宗旨。其中，通过贯彻宽严相济的政策，在加强民营企业保护的同时，从制度设置、管理机制和监控方式上预防和消除民营企业实施犯罪的制度根源，成为检察机关参与社会治理的一种方式。

在这一背景下，一些地方的基层检察机关开始了合规不起诉制度的改革探索。所谓合规不起诉，是指检察机关对于那些涉嫌实施犯罪并作出认罪认罚的涉案企业，在其承诺或者实施有效合规管理体系的前提下，对其作出不起诉决定的制度。从性质上看，合规不起诉属于相对不起诉的一种类型，企业依据刑法构成犯罪，但接受检察机关的检察建议，承诺建立合规管理体系，或者企业与检察机关达成刑事合规监管协议，接受检察机关一定期限内的合规监管，定期向检察机关报告实施合规管理体系的进展情况，因此，检察机关对该企业作出了不起诉的宽大处理，使企业避免了定罪判刑的结局。从实际效果来看，通过对合规不起诉制度的实践探索，检察机关向涉案企业施加了不同程度的压力，并给予企业建立合规管理体系的明显激励，大大推动了涉案企业推进合规体系建设的动力。而那些涉嫌犯罪的企业为避免被定罪判刑，防止企业陷入经营困境，甚至出现无法上市或退市的结果，按照检察机关的要求建立合规计划，接受检察机关、行政监管部门或者被委派的合规监控人的监督指导。这属于检察机关从外部督促企业开展合规体系建设的改革尝试。

近年来，随着我国改革开放政策的深入推进，也随着国家"一带一路"倡议的实施，我国企业不断受到西方国家行政监管部门乃至刑事司法机关的调查和处罚，建立企业合规计划的压力也与日俱增。我国立法机关在一些行政法规中引入了企业合规制度，一些政府监管部门也开始发布企业合规管理的国家标准。在此背景下，一些研究者开始呼吁在经济法、行政法、刑法和刑事诉讼法中确立企业合规的法律激励机制。在刑事法领域，不少学者呼吁改革单位犯罪制度，将单位责任与员工责任、高管责任加以分离，确立以合规为依据进行企业无罪抗辩的机制，并将合规作为法定的量刑情节；〔1〕一些学者主张将企业合规引入认罪认罚从宽制度之中，检察机关对于认罪认罚的涉案企业提出宽大的量刑建议；〔2〕还有学者和司法界人士建议借鉴西方国家的暂缓起诉协议制度，迫使涉案企业通过承诺建立合规体系来换取检察机关的相对不起诉决定〔3〕……尤其是在制度构建方面，越来越多的刑法学者开始青睐刑事诉讼中的附条件不起诉制度，主张将这一制度的适用范围从原来的未成年人刑事案件扩大到企业犯罪案件，并将企业建立合规机制作为对涉案企业进行监督考察的内容以及不起诉的根据。〔4〕

可以说，在刑法和刑事诉讼法尚未确立合规激励机制的情况下，理论界和实务界对刑事合规制度的比较研究，以及从引入合规激励机制的角度进行的对策研究，都是具有积极意义的，对于推动刑事合规制度在我国的确立，对于我国检察机关开展合规不起诉改革探索，也都具有借鉴价值。但是，仅仅进行比较法层面的研究尚不足以推动我

〔1〕 参见时延安：《合规计划实施与单位的刑事归责》，载《法学杂志》2019年第9期。

〔2〕 参见李勇：《检察视角下中国刑事合规之构建》，载《国家检察官学院学报》2020年第4期。

〔3〕 参见霍敏：《探索企业犯罪司法治理新模式》，载《人民检察》2020年第12期。

〔4〕 《中国刑事法杂志》2020年第3期刊发了多篇论文，都提出了这方面的主张和建议。关于立法对策的观点，可参见杨帆：《企业合规中附条件不起诉立法研究》；欧阳本琪：《我国建立企业犯罪附条件不起诉制度的探讨》；时延安：《单位刑事案件的附条件不起诉与企业治理理论探讨》，均载于《中国刑事法杂志》2020年第3期。

国刑事合规制度的建立；仅仅从“应然”层面提出建立合规激励机制的改革设想，也显得主观性有余而科学性不足，以致忽略了本土制度构建的制约因素和制度环境。

如今，一些基层检察机关对于合规不起诉开始进行改革探索，不仅制定了谨慎可行的改革实施方案，而且针对本地情况将合规不起诉制度适用于民营企业涉嫌犯罪的案件之中。这为我们观察合规不起诉的改革探索情况提供了经验层面的样本。我们有必要运用社会科学的基本方法，观察这些规范文本和实际案例，分析改革探索的进展情况，评估改革实验的积极效果，发现改革探索中遇到的新问题，从中发现一些带有规律性的因素，提出新的法律理论。

本章试图对合规不起诉的改革探索情况进行一次初步的理论分析。根据合规被引入公诉制度的不同路径，笔者将实践中正在探索的合规不起诉分为“检察建议模式”和“附条件不起诉模式”，对这两种模式的优劣得失作出初步的评价。在此基础上，笔者将对合规不起诉改革的基本经验作出总结，概括出这一制度的积极效果。鉴于合规不起诉的改革探索刚刚起步，检察机关在此过程中遇到了多方面的制度难题，笔者对于这些主要制度难题以及可能的改革出路，将作出初步的分析和评论。初步来看，合规不起诉制度不仅属于检察机关参与社会治理的新方式，而且通过引入合规激励机制，对传统的犯罪预防理论和企业监管理论都会带来重大冲击，并蕴含着发展新的法律理论的契机。

二、合规不起诉的两种模式

检察机关在探索合规不起诉过程中，一般都面临着如何将刑事合规机制与现行法律制度加以衔接的问题。一方面，刑事合规机制要符合现行检察制度的要求，使之契合检察机关参与社会治理的法定职能。另一方面，刑事合规机制还要纳入现行刑事诉讼制度的框架，与强制措施、办案期限、认罪认罚从宽等制度发生有机的联系。基于这些方面的考虑，参与改革探索的检察机关创造了两种合规不起诉模式：一是“检察建议模式”；二是“附条件不起诉模式”。前者是指检察机关在审查起诉过程中，对于犯罪情节轻微同时又认罪认罚的涉案企业，在作出相对不起诉决定之后，通过提出检察建议的方式，责令其建立合规管理体系的制度。后者则是检察机关在审查起诉过程中，设立一定的考验期，对涉嫌犯罪的企业暂时不予起诉，并对企业建立刑事合规的情况进行监督考察，在期满后根据企业建立合规管理体系的进展情况，对其作出起诉或者不起诉决定的制度。[1]

这两种合规不起诉制度模式，具有一些共同的特征。例如，两者都适用于那些犯罪情节轻微并自愿认罪认罚的涉案企业，这既是适用相对不起诉的前提，也是适用合规不起诉的条件。又如，两种模式都要求企业具有积极配合刑事执法行动的意愿和行动，如披露实施不法行为的直接责任人，对被害方的损失加以赔偿，补缴所偷逃的税款，上缴违法所得、犯罪工具和相关的违禁品，向行政监管部门积极缴纳罚款，等等。再如，检察机关展开合规调查，认为对企业提起公诉会带来严重后果的，才会采取刑事合规措施。检察机关要对企业进行必要的走访考察，调查企业的性质、经营状况、在当地的经济地位、主要商业经营模式、违法犯罪的记录等情况，还要对提起公诉对企业乃至当地经济带来的负面影响作出一定的评估。检察机关经过考察评估，只有认为企业愿意采取或者承诺采取必要的补救措施的，如愿意采取整改措施、惩处直接责任人、建立内部控制体系、确立违规风险防范和预警机制等，才会提出刑事合规要求。

但是，这两种模式在推进企业建立刑事合规体系方面，仍然存在一些重大差异，主要体现在责令企业建立合规体系的方式、时间、制度载体以及法律约束等方面。对于这些差异，下面作出简要的分析和评论。

（一）检察建议模式

通过提出检察建议的方式督促涉案企业建立合规体系，是大多

---

〔1〕 参见合规及政府监管组：《多地检察机关积极探索开展企业“刑事合规不起诉”》，载微信公众号“方达律师事务所”2020年8月26日，https://mp.weixin.qq.com/s/1J9TcptTdOKSGzFCCzL6Ow。

数探索合规不起诉的检察机关采取的一种制度模式。检察建议是检察机关依法履行法律监督职责，参与社会治理，预防和减少违法犯罪，保护国家利益和社会公共利益的主要方式。从所发挥的法律职能来看，检察建议大体可以分为再审检察建议、纠正违法检察建议、公益诉讼检察建议、社会治理检察建议等几种主要类型。其中，社会治理检察建议是指检察机关在办理案件中发现社会治理工作存在制度不健全、管理不完善、管理存在监督漏洞、有关单位不依法及时履职需要整改消除等情形的，向有关单位或部门提出的改进工作、完善治理的检察建议。其中，检察机关在作出不起诉决定时，对涉案企业推进合规体系建设所提出的检察建议，就属于社会治理检察建议的一种重要方式。

检察机关在作出相对不起诉决定后，向企业提出推进合规体系建设的检察建议，是具有法律依据的。在法定的审查起诉期限内，检察机关对于涉嫌犯罪的企业，既要完成对其是否适用相对不起诉制度的审查，也要进行必要的合规调查，在作出不起诉决定的同时，向企业发出建立合规体系的检察建议。

从性质上看，检察机关在作出不起诉决定后，对涉案企业就推进刑事合规体系所提出的检察建议，属于一种社会治理检察建议。检察机关在审查起诉过程中，不是单纯地“为办案而办案”，而是发现了涉案企业在投资、并购、经营、生产、销售、推广业务等环节存在管理制度的漏洞，在预防违法犯罪方面存在重大隐患，使得员工、高管、下属企业、第三方合作伙伴或者被并购企业，可能实施违法犯罪行为的，就需要通过检察建议督促其采取相关整改措施，加强内部控制体系，建立合规团队，完善风险预警防范措施，通过及时整改消除犯罪隐患。显然，这是一种通过检察建议督促企业重建治理体系的方式，是针对违法犯罪行为所采取的预防、监控和应对体系。检察机关在办案过程中发现企业的违法犯罪行为与其管理体系上存在密切联系，因此，通过检察建议要求企业建立一种以避免特定合规风险为目标的合规管理体系。根据企业涉案犯罪的类型，这种合规体系可以分为反走私合规体系、税收合规体系、知识产权保护合规体系、环境保护合规体系、反商业贿赂合规体系、反洗钱合规体系、金融合规体系、产品质量合规体系、数据保护合规体系等。

从提出检察建议的根据来看，检察机关在审查起诉过程中可以对涉案企业的性质、经营情况、主要合规风险、违反犯罪经历以及起诉带来的风险等问题进行专门调查核实，可以采取查询、调取证据材料，向企业相关人员了解情况，听取被建议单位意见，咨询专业人员、相关监管部门或行业协会的意见，委托鉴定、评估、审计，现场走访、查验等相关的调查措施。经过调查核实，检察机关要写出调查终结报告。在一定程度上，这种调查核实活动具有一定的“合规内部调查”的性质。经过这种调查核实活动，检察机关可以查明与推进合规体系有关的基础事实，如违法犯罪事实、直接责任人违反犯罪事实、企业经营管理方面的制度漏洞、企业内部控制体系的缺陷等。在此基础上，检察机关针对企业管理和控制上的漏洞，才可以量身定制一套专门的合规管理体系要求。

从激励效果来看，检察机关提出建立合规体系的检察建议，是与作出不起诉决定同步展开的。检察机关一旦对企业作出不起诉决定，即意味着企业以及主要责任人都被宣告为无罪，企业不仅免受高额罚金处罚，而且还有可能保住上市、从事特许经营资格、继续从事营业等方面的资格，从而避免出现灾难性的后果，由此获得巨大的利益。因此，在宣告不起诉决定之前，检察机关对企业建立合规体系问题进行调查核实，并提出推进合规体系建设的检察建议，这就造成了一种企业以实施合规计划来换取相对不起诉的局面，使不起诉成为企业建立合规体系的重大激励机制。正因为存在这种强大的外部激励机制，涉案企业对于检察机关的检察建议才具有加以采纳的动力。

从督促方式来看，检察机关的检察建议对涉案企业具有一定的约束力。为加强检察建议的约束效力，最高人民检察院确立了若干项配套制度。例如，检察建议书具有正式的格式要求，包括“存在的违法情形或者应当消除的隐患”“建议的具体内容及所依据的法律法规和有关文件的规定”“被建议单位提出异议的期限”“被建议单位书面回复落实情况的期限”等。又如，检察建议书正式发出前，要征求被建议单位的意见，允许被建议单位提出异议，征得被建议单位同意，可以公开宣告送达。再如，检察机关提出检察建议后，应要求被建议单位在收到建议书之日起两个月内作出相应处理并书面回复检察机关。检察机关可以积极督促和支持配合被建议单位落实检察建议，可以采取询问、走访、不定期会谈、召开联席会议等方式。经督促无正当理由不予整改或者整改不到位的，检察机关可以报告上一级检察机关并向上级机关、行政主管部门、行业自律组织进行通报，必要时报告同级党委、人大，通报同级政府、纪检监察机关。对于符合公益诉讼条件的，检察机关可以对有关单位提起公益诉讼。

（二）附条件不起诉模式

与“检察建议模式”不同，“附条件不起诉模式”是在借鉴西方国家暂缓起诉协议制度的基础上确立的一种合规不起诉模式。本来，“附条件不起诉”作为已经确立在我国刑事诉讼法中的制度，仅适用于轻微的未成年人刑事案件。但是，一些有志于进行合规不起诉改革探索的检察机关，认识到检察建议制度在推进企业建立刑事合规方面的局限性，于是在现行刑事诉讼法设定的制度框架下，将合规机制引入公诉制度之中，使之具有了“附条件不起诉”的制度形式。

1.对企业启动合规监管程序的评估

原则上，对于涉嫌犯罪的企业是否适用合规监管程序，检察机关要对企业的性质、犯罪事实、认罪认罚情况、是否具有建设刑事合规体系的意愿等因素进行全面审查和评估。检察机关为那些进入合规监管程序的涉案企业，设定了以下基本条件：一是企业涉嫌实施的犯罪事实清楚，证据确实、充分；二是企业自愿认罪认罚，签署认罪认罚具结书；三是具有退赃退款、补缴税款、修复环境等补救挽损行为或者可能的；四是对涉案企业或直接责任人提起公诉可能带来负面的影响，如影响企业长远发展，给员工造成损失，对当地经济带来负面影响的；五是企业具有建立刑事合规体系的意愿并提交了有效的书面合规计划。

根据一些检察机关的经验，对于企业涉嫌犯罪的案件，检察官可以提前介入侦查活动，引导侦查工作，了解企业的犯罪情节，是否认罪认罚，初步甄别评估企业是否符合适用合规监管程序的启动条件。根据需要，检察机关可以聘请公安机关、市场监管部门、工商联等相关部门人员组成专家团队，召开专门听证会，对涉案企业的社会危害性、处罚适当性等问题进行综合评估，听取被害人的意见，以便确定是否启动合规监管程序。检察院还可以设立专职的刑事合规专员，全流程参与合规监管程序，协助承办案件的检察官做好启动审查、合规监管协议签署和监督考察等合规监管工作，对检察官办理案件和推进合规监管程序的进程进行内部监督。

有些检察机关则建立了独立监控人开展刑事合规调查的制度，检察官在审查逮捕和审查起诉两个阶段，对符合条件的企业涉嫌犯罪案件启动企业刑事合规程序，责令企业在合理期限内聘请独立监控人协助推进刑事合规工作。独立监控人应对行业情况、企业生产经营状况、违法违规记录、可能造成的社会影响、可替代处罚措施等合规事项进行调查并出具刑事合规调查报告。检察机关根据该项刑事调查报告，听取公安机关、辩护人、被害人的意见，认为企业符合适用刑事合规条件的，可以做出附条件不起诉的决定并启动刑事合规程序。

2.合规监管协议的签署

采取附条件不起诉模式的检察机关都建立了合规监管协议制度。所谓合规监管协议，是指检察机关与涉案企业就企业配合调查、采取补救措施、建立合规计划、接受合规监管、报告合规进展情况等所达成的协议。检察机关和涉案企业一旦签署该项协议都要受到该项协议的约束。在考验期届满之前，检察机关认为涉案企业遵守合规监管协议，成功地推进合规计划实施的，就可以据此作出不起诉的决定。相反，涉案企业假如不履行协议条款，或者实施新的犯罪行为，或者违反监管规定的，检察机关就可以解除合规监管协议，保留向法院提起公诉的权力。可以说，企业签署合规监管协议并严格履行该项协议的内容，是其最终获得宽大刑事处理的关键之所在。

一些检察机关要求承办检察官和刑事合规专员以检察机关的名义与涉案企业签订合规监管协议。这一协议一般包括以下条款：一是企业承诺配合公安机关、检察机关的调查工作；二是企业承诺赔偿被害人或者缴纳相关的行政性罚款，以达到修复受损法益的效果；三是企业按照检察机关的要求制订刑事合规计划，建立有效的合规管理体系，以达到预防犯罪的效果；四是企业指派高级管理人员或聘请律师等专业人员组建合规监管小组，监督合规计划的执行和改进，检察机关也可以聘请有合规管理经验的专业人员作为外部监管人，协助企业制定合规计划并监督计划的执行；五是企业定期向检察机关报告合规计划制定的进度；六是协议考察期限、执行协议以及违反协议的法律后果。

还有一些检察机关责令企业根据刑事合规调查情况，提出书面的刑事合规计划，该计划经检察机关批准后，就成为企业在考验期内建立和实施合规计划的直接依据。一般情况下，刑事合规计划主要包括以下内容：一是企业承诺采取的补救挽损措施；二是企业承诺建立的合规制度，包括完备的合规管理规章、合规审查监督体系、合规风险预警和应对机制、合规审查评估机制、违规行为上报机制、合规奖励机制、纪律处分机制和合规文化培养体系等。提交合规计划的企业意见稿履行以下义务：一是服从检察机关和独立监控人的监督；二是如实全面地披露合规事项；三是认真、有效地执行合规计划；四是定期报告合规进展情况；五是及时披露并制止企业、员工可能存在的违法犯罪行为。根据需要，检察机关还可以为保障合规计划的履行附加其他义务，如提供社会公益服务，开展相关合规培训，禁止从事特定活动，等等。

3.合规监管考验期的设置

要将企业合规纳入相对不起诉的框架之中，就需要设置一定的合规监管考验期。在这一期限内，企业按照所提交的合规计划改进管理体系，独立监控人对企业实施合规计划的进展情况进行持续监督并向检察机关作出定期报告，检察机关也要对企业实施合规计划的效果进行监督和评估。要确保企业建立有效的合规管理体系，真正发挥预防违法犯罪的效果，检察机关所设定的考验期就应有一定的时间跨度。

但是，我国现行的附条件不起诉制度只适用于未成年人刑事案件，并在法定的审查起诉期限之外设定了6个月至1年的考验期。但对于适用附条件不起诉的企业，检察机关要设定这种独立于审查起诉期限的专门合规监管考验期并没有法律依据，而只能在法定的审查起诉期限之内，为企业实施合规计划确定一个合理的考验期。例如，深圳市宝安区人民检察院所设定的附条件不起诉考验期为1个月至6个月。在此考验期之内，检察机关在独立监控人协助下，对企业执行合规计划的情况进行监督考察。检察机关还可以指派检察官进驻企业进行监督考察工作。又如，深圳市南山区人民检察院所设定的合规监督和考察期限为6个月至12个月。在此考验期之内，检察官应定期（通常为每隔2~3个月一次）对企业执行合规计划的情况进行监督考察，并指导其进一步完善合规计划，向检察机关提交相应的监督考察报告。

4.独立监控人的遴选和职责

独立监控人制度的引入，是合规不起诉制度探索中取得的最大突破之一。所谓独立监控人，是指那些接受检察机关的聘请，协助涉案企业推进合规管理体系建设的外部专业人员。根据检察机关试行合规不起诉的经验，独立监控人一般可以从律师、审计、会计、税务等专业工作的人员中加以遴选和委任。检察机关或者司法行政机关可以经过严格遴选，设定一个具备独立监控人资格的专家库。检察机关根据特定企业涉嫌犯罪的情况以及建立合规计划所需要的专业知识从专家库中选出合适的独立监控人，委派其对企业建设合规体系的情况进行调查，协助企业制定合规计划，协助检察机关监督合规计划的执行，对企业推进合规计划的监管情况定期出具书面监管报告，作为检察机关作出不起诉决定的参考依据。

根据一些检察院的改革经验，在检察机关启动合规程序之后，涉案企业可以从司法行政机关公布的外部专家库中聘请独立监控人。聘请独立监控人的费用，由涉案企业负责。原则上，涉案企业应向检察机关提供三名独立监控人候选者；不能提供的，检察机关可以直接从独立监控人名录中选择三名适宜从事合规监管工作的候选者。检察官在与涉案企业充分沟通的前提下，确定适合参与合规监控的独立监控人。涉案企业同意聘请独立监控人的，应在检察机关同意的前提下，与其签订独立监控协议，载明独立监控人的权限、职责范围、聘期、聘请费用、权利义务、违约责任等内容。

独立监控人应向检察机关出具书面保证，承诺恪尽职守，秉承诚实、信用、谨慎、勤勉、中立的立场，承担以下几项基本义务：一是服从检察机关的监督；二是认真、有效地实施合规监控；三是定期向检察机关报告企业合规监控情况；四是发现涉案企业未曾披露或者新出现的不合规行为，及时报告并督促其进行整改；五是对监控过程中知悉的商业秘密、案件情况和个人隐私等信息予以保密；六是禁止损害涉案企业的合法权益。对于违背上述义务的独立监控人，检察机关有权予以更换。

当然，对于如何监控涉案企业推进合规体系建设问题，还有一些检察机关采用了一种替代性的改革措施。根据宁波市检察机关的改革经验，检察机关决定对企业实施合规考察的，会委托相关行政监管部门担任"企业合规的考察机关"，后者监督涉案企业按照提交的合规计划进行合规体系建设，督促企业完善合规计划，跟踪企业进行制度整改和合规实施的过程，定期派员对企业合规计划的实施进行监督考察，并将考察情况向检察机关进行书面反馈，进行合规效果评估，向检察机关提交涉案企业合规考察评估报告。〔1〕

5.考验期结束前的审查和不起诉决定

在合规监管考验期届满之前，检察机关要对涉案企业履行合规监管协议的情况进行综合审查和评估。对于严格遵守合规监管协议的条款，顺利执行刑事合规协议，完成了制度整改、建立合规管理体系的企业，检察机关应作出不起诉的决定，对其作出无罪处理。相反，对于拒不履行合规监管协议所确定的义务，或者不服从监督指导，或者又实施新的违法犯罪行为的企业，检察机关可以作出提起公诉的决定。

一些检察机关要求独立监控人在考验期满之前，根据其监督考察情况，出具专门的监督考察报告。检察机关经过审查该项报告，并结合监管考察的其他情况，对企业是否履行完毕刑事合规计划、是否违反监督考察规定，作出是否提起公诉的决定。

还有一些检察机关要求作为合规考察机关的行政机关，在合规考察期满之前，督促企业提交完整的合规自查报告，重点围绕与企业涉嫌犯罪相关的制度建设等内容对合规计划实施效果进行评估，并向

---

〔1〕 参见陈东升：《"合规考察"护航民企健康发展》，载《法治日报》2020年9月23日。

检察机关提交企业合规考察评估报告。检察机关根据考察机关的评估报告等相关材料，作出是否提起公诉的决定。

三、合规不起诉制度探索的主要动因

近20年以来，我国刑事司法制度出现了司法机关进行改革探索、立法机关进行制度总结的发展模式。诸如未成年人司法制度、量刑规范化制度、刑事和解制度、认罪认罚从宽制度等，就都经历了这一制度形成过程。目前出现的合规不起诉制度，也属于一些基层检察机关自生自发的改革探索。那么，在我国法律没有确立刑事合规制度的情况下，检察机关为什么会启动这方面的改革探索呢？通过考察相对不起诉的实践情况，笔者发现，检察机关推行这一制度，主要有三个方面的改革动力：一是对民营企业采取特殊保护措施；二是督促民营企业对其经营模式进行合规改造；三是通过引入合规激励机制，探索参与社会综合治理的新方式。

（一）民营企业的特殊保护

近年来，随着最高决策层反复作出保护民营企业的政治宣示，〔1〕司法机关也将对民营企业的特殊保护列为一项新型的刑事政策。〔2〕原则上，对于那些以实施犯罪为目的或者以犯罪为常业的企业而言，对其实施严刑峻法确实是必要而正当的。但是，对于大多数偶然实施诸如虚开增值税发票、非法经营、侵犯知识产权、污染环境、商业贿赂等犯罪活动的企业而言，它们毕竟不是为实施犯罪而成立的非法组织，而是为了正常生产经营而成立的合法团体。对它们动辄采取刑事追诉行动，会带来诸多负面的影响。尤其是对在我国各地经济版图中占有较高比例的民营企业而言，本来在经济竞争中就不敌国有企业，难

〔1〕 参见《中共中央、国务院关于营造更好发展环境支持民营企业改革发展的意见》，载《中国市场监管报》2019年12月4日。

〔2〕 参见董凡超：《最高检发布首批涉民营企业司法保护典型案例》，载《法制日报》2019年1月17日。

以获得平等待遇。这些企业的生存状况会直接关系到地方经济的发展，关系到政府的税收效益，关系到民众的就业问题，甚至关系到地方政府的政治利益。尤其是一些中小微民营企业，一旦被检察机关提起公诉，被法院定罪判刑，不仅会面临极大的经营困难，甚至有可能走向停产停工和破产倒闭的结局。而一些上市企业或者拟上市企业，一旦被法院定罪，或者其法定代表人或董事被定罪，也面临被迫退市或者上市无望的后果。

正是基于对民营企业进行特殊保护的考虑，我国检察机关提出了"尽量不捕"、"尽量不诉"以及"扩大适用相对不起诉"的公诉理念；公安机关则提出了防止发生"趋利性执法"和"单方面跨区域执法"的要求，防止公安机关对民营企业随意启动立案侦查程序，避免滥用查封、扣押、冻结等强制性处分措施；法院提出了加大了启动民营企业再审程序的力度，贯彻罪刑法定和无罪推定原则，坚持定罪的法定标准和慎重适用刑事处罚的原则。

在这一社会政治背景下，检察机关将企业合规管理机制引入公诉制度之中，作出了合规不起诉的制度探索。通过这一探索，那些依照刑法已经构成犯罪的企业以及高级管理人员，可以获得以企业合规换取宽大刑事处理的机会，被作出相对不起诉的决定，避免被法院定罪的结局。作为一种出罪机制，合规不起诉制度避免了民营企业和高级管理人员被定罪判刑的结果，使其不会被贴上"犯罪企业"或"犯罪企业家"的标签，避免了企业失去交易资格、被迫退市、无法上市甚至被吊销营业执照的危险，使得企业和企业家的命运得到挽救，防止了企业可能出现的停产停工甚至破产倒闭的结果。[1]在一定程度上，合规不起诉制度的实施不仅可以"救活一个企业"，保护当地的经济发展，而且还可以避免损害企业员工、投资人、股东、合作伙伴等善意相关者的利益。根据一些学者的研究，"对一个公司提起公诉，等于宣告公司死刑"，因为这种起诉会带来程度不同的水漾效应。[2]而合规

---

〔1〕 参加雷雷：《合规激励，正在南方》，载微信公众号"刑辩沉思录"2020年9月8日，https://mp.weixin.qq.com/s/nnWCbTQ5HXnOWJ-1j_wP1A。

〔2〕 参见陈瑞华：《企业合规视野下的暂缓起诉协议制度》，载《比较法研究》2020年第1期。

不起诉制度的实施，可以通过对涉案企业的特殊保护，使得大量利益相关者的利益获得有效的法律保护。

（二）民营企业经营模式的合规化改造

对于那些涉嫌犯罪的民营企业，仅强调给予平等保护或者特殊保护还是远远不够的。毕竟这些民营企业实施了危害社会的行为，侵害了特定领域的法益，造成了程度不同的消极后果。尤其是在当前复杂的经济环境中，众多民营企业为追求高额利润，在合法与违法的边缘地带从事带有冒险性的投资和经营活动，疏于建立完善的企业内部控制机制，对于员工、客户、第三方合作伙伴和被并购方的经营活动，缺乏必要的监管措施，甚至存在鼓励乃至放任上述商业实体从事违法犯罪活动的制度隐患。一方面，众多企业存在的商业贿赂、侵犯知识产权、污染环境、虚开增值税发票等刑事风险，就是典型的例证。另一方面，众多从事新型业务的高科技民营企业在设计经营模式和交易方式过程中，只注重经营模式和交易方式的营利性和便利性，忽略了其中所蕴含的刑事法律风险。尤其是那些从事互联网金融、大数据征信、商业直销、商业融资等项业务的民营企业，由于不注重对经营模式合规性的事先评估和实时监控，普遍存在触犯刑律的风险，所涉及的罪名可以涵盖诸如诈骗、非法经营、组织领导传销活动、骗取贷款、贷款诈骗、非法吸收公众存款、贷款诈骗、侵犯公民个人信息、拒不履行信息网络管理义务等多项罪名。刑事司法实践的经验表明，假如不对民营企业进行合规化治理，从源头上消除这些企业违法犯罪的制度原因和管理隐患，将其公司治理结构和商业模式进行“除罪化处理”，那么，越来越多的企业被采取刑事立案、侦查和公诉措施，甚至被追究刑事责任，将成为一种不可避免的发展趋势。

通过进行合规不起诉制度的探索，检察机关在对涉案企业进行宽大刑事处理的同时，还采取了“源头治理”的措施，督促其在采取配合调查手段和补救措施的前提下，对企业的管理机制和经营模式进行全方位的合规化改造，消除其中的制度隐患和管理漏洞，使其减少再次发生违法犯罪行为的机会和可能。[1]从制度探索实践来看，检察机关采取“检察建议模式”的，通常会责令企业提交合规承诺书，提出较为具体的整改建议，督促其搭建合规风险的防范、监控和应对体系，包括建立员工培训制度、风险评估、合规审计、实施举报等合规管理机制。对于企业所作的合规承诺，检察机关假如在作出不起诉决定后，继续进行跟踪监管，促使企业逐渐形成一种合规经营的制度和文化，那么，涉案企业的“除罪化改造”也就大功告成了。[2]

相比之下，那些采取“附条件不起诉模式”的检察机关，在督促涉案企业进行合规改造方面走得更远一些。在检察机关的督促下，这些企业聘请了外部专业的合规监控人，提交了有针对性的合规监管计划并与检察机关签署了合规监管协议。这些企业在检察机关和合规监管人的监督管理下，通过定期提交合规进展报告，接受合规监管评估，逐渐消除那些导致犯罪发生的管理漏洞和制度隐患，彻底改变旧有的商业模式和交易方式。[3]通过这种“脱胎换骨”的合规改造工作，涉案企业有望确立合规经营的习惯和文化，企业高层重视合规管理的重要性，建立对每一项交易、经营、投资、决策活动合规性的审查，将可能发生的违法犯罪行为消灭在萌芽之中。

（三）检察机关参与社会治理的新方式

检察机关作为国家法律监督机关，不仅承担着公诉、逮捕、立案侦查等诉讼职能，还要在办案过程中贯彻社会综合治理的司法理念，探索参与社会治理的新方式。自2014年新一轮司法体制改革启动以来，检察机关为贯彻国家治理现代化的政治理念，逐渐开始通过提起

---

〔1〕 参见孙佳：《当检察官听说企业准备不干了，检察建议助力跨境电商，保障新型小微企业复工复产》，载微信公众号“青岛市人民检察院”2020年6月15日，https://mp.weixin.qq.com/s/BIPc5jWtAmdjU335urXA0A。

〔2〕 参见陈章：《不起诉决定助力企业焕发生机》，载《检察日报》2020年6月12日，第3版。

〔3〕 有关深圳市龙华区人民检察院施行“法益修复考验期”制度的具体情况，可参见广东粤通律师事务所：《肖文齐主任到深圳市龙华区人民检察院调研合规不起诉制度》，载微信公众号“广东粤通律师事务所”2020年9月3日，https://mp.weixin.qq.com/s/CogFdXP0EV2KE0-N4yKwvQ。

公益诉讼、提出检察建议等方式参与解决社会治理中出现的新问题，堵塞社会治理中可能存在的管理漏洞和制度隐患。而检察机关推行的合规不起诉制度，就属于通过引入刑事合规机制参与社会治理的最新探索。〔1〕

企业合规是一种以合规风险为导向的公司治理方式，其实施目的在于建立有效的违法犯罪行为的防控机制，确立及时识别合规风险的制度，对于已经出现的违法犯罪事件采取必要的应对措施。通过将企业合规机制引入公诉制度之中，检察机关可以为涉案企业确立一种合规激励机制，使其获得建立有效合规计划的强大动力。其中，检察机关推行"检察建议模式"的，可以通过举行不起诉公开听证会等方式，督促企业提交合规承诺书，促使其推行合规管理机制。对于承诺建立合规机制的企业，检察机关还要进行不定期跟踪访问，审查其合规计划的执行情况并保留对拒不履行合规承诺的企业提起公诉的权力。这种合规不起诉制度，既使企业获得了建立合规管理机制的动力，又赋予了一定程度的制度压力。〔2〕

那些采纳"附条件不起诉模式"的检察机关，在参与社会治理方面作出了更为深远的制度探索。首先，这些检察机关建立了合规监控人制度，引入了独立的外部专业机构和专业人员协助检察机关进行合规监管工作，这是继法院确立破产管理人制度之后，我国司法机关引入外部专业力量协助企业监管的又一制度创新。其次，检察机关经过合规调查，对于积极配合调查、采取补救措施并具有建立合规机制意愿的企业，责令其提交合规监管计划，签署合规监管协议，最终对其作出附条件不起诉的决定，这本身就属于对承诺推进合规管理的企业的一种重大奖励，也会发生吸引其他企业作出合规承诺的激励效果。最后，在数个月的合规监管考验期内，检察机关不仅督促企业接受监督考察，而且持续不断对企业执行合规计划的情况进行跟踪审查，合

〔1〕 参见童建明:《充分履行检察职责，努力为企业发展营造良好法治环境》，载《检察日报》2020年9月22日，第3版。

〔2〕 参见孙佳:《当检察官听说企业准备不干了，检察建议助力跨境电商，保障新型小微企业复工复产》，载微信公众号"青岛市人民检察院"2020年6月15日，https://mp.weixin.qq.com/s/BIPc5jWtAmdjU335urXA0A。

规监控人协助检察机关进行实时监控，定期提交合规进展报告，检察机关最终对企业接受监督考察和执行合规计划的情况进行审查评估，对于那些表现良好的企业作出不起诉的决定，从而对企业产生了极大的奖励效果。

此外，在推动企业执行合规计划的过程中，检察机关还督促企业采取配合调查措施，在认罪认罚的前提下，积极赔偿被害方的损失，足额补缴罚款和税款，这既避免了被害方与涉案企业出现矛盾激化的可能，修复了双方因犯罪发生而遭破坏的社会关系，也促使涉案企业履行应尽的赔偿和缴纳款项的义务。这本身就具有对涉案企业加以矫正和改造的效果，是检察机关消除企业犯罪隐患、参与社会治理的重要方式。

四、合规不起诉制度探索中的几个难题

检察机关尽管已经开始推行合规不起诉制度，但这种将企业合规机制引入公诉制度的做法，毕竟属于一种全新的改革试验，不仅对检察机关的办案方式产生一定的冲击，也引发了一系列有待解决的制度衔接和配套问题。在改革探索过程中，一些检察机关借鉴了西方国家推行暂缓起诉协议的经验，但这种制度和经验在我国面临着“难以兼容”的问题，一些在西方普遍推行的做法，在我国却不具有实施的可行性。要使得企业合规机制真正实现在我国的“生根落地”，就需要在保持开放容纳的心态的前提下，树立创新性的改革理念，对相关制度进行必要的改造，探索出一种具有生命力的合规不起诉制度。在以下的讨论中，笔者拟对合规不起诉制度所面临的若干争议问题作出简要的评论。

（一）合规不起诉的模式选择问题

我国一些基层检察机关在试行合规不起诉制度过程中，确立了检察建议模式和附条件不起诉模式。其中的附条件不起诉模式与西

方国家的暂缓起诉协议制度具有更大的相似性。[1]通过推行这一制度，检察机关从两个方面给予涉案企业一定的合规激励：一是与配合调查、积极补救并具有合规意愿的企业签署合规监管协议，作出附条件不起诉的决定，这本身就是对该企业的一种奖励；二是对通过合规监管程序，在考验期内成功执行合规计划的企业，作出不起诉决定，这成为检察机关作出的终极奖励。有了上述两种激励机制，涉案企业就具有了建立合规计划的强大动力；那些潜在的涉案企业，也更可能具有与检察机关达成合规监管协议的愿望。应当说，从针对涉案企业和潜在涉嫌犯罪的企业建立合规机制的激励效果来看，附条件不起诉模式具有明显的优势。

相比之下，检察建议模式对于涉案企业建立合规机制的激励作用并不明显。一方面，检察机关通常都是先对企业作出不起诉的决定，然后再送达或者宣告包含着合规要求的检察建议。至于涉案企业执行所承诺的合规计划，以及对合规计划的执行达到预期的效果，都很难换取检察机关进一步的宽大处理结果。另一方面，检察建议对于涉案企业并不具有太大的强制力。在司法实践中，被作出不起诉的无论是企业还是自然人，因为不履行检察建议而被检察机关重新提起公诉的案例，可以说是微乎其微。这说明，重新提起公诉并不是检察机关的通常选项，也难以成为检察机关对拒不履行合规计划的企业进行制约的常规手段。不仅如此，其他旨在督促涉案企业落实检察建议要求的措施，对于企业更难以发挥约束力。

尽管如此，检察建议模式契合我国的检察制度，能够发挥检察机关在参与社会治理方面的作用，因此仍然具有一些独特的制度优势。而附条件不起诉模式尽管从理论上具有一定优势，却面临着与现有制度难以兼容的问题，其实施效果也有待于法律制度的大幅度变革。在笔者看来，检察建议模式和附条件不起诉模式各有其制度局限，但也各有其发挥作用的空间。从长远角度来看，在将企业合规机制纳入公诉制度，发挥检察机关推行合规计划的功能而言，检察建议模式和附

---

〔1〕 有关西方国家对涉嫌犯罪的企业适用暂缓起诉协议的情况，参见陈瑞华：《企业合规视野下的暂缓起诉协议制度》，载《比较法研究》2020年第1期。

条件不起诉模式将是两种并行不悖的制度选择。

（二）检察机关的罚款权问题

根据西方国家推行暂缓不起诉协议制度的经验，检察机关在与涉案企业签署暂缓起诉协议时，通常会责令企业在设定的考验期之内，缴纳高额的罚款。通过缴纳这种动辄数以百万、千万甚至数亿美元的天价罚款，涉案企业要为其违法犯罪行为付出高昂的代价，检察机关借此发挥替代刑事处罚的功能，使涉案企业受到严厉的经济处罚，并借此产生特殊威慑的效能。

但在中国司法实践中，很多涉嫌犯罪的企业都是陷入经营困难的"中小微民营企业"。这些企业之所以实施诸如虚开增值税发票、生产销售假冒注册商标商品、商业贿赂、非法经营、污染环境等犯罪行为，往往都是因为产品竞争力不强，企业经营陷入困境，因此根本无力承受如此高额的罚款。此外，按照我国的法律制度，行政机关享有行政处罚权，法院享有定罪量刑权，而检察机关作为国家公诉机关，既不依法享有行政罚款权，也不享有科处罚金等刑事处罚权。迄今为止，我国尚未按照整体主义的思路，建立行政处罚与刑事处罚一体化的责任制度，检察机关尚无法行使"检察罚"，法院也无法将行政处罚权纳入"法院罚"体系之中。[1]结果，我国检察机关在推行合规不起诉时，就无法对涉案企业采取罚款或者罚金等经济制裁措施，而只能向行政监管机关提出科处罚款等方面的检察建议。这就大大影响了合规不起诉在替代刑事处罚方面的功能发挥。

在探索合规不起诉制度过程中，检察机关基于上述原因，通常不对涉案企业采取罚款措施，而是直接责令具有合规意愿的企业自行向被害人提供必要的赔偿，取得被害方的谅解，然后就可以与其签署合规监管协议了。这样做固然有其现实原因，但不对涉案企业采取罚款措施，也存在纵容其犯罪行为的问题，既无法实现必要的惩罚功能，也无法达到特殊威慑效果。鉴于此，在合规不起诉制度发展到成熟程

〔1〕 参见袁雪石：《整体主义、放管结合、高效便民：〈行政处罚法〉修改的"新原则"》，载《华东政法大学学报》2020年第4期。

度时，可以考虑改革我国的行政处罚制度，建立一体化的行政处罚制度，赋予检察机关实施行政处罚的权力，对于那些由行政执法案件转化过来的刑事案件，检察机关在做出合规不起诉决定时，可以直接科处包括罚款在内的行政处罚。但即便如此，西方国家对涉案企业采取动辄科处天价罚款的做法，也并不适合我国的情况。

（三）合规监管考验期的设置问题

根据西方国家推行暂缓起诉协议制度的经验，检察机关与涉案企业达成和解协议的，通常需要设置1~3年的考验期，企业承诺建立或者完善专项合规计划，检察机关委派合规监督官来监督和指导企业实施合规计划，合规监督官定期向检察机关报告合规管理体系的进展情况。对于主动披露犯罪事实或犯罪人的企业，检察机关可以进行适当的合规奖励，不再委派合规监督官监控企业合规计划的实施情况，但会责令企业自行定期提交专门的合规进展报告。在考验期结束之前，检察机关对企业建立或者完善合规计划的情况进行全面审核，最终决定是否提起公诉。可见，西方国家在推行暂缓起诉协议制度过程中，唯有设置较为充足的考验期，才能为企业提供制度整改、建立内部控制体系的充足时间，并为合规监督官监控企业推进合规体系建设，创造基本的条件。

但是，根据我国刑事诉讼制度，检察机关审查起诉期限通常为1个半月时间。即便将法律允许的两次退回补充侦查的期限全部算上，检察机关也最多有6个半月的时间。当然，作为一种例外情形，检察机关改变管辖的，可以从改变管辖之日起重新计算审查起诉期限。这就意味着检察机关用尽一切程序便利，也最多有8个月的审查起诉期限。在如此有限的审查起诉期限内，检察机关如何为涉案企业设置足够的考验期呢？

按照一些基层检察机关探索合规不起诉的经验，要针对涉案企业推行附条件不起诉制度，就要设置一定的考验期。为避免与现行刑事诉讼法的规定发生冲突，有些检察机关仅仅设置15天的考验期，有些检察机关则设置1~6个月的考验期。当然，也有检察机关设置了6~12个月的考验期。检察机关对此所作的解释是，刑事诉讼法允许检察机关在侦查、审查起诉和审判环节最长可以适用12个月的取保候审期限。因此，只要检察机关不对涉案企业责任人采取羁押措施，就可以获得12个月的审查起诉期限。

当然，检察机关将取保候审期限理解为审查起诉期限的观点，也存在一些争议。毕竟，强制措施期限与办案期限并不能画等号。我国刑事诉讼法对于审查起诉期限的严格限定，并不因嫌疑人被采取取保候审措施而得到自动的延长。不过，在刑事诉讼法没有正式对涉案企业确立附条件不起诉制度的情况下，检察机关要在现行制度框架下获取6个月以上的合规考验期，确实是非常困难的。而那种将合规考验期设置为1个月左右的改革探索，既无法督促企业建立较为成熟的合规计划，也难以给合规监控人最起码的观察期和指导期，企业在建立合规计划问题上，很可能会流于形式，难以使其合规计划取得实际效果。

由此看来，合规监管考验期限不足的问题，已经成为合规不起诉制度改革探索的最大“瓶颈”之一。要走出这一困境，唯一可行的办法就是在合规不起诉改革探索被上升为法律制度以后，立法机关改革刑事诉讼制度，将涉嫌犯罪的企业正式纳入法定的“附条件不起诉制度”之中。对符合附条件不起诉适用条件的企业犯罪案件刑事诉讼法设立为期1~3年的合规监管考验期，使其独立于审查起诉的办案期限。只有在合规考验期期满之后，检察机关才开始启动审查起诉程序，并受到法定审查起诉期限的规范。

（四）检察机关与公安机关的程序衔接问题

在很多西方国家法律制度中，企业涉嫌实施的商事犯罪案件通常由检察机关进行立案管辖。在企业犯罪案件发生后，检察机关作为侦查机关，可以尽快实施必要的合规调查，对符合合规监管条件的企业，尽快签署暂缓起诉协议或者不起诉协议。这种快速实施的暂缓起诉协议制度，可以避免企业受到不必要的损失，尽快进入合规监管程序，从而发挥企业合规的实施效果。

但在我国，对企业涉嫌实施的大多数刑事案件，拥有立案侦查权的国家机关通常是公安机关。公安机关在长达数月乃至1年以上的侦查时间里，对案件采取专门性调查活动，对有关嫌疑人采取强制措施。在很多情况下，公安机关经常对嫌疑人采取剥夺人身自由的强制措施，对涉案企业采取查封、扣押、冻结等强制性处分措施。而案件一旦进入审查起诉程序，涉案嫌疑人都已经被剥夺较长时间的人身自由，涉案企业也已经被采取了强制处分措施，企业的生产、投资、研发、销售等经营活动早就受到了程度不同的影响。可以说，检察机关对企业进行必要保护、挽救和整改的最佳时机已经错过，开展合规不起诉的效果可能受到消极的影响。

为解决这一难题，一些参与探索合规不起诉的检察机关，通过寻找现有制度的空间，利用审查批捕和提前介入的时机，尽早发现符合适用合规不起诉条件的案件，尽早与企业达成合规监管协议。尤其是借助于我国目前全面推行认罪认罚从宽制度的经验，对于涉案企业或者涉案企业高管自愿认罪认罚的案件，在侦查阶段就开始将其纳入“特殊程序通道”，大幅度缩短刑事侦查的周期，或者检察机关在侦查阶段提前介入，在责令涉案企业或涉案嫌疑人签署认罪认罚具结书的前提下，通过确定必要的考验期，与企业签署“合规监管协议”。

将合规监管程序纳入认罪认罚程序的框架之中，在目前的制度框架下固然是一种效果较好的改革设置，也有助于检察机关尽快将符合合规条件的企业纳入合规监管程序之中。但是，这毕竟属于一种权宜之计。要从根本上解决检察机关对合规监管程序介入过迟的问题，还是要考虑从根本上改造我国的刑事管辖制度，赋予检察机关对部分经济犯罪案件享有立案侦查的权限。毕竟包括商业贿赂、侵犯税收征管秩序、环境污染、侵犯知识产权、洗钱、破坏金融监管秩序、破坏网络安全管理秩序等在内的犯罪案件，不仅涉及极为复杂的多方面的专业问题，而且对行政不法与犯罪的界限面临难以准确把握的问题。对于这些案件，公安机关在行使立案侦查权方面已经面临着专业能力不足、专业人才匮乏以及法律界限把握不准的难题。唯有将这些案件的立案侦查权转交检察机关行使，才有可能保证这类商事犯罪案件得到专业化的处理，检察机关对涉案企业尽早实施合规监管机制，也才具有制度上的保证。

（五）检察机关与行政监管部门的程序衔接

在企业犯罪案件发生后，西方国家的检察机关和行政监管部门可以同步展开刑事调查和行政监管调查，通过协调一致的行动，与企业达成暂缓起诉协议和行政和解协议。西门子涉嫌违反美国《反海外腐败法》，以及中兴公司涉嫌违反美国出口管制法的案例，都呈现了这种同步调查和同步和解的经验。在西门子案件中，美国司法部和美国证交会甚至通过同一份DPA，与西门子同时达成了刑事和解协议和行政和解协议并对西门子采取统一的合规监管措施。与此同时，无论是检察机关还是行政监管机关，都会定期发布有效的专项合规计划，一方面作为督促企业推行合规计划的合规文本，另一方面也成为评估企业执行合规计划是否成功的重要标准。有些国家的检察机关和行政监管部门甚至会针对特定领域的企业合规风险，对合规计划作出定期更新。

相比之下，我国法律制度确立了一种行政处罚前置制度，也就是先由行政监管部门对涉案企业展开行政调查，甚至作出行政处罚，对其中涉嫌犯罪的企业再移送刑事侦查部门进行立案侦查。在行政监管调查和刑事立案侦查程序之间，就存在一个“时间差”，也存在一个程序衔接问题。检察机关在将企业合规机制纳入公诉制度时，经常面临着“孤军奋战”、无法获得行政监管部门支持和配合的问题。对于部分涉案企业而言，假如行政部门在执法程序中作出了过于严厉的行政处罚，如取消特许经营资格、取消上市资格、吊销营业执照等，那么，在案件进入刑事诉讼程序之后，检察机关就不可能吸引企业选择合规监管程序了，所谓的“合规不起诉”也就无法实施了。

此外，在目前的合规不起诉制度探索中，各地检察机关几乎普遍没有发布有效合规计划的基本标准。这就导致检察机关在确定企业是否符合合规监管条件，以及是否评估企业成功地执行合规计划方面，可能存在滥用自由裁量权的空间。当然，检察机关即便要发布有效的合规计划，也需要与相对应的行政监管部门配合，针对诸如商业贿赂、违反税收征管、侵犯知识产权、违反网络安全管理、污染环境、扰乱金融管理秩序、违反产品质量等方面的违法犯罪行为，发布基于专门合规风险的有效合规计划。在很大程度上，检察机关与相关行政监管部门联合发布专项合规计划，为企业制定具体可行的合规管理标准，这可能是在全面推行合规不起诉制度过程中所要解决的重大课题。

（六）合规监管人制度的有效性问题

西方国家在推行暂缓起诉协议制度过程中，创设了一种合规监管人或合规协调人制度，吸收外部专业人士协助检察机关监督企业的合规进展，对企业是否实施有效的合规计划作出专业性的评估。这些合规监管人或者合规协调人，尽管并不是检察机关的雇员并从被监管企业领取报酬，但其独立性和专业性大体可以得到相应的保证。当然，对于已经建立合规计划的涉案企业，检察机关也可以免除企业聘请合规监管人的义务，而代之以定期提交合规报告的制度。

我国一些检察机关在推行合规不起诉制度时，也效仿西方国家确立了合规监管人的制度。这些由司法行政机关纳入名录的外部专业机构或者专业人员，要被企业聘请为合规监管人，要取得检察机关的批准并受到检察机关的监督。但是，在领取报酬的方式上，检察机关采取了两种截然不同的制度：一是由被监管企业支付报酬；二是由检察机关统一发放报酬。这两种支付报酬的方式各有利弊：被监管企业支付报酬的，合规监管人可以提出较高的费用标准，但是这种直接从涉案企业领取报酬的方式，却有可能损害合规监管人的独立性。相比之下，由检察机关发放报酬的，可以避免合规监管人与被监管企业发生利益上的联系，保证其独立性，但这种报酬很可能难以具有较高的标准，可能影响合规监管人的工作积极性，甚至会导致涉案企业在实现合规监管目标方面大打折扣。

另外，合规监管人不同于一般的法律援助律师，所从事的是督促涉案企业建立专项合规计划的工作。这种工作具有高度的专业性，需要业务精湛、执业经验丰富并享有较高威望的资深律师、会计师、审计师、税务师、工程师等参与其中，方能保证合规监管制度的顺利实施。[1]目前，一些检察机关与当地司法行政机关进行合作，推进建立合规监管人名录的工作。但是，如何吸收优秀的外部专业人员进入合规监管人名录，如何督促这些合规监管人提供称职的合规监管工作，如何督促合规监管人遵守职业行为守则，防止出现与被监管企业发生不正当的利益输送问题，这将是一项亟须解决的重大课题。在这方面，法院在破产清算案件中对破产管理人的监控制度，可以成为检察机关对合规监管人进行有效监督的经验。

（七）企业合规的适用对象

西方国家在实施合规机制方面有一项重要的经验，那就是“要放过涉嫌犯罪的企业，就必须严惩负有责任的自然人”。检察机关在与涉案企业达成暂缓起诉协议之后，企业要建立并实施有效的合规计划，就需要组织合规内部调查，实施有效的奖惩机制，对于负有责任的公司员工和高管，进行严厉惩戒，必要时将其送交司法机关启动刑事追诉程序。为了鼓励公司配合调查和采取补救措施，检察机关甚至对主动披露公司高管违规行为的企业作出幅度较大的合规奖励，使其受到更为宽大的刑事处理。

但在我国，很多中小型企业的法定代表人往往是公司的创始人，是决定企业发展乃至生存的灵魂人物。司法机关一旦对这些法定代表人采取羁押性强制措施，提起公诉，甚至追究刑事责任，那么，企业就有可能面临停产停工、中断资金链甚至破产倒闭的危险。与此同时，对于诸多拟上市公司或者上市公司而言，假如司法机关对公司的法定代表人或者执行董事加以定罪的话，公司就可能面临上市失败甚至被迫退市的危险，对公司本身造成灾难性后果，对当地经济发展造成消极的影响。正因如此，检察机关在推行合规不起诉制度时，就不得不考虑这种特殊情况，采取“既要放过涉案企业，也要放过涉案自然人”的激励措施，并在此基础上与企业签订刑事合规协议，推行企业合规监管措施。

---

〔1〕 参见刘健：《我院与宝安区司法局举行〈企业刑事合规协作暂行办法〉会签仪式》，载微信公众号“深圳市宝安区人民检察院”2020年8月21日，https：//mp.weixin.qq.com/s/BOwJFOxMxI-4KjO-RFbm1w。

另外，在不少地方的司法实践中，公安机关基于应对绩效考核等方面的考虑，在企业涉嫌犯罪的案件发生之后，对于涉案单位的立案侦查采取较为消极的态度，而往往倾向于对企业法定代表人或高级管理人员进行立案侦查。在公安机关将案件移交审查起诉之后，检察机关对于那些应当对企业追诉而没有追诉的案件，又不可能自行对企业采取刑事立案措施。结果，检察机关就不可能仅将合规不起诉制度适用于企业涉嫌犯罪的案件，而只能扩大适用到公司高管涉嫌犯罪的案件。对于这类由于公司管理不善而导致公司高管涉嫌犯罪的案件，检察机关在适用附条件不起诉时，就只能采取变通方式，督促企业建立合规机制换取对公司高管不起诉的措施。〔1〕

基于保护民营企业的考虑，合规不起诉不能仅仅适用于涉案企业，还可以扩大适用于涉嫌犯罪的民营企业家。这是一种富有中国特色的合规监管制度。当然，为避免合规监管制度的滥用，检察机关在针对民营企业家涉嫌犯罪的案件适用合规不起诉时，还应当考虑企业是否存在监管不力、制度有漏洞、管理有隐患等方面的问题，并注意将建立合规监管机制作为消除隐患、减少漏洞、建立内部控制机制的有效举措。无论是对企业还是对企业家，在作出附条件不起诉和不起诉的宽大处理时，检察机关都应注重发挥合规机制在防范违法行为方面的有效作用，使企业真正改变经营模式，实现实质上的合规化改造。

五、合规不起诉对刑事诉讼理论的影响

合规不起诉制度的探索，意味着一种合规激励模式在我国刑事诉讼中得到确立，这种模式属于合作性司法程序的一种类型，在包含了公力合作要素和私力合作要素的同时，还具有以不起诉吸引企业实施合规机制的激励因素。由此，检察机关就可以从外部推动企业建立

〔1〕　参见南检新媒体：《依法适用不起诉，促进企业合规经营》，载微信公众号“深圳市南山区人民检察院”2020年4月16日，https：//mp.weixin.qq.com/s/Cors9WZPAj0S9Bkmqbx2iw。

合规机制方面，推动企业建立一种基于合规风险的自我监管机制。相对于传统刑事诉讼制度而言，这是一种建立在合规激励基础上的协商性司法模式，改变了检察机关的公诉方式，使其通过外部监管和合规激励并用的方式，促使企业激活内部的合规管理和风险控制机制，从而发挥预防犯罪、监控违规行为以及进行制度修复的作用。可以说，合规不起诉制度会给刑事诉讼理论的发展带来积极的影响。

（一）合规激励效应

传统刑事诉讼制度秉承起诉法定主义和起诉裁量主义相结合的理念，强调在对犯罪人有罪必罚的同时兼顾刑罚的社会效果，加强公诉制度的出罪功能。近年来，随着协商性司法程序的推行，检察机关对于加害人与被害人达成刑事和解协议的案件，可以提出较为宽大的量刑建议，甚至直接作出和解不起诉的决定；检察机关对于被追诉人认罪认罚的案件可以与被追诉人和辩护律师进行量刑协商，最终提出一个体现控辩双方诉讼合意的量刑建议，促使法院对被告人作出宽大的刑事处罚。可以说，检察机关对协商司法理念的不断接受，是我国公诉制度发生持续改革的强大动力。

在一定程度上，协商性司法又被称为合作性司法，强调在被告人自愿认罪的前提下，检察机关与被告人通过合作、对话和协商达成妥协，实现利益兼得、互利互惠的诉讼效果。从实质上看，任何一种合作性司法程序都包含着一定的激励机制，也就是被追诉人通过放弃诉讼对抗，作出诉讼上的妥协，换取司法机关较为宽大的刑事处理。但相对于传统的对抗性司法程序而言，认罪认罚从宽制度作为一种公力合作模式，充其量只是一种“认罪激励模式”，也就是在被告人认罪认罚的前提下，检察机关与其进行量刑协商，确定一个双方都能接受的量刑方案，签署量刑协议，形成量刑建议。而刑事和解制度作为一种私力合作模式，主要是一种“赔偿激励模式”，也就是对那些承诺并履行高额民事赔偿的被追诉人给予从轻、减轻或者免除刑事处罚，或者作出不起诉决定的制度模式。

相比之下，检察机关正在探索试行的主要适用于涉嫌犯罪的企业的合规不起诉制度则会产生一种合规激励效应：检察机关对于承诺建立合规计划的企业作出附条件不起诉的决定，将其纳入合规监管程序之中；在考验期之内，对于履行合规监管协议、执行合规计划的企业作出不起诉的决定，使其受到无罪处理。其中，通过激励企业实施合规机制换取检察机关宽大的刑事处理，是合规不起诉制度的本质属性。

合规不起诉制度是检察机关对协商性司法模式的最新探索。通过探索这一制度，检察机关放弃了"父权主义"的公法理念，引入了市场经济中的协商、交换和妥协的私法理念，与涉案企业达成合规监管协议，以合同管理的方式吸引并督促企业推进合规计划的实施。合规不起诉制度的实施，显示出检察机关接受了一种"互利双赢"的协商性公诉理念，采取了一种"平等协商"和"等价有偿"的市场经济思维，通过放弃提起公诉的承诺，激励涉案企业全面推行合规计划；通过设立合规监管考验期，吸引企业接受监督考察和合规监管；通过将建立合规计划的效果与不起诉的决定发生联系，奖励成功实施合规机制的企业，惩罚那些拒绝接受监管的企业。这种将不起诉作为合规激励机制的制度探索，属于协商性公诉理念的最新发展。

（二）一种新的犯罪预防理论

传统的刑事诉讼制度注重惩罚犯罪和保障人权双重目标的实现，强调在遵守正当程序的前提下，发现案件事实真相，正确适用刑法，惩罚犯罪人，保障无罪的人不受刑事追究，确保犯罪人受到合法合理的刑事处罚。而传统的刑罚理论则主要强调刑事处罚的报应功能和威慑功能，既要求对犯罪人实施与其社会危害程度相适应的惩罚，又注重发挥刑罚的一般威慑和特殊威慑作用，通过这种惩罚和威慑来间接地发挥刑罚的预防犯罪效能。与此同时，传统的刑事法理论还强调刑事诉讼程序与执行程序在法律职能上的分离，刑事诉讼过程主要发挥"发现和甄别犯罪流水线"的功能，而刑罚执行程序则发挥教育、改造和挽救犯罪人的功能。至于对犯罪行为人的行为矫正、犯罪预防等相关职能，主要应在生效裁判送达后，由刑罚执行部门加以承担。

传统的刑事法理论对于企业涉嫌犯罪的案件难以具有解释力。如前所述，仅仅强调对涉案企业和涉案企业家实施严刑峻法，有可能将企业和企业家都置于死地，这种结局既严重损害了员工、客户、商业伙伴、投资者、股东、退休金领取者等众多善意第三人的利益，也会损害国家、政府和整个社会的利益，甚至造成经济秩序的动荡。可以说，通过对企业科处刑罚发挥所谓的“报应”和“威慑”功能，已经是严重不合时宜了。在此背景下，司法机关可能会陷入两难境地：不对民营企业和民营企业家网开一面，就会造成灾难性的政治、经济和社会后果；假如一味地对其采取特殊保护措施，而不对其再次犯罪的可能性加以消除的话，那么，这些企业为追逐经济利益，可能会无所不用其极，再次走上犯罪的道路，甚至会实施一些更大、更为严重的危害社会行为。

在此背景下，合规不起诉制度应运而生，成为检察机关解决企业犯罪问题的一种方案。检察机关仿效未成年人刑事案件中的附条件不起诉制度，对企业建立了合规激励机制。在检察机关的监管下，企业针对特有风险建立专门的合规防控机制，达到自我预防违法犯罪行为发生的效果。在检察机关的制度激励下，涉案企业可以针对自己的特有合规风险，建立基本的违法犯罪防范体系。例如，企业可以对其特有合规风险进行定期评估，对客户、商业伙伴、被并购企业进行尽职调查，对员工、第三方进行定期或专门的合规培训，责令其签署合规承诺书，在企业内部建立合规政策的沟通宣传机制，使企业内部树立起合规经营的管理和文化。这种针对合规风险所实施的预防机制，可以使企业建立起对员工、客户、子公司、第三方、被并购企业的内部控制机制，明确其行为的边界，作出必要的责任切割，督促其依法依规从事经营活动。

通过推行合规不起诉制度，检察机关在放弃了“报应”和“威慑”功能的同时，督促企业建立了旨在预防犯罪再次发生的合规防控体系，将犯罪预防作为这一制度的首要目标，通过与企业签署合规监管协议、督促企业执行合规计划和对合规项目进行最终验收，推动企业建立一套防范违法犯罪行为的管理体系。与此同时，检察机关在审查起诉过程中推动企业实施合规体系，将通过合规来预防犯罪的理念贯彻于刑事诉讼过程之中，发挥了原来由刑罚执行部门所发挥的预防犯罪职能。检察机关充分发挥了参与社会综合治理的积极作用，体现了犯罪预防和社会治理一体化的刑事司法理念。

（三）企业自我监管理论

传统的公诉制度强调检察机关作为国家公诉机关对于涉嫌犯罪的企业进行宽大处理，在对企业作出相对不起诉决定之后，最多提出一些较为笼统抽象的制度整改建议，而很少对企业提出全面建立合规管理机制的要求。结果，一个涉嫌违法犯罪的企业，在受到宽大的行政处罚或者刑事处理后，其经营模式和管理机制竟然没有发生任何实质性的改变，尤其是那些导致违法犯罪行为的制度漏洞和管理隐患仍然没有消除，该企业再次发生违法犯罪的可能性继续存在。[1]

合规不起诉制度的引入，意味着检察机关放弃了过去那种“为办案而办案”的方式，从外部推动企业启动了一种自我监管的机制。而对于那些建立并实施这种自我监管机制的企业，检察机关可以给予其签署合规监管协议的机会，甚至作出不起诉的决定，使该企业的利益免受重大损失，因此，企业就拥有了推行合规计划的强大动力。那么，企业这种自我监管机制是怎样运行的呢？

首先，企业通过对各个经营环节的实时监控，实现自我识别违法犯罪行为的目的。一个企业建立的预防机制再完备，也无法消除所有的违法犯罪行为。在检察机关及其所聘请的外部监控人的监管下，企业需要建立类似雷达一样的实时监控机制，对企业经营的每一环节都采取合规性监控，以便及时识别和发现违规行为，并对这些违规行为作出及时处置，防止其演变成严重的犯罪行为。例如，企业可以通过定期的合规风险报告制度，使得最高层及时了解各个商业实体合规风险的发展情况，从而及时制定有针对性的合规政策；企业可以实施最高层自上而下的合规审查方式，对各个部门、分公司、合作伙伴遵守法律法规的情况进行巡视和抽查；企业还可以提高合规部门的地位和作用，建立合规部门“一票否决机制”，使那些存在违规犯罪风险的经营活动被及时否决；企业可以建立实时举报制度，随时接受内部员

---

〔1〕 参见［美］菲利普·韦勒：《有效的合规计划与企业刑事诉讼》，万方译，载《财经法学》2018年第3期。

工和外部合作伙伴对企业违规行为的举报，并对这种举报给予及时处理。

其次，企业通过必要的制度补救和及时整改措施，完成自行改造经营模式、进行自我修复的任务。深圳市龙华区人民检察院提出了“法益修复考察期”的改革设想，在对涉嫌犯罪的企业作出不起诉决定之前，责令企业采取“利益修复”和“制度修复”两项法益修复措施。其中，“利益修复”指的是赔偿被害人、缴纳行政罚款、补缴税款等补救行为；“制度修复”则是指进行及时整改，消除制度漏洞和管理隐患，避免企业再次出现犯罪行为。这种改革理念令人很受启发。其实，在检察机关的外部监管下，涉案企业所进行的“制度修复”就属于一种自我监管的方式。尤其是在违法犯罪行为发生后，企业在进行合规内部调查的基础上，应当及时惩处负有责任的自然人，发现管理制度和内部控制上的缺陷和漏洞并采取必要的整改措施。通过及时改造经营模式，进行制度上的及时修复，企业完善管理制度的机能就得到了激活，其自我监控、自我防范、自我管理的能力也得到显著的提升。

从检察机关推动企业自我监管的角度来看，合规不起诉制度犹如一种“传感器”，使检察机关在提出激励方案、全程主持合规监管并对合规效果加以验收的情况下，推动了企业的自我修复进程，激活了企业实施内部控制的机制，并完成了企业在管理机制方面发生“脱胎换骨”般的变化。在一定程度上，检察机关不必事必躬亲，也不必深入企业管理的内部，就可以督促企业启动自我监管机制，完成对违规风险的预防、监控和修复过程。或许，这就是合规不起诉制度探索的最大价值。

六、合规不起诉制度的未来

基于加强对民营企业特殊保护的考虑，我国检察机关启动了合规不起诉制度的改革探索。从合规引入公诉制度的路径来看，合规不起诉具有“检察建议模式”和“附条件不起诉模式”两种模式。从有效合规的激励效果来看，这两种模式各有其利弊得失，但可能成为我国检察机关引入合规机制的两种制度载体。合规不起诉制度的探索，不仅有保护民营企业的政策考量，也有改造民营企业经营模式、进行除罪化改造的考虑，最终实现减少和预防民营企业犯罪的积极效果，发挥检察机关在参与社会治理中的积极作用。目前，合规不起诉制度正处于探索阶段，各地检察机关进行了不少制度创新，但也面临着诸多方面的制度困境和现实难题。但无论如何，合规不起诉制度的推行，意味着合规激励模式在我国刑事诉讼中开始出现，对刑事诉讼理论的发展会产生深远的影响。

从制度发展的角度来看，合规不起诉制度经过部分地区检察机关的探索，一旦取得积极的效果，就有可能作为一种改革经验，在全国检察机关得到普遍的推行。从长远角度看，这一制度一旦具有普遍的制度价值还有可能得到刑事诉讼法的确立，使其发挥刑事合规激励机制的作用。不仅如此，只要司法机关认识到企业合规机制的独特价值，那么，就有可能通过进一步的制度探索发挥刑事法律对于企业合规的激励作用，使得企业具有推行合规体系的动力机制。例如，对于已经建立有效合规管理体系的企业，检察机关可以直接作出不起诉的决定，法院也可以作出无罪判决；对于具有建立合规体系意愿的企业，检察机关除对其适用合规不起诉制度之外，还可以在量刑建议中降低量刑幅度，说服法院作出宽大的刑事处罚；法院对于建立或者有意愿建立合规计划的企业，也可以将此作为一种独立的宽大量刑情节。

当然，在探索合规不起诉制度过程中，检察机关也会面临着一些制度安排上的挑战。对于涉嫌实施相似犯罪行为的不同企业，检察机关在确定是否与其签署合规监管协议方面肯定会享有一定的自由裁量权，但如何防止这种裁量权的滥用，确保涉案企业获得平等对待，这将是一个考验检察机关法律智慧的问题。与此同时，在现行的行政监管与刑事司法相对独立的法律体制下，检察机关如何与行政监管部门保持沟通和合作，在督促企业建立专项合规计划方面取得监管部门的专业支持，使对涉案企业的合规评估具有相对客观的标准，这也是一个亟待解决的难题。不仅如此，检察机关在有限的合规考验期内，如何督促企业建立一套行之有效的合规计划，而不是仅收获一堆没有成效的书面合规承诺，切实发挥企业合规在防范违法犯罪行为方面的作用，这可能是检察机关面临的最大考验。要解决上述问题，检察机关需要在探索合规不起诉制度过程中不断总结经验，勇于试错，发现制度形成的规律，探索出一套切实有效的刑事合规机制。

第十四章
企业有效合规整改的基本思路

合规整改的本质，是检察机关要努力成为“犯罪学家”，针对所发生的犯罪现象，督促企业查找犯罪原因，发现制度漏洞、管理隐患和治理结构的缺陷，并采取有针对性的纠错和补救措施。与此同时，基于“先破后立”的原则，检察机关还要督促企业引入体系化的合规整改措施，建立一种最低限度的专项合规管理体系，从整体上、结构上和长远的角度实现犯罪预防的效果。

——题记

一、引言

随着企业合规监督考察制度改革的深入推进，有关企业合规整改和验收标准问题的讨论变得日益重要和紧迫。[1]一方面，在合规整改方面，检察机关无论是采取相对不起诉模式（“简式合规模式”），还是采取附条件不起诉模式（“范式合规模式”），都需要审查涉案企业的合规整改方案，企业唯有制定了切实有效的合规计划，检察机关才能对其作出相对不起诉的决定，或者将其纳入合规考察的对象。另一方面，在合规验收环节，检察机关要对被提出合规整改建议或者被纳入合规考察对象的企业，作出是否提起公诉的决定，也需要有一些可操作的客观标准，以避免自由裁量权的失控，确保合规不起诉决定的公信力。可以说，在整个合规监督考察过程中，如何设计出一套有效的合规整改方案，始终是困扰检察机关的“瓶颈”问题。[2]

在合规整改方面，我国法学界和实务界目

---

〔1〕 参见陈瑞华：《企业合规不起诉改革的八大争议问题》，载《中国法律评论》2021年第4期。

〔2〕 参见李玉华：《有效刑事合规的基本标准》，载《中国刑事法杂志》2021年第1期。

前存在两种具有竞争性的观点：一是“体系化整改说”；二是“针对性整改说”。前者坚持一种建立合规管理体系的思路，将体系化的合规整改视为发现和预防犯罪再次发生的基本目标。一些实务界人士接受了欧美“有效合规计划”的理念，尤其是将美国司法部有效合规计划三要素，作为评估合规整改有效性的主要标准，也就是强调合规计划设计的有效性、执行的有效性和结果的有效性。其中，设计的有效性是指合规计划要有针对性，也就是基于企业的业务实际而设计，在预防和发现违规行为方面发挥作用；执行的有效性是指合规计划要有高层的支持和各类资源保障，鼓励合规，对违规零容忍；结果的有效性则是指合规计划应有效运作，随着内外部环境变化而加以改进，以应对现有和潜在的刑事风险。〔1〕

有些实务界人士区分了“纠正性合规”和“预防性合规”的概念，认为合规改革初期，企业通常采取以“纠错”为目标的合规整改工作，通过纠正涉罪行为，修复、弥补涉罪行为所带来的经济损失或其他社会危害后果。但随着合规改革探索的不断深入，企业开始注重从源头上完善合规管理机制，最大限度地预防潜在的刑事风险。这种体系化的合规整改强调从整体治理的角度，解决企业管理体系中的深层次问题，预防那些更为潜在、更为系统的刑事法律风险，实现对刑事风险的深层挖掘和全面预防。〔2〕

与“体系化整改说”不同，“针对性整改说”则坚持认为，企业合规整改并不是要引入一套完整的合规管理体系，而是要针对犯罪原因作出有针对性的制度纠错和补救。一些学者和实务专家认为，刑事合规计划的制定应具有针对性，那种“一揽子”“大而全”的综合合规计划是对合规泛化理解的结果，通常也是无效的，让企业刑事合规行之有效的前提条件是，针对特定合规风险进行量身打造，这种合规计划的针对性有两个要求：一是对犯罪主观和客观原因的分析，体现企业对自身犯罪行为的认识；二是针对犯罪原因采取补救措施，以预防企

〔1〕 参见郭小明、刘润兴：《如何确保刑事合规计划得以有效实施》，载《检察日报》2021年8月6日，第3版。

〔2〕 参见王峰、王璐：《涉案企业刑事合规整改的三个趋势》，载微信公众号“中伦视界”2021年6月9日，http://www.zhonglun.com/Content/2021/06-09/1456281020.html。

业再次实施犯罪行为。[1]

有些论者特别强调“刑事合规”的特殊性，认为不能将刑事合规简单地理解为企业为避免刑事风险而制定和实施的企业内部的管理机制，刑事合规其实是一种最优的犯罪预防和社会治理方式，是国家与企业合作治理的表现，使得刑事追诉变得相对容易，体现了一种新型刑法观念和刑法文化。[2]建立合规管理体系是企业基于增强商业竞争力而采取的治理方式，而检察机关没有必要做这方面的工作，只要督促企业采取必要的制度补救工作，有效地预防了犯罪行为的再次发生，就达到合规整改的目的了。[3]

2021年6月，最高人民检察院会同其他八个部门发布了《关于建立涉案企业合规第三方监督评估机制的指导意见（试行）》，规定第三方组织应当要求涉案企业提交专项或者多项合规计划，并对这种合规计划提出了以下具体要求：合规计划应“主要围绕与企业涉嫌犯罪有密切关系的企业内部治理结构、规章制度、人员管理等方面存在的问题，制定可行的合规管理规范，构建有效的合规组织体系，健全合规风险防范报告机制，弥补企业制度建设和监督管理漏洞，防止再次发生相同或者类似的违法犯罪”。[4]

上述合规计划要求同时吸收和融合了“体系化整改说”和“针对性整改说”的观点。其中，整改应围绕与涉嫌犯罪有关的公司治理结构、规章制度、人员管理等方面存在的问题，弥补制度和管理漏洞，应被视为“针对性整改说”的观点；而制定可行的合规管理规范，构建有效的合规组织体系，健全合规风险防范报告机制，则属于“体系化整改说”的内容。这显然说明，企业合规监督考察制度改革的决策者，对于上述两种竞争性的整改观点，采取了兼容并蓄的态度，抛弃其中略显极端的观点，吸收了其中有益可行的思路。

---

〔1〕 参见王焰明、张飞飞：《企业刑事合规计划的制定要把握四个特性》，载《检察日报》2021年7月13日，第7版。

〔2〕 参见石磊：《刑事合规：最优企业犯罪预防方法》，载《检察日报》2019年1月26日，第3版。

〔3〕 参见石磊、陈振炜：《刑事合规的中国检察面相》，载《山东社会科学》2020年第5期。

〔4〕 参见最高人民检察院2021年6月3日发布的《关于建立涉案企业合规第三方监督评估机制的指导意见（试行）》第11条。

尽管如此，有关企业合规整改和验收标准问题的讨论，还远远没有结束。从2020年3月最高人民检察院组织六个基层检察院开展制度探索以来，如何设计一套行之有效的合规考察和验收标准，一直是一个困扰着改革者的问题。自2021年3月最高人民检察院将这一改革试点推向全国十个省份的检察机关以来，一些大型企业的重大单位犯罪案件，逐渐被纳入合规考察的对象。对于这些与中小微企业迥然不同的国有企业、股份制企业甚至上市或拟上市企业，检察机关如何对其合规计划进行审查，如何对接受考察的涉案企业进行合规验收，就变成一个非常重要也十分敏感的问题了。

在实地调研过程中，笔者通过观察一些涉案企业提交的“合规计划”，发现相当一部分都存在着“体系化有余，针对性不足”的问题。无论是企业还是作为合规顾问的律师，都没有对企业出现特定犯罪的特定原因作出探究，没有全面识别导致企业犯罪的制度漏洞和治理缺陷，而是像套用数学公式一样，将那些欧美国家确立的所谓“有效合规计划”，生搬硬套地写入合规计划之中。很多合规计划充斥着诸如“发布合规政策和员工手册”“建立合规管理委员会”“设立首席合规官”“建立合规风险评估机制”“建立尽职调查制度”“建立合规举报制度”“推行合规性审查”等方面的内容，有些合规计划书甚至提出了“加强合规文化建设”的方案。由于过于空洞和理想，也没有针对企业犯罪的原因，在较为有限的合规考察期内，这些合规整改方案根本没有实现的可能性，最后大都流于形式。而检察机关出于多方面的考虑，也没有进行深究细查，就草草通过了企业合规考察的“整改验收”，对企业作出了不起诉的决定。这种在预防犯罪方面没有效力的合规整改，不仅埋下了企业再次发生相同或类似犯罪的隐患，而且也给办案检察官带来了程度不同的职业风险。

有鉴于此，本章拟对企业合规整改的有效标准问题作出初步的考察。笔者将根据各地检察机关开展合规监督考察改革的经验，遴选多个较为成熟的合规整改案例，从经验出发，总结出有效合规整改的基本要素。笔者认为，无论是“体系化整改说”还是“针对性整改说”，尽管都坚持了极端化的思路，但都有其独特的可取之处，改革决策者将两种观点加以吸收和融合的思路，无疑选择了一条正确的道路。但是,有效的合规整改在注重“针对性”的同时,也应重视引入体系化的合规管理;与日常性合规管理体系建设不同,合规整改应当坚持“先破后立”的思路,首先撤销和改造那些容易导致犯罪发生的经营方式和商业模式,消除企业的管理漏洞和治理缺陷,然后才能建立一些具有针对性、可行性的合规管理体系,发挥合规整改的整体和长远的犯罪预防效力。

笔者认为,从有效预防犯罪和督促涉案企业依法经营的角度来看,有效的合规整改包含着四个基本要素:一是涉案企业在认罪认罚的基础上,停止犯罪行为,积极配合刑事追诉行动,采取补救挽损措施,及时处置犯罪责任人,这是合规整改的前置性条件;二是涉案企业通过内部调查,查明犯罪事实,查找犯罪责任人,识别犯罪发生的原因,确定导致犯罪发生的制度漏洞、管理隐患和治理结构缺陷,这是确保合规整改具有针对性的制度保障;三是涉案企业进行有针对性的制度纠错和制度修复,对于存在缺陷的治理结构、业务管理、财务管理、人事管理、商业模式作出撤销和改造,这是合规整改的针对性措施;四是在制度纠错的前提下,涉案企业建立有针对性的合规体系,为同一类型犯罪的预防确立整体的、全面的和长远的管理机制,这是合规整改的预防性措施。本章将结合相关的案例,对这四个方面的合规整改要素作出简要的分析和评论。

二、合规整改的前置性条件

——认罪、补救和处置责任人

与日常性合规管理体系的建立不同,企业开展合规整改的直接动因在于寻求司法机关宽大的刑事处理。为达到这一效果,企业需要开展有效的合规整改工作,针对已经暴露的违法犯罪事件,通过采取必要的制度纠错和修复措施,建立或者完善合规管理机制。合规整改有效性的根本标准在于企业实施一套预防类似犯罪行为发生的管理机制，并建立一种依法依规经营的企业文化。[1]

但是，无论是合规管理机制的建立还是合规文化的形成，都需要企业具备一系列必要的前置性保障措施。这些前置性保障措施的核心在于配合执法部门的调查处置，对所实施的犯罪采取补救措施，对犯罪所破坏的法益作出必要的修复。[2]正如一个人在疾病暴发之后，医生首先需要进行有针对性的治疗和抢救，使其消除病症，然后才能诊断其病因并采取预防性保健措施一样，一个企业一旦发生犯罪事件并接受刑事执法调查，也需要自愿接受执法调查和处置，对其犯罪行为采取必要的补救措施，然后才能谈得上建立带有预防性的合规管理体系。我们可以通过分析一个合规整改的案例，来对合规整改的配套措施和保障机制作出简要的分析。

【案例1】根据检察机关的指控，深圳某科技有限公司在未取得中国人民银行批准的从事资金支付结算业务资质的情况下，使用对公账户收取多家公司的资金转账，然后利用本公司对公账户以及法定代表人等人的个人账户进行层层转账，将收取的资金通过公司对公账户转至指定个人账户，为他人提供单位银行结算账户转个人账户的服务，并从中营利，非法从事“过单”业务资金超过1700万元，构成非法经营罪。在审查起诉阶段，涉案企业认罪认罚，愿意停止违法业务，退缴违法所得，自愿接受检察机关的合规监督考察。检察机关委托律师团队作为独立监管人，督导企业开展合规整改工作。在独立监管人的督导下，涉案企业完成了《自查报告》，分析了企业非法从事此类过单业务的原因，分析了现有内控制度的漏洞和薄弱环节，并制定了全面停止非法资金结算业务、强化财务制度执行的合规整改计划，主要合规整改内容有四项：一是全面停止涉案违法行为，积极退缴非法获利；二是建立切实可行的监事制度，发挥监事对企业经营

〔1〕 参见Carole Basri, *Corporate Compliance*, Carolina Academic Press, 2017, p. 72-84。
〔2〕 参见陈瑞华：《企业合规不起诉制度研究》，载《中国刑事法杂志》2021年第1期。

> 的监督作用；三是完善公司规章制度，重点包括修订公司章程，制定对外支付和对内报销的管理办法，制定员工手册；四是建立常态化、制度化、全覆盖且有重点的合规培训制度。
>
> 整改方案得到检察机关认可后，涉案企业在合规监管人的指导下，实施了较为具体的合规整改工作。具体整改流程包括：一是完成原有公司小股东的退出和新股东的引入，委任有意愿、有精力监督公司运作的新股东担任公司监事，并兼任合规管理人员；二是成立由会计、出纳、合规管理人员、法定代表人组成的合规整顿小组，使其接受有关账户收支管理的法律法规培训；三是聘请专业机构对公司财务管理建章立制，严格按照新的财务制度进行对外支付和对内报销；四是完成《员工手册》的制定，并按照独立监管人意见进一步完善手册中有关员工行为边界、禁止性要求和相应惩处规定。[1]

在上述案例中，检察机关之所以启动合规考察程序，是因为涉案企业认罪认罚，停止违法业务，退缴违法所得，并在合规监管人的建议下，提交了《自查报告》，提出了有针对性的合规整改计划。在一定程度上，涉案企业通过内部调查，探究企业犯罪的主要制度成因，找到主要的制度漏洞、管理隐患和治理结构上的缺陷；企业提出合规整改计划，则是针对犯罪原因而提出的犯罪控制方案，目的在于对症下药，消除制度漏洞和隐患，改造企业经营方式、商业模式和治理结构，达到预防犯罪再次发生的目的。但是，假如不采取必要的前置性保障措施，企业单靠提交自查报告和合规整改计划，是难以完成有效合规整改的。

这些前置性保障措施的核心在于配合执法机关的调查，对犯罪行为采取补救措施，对犯罪所侵害的法益采取修复措施，具体包括以下几种措施：一是终止实施犯罪行为；二是认罪认罚；三是配合执法

---

〔1〕 本案例由北京金杜律师事务所吴巍律师合规团队提供。她们在这个案件的合规考察程序中担任合规监管人。感谢吴巍律师的大力支持。

调查；四是采取补救措施；五是及时处置责任人。下面依次作出简要的分析和评价。

所谓“终止实施犯罪行为”，是指涉案企业不仅要承诺停止犯罪活动，而且还要采取积极措施终止原有的非法经营活动，使其不再发生危害社会的后果。企业所实施的犯罪，要么属于体现企业整体意志的系统性犯罪行为，要么是由于企业管理失控而导致的非系统性犯罪行为。[1]但无论是哪一种犯罪行为，都是由企业存在犯罪故意或者失职行为所导致的危害社会行为。涉案企业一旦受到刑事追诉，并提出通过合规整改换取宽大刑事处理的意愿，就要在主观上作出终止犯罪行为的意思表示，并在客观上采取积极行动，停止或者制止那些发生在企业内部的犯罪行为。唯有如此，涉案企业才能证明自己具有与司法机关进行合作的愿望，并体现出采取合规整改、修复制度漏洞、预防再次犯罪的诚意。

所谓“认罪认罚”，通常是指涉案企业要承认被指控的犯罪事实，并作出愿意接受刑事处罚的承诺。在一定程度上，选择合规整改，意味着企业放弃了诉讼对抗，放弃了无罪辩护，采取与司法机关协商、合作和妥协的诉讼立场。[2]只有承认被指控的犯罪事实，才能配合司法机关的执法调查和追诉行动，全面查找犯罪的制度成因，探求进行制度纠错和预防再次犯罪的可行路径。而认罪认罚，恰恰是涉案企业进行真诚合规整改的前提条件。当然，涉案企业认罪认罚，并不仅仅意味着承认犯罪事实，而且还要承诺放弃一些诉讼权利，如放弃无罪辩护的机会，放弃正式的法庭审理，放弃正当程序的保障，等等。可以说，唯有选择认罪认罚，涉案企业才能获得以合规整改换取宽大处理的机会，也就是获得刑事合规的激励效果。

所谓“配合执法调查”，是指涉案企业对司法机关的刑事追诉行动采取合作的态度，既要配合调查、提供证据和鼓励员工如实作证，也要积极披露犯罪事实，主动调查直接责任人。为配合执法调查，涉案企业通常会采取两种行动：一是责令员工和管理人员采取配合措

---

〔1〕 参见陈瑞华：《企业合规出罪的三种模式》，载《比较法研究》2021年第3期。
〔2〕 参见陈瑞华：《论协商性的程序正义》，载《比较法研究》2021年第1期。

施；二是进行全面的内部调查，提交《企业自查报告》。这种内部调查既要揭示全部的犯罪事实，也要查明主管人员和其他责任人员的法律责任。唯有采取上述配合执法调查的行动，涉案企业才能显示放弃诉讼对抗的诚意，获得司法机关的宽大处理，同时也有助于企业查找制度漏洞和管理隐患，为有效的制度纠错和预防犯罪奠定坚实的基础。

所谓“采取补救措施”，是指涉案企业要对犯罪所造成的后果采取适度的挽救措施，对犯罪所破坏的法益采取必要的修复行动，以达到减轻犯罪社会危害性、降低犯罪严重程度、挽回犯罪损失的目的。具体说来，补救措施大体包括以下几种：一是赔偿被害人或被害单位；二是缴纳行政罚款；三是补交应纳税款或者海关关税；四是缴纳违法犯罪所得；五是恢复为犯罪所破坏的社会关系；六是修复为犯罪所破坏的环境资源，等等。上述补救措施之所以是合规整改的保障措施，是因为企业唯有采取这些补救挽损措施，才能明显降低犯罪的社会危害程度，修复为犯罪所破坏的法益，这是司法机关对涉案企业放弃严刑峻法、采取宽大刑事处理的主要依据。与此同时，无论是采取这些补救措施，还是进行刑事合规整改，都是涉案企业预防违法犯罪的必经路径，这对于国家利益和社会公共利益的维护，都是有利的。

所谓“处置责任人”，是指涉案企业对那些导致犯罪发生的主管人员和直接责任人员，应采取必要的惩戒措施。刑事合规激励机制的实质在于，“放过涉案企业，但要严惩责任人”。[1]这就意味着对作出合规整改的企业，要采取宽大处理；但对那些对企业犯罪负有直接责任的人员，则要采取必要的惩罚措施。这种对责任人的惩罚，既可以是调离工作岗位，或者免除职务，也可以是送交行政机关追究行政责任，或者司法机关追究刑事责任。唯有及时处置责任人，才能保证合规整改具备基本的人事基础，避免新的合规管理制度掌握在那些违法犯罪的管理人员手中。经验表明，合规管理制度设计得再好，只要继续掌握在不法人员手中，也难以在预防违法犯罪行为方面发挥有效作用。

---

〔1〕 参见陈瑞华：《企业合规的基本问题》，载《中国法律评论》2020年第1期。

三、合规整改针对性的制度保障
——犯罪原因诊断

企业之所以走上犯罪的道路，往往存在多方面的原因。在合规监督考察制度的运行中，检察机关要督促涉案企业进行有效的合规整改，就要责令企业展开企业内部调查，提交企业自查报告，审查企业是否准确地发现了导致犯罪发生的制度成因。在这一方面，无论是涉案企业、合规监管人，还是检察机关，都在从事犯罪学家的工作，那就是在分析犯罪现象的前提下，进行犯罪原因的探究。只不过，与对自然人犯罪原因的探究不同，对企业犯罪原因的搜寻，更多地集中在管理漏洞、制度隐患和公司治理结构上的缺陷等方面。唯有在这些方面准确全面地识别犯罪原因，才能为企业提出有针对性的合规整改措施奠定基础，创造必要的条件。[1]为对这一问题作出准确的解释，我们可以先来分析一个案例。

【案例2】2010年2月5日，某国有煤矿依法取得《河道采砂许可证》，有效期至2017年12月31日。2013年，该煤矿与程某签订了《固体废料采购合同》，通过购买程某采挖的泥砂用于生产充填井下采空区。2017年12月31日，原《采砂许可证》到期后，因无人负责许可证的续办事宜，许可证续办工作搁置一段时间，直到2018年9月26日，煤矿才向当地国土资源局报送《关于膏体充填项目取用河流泥砂情况报告》，并申请续办《采砂许可证》。但政府及相关部门因当地河道重新规划问题未予批准。但自2018年1月1日以来，程某一直没有中断采挖河流泥砂行为，煤矿也一直采购程某采挖的泥砂用于生产充填。2019年，程某因涉嫌非法采矿罪被公安机关立案侦查，后并被法院以非法采矿罪判处有期徒刑4年。2021年6月，时任该煤矿矿长的汤某被公安机关以涉嫌非法

---

〔1〕 参见郭小明、刘润兴：《如何设计有效的刑事合规计划》，载《检察日报》2021年10月18日，第3版。

采矿罪立案侦查，并于同年8月被移送检察院审查起诉。检察机关认为，汤某自2018年以来大量收购程某在无《采砂许可证》的情况下非法采挖的泥砂，构成非法采矿罪；汤某非法采矿行为是以煤矿的名义、为煤矿的利益而进行的，因此该案属于单位犯罪，该煤矿涉嫌犯有非法采矿罪。

在律师的帮助下，煤矿对自身的公司治理结构、经营情况、犯罪事实进行了内部调查，向检察机关提交了自查报告，分析了企业走向犯罪道路的原因，发现了企业存在八个方面的制度漏洞。这主要包括：(1)煤矿合规组织结构存在漏洞，岗位职责不够清晰，对涉及环境资源保护的相关业务管理，权责分散、重叠、交叉、缺失、不清晰，在环境资源保护层面缺乏统一、有效的管理；(2)煤矿无第三方供应商准入、监管、退出机制，对第三方供应商存在的超采、非法采砂行为未能及时识别，亦未予以制止，放任自流，未制定第三方供应商的退出、更换机制；(3)煤矿内部未建立资质、证照的统一管理、维护、监督及责任追究制度；(4)煤矿在合同签订、履约等环节存在管理失控；(5)煤矿缺乏风险预警、提示和应对机制，法务部门长期处于被动应诉状态，未能主动识别、预防、评估风险，对于数年来连续多次被行政处罚的情况置若罔闻，没有进行具有针对性的制度整改；(6)煤矿的环境资源保护工作被分散在调度、企管、外联生产等多个部门，未在机构及管理机制上形成完整闭环、权责明晰的管理体系；(7)煤矿并未建立起违规事件的内部调查及惩戒制度，对续办《采砂许可证》负有职责的工作人员怠于履行工作职责，使续办《采砂许可证》的工作被搁置，导致违法犯罪行为的发生；(8)煤矿对经营过程中的法律风险不重视，长期以盈利、发展作为主要目标，对财务管理已建立相对完备的制度体系，但对经营过程中的法律风险则漠然置之，疏于管理。[1]

〔1〕　本案例由泰和泰律师事务所济南分所张慧律师合规团队提供。她们在这个案件的合规考察程序中担任合规顾问。感谢张慧律师的大力支持。

在这一案例中，企业在律师帮助下展开了内部调查，发现了导致犯罪发生的若干制度原因。这种内部调查显示，该企业所发生的单位犯罪并不是偶然的，而是管理制度存在缺陷的必然结果，这些缺陷既包括公司治理结构的问题，也涵盖了许可证管理、法务管理、合同管理、第三方供应商管理等方面的制度漏洞。假如对上述缺陷不做出有针对性的整改，那么，所谓的合规考察和整改将很难发挥实质性的作用，该企业发生再次犯罪的可能性仍然是存在的。

那么，如何对涉案企业的犯罪原因作出准确全面的揭示呢？通常而言，不同的企业存在着各不相同的犯罪原因，检察机关在合规整改过程中需要对涉案企业的犯罪原因给予差异化的分析。但是，通过分析近年来我国检察机关合规整改的实践情况，我们大体可以将犯罪原因诊断区分为以下几个方面：一是公司治理结构出现重大缺陷；二是公司在经营管理机制上存在重大漏洞；三是公司在财务管理上存在隐患；四是公司在法务管理上的不足，没有建立针对风险业务的合规性审查机制；五是公司在经营方式和商业模式上存在违法犯罪的隐患；六是公司在对员工、子公司、客户、第三方商业伙伴、被并购企业管理上，存在重大疏漏。下面对这些犯罪原因依次作出简要分析。

（一）企业的治理结构缺陷

根据现代公司治理的基本原理，公司作为具有独立法律人格的法人，不应与决策者和管理者产生人格混同，作为公司所有者的股东应当监督公司的运营情况，作为公司决策者的董事会应对管理者进行监督，作为公司运营管理者的管理团队应当向董事会负责，维护股东的利益。但是，受多方面因素的制约，我国很多企业并没有建立基本的现代公司治理结构，公司人格与管理者人格混同的情况经常发生，股东大会（股东会）形同虚设，董事会开会也流于形式，公司的决策和运营被实际控制在董事长、总经理甚至某一“实际控制人”手中。这种强势人物不仅架空了董事会，而且使公司的所有管理制度虚置化。在近期的合规监督考察制度改革中，很多中小微企业甚至上市公司，在发生诸如非法经营、串通投标、虚开增值税发票、污染环境等刑事案件方面，都是由这种强势人物直接决策、授权或者允许的。

例如，某从事科技业务的上市公司，董事长架空了由9名董事组成的董事会，极少召开董事会会议，自行决定引入职业经理人，将决策权、经营权和财务管理权进行全面放权，导致董事会对公司的经营活动失去控制，职业经理人及其聘用的团队全面接管企业，在不受制约的情况下实施了违规披露重要信息行为，导致该董事长和管理人员被立案侦查，该企业也涉嫌犯有违规披露重要信息罪。

（二）企业的经营管理漏洞

企业是以营利为目的的商业组织。但在我国，很多行业都处于“行政机关监管不力”“企业野蛮生长”的状态，监管部门动辄采取选择性执法和运动式执法的做法，企业的商业竞争处于无序的状态。[1]在此背景下，企业管理团队经常存在侥幸心理，铤而走险，采取各种“走捷径”“踩红线”的违法违规经营行为。尤其是众多企业制定了业务考核协议，将产品销售额、工程中标额、完成利润额等作为主要的绩效考核指标，将部门、员工完成工作业绩的结果与其工资奖金福利直接挂钩，形成了一种“人人追求经济利益”“事事关乎营业指标”的经营管理方式。结果，在管理层的授权或默许下，企业管理人员或员工实施了诸多方面的违法犯罪行为。

例如，某医药生产企业为了某种新药尽快获得生产许可或者成为医院处方药，要么向药监部门行贿，要么向医院药品采购人员行贿，要么给予医务人员明码标价的“回扣”。在一种普遍实施商业贿赂的竞争环境中，该企业被认定构成单位行贿罪。又如，某交通工程公司追求经济利益至上的经营方式，为获得工程项目招投标的顺利过关，由总经济师一人拍板决定，负责参与招投标的部门与另外一家企业实施相互违法陪标的行为，结果构成串通投标罪。再如，某不锈钢产品制造企业在生产高科技产品过程中，产生了大量有毒有害的废水，而要彻底处理这些废水，又需要投入巨额资金建立治污设施。为节省资金，追求较高的商业回报，该企业一直不购买排污治污设备，

〔1〕　参见陈瑞华：《论企业合规在行政监管机制中的地位》，载《上海政法学院学报（法治论丛）》2021年第3期。

而默许生产部门直接将大量废水排放到城市下水道管网，结果构成污染环境罪。

（三）企业的财务管理漏洞

很多企业尽管建立了财务管理制度，但这种财务管理更多地侧重于预防财务部门和财务人员的徇私舞弊行为，而没有将合规风险的管控引入财务管理体系之中。在涉及财务管理领域的风险防控方面，过于注重商业利益，而忽视了合规地从事管理工作，更没有形成相互制约平衡的财务法律风险防控体系。结果，在诸如开具发票、设立账外资金、接受外单位资金、提供贷款担保等方面，经常出现违法违规行为，甚至构成某种特定的犯罪。

例如，某民营企业董事长为帮助企业获得土地使用权，向当地主管官员进行行贿，行贿款使用的是公司的账外资金，事后在财务部门冲账报销。在该起行贿事件中，公司财务管理几乎形同虚设，董事长提取资金和报销冲账行为几乎畅通无阻。又如，本文案例1属于一起非法经营案件，企业财务部门为其他企业提供“过单业务”，通过公司对公账户帮助其他企业转移资金，转入个人账户，并按比例收取一定的报酬，构成非法经营罪。再如，在一系列虚开增值税发票案件中，企业财务审核形同虚设，对于没有真实商品交易或商业服务的事项，开具虚假的增值税发票，并在财务上加以列支和冲抵。

（四）企业的合规性审查缺陷

很多企业都没有设立合规管理部门，即便设立了法务部门，也仅有为数甚少的法务人员。这些法务人员所从事的往往是对企业合同、知识产权、劳动人事等事务的处理，要么从事日常性的合法性审查，要么从事起诉或者应诉工作。但是，对于企业决策、经营、财务以及业务活动是否存在违反行政法规或刑事法律的问题，法务部门则很少进行专门的合规性审查。[1]尤其是数年内在企业接连发生的行政违规事件，企业不做任何预警处理，既不进行内部调查，也不采取补救措施

〔1〕 参见陈瑞华：《论企业合规的性质》，载《浙江工商大学学报》2021年第1期。

施。可想而知，企业对于几乎所有投资、并购、业务、经营等敏感复杂的活动，在面临一系列行政监管风险，甚至面临各种刑事法律风险的情况下，竟然从不进行合规性审查，既不对其是否违反行政监管法律作出专门的审核，也不对其是否触犯刑事法律进行有针对性的检查，在此情况下，企业构成某一犯罪也就不足为奇了。

例如，在前述案例2中，涉案的国有煤矿对于供应商的超范围开采和无证开采问题，并没有关注其中的刑事法律风险，也没有进行合规性审查，而是采取放任自流的态度。该企业甚至就连一名从事法务工作的员工都没有。而作为母公司的上级企业，尽管设立了法务部门，但区区几名法务人员，就连应付本企业的合同审核、出庭应诉等工作都勉为其难，就更不用说对下级分公司进行法律风险防控了。正是这种对刑事法律风险的普遍忽视，没有对公司经营重大敏感环节的合规性审查，才造成企业陷入非法采矿的指控之中。

（五）企业经营模式的“犯罪基因”

一些企业设计出一种新颖的商业模式，或者采用了一种十分复杂的经营方式，但对于这种商业模式或经营方式并没有进行合规性评估，没有消除其中的刑事法律风险。尤其是随着市场经济的发展，一些新兴产业相继出现，这些产业在给企业带来巨大商机的同时，也蕴含着多方面的法律风险。这种经营模式要么违反行政法规，带来行政法律风险；要么触犯刑事法律，带来刑事法律风险。例如，近年来存在很多争议的P2P、“套路贷”、互联网金融以及大数据征信等经营方式，都处于合法与违法的边缘地带，这种经营方式很可能符合特定犯罪的构成要件，存在着特定的“犯罪基因”。可以说，在企业的某一种商业经营模式本身就符合特定犯罪构成要件的情况下，企业竟然不对这种经营模式的合法性进行审核评估，更不按照《刑法》要求对经营模式进行“除罪化”处理，那么，企业构成犯罪就不可避免。

（六）对员工、第三方、被并购企业管理的失控

企业在经营过程中经常遇到来自员工的法律风险。这里所说的员工，既包括普通单位职工、管理人员，也包括来自分公司、子公司的

工作人员。根据我国《刑法》，只要单位员工以单位名义，为单位利益，实施了危害社会的行为，就可以成立单位犯罪。企业在对上述员工没有建立合规管理制度的情况下，后者的犯罪行为就很容易被推定为单位行为，单位因此要为员工的行为承担刑事责任。这里存在着一个基本的法律逻辑：员工实施了犯罪行为，单位因此行为而获得利益，而单位又没有建立一种管理制度，来对员工的行为加以禁止、防范和控制，那么，这种员工行为就应被视为体现了单位的意志，应被视为单位行为。[1]

与此同时，企业在经营过程中经常会遇到一种来自第三方商业伙伴的法律风险。所谓第三方商业伙伴，通常是指那些与企业经营活动存在合作关系的其他企业或者个人，包括上游的供应商、中游的代理商以及下游的销售商。在那些系统性单位犯罪案件中，企业并没有授意或者指令某一第三方商业伙伴实施犯罪行为，而是在第三方实施某一犯罪行为时，作出了默许或者被动接受的意思表示，以至于构成特定犯罪的共犯。而在那些非系统性单位犯罪案件中，企业自身并没有实施犯罪的主观意志，而是因为上述第三方商业伙伴以企业名义，为企业的利益实施了犯罪行为，从而导致企业承担了一种“连带责任”，构成某一特定的犯罪。在司法实践中，对第三方商业伙伴管理的失控，通常是企业被追究刑事责任的重要原因。

在前述案例2中，涉案国有煤矿与供应商签订了供货合同，但是对于该供应商，该煤矿既没有进行资格审查，没有进行尽职调查和风险评估，也没有对其开采泥砂行为的合法性进行持续不断地合法性审查，而是采取完全放任的态度，对其提供的低价泥砂照单全收。结果，在该供应商构成非法采矿罪的情况下，非法接收泥砂的煤矿也构成非法采矿罪的共犯。而在另一起单位行贿案件中，帮助企业销售汽车的销售商，采取给予巨额回扣的方式销售汽车，在销售商构成行贿罪的情况下，企业也因为没有建立任何有关防止销售商商业贿赂行为的管理制度，因而构成单位行贿罪。

不仅如此，有些单位甚至还有可能受到被并购企业的牵连。在

---

〔1〕 参见陈瑞华：《合规视野下的企业刑事责任问题》，载《环球法律评论》2020年第1期。

企业并购活动中，假如并购方对于被并购方不进行实质性的尽职调查和风险评估，并购完成后又不进行必要的风险管理工作，那么，被并购企业所实施的犯罪行为，就有可能成为并购企业承担刑事责任的根据。尤其是在并购之前存在的犯罪行为，在并购完成后被立案查处的，并购企业假如没有进行并购前的合规管理，也没有进行必要的责任切割，那么，并购企业承担相应的刑事责任，就成为高概率事件。

四、合规整改的针对性措施

——制度纠错

与日常性合规体系建设不同的是，合规整改是一种有针对性的合规制度重建活动。在检察机关启动合规考察程序的情况下，涉案企业所面对的不是潜在的合规风险，而是已经爆发的犯罪事件；涉案企业要针对自身发生犯罪的制度原因，提出填补制度漏洞的方案，以预防类似犯罪事件再次发生。面对治理结构和管理制度“千疮百孔”的局面，涉案企业要做到有效地合规整改，就不能动辄引入所谓的“有效合规计划”，建立一种大而全的“合规体系”，而应当首先进行制度纠错和管理修复，也就是展开通常所说的“犯罪控制”，避免原有的犯罪活动重新发生。所谓“制度纠错”和“管理修复”，包含着“破”和“立”的过程，前者是指涉案企业对那些存在漏洞和缺陷的治理结构和管理模式作出废除和撤销的活动，目的在于终止那些有缺陷的制度安排，阻断企业犯罪发生的因果链条；后者则是指涉案企业在消除制度隐患的前提下展开的制度重建活动，目的则在于引入新的制度元素，推动企业引入新的治理结构和管理模式，改造企业的经营理念，使其走上依法依规经营的轨道。

这里所说的制度纠错和管理修复，具有“针对漏洞打补丁”的性质，还不等于合规体系的建立。毕竟，我国绝大多数涉案企业在发生犯罪之前，还没有建立合规管理体系。而在犯罪发生后，涉案企业假如直接引入一种标准化的合规管理体系，就无法“对症下药”，根本无法消除犯罪发生的制度原因。企业要展开有效的合规整改，就应将制度纠错和管理修复作为制度重建的第一步。唯有如此，才能有效地消除诱发犯罪的制度隐患，为引入体系化的合规管理机制奠定制度基础。为对此作出充分说明，我们先分析一个案例。

【案例3】江苏省张家港市L化机有限公司（L公司）是一家从事不锈钢产品研发和生产的省级高科技民营企业，2018年下半年，该公司在未取得生态环境部门环境评价的情况下建设酸洗池，并于2019年2月私设暗管，将含有镍、铬等重金属的酸洗废水排放至生活污水管，造成严重环境污染。2020年8月，张家港市公安局以L公司和张某等人涉嫌污染环境罪向检察机关移送审查起诉，张家港市检察院进行办案影响评估并听取L公司合规意愿后，指导该公司开展合规建设，在听取行政机关意见并审查企业书面承诺的基础上，检察机关作出了合规考察决定。

涉案企业在律师帮助下，经过内部调查，认为企业主要存在两个方面的问题和隐患：一是公司管理层合规意识不强，专注于生产、销售等环节的经营管理，忽视了废料环保处置等工作，缺乏刑事风险防控意识；二是公司在废水处置方面存在漏洞，对废水的处置未遵守相关法律法规。

针对公司在环保管理方面存在的制度漏洞，涉案企业采取了以下合规整改措施：(1)公司从“企业运营、生产安全、财税申报、环保处置、应急管理、纪检内核”六个方面，建立了合规管理制度，制定了《员工手册》、《合规政策》和《合规执行手册》，发给公司管理层和重要岗位职工；(2)建立合规执行领导小组，以公司总经理为组长，行政主管和律师为副组长，各班组负责人为成员，建立合规执行领导小组，通过组织培训、巡查、签署承诺书、签署保密协议等方式落实各项合规制度；(3)在收到环保监管部门的处置决定后，公司立即对酸洗装置进行了封存，对原来酸洗处置的厂区进行了整改，对排污管道进行了环保清理，并将酸洗工作外包给有环保处理资质的公司;(4)针对公司可能在生产经营中产生的废物、废水、废料等物质进行梳理,根据查找到的风险防控点,制定了《污染防治工作责任制》《职业病防治手册》,界定了环保处置隐患、管理职责和防治措施;(5)公司制定了废料处置流程图、废料处置注意事项、废料处置责任榜等广告牌,放置在公司醒目位置,提醒管理层和员工注意环保处置,增强环保意识;(6)建立合规培训制度,在对公司高管进行合规培训的基础上,将定期或不定期地聘请专业人士进行全员合规培训,提高员工和管理人员的环保意识和依法依规经营意识。[1]

这一案例曾被最高人民检察院列为企业监管考察第一成功案例。受多方面条件所限,检察机关所进行的合规整改采取的是一种"简式合规程序",所接受的整改方案也主要是一种制度纠错和管理修复措施。涉案企业所提出的一些改进措施,都是针对管理漏洞所作的制度纠错和修复。例如,针对过去刑事法律风险防控机制的缺失问题,企业提出了建立合规管理制度的方案;针对过去企业合规性审查欠缺的问题,企业建立了合规管理组织;针对原来企业没有专门污染处理能力的问题,企业建立了污染治理外包的措施;针对员工和管理人员缺乏环保意识的问题,企业建立培训机制和环保宣传措施等等。

那么,有针对性的制度纠错和管理修复究竟包含哪些要素呢?原则上,涉案企业在治理结构、经营管理、财务管理、法务管理、第三方管理等方面,只要存在缺陷和漏洞的地方,都是需要作出纠正和修补的地方。迄今为止,对于这一问题还没有出现较为系统的研究成果。与对犯罪原因的诊断问题一样,我们对于制度纠错和管理修复也可以采取经验主义的态度,根据既往较为成熟的合规整改案例,提炼出若干项公认的制度纠错和管理修复的要素。

〔1〕 参见《企业合规改革试点典型案例》,载《检察日报》2021年6月4日,第2版。

（一）对公司治理结构的改造

很多企业出现犯罪问题，都是因为在治理结构上存在着诸多方面的缺陷和漏洞。要防止企业再次发生类似的犯罪问题，就需要对其治理结构作出相应的调整和改造。[1]根据我国的司法实践，无论是中小微企业，还是上市或者拟上市企业，都存在着董事长、总经理或实际控制人在经营管理中权力过于集中的问题，这也往往是企业构成犯罪的主要原因。为避免企业重蹈覆辙，检察机关应当监督企业对其治理结构作出实质性改造。其要点有三：一是对于那些系统性单位犯罪案件，董事长、总经理或实际控制人是犯罪行为的决策者、授权者或默认者，也是本案的犯罪嫌疑人，该企业要作出有效的合规整改，就需要将这位董事长、总经理或实际控制人排除在决策者、经营者或控制者之外，更换董事会、监事会或管理团队，使那些与案件没有牵连的董事或职业经理人成为董事长或者总经理。这符合“严惩责任人，才能放过企业”的合规理念。二是对于那些因为员工、第三方、被并购企业犯罪而承担连带责任的非系统性单位犯罪案件，企业因为没有建立合规管理机制而承担连带责任，检察机关在合规整改中，应激活董事会的监督、决策职能，引入外部独立董事，将首席合规官任命为董事会秘书或董事，或者加强监事会的监督作用，使得管理团队的经营活动受到有效制约。三是有条件的企业，可以设立合规监管委员会或者合规管理领导小组，由董事长、总经理担任成员，由一名非执行董事担任负责人，对企业合规管理负有最高责任。

（二）撤销或改造存在隐患的业务、产品、经营方式、商业模式

很多企业之所以走上犯罪的道路，是因为所从事的业务、生产的产品、采取的经营方式或商业模式，存在着违法犯罪的隐患。在合规整改过程中，涉案企业需要对这些存在隐患的业务、产品、经营方式或商业模式果断地作出取舍，对于短时间内无法改造的部分予以撤销，对于有希望加以改造的部分则作出实质性的改造，由此才能消除再次发生犯罪的隐患。例如，在前述案例3中，涉案企业放弃了自行

---

〔1〕 参见邓峰：《公司合规的源流及中国的制度局限》，载《比较法研究》2020年第1期。

处理污染物的尝试，而将治污业务外包给一家有资质的环保企业。又如，某一涉嫌污染环境的企业，在合规整改过程中，直接将短时间内无法消除污染环境隐患的业务予以关停，而改做其他低污染的业务，从事低污染的产品生产。再如，某一涉嫌非法经营罪的企业，将原有没有经过授权批准的经营业务予以停止，改为从事一种已得到批准的业务或产品，消除了生产经营中的“非法性”。还有，涉案企业原有经营方式或商业模式自身含有特定犯罪构成要件的内容，处于合法与违法的边缘地带，在合规整改过程中，涉案企业对此作出实质性的改造，去除了原有的“犯罪元素”，避免了对犯罪红线的触碰，实现了经营方式的“去犯罪化”。

（三）对企业经营管理模式的改造

很多企业之所以走上犯罪的道路，跟企业过于注重经营业绩、偏重管理人员和员工的经济贡献有着密切的关系。在这种“杀鸡取卵”“不计代价”的经营理念影响下，企业法务部门的审核把关作用显然就引不起高度重视，企业业务的合规性审查也就被置于可有可无的境地。涉案企业要进行实质性的合规整改，就应改变这种“为盈利而不择手段”的经营理念，确立“依法依规经营”的原则，强化企业的法务管理和合规管理，设立法律与合规部门，并将法务与合规的管理职能加以分离，使得法务部门负责处理企业的民商事法律问题，而合规部门则承担合规风险的防控职责。与此同时，在企业已经发生犯罪事件的情况下，对于企业所有与相关刑事法律风险有关的投资、经营、业务、交易、招投标等方面的活动，都应建立合规性审查机制，也就是上述存在风险的活动，都应由合规部门对其合法性、合规性进行事先审查，出具合规审查报告。对于任何未经合规审查通过的业务活动，按照“谁决策，谁负责”的原则，确定相应的责任切割机制，使相关决策者和执行者具备较强的风险意识和责任意识。

（四）对财务管理机制的改造

很多企业的财务管理较为注重“开源节流”的功能，而对其中蕴含的刑事法律风险视而不见。涉案企业在对财务管理进行重新塑造的过程中，应当以刑事法律风险防控作为加强制约与平衡机制的目标。例如，可以考虑激活企业董事会审计委员会的职能，使其对企业财务管理发挥监督作用；可以考虑加强对财务管理的多重审核负责机制，建立财务部、分管副总经理和合规部门三级合规性审核签字的机制；可以考虑引入外部审计机制，由董事会授权、合规部门委托外部独立专业审计机构，对企业的财务管理进行独立的外部审计，该项外部审计报告应定期进行，并被提交企业管理团队和董事会。

（五）改变对员工、第三方和被并购企业放任自由流的管理模式

针对那些非系统性单位犯罪事件，涉案企业在合规整改过程中，应当建立针对员工、第三方和被并购企业的合规管理制度，确立企业与这些关联人员的责任切割和风险转移机制，建立企业的“隔离带”和“防火墙”。例如，对于因员工的违法犯罪行为而承担连带责任的企业，检察机关应督促其制定《员工手册》，将相关的法律法规所禁止的规定详尽地列入员工手册中，同时建立合规培训和合规承诺制度，对员工开展定期的培训，使其了解《员工手册》所禁止的行为和相关法律规定，并对遵守《员工手册》作出书面承诺。又如，对于因为第三方商业伙伴违法犯罪行为而引发的单位犯罪事件，涉案企业应当建立供应商、代理商、销售商的资格审查制度，设立白名单，激活合规尽职调查制度，根据尽职调查结果确定对第三方的合规分级动态管理，并建立不合规第三方的退出机制。再如，对于因被并购企业违法犯罪行为而引发的单位犯罪事件，涉案企业应当建立并购前的尽职调查制度，对被并购企业的情况作出全面的背景调查，并对可能出现的合规风险作出评估，加强对被并购企业的合规管理，如此方能将被并购企业与并购企业的刑事责任加以切割。

（六）打破企业封闭和集权的管理模式，引入外部独立的专业机构

很多涉案企业内部管理存在封闭和集权的问题，造成内部制约机制形同虚设，企业负责人或高层管理人员权力不受制约，以至于在

面临严重刑事法律风险时仍浑然不觉。在合规整改过程中，涉案企业要有效地调整原有的治理结构、经营管理、财务管理、法务管理机制，就应引入外部独立的专业机构或专业人员，使其发挥独立的合规管理作用。例如，涉案企业需要引入外部律师团队，协助企业进行合规风险评估和制度纠错工作；涉案企业需要引入外部独立的环保、税务、审计专家，对企业的合规整改作出评估，提出专业的建议；涉案企业有时还需要引入若干名独立董事，以改善董事会的结构，强化董事会的独立性，使其发挥监督和制约执行董事的作用；涉案企业有时也需要引入外部独立专家，担任企业合规管理委员会负责人或者首席合规官，以强化这两种职务的权威性和独立性。

五、合规整改的归宿

——专项合规体系的构建

迄今为止，我国检察机关经过改革探索，推出了两种合规整改模式：一是“简式合规模式”，二是“范式合规模式”，前者适用于那些由中小微企业涉嫌实施的轻微单位犯罪案件，后者则适用于那些由大型企业涉嫌实施的重大单位犯罪案件。[1]对于适用简式合规模式的案件，检察机关通常先作出相对不起诉的决定，然后向企业提出检察建议，责令其在特定期限内开展合规整改工作。考虑到检察机关的不起诉决定一旦作出，涉案企业就失去了强有力的合规激励，因此，适用这一模式的涉案企业，最多做到有针对性的制度纠错和管理修复，就达到较为现实的整改目标了。当检察机关再次提出建立合规管理体系的要求，便很难达到预期效果。相反，对于适用范式合规模式的涉案企业，检察机关对其合规整改报告经过审查，一旦启动合规考察程序，就可以安排6个月至1年的合规考察期，指派独立的第三方合规监管人，监督并指导企业开展合规建设，在合规考察期结束前还要进行

〔1〕 这两种合规模式的概念，最早是由上海市金山区检察院在改革探索中提出来的。参见孟广军等：《严管厚爱，为企业送上“法治定心丸”》，载《检察日报》2021年7月12日，第5版。

专门的整改验收。因此，在这一模式下，合规整改不应仅仅止步于有针对性的制度纠错和管理修复，还应引入一种有针对性的合规管理体系。〔1〕

在合规整改中引入合规管理体系，一般可以避免制度纠错和管理修复活动的局限性，从整体上长远地达到犯罪预防的效果。首先，制度纠错和管理修复具有“就事论事”的局限性，属于“针对漏洞打补丁”的修补性活动，只能解决迫在眉睫的合规风险，只能修补已经暴露的制度漏洞，但对于潜在的其他合规风险，却无法发挥预防的效果。其次，制度纠错和管理修复只能针对已经爆发的犯罪改进管理机制，却无法针对其他相关的犯罪行为的发生发挥预防效果。例如，这种有针对性的整改或许可以解决虚开增值税发票犯罪的再次发生，却难以消除其他税收犯罪活动；可以减少污染环境行为，却无法建立环境资源保护的管理体系；可以避免企业侵犯商业秘密的事件再次发生，却无法防止企业侵犯知识产权的再次发生……再次，制度纠错和管理修复只能对同类犯罪的再次发生发挥预防作用，却无法有效应对企业的相关合规风险，发挥监控作用，既无法对企业经营中的违法违规行为产生“实时监控”和“全方位雷达预警”效果，也无法在企业发生违法违规事件后，发挥有效应对、积极补救的“自我监管”作用。最后，制度纠错和管理修复只能针对特定犯罪构成产生预防效果，而无法实现企业犯罪的“源头治理”，无法实现刑事合规与行政合规的有机衔接，而在企业难以预防行政违规行为的情况下，要想从根本上避免特定“行政犯”行为的再次发生，也几乎是不可能的。

为克服制度纠错和管理修复活动所具有的局限性，涉案企业需要建立一种完整的合规管理体系。这种管理体系可以从整体上、全面地长远地发挥预防相关犯罪的效用。从最理想的角度来看，任何一个接受合规考察的涉案企业，都应当在制度纠错和管理修复的前提下，建立一种合规管理体系。〔2〕但考虑到合规整改受到一系列现实条件的限制，尤其是合规整改期限较为短暂，企业要满足一系列繁杂的整改

〔1〕 参见陈瑞华：《刑事诉讼的合规激励模式》，载《中国法学》2020年第6期。

〔2〕 参见［美］M.J.爱波斯坦、K.O.汉森主编：《公司治理》，聂佃忠、张悦等译，北京大学出版社2014年版，第232~234页。

要求，第三方合规监管人的专业化水平有待提升，等等。因此，要指望涉案企业建立一种全面的合规计划，是极不现实的，也是没有必要的。那么，涉案企业究竟应建立什么样的合规体系呢？我们可以通过讨论一个案例，来对此作出提炼和总结。

【案例4】深圳某数据公司是一家基于云计算和大数据技术开展金融科技研发为主要业务的公司，主营业务是基于网络及其附属平台，为用户提供证券资讯、行情信息、数据统计、交易辅助等服务。从2015年开始，该公司未经证监部门许可，利用公司开发的APP销售荐股软件，销售额为人民币571万余元，涉嫌非法经营罪。案发后，该公司及其法定代表人均认罪认罚，将相关违法的业务停顿，并向已经购买涉案软件的客户进行退款，自愿接受检察机关的刑事合规监督考察。检察机关指派了合规监管人，设定了6个月的刑事监督考察期限。

该公司在独立监管人的督导下，通过积极自查，深入剖析了涉案违规行为发生的原因，特别是公司在产品（业务）立项、执行，以及产品营销、日常运营、售后咨询等方面存在的合规风险点以及管控薄弱环节。在合规风险排查的基础上，公司制定了以严控产品立项合规性审查为核心的《合规整改计划》。《合规整改计划》明确的整改措施包括：（1）全面停止涉案违法行为，并积极退缴非法收入；（2）针对违规事件开展面向公司全员的警示与惩戒活动；（3）任命专职合规管理人员，明确合规管理人员的职权、职责以及预算等资源支持，保障合规管理人员的独立性、权威性和专业性；（4）针对违规事件暴露出的高风险业务环节，在产品（业务）立项的事前、事中、事后环节嵌入合规审查、合规检查程序；（5）宣贯合规文化，建立常态化、制度化、全覆盖且有重点的合规培训制度。

在合规整改实施过程中，涉案公司在独立监管人的监督指导下，采取了以下合规整改措施：（1）全面采取了入口

> 清理、付款屏蔽、使用界面下线、后台数据处理模块删除等措施，永久性关停所有涉嫌违规的业务，为相关用户办理退款。（2）公开发布了《致全体公司同事的一封信》，就违规事件进行反思、检讨，就开展合规风险排查、停止风险业务、坚持合规经营表态。（3）制订了《合规管理制度》，明确合规委员会、合规管理人员的职权、职责以及预算等资源支持；任命了不从事经营活动的人员担任合规管理人员；合规管理人员签署《任职承诺书》，承诺认真履职，对公司的合规经营负责。（4）制订了《产品（业务）立项审查管理制度》，明确了“未经合规审查，或者经合规审查发现存在重大合规风险且无法有效化解的产品/业务，公司不得立项及开展”、“监管部门（包括但不仅限于企业股东会、合规委员会等）对企业的产品业务定期或不定期地进行抽查”、“涉及公司重大、核心产品（业务）的立项，需聘任第三方机构展开专业评估审查并给出书面评估意见”以及“形成的立项报告书、相关会议记录等执行性文件应当归档”等机制。（5）制订了《合规文化宣传培训制度》；公司高管已经签署《合规承诺书》，承诺合规经营，为合规管理提供充分的人力、物力、财力、技术支持；组织开展全员合规培训，形成了培训记录、签到表等培训档案。〔1〕

在合规监管人的监督指导下，涉案企业进行的合规整改措施，有些属于具有针对性的制度纠错和管理修复活动，有些则具有合规管理体系构建的性质。例如，建立合规管理制度，设立合规组织体系；制定产品立项合规审查制度，强调未经合规审查，企业不得从事产品或服务的立项或开展；制定合规培训制度，高管签署合规承诺书，企业组织全员合规培训，等等。当然，这些体系性整改措施，并不是对日常性合规管理体系的简单照搬，仍然具有一定的“针对性”，是从体系

〔1〕 本案例由北京金杜律师事务所吴巍律师合规团队提供。她们在这个案件的合规考察程序中担任合规监管人。感谢吴巍律师的大力支持。

化的角度所建立的犯罪预防机制。

通过对数个较为成功的合规整改案例的剖析，我们发现合规整改中的体系化建设，属于“有针对性的合规体系建设”，这种体系具有以下几个方面的特征：一是与日常性合规管理体系不同，合规整改要引入的是“专项合规管理体系”，要注重合规体系建设的“有针对性”和“专门性”；二是在强调犯罪预防的前提下，进行必要的合规延伸，将企业相关的行政法律风险作为防控的对象；三是将“基础性合规要素”与“专门性合规要素”有机整合；四是在合规考察期十分有限的情况下，为达到预防相关犯罪的目标，企业应满足若干项最低限度的合规管理要求。

（一）专项合规体系

在没有发生危机的情况下，企业所进行的日常性合规管理体系建设，通常可以基于合规风险评估情况，建立若干项专门性的合规管理体系。[1]但合规整改发生在刑事司法程序之中，企业已经涉嫌某一特定犯罪，涉案企业不可能再进行全方位的合规风险评估，而只能针对所发生的犯罪行为，建立特定化的合规管理体系。

在合规考察制度改革初期，一些检察机关对于涉嫌特定犯罪的企业，发现其存多个领域的合规风险，便责令其建立若干个专项合规体系。这种合规体系建设显然是不成功的，属于无效的合规整改。例如，对一个涉嫌虚开增值税发票犯罪的企业，检察机关竟然责令其建立税收、环保、安全生产、知识产权保护、产品质量等多个合规体系。这与检察机关对合规整改的模糊认识具有密切的关系。但随着改革的深入推进，检察机关普遍认识到，合规整改只能采取特定的专项合规体系建设。在极为有限的合规考察期内，检察机关即便发现企业存在其他尚未暴露的违法行为，或者发现企业存在其他领域的合规风险，也不宜启动其他专项合规体系的建设。检察机关应当专注于企业所涉嫌的特定犯罪行为，责令企业查找导致犯罪发生的制度原因和管理隐患，进行有针对性的制度纠错和补救，引入某一专项合规管理体

〔1〕 参见陈瑞华：《中兴公司的专项合规计划》，载《中国律师》2020年第2期。

系。从现实可行性的角度来说，涉案企业在考察期内能够建立这种专项合规管理体系，就相当不容易了。至于其他存在重大风险的合规领域，则可以留待合规考察结束后，建议企业再进一步扩展其合规管理的领域，引入其他类型的合规体系。

但是，有针对性地建立合规体系，并不意味着仅仅针对特定的犯罪进行“就事论事”的改正，更不等于针对制度漏洞进行“打补丁”式的修复工作。因为这种整改具有先天的局限性，无法从整体上建立一套预防犯罪发生的管理体系。以违法发放贷款罪为例。涉案企业即便通过制度调整预防了违法发放贷款行为，但假如不建立整体性的合规体系，那么，涉案企业和管理人员照样可能构成骗取贷款或者贷款诈骗罪的共犯，或者构成其他企业人员失职类的犯罪。为克服这种“修修补补”的合规整改所带来的问题，用长远的眼光来看，从整体构建预防相关犯罪的合规体系需要引入一种“类型化合规体系”的思维，也就是针对企业所涉嫌实施的犯罪行为，将其归入某一犯罪类型，按照这一类型确立合规体系。

例如，针对企业涉嫌虚开增值税发票的犯罪行为，检察机关要督促企业建立税收合规管理体系；那些涉嫌污染环境、非法采矿等犯罪的企业，需要建立环境资源保护合规管理体系；那些涉嫌实施生产销售假冒注册商标商品的企业，需要建立知识产权保护合规管理体系；那些涉嫌实施串通投标、非法经营等犯罪的企业，需要建立反不正当竞争合规体系；那些涉嫌实施单位行贿罪的企业，需要建立反商业贿赂合规体系；那些涉嫌实施侵犯公民个人信息、帮助信息网络犯罪活动等犯罪的企业，则需要建立数据保护合规管理体系。唯有建立这种从“一罪”到“一类罪”的犯罪预防体系，才能避免“打补丁”式的合规整改，对涉案企业再次发生的所有犯罪行为，产生阻断和防控的效果。

（二）刑事合规与行政合规的衔接

很多学者和实务界人士高度重视“刑事合规”的重要性，强调进行合规整改的目的在于实现国家与企业的协同性犯罪治理。这固然是不错的论断，但是，假如涉案企业在合规体系建设中仅仅将预防的对象放在犯罪行为上面，那么，所谓的“犯罪预防”也是根本无法实现的。这是因为，我国的单位犯罪大多数都是“行政犯”，也就是从行政违法违规行为转化过来的犯罪行为。根据“法秩序统一性”的原理，企业构成这类“行政犯”的前提，是触犯了特定的行政法规，构成行政不法行为。而在构成行政违法的前提下，由于行为所造成的社会危害后果达到了特定数量、情节或者具备了特定的构成要件，因而转化为犯罪行为。[1]这显然说明，所谓的“单位犯罪”与“单位行政违法行为”，并不存在实质性的界限，只要达到《刑法》所规定的数量、情节要求，或者具备了特定构成要件，单位行政违法行为就可以随时转化为单位犯罪。正因为如此，假如涉案企业在合规整改过程中，动辄将预防该类“行政犯”的再次发生作为建立合规体系的目标，那么，这种合规整改充其量只能预防犯罪行为的再次发生，而不可能预防行政违法行为的再次发生。但在企业合规体系无力阻止其继续实施行政违法行为的情况下，该企业就可能继续“野蛮生长”，在行政违法方面突破界限，走向犯罪道路。

基于上述考虑，一个有效的合规整改方案应当注重刑事合规与行政合规的有效衔接，将预防企业行政违法作为合规体系建设的基本目标，才能实现企业犯罪的“源头治理”，避免企业从行政违法走向犯罪道路。因此，有针对性的合规体系建设，应当将特定领域的行政违法预防作为基本目标，在专项合规政策和员工手册中，确立有可能导致企业出现行政违法的一系列行为准则，将行政法规所确立的禁止性规则，全都吸纳进合规政策和员工手册之中，并融入到企业的决策、业务、财务、人事管理的每一流程。唯有杜绝任何形式的行政违法，才能防微杜渐，避免企业在某一领域出现犯罪事件。

（三）“基础性合规”与“专门性合规”的结合

按照我国合规实务界人士的普遍看法，有效合规计划可以包括合规计划设计的有效性、合规计划执行的有效性以及合规计划结果的

---

〔1〕 参见陈瑞华：《行政不法事实与犯罪事实的层次性理论　兼论行政不法行为向犯罪转化的事实认定问题》，载《中外法学》2019年第1期。

有效性。这对于评估日常性合规体系建设的有效性，或许是可以适用的。但对于检察机关主导的合规考察程序而言，在较为有限的合规考察期内，涉案企业要达到上述三个方面的有效合规标准，几乎是不可能完成的任务。考虑到我国涉案企业大都没有建立合规体系，因此，检察机关需要督促其建立一种“基础性合规体系”，也就是“从无到有”地引入合规管理的准则、组织和程序。与此同时，涉案企业在建立“基础性合规体系”的基础上，还应当引入“专门性合规体系”的要素，使其渗透到合规管理政策、标准、程序的某一环节，发挥有针对性地预防特定类型犯罪的作用。在一定程度上，有效的合规整改就等于“基础性合规要素”与“专门性合规要素”的有机结合。

所谓“基础性合规要素”，主要是指那些对于预防任何犯罪都具有积极效果的合规管理要素。这些要素通常表现为三个方面：一是合规章程和商业行为准则；二是合规组织体系；三是合规的程序，包括合规审查、预防、监控和应对在内的程序流程。其中，企业发布具有最高效力的合规章程或商业行为准则，是企业建立合规体系的标志，也是体现企业合规价值理念、管理架构的规范文件；合规组织是确保企业开展有效合规管理的人事基础，那些大型企业可以采用合规组织的最高标准——由董事会合规管理委员会、首席合规官、合规部和分支机构合规部组成的四级组织结构；在合规组织建立的前提下，涉案企业应确立合规审查机制，任何一项业务或产品的立项，都应经受合规部门的合规性审查，对于存在重大合规风险的业务或者产品，合规部门可以提出异议甚至否决的建议；在预防体系搭建方面，大型企业，尤其是上市或拟上市公司，应当建立包括定期合规风险评估、尽职调查、合规培训、合规宣传沟通在内的预防体系；在监控体系建设方面，完整的合规风险识别可以包括合规巡视、合规报告、内部举报、合规审计等机制。还有，在应对体系方面，涉案企业根据自身情况，可以确立包括合规内部调查、反舞弊调查、合规奖惩、持续不断地改进等机制，以确保企业对于违规事件作出恰当及时的处置和补救。

所谓“专门性合规要素”，则是指在搭建“基础性合规体系”的前提下，将那些与某一类型犯罪预防有关的制度元素，渗透到合规章程、政策、组织和程序流程之中，使得合规管理具有明确具体的指向目标，而不至于流于形式。在一定程度上，“基础性合规要素”主要体现在合规理念、组织体系和管理流程上，属于合规管理体系的架构和形式，而“专门性合规要素”则属于一系列带有实体性规范效力的标准和政策，形成了合规管理体系的基本内核。

例如，作为专门性合规要素的重要体现，在合规章程中，企业要表明特定领域合规的基本理念，如环境资源保护的理念、税收征管的原则、知识产权保护的准则、公平市场竞争的思想、反商业贿赂的观念，等等。企业要根据所建立的专项合规体系，在合规章程中引入相关的价值理念。又如，涉案企业需要针对特定领域的合规风险，发布专门化的合规政策和员工手册，设立相关的专门合规部门。如针对涉嫌虚开增值税发票的犯罪行为，涉案企业应发布税收合规政策、税收员工手册，建立税收合规部，或者设立税收合规专员；针对涉嫌污染环境的犯罪行为，涉案企业应发布环境资源保护合规政策、环境资源保护员工手册，建立环境资源保护合规部，或者设立环境资源保护合规专员；对于涉嫌串通投标犯罪的企业，检察机关应督促其发布反不正当竞争合规政策、反不正当竞争员工手册，建立反不正当竞争合规部，或者设立反不正当竞争合规专员，等等。其中，专项合规政策是涉案企业与外部企业或个人发生经济交往时，督促对方遵守的合规管理制度；专项员工手册是涉案企业要求内部员工、管理人员一体遵行的行为守则；专门合规部门或合规人员，则是企业负责某一特定领域合规管理的专职人员。再如，根据所要建立的专项合规体系，涉案企业要展开特定的合规风险评估，推行专门的合规尽职调查，对员工和其他关联人员进行专门性合规培训，鼓励各级合规部门和业务部门提交专门化的合规报告，开展有针对性的合规审计。不仅如此，在违法违规事件发生后，涉案企业还应进行专门性的独立内部调查，查找和披露专门性合规体系的漏洞和缺陷，并采取有针对性的完善和改进专项合规管理体系的措施。

（四）最低限度的合规体系

与日常性合规管理体系不同，危机发生后的合规整改要受到诸多现实条件的制约，不可能无限期和无休止地建设或者改进合规管理体系。受现行法律的限制，检察机关只能在6个月至1年的考察期内督促企业进行合规整改。即便将来通过一系列复杂的立法程序，立法机关修改《刑事诉讼法》，将企业合规考察期延长到2年甚至3年，涉案企业也无法做到建立一个“大而全”或者“毕其功于一役”的合规管理体系。在合规整改的具体背景下，涉案企业比较现实的做法，还是在兼顾“基础性合规要素”和“专门性合规要素”的前提下，建立一种最低限度的专项合规体系。之所以将其称为“最低限度的专项合规体系”，是因为这些合规要求都是来自实践的经验总结，按照“唯有如此才能避免无效合规”的思路，为避免出现无效合规，防止企业再次出现新的同类型的犯罪行为，督促企业依法依规经营，检察机关才将若干项合规要求，作为考察、评估、验收企业合规计划的最低要求。

那么，这种“有效合规计划的最低要求”，究竟有哪些内容呢？笔者通过对多个成功案例和不合格整改案例的分析，拟提出有效合规的七个最低要求，包括合规章程与政策、合规组织、合规风险评估、培训与沟通、审计与监管、合规报告与补救措施。限于篇幅，此处只是给出带有假设性的初步论断。至于对这一问题的全面论证，可以在今后的研究中加以完成。下面依次简要分析一下这七项最低合规要求。

1.合规章程与政策

作为企业建立合规管理体系的标志，合规章程是企业确立合规价值理念、制度框架和基本政策的规范性文件，在合规管理方面具有最高的规范效力。企业在发布合规章程的同时，还应制定针对外部商业伙伴的合规政策以及针对内部员工和管理人员的合规员工手册。这些章程、政策和手册，既可以作为企业督促内部员工和外部商业伙伴依法依规经营的行为准则，也是在危机发生后切割企业与关联人员法律责任的依据。[1]

2.合规组织

建立独立、权威和有资源保障的合规组织，是企业实施有效合规管理的基本保障。当然，对于不同性质和规模的企业，不可能提出整齐划一的合规组织要求。但最为一种最低限度的要求，企业至少应设

〔1〕 参见陈瑞华：《论企业合规的基本价值》，载《法学论坛》2021年第6期。

立一个由董事长、总经理参与的合规管理委员会或合规领导小组，体现最高层承诺和重视的理念；企业应设立首席合规官或者类似的合规职位，设立合规部门，使其不承担经营和财务等方面的管理工作，保持合规管理的独立性；合规部门应配备必要的合规专职人员，并能够对企业业务或产品的立项和开展进行合规审查，对存有合规风险的业务可以提出否决性意见，并得到基本的尊重。

3.合规风险评估

作为企业启动合规管理的标志性程序，企业需要对其经营中的合规风险进行定期的评估，以便动态地监控企业是否存在合规风险。企业应根据这种风险评估报告改进合规管理。与此同时，对于企业的客户、第三方和被并购方，企业应建立合规尽职调查制度，对其背景和合规风险展开常态化的调查，并根据调查结果确立资格审查、分级管理和退出机制。

4.培训和沟通

为有效预防企业内部再次发生相关犯罪事件，企业应当建立系统性的合规培训制度，包括常态化的全员培训和有针对性的重点岗位培训，将合规章程、政策和员工手册的内容作为常态化培训内容，将最大合规事件和最新法律发展作为培训的延伸内容。培训应当全面记录，并辅之以被培训者的合规承诺。与此同时，企业董事会、管理层和合规管理部门，应向全体员工、股东、第三方以及其他关联人员定期传达企业的合规理念和合规政策，形成一种“全员合规”的文化氛围。

5.审计和监管

为有效监控和识别可能出现的合规风险，企业应当建立动态化的“实时雷达预警系统”，以便对已出现的合规风险和违规事件作出及时处置。为此，企业需要引入外部专业机构，实施合规审计制度，对于企业的财务管理和审计机制进行合规性审计；企业需要引入外部独立法律专业机构，对企业的合规管理进行定期的合规体检，以便作出必要的改进。

6.合规报告

在一个具有复杂治理结构的大型企业中，违法违规事件防不胜防，合规风险无处不在。为有效地获取风险出现和违规事件发生的信息，建立一种自下而上的合规报告机制是有效合规的基本要求。为此，企业应建立系统性的合规报告制度，也就是由基层合规组织定期提交有关企业合规风险和违规事件的合规报告，报告应逐级保送公司合规部门和首席合规官，直至董事会下属的合规管理委员会。同时，为有效地获取内部违法违规的事实信息，企业需要建立最低限度的合规举报制度，俗称“吹哨人制度”，通过网站、信箱、电话等形式接受实名或匿名举报和投诉，并对相关违法违规事实作出调查，对举报人作出适当的保护和奖励。

7.补救

有效的合规体系并不意味着不发生任何违法违规事件，而是要求在违法违规事件发生后，企业应建立必要的补救机制。这种补救机制至少包含以下几个要素：一是独立的合规内部调查和反舞弊调查；二是对违规事件负有责任的人，应当采取调离岗位、免除职务、送交司法机关处理等处置措施；三是根据企业的合规漏洞和制度缺陷，采取必要的修复措施，以便改进和完善原有的合规体系。

六、结论

有效合规整改的基本目标，是涉案企业通过制度纠错和建立合规体系，建立一套有效预防犯罪的管理机制，达到企业依法依规经营的效果。为实现这一目标，企业合规整改应与日常性合规体系搭建具有本质的区别，将合规整改的“针对性”和“体系化”进行有机的结合。对于任何一个涉嫌犯罪的企业而言，一旦被纳入合规监督考察的对象，无论是适用相对不起诉模式，还是适用附条件不起诉模式，就都应引入三项基本的合规整改要素：一是在认罪认罚的前提下停止犯罪行为，积极配合刑事追诉行动，采取补救挽损措施，处理责任人；二是查找犯罪原因，发现造成犯罪发生的制度漏洞、管理隐患和治理结构的缺陷；三是针对上述漏洞、隐患和缺陷，进行有针对性的制度纠错和管理修复，切断犯罪发生的因果链条，避免同一犯罪的再次发生。企业合规整改无论是适用“简式合规模式”，还是“范式合规模式”，都要采取上述三个方面的整改措施，由此才能实现合规整改的基本目标。

但是，对于适用范式合规模式的涉案企业而言，尤其是那些建立了现代公司治理结构的大型企业、上市或拟上市企业而言，仅仅做到上述三方面的整改要求，还是远远不够的。这些企业要建立一种整体的、全面的和长远的预防犯罪机制，就要引入合规管理体系。与日常性合规管理体系不同，合规整改所要建立的合规体系是一种具有针对性的专项合规管理体系，这种体系要将同一类型犯罪的再次发生作为预防的对象，将行政监管合规与刑事合规进行有机结合，实现企业犯罪的源头治理。不仅如此，在检察机关合规考察制度的限制下，这种合规整改所要建立的合规体系，其有效性主要体现在合规体系设计的有效性方面，至于执行的有效性和结果的有效性，则需要在合规考察结束之后，在未来的合规管理中逐渐加以实现。为实现这种合规计划设计的有效性，合规体系也需要具备一些最低限度的要素，建立足以预防犯罪发生的合规组织体系，激活企业有效防范、监控和识别合规风险的能力，同时确保全体员工、管理人员以及其他关联人员，遵守专门性的合规政策和员工手册，激活企业内部的自我监管机制。

第十五章
企业合规监督考察制度的
八大争议问题

目前，进入我国刑事诉讼程序的经济犯罪案件主要是公司高管涉嫌实施的犯罪案件，检察机关审查起诉的单位犯罪数量不多，且主要是一些中小微民营企业实施的犯罪。这使得原本被用来解决大型企业治理问题的企业合规机制，出现了诸多方面的不适应性。与此同时，在企业合规尚未被纳入行政监管体系、有效合规计划缺乏统一标准的情况下，检察机关如何通过推行合规不起诉制度，实现对涉案企业商业模式和经营方式的实质性改造，真正达到“除罪化”的效果，这也是一个有待解决的难题。

——题记

一、引言

在最高人民检察院的推动下，企业合规不起诉改革已经正式启动。2020年3月，最高检在上海浦东、金山，江苏张家港，山东郯城，深圳南山、宝安等6家基层检察院部署开展企业合规改革第一期试点工作。各试点机关经过一年以来的改革探索，形成了合规不起诉制度的两种模式：一是检察建议模式，又可称相对不起诉模式，二是附条件不起诉模式。检察建议模式是指检察机关对犯罪情节轻微的单位犯罪案件，责令涉案企业在认罪认罚的基础上采取补救措施，最终作出相对不起诉的决定，并提出建立合规体系的检察建议，督促企业进行合规整改。试点机关办理的合规不起诉案件大都采用检察建议模式，已经涌现出数十起案例。而附条件不起诉模式，则产生了更为重大的影响。我国《刑事诉讼法》确立的附条件不起诉制度只适用于轻微的未成年人犯罪案件，但实践中一些试点机关借鉴西方国家暂缓起诉协议制度，使合规不起诉具备了附条件不起诉的性质。在这一模式中，检察机关在涉案企业认罪认罚，积极采取补缴税款、缴纳罚款、赔偿被害人损失、恢复原状等补救挽损措施的前提下，结合涉案企业提交的合规整改方案，经过审核和评估，设置6个月到1年的合规监管考察期，并在考察期内设置监督、指导、帮助涉案企业推进合规管理体系建设的合规监管人，在合规考察期届满之前，检察机关要对涉案企业的合规整改情况进行考核验收，对于按照要求完成制度整改、建立合规管理体系的企业作出合规不起诉决定。因为设置了合规监管考察期和合规监管人制度，附条件不起诉模式又可称为合规考察模式。目前，真正适用附条件不起诉的案例并不是太多，但所产生的影响却是巨大的。

在总结前改革试点经验的基础上，最高人民检察院于2021年3月启动第二期企业合规改革试点工作，试点范围涵盖北京、辽宁、上海、江苏、浙江、福建、山东、湖北、湖南、广东等十个省和直辖市，由省级检察院自行确定2~3个地级市检察院及其所辖基层院作为试点单位。截至目前，10个省级院共选取确定27个市级院和165个基层院作为试点院开展改革工作，这些检察机关改革热情高涨，试点范围大幅扩展。由于上一轮企业合规改革发生在基层检察院，试点案例主要是中小微企业实施的轻微单位犯罪案件，如今第二期改革由省级检察院统一部署，市级检察院负责推进，一些重大单位犯罪案件就有可能被纳入试点对象。我国单位犯罪案件罪名分布较为集中，发案率最高的是涉税犯罪案件，虚开增值税专用发票罪是我国企业犯罪第一大罪名，位列前五的高发犯罪还有污染环境犯罪、侵犯知识产权犯罪、商业贿赂犯罪和信息网络犯罪。这些罪名是这两轮合规不起诉改革试点所涉及的主要罪名。

企业合规不起诉改革是近年来发生的一场意义深远的司法改革，也是一次伟大的司法理念革新。具体来说，合规不起诉改革体现了三大司法理念：一是对企业加强司法保护的理念；二是对企业有效治理的理念；三是检察机关参与社会治理的理念。首先来看企业司法保护的理念。司法机关意识到不能“办一个案件搞垮一个企业”，因为一个企业的定罪会连累大量员工、股东、投资人、客户、第三方商业伙伴等无辜第三人，甚至祸及整个社会，保护企业不仅是考虑到企业本身，更是为了维护国家利益和社会公共利益。正是基于社会公共利益的考量，检察机关对涉嫌犯罪的企业采取慎用刑事制裁措施的宽大政策，通过企业合规改革尽量给予企业宽大处理的机会，并督促其进行自我整改、消除犯罪隐患，这是贯彻落实最高决策层保护民营企业政治要求的司法举措。其次是企业有效治理和除罪化改造的理念。改革开放初期监管体系不完备，大量企业野蛮生长，随着市场经济发展又涌现出互联网金融、大数据等大量带有探索性质的高科技新兴行业，一开始行政部门监管不力，对相关企业的违法经营方式漠然视之，导致这些企业出现了结构性的违法乃至犯罪问题。而通过合规不起诉制度探索，检察机关可以督促涉案企业进行合规整改，建立合规管理体系，完成"去犯罪化"改造。在这个意义上，督促企业合规整改就是保护企业，帮助其实现可持续发展，建成"百年老店"。最后来看检察机关参与社会治理的理念。合规不起诉改革体现了我国检察机关的重大政治担当，从单纯地办理案件走向积极地参与社会治理。自2014年中央新一轮司法体制改革启动以来，检察机关通过提起民事公益诉讼和行政公益诉讼，逐步加强对社会治理的积极参与。在新近通过的《人民检察院检察建议工作规定》中，最高检察院将检察建议分为四种类型，其中一种就是"社会治理检察建议"。本轮企业合规不起诉改革也是检察机关参与社会治理的一种探索。检察机关以一种合规激励的方式，让涉嫌犯罪的企业进行有效整改、堵塞漏洞、消除犯罪隐患，并且督促监管部门加强对企业的合规监管，推动行政机关引入协商性执法方式，激活企业内部的自我监管，这些都是检察机关参与社会治理的新方式和新举措。因此，通过转变检察理念和检察职能，检察机关成功地参与到国家治理现代化的进程之中。

随着改革的进一步推进，在条件成熟的情况下，最高人民检察院有可能推动全国人大常委会将合规不起诉纳入授权改革试点的范围。这种授权改革试点是我国立法机关近年来较为成功的立法方式。全国人大常委会在2014年和2016年就曾两次授权最高人民法院、最高人民检察院在部分地区开展为期两年的刑事案件速裁程序和认罪认罚从宽制度试点工作，经过对试点地区改革效果的验收和评估，最终通过修改刑事诉讼法，正式确立了认罪认罚从宽制度。根据笔者的预测，假如未来全国人大常委会授权最高人民检察院在部分地区开展企业合规改革试点，那么，经过总结改革试点的经验，立法机关有望修改《刑法》和《刑事诉讼法》，从而将合规不起诉制度正式确立在法律之中，甚至有可能在法律中引入合规出罪制度和合规从宽制度。所以，从2021年年底到2022年3月的这段时间，将是合规不起诉改革从理论到制度形成的关键阶段，一旦立法机关启动授权试点，就意味着制度框架大体上得到确立，一切理论争议问题都将尘埃落定。然而，从目前合规不起诉改革的进展情况来看，检察机关固然进行了卓有成效的改革探索，但仍然存在着改革的理论准备不足，改革中存在制度偏差，改革的效果不尽如人意等值得关注的问题。甚至在部分试点地方出现了一些脱离改革目标的混乱现象。考虑到合规不起诉是一场几十年难遇的重大司法改革，我们有责任对这场改革进行科学的研究，总结成功的经验，避开失败的做法，为改革者提供给富有建设性的诤言。具体而言，在合规不起诉的改革实践中，法学界和司法实务界提出了八个重大争议问题。对于这些问题，我们应当给予严肃的对待，考察其现状，分析其成因，提出可能的解决方案。

第一是企业责任与关联人员责任的分离问题。假如我们对美国和欧洲国家适用暂缓起诉协议制度的情况稍加考察，就会发现这些国家都是针对重大企业犯罪案件适用合规考察制度，并普遍采取了“放过涉案企业，但严惩责任人”的刑事政策。例如，法国第一例适用“基于公共利益的司法协议”制度的案例，是汇丰银行涉嫌逃税和洗钱的重大犯罪案件；英国迄今为止共有9起适用暂缓起诉协议的案例，包括渣打银行、劳斯莱斯、空客公司等特大型企业实施的重大欺诈和贿赂犯罪；美国暂缓起诉协议和不起诉协议制度的适用对象更是包括西门子、波音公司、爱立信公司、沃尔玛公司、兴业银行、德意志银行等超大型企业集团涉嫌实施的重大犯罪案件，其中西门子曾涉嫌实施海外贿赂总金额超过10亿美元。而相比之下，我国检察机关把合规不起诉的适用范围限定为中小微企业涉嫌实施的轻微犯罪案件，尤其是直接责任人可能被判处3年有期徒刑以下刑罚的轻微案件。而对于直接责任人可能被判处3年有期徒刑以上刑罚的单位犯罪案件，大部分检察机关都不愿意将其纳入合规考察试点的对象。法学界普遍认为，如果继续将企业责任与自然人责任捆绑在一起，将合规考察的案件局限在那些自然人可能被判处3年有期徒刑以下刑罚的单位犯罪案件，那么，企业合规不起诉改革的空间将会小之又小，甚至与我国固有的“相对不起诉”没有本质区别。因此，如何改造传统单位犯罪理论，将企业刑事责任和直接责任人员刑事责任加以分离，已经成为合规不起诉改革的头号理论难题。

第二是单位犯罪的分类问题。在司法实践中，根据单位刑事责任归责方式的不同，单位犯罪存在显著的差异。有的单位犯罪由单位集体决定或者单位负责人明确授权决定实施，比如经过党政办公会集体研究决定，或者经过董事会集体表决通过，或者董事长或总经理直接决定实施特定犯罪行为。但是还有一类单位犯罪，既没有经过单位集体决定，也没有经过单位负责人的决定、授意或批准，而是单位内部的某一部门、员工、分支机构或子公司以单位名义实施了犯罪活动，违法所得归单位所有，根据相关法律规定也可成立单位犯罪。这其实是由于单位管理不善、未建立有效合规体系所导致的一种单位犯罪。实践中这类单位犯罪案件发生频率很高，多为员工、中层管理人员、子公司，以及供货商、经销商、代理商等第三方商业伙伴实施了犯罪活动，由于单位在管理上有重大漏洞和隐患，存在管理失职行为，因此由单位承担连带责任。鉴于单位犯罪之间有着如此明显的区别，我们应当对其进行分类，并在合规不起诉改革中作出区别对待。毕竟，对于那些集体决策实施危害社会行为、具有明显主观罪过的企业，可能很难通过建立合规管理体系进行有效改造。对于这些经过集体决策或者经由企业负责人作出决定所实施的犯罪，我们可以称为“系统性单位犯罪”，对这类犯罪，合规出罪的空间并不是很大。相反，对于那些由企业的某一高管、董事、员工、子公司、第三方等关联人员，以企业名义并为企业利益而实施的犯罪，我们可以称为“非系统性单位犯罪”。

假如不对单位犯罪作出上述分类，并在合规不起诉改革中采取相应的区别对待，那么，我们会在改革中陷入某种困境。例如，系统性单位犯罪是单位集体决策实施的犯罪行为，对其采取合规整改措施，可以有效预防犯罪再次发生吗？而非系统性单位犯罪，是因为关联人员实施了犯罪行为，而企业因为没有建立合规管理体系而承担了失职责任，对这类企业进行合规整改，岂不是可以避免再次犯罪了吗？又如，对于那些可能判处3年以上刑罚的单位犯罪案件，是否一律不适用附条件不起诉制度呢？假如企业实施的是系统性单位犯罪，那么，检察机关对直接责任人就不能适用不起诉制度，而且对企业也应纳入合规考察的轨道。再如，在对系统性单位犯罪案件作出不起诉处理之后，检察机关仅仅提出合规整改的检察建议，就足够了吗？要不要责令企业重组董事会，撤换管理层呢？假如不这样做的话，那些作出犯罪决策的责任人员依然保留职务，那么，无论合规体系多么完善，规章制度多么健全，也难以预防企业再次发生犯罪行为。

第三是合规出罪的正当性问题。目前为止，仍有一些专家学者和司法官员对企业合规出罪持怀疑态度，最高人民检察院将本次改革改称为“企业合规法律监督制度改革”，部分试点机关则称为“企业合规从宽制度改革”，显示出一种对“合规出罪”较为慎重的态度。在改革者看来，对于承诺建立合规体系的企业，检察机关可以通过不捕、不诉、提出轻缓化量刑建议等方式，给予程度不同的“合规激励”。但是，假如没有不起诉这一最为显著的激励方式，又有哪一家企业愿意进行实质性的合规整改呢？目前，对于合规能否成为出罪事由问题，主要存在两种观点：一种观点认为合规至多只能算是从宽量刑的理由，但不能作为出罪依据，因为对于一个自然人犯罪主体，即便其已经消除恶习、戒除毒瘾药瘾、改变不良习惯，最终回归社会，这些事后悔过和改造情节最多只能成为宽大量刑的依据。同理，对于一个已经构成犯罪的企业而言，事后的合规整改即便可以发挥堵塞制度漏洞、消除制度隐患、预防再犯罪的功能，这最多也只能带来量刑上的宽大，而不能消除其刑事责任。而根据另一种观点，合规在特定条件下可以实现出罪的效果。所谓“合规出罪”，既包括企业因为实施有效合规计划而切割单位责任与关联人员责任，使得合规成为无罪抗辩事由，也包括那些已经构成犯罪的企业经过合规整改最终获得无罪处理结果，通过合规考察实现企业出罪。面对这两种截然相反的观点，研究者需要从理论上阐述合规出罪的条件和正当根据，从而为合规不起诉改革确立正当性依据。

第四是合规不起诉的适用对象问题。目前合规不起诉改革主要适用于中小微企业的轻微犯罪案件，并要求涉罪企业系初犯、偶犯、自愿认罪认罚，并采取补救挽损措施。合规不起诉的适用对象是当前改革的一个“瓶颈”问题，引发了若干重大争论。第一个争议是应该适用于中小微企业还是大型企业集团的争议。国外的暂缓起诉协议制度几乎都适用于上市公司或者大型企业集团，这些企业中有着股东会、董事会、监事会等完整且有效运行的现代公司治理结构，具备搭建合规治理体系的基础条件。而我国检察机关进行合规考察的对象则主要是中小微企业，尤其是一些带有家族化经营特征的小企业，有些企业只有几十名员工，甚至只有数名员工。这些企业既没有建立基本的公司治理体系，往往是一个人控制或者操纵着公司的运营，也不具备建立合规管理体系的组织和资源条件，即便在形式上建立了合规管理体系，也难以使其得到有效的运行，甚至可能使各种内控机制形同虚设。在适用对象上存在的第二个争议是，合规不起诉究竟应适用于轻微单位犯罪，还是重大单位犯罪。假如改革者继续坚持将企业责任与直接责任人责任捆绑在一起的观点，那么，合规不起诉就只能适用于轻微单位犯罪案件。毕竟，对于那些可能判处3年有期徒刑以上刑罚的案件，检察机关不可能对责任人适用相对不起诉，也不可能单独对进行合规整改的涉案企业作出不起诉的决定。在此情况下，对于略微重大一些的单位犯罪案件，检察机关就只能提起公诉，而最多建议法院作出宽大的刑事处罚。而这种做法对于涉案企业的激励作用将是极为有限的。最后一个争议问题是，究竟应由基层检察机关还是上级检察机关适用合规不起诉的问题。在美国，无论是暂缓起诉协议，还是不起诉协议，一般都是由联邦司法部或者各个联邦检察官办公室实施的。在英国，暂缓起诉协议则由皇家检察署和反严重欺诈办公室等国家层面的检察机关，与涉案企业达成协议。在法国，国家金融检察官办公室和法国反腐败局负责适用暂缓起诉协议。相比之下，我国的合规不起诉竟然都是由基层检察机关负责实施。如果说在改革试点的初期，出于制度探索的考虑，由基层检察机关试行一下合规不起诉改革，还是情有可原的。但在目前最高人民检察院已经统筹安排这场司法改革的情况下，各省市检察机关直接指导地级市检察机关开展改革试点，这时再交由基层检察机关进行改革试点，就明显说不过去了。毕竟，基层检察机关不仅承担着较大的办案压力，而且也缺乏统一调配相关改革资源的能力，加上所办理的都是中小微企业涉嫌实施的轻微刑事案件，因此，由基层检察机关主导的合规不起诉改革，很难达到改革的预期效果。

第五是合规不起诉与相对不起诉的分离问题。按照现有的改革方案，合规不起诉的适用对象主要是中小微企业涉嫌的轻微单位犯罪案件，对这些涉案企业其实根本没有必要进行合规考察，如果犯罪情节轻微，依照《刑法》不需要判处刑罚的，检察机关本来就可以直接作出相对不起诉。合规考察制度应针对更为重大的单位犯罪，只有对重大犯罪的涉案企业才需要耗费大量司法资源改变其经营模式和商业模式，对其进行“去犯罪化”改造。因此，是否要将合规不起诉和相对不起诉彻底分离，也成为各界争论的一大焦点问题。

第六是合规考察制度和认罪认罚从宽制度的关系问题。根据目前的改革动向，各级试点机关存在着将合规考察制度纳入认罪认罚从宽制度的趋势。毕竟，这两个制度都以涉案企业自愿认罪为适用的前提条件。但是，这两项制度具有完全不同的性质。认罪认罚从宽制度以效率为导向，强调节省资源、降低成本、快速处理案件，通过给予认罪认罚的嫌疑人、被告人较为宽大的处理，形成一种激励效应，使得更多的嫌疑人、被告人选择认罪认罚程序，实现刑事案件的快速办理。相比之下，合规考察制度则强调企业合规整改的有效性，要求设置足够长的合规考察期，委任专业的合规监管人，督促企业建立并实施有效的专项合规计划。合规考察的主要目的在于针对企业管理制度的漏洞和隐患，提出整改方案，逐步促使企业改变固有的经营方式和商业模式，消除企业的犯罪基因。但这种合规整改要取得成功，又谈何容易？就像改造一个人原有的不良生活方式，促使一个人戒除毒瘾药瘾、改变陋习、回归社会一样，合规整改也需要投入大量的时间和司法资源，还要进行反复的论证和评估。因此，合规考察制度和认罪认罚从宽制度可谓风马牛不相及，实践中将这两种价值导向完全不同的改革加以混同、错误嫁接的做法，引发了法学界和司法界的普遍争议。

第七是合规监管人制度的设置问题。在这场合规不起诉改革中，检察机关创造性地推出了合规监管人制度，这是一个了不起的改革创举。但是，在如何推进合规监管人制度实施方面，却出现了不同的改革模式，甚至出现了一些对立的改革实践。一些检察机关在改革过程中大胆探索，从律师事务所、会计师事务所、税务师事务所等中介组织中引入第三方独立合规监控人，由企业负责支付合规监管费用，引入了“原汁原味”的合规监管人制度。这就是以深圳市宝安区检察院为代表的独立合规监控人监管模式。而合规监管人制度的另一种模式则是行政机关监管模式。一些检察机关担心第三方专业机构容易与涉案企业发生利益勾连，影响合规监管的中立性和公正性，因此更倾向于由行政机关和行政官员担任合规监管人。这种监管方式可以保证监管人利用其行政资源，加大监管力度，实现从源头上治理企业的违法违规问题。而且涉案企业无须向其支付监管费用，行政机关在监管过程中保持较高的独立性和专业性。但是，这种由行政机关担任合规监管人的做法，能否具有可持续性，行政监管人可否从“去犯罪化”的角度进行有针对性的合规监管，是否具有参与合规考察的积极性，能否与检察机关的合规考察进行有效配合，也存在较大争议。

第八是合规整改和合规验收的标准问题。在合规不起诉改革中，检察机关要将涉案企业纳入合规考察的对象，就需要审查该企业是否符合法定的条件，其中，涉案企业提出的合规整改方案就属于重要的条件。而经过合规考察，企业是否成功地进行了合规整改，是否建立了有效的合规管理体系，检察机关也需要进行审查评估，才能作出是否提起公诉的决定。在上述两个环节上，检察机关都应当制定可操作的合规整改和验收标准。但由于这场改革一开始就缺乏必要的理论准备和配套措施，一些基层检察机关指定一名律师担任“合规监管人”或者“合规律师”，帮助涉案企业提出合规整改方案，经过几个月的合规考察，在其满足形式上的合规整改要求之后，就对其作出不起诉的决定。还有些检察机关委托行政监管部门指导监督涉案企业进行合规整改，在这些监管部门对企业合规整改验收合格后，就直接作出不起诉的决定，而缺乏对企业合规整改进行实质性审查。由于没有确立较为具体的合规整改和合规验收标准，参与改革试点的检察机关就可能面临着一些潜在的危险，那就是面对地方党政部门的压力和影响，对一些根本不具备基本条件的涉案企业启动合规考察程序，而对那些符合条件的企业则排除在合规程序之外。这种带有“选择性执法”性质的做法，会导致自由裁量权的滥用，造成合规不起诉适用过程的不公开和不透明，违背“法律面前人人平等”的原则，以至于影响合规不起诉改革的公信力。2021年6月，最高人民检察院联合多部委组建企业合规第三方监督评估机制管委会，其重要职责之一就是研究制定涉企犯罪的合规考察标准。可以看出，如何确立合规整改和合规验收的标准，已经成为制约合规不起诉改革的“瓶颈”问题。

二、企业与关联人员刑事责任的分离

我国《刑法》第30条规定，公司、企业、事业单位、机关、团体实施的危害社会的行为，法律规定为单位犯罪的，应当负刑事责任。《全国法院审理金融犯罪案件工作座谈会纪要》规定，以单位名义实施犯罪，违法所得归单位所有的，是单位犯罪。对单位犯罪有双罚制和单罚制两种追责方式，双罚制是我国绝大多数单位犯罪的处罚原则，即同时追究单位和责任人的刑事责任，既判处单位有罪并处以罚金刑，又追究直接责任人的刑事责任。单位犯罪的直接责任人员包括两类：一类是“直接负责的主管人员”，是指在单位犯罪中起决定、批准、授意、纵容、指挥等作用的人员，一般是董事长、总经理、实际控制人等单位的主管负责人；另一类是“其他直接责任人员”，是指具体实施单位犯罪并起较大作用的人员，既可以是单位的经营管理人员，也可以是单位的职工，例如在污染环境犯罪中直接实施倾倒废水、排放废气等行为的员工，在税收犯罪中直接实施虚开发票行为的会计，在侵犯商业秘密案件中直接实施获取商业秘密行为的人，等等，这些人员可能在单位中没有担任领导职务，但由于直接实施了犯罪行为，属于其他直接责任人员，也要受到刑事处罚。与双罚制不同，单罚制意味着不追究单位的刑事责任，对单位既不定罪也不判处刑事处罚，只追究相关责任人员的刑事责任。迄今为止，我国刑法规定了10个单罚制罪名，包括《刑法》第135条规定的重大劳动安全事故罪，《刑法》第137条规定的工程重大安全事故罪，《刑法》第138条规定的教育设施重大安全事故罪,《刑法》第139条规定的消防责任事故罪,《刑法》第161条规定的违规披露、不披露重要信息罪,《刑法》第162条规定的妨害清算罪、虚假破产罪,《刑法》第244条规定的雇用童工从事危重劳动罪,《刑法》第396条规定的私分国有资产罪、私分罚没财物罪,等等。

根据传统单位犯罪理论,检察机关在推进合规不起诉改革过程中会遇到两个难题。第一,对直接责任人员刑事责任的追究,要以单位构成犯罪为前提,单位不构成犯罪则无法追究直接责任人员的刑事责任。这在轻微单位犯罪案件中是不存在问题的。但在那些责任人可能被判处3年有期徒刑以上刑罚的重大单位犯罪案件中,检察机关无法对直接责任人员作出相对不起诉的决定,而只能提起公诉,并建议法院定罪判刑,这时候再对单位单独作出不起诉决定,就出现问题了。毕竟,按照传统的理论,单位构成犯罪是追究直接责任人刑事责任的前提条件,既然单位都不构成犯罪了,那么,对直接责任人员追究刑事责任就没有依据了。可见,传统单位犯罪理论要求责任追究必须以单位构成犯罪为前提,而合规不起诉改革却要追求在重大单位犯罪案件中放过企业,而单独追究直接责任人员的刑事责任,两者存在明显矛盾。第二,传统单位犯罪理论认为所有单位犯罪都要由自然人实施,单位作为法律拟制的人格体,没有独立的意志和行为,只能依靠内部主管人员或其他关联人员来代为行事,所以单位责任和关联人员责任无法分割。检察机关假如只对责任人员追究刑事责任,而对单位进行出罪处理,那么,这就等于将单位的刑事责任推给直接责任人员,后者相当于代替单位承担责任,这就与直接责任人员自行实施的犯罪没有本质区别,显然是不公平的。毕竟,自然人犯罪与自然人为企业利益而实施的单位犯罪,无论是在犯罪性质上还是主观责任上都存在明显区别,检察机关对于单位犯罪案件只追究责任人的责任,就可能抹杀自然人犯罪与单位犯罪的区别。

在传统单位犯罪理论的影响下,检察机关只能将合规不起诉的适用对象局限在那些责任人可能被判处3年有期徒刑以下刑罚的轻微案件,而难以将这一改革适用到较为重大的单位犯罪案件。在将单位责任与责任人员的责任捆绑在一起的情况下,检察机关一旦因为案情重大的原因，无法对责任人员适用相对不起诉，也就难以对单位作出无罪处理。由此，合规不起诉就只能被适用于中小微企业涉嫌实施的轻微刑事案件，而无法将那些大型企业的重大刑事案件纳入合规不起诉的适用对象之中。

要走出这一困境，我们可以提出一种将单位责任与责任人员责任加以分离的理论。根据这一理论，在单位犯罪案件中，单位责任与直接责任人员的责任具有相对的独立性，司法机关对于单位犯罪案件追究刑事责任的方式，并不必然同时追究单位和责任人员的刑事责任。具体来说，对于那些成功进行合规整改、建立合规管理体系的单位，检察机关可以对单位作出无罪处理，而单独追究直接责任人员的刑事责任。之所以要提出这一理论，主要是基于以下几个方面的理由：一是我国法律已经确立了在单位犯罪案件中单独追究责任人员刑事责任的制度；二是基于水漾效应，对单位追究刑事责任会损害大量无辜第三人的利益，甚至损害社会公共利益；三是根据企业独立意志理论，企业具有独立于责任人员的意志，可以独立承担刑事责任；四是随着企业严格责任的确立，企业因内部责任人员犯罪行为而承担的无过错责任，可以因其实施合规管理体系而免除刑事责任。

首先，对于单位犯罪案件，我国法律已经确立了单独追究责任人员刑事责任的制度。这主要可分为四种情形：

其一，单罚制本身就意味着单位责任和关联人员责任的分离。刑法设立"单罚制"这一制度本身，就为单位责任和责任人员责任的分离提供了法律依据。根据立法原意，《刑法》设立单罚制主要有三种情形：一是以单位名义实施犯罪，但并非为本单位谋取利益，违法所得归个人所有，如私分国有资产罪、私分罚没财物罪；二是仅将行为主体表述为单位，如工程重大安全事故罪；三是违规披露、不披露重要信息罪，由于该罪名的涉案企业多为上市公司等大型企业集团，公司的违法犯罪行为已经严重损害了广大股东和投资人的利益，如果再追究单位的刑事责任，对单位判处罚金，导致公司被强制退市、信誉扫地、无法融资甚至濒临破产，会使大量无辜第三人的利益遭受进一步损失，所以《刑法》规定只追究内部责任人员责任，这与作为企业合规基本原理的水漾效应不谋而合。通过对立法原意的考察，《刑法》规定的10个单罚制罪名已经实现了单位责任和关联人员责任在实体上的分离。

其二，根据《全国法院审理金融犯罪案件工作座谈会纪要》之规定，对于应当认定为单位犯罪的案件，即便单位未被起诉，人民法院也应依法对单位犯罪中直接负责的主管人员或者其他直接责任人员追究刑事责任，并应引用刑法分则关于单位犯罪追究直接责任人员刑事责任的有关条款。因此，对于直接责任人员，不仅要认定构成单位犯罪的罪名，而且要依照单位犯罪的刑事责任进行量刑，也就是对单位犯罪中的责任人员可以判处较之单独实施犯罪的自然人更为轻缓的刑事处罚。由此，在检察机关不起诉单位的情况下，法院可以单独追究单位犯罪责任人员的责任，这体现了单位责任和关联人员责任在程序上的分离。

其三，根据2021年《最高人民法院关于适用〈中华人民共和国刑事诉讼法〉的解释》第344条的规定，审判期间，被告单位被撤销、注销的，对单位犯罪直接负责的主管人员和其他直接责任人员应当继续审理。当然，此时对责任人员仍然应当以单位犯罪定罪量刑。这再次显示出司法机关对单位责任与责任人员刑事责任加以独立追究的司法理念。

其四，我国《刑法》设立了“拒不履行信息网络安全管理义务罪”。本罪给那些网络服务提供者创设了较大的刑事风险，只要单位内部人员或第三方合作伙伴利用单位管理的信息网络实施犯罪行为，例如大型电子商务平台中的某一商户，实施了侵犯公民个人信息、非法经营、开设赌场、销售假冒注册商标的商品等违法犯罪行为，平台企业虽然不构成共犯，但是由于没有建立合规体系，导致危害社会的后果发生，就可能构成拒不履行信息网络安全管理义务罪。由此，单位内部员工可能构成侵犯公民个人信息罪等特定犯罪，而单位则成立拒不履行信息网络安全管理义务罪，单位责任与员工责任就发生了分离。当然，单位如果认为自己尽到了合规管理义务，还可以以合规管理体系为依据作出无罪抗辩，抗辩成功的，则无须承担刑事责任。

既然我国法律已经确立了在单位犯罪案件中独立追究责任人员刑事责任的制度，在司法实践中那种“放过企业，单独惩罚单位内部责任人员”的做法已经被普遍接受，那么，坚持单位责任与责任人员责任一体化的观点就不能成立了。其实，在单位犯罪制度中，放弃追究单位的刑事责任，并不等于放弃追究责任人员的责任；对责任人员刑事责任的追究，也并不意味着必然追究单位的刑事责任。只要单位具有免予追究刑事责任的正当理由，“放过单位，单独追究责任人员”的做法就是具有正当性的。

其次，根据水漾效应，对单位内部责任人员应当追究刑事责任，但对单位刑事责任的追究必要保持慎重，尽量避免因追究单位刑事责任而导致大量无辜第三人遭受不公平的惩罚。所谓水漾效应，是指一旦追究单位刑事责任，其后果会像水池里的水漾出来一样，波及员工、投资人、客户、第三方合作伙伴等无辜第三人，导致大量人员失业，引起社会经济剧烈动荡。该理论产生于美国安达信事件之后。安达信曾是全球五大会计师事务所之首，主要业务是为上市公司提供审计服务，2001年安然财务丑闻爆发，为其提供内部咨询和审计服务的安达信休斯顿事务所开始销毁有关安然公司的大量会计账册，2002年得克萨斯州南区联邦地区检察官办公室经初步调查，认定安达信涉嫌妨碍司法罪，并向法院提交起诉书，安达信拒绝达成辩诉交易和暂缓起诉协议，联邦地区法院经开庭审理后，判决安达信妨碍司法罪名成立，判处罚金50万美元。早在检察官起诉后，美国证交会就发出通告停止安达信为上市公司提供审计业务的资格，导致安达信业务大量流失，客户中断业务联系，员工纷纷离职。2001年，安达信在全球85个国家和地区曾设有390个分支机构，雇员总数达到85,000人，全球营业额达到93.4亿美元。但到2003年年底，2300多家上市公司客户陆续离开安达信，全球分支机构相继被撤销或被收购，雇员仅剩3000人。

安达信事件发生后，在美国面临金融海啸的背景下，美国联邦检察官和司法部受到多方指责，称这种动辄对企业提起刑事诉讼的做法严重危害社会利益和公共利益，起诉企业就相当于判处其死刑，起诉安达信只获得了微不足道的50万美元的罚金，但却给安达信、整个社会乃至美国经济带来了灾难性后果。安达信事件直接导致美国司法部对企业刑事起诉政策的重大调整，使得检察机关大规模使用暂缓起诉协议和不起诉协议。2001年前后，美国司法部每年只会达成2~3个暂缓起诉协议或不起诉协议，到2007年，一年的协议应用数量就达到40个，在2015年更是达到单年102个。水漾效应已经与执法实践紧密联系，所谓“城门失火，殃及池鱼”，司法机关深刻意识到起诉企业所惩罚的并不是真正实施危害社会行为的公司内部极少数责任人，而是大量无辜的善意第三方，导致国家利益和社会公共利益受损、税收丧失、经济动荡，甚至影响一个产业。把单位责任和关联人员责任分离，便是为了防止出现这样的水漾效应。我国《刑法》将违规披露、不披露重要信息罪规定为单罚制，也是出于不让广大股东和投资人的利益进一步受损，避免殃及无辜的考虑。但是，放过犯罪的企业，不等于放弃对责任人的惩罚。毕竟，在企业内部人员对单位犯罪承担责任的情况下，唯有对这些人员实施严厉制裁，才能发挥刑罚所具有的报应、惩戒和威慑功能。这就是在欧美国家检察机关与企业达成暂缓起诉协议时，企业必须解散董事会，改组管理层，惩戒直接责任人的主要原因。

再次，“企业独立意志理论”为单位责任和关联人员责任的分离提供了另一理论依据。传统单位犯罪理论认为单位不具有独立的行为和意志，只能依据单位内部自然人的行为和意志对单位进行归责，自然人以单位名义并为单位利益实施犯罪活动，违法所得归单位所有，因而才需要追究单位责任。这种以自然人责任为根基和前提的单位犯罪理论，已经落后于时代的发展，也不符合对单位犯罪案件刑事追诉的实践情况。

对于中小微企业，特别是一些乡镇企业和家族企业而言，董事长和总经理可能是同一个人，经理层由家族成员担任，公司运营过程中的所有事项都由董事长一人拍板决定，董事会和监事会形同虚设，没有建立起现代公司治理结构。在这类治理结构简单的中小微企业中，单位意志和自然人意志自然是合而为一的。但是在大型企业中，却建立了层级复杂、管理严密的公司治理结构。如中兴公司在全球拥有近十万名员工，西门子在全球有数十万名员工，这些大型企业内部都设立了完善的董事会、监事会、管理层等一系列现代公司治理结构，还管理着上百家子公司和数以千计的商业合作伙伴，董事长、董事、监事、总裁、副总裁等高级管理岗位相互制衡，如此复杂的结构体系意味着公司组织化、流程化运作程度较高。在这些高度组织化的现代大型企业中，没有任何自然人的意志能够完全代表单位意志。在英美，基于传统的代理责任原则存在着诸多方面的弊端，越来越多的司法机关奉行同一性原则，主张将董事会成员、高级管理人员等高级代理人的行为和犯罪意图，视为公司的行为和犯罪意图。但是，在组织结构复杂、决策机制分散的大型企业中，判断高级代理人的范围，以及实际证明和认定高级代理人员意志等同于单位主观意志的过程，仍然是十分困难的，这是对大型企业难以定罪的重要原因。

作为一种新兴的企业刑事归责理论，企业独立意志理论将企业视为一种具有独立法律人格的生命有机体，唯有实施了某种独立于自然人的行为，才能体现其独立的意志。具体而言，可以将企业独立行为分为具体企业行为和抽象企业行为，具体企业行为是指企业针对具体事件作出的经营和管理行为，如在经营方面的投资、生产、并购等行为，在财务管理方面的会计审核、内部审计等行为，以及合规管理方面的风险评估、尽职调查、员工培训、内部举报、风险报告、内部调查、惩戒责任人等行为。抽象企业行为则是指企业所实施的制定章程、政策、规范和文件等制定政策和程序的活动，在合规方面，企业发布合规章程、合规管理规范、员工行为准则，以及建立对合规风险进行预防、识别和应对的制度体系，都属于抽象企业行为。无论是具体企业行为还是抽象企业行为，只要经过董事会表决机制、股东大会投票机制、高级管理层决策机制等法定决策程序所直接实施的，或者是经过企业依法授权或事后确认的，都属于企业整体行为。根据罗马法时代的著名格言，“人的客观行为反映人的主观意志”，企业独立意志也是通过企业的抽象行为和具体行为加以体现的，如果企业通过合规整改建立有效合规计划，对违法犯罪行为制定完善的禁止性规定，并进行有效的防范、识别和处置，就能体现出拒绝实施、拒绝接受违法犯罪行为的主观意志，此时员工仍然实施违法犯罪行为，则说明员工行为违背了企业意志。

最典型的案例是雀巢公司合规无罪抗辩案。雀巢（中国）有限公司（以下简称雀巢公司）的6名员工为推销雀巢奶粉，通过拉关系、支付好处费等手段，多次从兰州多家医院医务人员手中非法获取数万条新生儿及其家长的个人信息，构成侵犯公民个人信息罪。审理过程中各被告人均辩称获取公民个人信息是为完成公司下达的任务，销售奶粉所获利润也归公司所有，本案应属于单位犯罪。二审期间雀巢公司的律师团队提供了《雀巢宪章》、《雀巢指示》（取自雀巢公司员工培训教材）、《关于与保健系统关系的图文指引》等多份证明材料，其中明确规定公司员工对医务专业人员不得进行金钱、物质引诱，不得采用非法手段获取公民个人信息，公司还要求所有员工接受合规培训并签署承诺函。兰州中院据此认定雀巢公司已经通过防范违规行为的合规性文件政策提醒员工依规依法经营，并对所有员工进行培训，雀巢公司已尽到管理义务，没有失职行为，本案不构成单位犯罪，故裁定驳回上诉。因此，企业通过建立合规管理体系，对员工尽到了注意义务和管理责任，表现出既没有鼓励、纵容犯罪，也不存在管理上的失职行为，企业的独立意志就通过合规管理文件得以体现，与责任人员意志实现了分离。

最后，从世界各国刑法发展动向来看，企业的严格责任逐渐得到确立。严格责任最早出现在英美刑法中，作为一种替代责任，就是将代理人实施的犯罪行为推定为单位犯罪，单位对此承担刑事责任。刑法中严格责任的最新发展出现在英国2010年通过的《反贿赂法》，该法首次确立了“商业组织预防商业贿赂失职罪”，只要一个商业组织的关联人员为了获取或保留该组织的业务，或者为了获取或保留该组织的商业优势，向他人行贿的，就可以直接推定该商业组织构成该失职罪。但是，如果商业组织能够证明已经制定了旨在预防商业贿赂行为的合规体系，就可以推翻原有的责任推定，实现无罪抗辩。严格责任成为世界刑法发展的潮流，企业的关联人员实施犯罪行为，只要企业没有建立有效合规体系，就需要承担无过错责任，与此同时，严格责任也为企业创设了一种合规无罪抗辩事由。

目前我国《刑法》虽然没有明文承认严格责任，但是以拒不履行信息网络安全管理义务罪为代表的失职类犯罪，已经显露出严格责任的萌芽。因为拒不履行信息网络安全管理义务罪的主要情形正是关联人员利用网络管理漏洞实施破坏计算机信息系统、侵犯公民个人信息等违法犯罪行为，造成违法信息大量传播，或者致使用户信息泄露，或者造成其他严重后果。如果企业没有履行法定的网络安全管理义务，没有建立网络安全管理体系，存在不作为或者失职的情况，并且拒不改正的，就成立该失职类犯罪。严格责任在我国的萌芽使《刑法》中的主客观相统一原则受到挑战。在这一归责原则的影响下，企业员工只要实施犯罪行为的，企业就有可能因为没有建立合规管理体系，而承担同样的罪名，或者因为在合规管理方面存在失职行为，而承担另一个独立的罪名。也就是说，如果企业尽到合规管理义务，比如企业提交证据证明建立了合规管理体系，对员工尽到了管理义务，就不构成员工所成立的罪名。与此同时，在员工实施危害网络安全或者侵犯公民个人信息行为的情况下，假如企业建立了网络安全和数据保护合规管理体系，证明不存在失职行为，就可以成功地进行合规无罪抗辩，证明自己不构成另一独立罪名。由此，单位责任和关联人员责任就完成了分离。

三、系统性单位犯罪与非系统性单位犯罪的分类

企业合规不起诉改革的一个重大争议问题，就是当前试点机关只针对轻微犯罪案件适用附条件不起诉制度，使得耗时费力进行的合规考察变得没有太大的价值。而一旦将这一改革推行到较为重大的单位犯罪案件，改革者又面临着另一难题：如何在对责任人员追究刑事责任的情况下，对单位进行出罪化处理呢？其实，这一争议发生的重要原因除了前面所分析的将企业责任与责任人责任捆绑在一起以外，还在于没有对单位犯罪的类型作出必要的区分。长期以来，我们对单位犯罪的形态存在认识上的误区，按照自然人犯罪的思维来认定单位犯罪，认为单位犯罪就是“以单位名义”“为单位利益”实施的危害社会行为。这种笼统的定义没有充分考虑单位犯罪的特征属性。如前所述，不同的单位犯罪之间在形态结构上存在本质区别，对此，在刑事责任追究和合规不起诉方面也应当作出区别对待。

例如，西班牙在引入企业合规出罪机制时，就对企业犯罪的形态作出了区分。《西班牙刑法典》第31条第2款规定，企业实施有效预防

犯罪的合规体系的，对公司内部人员所实施的犯罪行为不承担刑事责任，同时规定单位要达到合规出罪效果，必须证明以下事项：企业已有效采纳并执行了合规体系；合规组织和人员被充分授权，具有独立性和专业性；组织充分行使了监督和控制职能；未发生系统性犯罪行为。

《西班牙刑法典》的规定具有极大的启发性。我们可以借鉴这一规定，将单位犯罪区分为"系统性单位犯罪"和"非系统性单位犯罪"。所谓系统性单位犯罪，是指单位内部经过集体决策或者经由企业负责人决定实施的危害社会行为。例如，董事会或高级管理层集体讨论和表决实施走私、侵犯商业秘密、污染环境等犯罪行为，或者董事长、总经理等企业负责人直接授权或者授意某一部门、子公司、高级管理人员、员工、第三方等实施排放污染物、虚开增值税发票、制造或者销售假药等犯罪行为。在系统性单位犯罪中，直接责任人的意志与单位意志具有高度的重合性。既然直接责任人的意志是实施犯罪，那么单位自然也具有犯罪的主观意志，存在明显的主观罪过。对这些类似于犯罪集团的企业，责令其作出商业模式和经营模式的改造，或者建立一套自我监管的合规治理体系，效果是十分有限的。由于在系统性单位犯罪案件中，涉案企业主观恶性较大，责任人意志和单位意志合而为一，因此不具有合规出罪的太大空间，难以大规模地适用合规考察制度。一般而言，只有在犯罪情节轻微，企业存在积极配合调查、认真补救和有效整改行为的情况下，才能对这类企业作出相对不起诉。

所谓非系统性单位犯罪，是指企业并没有作出实施犯罪的集体决策，而是企业内部关联人员实施了犯罪行为，企业却没有履行合规管理义务而承担连带的刑事责任。在单位犯罪案件中，"关联人员"的范围十分广泛，所有与企业有关联、可能导致企业被追究刑事责任的内部人员和合作伙伴都是关联人员，包括企业内部的员工、各级管理人员、子公司、分公司，以及上游的供应商、中游的代理商、下游的销售商等第三方商业伙伴。除此之外，可能还包括那些被并购的企业。如果被并购企业此前有犯罪行为，在收购企业成为控股公司的同时，就可能继承被并购企业的相关刑事责任，这种责任也被称为继承责任。这种因为关联人员实施犯罪行为，导致企业承担严格责任而构成的单位犯罪，就是非系统性单位犯罪。在这类犯罪中，单位既没有明显的主观罪过，也没有集体决策实施犯罪行为，但由于在管理机制上存在漏洞和隐患，没有建立有效的合规管理体系，使得员工、管理人员或其他关联人员实施了犯罪，单位因为存在失职行为而构成单位犯罪，承担刑事责任。

假如我们接受上述有关单位犯罪的这种分类，那么，在合规不起诉改革中出现的一些疑难问题，就可能得到合理解决。我们在解决相关争议问题时就可以产生新的思路。

第一，将非系统性单位犯罪案件确定为企业合规不起诉改革的适用对象，这是十分必要而合理的。在这类案件中，由于单位既没有明显的主观罪过，也没有实施危害社会的犯罪行为，而只是因为关联人员的犯罪行为承担严格责任，单位存在的主要问题是缺乏有效的管理体系和内控机制，其治理方式在阻止、预防关联人员犯罪方面存在结构性缺陷。因此，企业只要进行合规整改，建立有效合规管理体系，加强对关联人员的合规管理，尽到监督和管理义务，就能取得有效预防犯罪的整改效果，实现合规出罪。

第二，对于系统性单位犯罪案件，在适用合规考察制度时应当格外慎重。在这类案件中，企业具有实施犯罪行为的主观意志，董事会、经理层等企业决策层几乎成为犯罪集团，企业出台的政策和作出的决定都是具有犯罪倾向的。而合规管理体系作为一种自我监管方式，发挥作用的前提是企业决策层作出合规承诺，具有合规意愿，并具有有效预防犯罪再次发生的可能性。因此，对系统性单位犯罪的涉案企业进行合规考察，通常难以取得较为理想的效果。或许，对于那些较为轻微的系统性单位犯罪案件，检察机关可以根据起诉裁量原则将其纳入合规考察的对象，并且提出更加严格的合规整改要求，包括重组董事会、改组管理层、将责任人员送交司法机关等，在其确实建立有效合规计划、完成人员撤换之后，考虑作出相对不起诉的决定。那些实施了系统性单位犯罪的企业，要进行充分的合规整改，关键在于及时有效地处理责任人，这是世界各国推行暂缓起诉协议制度的通例。因为只有严厉处理责任人，改组董事会和管理层，才能消除犯罪发生的人事原因，在此前提上推行合规管理体系，才会真正起到改造经营方式和商业模式的作用，实现真正的去犯罪化。

总之，对于非系统性单位犯罪案件，检察机关可以大规模适用合规不起诉制度，甚至对于那些较为重大的单位犯罪案件，只要属于非系统性单位犯罪的，都可以对涉案企业适用附条件不起诉制度，对那些合规整改较为成功的企业，作出不起诉决定，而对在单位犯罪中负有责任的内部关联人员，则独立提起公诉，定罪判刑。相反，对于那些系统性单位犯罪案件，检察机关在适用合规不起诉方面应当慎之又慎。只有对那些可能被判处3年有期徒刑以下刑罚的轻微单位犯罪案件，检察机关才可以适用合规不起诉制度，并在采取合规考察措施时，附加一系列更为严格的条件，包括自愿认罪，积极配合，采取补救挽损措施，及时处理责任人，撤换相关董事，改组管理团队，重建合规组织团队，等等。只有在对责任人作出必要处理的前提下，检察机关才可以对此类企业适用合规不起诉制度。

四、合规出罪的正当性

企业合规能否成为出罪事由？企业合规为什么可以成为检察机关不起诉的根据？这是两个亟待解决的理论难题，也是关乎合规不起诉改革能否取得成功的实践问题。一些学者和司法官员认为合规至多能成为量刑宽大的情节，而不能成为出罪理由。但假如这种逻辑得到人们的普遍接受，那么，欧美国家的暂缓起诉协议制度就等于完全搞错了，我国检察机关推行的企业合规不起诉也就没有太大改革空间。其实，只要对合规不起诉改革的实践作出认真调研，就不难发现，企业合规不起诉改革所面临的最大一个问题，就是检察机关对涉案企业的刑事激励存在着严重不足，这在客观上严重制约了合规不起诉改革的成效。例如，根据报道，在2021年5月13日最高人民检察院调研组赴张家港市调研企业合规改革所召开的专题座谈会上，江苏省高级人民检察院的一位副检察长提出了工作中遇到的困惑：“既然企业本身犯罪情节轻微，符合相对不起诉的条件，又何必大费周章、耗时耗力搞合规呢？刑事激励不足，造成了不少企业合规热情不高、合规动力不足的局面。”因此，有必要对合规出罪的正当性作出充分的论证。

一般来说，合规出罪可分为实体出罪和程序出罪两种基本类型。所谓合规实体出罪，是指企业在实施犯罪时已经建立合规体系的，合规就可以作为无罪抗辩事由，司法机关就可以此为由对该企业作出无罪处理。合规程序出罪则是指企业所实施的行为已经构成犯罪，但在犯罪时尚未建立合规体系，经过检察机关的合规考察程序，企业进行了有效的合规整改，成功实施了合规管理体系，完成了“去犯罪化”改造，达到预防再犯罪的效果，从而获得合规不起诉的处理结果。

从刑事司法实践情况来看，合规实体出罪具有两种模式，即主观过错免除模式和法定管理义务履行模式。所谓主观过错免除模式，是指在非系统性单位犯罪中，企业内部员工、高级管理人员、子公司、第三方、被并购方等关联人员以实现企业利益为目的实施了犯罪行为，企业通过建立和实施有效合规计划来证明制定了禁止关联人员实施违法犯罪行为的合规政策，建立了旨在预防违法犯罪行为的合规管理流程，因而对于关联人员进行了有效的合规管理，企业既不存在追求或者放任危害社会结果发生的故意，也不存在因疏忽大意或过于自信而导致危害社会结果发生的过失，企业不存在主观过错，从而得以免除刑事责任。雀巢公司合规无罪抗辩案就是主观过错免除模式的经典案例。所谓法定管理义务履行模式，是指针对失职类犯罪，企业通过建立或者实施合规管理体系证明已经履行了法律规定的监督和管理义务，从而免除自身的刑事责任，达成合规出罪的效果。失职类犯罪是在企业关联人员实施特定犯罪行为的情况下，为企业设立严格责任，推定企业在预防、阻止关联人员犯罪方面存在失职行为，例如英国的商业组织预防贿赂失职罪，我国的拒不履行信息网络安全管理义务罪，都为企业确立了特定的法定管理义务，也就是一种强制合规义务，要求企业建立合规管理体系。如果在犯罪时企业已经建立了反商业贿赂合规体系或网络数据保护合规体系，证明企业已经发布合规政策和员工行为守则，对关联人员进行合规培训，对违法违规人员作出过惩戒，履行了法定管理义务，就可以据此作出无罪抗辩，被免除刑事责任。

首先，合规实体出罪的正当根据是企业由于没有主观过错而免责。根据企业独立意志理论，企业作为一种生命有机体，具有法律意义上的意识和意志，通过合规管理行为，企业展示出与关联人员完全不同的意识和意志。一方面，企业已经意识到关联人员可能实施违法犯罪，通过颁布合规章程、合规政策和员工手册，承担了注意义务和警示义务，显示出企业对关联人员可能出现违法违规行为存在着清醒的认知，同时也正在通过实施合规管理来防范内部违规行为的发生。另一方面，对于关联人员的行为可能造成的危害社会的后果，企业通过合规管理机制，建立了预防、制止、识别违法违规行为的动态管理流程，并在违规事件发生后对有关责任人采取过惩戒措施，这体现了企业不存在追求、放任危害结果发生的主观意志，也显示出企业没有疏忽大意或者过于自信等方面的过失。企业通过合规管理行为表现出明确反对和严厉禁止相关违法犯罪行为的主观意志，合规管理体系发挥了将企业责任与关联人员责任加以切割的作用，此时关联人员的犯罪行为与企业行为无关，不再体现企业的主观意识和主观意志，而纯属其个人行为，关联人员实施犯罪的主观意志与企业意志彻底分离。

其次，合规实体出罪的正当根据还包括企业因没有违反特定刑事义务而免责。在特定失职类犯罪中，法律为企业确立了包括合规管理在内的法定管理义务，此时，企业承担合规管理义务成为一种刑法义务，形成“不合规即有罪”的犯罪构成模式，这种合规惩罚制度使企业为规避可能的刑事法律风险，不得不建立合规计划，实施有效的合规管理体系。这在推动企业加强合规管理方面具有更加明显的激励效果。与此同时，法定管理义务履行为企业创设了“合规即无罪”的抗辩理由。失职类犯罪表现为企业没有尽到足够的管理义务，致使关联人员实施了违法犯罪行为，而合规体系的建立足以证明企业对于关联人员已经履行监管职责、尽到注意义务和管理义务，在预防违法行为、识别违规事件、应对犯罪案件等方面作出了充分的准备和努力，因而不存在对特定刑事义务的违反，消灭了犯罪构成要件，切断了企业管理与关联人员犯罪行为之间的联系，成为企业不构成失职类犯罪直接依据。

而在合规程序出罪中，企业已经符合犯罪构成要件，成立刑法规定的犯罪，但是企业自愿认罪、主动配合调查、积极补救挽损，并且表达了合规整改的意愿，检察机关经过审查将企业纳入合规考察对象，为其设定合规考察期，责令其聘请第三方合规监管人，在考察期内建立和推行合规管理体系，经过合规考察，检察机关最终对于建立有效合规计划的企业作出不起诉决定，从而免除其刑事责任，因此合规程序出罪又称为“合规考察出罪”。其正当性主要在于以下三个方面。

第一，根据法益修复理论，企业通过合规整改建立合规体系的过程，完成了对犯罪所造成法益损害的补救和修复，因此对企业予以出罪处理。尤其是对于非系统性单位犯罪而言，企业只是因为关联人员直接实施的犯罪行为而被追责，仅在合规管理方面存在一定的失职责任，在合规考察程序中，企业积极主动采取了一系列补救措施，如主动认罪，配合执法部门的调查执法活动，积极开展合规内部调查，报告合规管理方面存在的缺陷，披露直接责任人员，严惩负有责任的关联人员，并采取了赔偿被害人、补缴税款、缴纳违法所得、恢复原状等挽损措施。不仅如此，企业还针对管理上的漏洞和制度上的隐患，采取了有针对性的积极整改措施。既然涉案企业已经对犯罪破坏的法益进行了全方位的修复，对于通过合规考察的企业而言，单位犯罪所造成的社会危害性已经降到最低程度，继续对企业定罪判刑，不仅没有任何意义，反而会因为水漾效应而对社会公共利益造成进一步损害，因此可以对完成合规考察的企业予以出罪。

第二，根据有效犯罪预防理论，企业通过有针对性的合规整改，一方面建立了一套旨在预防、识别和应对合规风险的治理体系，用以堵塞制度漏洞、消除制度隐患、加强内部合规管理，例如通过发布专项合规政策和员工行为守则，建立合规培训制度，督促员工和子公司依法依规经营；通过实施合规风险评估、合规尽职调查、合规风险定期报告等制度，将第三方的经营活动纳入合规监控体系；通过建立内部举报机制、建立合规审计制度，及时识别可能发生的违法违规事件，等等。另一方面，企业对之前存在“原罪”的商业模式和经营方式，作出了有效改造，消除了原有的违法、违规乃至犯罪因素，完成

“去犯罪化”改造。因此，经过合规考察，企业最大限度地消除了关联人员再次犯罪的可能性，实现了有效的犯罪预防，于是对企业判处刑罚的正当性也就不复存在了。而要想激发企业建立这种自我监管、自我治理的合规体系，也必须为其提供合规考察免责的激励机制。

第三，根据公共利益考量理论，对于经过合规考察而成功建立合规管理体系的涉罪企业予以出罪处理，更有利于社会公共利益的维护。这样一来，不仅可以避免企业可能宣告破产的结局，也可以使企业免受定罪带来的无法上市、被取消特许经营资格、被吊销营业执照等资格剥夺处罚，更能够防止出现税收流失、经济滑坡、新兴产业受挫等灾难性后果，还可以激励涉案企业进行商业模式的除罪化改造，改变带有违法犯罪基因的经营方式，帮助企业实现可持续发展，建成“百年老店”。在合规考察制度中，检察机关不再是机械办案的公诉者，更是国家利益和社会利益的维护者，对涉案企业不只进行单纯基于犯罪构成要件的事实和证据审查，而在公诉思维中融入公共利益要素的考量，使检察权的行使主动契合人民群众的期待和社会发展的实际需求，带来一次检察理念的伟大革新。可见，合规程序出罪有利于受损法益的全面修复，有利于有效犯罪预防的实现，更有利于社会公共利益的维护，因而具有充分的正当性根据。

五、合规不起诉的适用对象

关于合规不起诉究竟应适用于中小微企业还是大型企业集团，以及究竟应适用于轻微单位犯罪案件还是重大单位犯罪案件的问题，在这场改革过程中产生了激烈的争论，法学界和司法界存在着不同的认识。对于这一问题，笔者经过调研和思考，可以提出一些初步的思路。

第一，合规不起诉制度应尽量适用于大型企业，对中小微企业应当慎重适用。企业合规不起诉改革推行以来，大量试点案例中的涉案企业都是包括乡镇企业和家族企业在内的中小微企业。这在改革初期，主要由基层检察院负责推进探索的情况下，是完全可以理解的。

但如今第二期改革已经正式启动，省级和地市级检察机关全面参与到企业合规改革中，一些大型企业涉嫌实施的犯罪案件将会进入改革者的视野。我们强烈期待检察机关将这些涉案的大型企业纳入合规考察的对象，并认为只有在大型企业中推行这一制度，才能充分发挥合规不起诉的制度优势和整改效果。首先，大型企业拥有完整的现代公司治理结构，具有建立符合有效合规计划基本标准的合规制度、组织和程序体系的资源。而中小微企业的董事长和总经理往往由一人兼任，董事、监事、高级管理层成员多为家族成员，董事会和监事会形同虚设，根本无法发挥监督和制衡职能，企业运作高度集权化，组织化、流程化程度较低。而在大型企业中，企业所有权和经营权得以分离，股东会、董事会、监事会分工明确，企业运作制度化、层级化程度较高，决策机制规范透明，而且拥有建立合规管理体系的充足资源，这样一来，合规组织体系才能完整搭建，合规政策规范才能得到遵守，合规管理制度才能有效运行。其次，在大型企业中，合规体系可以有效发挥预防犯罪的功能，可以通过建立合规体系进行有效整改，堵塞漏洞、消除犯罪隐患，区分企业责任与员工、高管、子公司、第三方商业伙伴、被并购企业的责任，实现“去犯罪化”。而中小微企业经营模式简单，管理方式原始，既没有成熟的现代公司治理结构，也无法实现企业责任与员工、高管责任的分离，企业意志和高管意志高度重合，缺乏建立有效合规体系的基本条件，合规整改往往流于形式。

但是，考虑到我国的实际情况，一些地方检察机关仍将坚持对符合条件的中小微企业适用合规不起诉制度，我们也能理解这种改革的想法和苦衷。但无论如何，在合规整改方面，对于中小微企业与大型企业要作出适当的区别对待。对大型企业进行合规整改的目的是确保其实现可持续发展，建成“百年老店”，而对中小微企业进行合规整改的目的则是保证其继续生存，恢复正常的生产经营。国际通行的有效合规计划，动辄要求建立合规宪章、合规政策、合规组织体系、防范体系、监控体系、应对体系。其中，合规宪章是公司最高法律效力的文件，具有公司章程的地位，载明了公司合规的基本理念、基本原则、基本框架；合规政策在合规体系中扮演“实体法”的角色，包含了合规架构的主体内容和法律规定的禁止性条款，特定领域的合规管理规范和专项行为准则需要涵盖企业经营中每一个环节；合规组织体系包括合规管理委员会、首席合规官、专项合规部、合规专员等层级结构；合规风险的防范体系包括合规评估、尽职调查、合规培训、内部政策沟通等部分；违规行为的监控体系包括全流程合规监控、举报制度、合规审计、合规报告等内容；违规事件的应对体系包括合规内部调查、处理违规责任人、积极配合执法机关调查等具体要求。如此复杂的合规管理体系，主要适用于大型企业，而对于中小微企业而言，难以得到全面适用。考虑到中小微企业的现实情况，我们有必要在确保合规计划行之有效的前提下，为其量身打造一套可行的合规整改方案。比如，中小微企业在发布专门的合规章程、合规政策和员工手册的前提下，可以设立合规专员，建立合规考核奖惩制度，将合规制度渗透到公司的每个业务和管理流程，而无须建立国际通行的合规管理体系。未来，应当根据不同性质和规模的企业，确立不同的合规计划版本。比如说，可以考虑为中小微企业制定有效合规计划的“简易版本”，可以针对大型企业则建立有效合规计划的“标准版本”。当然，无论是大型企业还是中小微企业，督促其建立流程化的合规管理体系都只是合规整改的形式要件，而有效合规整改的实质标准是商业模式的去犯罪化改造，以达到有效预防犯罪的效果。对于这一点，笔者在后面将加以展开分析。

第二，对于附条件不起诉模式，应当适用于重大单位犯罪案件。而对轻微单位犯罪案件，则没有必要适用合规考察程序，而可以直接适用相对不起诉模式。具体而言，只有对重大单位犯罪案件，才有必要推行耗时费力的合规考察制度。检察机关为涉案企业设置一定的合规考察期，在考察期内委任合规监管人，对企业进行合规整改的情况进行全流程跟踪、指导、报告和监督……正是因为对涉嫌犯有重大犯罪的企业，需要通过一定时间的合规整改，才能确定是否可以对其作出宽大处理，因此，我们应将这种合规考察制度运用到这类案件之中，而不宜动辄运用到轻微单位犯罪案件之中。对于轻微单位犯罪案件，检察机关无须适用合规考察制度，只需要在作出相对不起诉决定的前提下，提出包含合规整改方案的检察建议就可以了。

目前，各地检察机关适用合规考察制度的对象几乎都是清一色的轻微犯罪案件。这一方面是因为检察机关在改革试验初期，出于稳妥推进改革的角度考虑，对轻微案件适用合规考察没有太大风险；另一方面是受到单位责任和关联人员责任一体化理论的影响，不敢在突破相对不起诉适用范围的情况下，对重大单位犯罪案件适用合规不起诉。但从长远的角度考虑，合规考察制度还是应尽量适用于重大的非系统性单位犯罪案件，将企业责任与关联人员责任彻底分离，对涉案企业进行合规考察，使那些通过考察验收的企业得到合规不起诉的处理，而对责任人员则追究刑事责任。

第三，在改革试点初期，最高人民检察院组织了6家基层检察机关开展第一阶段的改革试验，积累了一定的改革经验。但试验结果表明，由基层检察机关实施该项改革具有不可克服的局限性。首先，基层检察机关面临繁重的办案压力，没有余力从事合规考察制度的探索和建设。其次，基层检察机关不具备制定合规考察和验收标准的专业能力，具体标准的确定应交由更高层级的检察机关来完成。最后，基层检察机关处理的案件往往是中小微企业实施的轻微单位犯罪案件，不具有典型意义，对其进行合规考察难以发挥示范作用。

2021年3月，最高人民检察院确定了10个省市的检察机关作为第二批改革试点单位。在这一背景下，我们强烈建议各试点的省级检察机关将改革试点工作交由地级市检察机关负责实施，尤其是对重大单位犯罪案件，应由地市级检察机关推行附条件不起诉制度改革，引入合规考察制度。而对于较为轻微的单位犯罪案件，基层检察机关原则上可以推行相对不起诉模式，通过提出检察建议的方式督促企业推行合规管理体系。

唯有将合规考察交由层级更高的检察机关负责推进，才能最大限度地发挥合规不起诉制度的功能。一方面，可以将合规管理体系引入具有现代公司治理结构的大型企业之中；另一方面，可以通过重大单位犯罪合规考察案件的办理，使改革继续推进以及对企业建立合规管理体系产生强大的示范效应。

例如，检察机关办理某企业涉嫌重大污染环境案件时，就可以适用合规考察制度，督促涉案企业建立环境保护专项合规计划，并将本案的合规整改和合规管理建设经验作为污染环境案件合规不起诉案件的范本，产生良好的示范效应。按照这种思路，检察机关在改革试点阶段办理合规不起诉案件，应尽量选择大型企业涉嫌实施的重大犯罪案件，例如重大涉税犯罪、侵犯知识产权犯罪、污染环境犯罪、商业贿赂犯罪、网络数据犯罪，通过合规考察制度督促企业分别建立有效的税收合规计划、知识产权保护合规计划、环境保护合规计划、反商业贿赂合规计划、数据保护合规计划，通过办理一个案件形成一套制度范本，使其具有典型性、指导性和示范性。毕竟，检察机关推进企业合规整改的目的不是单纯办案，而是督促企业进行有效整改，建立有效合规体系，完成去犯罪化改造，由此产生辐射效力，最终推动所有相关企业重视合规经营，建立健全合规管理体系。

当然，我国不可能像西方国家那样由最高检察机关亲自办理合规不起诉案件。但是省级检察机关可以直接指导地市级检察机关开展合规考察工作。目前，最高人民检察院已经安排省级检察机关统一指导本省范围内的合规不起诉改革。未来，省级检察机关应加强对地市级和基层检察机关的改革指导，还要与省级行政监管部门建立完善行政监管和刑事执法的衔接机制，制定统一的合规管理指引。比如省级检察机关就可以与省税务局联合发布税收合规计划的基本标准，与省环保部门联合发布环保合规计划的基本标准，与省级金融监管部门联合发布金融合规计划的基本标准……这显然是基层检察机关难以完成的工作，应当由省级和地市级检察机关发挥制定规范文件和合规考察验收标准的独特优势。

六、附条件不起诉与相对不起诉的分离问题

目前，试点机关普遍将合规考察的对象限定在对责任人判处3年有期徒刑以下刑罚的单位犯罪案件中。其实，对这样的轻微刑事案件，本来就没有必要启动合规考察程序，而是完全可以作出相对不起诉的决定，最多附加提出有关合规整改的检察建议。在诉讼理论上，相对不起诉又称为酌定不起诉，是指嫌疑人或涉案企业依照《刑法》已经构成犯罪，但是犯罪情节显著轻微，依照《刑法》不需要判处刑

罚或者可以免除刑罚的，检察机关基于自由裁量权所作出的不起诉决定。与相对不起诉不同，附条件不起诉则是指检察机关对于较为重大的刑事案件，在对嫌疑人或涉案企业作出相对不起诉没有充分把握的情况下，设置一定时间的监督考察期，在考察期限内进行帮教、督促整改，完成行为模式或商业模式的改造，期满后经过考察验收认为达到犯罪预防效果的，才作出不起诉的决定。

理论上，附条件不起诉应当比相对不起诉适用于犯罪更加重大、情节更加恶劣的案件。但非常遗憾的是，2018年《刑事诉讼法》的修改错过了一次历史性机遇，竟然规定对判处1年有期徒刑以下刑罚的轻微未成年人犯罪案件适用附条件不起诉，却对判处更为严厉刑罚的未成年人犯罪案件却适用相对不起诉。这有本末倒置的嫌疑。结果，实践中各地检察机关普遍不愿意对未成年人犯罪案件适用附条件不起诉，因为对1年以下的犯罪案件可以直接适用相对不起诉，根本没必要再耗费时间、精力对未成年人进行监督考察。正确的做法应该反其道而行之，也就是对可能判处1年以下刑罚的未成年嫌疑人直接作出相对不起诉，而对可能判处更严厉刑罚的未成年人犯罪案件，才适用附条件不起诉制度。

如今，我国合规不起诉制度改革又来到了同样的历史转折关头。笔者相信改革决策者具有高度的政治智慧和法律智慧，能够纠正长期以来对附条件不起诉制度的误读，改变过去将相对不起诉和附条件不起诉相互颠倒、本末倒置的局面，而将相对不起诉适用于情节轻微的单位犯罪案件，将附条件不起诉适用于重大单位犯罪案件。根据这一基本思路，我们可以将目前已经形成的两种合规不起诉模式，重新调整其适用的案件范围。

首先，对于那些责任人判处3年有期徒刑以下刑罚的轻微单位犯罪案件，只要企业作出合规整改承诺、提交合规整改计划，检察机关经过审查认为符合条件的，一律适用相对不起诉，并在宣布相对不起诉决定的同时，发出包含具体合规整改要求的检察建议，而无须设置合规考察期，无须指派合规监管人。当然，对于这类检察建议，也应当加强其刚性监督特征，强化其激励作用。其一，检察建议应当要求企业立即启动合规整改，并设置明确的整改期限。其二，检察机关应当建立跟踪回访机制，以对企业落实检察建议、开展合规整改的情况进行持续监督。其三，检察机关应对那些拒不进行合规整改的企业设置不利的法律后果，使检察建议发挥有效约束作用。例如，如果检察建议要求企业在6个月内完成合规整改，但期满发现企业怠于整改的，检察机关可以向行政机关发出检察建议，建议行政机关对该企业作出行政处罚，并加强行政监管。行政机关怠于行使职权的，检察机关还可以启动公益诉讼程序，提起行政公益诉讼。

其次，对于可能对责任人判处3年有期徒刑以上刑罚的重大单位犯罪案件，检察机关应适用附条件不起诉制度，并启动合规考察程序。一般而言，启动合规考察程序的前提条件应当包括以下几个方面：涉案企业自愿认罪，积极配合司法机关调查，有效采取补救挽损措施，披露和处理违法责任人，并提交有效的合规整改方案。检察机关经过审查认为符合要求的，将其纳入合规考察的对象，设置合规考察期，指派合规监管人，在考察期结束前进行合规验收和评估，最终作出是否提起公诉的决定。如果企业确实进行了有效的合规整改，完成“去犯罪化”改造，检察机关就可以作出不起诉决定；如果经过合规考察认为企业没有完成合规整改，不符合作出合规不起诉的条件，检察机关仍然保留提起公诉的权力，但可以将合规考察期间企业在合规整改方面所作出的努力和合规建设的进展情况，作为宽大量刑情节，提出宽缓的量刑建议。

通过上述改革举措，相对不起诉和附条件不起诉就可以发生彻底分离。检察机关可以将附条件不起诉的适用范围限定为重大单位犯罪案件，涉案企业为大型企业，由省级和地市级检察机关负责进行合规考察；相对不起诉则适用于轻微单位犯罪案件，可以由基层检察机关作出决定，发出合规整改的检察建议。从过去的改革试验情况来看，这种制度安排更具合理性和可行性，并且使各界关于合规不起诉适用对象的诸多争议问题得到合理化解。

七、合规考察制度与认罪认罚从宽制度的关系

近年以来，我国推行了两项影响重大的刑事司法改革：一是以审判为中心的诉讼制度改革；二是认罪认罚从宽制度改革。其中，认罪认罚从宽制度已经在司法实践中得到较为普遍的实施，目前其适用率已经超过全部刑事案件的85%。该项制度引入了协商性司法的理念，对潜在的嫌疑人和被告人起到激励认罪认罚的作用，使大量案件得到快速处理，发挥了预期的改革效果。在合规不起诉改革过程中，一种代表性观点认为合规不起诉就是认罪认罚从宽制度的具体类型。有人甚至断言，在自然人涉嫌犯罪的案件中，认罪认罚从宽制度主要表现为量刑协商程序；而在单位涉嫌犯罪的案件中，认罪认罚从宽制度就表现为合规考察制度。应当说，合规不起诉制度和认罪认罚从宽制度具有非常密切的联系。从世界各国适用合规不起诉制度的情况来看，检察机关与涉案企业达成暂缓起诉协议的前提之一，是涉案企业必须自愿认罪，承认被指控的犯罪事实，积极配合有关部门的调查，还要采取补救挽损措施。应当说，认罪认罚从宽制度与合规考察制度都建立在涉案嫌疑人自愿认罪的前提之下。尽管如此，这两种制度无论是在性质上还是在功能上都具有本质的区别，改革者应在制度上将两者区分开来，否则将给合规不起诉改革带来很大的负面影响。

首先，合规考察制度与认罪认罚从宽制度所要实现的价值目标不尽相同。认罪认罚从宽制度的基本价值目标是追求诉讼效率，在尽可能短的时间内处理尽可能多的案件，通过将认罪认罚案件纳入诉讼程序的快速轨道，使诉讼效率得到提高，诉讼成本大幅度降低，司法资源得到节约，并更多地被配置到适用普通程序审理的重大疑难案件之中。相比之下，合规考察制度所适用的对象是企业犯罪案件。对于涉嫌犯罪的企业适用合规考察，其主要目标并不是提高诉讼效率，而是督促企业进行合规整改，使企业改造经营方式和商业模式，从而有效实现犯罪的预防效果。很有意思的是，各国处理企业犯罪案件，与处理未成年人犯罪案件，采取了较为相似的制度模式。在欧美国家，附条件不起诉制度最早适用于未成年人犯罪案件。早在20世纪初期，美国的审前转处制度适用于未成年人，到了90年代被扩展适用到涉嫌

犯罪的企业，最终发展成为暂缓起诉协议和不起诉协议制度。这与我国刑事司法改革的情况具有很大的相似之处。我国2012年《刑事诉讼法》对未成年人设立了附条件不起诉制度，2020年开始又将附条件不起诉制度适用于涉嫌犯罪的企业。

为什么未成年人诉讼制度与企业合规合规考察制度具有这样的相似性呢？可能在犯罪发生的原因和治理方式上，这两种刑事案件具有相似的特征。未成年人在家庭、社会、教育等多重因素交织影响下走上犯罪的道路，对他们施加严刑峻法根本没有意义，要想使其不再实施犯罪，创新回归社会，就必须矫正他们的行为方式、生活习惯、交友范围，使其摆脱对不良嗜好的依赖。这是未成年人刑事司法最大的难点，司法机关为贯彻教育、感化、挽救的方针，就需要投入大量的时间精力来调查未成年犯罪嫌疑人和被告人的成长经历、犯罪原因等情况，研究制定对未成年人进行教育考察的方案，通过大量司法资源的投入，帮助其矫正不良行为习惯，回归社会，重新做人。这种诉讼制度追求的是未成年人有效回归社会的价值理念。这显然是那些以追求诉讼效率为目标的认罪认罚从宽制度所不可比拟的。

同样的道理，一个企业由于初创时期野蛮生长，行政机关长期监管不力，导致企业的商业模式和经营模式中存在犯罪的基因，也导致企业形成了通过违法犯罪来获取更高额利润的路径依赖。面对一个涉嫌犯罪的企业，对其进行严刑峻法同样毫无意义。与处理未成年人犯罪案件一样，对企业犯罪治理的目标也是使其“回归社会”，但企业回归社会的方式是从事合规的业务，经过经营方式的改造，消除业务模式中存在的违法犯罪因素，实现企业经营的“去犯罪化”。但假如没有足够的资源投入，司法机关根本无法完成彻底改造企业的合规考察工作；如果把考察期压缩在较短的时间内，也必然使合规考察流于形式，出现一位检察长所担心的“为脱罪而改革”以及“盆景化改革”的局面。因此，合规考察追求的是企业经营模式的改造，实现有效的预防犯罪，确保企业的可持续发展，这与认罪认罚从宽制度主要以提高效率为目标的导向，显然是完全不同的。

其次，合规考察制度与认罪认罚从宽制度的实体结果不同。适用认罪认罚从宽制度的绝大多数案件都会进入法庭审理程序，法院会作出从轻处罚。因为认罪认罚只能作为从轻量刑情节，这意味着对认罪认罚的企业必须在法定刑幅度内进行量刑，而且其从宽幅度介于坦白和自首之间，不仅不能超越自首，还不能重复评价。在罪刑法定、罪刑均衡等原则的严格限制下，认罪认罚制度能够提供给被告人的从宽幅度并不是很大，也难以产生较强的制度激励作用。相反，合规考察制度的本质是合规出罪，经过合规考察，检察机关对那些成功建立有效合规计划的企业，最终作出不起诉的决定，使其避免被定罪判刑的后果。这种出罪机制的激励效果要大大高于认罪认罚从宽制度。

最后，如果将合规考察制度与认罪认罚从宽制度等同起来，那么合规考察期的设置就失去了正当性。因为认罪认罚从宽制度要求尽快处理案件，根本没有合规考察的空间和余地。在初期改革试点中，一些检察机关仅仅为企业设置1~2个月的合规考察期，然后十分仓促地作出合规验收，并作出不起诉的决定。原因可能在于将合规考察制度错误地等同于认罪认罚从宽制度，盲目地追求案件的快速处理。唯有将这两种制度加以分离，检察机关才能从推动企业进行有效合规整改出发，为企业设置与合规整改难度相适应的合规考察期。目前，由于在设置合规考察期上没有明确的法律依据，检察机关只能在现行法律框架内设置合规考察期。我国《刑事诉讼法》规定审查起诉阶段的办案期限是1个半月，经过两次退回补充侦查，最长能够有6个半月的办案期限。与此同时，《刑事诉讼法》规定检察机关在审查起诉阶段对嫌疑人取保候审的期限最长可以达到12个月，检察机关据此将合规考察期限最长设置为12个月。

应当说，在现有法律框架内探索形成现在的合规考察期制度，已经是最大限度地运用了现行制度提供的空间。但从客观上看，为企业设置6个月到1年的考察期仍然远远不够。尤其是大型企业涉嫌实施的重大虚开发票、污染环境、走私等犯罪，犯罪发生的原因非常复杂，与公司内部治理结构有着密切关系，短时间的合规考察根本不足以改造公司的管理方式和治理结构，要想让企业有效建立和运行合规管理体系，并将合规治理融入业务活动的每个流程之中，没有更长时间的合规整改通常是无法完成的。例如，为一个从来没有建立合规体系的企业起草合规章程、专项合规政策和员工手册，就可能需要耗费几个月的时间；而搭建一套合规组织体系，在董事会下设合规委员会，设立首席合规官，组建合规部门，让专职合规官和兼职合规联络员进行有机协作，将合规奖惩制度和考核制度渗透到公司的每个流程，更是需要长时间的建设和改进。值得注意的是，即便企业建立了一套书面的合规体系，也还需要在合规监管人的帮助下进行长达1~2年的试运行，并根据试运行中出现的问题进行动态调整，才能够真正激活合规计划，使其得到有效的实施，营造出企业的合规文化。因此，未来在正式确立合规不起诉制度时，可以考虑将合规考察期设置在1~3年检察机关可以案件性质和涉案企业的实际情况设置合理的考察期。由此，才能确保合规考察的顺利进行，使得涉案企业真正完成合规整改的目标，实现实质上的“去犯罪化”改造。

八、合规监管人制度的设置

在欧美，合规监管人制度普遍适用于行政监管和刑事和解案件。无论是行政监管部门还是检察机关，一旦与涉案企业达成和解协议，就有可能委派合规监管人或合规协调员，对涉案企业实施合规整改的情况进行跟踪、指导、监督和报告，协助监管部门和检察机关进行合规考察工作。我国对合规监管人制度产生兴趣，是从中兴事件后开始的。2018年，中国中兴通讯公司被美国第二轮制裁以后，与美国得克萨斯北区联邦地区法院达成认罪协议，被判处3年的合规缓刑，即要在3年时间内重建合规计划。美国联邦地区法院法官指派了一位具有法官任职经历的律师斯坦顿作为独立合规监督员（Independent Compliance Monitor）。与此同时，中兴公司还与美国商务部达成行政和解协议，约定了10年的合规考察期，美国商务部工业安全局选定一位具有检察官任职经历的律师霍华德担任特别合规协调员（Special Compliance Coordinator）。因此，中兴公司目前同时有两个外部出口管制合规监管人团队，由他们负责协调、评估、监察和汇报中兴公司的合规建设和整改情况，并提出改进建议。从中兴公司的例子中可以看到，联邦地区法院和司法部作为刑事司法部门，财政部和商务部作为行政监管部门，都没有在合规考察期中亲自深入企业进行合规监管，真正与企业打交道的正是这些独立合规监管人，由他们履行全面监管职责，并且定期向刑事司法部门和行政监管部门报告进展情况。

湖南建工集团因为在参加由世界银行资助的一起道路翻修项目的竞标时提交了虚假业务文件，构成《世界银行集团诚信合规指引》所定义的欺诈行为，2013年10月，世界银行对该公司作出了“附解除条件的取消资格”的制裁决定，并要求其建立诚信合规体系。在合规整改期内，世界银行的官员同样不会亲自考察湖南建工集团的合规建设情况，而是由上海一家外资所担任合规监管人，每个季度对企业开展合规监察、听取整改汇报，并将合规建设情况定期报告给世界银行，经过世界银行同意后向企业提出整改意见。湖南建工集团经过三年的合规整改，最终建立的合规体系得到世界银行的认可，世界银行将制裁予以解除，恢复了该公司的招投标和贷款资格。

我国在推进合规不起诉改革的过程中，检察机关已经充分认识到合规监管人的重要性，绝大多数试点机关都设立了合规监管人制度。概括来看，合规监管人制度的价值主要体现在以下两个方面：第一，无论是行政监管机关还是刑事司法机关，都没有能力对企业进行有效的合规监管，他们既没有足够的人力和物力投入合规监管，也缺乏建立合规体系的专业知识，因此，将合规监管工作交由具备专业知识的独立合规监管人，更有利于监督和帮助企业进行有效合规整改，建立一套完善的合规计划。第二，合规监管人与企业没有任何利害关系，独立性能够得到保证。如果由承办案件的检察官担任合规监管人，反而会因为存在利益冲突而丧失独立性和中立性，而由中立第三方担任合规监管人就能避免利益冲突，独立开展合规监管，最大限度地体现其专业性。

合规监管人制度的价值在我国已经获得广泛认可，实践中最具争议的问题是应当由谁来担任合规监管人。在改革初期，合规监管人的设置较为混乱，也曾经出现过检察院自行监管的形式，但是经过一年多的改革探索，逐渐形成两种较为典型的制度模式：一种是独立合规监控人监管模式，其中最具代表性的试点机关是深圳市宝安区检察院，该模式的特征是从律师事务所、会计师事务所、税务师事务所等第三方专业机构中遴选独立监控人。具体而言，由检察机关会同司法行政机关遴选符合条件的第三方专业机构组建合规监控人名录库，具体案件发生时，企业从名录库中选择三名候选人，由检察机关批准其中一位担任案件的独立合规监控人，签署三方合规监管协议。另一种是行政机关监管模式，以宁波市检察院为代表的一批检察机关出于对律师担任合规监管人的不信任，担心第三方中介机构的人员容易与企业发生利益勾连，而行政机关工作人员政治素养过硬，职业伦理和专业性都能得到保障，因此主张将合规监管工作交由行政机关完成，任命自然资源规划局、应急管理局、市场监督局、生态环境局、税务局等政府行政主管部门担任合规监管人。

张家港市检察院此前采取了一种与众不同的合规监管模式，在合规考察程序中不设置合规监管人，让律师担任企业的合规顾问，免费帮助企业打造合规计划，带有合规法律援助的性质，考察期结束后由行政机关组成合规验收小组，检察官不参与合规考察与验收，合规验收小组审核合格的即视为通过合规考察。近来，张家港市检察院与当地监管部门共同成立合规监管委员会，负责遴选律师事务所、会计师事务所、审计师事务所等专业机构以及各主管行政机关的专业骨干，组建专门的合规监管人队伍。

最高人民检察院刚刚推出的第三方监管制度也采用了合规监管委员会的方式。根据2021年6月3日最高人民检察院、中华全国工商业联合会、中国国际贸易促进委员会以及司法部、财政部等多部委联合印发的《关于建立涉案企业合规第三方监督评估机制的指导意见（试行）》，由上述机关共同组建国家层面的涉案企业合规第三方监督评估机制管委会，负责研究制定第三方合规监管政策文件、合规监管人选任标准以及涉企犯罪合规考察标准，中华全国工商业联合会负责承担管委会的日常工作，国务院国有资产监督管理委员会、财政部负责承担管委会中涉及国有企业的日常工作。与此同时，试点地方的检察机关和国有资产监督管理委员会、财政部门、工商业联合会组建本地区的第三方机制管委会，负责组建本地区第三方机制专业人员名录库以及日常的选任、培训、考核、巡查、惩戒工作。根据这一制度安排，检察机关在办理合规考察案件时只需要审查案件是否符合企业合规试点以及第三方机制的适用条件，并最终根据合规监管人出具的合规考察书面报告作出是否批捕、起诉、提出宽缓量刑建议的决定。而在整个合规考察环节中，合规监管人的选任以及合规考察标准的确定由第三方机制管委会负责，作为合规监管人的第三方组织负责审查企业提交的合规整改方案、确定合规考察期，以及检查、评估、考核涉案企业的合规整改情况，并向第三方机制管委会和承办案件的检察机关提交合规考察报告。检察机关仅保留对合规监管人组成名单、涉案企业合规计划、合规考察书面报告进行审查并提出意见建议的职权。

关于合规监管人应由行政机关工作人员还是律师事务所、会计师事务所、税务师事务所等专业机构人员担任的问题，最高人民检察院在指导意见中并未明确。其实，无论是行政机关监管模式，还是合规监管委员会的设立，都反映出我国检察机关希望将行政机关纳入企业合规改革之中，以增强合规监管的专业性。与西方国家不同的是，我国的行政执法和刑事司法是前后衔接的关系，一旦涉嫌犯罪，行政监管部门就要将案件移送司法机关，无法参与后续的刑事诉讼和合规考察工作。但以美国为例，行政监管部门可以和刑事侦查部门同时介入，并行不悖地开展行政调查和刑事侦查工作。例如，西门子事件爆发后，美国司法部和美国证交会同时对西门子涉嫌海外贿赂的行为展开刑事调查和行政调查。中兴公司也受到了这种平行调查，由美国司法部针对中兴公司违反美国出口管制法规定向伊朗出口管制物项的行为展开刑事调查，最终中兴公司与美国司法机关达成认罪协议；与此同时，由美国商务部工业安全局和美国财政部海外资产管理办公室展开行政调查，最终由商务部代表美国政府与中兴公司达成行政和解协议。在商业贿赂和证券违法等领域，美国司法部和证交会还常常会与被调查企业签订"一揽子"和解协议，具有联合执法的色彩。而在我国，案件被移送检察机关进行审查起诉时，早已没有行政监管机关的身影，检察机关最多可以发出检察建议或检察意见，建议行政机关作出行政处罚。

在这种情况下，检察机关推进企业合规改革是面临较大的专业压力和实际困难的。其一，我国《刑法》规定的单位犯罪主要是行政犯，都是由行政违法行为在满足特定构成要件的基础上转化而来的犯罪，相比于专门设置的行政机关，检察机关的公诉部门要负责所有类型犯罪的审查起诉工作，虽然在决定罪与非罪的犯罪构成方面更有把握，但是对于建立合规体系所要求的特定领域专业知识往往不甚了解，行政机关被认为对此更具专业性。例如，环保部门对于污染环境案件、税务部门对于涉税案件、海关对于走私案件富有监管和执法经验，在进行合规考察、审查合规计划、确定考察标准时可能更有专业优势。但是，我国在行政监管领域才刚刚开始出现合规激励机制的萌芽，行政和解协议制度只在证券监管领域有所确立，行政合规监管人制度更是还没有起步，由于缺乏合规监管经验，我国行政机关在推进企业合规治理、监督企业进行合规整改方面究竟是否具备专业性，能够发挥多大的积极作用，这是不无疑问的。其二，在企业涉嫌犯罪的情况下，行政监管部门不再对案件行使行政调查权和行政处罚权，而检察机关与行政机关又没有行政隶属关系，行政机关开展合规监管工作的积极性和有效性无法得到保障。其三，刑事合规和行政监管合规有着本质区别，涉案企业在审查起诉阶段进行刑事合规整改，在考察期内要求其建立一套能够全面预防行政违规和刑事违法的尽善尽美的合规体系，既不现实也没必要，刑事合规整改的关键是要完成实质的“去犯罪化”改造，这需要合规监管人精确掌握刑事专业法律知识、了解刑事案件司法规律，而这恰恰是行政机关工作人员所不具备的。

根据世界通例，合规监管人必须由独立的第三方中介机构专业人员担任。首先，合规监管人应当从律师事务所、会计师事务所、税务师事务所的专业人员中选任，如果案件涉及环境保护等特定专业领域，还需要从环境保护研究中心等专业机构遴选专家加入合规监管人团队。其次，合规监管人不能由单位担任，因为单位担任合规监管人会带来很大的弊端。例如，律师事务所、会计师事务所、税务师事务所、研究中心等机构不适宜担任合规监管人，某律师事务所可能因为拥有著名的专业合规律师而入选，但是该律师事务所的其他律师并不一定具有合规监管的能力和经验，因此，应当建立以著名的合规律师、会计师、税务师、特定领域专家领衔担任合规监管人、组建合规监管人团队的制度。西门子事件发生后，担任合规监管人的是刚退休的国际知名经济学家、德国前财政部长威格尔博士，由其领衔组建监管人团队。中兴公司的两位合规监管人也分别由一位前任法官和一位前任检察官担任。美国司法部还经常任命具有联邦检察官、企业首席合规官、世界银行管理层任职经历的律师担任合规监管人。而让机构担任合规监管人不仅专业性无法得到保障，还会导致责任归属不清晰的问题，一旦合规监管人违背职业伦理与企业发生利益勾连，则难以对机构进行追责。

此外，还要强调的是，任命专业的律师、会计师、税务师和专家担任合规监管人，并不意味着让其单打独斗，而应由合规监管人根据案件需要组建开展有效合规监管所必备的监管人团队。例如，在对涉税案件进行合规监管时，由律师领衔搭建的合规监管人团队中就需要配备税务师和审计师；在反商业贿赂案件中，合规监管人团队也需要有法律、财务、金融、审计人员的参与。而对一个涉嫌污染环境的企业进行合规考察，由环保研究机构的专家来担任合规监管人是必要的，但是如果没有律师参与，连罪与非罪的界限都无法区分，只依靠一些环保领域的专业知识是无法搭建环境保护合规体系的。可见，每个合规监管人团队至少需要包括一名熟悉合规知识的法律专家，以及金融、财务、税务、环保、经济、网络等相关领域的专家。中兴公司的两个监管人团队人数都多达数十人，这种规模的团队能够吸纳有效合规计划必备的各个专业领域人员，深入企业展开全方位的有效合规监管。总之，合规监管人应由个人担任，由独立专家领衔组建监管人团队，而决不能让机构担任。

关于合规监管人费用是否应由企业支付的问题，实践中存在两种截然不同的做法，主张不应当由企业支付监管人费用的声音认为企业支付费用会影响合规监管人的独立性和中立性，很容易导致监管人违背职业伦理、与企业发生利益勾连。实践中有的试点机关不向监管人支付任何费用，让律师无偿提供法律援助，有的试点机关则主张由检察机关从财政拨款中拿出部分经费象征性地支付给监管人。但是，就像法律援助案件难以保障有效辩护一样，如果监管人费用不由企业支付，就会造成对合规监管人的激励不足，难以保证监管人尽职尽责提供监管服务，使合规监管流于形式。

首先，检察机关需要根据市场标准和监管时长制定合规监管费用的基本标准。要使合规监管人真正发挥作用，一定要向其支付符合市场标准的基本费用，不仅要满足监管人为履职所付出的成本，而且要有所盈余。在美国，合规监管人薪酬绝不会低于商业服务的市场标准，甚至大部分案件的合规监管费用要远远高于市场价，动辄达到每年上百万美元。我国的监管人费用虽然难以达到如此高的标准，但至少应相当于担任企业合规顾问的薪酬标准。事实上，监管人无法获得必要的费用激励，反而更容易出现职业伦理问题，一旦企业私下向其输送利益，监管人就很可能产生动摇，从而与企业发生利益勾连。

其次，监管人费用也不宜由企业面对面地直接支付给监管人。合规监管人是受检察机关委派、代表检察机关对企业进行合规监管的主体，监管人与企业并非代理人与被代理人的合同关系，而是监管与被监管的关系，两者签订的是合规监管协议。监管协议中存在三方主体，除了合规监管人和被监管企业以外，还有检察机关作为监督方，既可以监督企业的合规整改，又可以监督监管人的履职情况。因此，检察机关在制定合规监管人的费用标准之后，具体案件的办理过程中应当将合规监管人费用写入三方监管协议，不过，企业不得将费用直接支付给合规监管人，而应当将费用打入检察机关或合规监管委员会统一设立的银行账户中。

涉案企业需要支付的费用不仅包括监管人费用，检察机关在办理合规考察案件的过程中也投入了人力和物力，司法行政机关或者合规监管委员会在遴选、管理合规监管人方面也付出了大量成本，因此，涉案企业无须单独支付合规监管人费用，而应集中交纳“合规考察费用”，打入统一设立的银行账户，再由司法行政机关或合规监管委员会按照合规监管协议的内容将属于监管费用的部分支付给合规监管人。这样一来，监管费用就不再是由企业给监管人的报酬，而是由合规监管委员会从合规考察费用中支付，而且只占到考察费用的一部分。部分试点机关会在合规监管人考察完毕后另行召集有关专家和行政机关工作人员组建验收评估委员会，检察机关根据企业提交的合规整改报告、监管人提交的合规考察报告、评估委员会提交的验收评估报告，来最终作出是否起诉的决定，合规验收评估委员会的费用以及后续召开听证会的费用，都应当从企业交纳的合规考察费用中予以支付。

九、合规整改和合规验收的标准问题

在改革初期，检察机关对于合规不起诉改革的专业性和复杂性没有给予足够的重视，也没有就企业进入合规考察和合规验收确立较为具体的标准。随着改革的逐步进展，这一问题显得越来越突出，并成为制约合规不起诉改革深入推进的一大“瓶颈”问题。对于这一问题，最高人民检察院也给予了高度重视，并准备与行政监管部门一起，逐步推动合规整改和验收标准的制定工作。

但是，制定合规整改和合规验收的标准，是一项专业性极强的工作。从目前的情况来看，基层检察机关可能难以胜任制定合规整改和验收标准的工作。通常而言，合规整改和合规验收必须遵循专项合规标准，也就是针对特定的合规风险，确立专门性的合规管理体系。例如，针对涉税犯罪案件的合规验收，要制定税收合规标准；针对侵犯商业秘密犯罪案件的合规验收，要制定知识产权保护合规标准；对于涉嫌污染环境罪的企业，在对其进行合规考察和验收时，所要制定的则是环保合规标准……对上述专项合规验收标准，检察机关都要根据特定领域的刑事法律规范，参考相关领域的行政法律法规，并根据特定企业的性质、经营情况、特定风险点、相关制度隐患和漏洞等，通过吸收行政监管部门的监管经验，加以制定。

例如，针对美国司法机关和监管部门的制裁，中国中兴通讯公司就专门制定了三项合规计划：出口管制合规计划、反商业贿赂合规计划和数据保护合规计划。其中，仅反贿赂合规手册就多达65页，有上百个条文，其中既介绍了公司的反贿赂合规管理体系，又融合了企业日常运营和管理过程中面临的所有商业贿赂刑事合规风险点，极其详细具体地列举了礼品及款待、外部差旅、客户培训、采购交易、经销商销售业务、商业赞助、公益捐赠、雇佣、投资并购等具体业务场景的禁止性规定和审批流程。合规手册对员工而言就像使用说明书一样，员工只要按照合规手册行事，就能实现刑事合规风险的有效防范。员工遵守了员工手册的内容，如果仍然实施了犯罪行为，单位需要对此承担单位犯罪的刑事责任；但如果员工违背员工手册的禁止性规定而实施了犯罪行为，就只构成自然人犯罪，单位对此免责。

如果说检察机关对于反商业贿赂专项合规的内容还相对熟悉的话，对于诸如数据保护合规计划、税收合规计划、环境保护合规计划、知识产权合规计划等专业性更强的合规计划，就可能存在专业知识和合规管理经验的不足了。在这一方面，检察机关急需与行政监管部门进行合作，就特定专门领域的合规整改和验收制定专门性的标准。笔者建议，参与改革试点的省级检察机关，应当与省级监管部门和专业机构进行合作，针对涉税犯罪、侵犯知识产权犯罪、商业贿赂犯罪、污染环境犯罪、信息网络犯罪、安全生产犯罪、金融犯罪、非法经营犯罪等涉企犯罪的高发犯罪类型，制定专项合规整改和验收标准，为辖区内检察机关开展企业合规改革试点提供规范指导。

要确保涉案企业进行有效的合规整改，检察机关除了要制定合规整改和合规验收的专项标准以外，还应高度重视整改和验收标准的实质化问题。目前，几乎所有检察机关都高度重视合规整改的流程问题，一些涉案企业从建立企业合规管理体系的流程出发，也容易在短时间内完成合规整改，满足检察机关所提出的合规管理要求。但令人遗憾的是，这种流程化的合规标准，往往满足的是形式上的合规要求，而未必能够对企业犯罪产生有效的防范作用。一言以蔽之，流程化的合规标准经常变成"纸面上的合规计划"，而不是"有效的合规计划"。

所谓合规的"流程化标准"，是指施行有效合规计划标准要求的合规宪章、合规政策体系、合规组织体系，以及包括预防体系、识别体系、应对体系在内的三大合规流程，例如建立合规培训、内部举报、合规审计、合规奖励和惩戒等机制，以及合规风险识别和评估、合规尽职调查、合规内部调查、反舞弊调查等等制度。这种流程化合规标准的制定，主要是为大型企业防范合规风险设立的有效合规计划标准，带有明显的标准化、流程性和格式化的特征，未必适合所有企业防范合规风险的需要。检察机关在推进合规不起诉方面，由于受合规考察期的限制，不可能督促企业进行一套"大一统"的合规管理体系，也不可能仅仅着眼于合规的流程标准，建立一套“大而全”的专项合规计划。检察机关在合规考察过程中只能责令企业作出有针对性的合规整改，也就是针对企业的管理漏洞、制度隐患和主要风险点，确立有针对性的合规整改方案。在检察机关的监督下，在合规监管人的指导下，涉案企业只要针对这些容易导致犯罪的风险点作出有效整改，避免再次发生类似的犯罪行为，就相当不错了。至于督促企业建立一整套现代合规管理体系，在如此短的合规考察时间内，是几乎不可能完成的工作。

一般而言，企业合规计划的建立可以分为三个层次：一是标准合规体系的搭建，侧重于对公司治理结构作出根本改变；二是专项合规体系的建立，着眼于对特定领域合规风险的防范；三是合规危机的应对，主要是在危机事件发生时合理应对，争取获得合规激励机制。企业在合规考察期内所建立的主要是危机应对体系，目的在于找到犯罪的根源，建立一种去犯罪化的经营模式和管理模式。这就像治疗胃病一样，当务之急在于找到病灶并进行紧急处理，避免病症出现最坏的结局。至于彻底解决胃部疾病问题，则需要在危机过后，运用药物、治疗和保健等多种方式，进行慢慢调理，经过相当长的一段时间，才有可能将这一疾病彻底解决。同样的道理，检察机关通过合规考察，督促企业进行合规整改，目的主要是解决犯罪再次发生的问题。这一目标实现了，检察机关对企业的合规整改也就成功了。至于企业要建立完整的有效合规计划体系，并将合规管理融入企业经营、管理的每一环节，甚至逐步确立一种依法依规经营的企业文化，这就是另一方面的问题了。要做到这一步，就需要行政机关在行政监管阶段采取各种激励措施，指导企业全面搭建合规管理体系。在一定程度上，检察机关督促企业进行的合规整改，主要解决的是企业再次犯罪的问题；而行政监管部门的日常合规监管，要解决的是企业依法依规经营的问题。

正因为如此，检察机关督促企业进行合规整改的实质，是帮助企业改变原有的违规经营模式，消除原有的制度隐患，实现“去犯罪化”的目标。为此，检察机关在确立合规整改和验收标准时，就不应仅仅着眼于建立一套流程性的合规标准，而应从实质上确立一套旨在实现“去犯罪化”的整改标准。这才是刑事诉讼中合规考察的重点和难点。

很多企业在经历了若干年时间的野蛮生长和无序发展之后，基于对不良经营模式的严重依赖，最终走上犯罪的道路，形成了带有违法犯罪基因的经营模式。合规整改的实质在于帮助企业进行“去犯罪化”改造，否则，即便搭建了合规管理体系，也很难逃避严密的刑事法网。改造的第一步是开展合规风险评估，经过合规风险评估和商业模式诊断，查清经营模式和管理模式中存在的漏洞和隐患，发现企业的“原罪”。第二步是帮助企业完成商业模式改造，改变带有犯罪因素的经营模式和管理模式，消除犯罪的基因和隐患，并将合规整改方案落地，嵌入经营管理、人事管理、考核奖惩机制的各个流程之中。那么，究竟如何对商业模式进行“去犯罪化”改造呢？

首先来看一个行政监管领域的例子，2021年4月，人民银行、银保监会、证监会、外汇局等金融管理部门再次联合约谈蚂蚁集团，确定了包括五个方面内容的整改方案，其中第一个方面是要求蚂蚁集团纠正支付业务不正当竞争行为，在支付方式上给消费者更多选择权，断开支付宝与“花呗”“借呗”等其他金融产品的不当连接，纠正在支付链路中嵌套信贷业务等违规行为。这就是一起商业模式“去违法化”改造的典型案例。

在刑事诉讼中，如果一个涉嫌信息网络犯罪的网络数据企业要实现去犯罪化改造，就必须建立合规尽职调查制度，在发展任何客户和商业合作伙伴时都要对其进行合规尽职调查，出具尽职调查报告，对第三方合作伙伴进行合规管理，必要时建立退出机制，及时有效地完成责任切割。否则，数据企业的商业模式中就始终带有犯罪隐患，一旦客户或者合作伙伴利用网络平台实施非法经营等犯罪行为，企业就可能构成犯罪。合规整改不同于刑事辩护，刑事辩护的目的和方法在于证明构成要件不成立，而合规整改则是在已经符合犯罪构成的情况下将构成要件消灭，所以被称为“去犯罪化”处理，也就是将企业符合特定犯罪构成要件的商业模式和经营习惯加以消除和改造，代之以合法的商业模式和经营模式。从这个意义上来说，合规整改就是改造一个企业的灵魂，使其彻底回归合法经营的轨道，这正是合规不起诉改革的伟大所在。

又如，某企业违反国家规定从事限制性物品的经营活动，涉嫌非法经营罪，在合规考察期间要对该企业进行“去犯罪化”改造时，如果只进行建立合规培训制度、合规内部举报制度等流程化的整改是远远不够的，非法经营类案件涉案企业合规整改的关键在于立即停止生产、经营、销售活动，并尽快申请行政许可、获得行政审批，在此期间为了存活下去，可以根据在工商部门注册登记的营业范围调整经营方式，比如开展在营业范围之内的产品咨询和技术转让等业务，从产品的生产商、销售商转变为产品咨询服务的提供商，即便利润可能有所下滑，但这是“去犯罪化”改造的当然要求，也是在主营业务获得行政审批之前使公司得以存活的最好方式。

再如，某企业涉嫌组织、领导传销活动罪，如果要对涉案企业的经营模式进行“去犯罪化”改造，一般需要完成两个步骤的整改，第一，建立退货机制，因为判断是否构成犯罪意义上的传销的重要标准即为是否具有真实的商品交易和服务，为此必须保障退货自由，批发零售行为的标志之一就是完善的退货机制。一旦企业建立了无条件退货机制，则企业的组织层级、入门费、发展下线获得奖励等制度最多只能构成行政违规，但不会构成组织、领导传销活动罪。第二，调整销售收入和发展下级会员收入的比例，使销售商品的收入远高于发展下级会员获得的报酬。如果销售商品的收入占比80%以上，而发展下级的报酬只占极小比例，则说明真实的商品交易才是企业收入的主要来源；反之，如果以销售商品作为幌子，实际上发展下级会员才是主要计酬根据，就仍然会被认定为组织、领导传销活动罪。经过两个步骤的合规整改，企业商业模式中符合犯罪构成要件的因素被剔除，在长期经营过程中根深蒂固的“原罪”被消除，真正完成了“去犯罪化”改造，实现了有效整改的目标。

十、基本结论

西人有谚：“制度者，智慧与机遇相结合的产物也。”任何一项改革都是对既有法律秩序的颠覆，也会带来司法理念的重大革新。在改革初期，改革者出于改革的热情和愿望，会将各项改革措施推进得非常顺利。但当改革进展到一定程度，尤其是进入所谓“深水区”之后，一系列的困惑、矛盾和冲突就有可能纷至沓来。这个时候，就需要改革决策者拿出继续推进改革的勇气，又要集思广益，吸收多方面的观点和智慧，找到可行而又具有开拓性的改革道路。改革者切忌故步自封，因噎废食，走向回头路，而应在曲折和争议中继续前行。

基于上述认识，笔者认为，我国检察机关推动的企业合规不起诉改革，经过了一年多的探索和试点之后，已经来到了一个关键的十字路口，到了调整方向、确定重点和推动制度形成的关键阶段。在这个重新塑造制度的关键阶段，笔者根据一些初步的研究、调研和思考，提出几个基本的观点，供改革者参考，供读者批评指正。

第一，合规考察制度应尽量由省级或地市级检察机关来启动，他们拥有更加丰富的资源，能够更好地制定合规整改和验收标准，开展合规考察制度实践。区县一级检察机关则适合对情节轻微的单位犯罪案件作出相对不起诉，并向涉案企业提出合规整改的检察建议。

第二，合规考察制度应当尽量适用于大型企业涉嫌实施的重大单位犯罪案件。这类单位犯罪案件情节较重，检察机关不能作出相对不起诉，而应适用附条件不起诉制度。大型企业具有完备的现代公司治理结构，适宜进行合规整改和合规体系建设。越是针对涉嫌重大犯罪的大型企业开展合规考察，这样的合规整改和合规不起诉，越具有示范作用和标杆意义。

第三，应当改造目前的单位犯罪理论，将企业责任与关联人员责任彻底分离。单位构成犯罪尽管属于关联人员构成犯罪的前提，但两者在承担刑事责任方面具有相对的独立性。检察机关即便对单位作出合规不起诉，也不意味着对关联人员责任的免除。合规出罪的对象应仅限于企业，而不能无条件地扩展到企业家。在检察机关对企业作出合规不起诉的情况下，仍应按照单位犯罪起诉直接负责的主管人员和其他直接责任人员。此外，随着刑事法律的发展和完善，未来会出现大量的失职类单位犯罪，即企业因为关联人员犯罪而被推定承担刑事责任。追究这些企业刑事责任的依据在于没有建立完备的合规管理体系，没有尽到合规管理义务而承担失职责任。反之，如果企业建立了有效合规管理体系，就能够实现出罪，完成单位责任和关联人员责任的有效切割。

第四，应当将认罪认罚从宽制度与合规考察制度予以分离。认罪认罚从宽制度是一种快速诉讼程序，引入了控辩协商的因素，体现了对认罪认罚的嫌疑人加以宽大处理的精神。而针对单位犯罪的合规考察制度建立后，应当具有独立的诉讼程序，以企业认罪、配合司法机关调查、积极补救挽损、处理责任人、制定有效的合规整改方案为前提，对涉案企业进行合规考察，并设置合规考察期，选任合规监管人，帮助企业进行有效的合规整改，消除商业模式中的犯罪因素，实现“去犯罪化”改造。将来应通过立法部门的授权，经过法律的修改，在我国确立1年以上3年以下的合规考察期制度。

第五，未来应确立专业的合规监管人制度。无论是行政监管部门、检察机关，还是工商联等行业协会，都无法保证合规监管需要的专业知识、时间精力和基本的工作效率，因而均不适宜担任合规监管人。同时，应当停止以单位作为合规监管人的改革试验，由资深律师、会计师、税务师、特定领域专家领衔担任合规监管人，组建专业的合规监管人团队。为加强对合规监管人专业能力的考察和职业伦理的监督，可以组建合规监管委员会，发现合规监管人专业水平不高，怠于履行监管职责，或违背职业伦理的，管委会有权及时解除监管协议，取消合规监管人资格，情节严重的可将其列入监管人名录库黑名单。

第六，应当由省级或地市级检察院负责建立一系列专项合规整改与验收标准，所制定的专项标准不能限于纸面化的合规流程，而应注重确定实质的“去犯罪化”标准。这项工作应当尽快完成，从可行性来看，可以先选取我国单位犯罪案件发案率最高的前五类犯罪，尽快颁布第一批五个专项合规整改与验收标准，将来再研究制定第二批和第三批标准，使常见的单位犯罪类型都能拥有一套专项验收标准，这是合规不起诉改革中无法绕开的重要工作，越早开展标准制定的检察机关越能占领先机，为改革提供必要的配套制度保障。

第七，应当将合规出罪作为最重要的合规激励机制。未来，我国的合规不起诉改革必将会扩展为企业合规从宽改革，企业合规的从宽效果可能包括不捕、不诉、变更强制措施、提出宽大量刑建议等等。但是，合规出罪依然是其中最重要的激励机制，具有不可替代性，不能随着改革的推进而被弱化。因此，应当在实体法上对犯罪行为发生时已经建立合规体系的企业确立合规无罪抗辩的实体出罪制度，而对犯罪时尚未建立合规体系的企业，应当在程序法上确立合规考察不起诉的程序出罪制度，给予被纳入合规考察对象的企业进行合规整改，获得合规不起诉的机会。唯有通过合规考察不起诉的方式，才能给企业建立合规带来最有效的激励。这种合规激励机制由三个要素构成，一是不建立合规体系就可能被定罪判刑，让企业面临巨大的“压力”；二是被纳入合规考察对象之后就有获得不起诉的希望，企业进行合规整改、建立合规体系有了强大的“动力”；三是企业完成合规整改，建立有效合规计划，实现“去犯罪化”改造，检察机关就可以对其作出不起诉决定，以无罪的处理结果对其进行“奖励”。

第十六章 律师合规业务的基本框架

那些从事涉外法律服务的律所，在合规业务的开展上基本保持了与国际同步的态势。而对于大多数从事国内法律服务的律所而言，既要认真研究“原汁原味”的合规业务，也要注重律师业务的本土化。尤其是在执法调查的应对方面，需要考虑中国法律制度的特征，注重在行政监管与刑事立案的空隙中探求合规业务的空间，帮助企业尽早改造商业模式，消除其中的法律风险，实现在行政监管环节的“软着陆”，将案件阻止在刑事立案的大门之外。这是中国律师合规业务走向本土化的关键所在。

——题记

一、作为律师业务的合规

合规既是重要的公司治理方式，也是企业防范法律风险的重要手段。尤其是在企业违规事件发生之后，企业合规可以成为企业有效应对执法调查、换取宽大行政处罚和刑事处罚的法律武器，甚至还是企业防控内部舞弊行为、避免企业内部出现“蛀虫”和腐败分子的制度基础。但是，企业合规管理体系的建立，仅依靠企业自身的力量还是远远不够的，而必须主要依赖外部律师的专业帮助。可以说，委托外部专业律师为企业提供合规服务，已经是全世界的企业建立和完善合规体系的必由之路。反过来，为企业客户提供优质高效的合规法律服务，也已经成为全世界律师事务所的重要法律业务。

那么，律师事务所究竟如何为企业客户提供专业的合规服务呢？过去，对合规管理制度较为重视的主要是外资企业，而为这些企业提供合规服务的也主要是少数从事“涉外业务”的律师事务所。但时至今日，从中国金融界开始，企业界兴起了建立合规管理体系的潮流。这一潮流从银行业开始，逐步波及保险业和证券业，直到政府监管部门在中央企业和从事涉外业务的企业中开始强制推行合规管理体系。而众多民营企业从内部反舞弊开始，也建立起切实可行的合规体系。与此同时，众多企业面临越来越普遍的法律风险，具有越来越强烈的合规服务需求。尤其是在反商业贿赂、反不正当竞争、反洗钱、个人数据信息保护、知识产权保护、税收合规等领域，不少企业正面临着日趋严重的行政法律风险和刑事法律风险。而越来越多从事国内法律业务的律师事务所，基于企业客户出现的这种强烈需求，也基于自身律师业务拓展的考虑，开始对合规业务的探索表现出较为浓厚的兴趣。

但是，众多从事诉讼业务的律师，通常具有明显的“案源思维”，习惯于在当事人出现诉讼纠纷或者被采取强制措施之后，才参与到法律服务工作之中，而不善于发展、维系企业客户，缺乏一种基本的“客户思维”。而众多拥有企业客户的民商事律师，或者从事法律顾问服务的律师，更擅长诸如合同审查、股权分析、劳资关系处理等传统静态业务，并不熟悉行政监管法律和刑事法律。他们不仅缺乏应对监管调查和刑事调查的专业知识和职业经验，而且对于企业客户所面临的法律风险也经常缺乏基本的敏感性，对于企业建立合规体系的价值缺乏全方位的认识和驾驭。结果，在合规业务被推广到普通律师事务所的过程中，就出现了律师专业水平和业务能力的“断档”现象。越来越多律师苦于没有企业客户的积累，对合规业务的拓展“心有余而力不足”。而众多企业在具有强大的合规服务需求的情况下，却无法找到令自己信任和满意的律师和律师事务所。

笔者在研究企业合规问题的过程中，深感律师参与合规服务的重要性，也对一些律师事务所的涉外合规业务表现出浓厚的兴趣。但是，基于对客户保密的基本职业要求，也基于保守律师事务所“商业秘密”的考虑，不少律师事务所对自己的“合规服务业务模式”讳莫如深，存在普遍的保密心理，很少将其从事合规业务的经验作出有价值的分享。在一些研讨会、培训班以及大大小小的“合规论坛”上，众多参与者对于涉外合规业务的运营模式几乎都是一头雾水，不着边际。

通过对一些专业律师事务所从事合规业务的经验进行认真研究，笔者发现，我国律师事务所的合规服务基本上由三大板块构成：一是合规计划的打造，包括帮助企业建立合规计划，或者帮助已经建立合规计划的企业，完善合规管理体系。二是为企业提供合规调查服务，其中最重要的是合规尽职调查和内部合规调查。前者是在企业投资、并购以及发展第三方合作伙伴时，为避免法律风险所进行的专业调查，带有评估和防范合规风险的功能；后者则是在企业面临监管调查、刑事执法或者出现违规事件之后，由律师进行的专业性合规调查活动，主要目的在于查明违规行为、识别违规责任人、发现合规漏洞，为切割员工责任与企业责任、完善合规体系做好准备。三是执法调查的应对，也就是对政府执法和刑事执法活动进行必要的应对，帮助企业建立应对调查的指引和流程，参与调查过程，参与协商、对话、听证、讨论，必要时与监管部门和刑事执法部门达成和解协议，从而最大限度地挽回企业的各种损失。

在以下的讨论中，笔者就以国内律所的合规业务经验为蓝本，对律师合规业务的上述三大板块作出简要的介绍和分析。一些从事涉外合规业务的律所，在合规计划的打造、开展尽职调查、提供内部调查等业务方面，可以为一般律所提供可资借鉴的经验。但是，在执法调查的应对方面，考虑到中国司法制度的特殊情况，需要进行本土化改造，才能创造出一些为国内律所普遍适用的业务模式。

需要注意的是，随着我国检察机关启动企业合规不起诉制度的改革探索，一些检察机关开始尝试建立合规监管人或独立监控人制度，也就是遴选一些律师事务所、会计师事务所、税务机构等独立专业机构，使其进入合规监管人名录，责令涉嫌犯罪的企业从名录中选择出合规监管人，使其协助检察机关对企业进行合规考察工作。这一制度目前尚处于改革试验阶段，但一旦得到普及和推广，担任企业合规监管人，以独立地位从事合规考察和监督工作，将有可能成为律师和律师事务所的一项新型合规业务。

二、合规计划的打造

为帮助企业避免合规风险，律师事务所一旦接受委托，就应尽职尽责地为企业提供合规服务。在律所提供的各项合规服务中，帮助企业打造合规计划属于其中的首要业务内容。其中，为那些尚未建立合规计划的企业，针对其特有的合规风险点，量身定制一套适当的合规管理体系，固然是打造合规计划的重要方式。但经验表明，很多已经初步建立合规计划的企业，经常由于遭遇合规计划运转失灵或者无法发挥效力的情况，而面临重重合规风险，尤其是因为员工的个人行为而导致企业受到监管调查或者刑事调查。在此情况下，如何帮助企业堵塞制度漏洞，完善合规计划，从而打造一套有效的合规管理机制，就成为打造合规计划的另一重要方式。

那么，律师究竟应如何帮助企业打造一套有效的合规计划呢？在这方面，根据不同企业的性质和业务侧重点，可能会有各不相同的合规计划打造方案。同时，根据企业所面临的合规风险点的不同，在打造合规计划时也应建立与之相适应的合规管理机制。根据一些律师事务所从事合规业务的经验，对于国有企业、民营企业和外资企业，应有各不相同的合规计划打造方案；而对于企业经常遇到的合规风险，如反商业贿赂、出口管制、个人数据保护以及反洗钱等领域，除了要遵循一般的合规管理原则之外，在打造合规计划时还应建立有针对性的合规风险预防、监控和应对机制。

（一）打造合规计划的一般要求

所谓打造合规计划，是指企业委托律师量身打造一套有效的合规管理体系。这种合规计划的打造可分为两种业务类型：一是为没有建立合规计划的企业建立一套合规管理体系；二是为已经初步建立合规体系的企业，针对其主要的合规风险，提出一套改进合规管理体系的方案。既然要帮助企业客户打造合规计划，那么，就需要了解有效合规计划的基本要求。

迄今为止，欧美国家通过立法的方式确立了有效合规计划的基本要素。例如，美国《联邦量刑指南》、英国《反贿赂法》、法国《萨宾第二法案》等，都确立了有效合规的基本标准或“合理程序”。美国刑事检察部门和行政监管部门在发布企业合规指引后，还要进行定期更新。世界银行也发布了《诚信合规指引》，以帮助那些试图解除制裁的企业，按照有效合规的标准重建诚信合规计划。我国行政监管部门也针对中央国有企业和从事海外经营业务的企业，发布了合规管理的“国家标准”。与此同时，还有很多接受过欧美政府监管部门处罚，或者接受过世界银行制裁的企业，也发布了各自的企业合规计划。如西门子的反商业贿赂合规计划，中兴公司的出口管制合规计划，湖南建工的诚信合规计划，等等。这些合规计划在重建过程中就接受过美国政府监管部门或国际组织的监督和指导，其有效性获得了这些部门或组织的肯定，属于成功地实施合规计划的典型例证。

那么，律师在帮助客户打造合规计划时，究竟要以何者为蓝本，来启动合规计划的打造呢？

在笔者看来，合规计划的打造要考虑企业客户的具体需求。对于一个从事涉外业务经营的企业，尤其是在欧美从事投资、上市、并购、参加项目招投标、开设分支机构的企业而言，需要按照国际一流标准打造合规计划。律师可以参考曾接受过国际制裁或外国监管部门处罚的企业的经验和教训，按照所在国法律和监管部门确立的有效合规计划标准，协助其建立一套经得起检验的合规计划。而对于一个仅在国内从事业务经营的企业而言，可以根据我国政府监管部门发布的合规管理体系的“国家标准”，来重建合规计划。但是，考虑到我国政府发布的合规管理指引，本身就是参考和借鉴国际合规管理标准来构建的，而且还处于剧烈的变化之中，因此，律师不应仅局限在参考国内的标准和案例，而应关注国际企业合规发展动向，引入一些有效合规计划的国际元素，打造出一套不过时、不落伍的合规管理体系。

律师帮助企业打造合规计划，首先要明确建立合规管理体系的双重目的。一方面，企业合规是实现有效公司治理的重要手段，打造有效合规计划就是要建立一套确保企业依法依规经营的管理机制。另一方面，企业合规也是保证企业在面临执法调查时获得监管激励或刑法激励的重要方法，企业借此可以有效切割责任，积极配合执法调查，获得适当的合作奖励，从而最大限度地避免或减少合规风险。基于上述双重目的的考虑，律师帮助企业客户打造合规计划，就不能仅仅定位于应付政府执法部门的强制合规要求，将合规仅仅看作一场“运动”，而应当从企业合规治理、避免合规风险、获得合规奖励等战略高度，来帮助企业获得实实在在的利益，提供专业化和有效化的“合规产品”。

（二）打造合规计划的三项原则

律师帮助企业客户打造合规计划，应遵循三项基本原则：一是避免大而全的综合合规计划，注重打造专项合规计划；二是根据企业性质、经营业务和主要风险，打造一种基于风险的合规计划；三是注重合规计划的有效性，使其切实有效地发挥防控合规风险的效用。

律师要树立专项合规计划的基本意识，放弃那种“一揽子”合规计划的空洞设想。有些律师在帮助企业打造合规计划时，顺应了企业提出的不专业的要求，打造了一种“整体化”的合规计划，针对数十种合规领域制定了综合合规政策。这显然是一种失败的合规计划设计。真正专业的合规计划，一定是针对企业的主要合规风险，就某一特定领域打造专项合规计划。例如，西门子打造的反海外贿赂合规计划，中兴公司打造的出口管制合规计划，湖南建工打造的诚信合规计划，中国农业银行正在打造的反洗钱合规计划，等等，就都属于针对特定合规领域的专项合规计划。中兴公司在打造专项合规计划时，甚至针对不同的合规领域，确立了各自专门的合规政策、专门的合规组织、专门的合规管理程序。这些打造合规计划的经验，都是值得律师认真总结和对待的。

打造专项合规计划，并不意味着每个企业都要建立整齐划一的专项合规计划。其实，每个企业基于其性质、业务、公司治理结构和经营方式，都会面临各不相同的合规风险。律师在帮助企业客户打造合规计划时，应首先进行合规风险的评估，根据企业近期受到监管调查或执法处罚的情况，发现该企业特有的合规风险，列出合规风险清单，按照从重到轻的顺序，依次开展合规计划的设计。例如，对于银行、保险公司、基金公司、证券企业而言，最主要的合规风险应为反洗钱合规风险，律师应为其量身打造一套反洗钱合规体系。又如，对于医疗企业、医院、建筑企业、房地产企业而言，最大的合规风险可能是商业贿赂风险，律师应建议其优先考虑建立一套反商业贿赂合规体系。再如，对于互联网企业、电子商务企业、大数据服务企业而言，可能面临着日趋严重的泄露客户数据隐私、网络安全管理不善等方面的合规风险，律师应将数据合规计划的打造，作为这类企业建立合规计划的重中之重。还有，针对那些从事进出口业务或者使用外国进口零部件的企业，可能面临着会越来越大的违反外国出口管制法律或贸易禁运法律的合规风险，律师应为这类企业优先打造出口管制合规计划。以此类推，律师对于从事不同经营业务的企业，应当为其诊断把脉，针对特定的合规风险，帮助其打造涉及反不正当竞争、反垄断、知识产权保护、环境保护、税收、金融、产品质量等领域的专项合规计划。

在基于风险的合规计划确定之后，律师应当从合规计划的“有效性”角度，来设计合规管理体系的框架和内容。律师应当认识到，企业仅有一套书面的合规管理体系，是毫无意义的，合规计划的灵魂在于在预防合规风险、监控违规行为、应对违规事件等方面发挥“确实有效”的作用。这里所说的“有效性”有两个要求：一是在预防、识别和应对违法违规行为方面发挥有效的作用；二是在切割企业责任方面产生积极的效果。按照前者的要求，企业合规管理体系只要对预防合规风险起到积极作用，做到对违规行为的实时监控，在违规事件发生后及时有效地加以应对，尤其是调查违规事件，处理责任人，发现合规管理漏洞，积极进行整改，主动进行自我披露，就相当于建立有效合规体系了。而按照后一方面的要求，律师应当将企业开展合规培训、合规承诺、合规沟通、合规报告、举报机制、内部调查、处理责任人、积极整改等方面合规管理行为，作为证据加以保存，必要时提交执法部门，作为证明企业合规体系正常运转的证据，使其发挥有效地消除或者减轻企业法律责任的根据作用。

（三）打造合规计划的四项工作

在遵循前面三项基本原则的基础上，律师可以从以下四个方面帮助企业打造合规计划：一是合规章程的制定；二是合规组织体系的设计；三是合规政策和员工手册的制定；四是合规实施程序的安排，包括预防、监控和应对等三大合规管理体系。

1.制定“合规章程”

在雀巢公司6名员工犯侵犯公民个人信息罪案件的审判中，雀巢公司向法院提交了《雀巢合规宪章》以及相应的公司章程，再加上其他合规文件，最终说服法院认定上述员工的行为属于个人行为，雀巢公司建立了有效的合规管理体系，尽到了告知、培训、指导、监督、惩戒等方面的合规管理义务，因此公司不承担刑事责任。可见，要打造有效的合规计划，律师首先应协助企业制定合规章程或合规宪章。合规宪章是公司最高法律效力的文件，具有公司章程的地位，载明了公司合规的基本理念、基本原则、基本框架，上至董事会和高管，下至各分公司和各部门，都要受到合规宪章的约束。合规宪章的打造既可以在总章程中设专章进行，也可以单独制定一部专门的公司合规宪章。

2.建立“合规组织体系”

合规的组织体系是有效合规计划的重要组成部分。无论是西门子、中兴公司还是湖南建工，在重建专项合规体系时，都建立了专门的合规管理组织体系。通常而言，合规组织体系一般包括四个部分：

一是合规管理委员会。一般要求设立在董事会之下，与审计委员会大体平级，具有崇高的地位。合规委员会要求由公司高管担任委员会成员，但董事长和总经理都不能担任主席，只能由独立的执行董事担任主席。

二是首席合规官。要求具有企业高级管理人员的地位，目前在我国企业中合规部门逐步取代法务部门，首席合规官也主要由公司的总法律顾问或法务总监担任，在有的企业也称为首席合规法务官。

三是合规部。有的企业单独设立合规部，有的企业则设立法律合规部。但无论如何，要设有专门的合规部门，部门负责人就是首席合规官。尤其需要注意的是，根据不同的单项合规计划，合规部门要有专门的机构设置。在这一点上，中兴公司就建立了较为专业的合规组织体系，其在合规委员会之下设置了四个合规专业部门，即出口管制合规部、反商业贿赂合规部、数据保护合规部以及合规组织管理部，并由首席出口合规官、首席反商业贿赂合规官、首席数据合规官等分别领导各个合规专业部门。

四是企业的各个部门，以及分公司、子公司等分支机构内都要设置合规部门与合规团队，即使是在最小的部门中也要设置合规专员。

如此一来，一个自上而下、垂直领导的合规组织体系就在企业内部搭建完成，其中需要遵循若干基本原则。一是独立性原则，是指组成人员不能有利益冲突，业务部门和财务部门及其人员都不能介入合规，保证合规体系与企业经营活动和财务管理活动没有任何利益冲突。二是权威性原则，要求合规管理部门在企业内部具有较高的地位和权威，不能完全依附于业务管理部门或财务部门。三是信息上下畅通原则，是指既要做到上令下达，又要保证末端合规专员的意见能够直接通达最高层。四是充足资源的原则，要求企业为合规部门配置与合规管理工作相称的合规专业人员和合规经费，投入足够的人力物力等资源。

3.确立“专项合规政策”

合规政策在合规体系中扮演“实体法”的角色，相当于国家法律体系中刑法、民法、行政法的范畴。一个有效的合规政策体系包含了合规的各项主要内容，如合规的理念、合规管理的框架、合规的组织体系、单项合规制度、部门合规操作指南、第三方合规等。特定合规领域的管理规范和行为准则需要涵盖企业经营中每一个环节，十分精细。

例如，就反商业贿赂合规政策而言，需要把国家反不正当竞争、反商业贿赂的行政法规和刑法有关贿赂的所有规定转化成具体条款，写进合规政策体系当中，可以细化到娱乐、招待、差旅、赞助、市场、业务推广、慈善捐赠、前任政府官员的聘任、商业伙伴遴选、费用报销、产品免费赠送、试用、礼物的大小、第三方的监督管理等各个环节，西门子的反商业贿赂合规政策多达百余条，有的企业甚至能达到两百多条。

合规政策体系要求把行政法、刑法中所有关于本领域的禁止性条款全部写入企业的内部条文，能够让企业人员不用再去翻国家法律，只要学习合规管理政策和员工手册就能清楚地知道行为的规范和边界。制定合规政策的过程与立法十分类似，其实质就是把国家的行政监管法律和刑事法律转化成企业内部的规章制度。有律师事务所接受了一家涉外公司的委托，约定在半年时间内为其打造合规计划，费用达到几千万元，显然是一项十分可观的业务。后来律所负责人感叹，经过半年时间真正实践后才知道建立合规政策的工作量有多大。一边是在企业内部治理方面要找到风险发生的环节，一边是要穷尽国家的行政法规、部门规章、地方性法规，还有行业惯例、商业伦理、国家刑法规定、相关案例等，两边相互结合可以产生数百个条款，整个过程相当于重新立法，清晰地界定企业运行过程中每一步的行为规范和边界范围。所以熟练开展合规业务并不容易，在合规政策的制定中就需要对国家的民商事法律体系、行政法律体系、刑事法律体系以及公司管理、行业惯例、企业文化等内容了如指掌，把所有资料穷尽后才能转化为合规政策和员工行为手册，并且还要根据不同的专项合规建立专门的合规政策。

4.打造“合规三大程序体系”

律师在帮助企业打造合规计划时，必须设计出三大合规实施程序：一是合规风险的防范体系；二是违规行为的监控体系；三是违规事件的应对体系。有些律师也将这三大程序体系分别称为“事先防范体系”、“事中控制体系”和“事后处理体系”。

通常来说，事先防范体系可由合规评估、尽职调查、合规培训、内部政策沟通四个板块构成。首先，合规评估是指针对企业的合规风险点和重点合规领域，展开有针对性的合规风险的调查和评价。合规评估既可以定期展开，针对企业全体员工和整体经营活动，也可以有针对性地进行，或者针对特定高风险领域的人员。其次，尽职调查，主要是针对客户、第三方合作伙伴和被并购企业，对其是否存在违法违规行为、有无风险展开的专门调查活动。再次，合规培训，也就是针对企业员工、第三方合作伙伴、各部门和分支机构所展开的合规管理培训活动，培训可分为定期全员培训和不定期专门培训，培训情况要做好书面或电子记录。最后，内部政策沟通，企业高层和合规部门应将合规政策和程序传达到每一员工、合作伙伴、各个部门和分支机构，可以要求后者作出合规承诺，也可以定期传达企业合规政策和合规进展的动向，推广“合规经营”的理念和文化。

一般的监控体系又称为事中控制体系，包含全流程合规监控、举报制度、合规审计、合规报告制度等四项具体要求。首先是建立全流程合规监控体系，要求企业开展的每一项业务，在产品制造、销售、服务的每一个环节，都要有合规把关，对存在违规行为的环节实行合规一票否决制。其次是建立实时举报制度，也就是通常所说的“吹哨人”制度，实行24小时举报机制，开放电话举报、网络举报等途径，搭建专门的举报平台，并对举报人进行严格保护和高额奖励。再次是推行合规审计制度，要对重点人员进行专项审计或者定期审计，发挥审计的实施合规监控作用。最后是建立合规报告制度，要进行定期报告和专项报告，在合规组织体系内自下而上地将合规计划运行情况、合规的风险、违规行为的发生报告给最高管理层。

所谓应对体系，又被称为“事后处理机制”，是指违规行为发生后的反应机制。当违规行为发生或者被发现后，企业就要受到外部监管机关和执法机关的调查，此时需要有内部的专业反应机制，否则如果盲目应对，或者采取毁灭、伪造证据等错误方式，就会面临更加严厉的调查和处罚。

针对违规行为的应对体系包含四项要求，一是要求及时进行合规内部调查；二是要尽快处理违规的员工和第三方；三是要尽快发现合规体系漏洞并进行整改；四是要积极配合调查，必要时进行报告披露，尤其注意不能毁灭、伪造证据，不能建立攻守同盟，要配合监管部门的调查，争取获取可能的合作奖励，尽量获得宽大的行政处理或刑事处理，将惩罚、损失和不利影响降到最低限度。

三、合规尽职调查

律师接受企业客户委托从事合规业务后，通常会为其提供调查服务，提交调查报告。但是，根据所要达到的目的不同，律师的合规调查主要有两种：一是合规尽职调查；二是合规内部调查。其中，尽职调查是指律师为企业进行投资、并购以及发展第三方合作伙伴时，为避免法律风险，所进行的专业调查，带有评估和防范合规风险的功能；而内部调查则是在企业面临监管调查、刑事执法或者出现违规事件之后，由律师进行的专业性合规调查活动，主要目的在于查明违规行为、识别违规责任人、发现合规漏洞，为切割员工责任与企业责任、完善合规体系做好准备。笔者拟对合规尽职调查作出简要介绍。

所谓“合规尽职调查”（compliance due diligence），又可称为“勤勉尽责调查”，原意是“适当的勤勉”，最初来源于英美法系，后来成为一项重要的企业风险防控制度。权威的《布莱克法律词典》将其定义为“一个人在其调查过程中寻找合适的法律要求或解除义务时应保持的合理谨慎”。美国《1933年证券法》将尽职调查确立在法律之中，强调“如果当事人没有进行尽职调查，则有可能对投资人承担民事损害赔偿责任；而在并购交易中，如果当事人没有进行或者没有做好尽职调查，则需要承担未彻底了解企业状况所产生的风险”。巴塞尔委员会2001年颁布的《银行客户尽职调查》，将针对客户的尽职调查作为金融机构防控严重风险的重要措施。中国证监会2001年发布的一份有关公开发行证券信息披露的工作报告，第一次引入了尽职调查的概念，要求“律师在律师工作报告中应详尽、完整地阐述所履行尽职调查的情况，在法律意见书中所发表意见或结论的依据、进行有关核查验证的过程、所涉及的必要资料或文件”。从此，尽职调查正式成为我国监管部门强制企业防控法律风险的重要措施。

从企业合规的角度来看，尽职调查是指企业在进行投资、开展并购、发展客户以及寻求第三方合作伙伴时，为全面了解客户、被投资并购方以及合作伙伴的背景、经营情况、业务性质、企业规模、违法违规经历、接受处罚的情况，减少和控制可能发生的法律风险，所进行的专门性调查活动。在任何一项有效的合规计划中，企业需要针对可能的合规风险，同时建立事先的防范机制、事中的监控机制以及事后的应对机制。而“合规尽职调查”应属于事先的合规风险防范体系的重要内容。由于律师具有相对独立的地位，具有专业调查的经验和能力，并且承担保守客户职业秘密的义务，因此，通常所说的“尽职调查”，几乎都是由企业委托专业的律师事务所来完成的。由此，尽职调查成为律师的一项重要合规业务。

从律师开展合规业务的角度来看，尽职调查是指律师接受企业客户的委托，针对可能的合规风险，对作为第三方的合作伙伴、被并购企业以及相关客户所展开的专门性调查活动。通过尽职调查，律师为企业提交尽职调查报告，分析来自第三方、被并购企业和客户的合规风险，在此基础上，将企业责任与第三方、被并购企业责任加以分割，对来自客户的法律风险加以规避，并对第三方、被并购企业进行有效的合规管理，从而对合规风险进行有效的防控。

作为尽职调查的一种类型，律师接受企业的委托所展开的合规尽职调查，由于是以合规风险防控为基础的专项调查，因此，这种尽职调查主要针对被调查对象是否存在违法违规行为的可能性而进行的。

为什么合规尽职调查主要针对第三方、被并购方和有关客户来展开呢？主要原因在于，企业在发展第三方合作伙伴、展开投资并购以及为客户提供服务过程中，有可能因为这些合作伙伴、被并购方、客户存在违法违规行为，被追究法律责任，而有可能因此承担相应的连带责任或继承责任。为避免承担这种法律责任，防控可能的合规风险，企业需要进行尽职调查，一方面评估可能的合规风险，另一方面对被调查者展开必要的合规监控和风险管理。而考虑到企业自身要么没有尽职调查的专业能力，要么所作的尽职调查无法满足独立性和权威性的要求，因此，律师作为外部法律专家，为企业提供合规尽职服务，就成为一项重要的律师合规业务了。

为预防可能发生的合规风险，律师可以在企业合规风险进行全面评估的基础上，对有关企业或个人展开全面的合规尽职调查。根据尽职调查的对象，可以将被调查方大体分为客户、被并购方和第三方。

所谓“客户尽职调查”，主要是在反洗钱合规计划构建过程中，律师帮助银行等金融企业对商业客户展开的尽职调查。这种尽职调查的目的主要是查明客户的背景、资金来源、违法违规历史、交易情况以及可能存在的洗钱、恐怖主义融资等法律风险。通过尽职调查，律师可以为有关客户的合规风险划出等级，为企业提供是否与有关客户展开商业合作的建议。

所谓“并购前的尽职调查”，是指在企业准备实施投资并购活动时，委托律师对被并购的企业所进行的尽职调查活动。这种调查需要对被并购企业的性质、规模、治理结构、经营业务、交易情况、资产负债状况、违法违规历史、商业模式、运营方式等展开全面的调查，以便查明被并购企业是否实施过违法违规的行为，有无可能在并购完成后带来新的法律风险。

所谓“第三方”，通常是指与企业有商业合作的企业或者个人，包括上游的供应商、供货商，下游的销售商、分销商或代理商，以及其他特殊服务提供商，如律师事务所、咨询公司、旅行社、会计师事务所等。所谓“第三方合规尽职调查”，是指公司在发展商业合作伙伴过程中，针对第三方的合规风险进行的专门性调查活动。这种合规尽职调查的目的有二：一是对第三方的违规历史、合规意识和合规制度进行全面了解，对第三方的合规风险作出准确识别和评估。二是针对第三方的合规风险，对第三方责任与企业责任进行有效切割，以防范企业自身的合规风险。对于那些合规风险过高、可能使企业承担较大继承责任的第三方，企业应对即使终止合作，避免第三方合规风险转移；而对于那些虽有合规风险，但处于可控制范围内的第三方，企业作出适当的交易安排，提出恰当的合规治理措施，对第三方提出切实可行的合规整改要求，在第三方的合规管理达到企业要求之后，再启动与第三方的正式合作。

具体来说，一项有效的合规尽职调查应注意评估来自客户、被并购方、第三方的合规风险：一是因其先前的不合规行为，而遭受潜在的政府处罚、刑事追究的风险，以及由此带来的声誉损失；二是因其不合规行为而承担个人责任的风险；三是因其投资前的不合规行为而可能继承的法律责任；四是因其在投资或并购完成后的不合规行为，而可能承担的法律责任；五是投资或并购完成后，被并购企业资产流失的风险。

按照方达律师事务所的经验，以反腐败尽职调查为例，一种较为有效的尽职调查体系，应当是“基于风险因素的分级尽职调查系统，也就是根据初步的调查收集和风险判断来决定对第三方进行最合适等级和深度的尽职调查”。一方面，应当对应不同等级的风险，进行不同级别的尽职调查，尽职调查的繁简程度要与风险等级的高低成正比。在尽职调查中要采取正确的调查策略和方法，对诸如“媒体调查”“调查问卷”“专业背景调查”“第三方关键股东及负责人调查”“匿名电话及现场调查”“访谈管理人员”等调查方法，要进行恰当的运用，以达到识别真相、了解风险和保护企业的有效作用。另一方面，在第三方尽职调查中要准确识别和把握具体的“风险点”，注意常见的风险点，如第三方与政府的密切关系；与同行业具有明显差异的商业条款；不正常的支付模式或财务管理模式；提供大多数竞争对手都无法提供的保证结果；要求支付达成某种有利结果的费用；关于第三方或其关键控制人的不合规报道；第三方缺乏合规意识和内控机制，等等。除此之外，还应准确把握特定第三方所存在的特殊风险点，如医疗企业的受捐赠方、医药咨询公司等第三方，快消品行业的经销商、代理商等第三方，都存在一些特定的高危风险点。唯有根据这些一般的和特定的风险点，展开有针对性的尽职调查，不断更新和完善最适合本企业的“第三方尽职风险调查核对清单”，才能进行切实有效的第三方尽职调查。

那么，在律师事务所的合规业务中，第三方合规尽职调查业务究竟包括哪些具体内容呢？换言之，第三方合规尽职调查的方法到底有哪些呢？根据一些律师事务所的经验，律师常用的尽职调查方法主要有七种：一是公开信息检索，也就是对第三方及其关键控制人进行媒体检索和数据库检索，以确认其是否曾经因不合规行为而受到调查、指控和处罚；二是合规尽职调查问卷，以了解公司股权结构、业务、政府关联性、合规和内控的总体情况；三是背景调查，以掌握第三方及其关键控制人的背景信息；四是文件审阅，也就是审阅第三方现有的合规政策、招投标文件、重大交易合同、与高风险第三方的合同以及相关的诉讼文件等，以了解潜在的合规风险；五是财务账目审查，通过审阅第三方一定范围内的相关账目以及原始财务凭证，发现并核实其高风险费用的形成过程；六是管理层访谈，以了解其公司业务、内控和与政府关系等方面的真实情况；七是现场调查，通过到第三方进行实地走访，了解第三方的合规风险。

在上述尽职调查活动完成后，律师应当形成合规尽职调查报告，对客户、第三方被并购企业的合规风险作出全面评估，提出补救措施，促使客户、第三方加强合规管理，完善内控政策，一方面防止企业因被并购方的不合规行为而承担继承责任，另一方面也避免企业因客户、第三方的不合规行为而承担连带责任，从而实现企业与客户、第三方和被并购企业责任的有效切割，避免企业合规风险的发生。

四、合规内部调查

2006年11月，西门子因涉嫌商业贿赂而受到德国慕尼黑检察机关的调查。随后，西门子主动向美国司法部和证交会报告了其在多个国家的行贿行为，并聘请独立的会计师事务所和律师事务所等外部专业机构进驻，开启了德国历史上的首次公司独立调查。西门子聘请的律师事务所是美国的德普律师事务所（Debevoise&Plimpton）。该律所的律师团队就西门子在反海外腐败方面遵守法律法规以及建立合规机制的情况进行了长达两年的独立调查。这项调查活动评估了5000多个咨询协议，检查了4000万份银行账户报表、1亿份文件以及1.27亿次交易记录，进行了无数次内部谈话。西门子为此付出了高昂的代价，仅外部专业机构的调查费用就高达数亿欧元。独立调查结束后，律师事务所和审计机构提供了专项调查报告。由于调查报告是由西门子之外的外部独立机构制作的，具有良好的信誉和可信度，因此被美国司法部和证交会予以接受，在快速结束诉讼程序、减少罚款等方面发挥了积极作用。同时，这些独立调查报告还指出了西门子在合规管理上存在的缺陷和漏洞，对于西门子重建合规计划产生了有效的帮助。

在西门子案件中，律师作为“独立的专业人员”，在政府监管机构的要求或建议下，接受企业的委托，在企业发生违规行为后，对企业的违规行为、违规人员、合规机制漏洞等问题展开独立的调查活动。这种调查活动有时会与政府监管部门的行政调查甚至检察机关的刑事调查同时展开，因此，有时又被称为“平行调查”，或者“企业合规调查”。

那么，内部调查与尽职调查有何本质区别？同样是合规调查活动，律师所从事的尽职调查，主要目的在于对客户、被并购方和合作伙伴展开背景调查，以避免可能的合规风险。而内部调查则是一种危机应对机制，是指在违规行为发生之后，企业要对违规行为、违规责任人以及合规机制的漏洞等问题展开有针对性的调查，以便发现违规行为，识别违规责任人，并针对企业内控机制的漏洞和缺陷，进行合规体系的完善工作。通常情况下，企业一旦接到相关举报，进行日常监督检查，进行审计，或者接获监管部门乃至刑事调查部门启动调查程序的信息时，会启动这种公司内部调查程序。由于律师作为外部法律专家，既具有高度的独立性，又可以保证调查的专业性和权威性，还可以行使“保守客户职业秘密的特权”，因此，企业委托律师从事公司内部调查的情况越来越普遍，这种内部调查也成为律师的一项重要合规业务。

欧美国家建立了较为成熟的合规激励机制，那些被指控存在违规行为的企业，只要建立了合规机制，或者愿意配合监管调查或者刑事调查，或者承诺对合规体系进行完善，就可以换取监管部门的宽大行政处理，或者换取刑事调查部门的宽大刑事处理。正因如此，企业一旦受到监管调查或者刑事调查，就可以通过及时有效的内部调查，来披露违规行为，发现公司员工乃至高管的个人违规行为，查明公司在内控方面所存在的制度漏洞，从而为进一步的合规体系完善奠定坚实的基础。无论是在美国还是在欧洲国家，但凡建立了成熟合规机制的企业，都会将公司内部调查视为应对监管调查或刑事调查的有效手段。与此同时，通过委托外部律师在组织内部调查，提交调查报告，企业可以对监管调查、刑事调查进行有效配合。而无论是监管部门还是刑事调查部门，也都会在审阅这种内部调查报告的基础上，提出进一步的企业整改建议，与企业达成行政监管方面的和解协议，或者达成暂缓起诉协议或不起诉协议，从而进入一种“以合规完善换取宽大处理”的制度轨道。

我国法律尽管没有建立较为完善的合规激励机制，但至少在行政监管环节，已经开始了以合规换取宽大行政处理的制度和实践。例如，根据2019年修订的《反不正当竞争法》，公司员工的贿赂行为应当视为公司的行为，但“有证据证明该工作人员的行为与为经营者谋取交易机会或者竞争优势无关的”，公司可以不负法律责任。据此，在员工行贿行为案发后，律师为企业提供法律服务的重要方式，将是尽快展开全面的合规内部调查，并将调查报告提交监管部门，以便维护企业的合法权益。又如，2015年，中国证监会发布了《行政和解试点实施办法》，对于涉嫌违法违规的企业，监管部门可以预期达成行政和解协议，除责令其缴纳和解金以外，还要督促其“就其涉嫌违法行为提出改正或者减轻、消除危害后果的方案”，并进行制度整改，完善内部管理措施。据此，在企业违规案发并接受中国证监会调查后，律师应尽快展开内部调查，将内部调查报告提交监管部门，并以此作为促成行政和解的重要依据。

而在刑事司法程序中，无论是在公安机关立案前的初查阶段，还是在检察机关审查起诉环节，企业建立合规机制的，可以成为说服公安机关作出不立案、检察机关作出不起诉的重要依据。尤其是我国检察机关正在全国范围内开始进行合规不起诉的改革试点，将合规机制纳入附条件不起诉的制度框架之中，对于那些已经建立合规管理机制，或者具有实施合规计划之意愿的，检察机关可以作出附条件不起诉的决定，设置考验期，责令涉案企业建立或者完善合规管理机制，并在考验期结束后，根据企业实施合规管理机制的进展情况，作出是否提起公诉的决定。这种制度的推行，无疑给律师从事内部调查创造了重要条件。律师可以在公安机关、检察机关进行初步侦查或者调查的同时，启动内部调查程序，提交内部调查报告，争取获得较为宽大的刑事处理。

从所要达成的目的和效果来看，律师合规内部调查可以分为四个方面：一是协助企业配合执法调查和刑事调查的活动；二是查明直接责任人，进行及时惩戒；三是发现内部管理制度和合规机制的漏洞和缺陷；四是提出进行制度整改和完善合规管理体系的方案。

首先，律师应协助企业调查违法违规事实，查明案件的来龙去脉，将有关证据、书面材料、交易记录、电子文档、证人名单加以搜集，在写出完整报告的同时，协助企业将相关证据提交监管部门和司法机关，并做好配合调查的准备工作。不仅如此，对于调查部门没有掌握的违法违规事实，律师也可以说服企业进行自我调查，必要时写入内部调查报告。内部调查只有建立在自我披露、自我报告的基础上，才能发挥最佳的效果。

其次，律师应协助企业展开对责任人的专门调查。在一些内部调查中，这种针对企业内部责任人违法违规行为的调查，有时又被称为“反舞弊调查”。从有效应对调查的角度来说，企业唯有将内部责任人的违法违规事实调查清楚，才能显示积极配合调查、积极整改的诚意，也才可能将企业责任与员工责任进行有效的切割，从而赢得监管部门和司法机关的谅解。美国司法部在实施合规管理机制时，曾提出过一项十分有名的合规准则：“追究直接责任人，才能放过企业。”律师在进行内部调查时，也应以此作为座右铭，说服并协助企业全面调查直接负责的员工或者公司高管，对其作出必要的处分，必要时将其交付行政机关或司法机关加以追究责任。

再次，律师通过内部调查，应查明企业内部管理制度的漏洞，并对其合规体系的有效性作出客观的评估。这种调查时对企业管理机制的全面体检，目的在于暴露缺陷、漏洞和不足，对其合规管理体系失灵的原因进行全面审查，对企业对面临的合规风险领域和风险点作出全面评估。通过这种内部调查，律师可以帮助企业发现屡屡发生违法违规行为的原因，为进一步的制度整改和合规体系完善创造必要条件。

最后，律师通过内部调查，应协助企业进行制度整改，建立和完善合规管理体系的完整方案。律师应对企业所面临的合规风险作出重新评估，并针对特定合规风险，制订专项的合规计划，如反商业贿赂合规计划、出口管制合规计划、反洗钱合规计划、数据保护合规计划、环境保护合规计划、知识产权合规计划、反不正当竞争合规计划、反垄断合规计划，等等。与此同时，律师还应帮助企业重新打造合规组织体系，重新发布专项合规政策，建立针对合规风险的防控、识别和应对机制，建立合规培训、合规定期评估、尽职调查、合规报告、内部举报等合规管理机制。

根据一些律师事务所的经验，作为一项重要的合规风险应对机制，律师内部调查要达到较为理想的效果，还要遵循几项基本的原则：一是独立性原则；二是保守秘密原则；三是合法性原则。

所谓独立性原则，是指内部调查应尽量避免由公司内部人士完全主导进行，而应当委托外部律师主持调查程序，调查团队尽管可以吸纳公司内部人士（如公司合规管理人员、法务人员等）加入，但不应包括那些与调查事项存在利益关系的员工或者高管。当年西门子在违规事件爆发之后，及时委托美国一家享有盛誉的律师事务所组建内部调查团队，对西门子分公司存在的海外贿赂行为、有关员工的法律责任以及公司合规漏洞等问题进行的全面调查，就是内部调查独立展开的成功范例。不仅如此，独立的内部调查，要发挥积极的效果，还需要聘请其他专业人士作为外部专家参与，这些专业人士可以包括会计师、数据专家、公证人员，等等。如此，内部调查的专业性和权威性就可以得到保证。

所谓保守秘密原则，是指在企业进行内部调查过程中，应当保守所了解的国家秘密、个人隐私、商业秘密等，避免因泄露这些秘密所可能带来的新的法律风险。包括律师、会计师、电子取证专家在内的外部专业人士，应当遵守职业伦理规范，避免泄露相关的职业秘密。与此同时，应当注意平衡信息披露与秘密保护之间的关系。在应对监管调查或刑事调查过程中，应保持与调查人员的配合和协商，既要履行法定的信息披露义务，又要注意避免违反保密义务。在应对欧美国家监管调查或刑事调查过程中，应通过委托律师来主导内部调查，从而有效行使律师与客户之间的“保守职业秘密特权”，以有效规避向监管部门或刑事调查部门披露企业商业秘密以及其他秘密的义务。

所谓合法性原则，是指根据内部调查的目的来确定所获取的证据的法律效力。一方面，假如公司内部调查可能涉及个别员工的刑事犯罪问题，那么，公司内部调查的主要目的在于收集证据，以满足刑事立案所要求的证据标准。同时，注重收集证据，证明公司是否有明确的合规规定，内部审批机制是否完善，员工行为是否逃避了公司监管，从而有效地将员工责任与公司责任加以切割。对于所收集的证据，公司应当加以妥善保管，根据司法机关的要求及时予以提交。另一方面，假如内部调查的目的在于启动民事仲裁或者民事诉讼，以便追究员工的民事责任，那么，内部调查就要在取证主体、取证手段、取证程序、证据形式、取证时限等方面遵从民事诉讼法的要求，以确保所收集的证据符合民事诉讼法有关证据法律资格的要求。

五、执法调查的应对

在我国法律制度中，企业违法违规行为一旦案发，通常会面对两种调查：一是政府监管部门的行政调查，如市场监管、税务、金融监管、证券监管等部门针对不正当竞争、税务违规、洗钱、证券违法等企业违规行为的行政监管调查；二是刑事执法机关的刑事调查，如公安机关对已经立案的单位犯罪行为展开各项调查取证活动。在我国《刑法》中，数以百计的单位犯罪都属于"法定犯"或"行政犯"，也就是由行政不法行为转化而来的犯罪行为。在行政不法行为的调查方面，我国法律通常遵循"行政调查前置原则"，先由行政部门启动行政监管调查，作出行政处罚决定，然后如果发现行为人构成犯罪的，再移交刑事执法部门启动刑事立案和侦查程序。因此，面对企业违法违规行为的发生，企业可能首当其冲地面临如何应对行政监管调查的问题。而接受企业委托的律师，也会面临着如何为陷入行政执法困境之中的企业，提供有效的法律帮助问题。

目前，我国政府采取了一种行政主导的企业合规推进方式。行政监管部门通过发布合规管理标准，强制建立合规体系，推行考核、报告、评估等合规要求，确立奖惩机制，来强力推动企业建立合规管理体系。其中，中国金融和证券监管机构在全行业发布了合规管理指引，并建立了自成体系的强制合规制度；国务院国有资产管理委员会针对中央国有企业发布了合规管理指引，以行政命令的方式要求中央企业建立合规管理体系；国家发改委会同其他六个部门对在海外从事经营的中国企业确立了合规管理标准。但是，这种行政主导的合规推进方式，主要是从外部监管的角度给企业建立合规体系施加了压力，致使企业被迫从形式上应付监管部门的合规要求。当然，为吸引和奖励企业建立合规管理体系，我国行政监管部门也确立了一些合规激励机制，试图对那些建立合规体系或者实施合规管理机制的企业，在其受到行政监管调查时，给予较为更宽大的行政处理，使其免受严厉的行政处罚。例如，中国证监会针对证券期货企业试点行政和解制度，对于企业交纳和解金的，可以与其达成行政和解协议，并根据企业履行和解协议，尤其是进行制度整改和建立内控机制的情况，来决定终结行政处罚程序。又如，2017年修订后的《反不正当竞争法》确立了企业的严格责任制度，在员工实施商业贿赂行为的情况下，只要企业提出证据证明这种商业贿赂行为不是为了增强企业的竞争优势或者增加商业机会的，就可以不追究企业的行政法律责任。

原则上，在企业应对行政监管的环节，律师接受企业委托后，可以根据我国行政监管法律确立的制度框架，协助企业开展合规管理体系建设，应对行政监管部门的调查，争取获得最大限度的行政宽大处理，避免出现诸如从业资格剥夺、交易资格丧失等灾难性后果。考虑到在大多数情况下，我国都采取了行政监管调查前置化的执法机制，而大多数企业行政违法案件都没有被转化为刑事案件，而是被监管部门采取了行政处罚措施，因此，律师在行政监管环节可以为企业提供较为宽广的合规服务空间。

大体来说，律师在行政监管环节所提供的合规业务主要分为三个方面：一是在反商业贿赂和网络安全等领域，提出证据证明企业存在合规管理体系，说服行政监管部门免除企业的行政法律责任；二是在证券期货领域的行政执法过程中，协助企业与证券监管部门达成行政和解，帮助企业展开积极整改和建立内控机制的活动，以避免企业受到严厉的行政处罚；三是在应对行政执法方面，协助企业做到积极配合、有效补救和认真整改，一方面说服行政机关作出宽大的行政处罚，另一方面促使行政机关不将案件移送刑事执法机关，实现在行政监管环节的"软着陆"，避免被追究刑事责任。

（一）以企业合规为依据展开无责任抗辩

《反不正当竞争法》引入了严格责任制度，对于企业员工存在贿赂行为的，一律推定为"经营者"的行为。同时，《反不正当竞争法》为企业提供了无责任抗辩的机会，经营者（也就是企业）"有证据证明该工作人员的行为与为经营者谋取交易机会或者竞争优势无关的"，可以不负法律责任。

律师如何帮助企业证明员工行为与企业无关呢？权威的解释是，"有证据证明工作人员的行为与为经营者谋取交易机会或者竞争优势无关"，是指经营者已制定合法合规合理的措施，采取有效措施进行监管，不应放纵或者变相放纵工作人员实行贿赂行为。换言之，律师在企业员工存在商业贿赂行为的情况下，应证明该企业建立了有效的反商业贿赂合规计划，也就是制定了合法、合规、合理的预防商业贿赂的措施，在反商业贿赂方面采取了有效的监督、管理、识别、报告措施，以显示企业没有放纵员工的商业贿赂行为。

我国已经实施的《网络安全法》《数据安全法》《个人信息保护法》，都要求网络经营企业承担网络数据安全管理的义务，将其作为企业合规管理机制的重要组成部分，并实施了相应的行政监管激励机制。律师一旦接受这类企业的委托，为其提供合规业务，就可以提出证据证明该企业承担了网络安全管理义务，如建立了全流程安全管理制度，设立了数据安全负责人和管理机构，建立了定期风险评估、专业审计等制度，加强了风险监测，对数据安全缺陷或漏洞采取了补救措施，等等。对于企业采取上述网络安全管理措施的，律师应向监管部门及时提出，证明企业"没有过错"，从而说服监管部门对企业采取免除行政处罚的处理方式。

在企业员工、子公司、第三方或者被并购企业实施了违法违规行为时，律师应当协助企业提出建立或者实施合规管理体系的证据，即使有效地进行责任切割活动。其基本法理是，企业建立或实施了有效的合规计划，足以显示企业对员工、子公司、第三方采取了合规培训、合规尽职调查、分级管理、及时退出等机制，尽到了合规管理义务，在并购之前对被并购企业履行了注意义务和尽职调查义务，由此证明企业不存在实施违法违规行为的主观过错。律师通过援引企业建立合规管理体系的事实，将企业责任与员工责任、子公司责任、第三方责任和被并购方责任加以有效剥离，使合规成为有效的"隔离带""防火墙"，发挥推翻企业严格责任的作用。

（二）积极促成行政和解

行政和解制度的试行和行政执法承诺制度的确立，是近年来出现在我国行政监管领域的一项重大改革探索。迄今为止，中国证监会一共在两起案件中适用了行政和解制度，都采取了相似的和解模式：责令存在不法行为的企业缴纳高额的行政和解金，然后要求企业采取积极整改措施，建立内控机制。根据这一制度，行政相对人涉嫌违反证券期货法律、行政法规和相关监管规定的，中国证监会在进行调查执法过程中，可以根据行政相对人的申请，与其就改正涉嫌违法行为、消除违法行为不良后果、缴纳行政和解金、补偿投资者损失等进行协商，与其达成行政和解协议，并终止调查执法程序。

在证券期货和反垄断执法领域的行政执法过程中，律师接受企业委托后，可以根据企业涉嫌违法违规的事实，协助企业提出适用行政和解的申请。律师可以围绕着以下事项与行政机关进行协商，并达成和解协议：一是和解金的数额；二是说服企业积极配合监管调查，承认违法违规事实；三是说服企业消除违法行为不良后果，补偿投资者损失；四是说服企业提出整改方案，提出建立内控机制的计划。而在行政和解达成后，律师还要协助企业履行和解协议所约定的各项义务，说服证券监管部门出具行政和解结案通知，终止案件的调查和审理程序。

（三）应对行政执法调查

在企业面对行政部门的监管调查过程中，律师如何协助企业应对调查，从而争取最大限度的宽大处理，使企业可能遭受的损失降到最低限度，这是衡量律师合规服务有效性的重要标准。一般而言，在协助企业应对行政监管调查方面，律师应遵守三条基本的原则：一是积极配合原则；二是有效补救原则；三是认真整改原则。在遵守上述三项原则的前提下，律师应协助企业寻求两个基本的应对目标：一是获得最宽大的行政处罚或者行政处理；二是实现在行政监管环节的“软着陆”，避免案件被移交刑事执法机关，防止案件被采取刑事立案措施。

首先，根据积极配合的原则，只要企业确实存在违法违规行为，并且放弃采取申请听证、行政复议、行政诉讼等对抗性程序，律师应当为企业作出配合监管调查的可行方案。这些方案可以包括以下环节：鼓励企业承认违法违规事实，包括承认行政监管部门已经掌握的违规事实，披露行政监管部门未掌握的违法事实，报告具体实施违法违规行为的责任人，等等；及时保存、收集和披露相关的文件或电子数据，并向调查人员进行提交，必要时督促子公司、第三方向调查人员提交上述文件和数据；安排有关管理人员和员工接受调查人员的问询，督促子公司和第三方合作伙伴向调查人员提供证言，等等。

面对政府突击检查，最失败的应对方式莫过于——企业遣散员工，锁闭办公室，拒绝提供文件，与执法人员发生抵制和对抗，提供虚假陈述，销毁藏匿文件。这往往都是缺乏应对流程和应对体系所造成的，会导致更加严厉的执法措施，甚至构成阻碍执法的违法犯罪行为。在为企业提供合规服务过程中，律师应当绝对避免出现上述情况。

其次，根据有效补救的原则，律师应协助企业采取积极有效的补救措施，以修补那些为企业违法违规行为所破坏的法益。通常来说，有效补救属于与监管部门展开合作的主要表现，有可能说服监管部门对企业作出宽大处理。有效补救可以包括以下几个方面：一是积极赔偿那些因企业违法违规行为而遭受损失的被害人；二是缴纳罚款；三是补救相关的税款；四是消除因违法违规行为所造成的破坏性后果；五是主动缴纳因违法违规行为所获得的违法所得及其直接或间接受益。

再次，根据认真整改的原则，律师应协助企业尽快展开内部调查，进行必要的风险评估，准确发现可能存在的制度隐患和管理漏洞，并据此制订合规管理计划。具体的整改计划可以包括两个环节：一是对违法违规的行为承担直接责任的管理人员和员工，律师应建议企业作出包括调离工作岗位、除名甚至移交执法部门在内的处理决定；二是针对相关的合规风险和管理漏洞，提出建立或者改进合规管理机制的方案，建议企业加强合规管理，防止再次出现类似的违法违规事件。

最后，在协助企业应对行政监管调查过程中，律师应当审时度势，追求有利于企业的现实目标。遇有企业已经建立合规管理体系的情况，律师应当向执法部门据理力争，有效切割企业责任与员工责任、子公司责任、第三方责任和被并购方责任，追求企业的免责化结果；遇有证券期货领域的行政执法程序的，律师应协助企业争取与执法部门达成和解协议，为企业争取尽可能少的和解金和尽可能宽大的和解协议条款，最终争取案件以执法部门终止执法程序而告终；遇有企业违法违规情节较为严重，无法避免受到行政处罚的结局的，律师应以企业建立或者承诺建立合规计划为根据，为企业争取最为宽大的处罚；遇有行政处罚不可避免的案件时，律师应未雨绸缪，尽量满足执法部门的合法合理要求，避免无根据的对抗或争执，多采取合作、披露、补救、整改等措施，尽力劝阻执法部门将案件移送公安机关，将案件阻挡在刑事立案的大门之外。

六、企业刑事风险的化解

对于企业涉嫌违法违规的案件，我国建立了行政执法与刑事司法并存的二元构造。对于同一行政不法行为，行政机关可以对其作出“行政不法”的法律评价，并作出行政处罚，但同时对其中构成犯罪的行为，则将其视为“行政犯”或“法定犯”，对其追究刑事责任。在大多数情况下，针对企业的行政执法与刑事司法具有一种前置化的关系，也就是行政机关率先启动行政执法程序，然后对构成犯罪的企业，再移交公安机关或其他侦查机关启动刑事立案程序。

于是，在行政执法过程中，企业就有了一种特殊的法律帮助需求，那就是希望委托律师争取将案件解决在行政执法环节，而说服行政机关不将案件移交公安机关，或者说服公安机关作出不立案的决定。可以说，使那些实施行政不法行为的企业成功地实现在行政执法环节的“软着陆”，而被排除在刑事诉讼程序的大门之外，终止于刑事立案之前，这是我国律师在应对执法调查方面的特殊合规业务。

那么，究竟如何帮助企业化解可能的刑事风险呢？这里笔者结合我国司法制度和律师业务的实际情况，提出一种“企业商业模式改造”的思路，并将其视为律师合规业务的重要组成部分。在遭遇执法调查的危机之后，涉案企业既需要律师帮助其应对海外监管部门的调查以及国内政府部门的执法调查，但更需要律师介入进来，成功地帮助企业与政府部门达成行政和解，避免严厉行政处罚，同时成功地化解刑事风险。而要达到这一效果，律师就需要对企业的商业模式或业务经营方式，作出全面的法律诊断，发现其中的刑事风险，并提出改造商业模式的方案。

（一）通过改造商业模式来预防刑事风险的案例

通过改造企业商业模式，来帮助企业化解法律风险，这其实是律师早已开展的业务活动。只不过，过去很少有人认识到这种业务活动与企业合规业务的关系，没有将其归入“合规业务”的范围。

早在5年前，上海一家律师事务所就曾为一名甘肃的民营企业家提供过合规服务。这位企业家经营的是药材收集生意，当地税务部门以虚开增值税发票为由对其进行行政监管调查，作出了罚款过亿元的行政处罚决定，组织专家论证时正处在向法院提起行政诉讼的过程中，同时得知公安机关正着手准备刑事立案，本案当事人及其企业的处境可以说十分危险。这是此类合规论证案例的基本模式，也就是在面临被公安机关立案的风险但还没有正式立案之前，案件尚处在行政监管调查期间，通过论证来判定涉案企业是否具有合规风险、是否会构成犯罪，并提出应对和改进措施，帮助企业避免被公安机关立案。

这是一种新型律师业务，与传统的刑事辩护业务有着完全不同的思维模式。刑事辩护业务的委托人往往是在公安机关立案后，被采取强制措施了才会寻求法律帮助，由辩护律师在刑事诉讼过程中来论证委托人无罪或罪轻。对于这位农民企业家的案件，律师给出的法律意见是从其上游供货商那里搜集大量证据，来证明确实发生了真实交易。因为本案的要害在于作为行政违法的虚开发票和作为犯罪的虚开发票之间存在一个根本区别，即是否有真实的商品交易。如果有真实的商品交易，那么虚开发票只会构成行政违规行为，但是如果没有真实的商品交易，那么就会构成虚开增值税专用发票罪。最终经过几个月的时间，代理律师团队开展了充分细致的工作，不仅找到上游几千名提供中药材的药农，还向下游收购中药材的厂家以及高速公路收费管理部门收集了大量的证据证明确有真实交易，并且真实交易额度超出了税务部门根据增值税发票认定的交易额度。本案虽然仍被刑事立案，但公安机关最终撤销案件，律师成功地说服公安机关作出了终止刑事诉讼程序的决定。

还有一个案例，是广东某市场监管部门调查的一家唇膏销售企业涉嫌传销的案件。当时案件还没有被移交给公安机关，市场监管局正准备作出行政处罚。律师接受行政代理后，发现这家企业面临着很大的刑事风险。假如行政监管部门作出行政处罚后，将案件移交给公安机关，企业就很有可能被认定为传销组织，直接责任人员就可能被以涉嫌组织领导传销活动罪立案，其后企业便会面临非常严厉的查封、扣押、冻结等措施，企业高管可能被采取强制措施，直至被追究刑事责任。专家团队经过合规论证，最终为企业提出了立即改变商业模式的建议，并且要求企业把握好案件还没有移交给公安机关这段宝贵的救援期，积极配合市场监管部门的调查，争取与监管部门达成和解，交纳罚款、积极整改。具体而言，专家为企业提出了两条改造商业模式的建议：一是尽快建立退货机制，因为判断是否构成犯罪意义上的传销的重要标准即为是否具有真实的商品交易和服务，要证明有真实的商品交易和服务必须保障退货自由，批发零售行为的标志之一就是完善的退货机制。一旦企业建立了无条件退货机制，企业的组织层级、入门费、发展下线的奖励等制度最多只能构成行政违规，即违反国务院《禁止传销条例》，是行政违法意义上的传销，但不会构成组织领导传销活动罪。二是通过调查收集证据，证明销售唇膏的收入和发展下级会员得到的报酬之间的比例，如果销售唇膏的收入足以占比80%以上，而发展下级的报酬只占极小比例，微乎其微，那么说明真实的商品交易才是企业收入的主要来源。同理，如果具有真实的商品交易和服务，并以其作为主要收入来源，则最多只会构成行政违法意义上的传销；而如果以销售商品作为幌子，实际上发展下级会员才是主要计酬根据，那么就很容易被认定为构成组织领导传销活动罪。最终，企业采纳并实施了商业模式改造方案，成功将案件的刑事风险化解在行政监管环节，避免了被公安机关刑事立案的结果。

类似的案例还有很多。某高科技公司涉嫌非法吸收公众存款，当时大量的所谓投资人向公安机关举报，要求对该企业立案侦查，一位律师介入后，提出了一种“债转股”的商业模式改造方案，把所有的债权转化为公司股权，这些可能的“被害人”摇身一变成为股权持有者，不再向公安机关提出报案。律师通过这种改变商业模式的行为，成功地帮助企业化解了刑事风险。当然，这个案件的社会效果也是令人满意的。该企业最终成功地走出困境，实现了盈利，所有股东和投资人的利益得到了保障。

再如，某大数据公司的下游关联征信公司存在泄露客户信息的行为。这在实践中极其普遍，大数据公司在收集客户信息后虽然没有违规泄露，但是下游一些作为第三方合作伙伴的关联公司，却将用户的个人信息予以泄露或者予以出卖。公交机关在调查下游公司侵犯个人信息行为的过程中，很容易将上游的大数据公司作为调查对象，并追究其拒不履行信息网络安全管理义务的刑事责任。根据《刑法》，这一犯罪是指网络服务提供者不履行法律、行政法规规定的信息网络安全管理义务，经监管部门责令采取改正措施而拒不改正，并具有法定严重情节的行为。作为构成要件之一的“情节严重”门槛极低，例如，致使违法视频传播200个以上，或者其他违法信息传播2000个以上的；造成重大敏感信息泄露500条以上，一般敏感信息泄露5000条以上，其他个人信息泄露50,000条以上的，等等。本案的大数据公司在合作方征信公司泄露客户信息之后，委托律师介入，律师通过详细了解案情，为这家企业提出了改造商业模式的建议：首先，保证原来建立的合规体系持续有效运行，在公安机关立案之前抓紧时间加强网络合规安全管理。其次，将此前建立的合规管理体系都作为证据作好保全，一旦有关部门进行调查时，就用这些证据来证明已经建立专门的预防机制，跟第三方征信公司之间进行有效的责任切割，使其自行承担泄露客户信息的责任，而作为上游的大数据企业，由于自身商业模式和交易模式是安全的，在发展第三方的时候已经通过有效合规管理体系采取了必要的审查和监管措施，履行了网络安全管理义务，因而不构成拒不履行信息网络安全管理义务罪。

（二）诊断法律风险

那么，究竟如何帮助企业化解刑事法律风险呢？首先，律师要帮助企业对其商业模式和交易模式本身是否有行政违规的风险和刑事风险进行合规诊断。例如，在上面提到的广东传销案中，律师在听取有关人员详细介绍销售唇膏的商业模式之后，就诊断出案件是否构成行政违法，以及能否转化为刑事犯罪。当然，这首先要基于对企业商业模式和交易模式的透彻把握。律师在开展合规业务的过程中，尤其是对于经济类犯罪案件，一定要通过阅卷吃透案情，摸清楚企业的商业模式，梳理出行政违规向犯罪转化的条件，然后才能作出刑事法律风险的诊断。

其次，在作出法律风险诊断后，律师应尽量帮助企业向行政监管部门提出化解方案，尽量促成行政和解的达成。行政和解意味着妥协，企业必须具有以下行为才有资格与行政机关进行协商：一是提交内部调查报告；二是对违规行为负有责任的员工和第三方加以惩戒；三是指出合规体系的漏洞，并提出整改方案；四是提交企业建立合规管理体系的证据。尤其是，律师应说明哪些是第三方的责任，哪些是员工个人的责任，这些责任与企业没有关联，企业本身顶多在合规管理体系中存在一定的漏洞，不幸被第三方或员工恶意利用了。这体现了一种柔中带刚的业务技巧，即在配合调查的同时，明确作出责任的划分。总之，应对执法调查的关键是通过提出和解方案，按照方案中的整改措施积极进行整改，并交纳罚款或者和解金，以换取行政机关的宽大处理，避免企业受到诸如特许经营资格被剥夺或者营业执照被吊销等最不利的行政处罚结果。

（三）改造商业模式

在应对执法调查环节，合规律师可以为企业客户提供的最好服务是化解法律风险，将案件阻止在刑事立案的大门之外。为达到这一目标，就需要改造企业的商业模式，改变企业的交易方式，将其中的刑事法律风险予以消除。为此，就需要树立一种特殊的“合规思维”，也就是“及时消灭特定犯罪构成要件的思维”。

在刑事辩护中，律师所代理的案件已经被侦查机关作出刑事立案的决定，案件已经进入刑事诉讼程序。此时，刑事案件事实已经发生完毕。刑事辩护的思维方式一般是要论证委托人的行为不符合特定犯罪构成要件。为达此目的，律师需要论证要么犯罪事实没有发生，要么委托人没有实施有关犯罪行为。例如，假如组织、领导传销活动的行为已经完成，在公安机关立案侦查后，律师要作无罪辩护，就只能论证该行为不符合组织、领导传销活动罪的特定构成要件。很显然，刑事辩护是一种“在特定案件事实存在的前提下，论证特定构成要件不成立”的思维。

但合规的思维却完全不同。在行政机关执法调查开始后，公安机关没有作出立案决定之前，有关行政不法事实已经发生，但是否符合特定犯罪构成要件，则处于尚不确定的状态。为阻止该项行政不法事实向犯罪事实进行实质性转变，律师可以帮助企业改造商业模式，改变经营方式，纠正企业的违法违规行为，阻止符合犯罪构成要件的特定事实继续发生，从而帮助企业既消灭了特定事实，又消灭了特定犯罪构成要件。而特定犯罪事实和特定构成要件一旦消灭，那么，行政机关就没有理由将案件移交公安机关，公安机关也没有理由作出刑事立案的决定。

例如，在组织、领导传销活动案件中，刑事辩护的思维是在传销事实已经发生的情况下，论证该行为是否符合组织、领导传销活动罪的构成要件。而合规的思维则是在公安机关还没有立案的情况下，通过帮助企业改造商业模式，在网站上建立无条件退货机制，仅收取少量的包装费、运输费等成本费用，证明具有真实的商品交易和服务。与此同时，通过计算销售唇膏的收入和发展下级会员得到的报酬之间的比例关系，证明销售商品的收入远远大于发展下级会员的报酬，这也能够证明存在真实的商品交易。由此，律师通过帮助企业采取积极的行为，消灭了以商品或服务作为道具或幌子这一犯罪构成要件事实。通过这种商业模式的改造，成功将这一犯罪构成要件予以消灭。最终使企业消除了刑事法律风险。

同样地，在某企业涉嫌骗取贷款的案例中，企业有4亿多元的未偿还贷款将在一个月内到期，公安机关尚未立案，企业总裁在出国时被出入境管理部门阻止出境，由此才知道自己已被采取限制出境等内部监控措施，面临着严重的刑事法律风险。律师受理本案后，给企业提供的建议是，在贷款到期之前，与银行签订分期还款协议，约定还款期限和还款方式，并严格遵守还款协议的条款。企业一旦拿到与银行签订的还款协议，就意味着《刑法》所确立的“情节严重”以及“给银行造成重大损失”这些构成要件，在本案中得到消灭。毕竟，企业已经与银行签订还款协议，尽到了还款义务，只是由于不可抗力的原因导致资金链中断而不能一次性返还，企业有还款的诚意，只要履行分期还款协议，就不会给银行造成重大损失。可以说，此时律师的介入，就是在公安机关立案之前，纠正了企业的行为，弥补了企业的过错，通过创造新的事实情节，产生了消灭特定构成要件的效果。

再如，前面提到的某高科技公司涉嫌非法吸收公众存款的案件。在公司向不特定公众募集资金，数额达到上亿元的时候，如果此时公安机关作出立案决定，那么案件事实已经发生，企业和高管构成非法吸收公众存款罪难以避免，此后的所有补救措施都只算作“犯罪后表现”，只能作为量刑情节。但是本案中公安机关尚未启动立案侦查程序，这意味着案件事实仍在继续发展当中，还有挽回的余地，律师就可以有所作为，大显身手。本案中，律师帮助高科技公司通过“债转股”的方式，将债权转为股权，使借款人变成了持股人，企业的行为也就不再构成非法吸收公众存款的行为，自然也就不符合非法吸收公众存款罪的构成要件了。

在我国法律实践中，对于有些案件，行政执法机关和公安机关都是同时启动执法程序，行政执法调查和刑事侦查几乎同步进行，这种案件就没有“化解刑事风险”的空间，前面所说的消灭犯罪构成要件，也就没有用武之地了。但是，对于那些行政机关率先启动行政执法程序，而公安机关尚未启动立案侦查程序的案件，这种通过重建商业模式、化解刑事法律风险的服务方式，就有了较大的空间。律师只要帮助企业将特定犯罪构成要件及时地予以消灭，案件就有可能实现在行政执法调查环节的“软着陆”，公安机关就不再启动刑事立案程序。由此，律师帮助企业应对执法调查的业务活动，也就大获成功了。

概括起来，通过帮助企业改造商业模式，或者改变经营或交易方式，消灭特定犯罪构成要件，律师在应对执法调查方面可以达到以下四个效果：一是通过改造商业模式或交易方式，促使企业采取整改措施，建立预防犯罪的机制，消除了原有商业模式中的违法因素或犯罪因素；二是采取纠正措施和补救措施，通过积极促成与行政机关的和解，积极促使投资人、被害人接受补救措施和处置方案，避免案件的发生；三是收集证据证明企业不符合特定构成要件；四是收集证据证明相关违法范围行为系员工、子公司或第三方所为，与企业没有关系，企业无须为此承担责任。

七、作为合规监管人的律师

随着加强民营企业司法保护政策的全面实施，也随着检察机关对参与社会综合治理的高度重视，我国一些地方的检察机关启动了企业合规不起诉制度的改革探索。根据这一改革思路，对于那些涉嫌犯罪而又具有建立合规机制意愿的企业，检察机关可以责令其进行合规调查并提交合规计划，对于其中符合条件的企业，将其纳入合规监管程序之中，设定合规考察期，责令其委托独立的合规监管人，定期提交合规考察报告，并在考察期结束之前，根据合规监管人的综合合规考察报告和相关处理建议，对企业作出是否提起公诉的决定。

合规监管人制度的引入，是合规不起诉制度探索中取得的最大突破之一。所谓合规监管人，是指那些接受检察机关的聘请，协助涉案企业推进合规管理体系建设的外部专业人员。根据检察机关试行合规不起诉的经验，合规监管人一般可以从律师、审计、会计、税务等专业工作的人员中加以遴选和委任。检察机关或者司法行政机关可以经过严格遴选，设定一个具备合规监管人资格的专家库。检察机关根据特定企业涉嫌犯罪的情况，以及建立合规计划所需要的专业知识，从专家库中选出合适的合规监管人，并委派其对企业建设合规体系的情况进行调查，协助企业制订合规计划，协助检察机关监督合规计划的执行，对企业推进合规计划的进展情况定期出具书面监管报告，以作为检察机关作出不起诉决定的参考依据。

根据一些检察院的改革经验，在检察机关启动合规程序之后，涉案企业可以从司法行政机关公布的外部专家库中聘请合规监管人。聘请合规监管人的费用，由涉案企业负责支付。原则上，涉案企业应向检察机关提供3名合规监管人候选者；不能提供的，检察机关可以直接从合规监管人名录中选择3名适宜从事合规监管工作的3候选者。检察官在与涉案企业充分沟通的前提下，确定适合参与合规监控的合规监管人。涉案企业同意聘请合规监管人的，应在检察机关同意的前提下，与其签订合规监管协议，载明合规监管人的权限、职责范围、聘期、聘请费用、权利义务、违约责任等内容。

合规监管人应向检察机关出具书面保证，承诺恪尽职守，秉承诚实、信用、谨慎、勤勉、中立的立场，承担以下几项基本义务：一是服从检察机关的监督；二是认真、有效地实施合规监管；三是定期向检察机关报告企业合规监管情况；四是发现涉案企业未曾披露或者新出现的不合规行为，及时报告并督促其进行整改；五是对合规监管中知悉的商业秘密、案件情况和个人隐私等信息予以保密；六是禁止损害涉案企业的合法权益。对于违背上述义务的合规监管人，检察机关有权予以更换。

在企业与合规监管人签署监控协议后，合规监管人应就企业合规机制进行调查，协助企业制订合规计划，协助检察机关监督合规计划的执行，并针对其履职情况和企业执行合规计划的情况出具书面合规监管报告，以供检察机关作出是否公诉决定时参考。具体而言，合规监管人的职责主要有以下几项：一是对涉案企业所在行业的情况、企业生产经营状况、违法历史、可能造成的社会影响、可替代处罚措施等进行调查，进行合规内部调查，提交合规调查报告，该项调查报告可以成为检察机关是否作出附条件不起诉决定的依据。二是协助涉案企业提出有效的书面合规计划，合规计划主要包括拟采取的补救挽损措施；拟构建的刑事合规制度，如合规管理规章、合规审查监督体系、合规风险预警机制、合规审查评估机制、违规行为上报机制、合规奖惩机制、合规文化培养体系等。三是在附条件不起诉的考验期内，合规监管人协助检察机关对涉案企业进行监督考察，督促企业执行合规计划，发现有不合规行为的，及时向检察机关报告，并督促企业加以整改。四是定期向检察机关提交企业监督考察的阶段性报告，在考验期届满之前，提交综合性监督考察报告，并根据报告情况提交附条件不起诉考察意见书，提出起诉或者不起诉的意见，检察机关以此意见为参考，作出是否提起公诉的决定。

作为合规激励机制的重要组成部分，企业合规不起诉制度其实给了企业以合规换取宽大刑事处理的机会，也给律师界提供了从事合规监管人业务的机会。所谓合规监管人，其实发源于西方国家的合规监管制度。根据这一制度，无论是行政机关还是检察机关，为避免对违法违规企业进行严刑峻法所可能带来的危害后果，尤其是避免因为制裁企业而造成员工、投资人、股东、客户等利益相关方遭受不公平惩罚的结局，往往会选择与涉案企业达成和解。其中，行政机关与涉案企业往往达成行政和解协议，检察机关与涉案企业则达成暂缓起诉协议或者不起诉协议。但无论是何种协议，涉案企业都要缴纳高额罚款，并接受行政机关或检察机关的合规监管。为加强合规监管，行政机关和检察机关都会要求涉案企业接受合规监管人的持续监管。有时候，检察机关可以选择与行政机关共同向企业委派同一合规监管人团队。如西门子，就接受了美国司法部和证交会联合委派的合规监管人团队。而更多的情况是，检察机关和行政机关可以分别委派各自的合规监管人团队。如中兴通讯公司，就同时接受了美国司法部和美国商务部、财政部委派的两个合规监管人团队。

迄今为止，行政和解协议制度在我国行政监管体系中刚刚呈现萌芽状态。中国证监会在2015年开始在证券期货监管领域试点行政和解制度。而全国人大常委会修订的《证券法》，则将这一行政和解制度正式纳入我国法律制度之中。但迄今为止，中国证监会主要是责令涉案企业缴纳高额和解金，责令企业进行制度整改，或者建立完善内控制度，并将此作为对企业终止行政调查的前提条件。中国证监会既没有建立与行政和解配套的合规监管制度，也没有将合规监管人引入行政和解协议之中。因此，合规监管人制度在行政监管领域并没有得到确立。

我国检察机关在合规不起诉制度改革试点中，在确立附条件不起诉制度和合规监管协议制度的基础上，要求涉案企业委托外部独立专业机构担任合规监管人，协助检察机关从事持续不断的合规监管工作，这是一项意义深远的重大制度探索。考虑到担任合规监管人的主要是律师事务所、会计师事务所、税务师事务所等外部专业机构，因此，这项改革无疑给予了律师界探索新型合规业务的机会。那么，律师究竟应如何探索和从事合规监管人的业务呢？

首先，律师应具有从事合规监管人所需要的专业能力。一个律师事务所要具有担任合规监管人的资格条件，应当先组建企业合规业务部，或者拥有若干名具有合规业务经验的律师。这就意味着，律师不仅要具有企业合规方面的知识和技能，还应当具有从事合规业务的专业经验。为此，律师事务所应当未雨绸缪，尽早进行企业合规方面的人才储备、知识储备和战略布局，通过举办研讨会、论坛、培训等方式，培育律师的合规知识和能力，通过为企业客户提供合规业务，包括搭建专项合规计划、展开合规尽职调查、启动合规内部调查、帮助企业应对行政监管调查、展开合规辩护等，来磨炼和熟悉律师合规业务，成为某一合规领域的专家。尤其是，应将律师合规业务细化为专项合规业务，律师事务所可以有意识地培育律师在大数据保护合规、反腐败合规、税收征管合规、知识产权保护合规、环境保护合规、反洗钱合规等方面的知识和技能，做到学有所长，可以独立地开展某一个或某几个领域的合规业务，帮助企业打造若干专项合规计划。律师或者律师事务所一旦具备了企业合规方面的专业知识、技能和经验，就有可能被检察机关或者监管部门纳入“合规监管人名录”或者“合规监管人专家库”之中，成为检察机关在遴选合规监管人时的备选人。

其次，律师担任合规监管人的，应与涉案企业形成一种委托代理关系，具有合规顾问的地位。与破产管理人一样，合规监管人一旦接受涉案企业的委托，签订合规监管协议，就与企业建立了一种委托代理关系，承担为企业改善合规管理体系，实施合规管理计划，全面进行制度整改，帮助企业进行“除罪化”或者“去犯罪化”，帮助企业建成一种可以自我监管、自行防范法律风险的商业组织。作为回报，企业应对为合规监管人支付必要的报酬，并积极按照合规监管人的建议，完善合规机制，消除相关的制度隐患和管理漏洞，争取获得检察机关的宽大刑事处理。

再次，律师在被检察机关任命为合规监管人后，应与检察机关形成一种协助合规监管的关系，并接受检察机关的持续监督。与企业法律顾问、诉讼代理人、辩护人的角色不同，合规监管人在为企业提供合规监管服务的同时，还要接受检察机关的委派和监督，协助检察机关从事合规考察和合规监管的职能。在一定程度上，合规监管人承担着一种“准司法职能”，要遵守法律法规，服从检察机关的合规考察指令，如实、全面披露与企业合规有关的信息，认真、有效执行检察机关批准的合规计划，定期如实报告企业合规建设的进展情况，及时披露和制止企业和内部员工可能存在的违法案犯罪行为，督促企业按照检察机关的整改要求进行合规体系建设。对怠于履行职责或者违反职业行为守则的合规监管人，检察机关有权加以更换。

最后，律师担任合规监管人的，应当保持基本的独立性，与涉案企业避免利益冲突，不出现利益勾连，与检察机关也不应存在法律所禁止的利害关系。合规监管人一方面要对企业履行合规建设义务，另一方面要对检察机关承担协助合规监管的义务，必须保持基本的独立性。原则上，律师假如曾经担任过涉案企业的法律顾问、诉讼代理人、辩护人或者其他存在利益冲突的角色的，就不宜再担任该企业的合规监管人；律师假如担任过与涉案企业存在利益冲突的个人、单位的法律顾问，诉讼代理人，辩护人等角色的，也不宜成为合规监督人的候选人；律师假如与某一检察机关存在利益牵连，如曾经在某检察机关工作过一段时间，与检察机关的相关负责人存在某种利害关系，也不应被委任为合规监管人。

索　引
（按汉语拼音顺序排列）

A

安达信事件　088，454
安然事件　088

B

巴塞尔银行监督管理委员会　034，182
不起诉协议　004，011，014，024，025，038，040，044，045，049，054，080，096，216，220，252，278，299，300，301，332，333，334，335，336，338，346，348，353，360，367，386，388，444，447，454，455，473，509，527

C

承诺许可协议　230，232，236，238，239
诚信合规计划　011，032，055，097，113，118，140，152，497，498
充分程序　047，048，096，294，295，297
出口管制合规　022，039，066，068，109，110，111，115，118，119，120，121，123，124，125，126，127，152，157，183，185，475，482，497，498，499，500，511
吹哨人　436，503

D

大合规　036，077，093，120，363，428，432，435，483，499，502
代表责任　256，281

F

法定管理义务履行模式　280, 291, 292, 462
《反不正当竞争法》　072, 097, 189, 198, 317, 509, 514
《反海外贿赂法》　251, 318, 322
《反贿赂法》　015, 035, 047, 072, 096, 121, 254, 255, 293, 297, 319, 340, 341, 457, 496
《反金融犯罪法》　255
《反垄断法》　076, 187, 189, 203, 213, 214, 226
反商业贿赂合规　065, 068, 070, 115, 118, 119, 120, 121, 122, 152, 157, 166, 181, 185, 199, 206, 372, 430, 462, 469, 482, 497, 498, 500, 501, 511, 515
反洗钱合规　068, 073, 115, 118, 119, 137, 139, 140, 152, 157, 185, 372, 498, 505, 511, 528
非替代责任　253
非系统性企业犯罪　280, 282, 283, 284, 291, 296, 302, 303, 308, 309
风险防范体系　009, 029, 158, 352, 504
风险监控体系　158, 159
附条件不起诉　049, 219, 248, 284, 301, 346, 368, 369, 370, 371, 374, 375, 376, 377, 382, 383, 384, 385, 387, 388, 393, 395, 396, 398, 403, 436, 441, 442, 446, 458, 461, 467, 468, 470, 471, 472, 473, 487, 510, 526, 527

G

雇主责任原则　249, 250, 268, 286, 319

H

合规部　015, 019, 023, 024, 025, 034, 035, 037, 040, 063, 066, 067, 070, 090, 109, 110, 114, 120, 121, 122, 125, 126, 130, 138, 140, 141, 142, 143, 154, 155, 157, 158, 159, 161, 162, 167, 182, 195, 320, 349, 397, 423, 424, 432, 433, 435, 436, 467, 475, 500, 501, 502
《合规承诺框架》　043, 109
合规出罪　165, 278, 279, 280, 281, 283, 284, 285, 286, 288, 289, 291, 292, 294, 296, 297, 298, 302, 303, 304, 305, 306,

	307,308,309,444,445,446,458,459,460,462,747,487,488,489
合规调查	053,371,372,375,376,383,388,495,503,504,508,525,526
合规风险	001,005,008,009,015,018,019,020,021,022,023,034,025,026,027,031,034,035,037,040,042,046,057,059,061,062,063,067,068,069,070,071,073,074,076,078,082,085,087,089,090,091,092,093,097,099,103,107,111,112,113,114,115,117,118,119,120,124,125,126,130,132,133,134,138,140,141,142,143,147,148,150,151,152,153,154,155,157,158,161,162,165,166,167,171,172,173,174,175,176,181,182,183,184,185,187,191,192,199,205,206,207,221,223,233,254,264,266,267,268,288,289,295,304,305,314,317,322,323,324,326,327,328,346,350,351,352,363,364,367,372,373,376,382,383,390,391,394,396,397,404,405,406,416,419,423,424,425,426,427,428,429,432,433,434,435,436,437,456,464,467,482,483,484,485,495,496,497,498,499,502,503,504,505,506,508,509,511,517,519,526
合规顾问	040,041,139,220,221,406,477,481,528
《合规管理体系指南》	015,035
合规计划的打造	057,121,495,496,497,499
合规监督官	040,041,225,337,338,387
合规监管人	062,148,167,173,179,189,201,205,207,235,237,300,301,302,308,382,391,392,409,412,425,427,428,442,448,449,464,467,470,471,475,476,477,478,479,480,481,484,488,495,525,526,527,528,529
合规考察	062,065,075,076,077,088,148,149,164,165,167,169,173,179,200,201,207,214,235,236,239,277,278,280,283,284,298,299,300,301,302,303,304,305,306,307,308,309,378,379,403,406,409,414,419,420,425,426,429,430,432,434,437,442,444,

446,447,448,449,450,458,459,460,461,462,464,465,466,467,468,469,470,471,472,473,474,475,476,477,478,479,480,481,482,483,484,485,486,487,488,489,495,525,528

合规审计 085,122,142,143,155,157,159,175,183,191,192,268,305,326,382,432,433,435,464,467,483,503

合规文化 025,037,064,066,067,068,078,085,090,098,104,105,107,110,112,120,124,134,140,158,159,172,289,338,376,406,408,427,428,475,526

合规培训 018,035,037,040,042,071,073,085,101,108,110,111,120,121,122,123,125,126,140,141,155,157,158,159,174,183,187,192,217,220,267,286,288,289,292,305,316,317,320,323,327,328,351,376,396,409,421,424,427,428,432,433,435,457,462,464,467,483,486,499,502,511,515

合规无罪抗辩 246,294,456,457,458,462,489

合规宪章 093,267,268,466,483,500

合规协调员 121,123,127,201,205,225,475

《合规与银行内部合规部门》 15,34,182

合规整改 062,063,064,075,076,077,080,083,084,087,088,091,092,145,147,148,149,150,153,163,164,165,166,167,168,169,170,171,172,173,174,175,176,179,187,188,189,199,200,201,204,205,207,214,233,234,235,236,237,238,239,305,308,323,401,403,404,405,406,407,408,409,410,411,412,414,419,420,421,422,423,424,425,426,427,428,429,430,431,432,433,434,436,437,441,442,443,445,446,447,448,449,450,452,456,460,461,462,464,466,467,468,469,470,471,472,474,475,476,478,479,481,482,483,484,485,486,487,488,489,506

合规政策 018,034,035,040,062,070,073,074,098,100,103,104,118,120,122,123,124,125,126,141,142,143,156,157,159,161,171,174,184,223,238,285,286,288,289,290,292,295,305,317,319,320,349,352,396,397,406,431,433,434,435,437,462,463,464,466,467,474,483,498,499,501,502,507,511

合规指引 016,031,077,102,103,112,117,123,142,148,150,152,155,164,180,181,182,183,184,185,186,200,206,207,223,234,308,496
合规组织体系 004,006,022,036,062,067,077,093,098,103,112,123,130,141,142,143,156,157,167,171,173,181,220,223,286,363,405,428,432,437,466,467,475,483,499,500,501,503,511
湖南建工集团 016,055,112,118,140,141,142,143,144,476

J

基础性合规要素 429,432,433,434
基于公共利益的司法协议 052,334,344,444
集体认识原则 250
继承责任 018,074,075,286,314,323,324,325,326,327,364,505,506,508
尽职调查 018,037,040,048,068,073,074,075,085,099,100,101,102,104,105,108,113,114,125,126,137,139,140,141,142,143,157,158,164,174,191,192,196,254,266,267,268,269,286,289,294,305,323,325,326,327,328,364,396,406,418,419,424,432,433,435,456,464,467,483,485,495,502,503,504,505,506,507,508,511,515,528
　并购前的尽职调查 108,325,424,505
　第三方尽职调查 074,100,105,192,323,507
　客户尽职调查 073,137,140,192,196,504,505

L

利益兼得原理 355
《联邦量刑指南》 013,046,053,496

M

母子公司连带责任 286,318,319,321

N

内部调查　004,019,040,053,055,073,083,085,101,107,108,114,131,136,160,164,170,217,266,305,318,373,392,398,407,409,411,412,413,414,416,420,432,433,436,456,464,467,483,495,499,503,508,509,510,511,512,517,522,526,528

《内部控制、企业道德及合规最佳实践指南》　015,35

R

日常性合规管理体系　145,148,149,150,151,153,155,157,160,161,162,163,164,165,166,173,174,175,176,407,428,429,433,437

S

《萨宾第二法案》　015,035,051,096,194,256,257,319,334,344,496

商业组织预防贿赂失职罪　047,072,255,293,462

上级责任原则　249

审前转处协议　299,331,332,333,335,336,347,354

《世界银行集团诚信合规指引》　016,112,476

首席合规官　004,009,023,037,040,063,070,110,130,132,133,135,136,138,139,141,142,143,153,157,158,159,406,422,425,432,435,436,467,475,480,500

数据保护合规　057,068,115,118,119,120,122,123,152,157,180,185,373,430,458,462,469,482,483,500,511,528

T

替代责任　253,254,256,263,268,280,281,285,286,292,293,457

《通用数据保护条例》　122,255

同一性原则　249,250,253,254,280,281,285,286,293,456

Q

企业独立意志理论　263,265,270,271,289,452,455,456,463

《企业境外经营合规管理指引》 148,180,182
强制合规 028,052,062,080,180,181,193,194,195,196,197,199,206,207,212,257,292,296,462,497,513

X

西门子 003,004,005,006,008,022,038,057,065,066,070,078,090,118,128,129,130,131,132,133,134,135,136,160,176,336,390,444,455,478,479,497,498,500,501,508,512,527
系统性企业犯罪 280,282,283,284,296,307,308,309,310
小合规 016,035,036
刑事合规 003,010,011,013,024,025,057,063,076,102,163,164,169,172,181,205,238,239,241,280,285,292,302,367,368,369,370,371,372,374,375,376,378,379,383,392,399,400,404,405,410,411,412,426,427,430,431,437,479,482,526
刑法激励机制 016,033,044,045,047,049,052,053,057,095,205,249,252
刑事归责原则 248,252,270,280
行政和解 010,016,024,025,032,033,038,039,040,041,042,057,062,075,080,083,086,097,109,137,180,181,186,200,201,202,203,204,205,206,207,208,209,211,212,213,214,215,216,217,218,219,220,221,222,223,224,225,226,231,232,233,234,235,236,237,238,390,475,478,479,510,513,514,515,516,518,522,527
行政合规 063,181,197,200,201,206,207,238,239,426,431,479
行政监管激励机制 033,038,095,223,515
行政执法承诺 203,213,214,215,226,227,228,229,231,232,233,234,235,236,237,238,515
行政指导制度 062,180,186,189,206,207

Y

严格责任 047,051,072,073,074,198,200,246,253,254,255,

267, 268, 269, 283, 286, 289, 293, 297, 311, 314, 315, 316, 317, 322, 326, 327, 328, 452, 457, 458, 460, 462, 514, 515

延迟起诉协议 049

应对体系 005, 009, 023, 036, 038, 040, 070, 136, 158, 160, 174, 267, 270, 352, 372, 382, 432, 466, 467, 483, 484, 502, 503, 517

有效合规计划 011, 015, 016, 021, 025, 033, 034, 047, 048, 053, 056, 058, 068, 071, 095, 096, 097, 098, 100, 103, 106, 141, 196, 220, 221, 256, 257, 263, 267, 277, 279, 283, 284, 287, 288, 299, 300, 301, 302, 303, 304, 306, 307, 309, 323, 350, 352, 362, 367, 383, 390, 391, 404, 406, 419, 431, 434, 446, 456, 460, 462, 464, 466, 467, 474, 480, 483, 484, 489, 496, 497, 500

预防性监管机制 181, 189

预防失职模式 254, 268

员工手册 062, 067, 156, 157, 161, 171, 174, 247, 285, 290, 352, 406, 409, 420, 424, 431, 433, 434, 435, 437, 463, 467, 474, 483, 499, 501

Z

暂缓起诉协议 011, 014, 024, 025, 032, 038, 039, 040, 044, 045, 049, 050, 051, 052, 054, 056, 080, 086, 096, 216, 217, 220, 248, 249, 252, 257, 265, 269, 278, 279, 299, 300, 301, 332, 333, 334, 335, 336, 337, 338, 339, 340, 341, 342, 343, 344, 345, 346, 347, 348, 349, 350, 351, 352, 353, 354, 355, 356, 357, 358, 359, 360, 361, 362, 363, 364, 367, 368, 369, 374, 384, 385, 386, 387, 388, 390, 391, 392, 441, 444, 447, 454, 455, 460, 461, 472, 473, 509, 527

《证券公司和证券投资基金管理公司合规管理办法》 182, 194, 195, 199

制度纠错 165, 169, 171, 174, 404, 407, 410, 411, 419, 420, 421, 425, 426, 428, 429, 436

中兴公司 022, 038, 065, 066, 068, 069, 071, 078, 090, 118, 119,

120，121，122，123，124，125，126，127，160，176，336，390，455，475，478，480，497，498，500
《中央企业合规管理指引（试行）》 180，182
主客观相统一原则 259，269，281，313，316，458
专门性合规要素 429，432，433，434
专项合规体系 071，085，090，152，161，169，173，174，176，184，220，238，425，429，433，434，484，500
专项合规计划 062，065，066，068，115，117，118，119，122，150，152，157，161，165，183，184，188，223，225，387，390，391，399，448，468，484，498，499，528
《组织量刑指南》 013，014，034，048
组织责任 251，256，263，264，265
最低限度的合规体系 238，433